本书编委会

主　　任：赵　承

副 主 任：来颖杰　　虞汉胤

成　　员：邢晓飞　　郑　毅　　郑一杰　　李　攀

本书编写组

李　攀　　郑梦莹　　王思琦　　孔　越

杨　阳

话与时新

（上）

之江轩 —— 编著

浙江人民出版社

图书在版编目（CIP）数据

话与时新 / 之江轩编著. -- 杭州 ： 浙江人民出版
社，2025. 1. -- ISBN 978-7-213-11815-9

Ⅰ. D609.9-53

中国国家版本馆CIP数据核字第2024CQ6975号

目录

"不灭窑火"怎样火下去

> 青瓷之于龙泉人，是灶台上的锅碗瓢盆，是客厅里的茶具摆件，是院落里的屏风影壁，填满了家的情感。青瓷之于龙泉，是家家户户的手艺，更是"靠山吃山"的绝招。

曾见证"海上丝绸之路"繁华景象的浩瀚南海，藏着说不清的文化之谜。在"南海一号"沉船上，从船头到船尾都散落着精美的瓷片，镌刻着出山跨海的传奇故事。而这故事的起源之一，就指向浙西南小城龙泉，指向那团不灭的窑火。

入窑一色，出窑青莹。那团窑火是奠定龙泉青瓷江湖地位的自然之力。如果说压坯、注浆、脱模、印坯、修坯、刻洗等环节为龙泉青瓷塑了型，那么，窑火的素烧、釉烧与上釉则为龙泉青瓷注了魂。

青如玉、明如镜、薄如纸、声如磬……从绵绵不断的窑火里走出的龙泉青瓷，被称为"世界瓷器皇冠上的明珠"，留下了不少高光时刻。不禁要问，龙泉窑火为何燃烧千年而不灭？它又将如何转化为新的文化IP，一直"火"下去？

一

有学者曾说，一部中国陶瓷史，半部在浙江；一部浙江陶瓷史，半部在龙泉。"九山半水半分田"的龙泉，拥有丰富的瓷土，独具建窑烧瓷的天然条件。因而，在窑口林立的浙江，龙泉窑火独占一席之地。

它见证着延续千年的青瓷烧制历史。龙泉窑始烧于三国两晋，兴盛于宋元。烧造龙泉青瓷的龙窑被称为"窑火活化石"，龙泉境内共发掘出400多处古窑址。目前，龙泉仍保留着19座古龙窑，其中12座成了省级文物保护单位。这片保存完好、规模庞大的古龙窑群，仿佛诉说着曾经的制瓷盛况。

它滋养着山城百姓的生活。有人说有了窑火、有了青瓷，才有了龙泉气息。青瓷之于龙泉人，是灶台上的锅碗瓢盆，是客厅里的茶具摆件，是院落里的屏风影壁，填满了家的情感。青瓷之于龙泉，是家家户户的手艺，更是"靠山吃山"的绝招。

目前在龙泉，平均每1000人就有1位青瓷工艺美术师。而早在宋元时期，龙泉窑火还烧至云和、遂昌、青田、永嘉等地，带动形成广阔的"龙泉窑系"。可以说，窑火烧出当地人的"青瓷生活"。

它还联通着世界文化的共鸣。"处州龙泉县……又出青瓷器，谓之秘色。"这浴火而成的"秘色"颇得外国人的欢心，在阿拉伯它是神奇的"海洋绿"，在日本它是珍贵的"砧青瓷"，在法国它则是美丽的"雪拉同"。世界上数十处古遗址都有南宋、元、明时期的龙泉青瓷，不少国家还引进龙泉窑火，自产青瓷。

然而，随着历史推移，龙泉青瓷也曾面临颓势。明朝实行海禁后，青瓷外销量锐减，窑口纷纷关闭，龙泉青瓷一度衰微。1957年，周恩来总理在全国轻工业厅长会议上指示，要恢复五大名窑生产，首先要恢复龙泉窑和汝窑。

此后，几代陶瓷专家与龙泉手艺人从头开始仿制古瓷，寻找原始瓷片、进行化学分析、研制配方、建窑试验……在1959年国庆节前夕，经过225个配方的试验和筛选，300套凸显原汁原味的龙泉青瓷烧制成功，成为国庆10周年的一份贺礼。

至此，龙泉青瓷的不灭窑火越烧越旺，成为文明的回响、生活的回音。

二

龙泉青瓷淬火而生，它穿透悠悠时光，诉说着岁月的厚重，沉淀出精彩的文化印记。

民间流传着一句谚语："一窑死，一窑生。"龙泉青瓷"三分人工，七分天成"，正如瓷匠们说的那样："不到出窑的那一刻，谁也不知道烧出了什么。"

其间，有走钢丝般的紧张感。烧制龙泉青瓷须集合山中石、溪中水、林中木、窑中火、人中匠，其中最关键也最难控制的便是窑火。烧制成败的不确定性，更加彰显了龙泉青瓷的珍贵。

青瓷土坯经过火的洗礼"一色生千变"，其中秘诀，与烧制青瓷的龙窑以及窑工的经验息息相关。龙窑沿坡而建、形如卧龙，窑身长约60米，烧制时窑温超过1300℃。窑工守在外头添柴观火，不眠不休30多个小时，掌控火候全凭"火眼金睛"。开窑后，是满窑废品还是翠色满盈，成败就在毫厘之间。

其间，有开盲盒般的期待感。龙泉青瓷"釉质肥厚莹润、釉面如冰似玉"，如一汪清水的色泽，尤其受拥趸喜爱。难以捉摸的色彩令人神往，对这抹翠色的期待往往在开窑"揭秘"前被拉到最高。

人们很难说清青瓷之"青"究竟是怎样一种色彩，就像有人说的，半浅的蓝、半浓的绿、深浅不一的黑，都可被称为"青"。在不同的烧制技术下，龙泉青瓷也呈现出秘色、粉青、雨过天青等深浅不一、浓淡相宜的色泽。目之所及的色彩，更是心之所向的意境。

其间，还有种文化的仪式感。出于烈火却纯如宝玉，窑火淬炼的过程，令人们对龙泉青瓷生出几分敬畏。2017年起，龙泉深化演绎青瓷传统烧制技艺，推出名为"不灭窑火"的文旅IP，重塑龙泉青瓷的烧制风俗。开窑之日，恢复净手、上香、拜天祭地敬窑神、纳福、开匣钵、赏瓷等传统礼仪，安排碎瓷、抢瓷、龙窑宴等特色体验。

"不灭窑火"这一文旅IP成为文化传播的创新载体，通过音乐节、制瓷体验等形式，向更多人群播下青瓷文化的种子。

三

窑火烧得旺不旺，关系着青瓷火不火。

习近平同志在浙江工作期间曾指出，龙泉青瓷是民族文化的瑰宝，应该好好保护。

近年来，龙泉青瓷受到各方关注和支持。2006年，龙泉青瓷传统烧制技艺被列入首批国家级"非遗"名录，2009年成为全球首个陶瓷类"人类非遗"项目，得到更大程度的重视。然而，要在新时代催旺窑火、激活青瓷，留住祖辈传下的老物件、守护熨帖人心的老行当，还须找准破难过坎的"最优解"。

留住"原味"。随着时代发展，烧制青瓷的窑炉和技术不断在变，可控温度的气窑、煤窑都提高了烧制的效率。即便如此，不管是观赏瓷、家用瓷，还是个性化订制的艺术瓷，老底子的龙泉青瓷烧制技艺都应是成就它们的底气，这门手艺不能丢。

当地深知，传承有序才能让这项技艺绵延不绝。自龙泉青瓷入选"人类非遗"以来，龙泉借助当地尚可使用的老窑举办龙窑复烧活动，并组织青瓷匠人现场学习，让烧制技艺代代流传。

敢于"跨界"。切入新业态，解锁新玩法，是龙泉青瓷跨界的第一步。比如，尝试推动龙泉青瓷和旅游深度牵手，打造沉浸式的青瓷场景，设计体验感强的文创产品，抓住年轻人的眼球。再如，借力网游、热播剧、电影等广受年轻人喜爱的载体，将千年青瓷融入其间。随着新事物新技术兴起，有待新一代青瓷匠人去开拓创新弘扬青瓷文化的新打法。

呼唤"后浪"。老手艺想要有新作为，少不了一代代年轻人传承薪火。所谓"匠从八方来，器成天下走"，龙泉呼唤年轻的"龙漂"为青瓷注入活力。目前，龙泉已吸引上千名来自省外的创业者，传承、嬗变、融合和创新青瓷业态。新一代青瓷人有望打开青瓷的新世界，碰撞出新灵感新方式。

曾经，龙泉青瓷从龙泉走向世界，一度造就"天下龙泉"的青瓷传奇。千年不灭的窑火，还将映照龙泉青瓷保护、传承、发展的漫漫长路。龙泉青瓷的新故事，正在被书写。

邓其锋　执笔

2023 年 10 月 1 日

为什么说体育强则中国强

> 在"野蛮其体魄"中锤炼意志、健全人格，可以为人生战胜一个又一个挑战积蓄动力。百余年来，体育健儿们的拼搏事迹激励了一代代中国人，人们在热泪盈眶中备受激励，更为中华民族伟大复兴汇聚起强大的精神力量。

不知不觉间，力争呈现"中国特色、亚洲风采、精彩纷呈"的杭州亚运会赛程已经过半。赛场上，中国健儿们不断创造新的成绩；赛场外，中国收获越来越多国外嘉宾和运动员的点赞："这是中国的浪漫与实力""中国总能以富有创意的方式，展现悠久的历史和文化"……可以说，透过体育这扇窗，世界看见了越来越好的中国，也更加了解了新时代的中国。

党的十八大以来，习近平总书记高度重视体育强国建设，他强调，体育承载着国家强盛、民族振兴的梦想。体育强则中国强，国运兴则体育兴。那么，为什么说体育强则中国强？正值国庆，我们一起回看中国的体育强国之路如何从无到有、从小到大、由弱变强。

一

在我国体育史上，有一个绕不过去的"奥运三问"。

1908年，全世界22个国家派出2000多名运动员参加在英国伦敦举行的第四届奥运会，盛况空前，但没有中国。消息传到国内，引发强烈反响，当时《天津青年》杂志提出"奥运三问"："中国什么时候能够派运动员去参加奥运会？我们的运动员什么时候能够得到一枚奥运金牌？我们的国家什么时候能够举办奥运会？"

1910年，上海《申报》在《中国运动大会之先声》一文中对"奥运三问"进行修正："试问中国何时能派代表赴万国运动大会？何时能于万国运动大会时独得锦标？又何时能使万国运动大会举行于中土？"其中的"万国运动大会"，即奥林匹克运动会。

"奥运三问"在当时是振聋发聩的，它的提出，渗透着当时国人对了解世界、参与世界盛事，以及对祖国强大的渴望。正是这一份期盼、向往和追求，推动着中国开启了逐梦奥运的百年征途。

从中国第一位奥运会正式选手刘长春远渡重洋、单刀赴会，在山河破碎的年代燃起希望之火；到乒乓球运动员容国团一举拿下世乒赛男子单打冠军，成为新中国成立后首位世界冠军，在百废待兴的年代唤醒了民族自信；再到20世纪80年代中国女排"五连冠"，留下一段万人空巷看女排比赛的集体记忆，在改革开放的年代激荡奋斗理想……回首这一段漫漫追梦之路，我们看到了全国人民如何奋勇拼搏，将"东亚病夫"的帽子彻底甩掉，也看到了一代代人如何团结奋斗，向世界展示越来越繁荣富强的中国。

爱国教育家张伯苓曾预言："奥运举办之日，就是我中华腾飞之时！"2008 年，当奥运圣火在国家体育场（鸟巢）熊熊燃起，"奥运三问"终于迎来圆满的解答。这一刻，无数人的家国情怀与民族自豪绚丽绽放，世界听到了中国声音，感受到了中国力量。

据报道，党的十八大以来的十年内，我国运动员共获得 995 次世界冠军，创超世界纪录 127 次。中国体育健儿们在赛场上不懈努力、勇争一流，为祖国赢得了荣誉，也振奋了民族精神，向世界传递着新时代中国的良好形象和风貌。

二

1990 年北京亚运会，是新中国成立后举办的第一场综合性国际运动赛事，但受限于当时的条件，这届亚运会也被评价为是"全国人民勒紧裤腰带一点一点凑起来的"。

正是这样一届亚运会，使改革开放不久的中国有了一个向世界展示文化、精神和形象的重要舞台，其成功举办又一次点燃了全国人民对体育运动的热情以及对奥运会的期待。

此后，中国接连举办了北京奥运会、广州亚运会、南京青奥会、北京冬奥会、成都大运会等重大国际体育赛事，当然，也包括正在火热进行的杭州亚运会。

体育从来就不只是体育，成功举办体育盛会折射的是一个国家的综合实力。

比如科技力量。相信很多人对杭州亚运会"潮起亚细亚"开幕式印象深刻。其间，风雅宋韵、潮起东方的美令人震撼，而裸眼3D、数字点火、AR 动画等现代科技应用的创新更彰显魅力。赛场外，物联网、大数据、5G、人工智能等前沿技术得到广泛运用，我们在《当"智能亚运"落进现实》中有过较为详细的探讨。

比如基础设施。曾有人为广州算过一笔"亚运账",从2004年申亚成功到2010年广州亚运会举办,广州整体城市建设提速5—10年。而杭州在8年筹备期间,也让世界看到了"杭州速度",如快速路项目建成26个共130千米、地铁516千米全线网贯通、地下管廊完工106.43千米等。

再如"软实力"。本届杭州亚运会上,从会徽"潮涌"、奖牌"湖山",到火炬"薪火"、颁奖礼服"云舒霞卷",都是满满的"中国风",彰显着大国的文化自信;而从"小青荷"到"武林大妈",志愿者阳光的微笑、热情的服务,也展现着中国人开放、包容、平等的文明风尚。

近年来,有国家因举办国际赛事而背上债务,拖垮经济、大幅削减预算等报道时有出现,而中国却把体育盛会越办越好、越办越从容、越办越自信,这正是"体育强则中国强,国运兴则体育兴"的生动诠释。

三

毛主席曾说:"勤体育则强筋骨,强筋骨则体质可变,弱可转强,身心可以并完。"这句话不仅针对个体,也同样适用于一个国家。为什么体育强则中国强?笔者认为,其蕴含着深邃的战略思考。

体育强则惠民。习近平总书记指出,加快建设体育强国,就要坚持以人民为中心的思想,把人民作为发展体育事业的主体。增进健康、增强体质,关乎国计民生和个人的健康福祉。伴随着群众体育事业的蓬勃发展，体育公共服务水平显著提升，体育赛事活动日益丰富。

数据显示，目前全国开展全民健康生活方式行动的县区覆盖率已超过97%；累计建成健康社区、健康步道等健康支持性环境近10万个；居民健康素养水平从2012年的8.8%上升到2022年的27.78%。我们在《"惠民亚运"如何惠民以实》中也提到，扎扎实实把"亚运会"办成"亚运惠"是杭州亚运会的重要落脚点。比如开赛前，56个竞赛场馆、31个训练场馆向社会开放，有超1000万人次在这些场馆健身，持续推动人们想运动、能运动、爱运动。

体育强能富民。当前，体育产业已经成为助推经济增长、优化产业结构、拉动就业消费的一个重要引擎。比如，有产业发展研究报告显示，预计2023年中国冰雪产业规模将达到8900亿元。而冰雪产业的兴起，离不开北京冬奥会燃起的一把"火"，据报道，冬奥会申办成功后的首个雪季，崇礼就累计接待了205万人次的游客，直接收入超过14亿元，此后不断吸引着大批年轻人返乡发展。《"十四五"体育发展规划》提出，到2025年居民体育消费总规模将超过2.8万亿元，从业人员将超过800万人。这意味着，体育产业发展能让更多人的口袋富起来。

体育强更强民。"体育之效，至于强筋骨，因而增知识，因而调感情，因而强意志。"毛主席曾在《体育之研究》中写下这样的字句。在"野蛮其体魄"中锤炼意志、健全人格，可以为人生战胜一个又一个挑战积蓄动力。百余年来，体育健儿们的拼搏事迹激励了一代代中国人，人们在热泪盈眶中备受激励，更为中华民族伟大复兴汇聚起强大的精神力量。

在笔者看来，体育强则中国强的深层逻辑，正是"民强则国强"。"体育强国梦"与"中国梦"息息相关,我们不会停止追寻"中国梦"的脚步,体育强国之路也将一直在路上。

朱鑫　孔越　执笔

2023 年 10 月 1 日

钱江潮为何百看不厌

浙江人牢牢把握时代的"潮"信，追潮而行、踏浪高歌，从征服自然之潮，到与时代浪潮并肩而行，凭借"手把红旗旗不湿"的自信从容，将"弄潮儿"的气概融入浙江精神。

八月十八潮，壮观天下无。杭州亚运会火热进行中，钱塘江、钱江潮头……融合了多种浙江元素的会徽"潮涌"，在彰显着江南人文意蕴的同时，也让钱江潮备受关注。

有人说，读懂了钱江潮，就走进了"诗画江南、活力浙江"的过去、现在和将来。自古以来，潮与浙江有着深厚渊源。钱塘江是浙江人的母亲河，一江清水、万派涛声孕育了不畏艰险、勇立潮头、敢于胜利的"弄潮"精神，使之成为蕴藏于浙江人基因中的深厚力量。

钱塘江大潮也因无与伦比的磅礴气势而名动天下，与亚马孙大潮、恒河大潮合称世界三大涌潮奇观，每年都会吸引无数游客慕名而来。观潮之俗始于汉魏，至今已有2000余年的历史。不禁要问，年年岁岁潮相似，岁岁年年"人从众"，响彻千年的钱江潮，何以能常看常新？

一

要追潮，需先懂潮。

千百年前，时间沉淀了喇叭形的钱塘江江口，汹涌的潮波在奔腾时，受江口约束，拍岸而返，从而形成了奇伟壮阔的钱江潮。每年农历八月十八的秋潮尤为奇绝，这一天，涛声如震天的交响乐，潮头擎天如柱，高至5米，潮差可达9米，"天排云阵千雷震，地卷银山万马奔"，正是对其生动的写照。

如果潮水有性格，每个人的偏爱或许不尽相同。

有人震撼于"一线潮"的一往无前。眼前，是风平浪静的江面；耳边，如万面战鼓震耳欲聋，"未见潮影，先闻潮声"是"一线潮"的特点。随着声响不断靠近，隐约可见远处的江面上有一条白虹，再近些，白虹渐升、跃起，继而形成一堵水墙，如同剑客舞起利剑，划破江面，伴随着排山倒海之力，呈现素练横江的奇观。

有人感慨于"交叉潮"的相聚别离。海宁盐官往东12千米左右的大缺口是观"双龙相扑"交叉潮的绝佳点位。大潮从东南袭来，画出一个"S"，这条S形水线慢慢旋转并向西移动，迎上相向而来的另一条白虹，瞬间，潮水犹如多条丝线缓缓缠绕在一起，又依依不舍地背向而行。

有人珍惜"回头潮"的失而复得。大名鼎鼎的"回头潮"惊险刺激。白雪飞瀑的浪花冲向天空，如强大的兵阵一般冲击着眼前的障碍物，发出"隆隆"的嘶吼声，以一泻千里之气势往回奔腾。这一幕发生在萧山的"美女坝"上，人们便美其名曰"美女一回头"

"美女二回头"。

有人爱看"日潮",也有人爱观"夜潮"。古人云,"十万军声半夜潮"。明代戏曲作家高濂就曾在他的《四时幽赏录》中这样描述:"夜午,月色横空,江波静寂,悠悠逝水,吞吐蟾光,自是一段奇景。"苏轼也留下"寄语重门休上钥,夜潮留向月中看"的诗情。夜潮的独特魅力可见一斑。

一线潮、交叉潮、回头潮、兜潮、二度潮、对撞潮、波纹潮、鱼鳞潮……目前已观测到的钱江潮潮形共有8种。在地势地形的影响下,各种潮形在不同的观潮点位、不同的观潮时刻,展现出不同的魅力。

二

形之奇,气之盛,势之猛,钱江潮呈现的是千百年来人们向往的视觉盛宴。钱江潮的魅力,也激励着人们不断去探索和发掘。

探寻潮涌新形态。2016年,浙江省钱塘江涌潮研究会成立。很多业界专家年年聚在江水旁,开展涌潮全程追踪观测、潮景景观拍摄、岸滩地形观测、涌潮参数测量等科考工作,全过程追踪涌潮生成、演进与消亡。

比如2021年,科考队首次发现"鱼鳞潮"这一新潮景。"鱼鳞潮",顾名思义,当潮水袭来,相互碰撞的波浪如鱼鳞般波光粼粼。今年,科考队首次在富春江悬空沙的支汊发现了"对撞潮",又在新仓的江面发现了罕见涌现的"交叉潮"新形态——双"V"交叉潮等。

丰富观潮新内涵。是在盐官观潮胜地公园观"江横白练一线潮"，还是在老盐仓赏"惊涛裂岸回头潮"？观潮，早已不再是从前的走走看看再拍拍照。如今，着眼潮的"声""形""势"，浙江走上了弘扬"潮文化"的路。

比如，在因潮闻名的海宁盐官，以音乐为主题的文旅项目，让千年古城的历史底蕴得以精彩展现；在杭州，一年一度以"潮"为主角的钱塘江文化节自2017年举办至今，通过文艺汇演、诗词大会等形式挖掘钱塘江内涵、传播钱塘江文化……

解锁观潮新方式。通过无人机、夜视航拍等先进设备，全方位、多角度记录"天下第一潮"，成为不少"追潮"摄影爱好者的首选，不厌其烦地蹲点拍摄，往往也能收获惊喜。比如，去年"爆火"的"交叉潮"短视频中，潮水如大鹏展翅，蔚为壮观，惊艳了一众观潮爱好者。

三

我们看潮，还看什么？

潮，是江海的高歌，流淌着延绵不绝的文化和情怀。

一方面，钱江潮的美和雄壮，从古至今都自带流量，为其"打call"的诗词歌赋不计其数。刘禹锡在《浪淘沙·其七》中这样描述："八月涛声吼地来，头高数丈触山回。须臾却入海门去，卷起沙堆似雪堆。"

1957年，毛主席来到海宁盐官七里庙观潮，《七绝·观潮》应运而生："千里波涛滚滚来，雪花飞向钓鱼台。人山纷赞阵容阔，铁马从容杀敌回。"

另一方面，钱塘江孕育了璀璨夺目的钱塘江诗路文化带，这条诗情画意的水上画廊，历来被称为"锦峰绣岭，山水之乡"，唐代诗人们留下了数百首千古传诵的美丽诗篇。

观潮，观的是江潮，动的是心潮，涤荡的是精神。

有人说，一条钱塘江，半部浙江发展史。沿钱江一线看浙江发展，人与潮共进共创的先行探索振奋人心。

"我愿我青年之势力，如浙江潮。我青年之气魄，如浙江潮。我青年之声誉，如浙江潮"，1903年，以蒋百里为代表的浙江青年创办了进步期刊《浙江潮》，站在祖国救亡图存的关键历史节点，以笔为矛，振臂高呼。

改革开放以来，浙江人追赶时代的大潮，一个个"无中生有""有中生奇""又好又快"的发展奇迹应运而生。浙江人牢牢把握时代的"潮"信，追潮而行、踏浪高歌，从征服自然之潮，到与时代浪潮并肩而行，凭借"手把红旗旗不湿"的自信从容，将"弄潮儿"的气概融入浙江精神。

那么，什么是对浙江精神的最好诠释？

当年，习近平同志富于诗意的寄语，"浙江精神宛如钱塘江水，藏珍纳景，激波扬涛"，或是最好的回答。

吴梦诗　周浩　执笔

2023年10月2日

打碎抹黑中国的"西洋滤镜"

> 在今天这个时代，信息远比导弹飞得快、舆论也比坦克冲得更猛。面对"西强东弱"的国际舆论格局，我们务必保持清醒的头脑，以敢于斗争、敢于胜利的精气神，坚决打碎美西方抹黑中国的"西洋滤镜"。

近日，美国国务院发布报告称，中国正斥资数十亿美元在全球散布虚假信息。我国外交部发言人回应，这份报告罔顾事实、颠倒黑白，本身就是虚假信息。事实一再证明，美国是名副其实的"谎言帝国"，就连美国联邦参议员兰德·保罗等也承认美国政府是世界历史上最大的虚假信息散布者。

今年8月，已被中方制裁的美国哈德逊研究所举办了一场圆桌论坛，美军前情报高级官员在活动中毫不掩饰地表示，要利用信息传播效果抗衡中国，大肆宣扬那些可能对中国的国际声誉造成负面影响的事。

利用强大的话语权，夺取事件的定义权，系统性地抹黑别人是美西方惯用的伎俩。此前，"浙江宣传"曾发文《警惕"认知战"的"拳脚套路"》，深入分析了美西方是如何利用"认知战"来操纵舆论的。那么，这些"拳脚套路"背后有哪些共同的"心法"？

一、精心伪装的"不刻意"

俗话说，明枪易躲，暗箭难防。随着中国硬实力和软实力持续增强，西方媒体利用话语霸权编织的"信息茧房"出现了不少裂缝，外国人了解中国的渠道越来越多，以往简单粗暴的意识形态叫骂，越来越难以蛊惑人心。于是，西方媒体便利用贬义词替换，频频对中国使用"舆论暗器"。

比如，西方媒体把中国成功的企业家贬损为"寡头"，把中国对外投资污蔑为"债务陷阱"，用"监视"而非"流调"来描述中国追踪新冠确诊病例活动轨迹的行为，等等。

再如，当中国质疑西方殖民主义和帝国主义的遗留问题时，西方媒体就生拉硬扯诸如"以牙还牙式外交""打地缘政治嘴仗"等负面标签，并将之包装成网络流行语，让外国网友不自觉地进行传播。

这种舆论攻击涂着忽悠人的毒药和迷药，利用潜移默化的方式扭曲中国的国际形象，危害很大。

二、语出惊人的"离大谱"

有些抹黑扭曲中国的报道，常人看了都会觉得离谱，但把专业性挂在嘴边的西方媒体却乐此不疲。除了由于偏见带来的短视，还有为了打舆论战而故意抛出的各种炮弹。他们利用夸张的不真实和错误说法，传播离奇的阴谋论，挑起受众的好奇心，并以此来激活抹黑中国的话题。

比如，近年来，在没有任何证据的情况下，美国政府污蔑我国通信设备制造商的5G设备存在"后门"，还称其设备被利用来从事间谍活动，与此同时采取多种限制手段，企图削弱我国企业在5G领域的全球领先优势。

类似操作之所以被美西方反复使用，主要是因为中国的发展过于迅猛，没有按照西方设定的"剧本"走下去，给很多西方精英阶层带来认知上的复杂性。对中国道路取得成功的不理解，对超脱西方模式之外的进步不认可，造成了美西方部分群体的"反智"。

三、偷梁换柱的"乱栽赃"

随着互联网的普及，发展中国家的声音变得越来越响亮。而西方长期进行或试图掩盖的罪恶行径，正在被不断曝光。

于是，对中国进行栽赃的套路出现了。凡是美西方干过的勾当，他们都千方百计地套到中国身上，妄图在国际舆论场塑造"中国也一样"的话语陷阱，离间中国和其他发展中国家的关系。

比如，奴役黑奴采摘棉花是美国特有的"黑历史"，但西方媒体却将之移花接木到中国新疆的棉花产业上，大肆渲染所谓的"强迫劳动"。再如，美国是出了名的"监听大国"，今年6月，美国部分媒体开始大肆炒作中国正在古巴建立所谓"监听设施"的消息。报道标题夸张、危言耸听，引发美国网民普遍焦虑。最终美国五角大楼都出面辟谣，称这个报道不准确。

美西方的这种"如意算盘"打得再响也没用，因为谎言和欺诈总有"露馅"的一天。美国前总统林肯曾经说过，"你可能在某个时刻欺骗所有人，也可能在所有时刻欺骗某些人，但不可能在所有时刻欺骗所有人"。

四、有模有样的"假爆料"

西方舆论场的生意经里有一段经典名言：最具说服力的表达要以小见大。现在一些抹黑中国的反华媒体热衷于到中国社交媒体上找网友"私聊"，通过"步步引诱"获得所谓"独家调查"，进而让吃惯了这种抹黑套餐的西方受众陷入"信息茧房"，最终达到抹黑中国的目的。

比如，郑州市发生洪涝灾害期间，就有网友在微博爆料，收到了境外媒体人具有诱导性的私信提问，更有境外媒体直接在报道中编造"王先生""李先生"，进行个体化描述来歪曲报道中国的突发性事件。

再如，为了制造所谓"中国经济已经崩溃"的假消息，西方媒体向国内网友私信约稿，要求编造中产阶级消费乏力、生活陷入极端困境等描述个性化体验的文稿。

突发事件报道、经济形势报道等是一些西方媒体编造中国假新闻的重灾区。虽然假的真不了，但西方媒体这种以小见大的"假爆料"总是说得"有鼻子有眼"，让人防不胜防。

五、明目张胆的"睁眼瞎"

西方媒体有计划地制造各种抹黑中国的谣言，利用自身强大的国际舆论主导权，有组织地推送这些假信息。当其自身或者盟友出现"麻烦"时，他们马上就会马力全开，妄图利用抹黑中国的"滤镜"，覆盖掉其自身无法解决的"大麻烦"。

比如，有一段时间，全球"热搜榜"上充斥着对于美国不利的热点事件——"北溪"管道爆炸事件、"毒列车"脱轨事故、反对北约的抗议活动等，为了"冷处理"，美国政坛和媒体疯狂热炒中国民用无人飞艇的话题，而对其自身问题闭口不谈。

再如，日本强行排放核污染水，对于这种挑战人类文明底线的行为，西方媒体一片噤声，社交平台基本不推送相关信息，导致大多欧美普通公众对此一无所知。

六、生拉硬扯的"乱关联"

西方媒体抹黑中国的"滤镜"，正从政治领域向生活领域蔓延。单纯的政治谣言抹黑，无法引发更大范围的共鸣，但如果在大众关心的社会生活话题里掺杂抹黑中国的"佐料"，让社会话题失焦，能加强普通受众的直观感受。

比如，美国媒体报道华为新手机对美国制裁的突破时，特地配上了青少年操作华为手机的照片，利用美国家长对孩子沉迷手机的普遍担忧，暗示中国研发新手机会对未成年人造成消极影响。

再如，针对字节跳动的调查，西方媒体花费了大量笔墨渲染中国公司的社交媒体引发美国青少年网瘾等教育问题，还指桑骂槐地恶意揣测这是中国的官方行为。

为普通人的生活套上抹黑中国的"滤镜"，这种做法除了继续扭曲西方受众对中国的认知，还会掩盖其自身的各种社会问题，虽然把锅都甩给了中国，但并不等于问题都解决了，最终会"搬起石头砸自己的脚"。

有人说，"认知战"就是一场没有硝烟的战争，在今天这个时代，信息远比导弹飞得快、舆论也比坦克冲得更猛。面对"西强东弱"的国际舆论格局，我们务必保持清醒的头脑，以敢于斗争、敢于胜利的精气神，坚决打碎美西方抹黑中国的"西洋滤镜"。

陈培浩　徐健辉　执笔

2023 年 10 月 2 日

杭州亚运为何很燃也很暖

> 曾经，我们或许对体育赛事的一场定胜负、成败论英雄十分在意；现在，我们更留意赛场内外的脉脉温情，它有着品茗的甘苦双味，映照着每个人的冷暖人生，历久而绵长。

亚运会赛程已经过半，这边体操、游泳刚圆满落幕，那边田径、跳水便接踵而至……这个假期，看比赛成了很多人的生活主题。

赛场的激烈对抗、夺冠的热血沸腾，以及那些仿佛能读懂人心的BGM……种种"出圈"的"名场面"，让这场体育盛会有了许多情感交织的别样意味。

沉下心，细细去回想、品味竞技场上激情瞬间之外的悠长温情，或许会发现，那股绵绵不绝的内啡肽式的共情带来的感动，竟一点也不逊色于运动带给我们的多巴胺愉悦。

一

紧张、刺激、激烈……这是属于竞技体育的"残酷"，也是它的魅力所在。

但是，一时的输赢过后，让人反复回味、细细咀嚼的，往往是赛场内外的温情时刻。体育场上的温情是什么样的？是触动，是共鸣，是发自心底的情感迸发，它与充满激情的比赛一起，让体育的魅力变得完整。

比如，"陪伴是最长情的告白"。巴基斯坦17岁游泳运动员杜拉尼虽然无缘决赛，但观众席上藏着的神秘身影却填补了这份遗憾。杜拉尼的父亲为了支持儿子比赛，特意瞒着他从千里之外赶到杭州，并在成绩公布后给予了他最大的肯定。

这场山长水远的奔赴背后藏着的，是天下父母心。就像杭州姑娘邹佳琪获得杭州亚运会首金后，伴随金牌一起刷屏社交媒体的，还有她布满伤口和老茧的双手。观众看到的是运动员摘金的光荣与训练的努力，妈妈想到的却是"洗个脸，碰水都痛"。

无论何时，亲情陪伴我们走过逆境时的奋起、迷茫时的温暖、成功时的喜悦，是远行路上永远的精神支撑。

比如，"功勋章上有你的一半"。9月30日，杭州亚运会男子百米决赛中，谢震业以9秒97的成绩成为"亚洲新飞人"。万众瞩目下，谢震业身披国旗来到妻子陆敏佳面前，与她紧紧相拥。温情时刻，赛场上响起歌曲《我们都一样》，谢震业说："这首歌是送给你的。"

如此"高调"的公开表白，是对妻子的无限爱意与不尽感激，陆敏佳泪洒现场，感动了无数观众。

比如，"为生命勇敢走下去"。中秋夜，杭州亚运会女子50米蝶泳颁奖仪式上，获得冠军的张雨霏和季军日本队选手池江璃花子拥抱在一起。这个拥抱，背后藏着故事。

池江璃花子曾在2018年雅加达亚运会上独得6金，次年，被誉为"天才少女"的她却因患上白血病不得不暂别泳池。漫长的低谷没有磨灭她的斗志，东京奥运会赛后，张雨霏特意在泳池边拥抱池江璃花子，与她相约亚运；今年福冈游泳世锦赛赛后，张雨霏在手心写下"be the best of yourself"，两人击掌并再次拥抱。

一个拥抱，胜过万语千言。故事里，有好友间殷切鼓励的真情实意，也有对手间惺惺相惜的人间美好。

二

身处激情澎湃的亚运赛场，数万观众齐声呐喊、共造人浪，沉浸式的观赛体验足以让人忘却一切、全情投入。其中，各个场馆活力四射、注入灵魂的音乐秀"功不可没"。

正如有网友说，没有一首BGM是白放的。"整活"音乐不断在赛事场馆里响起，不仅点燃了现场的气氛，也缓解了选手的紧张情绪，可谓激昂又暖心。

音乐声中，有获胜时的喜悦。男子柔道60公斤级比赛中，25岁的杨勇纬拿到中国台北队本届亚运会首枚金牌。杨勇纬在东京奥运会、成都大运会中接连获银牌，这枚金牌来之不易。比赛结束后，在杨勇纬喜极而泣时，现场播放起了《我的未来不是梦》，歌词里蕴藏着他的永不言弃，令人动容。

音乐声中，有对失败的慰藉。亚运会男子足球小组赛，中国香港队以1∶2输给乌兹别克斯坦队。面对沮丧的运动员，现场音响师把音乐切到了黄家驹的经典歌曲《真的爱你》；现场观众也亮起闪光灯，全场大合唱，鼓舞着绕场一周的运动员。"今天我们对中国香港的男足讲不出再见，但我们真的爱你。"

音乐声中，藏着细腻人情味。作为亚运会"配角"的音乐，以润物细无声的方式衬托得赛场上的主角们更有故事感、更具人情味，也让观众更能读懂竞技体育的无可替代。

女子双人10米跳台决赛前，一首改编歌曲《你要跳水吗》瞬间点燃气氛；巩立姣拿下铅球冠军时，现场播放起她唱给自己也唱给所有人的《勇气》；男篮比赛中，现场响起 *See You Again*，全场球迷共同致敬科比……一首首有着独特意义的乐曲，搭建起运动员与观众间情感共鸣的通道，也让竞技体育有温度、动人心。

正如有人说："我们从过去只关注比赛，到现在更像在看一场大秀，在灯光和DJ的配合下，体育已经不仅仅是比赛本身，而是我们可以享受的一场演出。"

三

渴望胜利、顽强拼搏、永不言弃……体育之所以是全世界通用的语言，最关键的就是让人产生情感上的互通。杭州亚运会上，观众和运动员之间的双向奔赴凝聚成许多温情时刻，足以照亮漫漫前路。

有献给落后者的掌声。运动场是胜者的荣誉台，但与自己比赛，就没有输家。

女子10000米决赛最后，杭州奥体中心体育场的跑道上，只有一名巴基斯坦运动员还在坚持。一圈又一圈的奔跑中，陪伴她的是满场的加油呐喊。虽然最终她的成绩比冠军慢了近13分钟，但这已是她个人的最好成绩。

做一个在路边鼓掌的人，这掌声不仅献给落后的运动员，也献给落后时的自己。掌声的珍贵不仅在此时此刻，也在未来需要为自己鼓劲的每一刻；更可贵的是，无国界的体育精神在这一刻感染着所有人。

有对失去金牌的宽容。体育比赛里，赢得胜利是艰难的，但更难的是，学会怎么面对失利。笑对输赢，不仅是体育，人生亦应如此。

亚运赛场上，失利是"兵家常事"。或许有一时的沮丧，但即便没有站上最高的领奖台，观众依然给予中国选手最慷慨的欢呼。其中有对运动员的鼓励，有对失败的包容，更彰显着一种风范：一方面是"唯金牌论"的淡化，我们不再需要用金牌来证明什么；另一方面，我们学会了更理性、更成熟地看待输赢。

还有对老将的尊重。自古英雄出少年，杭州亚运会上的"00后"成了主角，但老将们同样风采不减，他们用竞技场上的表现告诉观众，他们仍在拼搏。马龙、张亮、丘索维金娜、巩立姣、汪顺……成绩不是唯一，登场便是传奇。观众对老将们的支持，融化在掌声与呐喊里。

被杭州人亲切地称呼为"小叶子"的叶诗文，是中国泳坛首个"金满贯"、世界泳坛最年轻的大满贯运动员，她也曾在低谷中痛苦徘徊，两次退役两次复出。在家乡人漫天的加油鼓励声中，叶诗文在杭州亚运会上获得一金一银，"王者归来"。

　　曾经，我们或许对体育赛事的一场定胜负、成败论英雄十分在意；现在，我们更留意赛场内外的脉脉温情，它有着品茗的甘苦双味，映照着每个人的冷暖人生，历久而绵长。

　　"无论支持的队伍昨晚是否捧起了杯，一觉醒来，希望你、我、我们，增添几分拼搏的勇气，在生活中找寻自己的'夺冠时刻'。"这大概是竞技体育给予我们的最大温情。

钱伟锋　胡婧妤　执笔

2023 年 10 月 3 日

浙江美术馆的笔墨天地

> 浙江美术馆典藏体系的核心，就在于重构传统，让优秀的中华文化走向世界。也就是在这里，艺术作品找到了生命的延续。

为迎接杭州亚运会，浙江美术馆接连"上新"三个大展，呈现东方智慧、宋代书法和数字艺术，让众多文艺爱好者大饱眼福。

18年前，习近平同志出席浙江美术馆奠基开工典礼。悠悠西湖水，伴着朝升暮落的霞光，见证着浙江美术馆18年来"生长"的日日夜夜。

800多年前，南宋画院就坐落于浙江美术馆不远处的万松岭麓。如今，走在西湖山水间，人们可以感受到，浙江美术馆在赓续历史文脉的同时，也在创造属于自己的笔墨天地。

今天，我们就来聊聊西湖边的"江南水墨画"——浙江美术馆的前世今生。

一

早在20世纪二三十年代，蔡元培、林风眠就曾提出，要在西湖边建设美术馆。新中国成立之初，潘天寿、刘开渠等也曾呼吁，杭州应有与文化底蕴相匹配的一流美术馆。

21世纪初，中国美术馆早已过了而立之年，上海、江苏、天津、深圳等地的美术馆也不断兴建，无数观众在拔地而起的艺术殿堂与美术精品相遇。而在浙江杭州，无论是文艺工作者还是普通群众，也都有兴建浙江美术馆的强烈心愿。

2003年，这个承载着众人期许的美丽夙愿，终于有了现实回音。《习近平在浙江》中记载："2003年1月31日，正好大年三十，习书记冒着寒风细雨到西湖边进行实地踏勘。在随后召开的现场座谈会上，他详细听取了汇报，还把几个选址方案的图纸一一作了认真比对。最后他拍板决策，浙江美术馆上马，选址就定在西湖边上。而且对美术馆的方案设计，他也亲自过问提出指导意见，认为美术馆建在西湖边上，就应该'穿中式服装'。"

浙江美术馆的筹建，由此解决了关键的选址问题。习近平同志说："既然建在西湖边，就应该是中国的样式，应该一看就是中国的。"他强调，要把西湖的自然景致与美术馆的人文韵味和谐地融为一体，这才是具有时代气息、中国气质的美。

2003年6月，浙江美术馆被省政府列入"五大百亿"工程实施计划；2005年5月15日，西子湖畔，玉皇山麓，习近平同志启动开工按钮。浙江美术馆建设大幕由此拉开。

2009年8月，被西班牙米罗基金会代表赞誉为"很美很完备"

的浙江美术馆，在南山路138号正式开馆。占地面积3.5万平方米，是当时国内面积最大的美术馆；分为四层的现代建筑，采用中式设计风格，雨水顺着中央大厅的玻璃顶流淌下来，就有"宛如入画"的水墨艺术风格。设计者程泰宁说，浙江美术馆是生长在环境中的，用艺术的方式日日与西湖对话。

这一饱含习近平同志关怀的大工程在西子湖畔落地生根，犹如一滴隐约可见的"水墨"，滋养着浙江人民的精神品格与文化生活。

二

遵循习近平同志提出的"要在西湖边上建设一座具有'中国风'的一流美术馆"的要求，这些年来，我们看到，浙江美术馆正沿着这条明晰路径，在西湖山水中拔节生长，一步步展现浙江精神、中国气韵。

用"好家底"服务大众。藏品，是一座美术馆的"立馆之本"。早在浙江美术馆筹建之初，藏品征集工作就已启动，也因此积攒下了丰厚的"家底"。浙江美术馆的首批馆藏，就是第十届全国美展国画展区中的百余件优秀作品。如今，典藏库房就如同浙江美术馆的"心脏"，汇聚了绘画、书法、篆刻、工艺美术等多个门类的藏品3万余件，无论大小，每件藏品都拥有自己的"身份证"。

有人将美术馆比作艺术作品的"坟墓"，因为这些作品在进入美术馆之后，往往不再走向市场。但在浙江美术馆中，藏品拥有了自己的归宿。比如，在收到吴冠中、李震坚、周沧米等名家的作品捐赠后，馆内推出了"捐后服务"，为他们举办个展并进行学术研究；还有部分藏品数字资源专门面向全省中小学美术教师开放，美术教师能下载作品进行"二创"。

浙江美术馆典藏体系的核心，就在于重构传统，让优秀的中华文化走向世界。也就是在这里，艺术作品找到了生命的延续。

用"好展览"吸引大众。最能吸引观众、留住观众的，就是优质展览。如今，浙江美术馆每年平均观展人数超过50万人次。无论是再现神秘灿烂敦煌艺术的"煌煌大观"，还是展示浩瀚深邃绘画体系的"盛世修典"，均凭借时尚、专业的策展理念，吸引市民与游客纷至沓来。

值得一提的是，让浙江美术馆频频"火"出圈的，还有它坚守的文化根脉。这些年来，浙江美术馆自主探索并推出了"东方智慧"系列策展项目。从"湖山胜概"到"水印千年"，从"纸上谈缤"到"山海新经""大地史诗"，一场场展览，用当代艺术语言向观众讲述古老的东方文化，解密氤氲在精品中的文化密码。

用"好活动"温暖大众。艺术要贴近公众，是浙江美术馆始终秉持的态度。为了让参观者获得更好的审美体验，让更多普通人拥有欣赏作品、读懂作品的能力，浙江美术馆化身生动的课堂，在馆内开展了公益讲座、专家导览、观众拓展等公共美育活动。有网友感叹道："过去只能看到作品，现在还能亲手制作，给了我从未有过的体验。"

美育，不仅发生在美术馆的围墙之内，还"飞"向了全省的角角落落。

三

从1913年鲁迅先生最早提出"立中央美术馆"的设想，到

1936年我国历史上第一座国家级美术馆"国立美术陈列馆"建立，随后又几度遭遇历史断层。直至21世纪，我国美术馆事业才如雨后春笋般蓬勃发展。

与博物馆相比，美术馆算是一个相对年轻的称谓。但现如今，美术馆迎来了属于自己的"黄金时代"，无数热爱艺术的人走进美术馆"打卡"，"到美术馆去"渐成社会新风尚。

美术馆不仅面对过去，更指向未来，是艺术与新知的发生地。对标习近平总书记今年5月提出的中国美术馆要"在高质量收藏、高水平利用、高品质服务上下功夫"的要求，未来浙江美术馆还可以作何探索？

走"共享"之路。无论是展示传世名作，还是呈现光影"游戏"，传承文化、弘扬艺术始终是艺术场所的重要功能之一。但也应当看到，与许多已经成熟的大型美术馆相比，很多地市、县级美术馆中的藏品仍然"养在深闺人未识"，也有不少美术珍品无法跨越物理距离外出"交流"。

有鉴于此，浙江美术馆是全国最早打造藏品数字化平台的美术馆，它实现了浙江省市、县美术馆之间藏品的互通有无，让藏品持续"活起来"。只有展品实现资源共享，并向观众张开怀抱，艺术作品才有可能一次次花式"出圈"。

走"对话"之路。浙江美术馆要找到与观众持续对话的新途径。艺术的使命就在于连接作品与大众，给予观者精神力量。因此，美术馆也要与观众保持良性互动，用艺术家直播讲解、沉浸式体验等多元化的方式，用百变的玩法、大开的"脑洞"主动走进观众，将艺术语言"翻译"为普通大众能接受的生动语言，实现"双向奔赴"。

比如，今年浙江美术馆的"为什么是速写——典藏速写艺术研究展"举办期间，蜂拥而至的观众自发在展厅各个角落画速写，直接将展览现场变成全民大型速写现场，展厅内热闹非凡。

走"国际"之路。有人说，如果巴黎这座城市是一张画布，卢浮宫就是画布上的一件雕塑。可以看出，美术馆也能成为一座国际化城市的代表性文化符号。与国内许多省级美术馆专注建设地方文化不同，浙江美术馆从落成以来，就始终坚持"重在当代、兼顾历史，立足浙江、面向世界"的立馆方向。未来，浙江美术馆或许可以在拓展体量的基础上，立足世界眼光，进行展览或学术交流。

此外，走"国际"之路也能够助推艺术融入时代，让西湖边的这滴"水墨"更好地汇入国际化浪潮之中，站在世界级的艺术殿堂之上，继续焕发文化传承的魅力，唤起全世界观众与艺术作品之间的情感共鸣。

有人说："如果说博物馆是一本严谨的历史书，那么美术馆则是一本优美的文学书。"我们也期待，这本"优美的文学书"，能走向更高远的天地。

祝融融　童颖骏　徐霞　执笔

2023 年 10 月 3 日

国歌"超级粉丝"刘良模

> 让我们铭记那些创作、传唱《义勇军进行曲》的人们，也铭记他们的精神，和他们一起熔铸成一个顶天立地的"我们"。

"起来，不愿做奴隶的人们……"对于《义勇军进行曲》——我们的国歌，大家都知道其词曲作者，但很少有人知道这首歌的"超级粉丝"刘良模。

祖籍宁波镇海的刘良模将这首歌唱了一辈子。他把这首歌从一首"抗战歌曲"唱成了"流行歌曲"，又和其他爱国人士一起，力荐此歌成为中华人民共和国国歌。新中国成立后，他更以推广国歌为己任，经常受邀去指挥《义勇军进行曲》。即便年事已高，他拄着拐杖也要去。上台前，他会放下拐杖，以最佳状态做好指挥。

今天，让我们的思绪随着国歌"超级粉丝"的"指挥"，回到那段斗志昂扬的岁月。

一

　　刘良模并不是学音乐的，是爱国之情让他走上歌唱之路。

　　1932年，"一·二八"事变爆发，"救亡图存"成为关系民族命运的"大命题"。当时，一部分民众仍在"沉睡"中，还有一部分民众已经萌生救国之心，但不知该如何行动。

　　这一年，刘良模从沪江大学社会学系毕业。只是一介书生，纵然胸怀满腔热情，又该以何报国？

　　在大学期间担任过歌咏团书记的刘良模想到了他擅长的歌咏，在他看来，音乐具有感化心灵的功能。1934年冬天，他在上海组织发起民众歌咏会，教唱抗日救亡歌曲，使得许多"粉丝"迅速集结，参与到歌咏会当中。

　　1935年5月，电影《风云儿女》上映，由田汉作词、聂耳作曲的主题曲《义勇军进行曲》风靡大街小巷。刘良模像"着了魔"一样，把这首歌视作歌咏会传唱的"保留曲目"。

　　在各种场合，他都会抓住机会带头唱，甚至将生死置之度外。1936年6月7日，一场抗日救亡歌咏大会在上海的南市公共体育场举行。刘良模指挥歌咏会成员及群众唱《义勇军进行曲》等抗日救亡歌曲，吸引数千人参与。

　　然而就在此时，一批军警冲进体育场将大家包围。刘良模随即向军警呼喊："大家都是中国人，都爱国，都要抗日……"随后继续指挥，大家唱得更卖力了。当听到《打回老家去》的歌声响起时，来自东北的军警也忍不住眼角泛泪。而当"起来，不愿做奴隶的人们……"响起时，在场的军警和民众已唱成一片。

刘良模不仅在上海带领大家唱，还辗转浙江金华、宁波等地，教当地军民学唱抗日歌曲。1939年春，在金华教唱抗日歌曲时，刘良模见到了周恩来同志。周恩来同志对他开展的抗日救亡歌咏活动表达了赞赏，还鼓励他坚持下去。

二

1949年10月1日，当《义勇军进行曲》的前奏回荡在北京天安门广场上空时，站在天安门城楼上的刘良模热泪盈眶。这一刻，他等得太久。

1940年，刘良模因在国内组织抗日救亡歌咏运动而遭受迫害，远赴美国。人在危途，他始终不忘以歌咏感化人心的使命，在大洋彼岸组建起一支华侨青年歌唱团。

他把《义勇军进行曲》唱给国际和平运动战士、美国黑人歌唱家保罗·罗伯逊听。从对方的眼神里，他看到了激动、认同。为民族而歌，是跨越国家、跨越种族的共同情感。1941年，同样喜欢上这首歌的保罗·罗伯逊与刘良模指挥的华侨青年歌唱团一起，制作了名为 *Chee Lai* 的唱片，并在封面写下副标题——"新中国的歌声"。

唱片的封套上，还印着宋庆龄写的一段话："中国已经从新的群众传唱运动中发现了抵抗敌人的力量源泉……愿我们的这些融汇东西方风格的古老民间旋律和新歌曲，成为又一条联系自由人民的纽带。"

一传十，十传百，《义勇军进行曲》渐渐成了风靡世界的"流行歌曲"。1941年太平洋战争爆发，它开始在东南亚地区广泛传唱；1944年，印度德里广播电台对中国广播时，把这首歌作为开始曲；1945年，它又被选为反法西斯战争胜利之日联合国演奏的代表中国的乐曲……

国歌"超级粉丝"刘良模对《义勇军进行曲》的热爱远不止于此。1949年，他应邀参加中国人民政治协商会议。回国后，他做的第一件事就是打听"国歌是否已经确定"，因为此时他的心里已经有了推荐曲目——《义勇军进行曲》。

在刘良模看来，"国歌要能代表一个国家、代表一个国家人民的精神风貌。这样的歌曲不是想写就写得出来的，而是在斗争中产生、在斗争中得到广大人民承认的"。因而，他和其他爱国人士提出将《义勇军进行曲》作为中华人民共和国代国歌的建议。

1949年9月，中国人民政治协商会议第一届全体会议召开，通过《关于中华人民共和国国都、纪年、国歌、国旗的决议》，以《义勇军进行曲》为代国歌。2004年，《义勇军进行曲》被写入宪法，成为国歌。

三

《义勇军进行曲》无疑是一首高质量的作品，慷慨激昂的曲风，搭配平实质朴的歌词，在当时社会文化水平普遍较低的环境下，便于识记和传唱。

时至今日，当我们一次次唱响《义勇军进行曲》，在感叹音乐魅力的同时，还应该铭记许多。比如，艺术家需要"才气"，更需要"情怀"。

作为艺术家，刘良模是才华横溢的，他的指挥、演唱，常让听者或激情澎湃，或如痴如醉。但他带领大家唱的不只是歌，更是民族解放运动的号角。正如他在接受采访时说："有朝一日，我的歌咏队将会变成战斗队！"他的血液中，流淌着坚韧的爱国情怀。

在战火纷飞的年代，刘良模以艺术为武器投身战斗。他意识到，再好的歌曲也要不断宣传，让更多人知道。于是，群众在哪儿，刘良模就去哪儿。在国内时，他常带着歌咏队去人流密集的广场演唱，号召民众投入抗日救亡的洪流中；流落国外时，他就借助保罗·罗伯逊等大咖的流量，将《义勇军进行曲》传向世界。

新中国成立后，刘良模历任全国政协委员、常委，上海市政协副主席等职，积极为国家发展建言献策。1988年8月，他因病在上海逝世，多位革命前辈以电报等形式悼念。虽然德高望重，但他却不愿麻烦别人，病重时曾嘱咐家人，身后诸事从简。他用无私奉献、不求回报，阐释了对祖国的热爱。

今天，《义勇军进行曲》已经成为中华民族的声音图腾，印刻在每一个中国人心中，激荡在他乡游子的肺腑中。

让我们铭记那些创作、传唱《义勇军进行曲》的人们，也铭记他们的精神，和他们一起熔铸成一个顶天立地的"我们"。

杨静雅　石承承　严辉　执笔

2023年10月4日

文化联名要谨防"五大误区"

> 无论哪种形式，文化联名的本质是使不同文化品牌"碰撞"后产生新的"火花"，从而突破原有传播局限，激发人们的兴奋点和关注度，创造更高的价值。

杭州亚运会正在火热进行，周边文创产品热度也持续攀升，购买各式各样的特许商品成了许多市民、游客"打卡"亚运会的一种方式。

文博文创、冰淇淋、咖啡、彩妆……近年来，文化联名产品可谓层出不穷，不少甚至一上架就被一抢而空。文化联名，就是两个或两个以上的品牌联合开发或授权，其中一方为文化IP，双方通过合作，寻求"1＋1＞2"的发展效应。

相关市场调研显示，文化联名产品备受年轻人欢迎，屡屡在消费市场刮起"买买买"的"旋风"。值得注意的是，在文化联名火爆的当下，"翻车"事件也时有发生，带来不同程度的负面影响。那么，文化联名有哪些常见的误区？我们又该如何正确看待、避免"掉坑"？笔者作了五个方面的梳理。

一、"来者不拒"要不得,"意气相投"才能双向赋能

近年来,随着"品牌×品牌"的概念越来越流行,推出文化联名产品一时间成为不少品牌趋之若鹜的营销手段。但若由此就认为"万物皆可联名",隐患和乱象便会随之而来。

比如有的品牌,忽视双方调性上的契合度,盲目合作,反而产生了"反噬"效应,有的商家"剑走偏锋",导致一些不适宜发扬的文化也被用来联名。此外,频繁联名还可能在无形中消耗IP的文化价值。比如,有些文化主体,从服装、美妆,到食品、珠宝,在各类领域推出数以百计的文化联名产品,不仅造成审美疲劳,也给人带来授权泛滥的印象。

要知道,无论哪种形式,文化联名的本质是使不同文化品牌"碰撞"后产生新的"火花",从而突破原有传播局限,激发人们的兴奋点和关注度,创造更高的价值。只有慎之又慎,选择契合的品牌来联名,并以合理、适度的方式进行合作,方能产生双向赋能的效果。

二、"复制粘贴"应避免,"道"与"器"相结合是正道

文化联名产品的涌现更加激活了文创市场的活力,但与此同时,一些成功率较高的玩法也被逐一尝试。慢慢地,从产品开发、设计到营销手段等,大家开始陷入灵感枯竭、缺乏创意的漩涡之中。

比如,这两年"考古盲盒"大火,在年轻消费者当中十分受欢

迎。在短时间内，很多博物馆复刻了这一创意，推出了盲盒系列，但不少盲盒设计雷同、文化内涵不足，存在同质化、低质化、模式化等现象。还有一些文创产品纯粹为了娱乐，有设计之"形"而无文化之"神"，让消费者只有"乍见之欢"，很难"久处不厌"。

再好的文化也经不起无休止的复制，文化联名的"正确姿势"，始终离不开文化主体对自身定位的明晰和对文化内涵的挖掘，"文"是核心，"创"是灵魂，联名产品的设计不仅仅是摆弄"器具"，更是一种文化表达。只有保持高度文化自觉，将独特的内涵与别具匠心的创意深刻融合，才能打造出颜值与内涵并存的产品，让产品的热度长时间延续下去。

三、产品溢价太夸张，质量体验永远是"杀手锏"

文化联名产品要想在竞品中脱颖而出，质量的好坏、做工的精良程度是消费者考量的重要因素。

如今，文化联名产品质量良莠不齐，不少粗制滥造、品质低劣的联名产品流入市场，更有甚者试图以文化IP的知名度、影响力掩盖产品本身的质量问题，影响了消费者的购买体验；还有部分文化联名产品品质、实用性与价格不匹配，却试图将文化变成产品的溢价"砝码"，肆意抬高产品价格，消耗消费者对文化品牌的情怀与好感。

产品与文化品牌要互相搭台、合唱好戏，在遵从文化传承和市场双重导向的同时，千万不能忘记"产品品质"这个核心，否则只会"捡了芝麻丢了西瓜"。只有把控好产品质量，根据产品价值合理定价，才能塑造好文化IP的市场形象。

比如，近年来各式品牌联名的文创雪糕火出新高度，有不少网友认为"文创雪糕越来越贵"。说到底，文创雪糕的本质是雪糕，是一款美食产品，品牌方不能为了收益而把价格抬得虚高，靠噱头赚钱，应做好雪糕的品质把控，把价格限定在合理区间。

四、版权保护须重视，联名"跨界"也要讲"边界"

有个形象的比喻，文化联名就像是合伙创业，权责分清才能创业成功，如若版权归属或管理出问题，不但创业存在风险，还会伤害文化的价值和消费者的情感。

有些热门文化IP为了提高商业价值，多方授权联名，蓬勃发展时自然是"你好我好大家好"，可一旦出了问题就开始互相推诿，让消费者陷入"都是'李鬼'，出了问题找谁"的困扰。当然，版权不清晰、违法成本低等亦会招来"李鬼"。此外，涉及传统文化或文物相关领域，也容易被"李鬼"找漏子、钻空子。

其实，文化资源经过重新整合和确权成为文化IP，本身就具有创造性和延展性，版权范围明确了、源头管理清晰了、法律保护得当了，"联名创业"自然名正言顺。

版权有价而文化无价，文化变IP，变化的是传承和推广的手段，不变的是尊重文化、保护文化的历史责任。文化产品、品牌版权的最终归属应有唯一性，版权主体更须加强管理二次授权行为，避免授权泛滥，甚至被盗版侵权，导致文化价值"贬值"。

像大家熟知的迪士尼，对版权保护就相当重视。他们通过版权登记、统一授权管理、定期更新形象版权以及检索追责等一系列手段，充分保护旗下文化IP的版权和权益，素有"版权狂魔"之称。

五、因循守旧是大忌，讲好故事才能持续"出圈"

目前市面上一些文创联名产品销售渠道较为单一，推广理念陈旧、方式传统，导致产品难以"出圈"。有的仅限于景点景区销售，网络销售品牌支撑力较弱；有的缺乏成熟有效的促销策略，销售手段同质化、重复性强，导致产品销路不畅。

有人说，文化联名，核心是找到品牌间的共通之处，有机融合各自品牌特性与文化基因。因而，文化联名相较一般的联名更具文化属性，也由此有更多内涵可挖掘、更多新意可创造、更多故事可讲述。

"酒香也怕巷子深"。做好文化联名产品的市场营销，一方面，应联动品牌资源全力助推，玩转短视频、直播带货等新兴营销方式，加强线上线下渠道融合；另一方面，应当注重消费者个性化、沉浸式体验，拓展文化传播覆盖面、提升品牌影响力，助力"阳春白雪"的文化艺术走向普罗大众。

创意让生活更美好。文化联名，联的是影响力，更是创造力。文化联名产品，如果能少一点博眼球的套路，多一点走心的真诚，少一些空有噱头的花架子，多一些有表有里的品质好物，那么在"1＋1"的"牵手"中，便能打开更多想象的空间、增添无限的可能。

李戈辉　执笔

2023 年 10 月 4 日

龙舟，从人间烟火划向亚运赛场

> 若回溯龙舟竞渡千年来的传承、演进，我们会发现，从小规模龙舟集会到大规模龙舟竞赛，从禳灾驱瘟到节庆民俗，从单一封闭到多元开放，折射出的是与时俱进、开拓创新的精神。

龙腾东瓯数千秋，化作塘河五百舟。这几天，激昂的龙舟鼓声响彻温州龙舟运动中心，来自12个国家和地区的龙舟参赛队在这里角逐6枚亚运会龙舟项目的金牌。这是继2010年广州亚运会、2018年雅加达亚运会之后，龙舟又一次成为亚运会的正式比赛项目。

"龙"是中华民族的象征，历来与凤凰、麒麟等被列为祥瑞之物。由"龙"衍生而来的龙舟竞渡活动，成为中华民族的文化IP。

从传统竞渡到现代竞技，一叶龙舟已划过2000多年。从南方划到北方，从乡村划到城市，又从中国划向了世界，龙舟不仅成为亚运会比赛项目，还曾在东京奥运会皮划艇项目决赛前，作为展示项目在世界舞台亮相。

不禁要问，龙舟竞渡何以绵延不绝、长盛不衰？这一传统民俗，又如何从人间烟火划向亚运赛场？

一

划龙舟在我国有悠久历史。不同时代、不同地域的人们为其赋予了不一样的传说与意义，有祭水神或龙神之说，也有祭屈原或伍子胥之说。

相传，2000多年前屈原自沉汨罗江后，百姓自发划着船只捞救，却没能找到。划龙舟是为了驱散江中鱼群，保护屈原遗体免受伤害，由此便逐渐形成了端午赛龙舟的习俗。

而在浙江，有一种说法是，赛龙舟起源于越王勾践卧薪尝胆之举。据《事物原始·端阳》记载："越地传云，竞渡之事起于越王勾践，今龙舟是也。"越王勾践败于吴王夫差后，以划龙舟娱乐为掩护，实则秘密训练水军，励精图治，最终复国雪恨，龙舟竞渡也流传至民间。

20世纪70年代，宁波鄞州云龙镇的一位农民在农田里挖到了一件"宝贝"——战国时期的"羽人划舟"纹青铜钺。其图案上有轻舟，上坐四人，头上羽饰随风而舞，双手握桨奋力划船，画面富有动感。这是迄今为止发现的最早竞渡图案，说明战国时期，龙舟竞渡习俗已在吴越之地产生。

此后朝代更迭，龙舟文化历久弥新。

唐朝时，端午节划龙舟被形容为"呼朋唤友看龙舟"，颇有千帆竞渡、万人空巷的架势；到宋代，龙舟在很多地方已发展成全民性娱乐活动。范仲淹在杭州任职时，就曾鼓励举办龙舟赛，以活跃经济。

至明清时期，龙舟竞渡作为"顶流"，仪式感拉满——点殇、进河、摆祭、斗龙、收殇，让人目不暇接。当时，温州还出现了被称为"水上台阁"的观赏龙舟，《温州竹枝词》一诗中就描写了这一热闹画面："午日江城竞渡时，绮楼画阁望迷离。半天忽动秋千影，龙女腾空作水嬉。"

二

龙舟文化绵延千年不息。2000多年来，这艘从中华大地人间烟火中划来的龙舟，从最初的图腾崇拜、祈福禳灾、缅怀先贤，到成为节庆民俗，再到成为现代的竞技运动，积淀了深厚的人文精神，成为中华优秀传统文化中的典型代表。2006年5月，经国务院批准，龙舟竞渡被列入第一批国家级非物质文化遗产名录。

龙舟文化何以拥有如此绵长且坚韧的生命力？笔者认为，这离不开其几大颇有辨识度的内涵。

其一，从时间和历史的维度看，龙舟文化作为积淀中华民族深沉精神追求的代表之一，除了寄托百姓的美好祈愿，更诠释了家国的情怀。"竞渡深悲千载冤，忠魂一去讵能还"。百姓划桨竞渡争先救护屈原的传说，就是追念先贤、心系家国的写照。这一精神符号传承至今，令人提起龙舟便想到我们的民族和民族文化，我们牢记的是根和魂。

其二，龙舟精神也是集体主义的象征。"万橹一时同下濑，乘流千顷浪花飞"，龙舟竞渡作为一项体育运动，强调团队精神，讲求合作、追求速度。"争归""竞会""抢水"，这些词无不说明竞技性就是这项民俗体育运动的重要特点。

在船桨与水的搏击中，舵手、鼓手、划手各司其职、紧密配合，人舟合一地在水中高速游弋，这种"同舟共济、团结协作"的龙舟精神，更像是一种无形的"黏合剂"，投射出强大的内聚力、向心力和感召力。

其三，从地域和连接的视角看，龙舟在水面上欢腾，是各国各地区运动员之间的一种对话与交流。龙舟文化作为国家文化软实力和中华文化影响力的组成部分，正在让越来越多的人了解到这项传统运动的魅力。

据不完全统计，目前全球已有超过85个国家和地区开展龙舟运动。每逢赛事，少不了浓浓的"中国味"：每年的波士顿龙舟节，会按照中国传统习俗举办龙舟"祭水""点睛"等仪式；德国法兰克福龙舟节，会在比赛现场广播"屈原投江"等历史典故，同时播放中国民乐《将军令》，铿锵的节奏将现场的呐喊声越推越高。

三

在文化传承发展座谈会上，习近平总书记强调，只有全面深入了解中华文明的历史，才能更有效地推动中华优秀传统文化创造性转化、创新性发展，更有力地推进中国特色社会主义文化建设，建设中华民族现代文明。如何更好地传承与弘扬龙舟文化？笔者想到以下三点。

内涵的丰富提升，是龙舟文化发展之基。若回溯龙舟竞渡千年来的传承、演进，我们会发现，从小规模龙舟集会到大规模龙舟竞赛，从禳灾驱瘟到节庆民俗，从单一封闭到多元开放，折射出的是与时俱进、开拓创新的精神。

如今，龙舟文化内涵的丰富提升，依然要体现出时代性。比如，考虑如何让这项传统民俗文化热在日常中，见人、见物、见生活，让人们感受到与生活息息相关的独到匠心；比如，对伴随龙舟赛事而来的各类文化活动和产品作进一步研究转化，突出节庆民俗、群众文体拓展等方面的创新，形成龙舟文化新的核心竞争力。

体育产业与文旅融合，是龙舟文化发展之路。龙舟运动具有广泛的群众基础。推进市场引导下龙舟运动与文旅产业的深度结合，更好地放大龙舟竞赛吸引客流、带动消费的牵引作用，推动餐饮、住宿等相关业态发展，不断打响龙舟品牌，有待持续探索。

像温州，可以借助承办亚运会龙舟赛事的契机，进一步盘活文旅资源，建立具有影响力的研学旅行示范基地等，提升文旅产业发展水平。

推进龙舟运动"出海"，是龙舟文化国际化的关键。各种文化之间只有相互沟通、相互交流、相互借鉴，才能维系旺盛的生命力。如何以亚运赛事为媒，将以龙舟文化为代表的传统文化传播得更广更远，亦是值得探寻的方向。

利用体育这一全球"共通语言"，打通文化交融通道，龙舟恰是富有韵味的支点。近年来，随着全国及国际性比赛轮番举办，赛龙舟运动正迎来历史上最好的发展时机，载着中华民族的传统文化一步步"划"向世界。

力争上游、勇往直前、同舟共济的龙舟文化，历久弥新、生生不息，不断激发着我们形成情感共鸣、精神共振。相信更多根植于历史长河的传统民俗，能像龙舟竞渡那样，"划"向我们，"划"向未来。

王玮康　屠春飞　王艳琼　杨金柱　执笔

2023 年 10 月 5 日

起底杰尼斯事务所

> 有最阳光的向上形象，有正能量的流量加持，有全覆盖的监管引导，无论杰尼斯事务所再怎么变身，我们的文化根基仍是"风雨不动安如山"。

近日，日本杰尼斯事务所宣布事务所名字变更，一时间话题冲上各平台热搜。一家事务所名字的变更，为何能掀起网络大浪？有人指出，这是亚洲最大的偶像造星公司；也有人干脆揭底，这是"娘炮文化"的开山鼻祖。

此前有舆论指出，男化女相固然是个人自由，但如果把"娘炮"、饭圈、偶像、资本等联系在一起，那就是一场针对某个民族的"文化阉割"，而杰尼斯事务所就是这背后的"推进器"。

那么，杰尼斯事务所是怎样试图在东亚建构和推广"娘炮文化"的？这背后，又暗藏了哪些用心？

一

"欲灭其族，必先灭其文化"，文化是民族之根。第二次世界大战后，日本国内反美情绪高涨。美国对日本民族文化中的进攻性、狼性心有余悸。绞尽脑汁后，他们采用了正力松太郎等人的建议，开始了对日本的"去雄化"，用娱乐节目给日本人洗脑，改造他们的思想和文化。

美籍日裔喜多川成了日本"娘炮文化"的急先锋。喜多川成立杰尼斯事务所，组建了会唱、会跳、能主持、能作曲的 Four Leaves 男团，随后 SMAP、V6、KinKi Kids 等一个个走柔美路线的"美男战队"也横空出世。据日媒报道，当时杰尼斯事务所每年收到的青少年申请少则 40 万份，最多的一年高达 150 万份。

"柔美"成为"主旋律"，"硬汉"被挤到一边，日本社会的审美观念便开始了转型。此后，喜多川和他的杰尼斯事务所缔造的"娘炮文化"，裹挟着一股阴柔之风向东亚蔓延。

这股歪风首先登陆韩国。有舆论指出，韩国 SM 公司打造推出的知名男团，其练习生、宣传推广等模式，都有"复制粘贴"杰尼斯事务所的鲜明印记。据调查，截至 2016 年，韩国 5000 万人口中就有 100 万名偶像练习生，他们仿佛都是一个模子刻出来的美少年。这被网友调侃："如果你不表现出一点娘气，在当地的娱乐圈很难有市场。"

21 世纪初，这股风气漂洋过海，侵袭中国文化市场。在中国的电视电影屏幕前、自媒体社交平台上，也出现了不少精心包装的男性偶像和网红达人。兼容并包、多元审美本是中国文化的特性和魅力所在，然而凡事得把握个度，我们必须看清楚"娘炮文化"带来的负面影响，坚决对"娘炮文化"说"不"。

男性追逐阴柔之美的"娘炮文化"，将导致整个社会丢失"阳刚之气"，让民族战斗力"打折"。历史已经告诉我们答案。如魏晋时期盛行男性阴柔美，大臣们涂脂抹粉上朝，国防萎靡，成为当时社会走向歧路的原因之一。

此外，以男化女相的姿态圈粉，以低俗劣质的表演博流量，将扭曲社会审美，腐蚀青少年价值观。比如一些网络博主以低俗造型、媚俗腔调，收割流量红利。像某自媒体博主靠着矫揉造作地说"吃个桃桃，哒哒哒，好凉凉"等卖萌的叠词来吸引眼球，甚至一个视频在短短几天内收获数十万点赞。"娘炮文化"有这般"真香"市场，不得不引起重视和思考。

总而言之，"娘炮文化"盛行，不仅助长歪风，扭曲价值观，挑战社会公序良俗，还将伤害文化根基。

二

据报道，20世纪50年代初，美国中情局就针对中国制订了一项行动计划。该计划此后随中美关系的变化不断修改，也被称为《十条诫令》，其中就包括通过娱乐和传播等手段进行渗透，来影响中国青少年的价值观。

"娘炮文化"的始作俑者杰尼斯事务所和它的幕后推手美国竭尽所能，大搞渗透，妄图炮制中国版的"娘炮文化"，就是其重要表现之一。笔者梳理了一下，其主要方式有三种。

"定向式"侵蚀。"男儿当自强""撼山易，撼岳家军难"……

中国传统文化非常注重培养男性的阳刚之气，教育孩子要勇敢、坚强、有担当。然而，以美国为首的西方国家让"娘炮文化"成功侵蚀日韩后，为了让"少年娘则中国娘"，开始频频对中国青少年下手。有文章就曾以《为了让你喜欢娘炮，你知道美国中情局多努力吗？》为题，揭示"娘炮文化"背后的意识形态领域之争。

如"养成系偶像"等"娘炮文化"的打造模式"侵入"中国并日渐盛行，对青少年造成的负面影响不言而喻。有粉丝为获取牛奶瓶盖上的二维码来给爱豆投票，不惜倒掉牛奶，甚至有小学生追星过火，在试卷上写满"小鲜肉"的名字。

"审丑式"追捧。龚自珍曾在《病梅馆记》中记录了文人画士对梅花的病态审美：嫌弃自然生态的梅花，导致卖梅者为投其所好，加工大批曲尽其态的"病梅"，还引得看客啧啧称赞。

现代"病梅版"的"娘炮文化"，离不开杰尼斯事务所造成的畸形审美观。比如，此前一些养成类综艺节目开播后，"娘炮""柔弱美""不男不女"等词汇就引发争议；再如，面对浓妆艳抹的阴柔男星，有粉丝宣称："凭什么君子就该'温润如玉'，只要长在我的审美点上，都是'貌美如花'。"

"大流量"包装。在杰尼斯事务所卖力输出的同时，受利益驱使，国内一些资本也加大对"娘炮文化"的包装和打造力度，使得从娱乐节目的"阴柔明星"到自媒体平台的伪娘式"网红"，哪里有市场，哪里就有"娘炮磁场"。

比如，有节目组费尽心思请来有"娘炮文化"气质的明星嘉宾，引得现场和屏幕前的粉丝同频叫喊。明星追名逐利、资本流量变现，在双向追逐中使得"娘炮文化"形成"惯性恶性循环"。

三

如今，杰尼斯事务所已隐入尘烟，但指望它一手培植的"娘炮文化"自行消失并不切实际。资本的过度包装、娱乐媒体的极力追捧，将"娘炮文化"演变成一种畸形文化、审丑经济。须看到，文化潮流之争的背后，更是意识形态之争。整治"娘炮文化"，是对价值观的"纠偏"，更是文化战线的"拔毒除烟"。

笔者认为，应该从两个方面加以引导。

一方面，铲除"娘化土壤"的力度要加大，割除"娘炮资本"的态度要坚决。树立"正能量就是大流量"的理念，引导明星偶像在多元化的娱乐圈中，向社会传递正确的审美方式，这才是最大的圈粉资本。

往浅了说，影视剧创作者和娱乐类节目组挑选演员嘉宾，要从角色匹配度、演技、艺德出发，可精心打造"花木兰"，但不可蓄意塑造"花美男"；往深了来说，还要加大监管力度，发动行业抵制，对"娘炮文化"铲土刨根，斩断资本的黑手，斩断"娘炮文化"的供应商。对此，2021年，广电总局已经发布通知，明确表示要坚决杜绝"娘炮"等畸形审美。

另一方面，宣扬"硬汉文化"的强度要拉满，崇尚英雄的氛围也要拉满。在当前错综复杂的国际环境下，我们传统的尚武精神和血性阳刚之气绝不能丢失。纠正走偏的"娘炮文化"迫在眉睫，培养"硬汉文化"势在必行。如电影《封神》里的"质子团"，展现出商周时期青年战士孔武有力的体魄，一出场就以英武健美的形象抓住观众目光，火出了圈，这背后正是"硬汉是这样炼成的"

故事。

"崇尚英雄才会产生英雄，争做英雄才能英雄辈出。"任何时代都需要英雄，需要英雄精神。有最朴素的爱国情感，有最阳光的向上形象，有正能量的流量加持，有全覆盖的监管引导，无论杰尼斯事务所再怎么变身，我们的文化根基仍是"风雨不动安如山"。

王云长　王志刚　执笔

2023 年 10 月 5 日

老将为何值得被致敬

> 不管是用奖牌赢得荣誉，还是无关奖牌为梦想而战，逐梦路上，老将们闪闪发光。

杭州第19届亚运会上，曾征战过8届奥运会的体操界老将——48岁的丘索维金娜，两次亮相跳马赛场，成了耀眼的存在。10月5日上午，她离开了杭州。临别前，她对着镜头表达了对中国的爱、对杭州的喜欢，也向她的中国粉丝表达了感谢："你们的爱将永远留在我心中。"

连日来，社交平台上，一系列"向亚运赛场上的老将致敬""这些老将站上亚运赛场""致敬亚运赛场上的老将"等话题引来了众多体育迷的热烈关注。许多网友评论，"为老将点赞""宝刀不老，青春永驻"。

在《杭州亚运为何很燃也很暖》一文中，我们曾提及老将。值得思考的是，竞技体育界更新换代速度极快，年轻面孔层出不穷，那么老将为什么总能掀起人们内心的波澜？他们为何值得被致敬？

一

在竞技体育世界，年过30岁或年少时就成名的选手往往被人以"老将"相称。在过去十多天的亚运会赛程中，老将备受关注。很多人之所以不远千里奔赴杭州观看亚运，很可能就是冲着老将来的。

比如，34岁的马龙四次征战亚运、孙培原成就亚运三连冠、汪顺打破自己的亚洲纪录、34岁的巩立姣用亚运三连冠给自己一个交代、何超退役4年为了梦想重返赛场斩金，科威特飞碟传奇人物阿卜杜拉·拉希迪在花甲之年摘金夺银。那么，人们爱老将究竟爱的是什么？

他们用时间书写了热爱。提到老将，有人喜欢用"坚持"去赞美。然而仔细思量，往往只有当难以继续的时候，我们才会说"要坚持"。在笔者看来，与其说"坚持"，不如说老将们对竞技体育有着发自内心的热爱。

比如，夺得女子200米蛙泳金牌的叶诗文，今年27岁，她在16岁时就成为中国泳坛第一位"大满贯"得主，随后经历过低谷，暂别赛场，如今选择复出，她说："更多的是热爱在支撑着我，也不再被结果所绑住。"

又如，36岁的吴鹏退役十年后再次重返赛场，参加了50米蝶泳的角逐，他说："这次回来把输赢都看淡了，真正发现了自己对这池水的热爱和眷恋，非常享受这个过程。"

他们用实力铸造了荣光。足够多的世界大赛经验、临场的稳定发挥和永不服输的心态，赋予老将们在赛场上游刃有余的底气。

比如，获得女子撑竿跳冠军的浙江运动员李玲，今年34岁，是田径赛场上的一员老将，此番实现了亚运会"三连冠"，并再次刷新了赛会纪录。她的教练周铁民曾说，李玲之所以能一直保持高水平，除了天赋，最重要的是"一颗永远不服输，永远对纪录保持追求的心"。

他们用拼搏诠释了担当。在竞技体育赛场上，老将们挑战极限、不断突破，为的不只是个人荣誉，更是代表国家纵横驰骋国际赛场。比如，被网友视作杭州亚运会卫冕中国百米的"第一责任人"，30岁老将谢震业在百米决赛上竭尽全力争取更快0.01秒，在这个非优势项目上努力"突围"、向上"爬坡"。

可以说，不管是用奖牌赢得荣誉，还是无关奖牌为梦想而战，逐梦路上，老将们闪闪发光。

二

无论是退役多年后的复出，还是年复一年的坚持，老将们能登上赛场，不管结果如何，都战胜了多位"对手"，值得我们尊重和赞许。

有的战胜了伤病。伤病可能是所有运动员职业生涯中都要面对的"对手"，是老将绕不开的"坎"。比如，在东京奥运会后，老将肖若腾经历了漫长的伤病期，但他一直努力恢复训练，此次助力体操男团夺冠；今年34岁的沙滩排球老将薛晨，曾在东京奥运会后因伤病选择退役，如今她克服伤病困扰，走上亚运赛场，赢得了金牌。

有的战胜了竞争者。老将也是亚运赛场上不可缺少的中流砥柱。今年34岁的马龙，第四次参加亚运会，团体赛中他一局未失，以11∶8、11∶5、11∶3战胜对手，仍然代表着国乒坚不可摧的中坚力量。又如，在杭州亚运会射击男子双向飞碟个人决赛中，60岁的科威特老将阿卜杜拉·拉希迪凭借出色的表现、稳健的发挥，第四次获得该项目的亚运会金牌，也追平了亚洲和世界纪录。

更重要的是，他们都战胜了自己。体育赛场上，老将们用行动证明：老将不老，因为追梦人、拼搏者永远不老。正如很多网友所说，观看他们的比赛，目光不应该局限于金牌，而应关注他们超越自我、克服伤病、挑战对手的勇气，像他们一样享受比赛、享受人生。

赛场上的老将，在与众多年轻运动员同场竞技时，如何保持良好身体状态？很大程度上取决于他们自律的生活和训练。比如，在亚运会赛艇男子双人双桨角逐中，36岁的老将张亮与队友全力争先，夺得金牌，同时他还拿下了男子单人双桨金牌，实现"梅开二度"。金牌的背后，张亮每天早上4点起床，划6—8千米后，再与队友一起开始训练，午休时间还去训练房继续训练。有人问张亮为何能保持良好的竞技状态，他简洁而有力地回答："自律。"

三

"长江后浪推前浪"是一种普遍现象，在竞技体育世界里尤是。不可否认，时间是与每位运动员始终相伴的"对手"，随着年龄增长，很多运动员的身体机能会逐渐下降。所以有人说，运动员是吃"青春饭"的。也有人说，越用老将，小将就越难出头。

实际上，任何一支队伍都是新老结合的一个整体，发挥好老将和小将各自的优势，才能提升整体水平。

在杭州亚运赛场，有许多"00后"崭露头角，比如年仅13岁的中国选手崔宸曦夺得滑板女子街式决赛金牌，成为中国亚运史上最年轻的冠军，让我们看到中国体育天团的新兴力量。很多老将努力传好最后一棒，用自己的光与热照亮了"后浪"的征途。

比如，国家乒乓球队的教练班子中，一直以来都有功勋老将的身影。像中国首位男子"大满贯"得主刘国梁、第一个蝉联世界杯男单冠军的马琳、两届奥运男团冠军王皓……这种"传帮带"的光荣传统，推动着"国球"始终蓬勃发展。

本届亚运会上，这种新老传承的场景还有很多，曾斩获亚运14金的中国射击名宿王义夫，为"射落"女子10米气步枪金牌的3位"00后"小将颁奖，新老"神枪手"同框，共同见证着中国射击的亚运荣光。

可以说，老将们是团队的"精神领袖"，扮演着不可替代的角色。虽然他们面临着体能下降、伤痛恢复缓慢等不利因素，但多年职业生涯积累的赛事经验，无疑是一份宝贵财富。当老将的经验和年轻选手的活力相结合，往往能释放出叠加倍增的效果。

老将们心系家国的使命担当尤为可贵。比如，今年33岁的老将丁霞，重归女排国家队，目标只有一个，那就是成功卫冕。她说，如果队伍需要她，必定全力以赴，拿出自己最好的状态。中华体育精神的主要内容就是"为国争光、无私奉献、科学求实、遵纪守法、团结协作、顽强拼搏"，这有赖于一代代体育健儿继承创新、发扬光大。

年龄从不是人生的限制。竞技体育世界里，我们乐见老将与小将在同台比拼、关爱提携的过程中将体育精神代代相传、永葆生机。体育赛场外，我们相信，生命不息，运动不止，拼搏者永远年轻。

郑思舒　执笔

2023 年 10 月 6 日

答好"浙江怎么办"之问

> 历史证明,谁要躺在功劳簿上骄傲自满,谁就止步不前、发展不了;谁要抱守功勋奖章扬扬自得,谁就会被人赶超,甚至被时代所抛弃。

今年以来,全国各地一些代表团到浙江"走亲""串门"。从城市到乡村,从科创到民生,代表团"打卡"的足迹遍布全省多地,调研的内容也涵盖了诸多领域。

在很多人看来,浙江在不少领域的工作都走在前列,在高质量发展上成色足。随着杭州亚运会的开展,"诗画江南、活力浙江"又汇聚了海内外的目光。习近平总书记在浙江考察期间,提出了"浙江是中国式现代化的先行者"的新定位,赋予了"奋力谱写中国式现代化浙江新篇章"的新使命。

对于浙江来说,该如何不辜负习近平总书记的期望,如何看待外界的赞许,又如何交出引领示范的新答卷呢?一言以蔽之,浙江怎么办?

持之以恒的努力。

"先行"承担着绝非一般的使命。站在中国看,浙江的先行探路求解的是"现代化之问"的中国方案。站在世界看,中国式现代化开创了人类文明新形态,之江大地的一个个生动实践有望成为"燎原"的"点点星火"。

无论是"绿水青山就是金山银山"理念把人和自然统一到新的文明形态中,成为超越工业文明的文明境界,还是"千万工程"找到了解决城乡问题、生态问题的钥匙,浙江的"先行"都为全球社会治理提供了有益借鉴。

三

共同富裕和中国式现代化都不是轻轻松松就能实现的,浙江要在其中保持先行的姿态就需要不畏艰难、闯关夺隘,把"硬骨头"一块一块啃下来,努力把事情一件一件做实办好。在笔者看来,回答"浙江怎么办"这个问题,还需做好以下三点。

放低身段。党中央对浙江寄予厚望,把一些前瞻的、前列的国家考虑放在浙江。但越是这个时候,越要放低身段、放平视角,越要谦虚谨慎、不骄不躁,做到自豪而不自满,昂扬而不张扬,务实而不浮躁。只有把身段放下来,才不会迷失自我,才能看清前行的道路。

习近平总书记在浙江考察期间谈到共同富裕时,特别提醒道:"要实事求是、步步为营、稳扎稳打,一定不要有标新立异、好大喜功、'放卫星'、作秀出彩的思想。那会把我们好端端的共同富裕搞砸了。一定要放低身段来干这件事。"说到底,就是要树立正确的政绩观,真正为民办事、为民造福。

埋头干事。浙江的发展，不是靠想出来、喊出来、秀出来的，而是靠干部群众一点点干出来的，事实证明，只有当"行动派"，才能梦想成真。

埋头干事意味着要敢于从最难做、短期最难见效，却有利于长远发展的那些基础性工作做起，如何在高水平科技自立自强中实现突破突围，如何在缩小城乡差距、地区差距、收入差距中见行见效等问题都需要埋头去钻去干，把这些难题解好，需要付出百倍努力，来不得半点虚功。

追求卓越。浙江的"先行"既为中国式现代化"探路"，也为创造人类文明新形态"试水"，从这个意义上说，浙江所能所及都应该努力对标国内国际一流。习近平总书记在浙江考察时就指出："从全球视野布局产业链供应链建设"，"以服务全国、放眼全球的视野来谋划改革"。

在世界的大海里游泳，泳技没有最好，只有更好，这就需要跳出浙江，用世界眼光来评价，以极限思维求极致效果。"而世之奇伟、瑰怪，非常之观，常在于险远，而人之所罕至焉，故非有志者不能至也。"激发潜能，挑战自我，才能打破"天花板"，突破"不可能"，实现更高更好的目标。

不妨把思考和回答"浙江怎么办"这个问题的过程，作为自我检视、自我反思、自我鞭策、自我改进的过程。拿出"坐不住、等不起、慢不得"的紧迫感，全速奔跑、全程冲刺，才能不负期待、不负时代。

王人骏　执笔

2023 年 10 月 6 日

西湖不会忘记

> 过去的一千多年，正是有了一代代人的精心呵护，才留下了"淡妆浓抹总相宜"的西湖，而未来，还需要一代代人的共同努力，才能让"失去西湖"的遗憾永无可能，让"一半勾留是此湖"成为每个人的念想。

乘着杭州亚运会的东风，杭州和西湖，再一次绽放在世界面前。

历史上，我们曾差点儿失去西湖，这话不是危言耸听。在西湖成为西湖之前，又名"上湖"，其东北方向，还有一个水位差不多的湖，名为"下湖"。时至今日，下湖已杳无踪迹。

在大自然的作用之下，随着泥沙沉降，河床逐渐抬高，湖泊萎缩、消亡的例子并不罕见。

水光潋滟、山色空濛的西湖，是怎样"逃脱"自然规律的？它又有怎样不一般的经历？

一

西湖与下湖相邻而居的格局，在唐代时仍保持着。白居易到杭州后，为了调节西湖的蓄水量，在如今的少年宫一带增高堤坝并增设水闸，从而与下湖隔离。

西湖与钱塘江隔绝后，周围山区溪流成为西湖的主要水源。但是，上游流入西湖的水中夹杂着大量泥沙，极易导致湖床抬升。

竺可桢曾断言，西湖若无人工的浚掘，一定要受天然的淘汰。

仅两宋300多年时间内，有明确记载的西湖疏浚就有11次。比如，南宋绍兴十九年（1149年），西湖湖底泥沙淤积严重，靠近湖边的地方，淤泥甚至露出水面，成了葑田。有人强占西湖，在湖边种植菱藕牟利，让湖面进一步缩小。当时的临安知府汤鹏举组织人员，疏浚西湖，同时修葺"钱塘六井"。

又如，南宋淳祐二年（1242年），逢大旱之年，西湖几乎干涸。临安知府赵与筹奉命疏浚西湖，以解燃眉之急。赵与筹不敢懈怠，将淤泥堆放在苏堤东浦桥向西到曲院一带，修筑了一条长二百五十丈、宽二十五尺的新堤，也就是赵公堤。

元代近百年里，西湖无人治理。可想而知，到明代初期时，西湖经历的自然退化和人为侵蚀有多严重。据田汝成《西湖游览志》记载，当时苏堤以西部分，几乎全部变成田荡，就连小船也无法通行，而苏堤以东部分的湖面也因为淤泥堵塞成为小溪。

如果不进行人为正向干预，西湖很快就会步下湖的后尘，消失在历史中。

幸好，在明朝中期，西湖遇见了杭州知府杨孟瑛和浙江巡按庞尚鹏。前者，以坚决的态度，收回被侵占的田荡，同时说服朝廷疏浚西湖，并用疏浚后产生的淤泥筑起了长堤，也就是杨公堤；后者，制定《禁侵占西湖约》，刻成石碑，立于清波门、涌金门、钱塘门旁，如有豪民屡教不改，将被控告。

在二人之后，浙江、杭州的主政官员带领百姓又不断地对西湖进行治理，西湖的"生命"才得以延续。

到了当代，1951年开始，西湖又接连进行了三次大规模疏浚。

二

进入21世纪，西湖"怎么变得更好"，又一度成为焦点。2002年，西湖综合保护工程正式实施。

据《习近平浙江足迹》记载，2002年11月28日，时任浙江省委书记习近平考察杭州的第一站，就选在了西湖。站在杨公堤新西湖景区建设工地现场，习近平同志仔细看着规划图纸。望着眼前一片水光潋滟的湖光山色，习近平同志看到的却是更辽远的未来。他对大家说，历史文化名城是杭州的"灵魂"，西湖是杭州的"生命线"。西湖综合保护工程是德政善举、得民心之举。

一锤定音，西湖湖西综合保护工程就此开工。21年后，再次回顾这项工程，笔者有三点感受。

还原了西湖"大生态"。工程在恢复西湖水域的同时，也将西湖南线一带大片的沿湖房屋、围墙拆除，外迁沿湖的单位和住户，重现自然景观。在湖岸，种上春桃、夏荷、秋桂、冬梅四季花卉，人们能从植物的花开花谢中感知四时的轮转。

传承了历史"大文脉"。将西湖的园、亭、寺、塔与吴越文化、南宋文化、明清文化相结合，促进自然与人文融合，让百姓从一处处景物中感受历史文化内涵和流传千年的盛世韵味。如，雷峰塔、万松书院重建，许仙与白娘子、梁山伯与祝英台的传说又在西湖南岸延续；又如，钱王祠、杨公堤复建，与苏堤、白堤相互呼应，千年的西湖直观展现在市民游客面前。

小切口撬动"大民生"。西湖水域逐渐恢复明代时期的面貌，蓄水能力增强，提升了城市抵御自然灾害的能力。同时，"还湖于民"后，西湖不单单是一个风景名胜区，还是城市生活的重要组成部分，让更多人享受到西湖丰富的旅游资源。

治理后的西湖，"一湖两塔三岛三堤"充分展现，"三面云山一面城"的城湖空间格局得以优化，恢复了白居易笔下"松排山面千重翠，月点波心一颗珠"的画面。

三

如今的西湖，一边为杭州百姓提供着生活、生产的必需要素；另一边，由西湖构建的"湖城共生"生态体系，也在发挥重要作用。

杭州人该如何与西湖相处，又该如何用好西湖这张"金名片"？

将保护西湖进行到底。从荒山还绿、名胜古迹的保护和修复，到环湖动迁和绿化，西湖综合保护工程已经取得阶段性成果，西湖已经成为将自然与人文元素、将古韵与现代魅力融为一体的湖泊，但对西湖的保护和治理仍然不能停止，需要一直持续。

因此，除了继续实施西湖综保工程之外，一方面，在现有保护措施的基础上，"做加法""做乘法"，用细腻、细致的服务，让西湖与百姓日常生活的联系更紧密，形成"人民的西湖，人人都来保护"的局面；另一方面，不断完善保护西湖的法律和法规，将保护西湖的责任意识渗透至百姓的意识中，也对少数人的不规范行为进行约束，为更多人留住西湖的美景。

从文化传播上寻找新的突破口。西湖的人文精神滋养了西湖，也焕发了西湖在文化维度上的生命力，已成为西湖IP集群中的重要组成部分。西湖的传说故事、文学作品里的人物都具有"二次开发"的潜能，汇聚成一个巨大IP库，产生更大的IP效应，不断形成文化传播的突破口。

此前，从西湖历史人物和传说人物中衍生出了《印象·西湖》和《白蛇：缘起》等文艺作品。未来，更多西湖IP集群中的人物也将走上舞台、登上荧幕。这些由西湖诞生的戏剧、影视剧、摄影、绘画等文艺作品，又将借助西湖的巨大IP，得到更广泛的传播。

与城市共生共荣共"富美"。西湖，如杭州之眉目，两者可谓"美美与共"。从西湖的发展历史中可以看到，越是经济繁荣社会稳定的时代，西湖之美也就愈加惊艳。同样，美丽的西湖，也给杭州这座城带来了无可比拟的知名度和美誉度，带动了杭州的经济社会发展。因此，要按照"保护好、管理好、利用好"的方针，实现西湖保护开放与城市协调发展的共赢。

这世上没有什么是理所当然的存在。过去的一千多年，正是有了一代代人的精心呵护，才留下了"淡妆浓抹总相宜"的西湖，而未来，还需要一代代人的共同努力，才能让"失去西湖"的遗憾永无可能，让"一半勾留是此湖"成为每个人的念想。

朱致翔　先宏明　钱伟锋　潘沧桑　执笔

2023年10月7日

揭秘短视频"擦边"套路

有网友问："'擦边'短视频是从什么时候开始的？"有回答说："是从你喜欢看的时候开始的。"因此，自觉对劣质负面短视频说"不"，才是治本之策、断根之举。

在"万物皆可播，人人皆主播"的时代，各类短视频乱象野蛮生长，屡屡牵动社会神经。

虽然行业监管三令五申，但在流量暴利驱使和赌徒心态作祟下，各种负面、劣质的短视频依然层出不穷。只不过为了躲避监管，它们改打"直球"为"擦边"，试图通过更为隐蔽的手段，来薅一波流量羊毛。

"擦边"，是一个网络用语，一般指在直播短视频等平台上靠衣着暴露、行为挑逗吸引眼球的低俗行为。近年来，此类行为在网络上层出不穷。在笔者看来，那些为博流量牟利而游走在灰色地带，精心策划穿马甲、换名头、编剧情、造人设，看似敏感又无明确禁令的、挑战规则底线的短视频，都可称之为"擦边"短视频。

笔者结合当前网络上一些"擦边"短视频的典型案例，对其手段、套路进行盘点,以鉴别防范。

第一,曲解政策"擦边",消解权威

一些短视频作者秉持"人有多大胆,流量多高产"理念,把调侃、曲解国家政策决策作为引流工具。

比如针对"三孩"生育政策,不少短视频"发挥想象"、添油加醋,"一本正经"地探讨"一夫多妻"或"一妻多夫"的"好处"等;再如每当国家举办重大活动,一些短视频热衷于打"小算盘",发表"这钱不划算""那事不值当"等"高见",博人眼球、误导大众,可就是不算国家利益的"大账"、不算提升国家软实力的"总账"。

这类短视频看似在充当"理中客",并未实施攻击抹黑,事实上以偏概全,散布歪理邪说,误导、迷惑了部分网友,消解了决策的严肃性、权威性,损害了政府的公信力。

第二,搅乱认知"擦边",恶意营销

一些短视频抓住受众的猎奇心理或是渴望成功的心理,打着"励志""体验"的旗号,夸张炫富、恶意营销、腐化风气。

比如住"75000元一晚的总统套房"、吃"2668元一碗的龙虾面"等体验式炫富短视频,又或者"三小时狂赚几万"等展示迅速致富的短视频,往往能快速吸粉,却极易搅乱社会认知;再如一则点赞超7万人次的短视频,斥责年轻人"你没钱,证明你自己无能""失败者活该被淘汰"等,放狠话、博眼球,放大了社会的焦虑情绪。

正如有人指出，此类短视频之所以能发出来，是因为豪车豪宅、致富秘籍等要素，尚不触及监管红线，可轻易通过平台审核，因此备受部分自媒体青睐，而一些博主"炫富"类短视频的背后，更是一条"炫富—流量—卖货—赚钱"的产业链。炫富是假，营销赚流量是真；炫富是起点，卖货盈利是终点。

第三，剧本炒作"擦边"，造假牟利

前不久，一段"9岁娃卖石榴"的视频在网络上广泛流传，后被证实为摆拍，而视频中的主人公则是在不知情中被利用：在某地农村，9岁的"小宝"穿着又脏又破的衣服，背着石榴准备去卖，后面跟着奶奶。拍摄者问："为什么不是奶奶背石榴？""小宝"答："因为奶奶腰疼背不动……"这令网友大喊催泪，表示想要帮他们一把。

事实上，这条虚假摆拍视频，只是许多卖惨带货视频中的一条。今年9月，某地百万网红售假被捕事件引发全网关注，一条打造虚假人设、编造剧情视频、农产品供应流量变现等制假售假的"灰色产业链"也呈现在公众面前，以至于有人感慨，"最深的大山里，有着最深的套路"。

综观全网，编造悲惨故事、贩卖焦虑、挑拨社会对立、虚构社会矛盾等各种剧本的短视频屡见不鲜。此类"造假"短视频，以把网友的好奇心、同情心兑换成金钱为目的，涉嫌造谣滋事。不仅如此，还欺骗了网友的感情，增加了人与人之间的不信任感，恶意消费和透支了事发地形象，不是帮忙而是帮倒忙。

第四，色情低俗"擦边"，挑战良俗

"色情擦边"隐蔽性强，引流力大，是短视频"擦边"的主力军。今年7月，某平台宣布无限期封禁22个色情"擦边"的高粉账号，成为社会关注的热点。

如某博主发布的近400条短视频中，低俗内容占很大比例，有些视频甚至特意打上"擦边"标签，靠着衣着暴露、行为挑逗轻松获得点赞数千上万次，为流量为利益屡屡击穿道德底线。

此类短视频以低俗、恶俗直播内容博眼球，屡遭诟病却屡禁不绝，违背公序良俗，对网络空间造成严重污染。此外，有调查发现，此类视频往往诱导用户从信息流视频、评论区留言、账号主页跳转到私域社群，各种引流套路齐全，其目的正是引发关注，甚至实施诈骗，从而不当获利。

第五，复制粘贴"擦边"，侵犯版权

短视频"搬运"和"量产"现象，也是备受诟病的乱象之一。

有媒体指出，近年来，短视频平台已成互联网领域侵权高发地，各种视频"剪刀手""搬运工"层出不穷，未经许可便肆意剪辑热门影视综艺等原创作品现象屡见不鲜。有的直接复制粘贴、侵犯版权；也有的进行"转换性使用"，获得流量以后，再通过"承接广告、直播带货、招收学员、出售账号"等来变现。

一样的桥段、相似的剧情、同样的话术……因为符合平台的算法推荐法则，大量同质化短视频在各大平台上可谓泛滥成灾。当短视频成了侵犯版权的重灾区，不但损害原创者利益，也令公众十分反感。

第六，唱衰骂怼"擦边"，制造对立

部分短视频认为"唱衰才是流量密码，骂怼才是变现方式"，抓住热点事件就喷，以煽动极端情绪来博取眼球和流量，污染互联网生态环境。

比如前段时间，部分短视频博主奉行所谓的"碰瓷经济模式"，把骂怼民企和企业家当作"引流器"，以"为民请命"的名义对民营企业进行名誉围剿，以此吸引眼球，来实现流量变现；再如一些短视频热衷于唱衰，看到房企打折就喊"经济要崩"，看到企业破产就喊"经济要完"，对国家出台的经济政策、新兴企业的崛起选择完全无视。

这种唱衰骂怼带节奏的短视频，其目的就是为激起网民极端情绪，挑动社会敏感神经，带偏社会心态，撕裂社会发展共识，贻害无穷。

第七，晒娃啃小"擦边"，伤害儿童

"2岁儿童吃播""穿着尿不湿下厨房"等短视频，看着是在"晒娃"，实则是"流量密码"。近年来，无论是"年收入过百万，一年赚一套房"的童模，还是"父母为圈流量把三岁女儿喂到70斤"等"啃娃"短视频，屡屡冲上热搜，令人深恶痛绝，其中不乏触碰禁令底线的"擦边"行为。

虽然有关部门下令严禁利用"啃娃"短视频博流量牟利，但各平台上的"晒娃"视频依然流传广泛，良莠难辨。

孩子是民族和国家的未来。笔者认为，这种为圈粉带货而损害孩子身心健康、牺牲孩子权益，把孩子变成引流道具的行为，严重触碰法律和道德的边界，必须加大审查，严肃处理。

第八，追风蹭热"擦边"，侵犯隐私

近年来，一些为蹭热点赚流量而逾越道德底线，侵犯他人隐私权、名誉权、肖像权的案件频发，引发社会的普遍关注。

比如全红婵在东京奥运会一战成名后，一大批短视频博主去她老家蹲点守拍，严重干扰了其家人和周边村民的正常生活；再如"大衣哥"朱之文，也被从全国各地赶来的直播者围观守拍，家门口经常被堵得水泄不通，个人隐私受到侵犯。更为严重的是，有些侵犯他们权益的短视频，还可能引发网络暴力，给当事人造成巨大的舆论压力和精神负担，最终导致悲剧发生。

据相关统计，截至2023年6月，我国短视频用户规模达10.26亿，人均单日使用时长近3个小时，已成为互联网上巨大的"流量高地和时间黑洞"。在此背景下，我们要看到，"擦边"短视频看似不直接违规违法，不违反平台审查，但往往更具欺骗性、诱惑性，极易引发不良后果，其危害不容忽视。

想要减小"擦边"短视频的危害，一方面要靠国家相关部门的全力介入，进一步精细化管理规范，另一方面也要靠平台加强自律，更新算法机制，增强算法推流的鉴别力。

此外，广大网友要擦亮眼睛，注意鉴别，不再为劣质短视频加持流量。正如有网友问:"'擦边'短视频是从什么时候开始的?"有回答说:"是从你喜欢看的时候开始的。"因此,自觉对劣质负面短视频说"不",才是治本之策、断根之举。

云新宇　何方　韩梦利　执笔

2023 年 10 月 7 日

名人故居如何"有面"更"有里"

> 名人故居，是过去的低语，是未来的启示，是永恒的诗篇。唯有保留建筑外壳、锁住文化内涵、续写时代故事，故居方能永不"孤居"。

刚过去的八天假期，根据文化和旅游部数据中心测算，国内出游人数达 8.26 亿人次，按可比口径同比增长 71.3%。假期旅游热不断飙升，在"出行大军"的旅游攻略里，除了大美河山、异域风情之外，还有一类景点——名人故居，也常常被列为"必去打卡点"。

然而，打开旅游软件和社交平台，逛完故居就"拔草"的评论和帖子同样"满天飞"。有网友感慨，一座座名人故居看起来都"似曾相识"，除了拍照外，很难留下其他记忆点。

一方面是名人景点的开发如火如荼；另一方面则是不少游客乘兴而来，却不能尽兴而归。两相对比之下，不禁要问，有的名人故居游为何变了味？当我们走进这些故居的时候，到底期待收获些什么？

一

时光罅隙，斯人终逝。为纪念那些在历史上有过重大贡献或产生过较大影响力的名人，世人多善存或修复其生活过的住所场地，以便睹物思人、敬仰精神。当前，"故里游""故居游"逐渐成为文旅消费的新赛道。名人故居为何能俘获年轻人的"芳心"？主要有这样几个原因。

这是走近传奇人生、读懂世间境遇的空间载体。人的"故"事、"居"的气息，"故居"二字的意义，或许就在于此。探访名人故居，往往能让人"坐上时光机"，一秒"代入其中"穿越过去，沉浸于那个特定的时代背景、生活场景，在岁月痕迹中寻味人物、读懂人物。

就像有网友说的，如果你也好奇鲁迅年少时是否真的是"早起困难户"，他的童年乐园里是否真的有碧绿的菜畦、缠络的何首乌、酸甜的覆盆子，迅哥儿的文字之刀启蒙于何处，最好的方式就是到鲁迅故里去实地探访他笔下的百草园和三味书屋。

这是积淀历史底蕴、感悟精神力量的文化场域。回望名人大师的成长之路，有风雨也见彩虹。故居和故居里的老东西、旧物件，或许就是沉浮人生的最好见证。置身于他们曾经生活过、工作过的地方，来自第一现场的直观感受，远比隔着屏幕和书本来得真实且动人。

就像很多人爱打卡上海石库门、井冈山八角楼等革命圣地，那里的每一砖每一瓦，都定格了历史岁月中的珍贵片段，凝结了浴血年代里赓续不息的红色精神，总能让参观者从中汲取力量。

这更是一座城市、一个地区的人文名片和精神地标。有人说，名人故居终极的意义是"显示一个城市人文的高度与精神的深度"。作为与历史亲密接触的"活化石"，故居记录着一个时代的历史变迁和社会变革，对地域文化的构建与传承有着不可替代的重要作用。

踏进故居，以点见面，能感受到当地的风土人情和特色文化。比如，走进老舍故居，扑面而来的是老北京独有的"胡同记忆"；来到湘西沈从文故居，身着苗族服饰的少女、背着背篓的阿婆、沱江边的吊脚楼，处处皆是充满浓郁湘西味的少数民族风情。

二

在名人故居"井喷式"发展的背后，一些现实问题也显现出来，令人担忧。"跑偏"的导向，让名人故居游悄然"变了味"。

比如，"故里之争"失文化品位。近年来，对传统文化的保护意识越发深入人心，名人故里归属权的争夺愈演愈烈。此前，关于屈原故里及端午发祥地的归属存在诸多争议，朱熹故里、诸葛亮躬耕地"争夺战"也闹得沸沸扬扬。演变到后来，不仅争历史人物，就连孙悟空、哪吒等小说或传说中的虚构人物，都被相继"考证"故乡所在地。

这一方面反映出我们对"名人故居"的定义还不够清晰，另一方面也体现了故居争夺的核心是经济和区域发展之争。在很多人看来，"文化搭台，经济唱戏"，景点一旦与名人结缘便能实现身价跃升，城市旅游价值和影响力也随之水涨船高。在多方争抢中，商业化被看得越来越重，而名人故居的"灵魂"——文化本身，却被忽视或缺位。

又如，"故居之似"失自身特色。目前来看，国内许多名人故居景点在布置形式上有着惊人相似，被人诟病。常见的做法是，翻新老屋，摆上几件家具和所谓生平用品，缀以寥寥展板、图片，便开门营业，同质化现象严重。

不少名人故居有"形"无"魂"，"重物不重人"，展览仅限于对实物的静态感知，事迹的动态体验不足，宛如流水线产品，既无教育内化功能，又缺乏形胜美感。碰上一些小众故居，游客观赏后甚至过不了多久，就连故居主人的名字都想不起来了。

还如，"故居之新"失原汁原味。一些名人"故"居不"故"，在翻新"活化"过程中，单纯为了迎合当下"网红"风格和大众喜爱的倾向，在改扩建上往往"发力过猛"。各类名人小镇、名人博物馆、名人纪念园等人造"故居"层出不穷，有的甚至打着"维修性拆除"的名号，破坏原建筑，复建"四不像"，导致历史文化的庄严感受到影响。

可见，不少景点将"名人故居"的标签贴在身上，仅是为了利用其知名度达到"吸睛"从而更"吸金"的目的。这不仅与故居保护、利用的原则相悖，也背离了游客参观的初衷，更伤害了大众对名人的向往与敬仰。

三

那么，如何让名人故居回归初心，里外兼备、表里兼修，真正承担起故居之作用、支撑起名人之精神？笔者认为，回答好以下几个问题至关重要。

"修旧如初"还是"拆旧建新"?《之江新语》很早就给出了答案。《发展旅游经济要坚持创新与继承相统一》一文曾指出,要注重"推陈出新",传承历史优秀文化,赋予时代发展内涵,但"推陈出新"不是胡乱"拆旧建新",建几条假古街,造几座仿古楼,甚至用假古董破坏真古董,毁掉珍贵的文物。

故居之所以有价值,就在于它所承载、保留的历史气息和人文底蕴。因此,故居开发切忌舍本逐末。20世纪80年代,坐落于福州三坊七巷北隅的林觉民故居也曾面临"一拆了之"的境遇。时任福州市委书记的习近平听闻这一消息,立刻叫停拆迁。不久后,故居修缮工程动工。正是得益于此,今天我们才有机会一睹这座老宅的风貌。

"孤芳自赏"还是"雅俗共赏"?目前,不少名人故居的开发模式较单一,以简单的展陈展示为主,整体停留于"孤芳自赏"的状态,无法形成有效的市场吸引力。要打破这一局面,必须让故居"开口说话",用完整的故事链和丰富的线索讲好名人故事,通过更多具有互动性、体验性的方式与当下现实生活产生新的连接。

就像张爱玲出生的上海老洋房,在经历多次还原修缮后,现在已经作为社区文化活动中心免费开放。市民和游客们既可以走进她的书房、阳台来一场穿越时空的对话,感受她的爱恨情仇及其家族的悲欢离合,又可以踏入阅览室、大剧场这些新空间,一同解读张爱玲的经典作品。

"官方自为"还是"全民保卫"?鲜活的名人故居是人们认识一座城市历史和文化的切入口。激活名人故居,做到合理的保护、展示、利用和开发,只靠政府唱"独角戏"不可持续。从长远来看,关键在于发动全民参与,汇聚各方力量,让名人故居真正成为赋能城市发展的重要组成部分。

　　全球知名的莎士比亚故居所在地英国斯特拉特福镇，就通过依靠信托基金的专业化运作，实现故居古迹开发与保护的平衡。此外，当地还积极培育全球"粉丝"力量，深挖莎士比亚文化，不断提升其影响力，使得这个本地居民只有约3万人的小镇，每年接待全球游客数达到500万人次。

　　名人故居，是过去的低语，是未来的启示，是永恒的诗篇。唯有保留建筑外壳、锁住文化内涵、续写时代故事，故居方能永不"孤居"。

李戈辉　刘向　杨逸凡　朱正浩　执笔

2023年10月8日

重温日记里的女排精神

> 这支队伍在一穷二白的环境中艰难起步、在苦练实干的自我砥砺下艰苦成长，有过成功登顶的辉煌，也偶有跌入低谷的挫折。但它始终以无所畏惧的意志、顽强拼搏的韧劲、团结战斗的作风、永不言败的骨气，奋战在世界体坛，感动了一代又一代的人。

　　10月7日晚，在杭州亚运会女子排球决赛中，中国队战胜日本队，成功卫冕亚运会冠军，再次点燃排球热情。自20世纪80年代以来，中国女排展现顽强拼搏的精神，一次又一次创造奇迹，给国人带来无尽的自豪和骄傲。

　　绍兴市档案馆里有个陈招娣档案特藏室，2018年开放时，袁伟民、郎平等老女排功勋成员都曾来参观。特藏室里，一本本泛黄的日记尤其引人注目。日记里密密麻麻的文字，出自中国女排名将陈招娣之手。这些资料是迄今为止"五连冠"时期中国女排工作和生活场景最翔实的记录，也是对中国女排精神的生动诠释。

时值杭州亚运会，陈招娣档案特藏室已完成提升改造再次开放。今天，我们翻开日记，回味那一个个关于热爱和拼搏的动人故事。

一

"我们要正确对待形势……切忌急躁，要沉着、果断、勇敢，今天这场球一定很艰难的。"这是第三届排球世界杯决赛前，陈招娣在日记中留下的一段文字。彼时，中国女排离夺冠仅一步之遥，但字里行间依然透露着一股冷静和理性。

1981年11月16日，日本大阪府立体育会馆，第三届世界杯女子排球决赛在中国队和日本队之间展开。这是中国"三大球"距离世界冠军最近的时刻，也是日本队誓死捍卫的主场，一场比技术、比作风、比战斗意志的大赛一触即发。

比赛开始，中国队很快进入状态，干净利落地拿下两局。然而，日本队极为顽强，在第三局开始了凶狠的反攻。

"球不落地，永不放弃。"这是陈招娣面对对手强势进攻时的钢铁信念。在一次奋不顾身的救球过程中，她不慎与队友发生碰撞，导致腰伤加剧、疼痛钻心，连带着动作也有些变形。

"她的腰疼得更厉害了，但她一声不吭地坚持着。"这是著名体育解说员宋世雄对比赛场面的动情解说。为了给队友争取到宝贵的休息时间，为了比赛胜利和国家荣誉，陈招娣咬牙坚持了下来。

日本女排连下两局扳平比分，比赛来到了残酷的决胜局。日本队以15∶14率先拿下赛点，所幸随着"铁榔头"郎平的一记重扣，周晓兰和孙晋芳连抓两个拦网，结束的哨音响起，中国队以3∶2

战胜日本，以七战七捷的全胜战绩，首夺世界冠军，开启了中国女排"五连冠"的黄金时代。

然而，举行颁奖仪式时，陈招娣的伤痛已经使她无法自主站立。队友背着她走上领奖台的一幕，也成为中国体育史上一段珍贵的记忆。

拼到最后一刻、拼到无法站立，球迷们给这个出生于水乡绍兴的江南女子，取了个如梁山好汉般的昵称——"拼命三郎"。

二

热爱可抵万难。对于排球事业，陈招娣具备这种赤诚与热忱。

"谁还想加练一会儿？"教练袁伟民冲着这群疲惫不堪的姑娘大声问道。"我加练一会儿！"一位灵巧秀气的姑娘抬起头来，抢先回答。这是语文课文《苦练》中的内容，这个姑娘就是陈招娣。

陈招娣一直是队里公认最肯吃苦、最不怕苦的球员。

"今天训练中情绪起伏比较大，今后一定要兢兢业业，扎扎实实，一丝不苟才行，战时看平时，战时靠平时。切记！"

在日记中，陈招娣总是认真总结反思每天的收获与不足，有时候一丝情绪波动都被她诉诸笔端，并引以为戒。

由于长期高强度训练，陈招娣的腰伤变得非常严重，每次赛后腰仿佛要断了一般。医生告诫她不能再打球了，再打球就要瘫痪了，可她硬要打钢钉上腰带进行训练。医生感叹道："我就没见过这么拼命的人。"

1982年，印度新德里亚运会女排颁奖仪式的直播镜头中，中国女排的姑娘们雀跃着登上冠军领奖台，画外音朗声诵出"CHINA"，陈招娣站在人群中高举着鲜花与奖牌，眼里闪烁着泪光。

正是在这一届亚运会上，中国在奖牌榜上首次力压以往"霸榜"的日本，从此再未让"第一"的宝座易主。

新德里亚运会后，陈招娣正式退役。退役后作为教练，她依然保持着赛场上那份细致和认真：她在日记中认真记录下每位队员的名字，旁边仔细标注好她们的身体数据、性格、作风、优缺点等。1993年，陈招娣正式告别排坛。在日记中，她写下真情告白："虽然离开了中国女排，但是我的心和这个战斗过的集体跳着一样的频率。"

三

"有一分热发一分光。"日记中这寥寥几字，道尽了陈招娣对女排事业的拳拳之心。即使在生命的最后时刻，她依然对排球事业念念不忘。

那是2013年的初春，临近生命终点的她，找来了自己多年的好友郎平。这才有了影片《夺冠》中那催人落泪的一幕：陈招娣紧紧握住郎平的手，劝说她回中国女排执教："回来吧，回来吧……我们大家都支持你。"这一刻，一滴眼泪从陈招娣眼角滑落，也狠狠砸在了观众们的心上。

而在现实中，那一年郎平本无意竞聘中国女排主教练，但是陈招娣的执着激励了她。2013年4月，郎平正式出任女排国家队教练，开启了中国女排新的篇章。

人事有代谢，精神永不灭。当我们再次打开陈招娣留下的那一本本被岁月尘封已久的日记本，泛黄的纸张保留下那一段段光辉岁月，诉说着中国女排精神发轫、传承和发展之路。

我们看到，这支队伍在一穷二白的环境中艰难起步、在苦练实干的自我砥砺下艰苦成长，有过成功登顶的辉煌，也偶有跌入低谷的挫折。但它始终以无所畏惧的意志、顽强拼搏的韧劲、团结战斗的作风、永不言败的骨气，奋战在世界体坛，感动了一代又一代的人。

可能很少有一支球队或是一项运动，能像女排这样，以拼搏奋进的姿态与中国的时代精神画上等号。女排精神是一代人的传奇，也是属于中国腾飞的缩影。

在那个年代，女排姑娘们用一记记势大力沉的扣球声告诉国人，只要对梦想昼夜不舍，就总有回音，无论对手是谁、多么强大，她们都选择迎难而上，咬牙向前。在一程又一程的夺冠之路上，她们以实际行动树立起了中国人走向世界的自信心，坚定喊出：我们可以！

2019年，习近平总书记会见中国女排代表时指出，女排精神代表着一个时代的精神，喊出了为中华崛起而拼搏的时代最强音。2021年，中国共产党成立100周年之际，女排精神成为第一批纳入中国共产党人的精神谱系的伟大精神。

中国女排给国人带来的至深感动，已经超越一项体育运动原本的意义与价值。今天，对陈招娣一幕幕往事的回顾和记忆，从某种意义上说，已不单单是对中国女排的记忆，更是属于国家和民族记忆的一部分。

杭州亚运会的十多天时间里，总有一些瞬间令人心绪翻涌、热泪盈眶：人们或感动于奋斗者坚持不懈梦想成真，或感慨于运动场上的虽败犹荣，或感佩于赛场内外每一个人的善意与勇气……而这些，都将成为饱含温情和力量的珍贵回忆，激励越来越多的人起而行之、奋斗进取。

【档案资料】

陈招娣，20世纪70年代末至80年代初中国女排的核心队员。为纪念这位女排前国手，绍兴市档案馆开设了陈招娣档案特藏室，收藏了她的17个奖杯、37块奖牌、47份荣誉证书及1万多张照片，陈招娣日记无疑是其中最重要的展品之一。2023年9月，陈招娣档案特藏室进行了提升改造，现已重新开放。

张国威　许正　陶佳楠　刘向　执笔

2023年10月8日

亚运会闭幕式的六款"情"

> 心心相融，记忆之河便不会干涸；爱达未来，记忆之花便永不凋零。

刚刚，杭州第19届亚运会闭幕式完美谢幕。

从秋分到寒露，从欢聚到惜别，在荷桂交替的江南秋韵中，在亚运数字火炬手"弄潮儿"奔跑的脚步中，在无数亚运参与者、亲历者、关注者的目送下，这场盛大的嘉年华在欢歌笑语与感动泪水里迎来了告别时刻。

江南忆，最忆是杭州；亚运忆，最忆是杭州。正如网友说，"这些天，太多感动瞬间让人'破防'""挥手道别，难说再见"。

一个多小时的闭幕式，可谓情意满满。"情"字是贯穿始终的关键线索之一，我们一起回味难忘的六款"情"。

一、"更快、更高、更强——更团结"的拼搏激情

闭幕式上，短片《亚运精彩瞬间》用120秒串连起"亚运时间"里45个国家和地区运动员的一个个拼搏瞬间，再一次燃动全

场。不同国籍、肤色、语言的背后，是亚洲运动健儿们对体育共同的热爱，运动员身上闪闪发光的不仅是奖牌，不仅是荣誉，更是那股永不言弃、挑战自我、奋斗不息的体育精神。正如有人说："不管你来自哪里，不管你拿到什么名次，只要站上赛场，每个人都有精彩的瞬间。"

事实上，亚运会的精彩远不止于此。赛场上的激烈对抗、热血夺冠，赛场下的齐声呐喊、热烈欢呼，场上场下的激情共同折射出体育的魅力与快乐。体育之所以能够成为"世界语"，关键就在于它实现了情感上的沟通。亚运会上，运动员、观众、工作人员之间的多向奔赴，共同点燃了一个个激情时刻。

此外，闭幕式上的亚运嘉年华环节，徒步露营等户外运动的元素呈现其中，传递着"全民健身让人民生活更美好"的理念。期待在亚运健儿顽强拼搏的精神感召下，全民运动的"引线"被点燃，让竞技体育的激情转化为身体力行的全民健身热情。

二、"同爱同在同分享"的脉脉温情

回望亚运会全程，竞技体育带来的温情令人难以忘怀。

短片《亚运感动瞬间》回放本届亚运会上的动人时刻，拉满回忆、直击心灵。比如，体操传奇丘索维金娜稳稳落地，"比心"致意诠释对体操的热爱；比如，张雨霏和池江璃花子在泳池畔相拥而泣，展现互相鼓励、相互成就的体育之美；比如，六十岁老将阿卜杜拉·拉希迪百发百中亚运摘金，成就体育传奇人生……一帧帧画面，一幕幕场景，记录下运动员们的泪水、欢呼、拥抱和雀跃，也定格了这届亚运会的"赛场温度"。

赛场外的悠长温情，也让这场盛会变得更为完整。在闭幕式的欢庆与惜别里，主角不光是运动员，还有为亚运会辛苦付出的各路工作人员。比如，在主火炬塔熄灭环节，"记忆之河"蜿蜒流过，亚运"小青荷"与来自各行各业的城市志愿者沿河走到舞台中央，共同见证火光熄灭，分享亚运完美闭幕的完满时刻。

三、"藉草依流水，攀花赠远人"的款款深情

浙江为了本届亚运会所付出的深情厚意，不止从秋分到寒露。八年筹办，全城奔赴，五地协同，从场馆建设到城市建设，齐头并进、日夜兼程，努力为世界奉献一场精彩盛会。光是轨道交通就飞速发展，杭州地铁运营里程从不到100千米增至516千米。开幕在即，更是全力冲刺，"杭州人为了亚运会有多拼"话题频上热搜，有网友就说，"给杭州一个亚运会，还世界一个新杭州"。

赛事期间，运动员在赛场上拼搏超越，整座城市为他们服务保障。为何"最忆是杭州"？不仅因为这里有美景美食，更因有一群可爱的人。《最忆是杭州》中，闪过场馆散场后工作人员的身影，地铁运行时站务人员的手势，还有志愿者们最亲切的微笑，这一切，共同拼起这届亚运会的难忘画卷。

筹办、举办有多拼，离别情意就有多深。闭幕式上，虚拟荷花配合威亚演员的表演，形成一朵"记忆之花"，"何日君再来，来日再相会"，依依惜别之情溢于言表。"再相聚，情长久"，圣火虽熄，这份深情却让世界铭记。

四、"科技点亮未来"的活力燃情

闭幕式上，全世界第一块数控草坪变幻产生了一个虚实相生的美丽大花园，各类元素、图案一一登场，人文之美、运动之美、山水之美和科技之美在这里得到了有机结合。

这一夜，亚运数字火炬人"弄潮儿"再一次奔跑进会场，熄灭了亚运圣火，"数字点火"与"数字灭火"前后呼应，把这一届亚运会的科技感拉到满格，智能技术与竞技体育相融，为人们带来了不一样的亚运体验。

杭州素有"电商之都""互联网之城"的称号，本届杭州亚运会给人们留下的深刻印象之一，就是"科技感最强"。很多运动员、现场观看完比赛的观众在社交平台上发的内容，都提到了亚运会上的"科技"与"狠活"，比如"狂奔捡铁饼的电子狗"赚足了眼球。可以说，这一届亚运会浓墨重彩地展现了中国科技的创新气象。

科技在于应用。智能与数字给了人们美轮美奂、身临其境的观感，科技与文明的交相辉映，再一次印证了科技可以改变当下，也能点亮未来。如何将数字延续到"后亚运时代"，渗透进城市发展的各个角落、人民美好生活的方方面面，值得更多期待。

五、"相知无远近，万里尚为邻"的和美共情

闭幕式恰逢中国二十四节气中的"寒露"，正是荷桂交替的时节，《荷桂共生辉》这个节目也以此为名。节目中，在现代技术的

加持下，1000多种荷花形态最后形成了一朵"未来感"十足的"记忆之花"，不仅生动呈现了东方气韵与中华之美，也深刻寓意着多样文明的和合之美，让世界感受和体验到亚洲文明百花园中的万紫千红。

体育是促进文明交流互鉴的纽带。正如亚奥理事会代理总干事维诺德·库马尔·帝瓦里所说，亚运会不仅仅是体育竞技，更是文化交流、增进了解的平台。赛场上，一个个富有不同地域、不同文化特色的项目，展现着亚洲文明的自信、包容与开放。而在赛场外，在城市的街头巷尾，来自各国各地区的亚运健儿，感受着浸润中华文化底蕴的中式生活，在与中国百姓的亲切交流中，增进了情谊。

此时此刻，亚洲"同爱同在"。杭州亚运会把"你""我"汇聚成了"我们"，架起亚洲不同国家和地区人民沟通的桥梁，为推动亚洲乃至世界文明进步与发展注入了动力。

六、"心心相融、爱达未来"的壮志豪情

细心的观众已经发现，在闭幕式的交接仪式上，从东道主手上交接的火炬是来自首届亚运会的火炬，传递的会旗也是首届亚运会的会旗。

数字火炬手"弄潮儿"见证圣火熄灭，一路回首恋恋不舍，走向了远方，化为漫天星辰。爱知·名古屋的"8分钟"展示，在阳光下锻炼，在草地上起舞，邀请大家相约下一届亚运会，表现了对奥林匹克精神的传承与发扬。

闭幕式上，亚洲各国各地区运动员再次相聚，向世界传递着

"亚洲一家亲"的美好寓意和"体育无国界"的深厚友谊。

这一份份浓得化不开的情意，融汇的是惜别再相逢的"中国式浪漫"，也铭刻下亚洲大家庭心连心面向未来的自信豪迈。

水涌成潮。在杭州，在浙江，世界见证了一个更和平、更团结、更包容、更美丽的亚细亚。今夜亚运圣火虽已熄灭，但圣火光芒将永远照耀亚洲大陆。

心心相融，记忆之河便不会干涸；爱达未来，记忆之花便永不凋零。千言万语，化作此刻的祝福——感谢，杭州！珍重，朋友！

王云长　沈於婕　陈培浩　王人骏　苏畅　郑梦莹　执笔

2023 年 10 月 8 日

无极之道

或许，在赵无极走向世界之时，他已站在历史视野之上，将西方美学的"光"与东方传统的"气"圆满融合。他一直在提示我们，任何时候，一个艺术家都应该思考如何以世界视野去传承创新本民族的文化艺术。

作为杭州亚运会重要文化项目、2024年中法文化旅游年项目，"大道无极——赵无极百年回顾特展"近日在中国美术学院美术馆向公众开放。开展以来，吸引诸多观众纷至沓来。

走进展厅，最先映入眼帘的，便是一张巨幅肖像。这位拿着画笔、面带笑容的老人，就是赵无极。

赵无极的一生，自东向西而去，又自西向东归来。他为何到了法国巴黎才猛然发现中国文化的魅力？从这个展览中，我们能读出哪些"无极之道"？

一

　　无极之道的"道"，是从西湖到巴黎的求学之道。

　　赵无极艺术生涯的萌发之地是杭州。1935年，少年赵无极在父亲的带领下，推开了国立杭州艺术专科学校（中国美术学院前身）的大门。此后六年的求学之路，滋养了他作为画家的一生。

　　幼年时，赵无极便在祖父的教导下习字作画，尤其喜欢米芾。正是这一段启蒙，点燃了他心中的艺术火种。中学时，赵无极向父亲表露了想去国立艺专上学的愿望。

　　幸运的是，他的这份期待得到了父亲的大力支持。从南通到杭州，忙碌的父亲放下工作，陪赵无极跨越200多千米参加考试，直至他顺利入学。

　　那时的赵无极有些"离经叛道"，对"程式化"的国画临摹颇不耐烦。他在国画课考试卷上涂了一个墨团，题上"赵无极画石"，把主讲此课的潘天寿气得够呛。

　　同时，他又对西方绘画情有独钟。上课之余，赵无极常捧着外国杂志《时代》《时尚》，不忍释手。在这些杂志上，他第一次通过印刷作品结识了塞尚、马蒂斯和毕加索等人。

　　彼时，国立艺专的校舍就建在西湖边，赵无极常常流连于湖畔"寻梦"，一坐就是数个小时。他看着微风拂过平静的湖面，桦树与槭树叶轻轻摇曳，观察大自然随时间的无穷变幻，从不厌倦。

　　虽然从小就从祖父那里汲取了传统文化的养分，但在当时的赵无极心中，他与"东方传统"之间始终存在着隔阂。为了追求崭新的绘画语境、寻找艺术家的自我，1948年，赵无极登上了前往法国的"安德烈·勒篷"号船。多年以前，他的恩师林风眠亦是乘坐此船奔赴法国。

初到巴黎，赵无极既欣喜又震撼，因为那些日思夜想的大师原作，终于能真实地呈现在眼前了。他时常在卢浮宫等各大博物馆之间徘徊，也与许多艺术家结下深厚友谊。

二

无极之道的"道"，是对纯粹艺术的追求之道。

当赵无极的绘画第一次在中国展出时，人们尚不理解画面背后蕴藏的丰沛感情。而步入21世纪之后，很多人开始读懂抽象绘画，读懂赵无极。

或许，艺术大道本就无极。如今，走进"大道无极——赵无极百年回顾特展"，我们能惊喜地发现那些深邃的思想、闪烁的光芒和对艺术纯粹的追求。

比如，看见色彩的对比、明暗的交锋。快乐时，他的笔下温暖而热烈，太阳或橙或红，林间同行的小鹿活泼又灵动；失意时，他又将感情注入一艘大海中漂泊无依的孤舟，独自面对海浪汹涌。每幅作品，似乎都在鲜明而直观地表达着感受，也冲击着每一位观者的内心。

比如，看见关于杭州、关于亲情的点点滴滴。绿荫丛中，篱笆围起一方小屋，旁边还有一架梯子通向大树上的鸟窝，这是《我在杭州的家》，也是战火纷飞年代里温暖的一隅；油墨星星点点挥洒，覆盖于陈旧的痕迹之上，东方的书意与山水被油画的诗性挥洒，这是《05.03.75—07.01.85》，画者用了整整十年，完成了对母亲的怀想。

　　比如，看见中国传统文化的痕迹。甲骨文、汉代拓片……通过这些或清晰或模糊的符号，我们仿佛可以"听见"屈原的悲歌、李白的吟诵和杜甫的呐喊，"望见"石扉洞开于混沌天际，气体游动、缠绵，向远处无限延伸，带领人们穿越时空隧道，在千年前的宇宙中遨游。

　　大音希声，大象无形。赵无极的画，或许不描述任何实在的对象，却能够令人长久面对，静心沉思。

　　从他晚年的作品中，我们或许就更能窥见一个艺术家几十年如一日对绘画的忠诚。在他人生的最后一幅油画中，我们看到当年西湖"平静水面上空气的流动"，伴随一份纯粹、无邪又天真的心境再度显现。此刻，他仿佛又回到"西湖梦寻"的少年光阴，孜孜探寻艺术的真正源头。

三

　　无极之道的"道"，是以世界视野诠释中国精神的艺术之道。

　　旅居法国期间，赵无极反复摸索西方各艺术流派的表现方式，他走过"二流克利"时期的实践、"甲骨文绘画"时期的符号性探索，历经强调动态与空间感的"狂草"时期……可穿梭于不同风格之间的他，最终依然回归了他青年时一度想远离的中国传统艺术。

　　也许，西湖的山水中那些影影绰绰的梦幻景象，始终氤氲在赵无极的艺术追梦旅途中。到了法国后，赵无极才有机会站在世界艺术之上，将东西方两种文化进行比较，继而发现东方文化的生动气韵。

　　如今，我们再回忆赵无极，会想起1985年，他曾回到母校，开展了为期一个月的绘画讲习班。时间不长，但在改革开放之初，赵无极的归来，无疑为全国美术界的师生点亮了一盏来自远方的灯。比如，当年课堂上的学子之一、浙江省文联主席许江曾动情回忆：我一生感激这个班，它是我绘画自信不平凡的缘起。

赵无极鼓励学生用自己的眼睛去看，这样才能创造出属于自己的画风。众所周知，赵无极是西方现代抒情抽象派的代表，而在绘画讲习班上，他教授的却是具象绘画。很多人对此表示疑惑，赵无极却说，绘画是一种内心的、自身的需要，没有这种需要，硬要变，变不了。具象与抽象之间，有共通的道理。

他要求学生们"观念上要自由"，要去寻找每幅画的生命。他提倡画面要"呼吸"，一方面是绘画的动作要一呼一吸，另一方面是绘画要表现的气韵。而这"呼吸"一说，也恰恰契合了中国传统绘画中的"空灵"之感，引领学生们实现艺术生命的突破。

他还语重心长地叮嘱学生要研究中国艺术，从优秀传统中找到自己的出口：我国的传统绘画艺术是非常丰富的，每一幅中国画对空间和光线都具有一定程度的研究，为什么你们不在这方面探索呢？

或许，在赵无极走向世界之时，他已站在历史视野之上，将西方美学的"光"与东方传统的"气"圆满融合。他一直在提示我们，任何时候，一个艺术家都应该思考如何以世界视野去传承创新本民族的文化艺术。

正如评论家皮埃尔·施耐德所说："西方将他从东方解放，东方将他从西方拯救。在这两者之间，他建立起自己的'中国'。"可以说，赵无极的一生，是致力于中国艺术精神现代性诠释的一生。这正是——云山苍苍，江水泱泱，无极之风，山高水长。

祝融融　童颖骏　李戈辉　陆乐　执笔

2023 年 10 月 9 日

建设与保护的"争"与"让"

> 对待历史文物的态度和做法，考验着一座城市的宽容与耐心，如何在长远利益和眼前利益当中作取舍，折射的是城市管理者的治理能力和治理水平。

一条浙东运河，润泽古城绍兴。前段时间，习近平总书记前往位于绍兴的浙东运河文化园考察调研。他步行察看古运河河道和周边历史文化遗存，详细了解浙东运河发展演变史和当地合理利用水资源、推进大运河保护等情况。

习近平总书记关心大运河的保护、传承、利用，这不是第一次。早在2006年，时任浙江省委书记习近平同志登上杭州水上巴士，仔细询问运河的保护和建设情况。他希望杭州能再接再厉，继续做好运河综合保护工作，使城市的经济和自然环境和谐发展。

事实上，城市开发和文物保护相融合这个课题并不简单，一些地方在处理这对关系时拿不到高分，甚至还会交白卷。那么，在城市建设与文物保护的"争"和"让"之间，该如何平衡矛盾呢？

一

文物和文化遗产是一个国家"活的"历史记忆，印刻一个民族生生不息的文化基因。它们散落在广阔的大地上，串联起跌宕起伏的历史影像，成为气韵所在。

然而，在现代化进程中，城市更新与文物保护经常陷入两难的境地，一些地方常常选择让后者为前者让路。

比如，在城市建设过程中，有的地方简单粗暴、大拆大建，一切服从于经济发展，导致一批具有重要历史价值的文物古迹遭到人为损毁；有的地方打着旅游开发的旗号，拆毁真文物，花巨资建城墙，造仿古楼，甚至把西式建筑移植到历史街区，使得城市底蕴荡然无存；还有的地方，搬空了古城原住居民，引入五花八门的商业业态，把充满烟火气的传统街区变成了千篇一律的商业街区。

在浙江工作时，习近平同志就指出，不要在建设过程中把那些具有文化价值和地方特色的历史建筑破坏了，要从加快建设文化大省的要求出发，正确处理文化遗产保护和经济社会发展的关系，正确处理文化遗产保护、传承与管理、利用的关系。

关于建设与保护"争"与"让"的平衡，20年前，有这样一个故事。《习近平浙江足迹》一书记载：当时，良渚遗址一带安山岩硬度、韧性都极佳，于是这里就成了绝好的天然矿场，大量的开山炸石，严重破坏了良渚遗址的生态环境。

"良渚遗址是实证中华5000年文明史的圣地，是不可多得的宝贵财富，我们必须把它保护好！"2003年7月，时任浙江省委书记习近平来到良渚。他的这番话，重锤般敲在每个与会者的心里。当听到与会者汇报影响遗址安全的湖州市德清县6家石矿场关停有困难时，他当机立断，"明天，就去湖州"。次日，习近平同志赶到湖州调研。很快，这几家石矿场彻底关停。

自此，良渚遗址保护工作渐入佳境，而城市发展为文物让路也逐渐变成浙江人的行动自觉。大家意识到，城市开发一旦为文物让路，就意味着前期的投资可能要打水漂，后期的投资要大幅增加，但在有价的投资面前，文化遗产是无价的，再多的付出都值得。

二

习近平总书记近日对宣传思想文化工作作出重要指示，强调着力赓续中华文脉、推动中华优秀传统文化创造性转化和创新性发展。

华夏文明星光灿烂，中华文脉延绵不绝。对城市管理者而言，保护文化遗产既是一份义不容辞的责任，更是一项能够经受住历史和人民检验的政绩。当城市开发和文物保护发生矛盾时，城市开发理所应当为文物让路。

文化的重要性不言而喻。对待历史文物的态度和做法，考验着一座城市的宽容与耐心，如何在长远利益和眼前利益当中作取舍，折射的是城市管理者的治理能力和治理水平。正如有学者说，"一座只知道大搞经济建设，不懂得、不注重城市文化积淀、保护、挖掘和利用的城市，将是一个浮躁、浅薄、短视的城市"。

一方面，随着社会的进步，越来越多城市认识到，建设性破坏和开发性破坏都不是解决矛盾的办法，处理好城市改造开发和历史文化遗产保护利用的关系才是良策。

比如，2013年，杭绍台高速公路在修建时，调整了15千米的线位，工程造价增加1.5亿元，正是为了保护兰亭及周边的"国保"；再如，2021年，温州在修建城市主干道时，发现了温州朔门古港遗址，于是当地立即暂停工程项目，新增2亿多元投资，果断调整了道路线位。

另一方面，文物保护成果应当更多惠及大众。历史文物不是固化的过去，它可以贯通于城市生活的方方面面，是一座城市长远价值所在。保护历史文物不是把它们"收藏""冷冻""封存"起来，而是要让它们更好地"活"起来，服务于社会发展、服务于百姓。

比如通过文物保护、生态修复、景观打造等，让文化遗址融入普罗大众的日常生活，满足人民群众的文化需要；比如在城市的更新中，对历史文化进行深入挖掘和现代化阐释，提炼出普遍适用的价值理念，描摹出具有辨识度的"城市之魂"；等等。

三

如今，中国的城市化逐渐进入新的赛道。在数字城市、智慧城市标注出新一轮城市建设进展的同时，如何更好地传承历史文脉、留住城市的文化记忆？在笔者看来，要想把两者更好地统一起来，还需处理好三对关系。

先考古、后动土。在文物保护这件事情上，不能当"事后诸葛亮"。文物具有不可再生性，一旦被破坏，就算亡羊补牢也为时已晚。

因此，需要有意识地把文物考古纳入城市规划当中，通过科技、数智等手段提前把底数摸清楚，特别是一些低级别文物也需要得到"特别关照"，避免出现工期被耽误、文物被损毁、土地因文保被退回的窘境。最重要的是，制度设计和配套政策要跟上来，绝不能让"文保先行"成为一句空话。

"形"要更新，"蕴"要提升。林立的高楼、畅通的路网、繁华的市容构成了现代城市的肌体。城市要发展，肌体也要更新。但一座城市的比较优势，并不仅靠"形塑"呈现，内在气韵的"神塑"才是关键。把文化遗产保护下来融入城市发展之中，才能彰显出专属的城市气质。

比如，杭州的南宋御街，就是城市更新中建设与保护的范例。在这里，人们可以充分领略到数百年前留下来的建筑风格、文化氛围和历史遗迹。有人说，在这条街上，"时光是可以被穿越的。一边是古典，一边是现代；一边是怀旧，一边是时尚"。

"活起来"更要"火起来"。有观点认为，文物保护和利用是一对矛盾，保护就不能利用，利用了就保护不好，但其实这二者是统一的，文化遗产在传承与创新中才能获得新的生命力。比如乌镇就把江南古镇与互联网结合起来，让传统文化与现代科技在交相辉映中，焕发出了勃勃生机。

此外，让历史文物"活起来"和"火起来"，还需注意一个问题：文物保护是文化事业，社会效益才是最高准则。全国宣传思想文化工作会议强调，促进文化事业和文化产业繁荣发展，推动中华优秀传统文化保护传承。让广大市民游客从中更好地感悟文化之美、陶冶心灵之美，为社会发展提供源源不断的精神力量和智力支持，这是文物保护的重要意义之一。

我们常说，让城市留住记忆，让人们记住乡愁。乡愁，就是对乡村生活的怀念吗？其实不然。人们心中所谓的乡愁，并不仅仅是寄情于家乡的绿水青山、乡村的悠然生活，也可以是在遭遇"城市困境"和反思"城市病症"的过程中，由衷向往的一幅在城市中安放心灵的理想生活画卷。

让城市文化更好地镌刻在城市空间里，或许就是治愈乡愁的一剂良药。而这，恰恰需要处理好建设与保护的"争"与"让"，精心呵护文化遗产，让它们融入我们的生活，让眼前的生活也能成为"诗与远方"。

王人骏　执笔

2023 年 10 月 9 日

探秘武义古村落

> 越是民族的就越是世界的，让各美其美、美美与共的中国古村落走向国际，也将为传承保护发展古村落提供更广阔的舞台。

刚刚过去的假期，国内不少景点人潮涌动，其中"游古村"成为游客的热门选项之一。像金华的武义江边，拥有600多年历史的古村落星罗棋布，留下了万千游客的假期探秘足迹。

有人说，"江南烟雨，七分落在古村落里"，这也为古村落增添了几许诗情画意。目前，全国共有8155个"中国传统村落"，其中浙江拥有的数量达701个，位居前列。"千万工程"实施以来，仅金华武义一个县就有20个村入选中国传统村落名录，境内更较好地保存着100多个传统村落，成为浙江古村落保护的一个生动样本。

那么，在快速的现代化进程中，如何让更多江南的古村落"古"而不"孤"？怎样让千年古韵与当代发展同频共振，既对千村一面说"不"，又能邂逅有趣的灵魂？透过武义的古村落，我们或许能找到答案。

一

古村落的独特魅力，首先在于"古"。武义村落之"古"，透过一句唐诗就可见一斑："鸡鸣问何处，人物是秦馀。"

相传这是1300多年前，唐朝诗人孟浩然对武义乡土生活的描述。在孟浩然看来，武义的乡村风貌还留有秦朝遗风，仿佛时间在这片土地上流动得更慢一些。

宋代女词人李清照也曾沿富春江溯江而上来到这里，壶山南麓的书台山、渔火粼粼的熟溪江畔古码头，都曾留下她的足迹。古朴而安好的环境，让彼时饱受创伤的她内心得到些许抚慰，于是《打马赋》等传世佳作应运而生。

转角遇见古村落——这个说法在武义毫不夸张。这里全境地势西南高、东北低，三面环山、峰峦叠嶂，形成武义和宣平两个河谷盆地。"武义人靠块土，三天不见壶山就要哭"，流传至今的民间俗语体现了老武义人强烈的"盆地意识"和浓厚的乡土情结。

有人说，会讲故事的古村落，更能击中人心，让人为之神往。在武义，古村落最不缺的就是故事。

比如俞源村就有"太极星象村"之说，村里完整保存着60多座明清古建筑，活化沿袭着擎台阁、圆梦节等乡村传统习俗。据《俞氏宗谱》载，俞源村系明开国名臣刘伯温按天体现象设计布局建造。又如"山环如郭，幽邃如洞"的郭洞村，先祖可追溯到宋朝宰相何执中，相传村庄设计是何执中的后人仿学《内经图》而来的。

武义古村落之美是由内而外的。人文故事的韵味加之山川风物的秀丽，映衬出人与自然的和谐之美，成就了这里村村不同景的神奇。

比如有着900余年历史的上坦村，地形似航船，村落沿坦溪两岸建设，自古流传有"东岭松涛""南崖萝月"等八景。而以山川环抱、林壑水美出圈的华塘古村，则源于北宋年间，村中特有的树种，当地人称之为青紫林，据村里族谱记载，村民护林行动可追溯至明代。

正因如此，有人这样评价，"武义的古村落是开在江南诗情画意中的一朵朵奇葩"。

二

"水抱孤村远，山通一径斜。不知深树里，还住几人家。"明代诗人刘球笔下的"山居"是孤独而美丽的。但如果将古村落"关上门"孤立地保护起来，难免会走向"标本化"，使古村落难以发挥更大价值。

这些年来，武义精心"打磨"传统村落，蹚出了不少活化古村落的新路径，让古村落"活下去"并"活得精彩"。

比如，用好"土办法"，也能开生面。在武义，保护和利用传统村落有一套"土方法"：设定古村落保护利用项目准入"三项硬条件"和"三项软条件"，风貌恢复和古建筑修复工作聘请专家指导组，并要求"修旧如旧""就地取材"，以此维护古村落的延续性和历史文化的传承性。山下鲍村的村居就曾被梁思成选作浙赣山区建筑代表，写入了《中国建筑史》。

2016年，浙江省政府下拨专项资金用于该村的保护与开发，村里20幢濒危老屋就在"土办法"的理念下得以原样修复，宣平木偶戏、跳马灯等传统民俗也随之"复活"，古朴诗意山居图景让山下鲍村频频出圈，一跃成为武义古村落旅游的流量担当。不久前，当地又引进中药康养项目、山下鲍文创IP设计及运营项目等，开启新的产业发展之路。

比如，串点成珠，让文化流动起来。按照"全域规划"的思路，武义近年来推出了一系列文化精品线，如历史文化与农耕文化精品线上松线、温泉文化精品线武丽线、茶文化精品线履王线等，串起一个个古村落"明珠"，让人们沿着精品线走进流动的古村文化"博物馆"。

像履坦镇境内，就分布着履三村、坛头村、范村等古村落，沿武义江串联成了一条古村落文化带。江面桨声欸乃，江上风情迷人，想要了解武义的人文故事，这里无疑是个好切口。

比如，唤醒老屋，解锁文旅新场景。鼓励返乡创业，让乡愁变成聚集人气和财富的引力，是武义古村落复兴中不可或缺的一环。

前些年，看到不少古建筑因为得不到妥善维修和保护，有武义企业家从浙赣皖闽等地收购近百幢濒危的古民居，着手打造"璟园古民居博物馆"。随着一批以璟园为取景地的电视剧热播，社交媒体上逐渐兴起"璟园热"，不少剧迷赶到这里线下"奔现"，还吸引了古风民宿、私汤温泉、汉服馆、咖啡屋等业态入驻。

三

曾经，古村落在陆续远离我们。有数据显示，从2000年到

2010年，中国自然村总数平均每天消失80至100个，其中不少是古村落。今天，保护古村落已然成为社会共识。

习近平总书记强调，农村是我国传统文明的发源地，乡土文化的根不能断，农村不能成为荒芜的农村、留守的农村、记忆中的故园。近日召开的全国宣传思想文化工作会议强调，促进文化事业和文化产业繁荣发展，推动中华优秀传统文化保护传承。那么古村落如何才能容颜常驻、焕发生机？笔者有三点看法。

人人都是文保员，人人都是受益者。《习近平浙江足迹》记载，2003年9月19日，时任浙江省委书记习近平来到兰溪诸葛八卦村调研。"在诸葛八卦村，人人都是文保员。"村党支部书记诸葛坤亨说，"村里每幢古建筑都要挂牌，住在里面的村民要签订保护责任书。每个村民都是股东，也都是古村保护的受益者。"习近平同志边听边点头，夸奖道："这是一种很好的保护模式。"

在武义，村民同样是古村落保护的主体。村落在进行适度开发的过程中，注重让村民受益，调动村民积极性，村落的活态保护也就能长久持续下去。

留住传统的灵魂，与现代精神共鸣。当前，一些古村落虽已列入各级保护名录，但却面临人口外流、村舍荒芜、生活瓦解等困境，走向"空村化"，致使古村落"得而复失"。与此同时，一些地方翻新古村落，或有孤芳自赏者叫好不叫座，或有张冠李戴者让古村变了味。

留得住美景，守得住灵魂，接得上现代，才是传承保护发展古村落的出路。不妨把现代的气息、新潮的态度、古今共飨的创业IP等融入古村落，焕发它们的"第二春"。像武义坛头村回收修复了近6000平方米的明清古建筑，一改以往"烂河滩"的格局，并开设"中国当代诗人档案陈列馆",以"做巷子里的诗人"出圈,多名中国诗歌学会会员在这里办起诗社。以文会友的坛头村自此走出了新的致富路,村集体经营性收入5年内增长近20倍。

在文化交流中,流淌出更绚烂的光彩。古村落承载着很多人共同的记忆,中国的古村落里藏着悠久的历史文化。越是民族的就越是世界的,让各美其美、美美与共的中国古村落走向国际,也将为传承保护发展古村落提供更广阔的舞台。

比如"海外名校学子走进金华古村落"活动,吸引了来自美国、英国、德国、老挝、印度等数十个国家和地区的数百名学子,他们走进古村落,体验中国古村生活。学剪纸、制作婺州窑、烤酥饼……海外学子常常玩得乐此不疲。琐园、寺平、芝堰等过去鲜为人知的传统村落,一下子化身民间青年"外交"平台,向世界展示独具魅力的乡土中国。

千百年来,古村落安放了无数中国人的身心。期待更多"动"起来的古村落再次"款款走来",在传承保护发展的道路上,引领人们触及那魂牵梦绕的家园。

徐健辉　盛游　孔越　执笔

2023年10月10日

警惕唱衰中国经济的话语陷阱

> 类似的"中国经济崩溃论"的话语陷阱还有很多，但它们都有一个共同的特点，就是有违逻辑、有悖事实，虽然有的论调看似"新鲜"，实际上只不过是"换汤不换药"。

前些天，"浙江宣传"在《如此"执拗"唱衰中国能得逞吗》一文中，分析了美西方为何执着于唱衰中国以及唱衰中国的典型做法。今天，我们集中聊聊美西方唱衰中国的一个重要方面——中国经济。

中国经济又双叒叕不行了？一段时间以来，"中国经济崩溃论"沉渣泛起。一些美西方政客和媒体频频散播诸如"中国经济见顶了""中国经济已无吸引力""中国经济放缓将对全球经济前景带来压力""滴答作响的定时炸弹"等言论。无论从提出的逻辑还是从中国目前的国情看，此番论调纯属危言耸听。

那么，所谓"中国经济崩溃论"的主要话术有哪些？我们怎样才能打碎美西方"选择性失明"的有色眼镜？

一

事实上，新中国成立后，美西方唱衰中国的声音绵延不绝，五花八门的"中国崩溃论"层出不穷。中国改革开放以来，美西方"唱衰中国经济"或"唱空中国经济"的版本不断演化。这不，美西方政客和媒体最近又和起了"老面"，做起了"中国经济崩溃论"的"花式馒头"。

论调一：中国经济复苏乏力。纵向看，今年上半年中国GDP同比增长5.5%，不仅高于去年全年3%的增速，也高于一季度4.5%的增速；而横向看，美国权威金融机构摩根士丹利研究显示，今年中国的经济增长率会调高到5.4%，跑赢美国和大部分西方国家。毫不夸张地说，这一成绩在全球"大班级"里也算可圈可点了。

可美西方说，中国应该以7%至8%的速度增长，甚至像过去那样以10%的速度增长，没达标就说明经济增长疲软。比如，在9月份的G20峰会上，美国再次鼓吹中国"经济崩溃"。美国总统拜登表示，中国正遭遇经济困难。可这些"唱衰中国者"，刻意忽略了中国日渐增长的超大规模经济体量，刻意不提当前中国经济已由高速增长阶段转向高质量发展阶段，也全然不顾在全球经济增长放缓的大背景下，任何经济体的增长都面临着挑战。

论调二：中国投资环境恶化。为了营造积极健康的营商环境，让更多企业参与公平竞争，中国针对部分企业扰乱市场秩序、有碍公平竞争的违法违规行为，采取了相关措施及时规范。

而美国政客和媒体蓄意歪曲中国正当的法治行为，煞有介事地渲染在华投资"风险"，炮制"末日将至"的所谓中国投资环境

"恶化论""风险论",声称中国对国家安全的关注可能"吓退"外资,"对资本流入中国构成障碍"。但事实是,即使跨国投资总体低迷,外资仍然"用脚投票",积极布局中国。今年上半年,法、英、日、德对华投资分别同比增长173.3%、135.3%、53% 和14.2%。可见,中国市场的重要性不言而喻。

论调三:中国经济带来全球风险。国际货币基金组织预测,今年中国经济增长对世界经济增长的贡献率将达三分之一。但美西方政客和媒体对此视而不见,并以"中国GDP增长不够强劲"为由,将世界经济发展出现的问题归咎于中国,指责中国将影响到全球经济。

事实上,即使全球经济步入低迷阶段,中国仍然是世界经济的"火车头",起到引领性作用。不仅如此,中国经济的稳定增长还对全球经济产生重要贡献。比如,2022年全年,中国对外非金融类直接投资7859.4亿元,比上年增长7.2%。其中,对"一带一路"沿线国家投资增长7.7%,占比保持在17.9%。

类似的"中国经济崩溃论"的话语陷阱还有很多,但它们都有一个共同的特点,就是有违逻辑、有悖事实,虽然有的论调看似"新鲜",实际上只不过是"换汤不换药"。

二

在美西方政客和媒体的逻辑里,精致利己主义永远是排在第一位的,有必要时即便是坑害朋友也不是不行,更何况是社会主义国家中国。所以,如果动动嘴皮子就能达到目的,何乐而不为?

那么,美西方竭力唱衰中国经济的背后,隐藏着哪些险恶用心？

转移舆论焦点。当前，美国经济可以说是"百病缠身"。近年来通胀高企、债务飙升、赤字居高不下、银行业危机蔓延，因美国政府财政状况恶化和财政管理能力下降，国际评级机构标准普尔、惠誉、穆迪先后对多家美国银行作出"信用降级"。尽管今年上半年美国经济同比实际上涨超过了多家机构给出的预估目标，但其中通货膨胀拉高GDP也是不争的事实，加上如果继续搞"脱钩断链""小院高墙"，所谓的经济韧性也恐怕难以为继。

面对国内困局，连美国百姓急难愁盼的国计民生问题都沦为了美国党争筹码和政治牺牲品。美国政客此番对中国经济的唱衰，一个重要方面就是为了转移其国内舆论焦点，进而将中国议题作为噱头吸引选民目光。

操纵资本流向。离间国家、地区的团结与合作，驱动世界资本流向是美西方的"拿手好戏"。美国之所以四处散布中国投资环境恶化的谣言，就是为了诱发外商在中国投资兴业的"不安全感"，本质是想影响国际资本流向。

正如有俄罗斯媒体界人士一针见血地指出："很容易揭露这种论调背后的阴谋，如果中国的经济不好，那么投资和资本就应流向经济好的地方，也就是流向美国。"

制造虚假叙事。美国前总统艾森豪威尔曾说："在宣传上花一美元，等于在国防上花五美元。"美西方之所以频频炒作"中国经济崩溃论"，目的就是为了混淆是非、影响公众判断，打击中国民众士气，打击国内外对中国经济和中国发展的信心，从而对中国经济产生实质性影响，搅乱中国经济发展进程，持续推进有利于美国及其盟友的叙事。

三

讲到底，种种唱衰中国经济的论调，本质上都是美西方对中国发动的一场认知战，是妄图对中国特色社会主义制度和道路进行攻击和否定，配合美西方对中国战略上政治上的围堵。对此，笔者想到三句话：

疾风知劲草，烈火见真金。事实是戳破"中国经济崩溃论"泡沫的特效药。一方面，我们要擦亮双眼，保持定力和判断力，不被干扰和迷惑，谨防把他们的唱衰言论变成一种自我实现式的预言，不被任何的恶意造谣炒作带节奏，集中精力把自己的事情办好，用中国经济蓬勃向上的事实来对恶意抹黑的谣言作出有力的回击。

另一方面，不畏浮云遮望眼，始终敞开怀抱，把开放的大门打得更开，在世界经济的大海里遨游，与世界各国加强互利合作，分享发展红利。谁是世界经济动荡之源和全球经济风险的罪魁祸首，谁是世界经济的主要引擎和稳定动力，自然会一目了然。

困难年年有，今年不例外。当前，中国经济确实面临一些风险挑战，对此我们也要有清醒认识。三年疫情留下的创伤还未痊愈，乌克兰危机延宕不止，全球经济复苏乏力，严峻复杂的国际国内环境让"家家有本难念的经"，中国自然也不例外。客观地说，尽管中国经济呈现恢复性增长态势，但我们面临的压力并不小，比如内生动力不强、有效需求不足、市场预期不稳等问题在短期内仍然比较严峻。

对此，坚持极限思维和底线思维，做好经历一个艰难的爬坡过坎期的思想准备和工作准备，是很有必要的。面对诸多经济挑战，我国坚持高质量发展方向，稳步打出各种"牌"。比如：有序释放刚性和改善性住房需求；多部门发布促进民营经济发展28条举措；多项支持小微企业和个体工商户发展的税费政策延续优化至2027年底；等等。

关关难过关关过，前路漫漫亦灿灿。经济形势怎样，未来预期如何，要看底气所在、趋势所向。今年7月，习近平总书记主持召开中共中央政治局会议时，就当前经济形势和经济工作作出战略判断和全面部署："疫情防控平稳转段后，经济恢复是一个波浪式发展、曲折式前进的过程。我国经济具有巨大的发展韧性和潜力，长期向好的基本面没有改变。"

经济发展从来不是一马平川，中国经济从来都是在攻坚克难中发展壮大的。保持战略自信，坚持全面、辩证、长远看待中国经济运行的"形"与"势"，继续咬紧牙关，拿出"一股子气啊、劲啊"来闯过新的难关，才是理性而务实的选择。

总而言之，屡屡"唱空"，次次落空，"中国经济崩溃论"早该休矣！而当我们自身保持战略定力，拿出压箱底的"武器"，打好手中的"牌"，纷纷扰扰的"唱衰论"自然不攻自破。

陈培浩　　沈於婕　　徐健辉　执笔

2023年10月10日

拱宸桥何以"通"世界

> 拱宸桥之于杭州，绝不仅在于连接运河两岸，它也是城市生活变迁的见证者，承载着老杭州人的记忆与情感。

一岸白墙黛瓦，一岸霓虹璀璨。江南水乡与现代都市在两岸和谐共生，桥下千年运河汩汩流淌。

融通古今的拱宸桥自历史深处款款走来，在此前的杭州亚运会开幕式上幻化成光影，与漫天冉冉升起的孔明灯交相辉映，演绎别具一格的"中国式浪漫"。

烟火气十足的拱宸桥这下更热闹了，不少中外游客前往打卡，只为切身领略桥的风韵。这座古桥有何特别之处？何以代表杭州？又如何通向世界？

一

"为政以德，譬如北辰，居其所而众星共之。"拱宸，意为百姓拥戴德政。这座如今已成为杭州名片的石桥，其命运不可谓不跌宕，虽几毁几建，桥名却从未变更过。

拱宸桥是京杭大运河南端的终点，亦是古时杭城通往外界的起点，迄今已有近400年历史。

据《杭州府志》记载，这座桥始建于1631年。明代漕运繁忙，拱宸桥所在地正是运河地势开阔处，商贾民船往来交易频繁，成为漕运的重要集散点。运河两岸百姓，期盼着一座能连通东西两岸的桥，拱宸桥的诞生圆了他们的梦。在方便两岸居民生活的同时，拱宸桥更推动了两岸商贸繁盛，一时间"帆樯如林，货物如山"。

但彼时的拱宸桥是座木桥，历经风雨侵蚀，至清初渐渐倾塌。在当地民众的殷切呈请与官府的努力下，才得以重建为更坚固的石桥。相传康熙、乾隆帝南巡，自运河乘船南下，这座桥便成为迎接两位帝王的"门面"。

不幸的是，清末的战争让拱宸桥又遭厄运。战火之中，桥体受损严重，濒临倒塌，直至光绪年间，杭州富商丁丙慷慨捐资、重建此桥，才有了留存至今的拱宸桥。

新修建的拱宸桥，桥身长92.1米，桥高约16米，是杭城最高最长的石拱桥。由于江南土质松软，当时的工匠绞尽脑汁，设计出了薄墩薄拱式结构，用更为轻盈的石板石条铺就桥面。于是，拱宸桥在端庄雄伟之余，更添了几分江南的秀气与灵动。

然而，这份韵致在19世纪末险遭损毁。《马关条约》签订后，拱宸桥一带沦为日本租界。为方便汽车通行，桥面上被铺筑了水泥，古桥风貌遭到严重破坏。

百年倏忽而过，"霜雪经多节愈坚"的拱宸桥，用它的坚毅，历蹉磨而不倒、迎修筑而新生，在一代代人的持续呵护和建设下生生不息。

2005年，拱宸桥迎来自丁丙出资重建后的首次大修，不和谐的附加物、有害的附生植物被拆清，栏板和48根望柱被修复，随民族进程而浮沉的古桥重焕光彩。2014年6月22日，中国大运河申遗成功，拱宸桥更是入选世界文化遗产点，成为缀在历史长河上璀璨的明珠。

二

一座拱宸桥，半部杭州史。拱宸桥之于杭州，绝不仅在于连接运河两岸，它也是城市生活变迁的见证者，承载着老杭州人的记忆与情感。

最初为这座桥停留的，是两岸居民和逐运河而来的船民商贾，他们沿着运河流淌的方向，开起了茶楼、戏馆、米行、鱼行等六行六馆，"篝火烛照，如同白日"的"北关夜市"盛极一时。

久而久之，传统手工业与近代民族工业在这片土地上萌芽，杭州的第一盏电灯、第一条铁路、第一个邮局、第一家报社，都从拱宸桥边"长"出来。

新中国成立之后，拱宸桥一带成为杭城百姓安居乐业的"幸福港湾"。两岸建起了浙江麻纺厂、杭一棉、杭丝联等大厂，一厂能解决彼时数千人的就业。每到工人换班的时间，浩浩荡荡的人群穿桥而过。拱宸桥东的街市更是热闹非凡，挤满了买点心小吃、采购日用品的职工。

如今，这些老厂房里早已没有了机械轰鸣与忙碌身影，但这些记忆没有被遗忘，而是以另一种方式沉淀、延续。它们转身成为博物馆、展示馆、文创园，成为杭城的文化新地标，成为记录城市转型发展的"活态纪念册"。

接轨现代文明之余，拱宸桥也寄托了无数游子离乡的踌躇满志与归乡的喜悦辛酸。鲁迅兄弟从绍兴坐船到拱宸桥，再离开浙江外出求学；郁达夫手头紧迫，希冀写小说换钱给王映霞买生日礼物，于是在桥边写下小说《清冷的午后》；丰子恺在抗战时携家逃难，也曾夜泊拱宸桥下，无奈将心血之作《漫画日本侵华史》草稿扔进冰冷的河水里……

杭城流传着这样一句话，"诗人都在去拱宸桥的路上"。正如当年的文人爱往拱宸桥跑一样，现在的"诗人们"也被它吸引，喜欢去桥边的书屋、咖啡馆里坐坐，感受流淌的诗意。

这种诗意藏在文人墨客的笔下，也藏在老百姓悠闲的小日子里。"拱宸桥头乘风凉"，许多杭州人的 Citywalk，就是到拱宸桥上吹吹风，去桥西直街、小河直街探探店，好不惬意。

当一座桥，成为一座城的象征、一群人的乡愁，它便从有形之桥化作精神之桥，得以跨越时空、连接心灵。

三

在杭州亚运会的美学设计中，拱宸桥是出场率很高的视觉形象元素。吉祥物"宸宸"额头上就嵌着一座拱宸桥；开幕式上，拱宸桥更是站到 C 位。"杭州的拱宸"何以成为"世界的拱宸"？

一方面，桥象征着连接和沟通，连接着古代与现代，沟通着这头与那头。正如杭州亚运会开幕式上让人印象深刻的"相知无远近，万里尚为邻"，以体育和文化为媒的一场盛会，不同国家和地区汇聚在此交流互鉴。

另一方面，拱宸桥承载着杭州的历史文脉，彰显着江南水乡的人文韵味，也向世界展现中华文明的印记。站在拱宸桥上，望见的是千年运河"灌溉"而成的城市繁荣、百姓富足；踏过桥上石板，静听河水深深，也就更能理解大运河文化的意义。

今天，杭州拱宸桥的名片越擦越亮。如何让它更加闪亮，还需民间与官方共同发力。

一方面要留住记忆。"原住民"是历史的真实见证者与记录者。要让拱宸桥一带的原住民能留在这里，更留住记忆。比如：原浙麻宿舍"荣华里"布置了一条浙麻文化长廊，勾起小区居民的集体回忆；桥西历史街区将文旅景观串珠成链，打造"没有围墙的博物馆"，每位居民都是这里的一线讲解员。

另一方面要活态传承。以拱宸桥为起点，从流淌着的文化遗产中挖掘活的历史，让更多人读懂运河文化，使之走向世界。比如：中国京杭大运河博物馆今年升级应用声光电和多媒体技术，让观众徜徉在动起来、活起来的运河故事中；拱宸桥街道上线了"大运河数字文化星谱"，以拱宸桥地标、人物、作品为线索，引导人们追溯一条河、一座桥的变迁。

让古老大运河焕发时代新风貌，是习近平总书记一直挂念的事："大运河是祖先留给我们的宝贵遗产，是流动的文化，要统筹保护好、传承好、利用好。"

积之涓涓，数代人在桥上回眸历史、滋养当代；光影纵横，未来将有更精彩的画卷在桥上徐徐展开。

茹雪雯　钱伟锋　执笔

2023 年 10 月 11 日

"后真相时代"，该怎样抵达真相

> 当真相还没出现时，不如让信息"飞一会儿"，管理好自己的情绪，"未知全貌，不予置评"，避免被别有用心的利益群体当成"打手"，成为"后真相"的推手。

"马看到什么，是人决定的。"这是电影《封神》里的一句台词。影片里，纣王给战马戴上眼罩，战马便无惧烈火一往无前。

那么，在今天这个信息满天飞的时代，我们看到什么，是由谁决定的呢？移动互联网技术的迅猛发展，让信息触手可及，足不出户就能了解世界各地发生了什么，知道现下最火爆的新闻是什么。

当我们感叹"太方便了"的同时，也出现了一些令人担忧的迹象。比如：有时信息越来越多，真相却越来越少；有时情绪越来越多，理性却越来越少。于是很多人感慨，我们进入了"后真相时代"。那么，"后真相时代"，我们又该怎样抵达真相？

一

"后真相"一词最早出现在1992年。2016年，英国脱欧和特朗普当选美国总统这两起政治事件，让"后真相"受到广泛关注。当年，《牛津词典》将"后真相"选为年度词汇，指的是"诉诸情感及个人信念，较陈述客观事实更能影响舆论的情况"。

也就是说，"后真相"并不等同于虚假，而是"介于真实与虚假之间，不完全客观也不完全虚构的情绪性现实"。有人将"后真相"的特点总结为"情绪在前，客观在后；成见在前，事实在后；态度在前，认知在后；话语在前，真相在后"。那么，"后真相时代"是如何形成的呢？

技术发展极大降低了信息生产和传播的门槛。传统媒体时代，从事信息传播需要经过长期专业训练，传播渠道牢牢掌握在专业媒体手中，信息从生产到发布有一套严密的流程和机制。

而随着信息生产和传播技术的突飞猛进，人人都有麦克风、个个都是自媒体，随时随地都能播报信息、发表看法。由于不少信息和观点没有经过严格的审核把关，由此呈现出良莠不齐、真假参半、有失偏颇等特征。

传播格局的变革冲击了主流媒体的权威。伴随着舆论生态、媒体格局、传播方式的深刻演变，主流媒体话语体系和权威性受到挑战，而与此同时，微博、微信、抖音、快手等社交网站和短视频平台日益成为人们获取信息的重要渠道和舆论策源地。主流媒体发布的权威内容，有时甚至传不过各种"小道消息"。

部分自媒体迎合流量肆意炒作。从传播规律来看，情绪传播往往快于事实传播，特别是一些煽动情感、强化偏见、迎合情绪的内容更易得到扩散。在流量诱惑下，一些自媒体账号在碎片化信息中捕风捉影，制造耸人听闻的标题，提炼偏激对立的观点，"小作文"随手拈来；有的以极端的立场、夸张的语言炮制"新闻爆点"，以实现点赞量、阅读量、转发量的最大化。

比如，曾有一段时间，网络空间出现了各类复制粘贴的"爱国爽文"，利用人们朴素的爱国情感，达到"薅羊毛""蹭流量"的目的。

算法推荐形成"信息茧房"。一些网络平台基于用户偏好的算法推荐，犹如一只无形的手，操控着网友能看到什么、不能看到什么。对网友来说，看似掌握了海量信息，实则多是同质化的内容；以为知道了事件全貌，其实不过冰山一角，而且还是熟悉的那一角。当一些相近的意见不断被重复，处于其中的人们以为这些就是事实全部，从而偏离了真相。

二

置身"后真相时代"，技术发展并不一定都带来对信息的掌控力和判断力，反而让信息变得冗杂，真相变得难以捉摸。其负面影响显而易见。

首先，加剧了互联网情绪的形成和爆发。"后真相时代"，当情绪抢先于事实后，情感宣泄和恣意传播成为舆论场上的一种常态。有些网友将自己代入互联网事件的"当事人"角色，形成共生情绪，不明真相的"吃瓜群众"纷纷抱团，个体情绪互相感染、不断扩散，非理性声音相互叠加。

比如，今年4月"不满加班怒怼领导"的假新闻，就属于互联网情绪传播的典型案例之一，一批深受加班之苦的网友纷纷响应，很快引爆了舆论场。虽然事后证明，这是一条彻头彻尾的假新闻，但仍有网友表示，"事实不重要，心情是真的就行了"。

其次，对传媒生态形成冲击。在新闻学教材的定义中，新闻是对新近发生的事实的报道，真实是新闻的生命，事实是新闻的基础。而"后真相"追求的是主观看法和情绪的传播，导致客观公正报道的关注度降低，罔顾事实的煽动则受到追捧。

在这样的背景下，有些媒体在无奈之下选择主动迎合，由此损害了自身的公信力和权威性。而一些"尝到流量甜头"的自媒体，则将更多精力放在了渲染情绪、吸引眼球上，对舆论生态和传播秩序造成不小的冲击。

最后，对社会秩序造成一定影响。"后真相"助长了群体的非理性，加上一些别有用心的群体，利用社会上的仇官、仇富等心态和民众紧张、焦虑等情绪，在舆论场制造对立冲突，进一步加剧了不同群体的撕裂，有的甚至从线上延伸到线下，引发聚集性活动等。

比如，一些突发和热点敏感事件，真相还未公布，各种煽动性信息就广泛传播，引导群众站队，有时甚至形成明显的"一边倒"现象，对当事人造成伤害，对事件处置造成压力。

三

碎片化的海量信息，并不能拼出一个完整的事实；在情绪的裹挟之下，真相渐行渐远。身处"后真相时代"，如何才能抵达真相？

有所作为才能"守护真相"。对造谣传谣行为的惩治力度需进一步加大，要查处、曝光各类典型案例，以强大的震慑力，让网络谣言和虚假信息无所遁形。

比如，2022年9月中央网信办部署开展"清朗·打击网络谣言和虚假信息"专项行动，"着力解决旧谣言反复传播、新谣言层出不穷的问题"。各地健全完善监测、发现、辟谣、处置全流程工作规范，压实压紧网站平台主体责任，不断打通谣言治理工作的"最后一公里"。

心中有责积极"传播真相"。媒体一方面要坚守全面、客观、真实的原则，深入调查真相、客观反映真相、积极引导公众；另一方面，通过持续推进媒体深度融合发展，研究互联网传播规律和特点，创新话语体系和表达方式，以更贴近网友的方式提升宣传报道的实际效果，牢牢把握舆论场的主导权。近年来，不少主流媒体打造的正能量爆款产品，就是一种很好的尝试。

对自媒体而言，通过渲染、煽动情绪固然能收割一波流量，但其制造的对立冲突、造成的负面影响对社会危害极大，对自身发展而言亦是饮鸩止渴。唯有承担起社会责任，坚守住伦理底线，坚持真实客观的基本原则，才是正确的出路。而平台方也应切实履行主体责任，打造高效健全的把关机制，优化算法推荐机制，加强对新闻事实的核准和求证，避免让事实真相淹没在泛滥的情绪化信息中。

保持理性更好"追问真相"。英国学者赫克托·麦克唐纳在《后真相时代》一书中提出了一个词：竞争性真相。当有人向你描述某个事物时，只从其中一个维度或一个视角出发，那么他说的就是"竞争性真相"。

许多问题和突发事件的真实情况是非常复杂的，即便出于善意和诚实，我们表达的仍有可能只是部分真相。比如：片面真相——真实但不完整；主观真相——通过主观感受和判断得出，可能随时会改变；人造真相——经过人们有意筛选或打造出来的真相；未知真相——你坚信未来可能会发生但还未变成现实的"真相"。竞争性真相经过各种人工介入，不能简单用"真"或"假"一概论之，它们极具迷惑性，大众很容易被这些裁剪过的"真相"误导。

一方面，公众应提升自己的媒介素养，增强对信息的选择、辨析、使用等能力，对明显违背认知常识和客观规律的信息保持审慎态度；另一方面，保持对真相的好奇和追问，当真相还没出现时，不如让信息"飞一会儿"，管理好自己的情绪，"未知全貌，不予置评"，避免被别有用心的利益群体当成"打手"，成为"后真相"的推手。

余丹　焦玥　执笔

2023 年 10 月 11 日

"朋克养生"横扫青年群体的背后

> 年轻人，在玩"朋克养生"梗的同时，须得明白，认定目标、一步一个脚印，才是真正消解焦虑的良药。

网络流行词一会儿一阵风，"朋克养生"却一直火热至今，甚至有愈演愈烈的趋势。一段时间以来，"一边朋克，一边养生"成了很多年轻人对自己的精准描述。

"喝0卡汽水，奶茶不加糖""熬最长的夜，泡最浓的人参茶"……他们虽然重复着不那么健康的生活作息，但又希望通过中医、运动、食补等方式保持身心健康。一消费趋势报告显示，九成以上的年轻人具有养生意识，"90后""00后"的养生血脉觉醒远早于"70后""80后"。

当"养生"不再是中老年人的专属，我们不禁好奇："朋克养生"何以让年轻人上头，背后反映了什么？

一

朋克，音译自英文Punk，是摇滚乐的一种表达形式。"朋克养生"，源于一位乐手的"网梗"。2017年，一名摇滚鼓手手拿保温杯的照片刷屏网络，其铁汉风格与温和养生形象带来巨大反差"萌"，让"朋克养生"这一概念火速"出圈"。

把"朋克养生"掰开来看，前半截代表"摇滚自由"。提及朋克，大抵会联想到这样一个场景：摇滚音乐节上，全场响起动听急促的旋律，一群年轻人挥舞着荧光棒，跟随着激情的节奏涌动"人浪"，在狂欢拥挤的人群中寻找兴奋感。

精神上的朋克，是一场内心独白。很多年轻人认为，忙碌了一天回到家，抛开所有的社会身份，只有深夜这个时间才属于自己，明明很困，却舍不得睡觉。或是刷视频，或是打游戏，肆意放空思绪，感受弥漫的无限自由，在没有任何约束的空间开启娱乐或疗愈，得到精神世界的满足。

然而，这个词的后半截，却意味着"努力自救"。当时钟指针指向半夜2点，当年度体检报告亮起"红灯"，当"小伙因长期吃外卖身患重疾"新闻频出，年轻人在一次次狂欢后，又猛然意识到不能再"掏空"身体，便不由自主地产生养生焦虑。

曾依仗血气方刚"走天涯"，如今却酷爱曾嗤之以鼻的"老派"行为，维生素、褪黑素、鱼油等各类补品成为日常"第四餐"，逛超市学会看配料表，热衷晒背、艾灸、八段锦……当代年轻人上演"嘲笑父母，理解父母，成为父母"的桥段，在"朋克养生"路上一往无前。

"朋克养生"，代表了年轻人那颗躁动的心，既不想过得平平淡淡，又希望保持身强体壮。在旁人看来的自相矛盾，却是他们对自我的探索和追求。

二

"朋克养生"创造性地结合了两种生活方式，迸发出青年文化的想象力和创造力，可背后折射的却是他们对自身健康状况的重视和担忧。究其原因，学习工作压力大、作息不规律、年龄增长等，或多或少让年轻人群感受到压力，对养生的需求也就越加急切。

一方面，是外部环境因素，社会竞争渐趋"白热化"。时代飞速发展，年轻人的压力如影随形。在学校，为了获得更好的成绩，追求更高的目标，不断提高自己的竞争力；出了校园走向职场，慢慢背负起房贷、养老压力，既怕被前人甩下，又怕被后人超越。有媒体曾联合网站对1979名"90后"进行调查，结果显示，约一半受访者关注养生信息是因为工作生活压力大。

每个人都知道要保重身体，但当烦恼和压力到来时，熬夜、暴饮暴食等放纵行为又很难避免。脱发、失眠、焦虑，甚至"断崖式早衰"，当这一系列亚健康表象出现，但又无法改变目前的生活状态和习惯时，年轻人便寄希望于"朋克养生"，来获取一些心理慰藉。

另一方面，是个体受网络"病毒式"传播影响。社交媒体为网民互动提供共情渠道，开放平台的观点表达、思想碰撞，将个体情绪渲染开来。在线上的人际互动过程中，网民们更易达到情绪聚合，乐于去跟随当前的网络节奏。在热衷新鲜事物的年轻人面前，

"朋克养生"成为大家茶余饭后的谈资，形成一股潮流。

不少年轻人也就慢慢被影响"入圈"，他们不确定这些养生补救措施是否真的对自身健康有益，更像是一种跟随"网梗"的情绪输出。比如盲目购买大量保健品，借此融入大的群体、和同龄人有共同话题，并在社群内分享知识和经验，帮助彼此增强认同感和归属感。

三

在"朋克养生"横扫青年群体的背景下，我们又该如何看待它的走红？笔者有三点看法：

可以尝试，但别信奉。这些年来，我国慢性病患病人群呈现年轻化趋势。调查数据显示，半数以上的"90后"有脱发、掉发困扰，约有四成存在肥胖、运动能力下降的情况。当下年轻人，面对的烦恼和焦虑不少，吃点保健品，本无可厚非。

但"朋克养生"真的有用吗？不一定。有医生打了个比方，健康不是做数学题，一正一负未必能相互抵消。以"熬夜喝人参水"为例，经常熬夜会导致内分泌失调，甚至器质性病变，即便喝再多的人参水，也只是补充了点水分，想以此来"回血"，作用并不大。

合理营销，切忌过度。越来越多商家抓住年轻人的痛点，主打"0糖0卡"健康理念，推出五花八门的产品，从无糖饮料到减脂健康餐，从补充微量元素的瓶瓶罐罐到关心肠道健康的益生菌，催生出火热的消费市场。

年轻人要警惕不良商家借用"健康传播"之名制造的健康焦虑。比如一些不良商家利用人们对脱发甚至猝死的恐惧心理，夸大养生保健品的正面效果，玩文字游戏，混淆视听，欺骗消费者。

需要引导，更应关心。回看年轻人的养生方式，很多人只是跟风"买买买"，并不是真正养生。一方面，需要引导年轻人树立正确的养生观念，关注他们所思、所想、所盼，提供更多权威信息。另一方面，不妨从源头上帮助他们排解困惑、舒缓压力，倾听年轻人当下诉求，尊重发展个性。或许，一句温暖的问候、一声期许的叮咛，就是助力他们披荆斩棘的一束亮光。

年轻人，在玩"朋克养生"梗的同时，须得明白，认定目标、一步一个脚印，才是真正消解焦虑的良药。只有对生命足够敬畏，保持规律节制的生活习惯，才能朋克半生，归来仍少年。

郑黄河　执笔

2023 年 10 月 12 日

翻拍为何总难超越经典

> 致敬经典，不仅是致敬经典IP，更是致敬原创对作品质量、价值的坚守。

近年来，影视剧"翻拍风"盛行。比如《鹿鼎记》《倚天屠龙记》《神雕侠侣》《新白娘子传奇》等，每过一段时间就会被翻拍，有的甚至已经有十多个翻拍版本。可以说，经典"不是已经被翻拍，就是在被翻拍的路上"，既带来满满回忆，也引起不少争议。

前段时间，就有一部翻拍剧《花轿喜事》引起热议，这部作品翻拍自经典剧——《上错花轿嫁对郎》。不少观众评价"还是老版好看""翻拍得有点敷衍"。不久前，电影《红楼梦之金玉良缘》发布的首支预告冲上热搜，引发不少网友对选角等方面的吐槽。

可以说，每当一个经典IP被重新搬上大银幕或小屏幕，总会引起关注，但播出后的结果往往却是"没有对比就没有伤害"。那么，在影视制作技术日益提升，服装、化妆、道具等愈加精良的今天，为什么翻拍的影视作品，反而很难超越原创经典呢？

一

不论是金庸武侠、《仙剑》这类的本土IP，还是《深夜食堂》《卖房子的女人》这样的"舶来品"，影视圈"十翻九渣"，似乎成为魔咒。但翻拍之风，好像丝毫没有要停下的意思。究其原因，至少有以下几方面：

其一，原创经典IP强大。经典剧有IP、有市场，令人百看不厌，让翻拍也变得自带流量和话题，甚至不需要太多营销就有人看。比如，去年《仙剑奇侠传》被翻拍的消息一出，就吸引了胡歌、刘亦菲版《仙剑奇侠传》电视剧迷及《仙剑奇侠传》游戏玩家等群体的关注，很多人为"仗剑逍遥平天下，降妖除魔卫人间"热泪盈眶。

其二，新瓶旧酒同样醇。对于创作团队来说，翻拍剧好比有"样板房"，让观众一眼看去便知道这部剧讲什么、怎么讲，不需要过多阐释，操作起来方便，制作周期也相对较短，启动初期融资也更容易。有编剧曾道破背后的逻辑：只要别翻拍成"雷剧"，翻拍剧后期发行卖给电视台和各大视频平台，都比原创剧"丝滑"。

同时，翻拍也有助于盘活经典IP。比如，在单机RPG游戏流量逐渐褪去的情况下，《仙剑奇侠传》游戏大不如从前，而翻拍《仙剑1》，一定程度上可以帮助游戏IP维持热度。

其三，原创好剧本稀缺。影视剧每年层出不穷，而真正的原创之作却乏善可陈。数据显示，2021年全网电视剧正片有效播放量排名，前二十部国产剧中，65%是IP改编剧，原创仅占35%。实际上，原创剧本意味着需要从零开始、广泛取材、深入思考，与翻拍剧相比往往耗时更长，如果耐不住寂寞，很难写出一个好故事。

二

与翻拍次数不断增加、频率不断提升形成对比的，是持续走低的评分和口碑。比如，1996年版和2001年版《笑傲江湖》豆瓣评分分别达8.6和8.5，而2013年版的《笑傲江湖》评分仅为5.7，2018年版的《新笑傲江湖》评分则只有2.5。那么，翻拍作品为何屡遭差评？有哪些"雷点"呢？

剧情改编"雷人"。有的为博眼球，"毁容式"乱改。比如，2017年版《寻秦记》，打着迎合观众口味的旗号，对原著进行大修大改，不仅篡改男主的人物设定与职责，还"捏造"出了一个原著中并不存在的女主；又如，2019年版《封神演义》中，苏妲己竟和杨戬成了青梅竹马，不仅一起成长还谈起了恋爱。还有的翻拍自国外剧集，"本土化"不够到位，显得"水土不服"。

主演"东施效颦"。对于一些经典原创影视剧里的主角，很多观众都将其奉为心目中的"白月光"，比如六小龄童饰演的孙悟空是绝大部分观众的心头挚爱，陈晓旭版林黛玉让观众记了好多年。

反观近来播出的一些翻拍剧里，演员妆容和脸型颇具"网红范儿"，正如有网友说，"以前的美都是一颦一笑明媚动人，有气质、有灵气，不像现在都是科技脸居多"。还有的翻拍剧像是开了十级美颜滤镜，比如2019年版《新白娘子传奇》，有观众吐槽拍出了"网游版白素贞"。

制作不够用心。经典之所以成为经典，离不开精良的制作。比如，1987年版《红楼梦》从开拍到播出，耗时近三年，演员们提前接受培训，学习各种礼仪知识。但现在的影视剧特别是翻拍剧，很多作品少则一月多则数月就能杀青。

像《上错花轿嫁对郎》部分镜头取景自扬州，布景呈现出江南水乡独有的烟雨朦胧之感，而《花轿喜事》画质加了滤镜，少了古装剧的典雅。此外，不少剧组在服装、化妆、道具等方面敷衍了事，不追求精益求精，也有的太华丽太干净了，反而没有了生活气息，看起来很假。

三

习近平总书记强调："文艺要通俗，但决不能庸俗、低俗、媚俗。文艺要生活，但决不能成为不良风气的制造者、跟风者、鼓吹者。文艺要创新，但决不能搞光怪陆离、荒腔走板的东西。文艺要效益，但决不能沾染铜臭气、当市场的奴隶。"那么，翻拍剧如何不翻车，并"翻"出一片新天地呢？笔者想到了三句话。

"多些敬畏才能少些轻浮"。翻拍是对经典的再创作，需要敬畏经典，对经典应有足够的认识和相当的艺术积累，不能为了抢先手而仓促上阵。同时，致敬经典，不仅是致敬经典IP，更是致敬原创对作品质量、价值的坚守。那些评分高、口碑好的影视作品，无论是翻拍，还是原创，无不是创作者不忘初心、精益求精的成果。

因此，创作团队应把讲好故事、严控质量放在首位，而不是为了蹭一波热度、圈一波快钱，压缩创作打磨的空间，否则不仅会对经典作品造成伤害，更会透支观众的信任。

"要想打动观众，首先要打动自己"。这是一句很多文艺界人士都认可的话。当创作者能发自内心地喜爱和尊重原作，当演员能够用心打磨演技，当编剧能够精心雕琢剧本，故事自然就能讲得好。

比如，"小戏骨"版《白蛇传》《刘三姐》《白毛女》等虽然制作成本不高，演员也都是小朋友，却将一个个经典的荧幕形象刻画得"入木三分"，有网友评价"8岁的皮囊，30岁的眼神，工龄80年的演技"。

"别人嚼过的馍不香"。好的翻拍剧不仅是对经典的延续，更是随着时代对经典进行再创造。那些经典作品之所以让观众念念不忘，正是踩中了时代节拍，契合了观众需求。每个时代的观众都有这种需求，应当让经典不断与当下对话，与观众产生共鸣。比如，《天乩之白蛇传说》对《白蛇传》进行了故事新编，作品对水漫金山寺、法海收蛇妖等经典情节进行了新的解读，不少观众认为颇具创意。

作家柳青说，"一个写作者，当他完全摆脱模仿的时候，他才开始成为真正的作家"。跟风翻拍、同质化翻拍，其实质是一种"啃老"。翻拍，从来都不应成为一条捷径。文艺工作者，更要有超越前人的竞胜之心，增强自我突破的勇气，唤醒原创能力，用心用情用功创作出释放经典魅力、符合当下审美的精品力作。

郑思舒　毛玟菁　执笔

2023 年 10 月 12 日

"丽水山居"何以迷人

在诗意流淌的山野间，"丽水山居"等着每一位归心向山野的旅客。

"月斜树影穿窗入，雨过山泉绕舍鸣。"古往今来，人们对山居都有着无限向往。总有一些人，在寻找一处远离喧嚣的栖憩之所。

而在丽水，山居生活变得不再遥远。"丽水山居"是丽水民宿的地域性品牌，近年来，已成为人们乡村旅游的新宠。数据统计，"丽水山居"去年一年就接待游客2697万人次，每逢节假日，更是一房难求。

依山傍水的"丽水山居"为何能"圈粉"？它为当地居民以及人们快节奏的都市生活带来了什么？

一

丽水是一座绿意盎然的城市，"慢节奏""松弛感"是这里的特色。截至2022年，"丽水山居"有民宿3427户，从业人员2.59万人，相当于每一百位丽水人中就有一位从事民宿行业。

"丽水山居"之所以能火起来，既得益于优越的生态环境，也离不开地域文化的"牵引"。

这里有山的沉稳。铺开丽水地图，一幅"九山半水半分田"的卷轴徐徐展开。"横看成岭侧成峰，远近高低各不同"，山地延绵、丘陵相接、谷地错落……宛如意境悠远的中国山水画。

丽水境内，海拔 1000 米以上的山峰有 3573 座，1500 米以上的山峰有 244 座。其中，黄茅尖和百山祖分别为浙江省内海拔排名第一和第二的高峰。3000 多家"丽水山居"如珍珠般散落在 1.7 万余平方公里的"浙江绿谷"中，成为丽水这幅大山水画中的"点睛之笔"。置身广袤青山，"星可眉间摘，云从足下撩"，仿佛可以瞬间驱散都市生活中的紧张与压力，也催热了旅居"丽水山居"的热度。

这里有水的灵气。丽水是瓯江、闽江、钱塘江等六江之源所在地，大大小小的溪流如碧纱缠绕青山，为数千家民宿注入了灵气，也难怪古人有诗云："皇都归客入仙都，厌看西湖看鼎湖。"

有人评论，丽水的山居不是河景房，便是湖景房。推门见水，关窗见景，看得见星星，摸得到乡愁。靠着绿水青山，坐拥排名全国前十的水和空气质量，拥有"桃花源"式的景象——小桥、流水、人家，丽水吹起了卖空气卖风景的"山宿"之风。

这里还有文化的厚重。丽水拥有 268 个中国传统古村落。祭黄帝寻先祖、玩泥巴做瓷器、访畲寨听畲歌、赏石雕学篆刻、喝洋酒吃西餐……古今贯通、中西合璧，丽水各县各地风格不一、文化多样。

此外，峰岩奇绝的丽水自古便广受文人墨客的喜爱。如唐代贯休和尚曾隐居遂昌十多年，留下二十四首《山居》诗，其中"三间茆屋无人到，十里松阴独自游"一句，道出心灵自适的另一番天地。谢灵运的《夜宿石门》、王十朋的《游仙都》、沈括的《仙都山》等，都为丽水增添了人文底蕴。

游走于"丽水山居"，有移步换景的山光，有抓人眼球的水色，更有一番文韵。正因如此，"丽水山居"让人来了还想来、住了还想住。

二

山居，一直是中国文人寄情山水的心灵空间。古志记载，范蠡之师计倪、战国大儒浮丘伯都曾隐居丽水，钱选的《山居图》、黄公望的《富春山居图》等，都将古人对山居的向往定格于画中。

流水潺潺，树丛林间，山居屋宇，茅亭草舍，吟诵对饮……古人的山居意境跃然纸上。然而不必艳羡古人，这些令人向往的山居，在今日的丽水仍处处可见。

2019年，"丽水山居"集体商标注册成功，成为全国首个地级市注册成功的民宿区域公共品牌。十多年间，以"过云山居""云上五天""只有一间"等为代表的精品民宿接连涌现。当前，全省首批"浙韵千宿"培育名单中，丽水共有153家民宿上榜，数量位居全省第一。那么，当代的"丽水山居"是如何打造的？

作为地域性集体商标，"丽水山居"要想在民宿行业里建立自己的坐标，精品意识不能少。这些年，那云、隐居、先锋书屋、云上平田等一批高品质民宿接连亮相，让很多人提起民宿，便能立马想到"北有莫干山，南有浙西南"。

除了拥有好风景，"丽水山居"还有强烈的设计感。把牛栏做成咖啡店、把猪圈羊圈修成展示馆、把废弃矿山变成时尚山居……一大批设计大咖助力，把年轻新潮的设计融入浓郁的地域文化中，让先锋的艺术构想为原生态的山村勾勒出时尚线条。

随着"艺术进乡村"计划逐步实施，越来越多的美术馆、博物馆搬进山居，请农民与艺术家一同创作。如斗米岙村曾举办当代艺术展，村民们既当创作者又当组织者，在村里展示了数十位国内外艺术家的300多件作品。

如果说，"唯此桃花源，四塞无他虞"是古人隐逸丽水的咏叹，那么，"我在丽水有间房"便是现代人向往休闲、追寻自然的心声。

三

"丽水山居"是丽水打造"山"系列的一张新名片。以绿水青山为底色、以奔向共富为目标，这是千村万户共同的愿景，也是打造"丽水山居"的落脚点。

在打通"绿水青山就是金山银山"转换通道中，"丽水山居"应当如何再发力？

以"山"为底色，以"居"为特色。山居的基础是山，离开"山味"，山居将索然无味。丽水是一座富有江南特色的小山城，山耕、山景、山泉、山路等，都是这里的殷实"家底"。数十年来，丽水人守山护水，才拥有了绿水青山间的山居，才得以吸引各方游客，把他们的心留下来。

未来，"丽水山居"还当持续做足"山"字文章，守护生态环境、挖掘山乡底蕴、展现山城魅力，把"山居"打造成"丽水山路""丽水山耕""丽水山景"的枢纽品牌，联通精品民宿、潮玩产品、美食体验等，让山居成为"靠山吃山"的更优解法。

既要有亮点，也要有卖点。所谓"品牌叫得响，黄金才万两"。过去几年，"丽水山居"主动"走出去"，在上海、杭州、南京等地利用各类平台为自己吆喝，形成了一定的品牌效应，但要在业界形成更加鲜明的辨识度，还需各部门形成合力，持续打造卖点。

例如，抓住都市群体的需求，引入年轻业态，开设各类主题沙龙、美食吧、剧本杀等，让山居"潮"起来，从而带动观光、娱乐、住宿等多种业态发展，达到"四两拨千斤"的效果。

追求个性化，兼顾标准化。山居要以独特的文化气质吸引游客，也应以个性化的服务打动游客。有时，一位主人、一个故事、一桌佳肴、一组活动、一打伴手礼等，就能体现山居如家一般的温情，营造有温度的主客关系。

"丽水山居"是一个集体品牌，需要有与之匹配的服务标准、管理规范，应发挥集体的力量，为经营主体提供宣传、培训等各方面支持。同时，完善配套设施、提升服务水平，让游客把一次性的游玩体验沉淀为忘不了的山居记忆。

抬头可望清澈星空、低头能闻泥土芬芳，窗外有山风徐徐、桌上有百县千碗……在诗意流淌的山野间，"丽水山居"等着每一位归心向山野的旅客。

胡建金　余庆　执笔

2023 年 10 月 13 日

基层阵地不能是"挂牌阵地"

> 把牌子减下来是手段而不是最终目的，
> 更重要的是对基层干部有更多理解，给繁
> 杂的基层工作更多支持。

　　近年来，中央多次强调整治形式主义为基层减负。除了"文山"变种、"会海"翻新、"数字"走样等突出问题，阵地"挂牌"也是问题之一，看似是荣誉、是示范，但有的一面墙上挂着十几块甚至几十块牌子，××工作室、××中心、××服务站……让人眼花缭乱，有时也让群众无所适从。

　　有基层干部感受很深刻："各条线常常是你挂一块、我挂一块，一个办公室门口挂着四五块各色各样的牌子成了常态，不但杂乱无章，也给前来办事的群众带来困扰。"

　　尽管很多地方下大气力整治，但牌子还是挂了又摘、摘了又挂。为什么这么爱"挂牌"？"摘牌"减负之路该怎么走？

一

为了更好地服务群众，很多部门和单位都在探索建设自己的基层阵地，并挂上具有辨识度的标识牌子，努力把便民利民惠民的工作做到群众家门口。

然而，牌子挂多了，有时就产生了乱象。

比如，有的行政村村委会就有各种"专室""专牌""专栏"竞相上墙的情况。心理咨询室、矛盾纠纷调解室、幸福村志愿服务站、公共法律服务点、综合文化服务中心……村民调侃，"牌牌都想挂，一墙挂不下"。

然而，众多牌子挂上墙，看似有不同的用途，但有些其实是同一个功能室的 N 种名称转化。不同单位来命名，叫阅览室、叫图书室、叫书吧，说到底就是看书的房间。

比如，"挂牌"都只想挂在群众多、位置好的阵地，导致有的地方挂满了牌子，却不见有什么服务送来，影响了群众的观感和口碑。

再如，有些地方是"谁来检查就挂谁的牌"，今天挂上，过几天再摘下来，群众早上来是"服务站"，过几天就成"工作室"了。有的还专门制作"双面牌"，正面是"××会议室"，背面便是"××讲堂"。

可见，在一些地方，追求"挂牌"，非但不能给部门单位增色、给基层工作添彩，反而给阵地品牌抹了黑、给基层加重了负担。

二

我们不禁想问，到底为什么这么爱"挂牌子"？

笔者认为，问题可能还是出在思想认识和考核评价机制上。

比如，个别上级部门习惯性地以建阵地、签协议作为开展基层工作的方式，想开展一项工作，就先挂个牌子，甚至误认为挂了牌，业务工作在基层和百姓眼中就有了呈现度。

再如，个别领导干部习惯于把自己管辖的区域有多少个阵地、挂了多少牌子，和基层荣誉、个人业绩画等号。其实这也是没有工作实招的"懒政行为"。

又如，有的单位、部门简单将阵地数量作为工作开展情况的考核评价重要指标，导致基层阵地建设重"数"，不重"质"，看起来遍地开花，其实只是一个个"面子工程"。

有媒体曾发表文章指出"牌子多是表象，不干事是实质"。这并不是说挂牌的部门单位都不做实事，也不是说挂牌多的阵地都不是好阵地。其实，基层干部并不是拒绝牌子，只是拒绝没服务、没内容、考核多的牌子。

像有的村有党群服务中心、农村文化礼堂、妇女儿童驿站等多个阵地，各部门也不定期针对群众需求，开展智能手机运用培训、医疗健康服务、民俗礼仪讲座、科技种植课程等，阵地多也就意味着牌子可能也不少，但这不影响群众的口碑，不引起干部反感。

内在服务充盈、活动丰富，即便多挂几块牌子，影响也不大；没有内容的空壳阵地，挂再多牌子，也只是做"无用功"，徒增基层干部的压力。

三

给基层减负、为基层松绑，是一个老生常谈却又不得不谈的话题。基层阵地不该是"挂牌阵地"，挂牌多少更不能成为基层阵地建设的评判标准。

去年，中共中央办公厅、国务院办公厅就印发《关于规范村级组织工作事务、机制牌子和证明事项的意见》，指出"省级党委和政府统一规定村级组织和工作机制挂牌数量、名称和式样，党政群机构不得要求村级组织对口挂牌"，"坚决杜绝简单以设机制挂牌子安排村级组织任务"。

据笔者了解，全国各地都越来越重视乱挂牌问题。比如：安徽省歙县曾利用1个月时间集中整治乡镇村居挂牌乱象，清理不规范挂牌数千块；山东省也曾集中整治基层"牌子之乱"，摘掉了全省190余万块牌子；浙江也在不断加大力度，进一步明确了"不得将挂牌、制度上墙情况纳入工作考核"。

把牌子减下来是手段而不是最终目的，更重要的是对基层干部有更多理解，给繁杂的基层工作更多支持。

把思想认识提上去。工作业绩不是只有靠挂牌子才可以体现，有没有实实在在的惠民举措、基层干部有没有得到切实的支持才是重点。从实际出发，需要一套更完整科学的"准挂机制"。对于没有必要挂的牌子坚决不挂。对于有必要挂上的牌子，需要打破壁垒，协调规划挂牌形式、位置等，或采用数字化呈现的方式。

把考核水平提上去。需要统筹的不仅是牌子，还有对基层的考核和服务。比如如何整合类似的考核项目？就像同样是对农村基层开展文化活动的考核，需要研究形成一套考核体系，避免"上面千条线，下面一根针""一个活动报多家部门"的窘境，解决基层干部的"挂牌"之苦。

把群众口碑提上去。牌子减下来，不代表基层阵地的服务也减下来。从源头统筹牌子、统筹考核，更要统筹协调服务资源。无论牌子上墙与否，对开展服务而言，经济条件较好的地区要送，山区26县更要送；农村社区人口多的地方要送，只有老人小孩的地方也要想办法送，真正将群众喜欢的需要的服务有步骤有计划地送到基层阵地去。

总之，不要让基层阵地充斥着牌子，更不要让群众看得见牌子，却看不见服务。把基层阵地还给基层，让基层干部少点应付工作、多点实事项目，也许才是给基层减负松绑的真正意义。

刘雨升　叶世鑫　执笔

2023 年 10 月 13 日

揭秘68年前的一江山岛战役

> 没有哪一次"奇袭"是完全靠运气取胜的，多一分准备，才能多一分把握。

位于台州的一江山岛登陆战纪念馆，展示着一面特殊的战旗。这面战旗由两块绸缎拼接而成，周围饰有黄边和飘带。它见证了68年前，东南沿海一场影响深远的战斗。

1955年1月，解放一江山岛战役在浙东台州湾打响，登陆冲锋的解放军战士，将这面战旗插在了一江山岛的制高点。

今天，让我们的目光重回浩瀚东海，品读"不畏艰险、智勇坚定、团结奋斗、不胜不休"的一江山精神。

一

解放一江山岛战役，是我军首次陆、海、空三军协同作战。战役打响的前一天，参战主力部队20军60师178团举行了一次誓师出征大会。

会上，团政委杨明德向担当突击任务的2营官兵授予了这面绸缎制成的战旗。台下的官兵斗志昂扬，蓄势待发，满怀着不打下一江山岛誓不休的壮志豪情。

而关于这座岛的更早前的故事，还要从新中国成立初期讲起。当时，一场抗美援朝战争，让新中国打出了国威。战场上受挫的美国并不甘心，又加速与退守台湾的国民党当局勾结，妄图通过签署美台《共同防御条约》，来继续牵制新中国力量。

此时，国民党当局依然占据着包括浙江大陈列岛在内的部分沿海岛屿，不甘心失败，妄图以此作为"反攻大陆的跳板"。大陈以北不远处的一江山岛，因地形险要、易守难攻，成了岛链的前哨和锁钥。

攻下一江山岛，解放大陈才有把握。拿下大陈，才能对国民党当局和美国形成有力震慑。

1954年8月，浙东前线指挥部成立，华东军区参谋长张爱萍任司令员，一场大规模的渡海协同登陆作战被提上了日程。

如果说追求祖国统一的历史正义，是誓师大会上将士们慷慨以赴的根本动力，那么从盛夏到寒冬近半年的厉兵秣马，则让参战官兵们高扬战旗的底气更加充足。

其实，在接到作战任务之初，很多人还是心怀顾虑。许多参战官兵来自北方，不熟悉水性。如此规模的不同军种协同配合，此前从未有过，海面环境陌生复杂，战斗打起来，怎么才能避免误伤自己人？

为了增强作战默契，参战陆、海、空三军开始频繁"串门"。空军和陆军官兵来到海军基地参观军舰。飞行员还要学习不同军舰的规格、性能和防空火力配置，根据不同的风向和浪级测算出军舰防空火力死角，掌握最佳高度和投弹时机。海军和陆军又到机场参观各类飞机，了解我军飞机的种类、性能以及战术运用。

　　负责登陆作战的官兵，则开始苦练游泳、爆破、航渡、登陆突破和山地纵深战斗等。一些炮兵缺少海面射击经验，于是钻研出了"土办法"——把火炮架在船艇上，练习在颠簸起伏的海浪中瞄准陆上目标。

　　所有人深知，要顺利跨过陆地与一江山岛间的这道天堑，必须得沉得住气。没有哪一次"奇袭"是完全靠运气取胜的，多一分准备，才能多一分把握。

二

　　1955年1月18日，冬季海况恶劣的浙东海面迎来了少有的晴天。决战时刻到来了。

　　这天清晨，我军出动的百余架战机，直奔一江山岛。炸弹如雨点般掉落在小岛上，炸起的黑土与白烟交织在一起，笼罩在一江山岛上空。

　　中午时分，登陆作战开始。战士们从几处延伸至海岸的礁岩抢滩。陡峭的岩石上长满了尖利的贝类，爬起来十分费劲，很容易暴露在敌人火力下。而岛上的国民党守军此前修筑了防御工事，布置层层铁丝网，埋设大量地雷，增加了我军战士突进的难度。

　　为掩护登陆，承担火力支援任务的我海空军部队，将配合做到了极致。海军炮艇逼近海岸猛烈射击，压制敌方火力；强击航空兵也在空中配合执行攻击任务，以震慑敌人。滩头冲锋的战士们，动作迅猛地用炸药包炸开铁丝网，将火焰喷射器对准敌军的暗堡，抢占前方一道道战壕。

那面鲜红的战旗，给了浴血战斗的官兵无尽的勇气。在最后决战阶段，2营5连连长毛坤浩手擎红旗，带着战士们向着全岛制高点203高地冲锋。敌军的子弹朝着战旗的方向密集袭来，毛坤浩几次受伤倒下，身后的战士又紧跟上去护住旗帜。最后，5连通讯员陈寿南接过了旗帜，终于将红旗插上了顶峰。

一江山岛战役结束后，失去屏障的大陈岛国民党守军无力继续驻守，选择撤逃台湾，浙江沿海岛屿全部解放。不惧外部势力威胁，坚决维护国家统一，我们以这样一场胜利，清晰地向全世界传达出我们的意志和决心。

三

一江山岛战役爆发那天是腊月廿五，离春节并不远。而1955年的那个春节，对于这场战役中的不少官兵而言，其实是个特殊节点。

此前不久，新的兵役法颁布实施。根据规定，有数百万军人可以在这个春节前选择复员。参加一江山岛作战的部队中，就有不少符合条件的老兵。他们经历了抗日战争、解放战争，又于朝鲜战场浴血奋战，在长津湖战役中立下奇功，本可以很快解甲归田。

一方是阖家团圆的故乡，一方是硝烟弥漫的战场，面对使命召唤，老兵们依然毫不犹豫地作出了选择。

而在那个春节里，慷慨以赴的不仅是解放军战士，还有台州的上万名普通群众。不少有经验的渔民、民兵登上炮船直接参加了这次战斗，更多的市民则主动承担起了照护伤员的任务。

在海门码头，有人拆下家里的床板、铺上棉絮，加入了担架队；有些新婚夫妇送来了崭新的绸缎被褥；身体健壮的干部工人排着队献血；放寒假的学校师生们组成看护队，为伤员缝补衣服、烧火做饭，日夜守护着伤病员。在很多老一辈台州人的记忆里，那是一个忙碌却自豪的春节。

当我们再次凝望那面高扬的红旗，重温奇袭一江山岛的故事，或许能更加理解守望相助、团结奋斗的价值所在。

在台州椒江的枫山脚，有一座为纪念在这场战斗中英勇牺牲的454名革命烈士而修建的解放一江山岛烈士陵园，为1956年所建。每逢清明，台州各地的市民群众纷纷来到这里看望先烈，以鲜花寄托今人的敬意和怀念。

而珍藏着那面战旗的一江山岛登陆战纪念馆，就坐落在陵园旁边。了解了这段历史，望着枫山的满眼翠绿，你或许会更加理解那首《英雄赞歌》所道出的情感："为什么战旗美如画，英雄的鲜血染红了它；为什么大地春常在，英雄的生命开鲜花。"

【档案资料】

1955年1月18日8时，我军集中了约1万人的陆、海、空兵力发起一江山岛战役。这次战役是人民解放军陆、海、空三军首次协同作战。

文中所说的战旗长2米、宽1.1米，用红色绸缎制成，饰有黄边、黄飘带，为国家一级文物，原件藏于中国人民革命军事博物馆。复制的战旗藏于一江山岛登陆战纪念馆，于2021年起向公众展出。

张天宇　执笔

2023年10月14日

什么是对江坪最好的怀念

> 新闻工作是历练出来的，要走出去，才能采回来；要沉下去，才能浮上来；要钻进去，才能悟出来。

10月12日晚，江坪走了。江坪，这是浙江新闻界再熟悉不过的一个名字。这两天，许多宣传人、媒体人在朋友圈再度转发《江坪：70年新闻人》一文，表达对江坪老总编的深切追思和敬意。

在新闻战线奋斗了70多年，江坪曾担任《浙江日报》总编辑、浙江省新闻工作者协会主席、杭州大学新闻学院院长，写下了《中国讲师和西德博士帽》《推荐鲁冠球的一封信》等许多堪称经典的新闻作品。70多年沧桑岁月，他矢志不渝、初心未改。

江老一生为新闻事业而奔赴，一辈子认准一件事、做好一件事，成为浙江新闻战线的一面旗帜。斯人已逝，精神长存。从江坪的新闻人生中，我们能读出什么？又该如何接力他的热情与坚守？

一

回顾自己的新闻生涯，江坪曾用简洁的6个字总结：热爱、坚守、创新。这6个字，简洁却不简单，是他从工厂学徒到省级党报总编、省记协主席，一步一个脚印躬身实践所凝练而成的。

江坪曾说，自己起点很低，13岁因家庭困难辍学，到宁波一个布厂里当学徒工。但他就是在这样的条件下，咬定青山不放松，认准目标向前行，练就了一身过硬本领。江坪身上体现的，正是一名优秀新闻人所应具备的品格与追求。

比如，视新闻事业为生命。他说过："坚守是热爱的延伸，热爱才能坚持，才能守住热爱的新闻岗位，当好记者。"从人生第一次采访的失败，到发表《在甬江怒潮中》等一系列产生重要社会影响力的佳作，再到年近九十仍笔耕不辍、创作不息，江坪始终胸怀热爱、坚守挚爱，流淌着对新闻的激情、真诚和通透，把新闻事业作为毕生的追求。正是因为江坪这种把新闻事业上升为生命的境界，才为新闻事业、新闻人赢得了尊重和尊严。

比如，用新闻力量推动社会进步。江坪曾把对记者的要求概括为"顶天立地"。顶天，就是读懂党的政策方针；立地，就是要了解、反映人民群众的创新创造。做到顶天立地，新闻作品才能把准时代脉搏、回应社会关切。

20世纪80年代，正值改革起步、艰难闯关时期，面对社会上对步鑫生改革的种种争议，江坪为了把稿子写扎实，做了许多采访，走访调研了三四天，最后再跟步鑫生本人细细聊了两天两夜，后来才有《企业家的歌》这一名篇。从江坪的一篇篇报道中，我们可以看到，只有始终葆有对时代的敏锐洞察，日复一日进行深度思考，才能写出具有时代标识的新闻作品，才能用新闻的力量推动社会进步。

比如，写好新闻的"新"字。创新，是他新闻生涯的关键词之一。他曾说："作为媒体人，面对的不管是顺境、逆境，都不能安于现状，要勇于创新、勇于开拓、勇往直前。"如，在任《浙江日报》总编辑时，江坪积极推动浙报成立报业集团。在他看来，新闻工作和"新"字是联系在一起的，要关注新思想、新人物、新经验、新问题，"先进的技术，要为先进的内容服务"。

二

有人说，很少有哪个专业比新闻更加需要多学科的知识和深刻的思维训练，很少有哪个职业比干好新闻更需要健全的人格和多方面的能力。所以这个职业崇高、神圣，更需要用十足的责任感、使命感去浇灌。

而随着互联网的快速发展，传统媒体面临着艰巨的转型任务。正如有人说，今天，主流媒体走到了艰难的一程。于是，我们发现：

有人坚守理想的韧劲少了。如今，有些人不再把新闻作为理想事业，更谈不上把新闻视如生命，而只把"做新闻"当成谋生的工具和饭碗，遇到一点困难挫折，受到一些利益诱惑，就偏离了原先的路径；还有人奉行"流量至上""经济效益为先"，只要有人看，什么都敢发。

而江坪那一代人，谈起新闻工作，心中有火、眼里有光。江坪曾在从事新闻工作70周年座谈会上，讲起自己曾经有三次被"安排"去重要岗位任职，但他都拒绝了。这种对理想的坚守，在现在显得尤为珍贵。

有人改革创新的拼劲少了。有的新闻人在舒适区待久了、待惯了，认为"不折腾"也能活得不错，而"折腾"了也不知道结果如何，因此一遇到改革、一想到创新就畏手畏脚、裹足不前，担心损失既得利益，害怕走出舒适区；还有的人面对与竞争对手的差距，要么怪"生不逢时"，要么怪"条件不好"，要么怪"对手太强"；新闻是求新的，而有的人习惯于"说车轱辘话""炒剩饭"。像江坪那样不管顺境逆境，始终勇于创新的闯劲、干劲、拼劲少了。

有人精研业务的钻劲少了。进入信息爆炸时代，记者写稿子似乎更容易了，上上网、打打电话、跑跑会议也能写出一篇像模像样的稿子，至于信息的背后是什么、群众的关切是什么，未必在他们的关心之列。如今，钻得不深、写得太浅、提升不快、人云亦云、写空话套话，成为一些年轻新闻人的通病。

新闻工作是历练出来的，要走出去，才能采回来；要沉下去，才能浮上来；要钻进去，才能悟出来。像江坪那样别人采访一次、他采访多次，别人写多篇稿子、他打磨一篇的钻劲和"傻"劲少了。

"风霜雨雪不易初心，时事变幻无改热忱"。事实上，无论时代如何变迁，我们的生活一刻也离不开新闻。不论媒体格局如何演进、传播介质如何变化，优质的内容、滚烫的文字、鲜明的观点、赤诚的情怀，永远是时代和大众所需要的。这更要求我们对照江坪等老一辈优秀新闻人，观照自我，找到缺失与不足之处。

三

从江坪身上，我们看到渊博的学识、精湛的专业，更领悟到新闻人的立身之本、立业之基、立言之道。可以说，江老的新闻人生，就是一本值得细细品读的厚重大书。

在去年的一次采访中，江坪被问及"对青年一代新闻工作者有什么寄语"。他说，年轻记者要在继承中创新，继承前辈记者好的思想作风，根据时代的要求进行创新。此外，他还概括了四个"子"送给后辈。

第一，要有赤子之心。我们是党报，要有坚强的党性，反映人民的心声。

第二，要有竹子品格。竹子正直，要讲真话，实事求是。

第三，发扬钉钉子精神。钉子是深入的，要深入群众，深入实际，深入生活，写出推动社会进步的新闻作品。

第四，发扬轮子精神。新闻24小时发生，我们要随时准备出发，记者永远在路上。

我们所怀念的，也是我们所应传承与接力的。在笔者看来，具体可以归结为三句话。

我们应追寻的，是坚守理想、胸怀时代，抒写"大文章"。要像江坪等老一辈优秀新闻人那样，心怀"国之大者"，把职业当事业、视新闻为生命，为之倾注热血真情，在坚守中成就自我价值、推动社会进步。我们有必要经常问问自己，有没有永葆对新闻事业的那份热爱？有没有尽到对新闻工作的那份责任？有没有扛起对时代发展的那份担当？

我们应追寻的，是勇于改革、善于创新，是当"弄潮儿"。现在，舆论生态、媒体格局、传播方式不断变革，以改革创新谋突破、促发展的要求更加迫切，更需要我们以锐意进取的拼劲、敢为人先的勇气，打破枷锁、闯关破题，多为成功想办法，不为失败找借口。

我们应追寻的，是扎根基层、情系人民，做"贴心人"。尽管新技术新应用广泛普及，新闻工作的方法和手段越来越丰富，但扎根基层、情系群众的作风永远不能变。只有心怀对人民群众最朴素的情感，对这片土地最真切的热爱，才能感悟到生活的温度，不断在实践中激荡风云。

2022年，也是在这样一个金秋时节，江坪在《生活的果实》一书的序言中写下一段话："根深，叶茂，花艳，果硕，这是自然规律，也是人健康成长的规律。我们将根深深地扎在人民大众生活的大地上，就一定会绽放出鲜艳的花朵，结出累累的果实。"

一代人有一代人的使命，一代人有一代人的担当。今天，我们对江老最好的怀念，就是从前辈的新闻人生中，汲取精神营养，继续奋力前行。

杨昕　余丹　张诗妤　徐伟伟　执笔

2023年10月14日

寻味江南糕点

> 如果说小桥流水和吴侬细语代表了印象江南的形与声，那么江南糕点便是鼻尖与唇齿依恋的那一味。

　　要怎么描绘江南？说起江南，有人会痴迷于"日出江花红胜火，春来江水绿如蓝"的艳丽之姿，也有人会因为"小饼如嚼月，中有酥与饴""纤手搓来玉色匀，碧油煎出嫩黄深"而口齿生津。

　　各色各样的糕点，或许是风景之外的另一种江南。如果说小桥流水和吴侬细语代表了印象江南的形与声，那么江南糕点便是鼻尖与唇齿依恋的那一味。

　　细腻凉爽的深秋，泡一杯温热适宜的茶，配上几块软糯可口的细点，约上三五好友聊天，这样的画面，将江南百姓幸福雅致的生活描摹得淋漓尽致。而糕点的味道，也恰到好处地寄托着记忆与情感，凝练成诗画江南的美学符号。

一

一方山水，一番风味。在浙江，不同的自然禀赋与物产条件孕育了不一样的糕点、不一样的味蕾体验，它们将江南的山海形貌俱现于舌尖，展现出别具特色的江南。

在江南糕点中，嘉湖细点最能代表江南水乡崇尚自然、精益求精的饮食美学。周作人曾在《再谈南北的点心》一文中说："点心铺招牌上有常用的两句话，我想借来用在这里，似乎也还适当，北方可以称为'官礼茶食'，南方则是'嘉湖细点'。"

细点，顾名思义，贵在细巧。嘉兴细点不仅种类繁多，更胜在用料考究、制作精致。雪白香糯的稻米，可揉捏、可塑形、可上色，经过巧手改造，转化成了形态各异的花式糕点。

高产优质的谷物粮食，是制作点心美食的关键。杭嘉湖平原自古以来气候温和、雨水充沛、土壤丰沃，这也使得此处特别适合多类作物生长。当地稻米煮熟后黏性强、口感佳，是制作细点的上好原料。当地百姓没有辜负这得天独厚的地理环境，将代代相承的匠心手艺，融入了"嘉湖细点"的金字招牌中。

白露垂珠乃秋始。每到这个时节，三衢人总会购一摞杜泽桂花饼。这种底层铺满芝麻的点心形似馒头，饼皮松脆却内里中空，仿佛就是为了中和内馅中那一层金桂的馥郁和饴糖的甜。

据不完全统计，在衢州市区，市花桂花有15000余株，树龄大的已超千岁。这种香花，在杨万里看来"不是人间种，移从月中来"。它可观、可嗅、可食，历来是当地的秋日精灵，最得百姓喜爱。相传，杜泽铜山源水库一带曾有野桂花林，入秋后香气袭人，由此想来，桂花饼诞生于此地也就不奇怪了。

陆有陆味，海自然也有海味。在宁波，碧波深处长成的细嫩苔菜历来是餐桌上的点睛之笔。不同式样的苔条糕点融汇了苔菜的鲜与芝麻、果仁等食材的香，仿佛一缕秋日的海风抚慰着男女老少的胃。

而在上海滩，苔条糕点同样热销。有人说，这是许多宁波人植入到这里的乡愁。一百多公里的物理距离，可以被一种滋味拉近，或许恰恰是因为这一口，能尝出太多故乡的细节。

二

细究起来，江南糕点多与岁时佳节、庆典礼俗相关联。周作人断言，这里的糕点做法趋于精细而非苗实，是不为果腹的闲食性质。由此更凸显了其文化属性。从参与礼俗到反映民风，再到传承技艺，糕点承载了人们的集体记忆和生活点滴，将"江南之风"蕴藏其中。

据说籍贯嘉兴桐乡的文学家茅盾总爱在待客时端上一盘故乡的特色糕点姑嫂饼。江南糕点，点缀了沁人心脾的烟火人生，装饰了别致精巧的流光岁月。江南人士，似乎早已习惯了糕点在礼俗活动中的角色。

在宁绍地区的传统中，"毛脚女婿"头一次探望岳父母需要备好上门礼。糯叽叽的梁弄大糕算得上经典配置。老式的梁弄大糕以粳米和糯米为主料，以豆泥为馅料，外形雪白方正，刻画了"福禄寿喜"等红色吉祥字样，只一眼便能感受到欢庆气氛。

与婚嫁之喜相对，在哀思弥漫的清明时节，江南人家祭祖的供品中亦有糕点的位置。常见的青团和清明粿以浆麦草或青艾汁勾出外表油绿色泽，略为黏牙却饱含春草的清香，既是礼俗的符号，也合时令特征。

"方者为糕，圆者为团，扁者为饼，尖者为粽"，这些代代相传的美食糕点装点着每一个平凡又特殊的日子，也寄托着人们的丰年祈愿和生活期许。

与有形的工具相伴的，是无形的技艺。或许是为怡情之故，富有仪式感的江南糕点在数百年中发展出浩繁的品种和多种多样的精密技艺。严密的传授体系让精美绝伦的手工传承至今，成为各地非物质文化遗产的重要组成部分，也成为每个人讲述江南特色的切入点。

譬如，衢州人谈到邵永丰麻饼时，必然会说到制饼依赖的真功夫。设想，三十余只饼坯在直径约八十厘米的竹匾里齐齐腾空翻面且不互相重叠，需要多么精准的手劲。这样的工序，每当饼师露一手，都能成为街巷上的风景，深深烙印在顾客的脑海中。

三

小说《追忆似水年华》的起点，是一口就着小玛德琳蛋糕渣的热茶。由此想起故土贡布雷的普鲁斯特说："久远的往事了无陈迹，唯独气味和滋味虽说更脆弱却更有生命力；虽说更虚幻却更经久不散，更忠贞不贰。"

无论古今中外，有太多个体经验证明，在思乡时刻，通感往往不只是一种修辞。"秋风清，秋月明，落叶聚还散，寒鸦栖复惊。"每当天气渐凉，心绪被乡愁缠绕，品尝一块江南糕点，也让江南的味道、故乡的味道在心中氤氲升腾。

金庸先生就在自己的武侠处女作《书剑恩仇录》中，借陈家洛之口追忆家乡滋味："银盆中两只细瓷碗，一碗桂花白木耳百合汤，另一碗是四片糯米嵌糖藕……今日重尝，恍若隔世。"

在写《鹿鼎记》时，他回想起少年心爱，食指大动，写到韦小宝初进皇宫，就偷吃到了江南点心千层糕，小宝"拿起一块千层糕，放入口中。只嚼得几嚼，不由得暗暗叫好。这千层糕是一层面粉夹一层蜜糖猪油，更有桂花香气，既松且甜"。

而在《鲁迅日记》中，购置南派糕点的文字同样出现多次。在北京时期，鲁迅常常光顾知名南派糕点字号"稻香村"，更在恰逢中秋时写下了"见圆月寒光皎然，如故乡焉，未知吾家仍以月饼祀之不"，足可见糕点如何支起了他的回忆。

究竟何为乡愁？有学者将其概括为"潜意识性质的却深沉的依恋"。其成因是熟悉和放心，是抚育和安全的保证，是对声音和味道的记忆，也是对随时间积累起来的公共活动和家庭欢乐的记忆。

由此而言，南派糕点既是乡愁载体，某种程度上，也是乡愁本身。它参与建构了游子的故乡叙事，不论滋味如何，都成为从心里长出来的情结，在心灵深处镌刻成永恒印迹。

而对每个人来说，美食是一种独特的文化，代表着一种生活方式和文化态度。记得，到江南来，一定要尝一口满含情意的点心。总要尝过江南糕点，才懂得江南滋味。

高燕　王立　陈文雪　执笔

2023 年 10 月 15 日

别让"迷群"走向迷失

> 一段快乐的追星之旅，追寻的是让自己变得更加优秀的力量。

还记得年少时收藏的明星海报吗？还记得见到偶像时那份雀跃的心情吗？很多人的青春里有一个偶像，音乐里的他们、银幕中的他们、赛场上的他们，陪伴了各自的成长。

追星本应是美好的、纯粹的。然而近年来，"饭圈"乱象频发，一些粉丝疯狂极端的言论和行为破坏了市场生态，对社会秩序造成一定程度的扰乱。

不禁要问，该如何进一步规范"饭圈"秩序，营造良好的粉丝文化，不让"迷群"走向迷失？

一

"迷群"，就是粉丝群的意思，而"饭圈"，本身指粉丝群体因共同崇拜的偶像而集聚形成的社群和圈子。粉丝追星，有人追的是颜值，有人追的是才华，各有所爱，都可以理解。但也有人在追星路上逐渐迷失，不知不觉陷入泥沼。这样一来，"迷群"与"饭圈"就都变了味。

比如，不"氪金"就不够爱。"你不投，我不投，爱豆何时能出头？""你一票，我一票，爱豆马上就出道。"在"饭圈"有一条逻辑："不'氪金'就不够爱"。也就是说，要想成为"真爱粉"，"氪金"在所难免。

为了偶像的咖位，必须不断投入人力、物力、财力，这使得代言商品、带货直播、数字唱片、明星周边等领域成为粉丝用真金白银堆砌而成的"战场"。极个别粉丝甚至不惜去借高利贷，以期保全爱的"资格"。

比如，只管抱团，不论是非。极端"饭圈"给大众带来的另一个不良印象是立场先行。这背后，是"饭圈"内部动辄"除你粉籍"的站队清查等行为。身在其中，粉丝的个体理性容易被群体情绪裹挟、被非此即彼的思维方式绑架。

当他人表达出对其偶像的不同看法时，少数粉丝就会气急败坏，采取刷量控评、攻击谩骂、造谣诽谤、人肉搜索、肆意举报等极端行为，美其名曰"出征"。个别明星践踏法律底线，理应受到惩罚，然而一些粉丝却一味力挺，甚至发表"劫狱""探监""救援"等言论。

又如，利益至上，深度捆绑。有观察指出，如今的"饭圈"层级分明，已形成一套自有规则，而不再是单纯的兴趣同好会。在热门"饭圈"中成为"大粉"，意味着拥有一呼百应的号召力，少数"大粉"忘记了当初为何而追星，沉沦于追名逐利。

为了"大粉"身份，有人投入大量精力和金钱保"人设"，使轻松的休闲娱乐成了累人的自我经营；有人忙于四处搞关系，把简单的线上友谊引向复杂的人际纠葛；还有个别人玩起操纵人心的坏游戏，甚至动起集资敛财的歪脑筋，最终走向违法犯罪的道路。

二

花样百出的"饭圈"乱象不时挑动大众神经，由此带来一系列不良影响。

比如，造成内卷内耗。有人说，追星其实是一个以明星为符号的粉圈游戏，最后比拼的就是眼球和流量。当流量成为粉丝为明星换取事业机会和商业利益的重要砝码，非理性的互相攀比也就成了当然行为。

在"养成系"流行的当下，粉丝不仅被赋予与偶像分享事业成长的"权利"，也担负起了为偶像求资源的"义务"。这种"明星—粉丝"的新关系，让泛娱乐产业看见了流量变现的巨大潜能，使"以流量换资源"渐渐取代"以作品引流量"，做数据、刷销量、争应援、送礼物……最终诱发"饭圈"间的"竞赛"。

这道"以爱为名"的物质门槛，不仅造成浪费，也使得粉丝经济被过度透支。

比如，加重群体极化。不同"饭圈"在互联网平台"划地而治"，为粉丝间的内部沟通交流构筑起明星超话等专属空间，成为粉丝获取偶像信息、寻觅兴趣伙伴、建立身份认同的渠道。

同时，这也一定程度上造成外部信息与观点难以渗入圈内，将"饭圈"一步步推向同质声音不断强化的"信息茧房"，容易酝酿出偏听偏信、盲从激进，诱生出网暴互撕、党同伐异等行为，也让"非理性"成了部分粉丝身上难以撕去的标签。

此外，如今"饭圈"还呈现出低龄化趋势，对青少年身心健康造成不良影响。近年来，青少年因狂热追星荒废学业、离家出走甚至触犯法律的新闻时有耳闻。

又比如，形成灰色产业。细究近年来的"饭圈"事件，职粉、水军、营销号的身影若隐若现。"饭圈"链顶端的"大粉""站姐"等打着应援的旗号进行集资，一些将所募资金悉数用于打投、买代言、控评、做数据等，但其中不乏以此赚钱的"中间商"，由此衍生出一系列"代经济"，给了灰色产业以增长空间。

三

人与植物相仿，同样趋"光"。为美好的人或事物着迷，是我们的天性。但"迷群"走向迷失，却伤害着这份美好，甚至影响着正常的社会秩序。"饭圈"痼疾渐深，在笔者看来，以久久为功的坚持让"饭圈生态"重归清朗，至少需要想清楚三个问题。

对明星而言，什么才是真正的立身之本？"学艺先学德""台下十年功"等老话鞭辟入里，也常常被网友用来规劝明星。思其根源，或在于站在聚光灯下的人群有着不可估量的引导与示范作用。

明星是"饭圈"最大的意见领袖与行为楷模，一言一行皆为粉丝瞩目，并可能被学习效仿。比如近期就有粉丝群体在"爱豆"的影响下，错把不当行为当作高雅艺术。越是拥有高流量，越是应该为言行负责，用优秀的作品、过硬的业务本领与良好的道德素养，向社会传递正能量，让粉丝向光而来、逐光前行，成为更好的自己的同时，也带动粉丝成为更好的人。

对行业而言，什么才是长久的发展之道？流量一词，本无褒贬，如今却被很多人用有色眼镜看待，这是因为有心者用着"流量至上"的逻辑，做着"金钱至上"的生意。想要切断这一不健康的利益链条，有不少路径值得探索。

比如，权威平台多起底流量运营套路，将团队造谣生事、"大粉"引导粉丝"指哪打哪"、水军煽风点火、"正主"卖惨洗白的完整套路公之于众，揭开挡在追星一族和群众眼前的障目之叶，担起正确引导舆论的责任；比如，社交媒体多叫停恶性竞争，对热搜上"互撕""对立"的词条应撤尽撤、一出即撤，防止控评、洗广场、造热搜等行为扰乱群众视听，帮助建立健康的网络环境。

当然，最重要的还是织牢织密制度之网，让试图钻空子赚票子的人无路可走。2021年6月，中央网信办在全国范围内开展"清朗·'饭圈'乱象整治"专项行动。此后，《关于进一步加强"饭圈"乱象治理的通知》等下发，对"饭圈"乱象重拳出击。只有行业本身正视流量、用好流量，方能激浊扬清，推动公共文化空间"向上向善"。

对粉丝而言，什么才是追星的初衷所在？曾有人梳理古人的追星之路，那是何等的意气风发：谢灵运追曹植，追成了山水诗鼻祖；李白追谢灵运，成就了"诗仙"；杜甫追李白，成为了"诗圣"……

一段快乐的追星之旅，追寻的是让自己变得更加优秀的力量。对待明星，要"见贤思齐焉，见不贤而内自省也"；对待偶像，不沉湎于幻想、不盲从于行动，心中始终有一杆秤。当下，越来越多追星人追正能量的星、追德才兼备的星，在榜样的带动下坚定地走好自己的人生之路，化"追星之路"为"追心之途"。

有人说，追星其实是在追自己，因为你喜欢的偶像其实就是你内心美好形象的投映。在"追星"与"追心"中遇见更好的自己，成就更好的人生，这才是追星的正确打开方式，才更有价值和意义。

郑一杰　陈文雪　执笔

2023 年 10 月 15 日

重回"明招讲院"

教育接续优秀传统，更需打开超前视野。

在历史长河中，学院、讲坛上的琅琅书声，可能会在时光流逝中烟消云散，但总有一些闪耀着哲理和启迪的"匠师传道"故事，在漫长的光阴里余音绕梁。

南宋理学家、教育家吕祖谦讲学的场所明招讲院，就是这样一个被誉为"文光射斗"的讲坛。在这里，科举进士辈出、朱熹遣子千里求学、陈亮等大儒接踵论道……

在武义，吕祖谦明招讲学，究竟讲了些什么？何以流传不衰并被后人津津乐道？今天，我们不妨重回800多年前的明招讲院，当一回先生"隔代不相逢的学生"。

一

乾道三年（1167年）正月，31岁的吕祖谦来到武义明招山，此刻的他心情是落寞的。

虽然此前，他连中进士和博学宏词科，然而这份喜悦早已褪去。不远处的祖坟山上，埋葬着几年前撒手人寰的发妻和两个夭折的儿子。前一年，母亲也离开人世。回到这里守丧，触景思人，对他来说度日如年。

在寂静的明招山，吕祖谦也许想了很多：南宋军事上的妥协，政治上的偏安，像一把利剑刺痛着国人；理学虽已兴起，但其"妙用"并未被统治者领悟到，比如孝宗皇帝对理学就不太感兴趣；自己"国仇当雪、版图当归"的家国情怀如何书写……

这时，暗夜里的一粒萤火照亮了脚下的路。这年夏天，已任太平州学教授的金华人潘景宪，和金华主簿彭仲刚结伴来学，点燃了明招讲学的"薪火"。"考霸"吕祖谦在明招山讲学的消息传开后，浙东郡县的"赶考"学子争先恐后前来"插班""蹭课"。

明招山因明招寺得名，吕祖谦的讲坛就设在明招寺西侧几间简陋的偏房里。高峰时，问学者近300人，连门外都挤满了恭恭敬敬听课的人。

在这些学子里，幼年丧父的巩丰很受吕祖谦眷顾。巩丰裹粮负笈拜师山林，追随吕祖谦十多年，终有所成。陆游对巩丰的诗书才能极为欣赏，在《荐举人材状》中称赞他"材识超卓，文辞宏赡"。18岁的叶适也曾慕名找上山来，问学从游。多年后，这位"永嘉学派"的集大成者写诗感谢吕祖谦："昔从东莱吕太史，秋夜共住明招山。"

不过，两年后，吕祖谦为母服丧期满，收到"太学博士"任命状，关上了明招讲院的大门。

二

吕祖谦第二次在明招山上开坛讲学，已是乾道八年（1172年）。

是年二月，已成为礼部试官的吕祖谦，在临安忙着"全国统考"，突然听到父亲病危的噩耗。他匆忙赶到家时，父亲已经去世。

办完父亲丧事，吕祖谦独坐在空空荡荡的讲院里，思绪万千。三年来，仕途奔波、著述论学、为民请命的一幕幕，浮现眼前。不久后，明招讲院开学的"钟声"，再次响彻明招山。

这时的明招讲院，来的已不只是赶考学子了，更称得上群贤毕至。比如陈亮就是其中之一，他总是请吕祖谦评阅《易传》《策问》等名篇佳作。薛季宣、徐居厚、陈傅良等名儒，也是一来就留宿十天半月。

吕祖谦在明招讲学，让明招山名声大振、闻于朝野。授徒讲学、师友论道，明招山成了业界大咖的"会客厅"。

但讲学也遭到不少人反对，恩师汪应辰和好友张栻、陆九渊等皆劝谏他停学守墓，以尽"纯孝之心"。淳熙元年（1174年），吕祖谦无奈遣散诸生。

淳熙二年，39岁的吕祖谦在明招山度过了开春最冷的两个月后，跋山涉水入闽访问朱熹。两位当世颇负盛名的理学大师，相聚于武夷山下的寒泉精舍，同编了对后世影响深远的理学著作《近思录》。

在著名的"鹅湖之会"后，吕祖谦又回到了明招山，此时的他已名动天下。《朱熹的思维世界》作者、美籍著名历史学家田浩曾评价吕祖谦是"12世纪70年代的道学领袖"。

三

明招讲学的踪迹，早已遁入历史深处，但其凝练成的"明招文化"，却深深影响着后世。那么，今天我们重回明招讲院，又能感悟到什么？笔者有三点想法。

教育接续优秀传统，更需打开超前视野。吕祖谦认为教育关系着国家兴衰，因此他想通过讲学培养出一批讲实理、育实才、求实用的优秀人才。

如果吕祖谦墨守成规，专讲孔孟之道，可能会是个好老师，但绝成不了"一世宗师"。他以超前视野，选取《左传》中的历史事件，自编了写作教材《东莱博议》，在其中阐述观点、评析事理，写一篇教一篇，这让听惯了经书的学子一下子入了神，甚至将先生的范文抄到衣服上带回去反复诵读。

800多年前，吕祖谦喊出"天下之事，向前则有功"，需要极大的勇气和胆量。这种远见卓识，给了学子们一把开启知识天窗的钥匙。

据记载，明招学者人数千百，明招讲学后110年，仅武义这个山区小县，就有34人考中进士。无怪有人盛赞："扶持绝学有千载之功，教育英才有数世之泽。"

思想文化因"兼容并蓄"而灿烂。吕祖谦所处的时代，学术思想活跃，理学争论激烈，比如朱熹主张明理，陆九渊等则主张明心。为此，吕祖谦约朱熹与陆九渊兄弟共赴江西鹅湖寺，主持调和"理学""心学"两派之争。这场激辩三天、盛极一时的"鹅湖之会",被载入中国思想史。

在吕祖谦求同存异、兼容并蓄治学态度的影响下,地处荒野的明招讲坛成了很好的思想交融平台。吕祖谦的"治经史以致用",与叶适等永嘉学派的"事功之学"、陈亮的"义利并举"等,融合成了"经世致用""务其实"的浙学基石,留下了丰厚的思想文化宝藏。

听其言观其行可以明志笃行。吕祖谦倡导"明理躬行",提出学习要"躬行不懈",把学到的知识运用到实践中。

据《东莱吕成公年谱》记载,吕祖谦1163年举进士,复中博学宏词科,累官至直秘阁,参与重修《徽宗实录》,编纂刊行《皇朝文鉴》,著有《东莱集》《东莱博议》等。在他写的书中,君子处世之道处处可见。比如:提出"观人之术,在隐不在显,在晦不在明",教导学生要慎独;提到"非知机之君子,孰能遏滔天之浪于涓涓之始乎",教导学生要防微杜渐;等等。

正如有人评价,吕祖谦留给后人的不仅仅是"经世致用"的婺学精髓,更在于其融汇百川、博采众长的博大胸襟,以及对报国之志、为民情怀及为官之道的忠实践行。

如今重回明招讲院,我们仿佛还能听见裹着头巾的莘莘学子,手捧《东莱博议》大声诵读"以弱身御强世,以绝学明大义"。吕祖谦的明招讲学,历经千年依然发出启迪人心的光芒。这是明招山水的幸运。

朱跃军　孔越　执笔

2023年10月16日

想静静为何这么难

生活中的噪声治理，一向是社会治理中的难题，症结就在于它处于自律与他律、道德和法律的中间地带。

每当高铁上的新闻冲上热搜，其内容大多和"声音"相关。有网友戏称，"车上找一圈，只有餐车是安静的"。

近日，让网友期盼已久的高铁"静音车厢"来了。中国铁路官微发布消息称：日前，京沪、京广、成渝高铁等部分复兴号动车组列车上设置了"静音车厢"。事实上，早在2020年末，京沪高铁、成渝高铁就开始试点"静音车厢"服务。两年来，多趟复兴号智能动车组列车都专门开设了"静音车厢"，让渴望静静的人们竞相尝试。

旅客可以在"静音车厢"中体验安静的乘车氛围，同时也要遵守静音的"约定"，把手机调成静音或振动模式，不大声交谈或接打电话，使用电子产品须佩戴耳机。对此，有人叫好，有人持怀疑态度，有人认为没有效果。那么，"静音车厢"到底能不能从根本上解决问题？想静静的愿望，究竟何时才能完全实现？

一

曾经，铁路客运的历史是一部喧闹的历史，站台上小贩卖力的吆喝声、列车员急切的催促声、旅客们嘈杂的交谈声，充满烟火气的绿皮车厢，是别具年代感的记忆。

但"从前慢"的绿皮火车时代已经逐渐远去，随着物质生活水平不断提升、社会生活节奏日益加快，人们"在路上"的时间越来越多，也更加注重乘车的个人体验。于是，"想静静"变成旅途中的一种刚需。

然而，想静静并不容易。过去数年中，熊孩子大闹车厢的新闻屡上热搜，高铁占座、手机外放音乐、大声接打电话等现象频频引发矛盾纷争。想在车厢里沉下心来看一本书或小憩一会，成为难以实现的愿望。

因此，"静音车厢"一经推出，很多网友"喜大普奔"，纷纷表示，终于不用忍受邻座的熊孩子和"外放族"了。

"静音车厢"的出现，其实是社会进步过程中的一种需要。现代社会，人们的社交需求正在逐步改变，越来越注重合理的距离感，对独立空间的需求越来越强。乘车时大声外放、高谈阔论、奔走嬉闹的行为，让很多人觉得自己的"安全边界"被强行打破，个人空间受到侵犯，乘车舒适度也直线下降。

可见在高铁时代，人们对文明出行的认同在不断增强，对"安静权"的渴求就是表现之一。不文明的乘车行为，看似是公共场合的个人自由，实际上却以牺牲他人的出行体验为代价。大众在加强自我约束的同时，对不文明行为也不愿"装聋作哑""视而不见"，然而那些愿意为"安静权"挺身而出的人，一不小心就处于争吵甚至冲突之中。

在笔者看来，"静音车厢"的出现，给困在铁路出行"动与静"矛盾中的乘客提供了解救之方。

二

生活中的噪声治理，一向是社会治理中的难题，症结就在于它处于自律与他律、道德和法律的中间地带。

设想，如果每一节车厢都完全静音，这又不免影响到一些人正常的生活交往。设置"静音车厢"，而不是让整辆列车成为"静音列车"，是将安静变为一种非强制的选择，以满足不同人群的需要。

国外对"静音车厢"同样存在需求，并已有尝试。比如：澳大利亚悉尼早在2012年就推出了"静音车厢"；荷兰铁路在车厢中划出了"静音区"；德国城际列车专门设置"儿童车厢"或"家庭隔间"；日本电车里有"将电话设置为静音模式"等提示……

值得肯定的是，"静音车厢"的出现，使人们想静静的愿望得以迈进了一大步，这种带有人情味的权利保障，是一种精细的现代化服务意识。那么，"静音车厢"可以完全解决高铁噪声问题吗？恐怕并不能。

其一，国内设置"静音车厢"的车次和座次有限，想体验一次难得的静谧旅途，往往需要"拼手速"。

其二，旅客是否都能守好"静音车厢"的规矩，能否真正维护好车厢的静音环境？比如有网友就分享了自己乘坐"静音车厢"的体验，表示"半小时里，列车员至少劝阻了三位接打电话的乘客"，可见"静音车厢"还有待接受时间的检验。

其三，"静音车厢"的出现，难免会让非"静音车厢"的乘客陷入两难境地。面对喧哗的争端仿佛再也无法理直气壮，相比之下，那些制造噪声的乘客，反而为自身找到了辩解的理由：既然想清静，怎么不去"静音车厢"？

我们不能否认"静音车厢"带来的便利，却也不能够忽视"静音车厢"尚且存在的不足，以及在落地实施中遇到的问题。不足能否得到改进、问题能否得到解决，直接关系到"静音车厢"能否行稳致远。

归根到底，"静音车厢"不是杜绝高铁噪声的"灵丹妙药"，维护好车厢环境，依旧离不开人们的文明约束，离不开相关部门打"组合拳"。

三

"静音车厢"的出现，不应是推动文明出行的终点，而是推动文明出行的又一个起点。设置"静音车厢"是希望传递文明出行的理念，潜移默化提升游客文明出行的意识。那么如何将乘客的静音需求落在实处，持续提升人们的出行体验？笔者想到了三点。

首先，"静音车厢"不能有名无实。"静音"的程度如何界定？违反静音规则的行为该如何处理？拥挤的人群和频繁的走动，是否会让静音效果打折扣？推行"静音车厢"的过程中，还有许多细节值得不断完善细化。

"静音车厢"需要依靠乘客的自觉自律，也需要高铁部门的监督管理，制定执行度更高的规则，用更加明确的制度为"静音车厢"保驾护航。

其次，除了"安静权"，其他需求也不应被忽略。不同的人群有不同的潜在需求，并不是发出了声音就是"噪声"，就是不文明。"静音车厢"维护的是大多数人的"安静权"，而对于那些需要商务交谈或带娃出行的乘客，如果能为他们提供允许发声的"商务车厢""母婴车厢"，或许也是一种解法。

放眼全国，上海、合肥、成都等多个城市的地铁线路，开始为不同体感的乘客开放"冷热车厢"。这背后透露出的满足民众多层次多样化需求的理念，值得其他公共服务部门借鉴。

最后，让安静成为一种习惯。设置"静音车厢"，并不意味着普通车厢就自然而然地变成了"噪声车厢"，非静音的车厢也不该成为噪声的"法外之地"。我们不能简单依靠划分"静音车厢"去解决高铁乃至公共交通中的噪声问题，更不能把责任转嫁到"静音车厢"的头上。正如有专家认为，不应该在公共场所设定"特区"，没有"儿童车厢"的列车，才有利于培养孩子的社会公德。

"静音车厢"也不应该成为安静的"特区"，它的出现更应是文明出行的风向标，敦促更多乘客自觉遵守社会秩序，养成保持安静的良好习惯。

希望有朝一日，车厢里的音量能普遍降低，由噪声引发的冲突也不再成为热搜常客，那时我们也许不再需要"静音车厢"。

周爽　邵琼楠　执笔

2023 年 10 月 16 日

巴以漩涡中的TikTok

> 吹灭别人的灯并不会给自己带来光明，
> 这世界也不应该只有一种声音。

　　10月7日巴以冲突升级以来，每天不断攀升的伤亡人数，牵动着全球无数普通民众的心，大家都在通过不同的方式和渠道获取最新消息。

　　以前，在地缘政治、战争冲突这样的重大事件中，国际舆论往往被美西方媒体控制，信息传播的渠道较为单一，但这一次有些新变化。根据媒体公布的统计数据资料，TikTok中巴勒斯坦、以色列标签下的总浏览量已超过500亿次，这意味着全球人均浏览量超过6次。可以说，TikTok实现了舆论场的"突围"。

　　然而"树大招风"，面对TikTok成为巴以冲突信息传播的主渠道，一些人开始坐不住了。近日，欧盟委员会内部市场专员布雷顿向TikTok首席执行官周受资发了一份信函，声称"TikTok正被用于传播与巴以冲突有关的虚假信息和非法内容"。

　　在巴以冲突中，TikTok为何成为普通民众获取信息的重要渠道？对此，一些美西方政客和利益集团又为何如坐针毡，甚至视

TikTok 为 "眼中钉"？

一

在弄清楚这些问题之前，我们需先对战争中的宣传舆论有一个更深的了解。

美国前总统艾森豪威尔曾说过："在宣传上花1美元，等于在国防上花5美元。"现代战争中，武力对抗是一方面，舆论场上的战斗同样也是不容忽视的一方面。战争原因、战争目的、战争实力、战争态势、军队形象等，都是宣传的重要内容，最终是为了引导社会舆论，营造有利于己、不利于敌的舆论态势，以舆论场上的胜利来助力军事战场的胜利。

第二次世界大战期间，各国就已经开始充分利用新闻媒体进行战争宣传，当时的英国首相丘吉尔就通过广播向全英国人民发出"决不投降，决不屈服"的激励演讲；2003年，在美国主导的伊拉克战争中，在美军的军事行动发动以前，舆论战的攻势就已经展开。

随着网络信息技术和社交媒体的快速发展，舆论攻防与军事交锋越来越紧密地交织在一起，舆论场上斗争的激烈程度甚至不亚于战场上的武力角逐，一条广泛传播的网络信息，有时能影响人心走向。像俄乌冲突爆发时，就有人认为这是"第一场被短视频直播的战争"。

而本轮巴以冲突中，随着战火持续，许多当地的普通人都通过手机拍摄TikTok短视频记录战争下的生活。比如，据媒体报道，一名生活在约旦河西岸难民营的巴勒斯坦裔美国人，通过视频讲述自己的所见所闻。她统计了双方的伤亡情况，还分享了以色列在加沙地带的历史。通过更新视频，她的账号在10月8日起的48小时内，新增了数千名关注者。

与此同时,越来越多的人特别是年轻人了解到真实的战场。炮弹的爆炸、残垣断壁的街道、惊慌恐惧的人群……TikTok上发布的短视频就像一面反射真实世界的镜子,将战争的面貌以不同视角呈现给全球观众。

通过TikTok,人们目睹了一个个脆弱生灵是如何在战火中挣扎求生、苟延残喘的,越来越多的人看到战争的残酷和无情。这种强烈的视觉冲击和情感共鸣,也让人们更珍视和平世界的宝贵和美好。

二

那么,为何越来越多的普通民众,特别是年轻人选择通过Tik-Tok关注巴以冲突最新局势,而BBC、CNN等美西方主流媒体显得有些被冷落?

一方面,以短视频为主要载体的TikTok具有开放性、现场感、多元化等特点。移动互联网时代,社交媒体的崛起吸引了越来越多受众的注意力,特别是短视频社交平台有即时传播、双向互动、高触达率等优势。一些博主通过在TikTok上直播或发短视频的方式,为网络上的"围观群众"带来巴以冲突的第一手信息。

可以说,此次巴以冲突不仅仅是军事上的对峙,战火的硝烟已经蔓延到美西方各大社交媒体,使得各平台成为各方势力舆论战、认知战的延伸。人们对TikTok的青睐,让TikTok成为信息传播的主平台、主战场,成为各方势力争夺叙事权和舆论权的关键场域。

另一方面,美西方主流媒体服务于特定的利益集团,其公信力在一次次舆论事件中早已一落千丈,人们不再将其奉为圭臬。

以BBC为例，在叙利亚战争中，一个名叫"白头盔"的组织经常会发布视频诋毁俄罗斯和叙利亚政府军，而未经证实的"白头盔"的拍摄素材经过BBC加工后，就成了一则则虚假新闻；在俄乌冲突中，BBC报道乌克兰哈尔科夫市被俄军炮击导致房屋受损时，使用的图片却是乌军炮击顿涅茨克造成该地民房受损的照片；等等。

失实新闻屡屡发生，背后是价值立场的严重偏向，必将带来舆论的反噬。特别是作为互联网世界原住民的"Z世代"，对美西方主流媒体的这一套"玩法"早已经不买账了，也在默默地用"指尖"投票。

美西方媒体的这些行为加剧了一些年轻人内心对美西方媒体议程设置的怀疑态度，和对背后利益集团及政治角力的警惕与厌恶，他们更加相信那些亲历者发出的鲜活信息，这也是TikTok等短视频社交媒体强势崛起的深层次原因。

三

TikTok作为全球最受欢迎的短视频平台之一，拥有着庞大而忠诚的用户，并保持着高速增长的势头。一份报告显示，2023年上半年TikTok全球月活跃用户达到16.5亿，同比增长31.6%。此外，仅在美国，就有大约1.2亿人的手机上安装了TikTok。

尽管如此，TikTok近年在海外的发展之路异常崎岖，尤其是屡次遭到美国政府的指控与打压，五花八门的理由包括"过度收集用户数据""TikTok会被中国政府用来监视用户""诱使儿童上瘾"等。

比如，在特朗普执政时期，美国政府就曾多次对TikTok及其母公司"字节跳动"发布禁令，并推动美国公司收购 TikTok。虽以失败告终，但足见美国政府对 TikTok 的敌意和忌惮。

TikTok 受到了包括欧美民众在内的大量普通民众的喜爱，却没有得到一些美西方政客的"垂青"，甚至已经到了被他们视为"眼中钉"的地步。这当中的缘由，通过这次巴以冲突就很容易看出来。针对这次欧盟委员会给 TikTok 的致函，有学者分析指出，"他们担心的并不是什么虚假信息和有害内容，而是担心自己'议事能力'的丧失，担心的是被夺取了舆论的主导权"。

说到底，这是美西方习惯了过去的话语霸权、舆论霸权，希望继续用这样的方式控制世界的声音。因为只有这样，他们说什么、做什么才都是对的，所谓"正义的化身"也就显得理所应当。

从这次对巴以冲突的报道看，美西方国家的很多主流媒体一致"选择性失明"，立场和倾向的一致性特征表露无遗。比如，美西方主流媒体纷纷将巴以冲突与"9·11"事件、"日本偷袭珍珠港"事件相提并论，其用意和立场显而易见。

然而，吹灭别人的灯并不会给自己带来光明，这世界也不应该只有一种声音。不论是主流媒体还是社交平台，都有向公众传播信息、澄清事实的职责和义务，尤其是在让世界人民看到战争的残酷真相这件事上。

离开了这一点，美西方一直标榜的"言论自由""新闻自由"就成了一句空洞的说教，这是典型的"双标"。而他们为了自身利益，妄想操纵国际舆论的企图也不会得逞。

倪海飞　云新宇　谢滨同　执笔

2023 年 10 月 17 日

戳穿"阴谋论"的阴谋

> "阴谋论"并不能引领我们找到真相，所谓的"小道消息""内幕消息"也不会偏偏选中我们。

近年来，每当有突发事件发生、重要政策发布、重大项目启动时，总会有人以"内幕消息""独家解读"的名义散布所谓的"惊天内幕"。比如："来自手机信号塔的电磁频率会破坏免疫系统，使人感染新冠"；今年年初某地发生学生失踪案时，也有不少"贩卖器官""熊猫血"的虚假信息在网络空间传播。

这些虚假消息有的引经据典，援引"境外研究机构表明"或是"内部人士透露"；有的逻辑推理程序看起来十分严密，让人一时难以辩驳。那么，"阴谋论"到底是什么？它是怎样产生的？又有哪些危害呢？

一

社会心理学将"阴谋论"视作一种意识形态上的信念，并定义为人们将重大事件归因为某个群体或个人暗中预谋以达成其目的的解释倾向。从本质上看,"阴谋论"也是谣言的一种,但比一般的谣言更复杂、更具迷惑性。总的来看,"阴谋论"大致有以下几个特点。

"常以正义为名"。古往今来的"阴谋论"制造者,不论背后的目的是什么,大多打着正义的旗号,发布着看似与国家前途命运、个人利益密切相关的内容。比如,"登月阴谋论"认为阿波罗登月画面不过是摄影棚作品;又如,"疫苗阴谋论"宣称推广疫苗接种实为残害人类和实施种族灭绝。

"较难以证伪"。"阴谋论"制造者往往有其固有的逻辑套路,一方面他们指向的是事件的动机而非呈现状况;另一方面,一旦受到质疑,他们又会将质疑者指认为阴谋的一环,建立起一个逻辑闭环。比如,认为日本偷袭珍珠港事件是罗斯福放任为之的"阴谋论"。他们的论断基于三个事实:一是日本确实偷袭了珍珠港;二是美国情报部门曾经获取过与珍珠港相关的情报;三是当时美国国内反战情绪较浓。因此,他们得出了罗斯福故意按兵不动,让日本偷袭成功,以便取得民意的结论。

"热衷渲染细节"。"阴谋论"制造者善于抓住事件中某一个细节进行渲染、夸大和妖魔化炒作,或是将极端个案演绎为社会现象,通过贴标签等手段,引导网友展开联想。比如,某地小学生在校园被撞身亡后,就有人揪住孩子母亲妆容精致、表述理性等特点,认为母亲只是想通过舆论获得经济赔偿等,继而引发网络暴力,造成双重悲剧。

"耸人听闻的外包装"。"外星人才是地球的主人""学校贩卖器官""父母谋害子女""你享受的福利是诱饵"……"阴谋论"制造者深谙传播规律，所发布的内容与传统的价值观和认知形成较大落差，而每个人都有猎奇心理，这在客观上使得"阴谋论"拥有一定市场。

二

那么，"阴谋论"产生的原因又是什么呢？

信息不对称是"阴谋论"滋生的土壤。一些人就是利用信息不对称来制造和传播"阴谋论"的。特别是在一些突发事件中，公众对信息的需求陡然增大，而对于官方来说，从调查核实到发布信息需要一定的时间和程序，而且有的地方和部门选择能拖则拖、能捂就捂，还有的即使发布了也是遮遮掩掩、避重就轻，从而使得突发事件成为"阴谋论"的"重灾区"。

公众信任危机给"阴谋论"以可乘之机。现实中，有的地方和部门的公信力由于各种原因和事件受到质疑，有的媒体由于曾刊发过虚假失实报道而权威性受损，一些所谓的"专家"也由于"雷人雷语"而受到吐槽，一些群众对权威机构产生信任危机，让"阴谋论"得以乘虚而入。

比如，近年来的一些突发事件中，处置部门在接受公开采访或对外发布时，选择了撒谎或者隐瞒部分事实，让人误以为其中确实有着不可告人的内幕。

网络空间的推波助澜。随着移动互联网飞速发展，信息瞬间可以从地球的一端传到另一端，而相信同一种观点的人会迅速聚集。境内境外、天南海北，各类信息传播的同时，也夹杂着"阴谋论"。特别是一些人对境外信息、境外学者有一种盲目迷信，认为只要是境外来的就是真实可靠的，较容易成为"阴谋论"的接受者和再传播者。

三

"阴谋论"虽然是一种认知，但其导致的危害并不仅仅在认知层面。

比如，影响社会的和谐稳定。"阴谋论"针对的往往是重大事件、重要政策或者是社会公序良俗，一旦广泛传播，就会冲击人们业已形成的价值判断和依赖的社会秩序。有人就说："如果人人都相信我们不过是外星人控制下的蝼蚁一般的存在，那么奋斗又有什么意义？"

再如，影响突发事件的处置。"阴谋论"一旦形成热度，就会影响舆论走向，给事件处置方带来极大压力。加上如前所述，"阴谋论"又较难证伪，很多时候处置方无法直接辟谣，从而陷入尴尬境地。

如何减少"阴谋论"及其带来的影响，是一个重要且紧迫的课题。

让"阴谋论"止于公开透明。"阴谋论"大行其道，折射出社会转型变革时期，公众对于各种不确定性的紧张、焦虑和不安。这就要求有关部门坚持公开透明的原则，特别是在突发事件中，通过持续供给权威信息来有效回应社会关切。针对公众的疑虑、担忧，还要"对症下药"，有针对性地予以关照和回复，用有说服力的声音来压制谣言和"阴谋论"，用有力举措来抚平不安情绪。此外，还应当充分发挥各领域权威专家的作用，在关键时刻通过专家发声和通俗易懂的解读来消弭信息差，帮助公众形成正确认知。

"阴谋论"还应止于平台。现在，网络平台已经成为"阴谋论"传播的主要渠道。对平台方来说，应建立健全审核和推荐机制，对各类"阴谋论"等及时进行处置，而不应以流量为"指挥棒"，让"阴谋论"登上热搜热榜。平台还应加强对入驻自媒体账号的管理，对于长期致力于发布"阴谋论"的自媒体账号，要重点关注并限制其权限。

"阴谋论"还要止于智者。客观来说，每个人都有认知局限性，而大多数网友参与"阴谋论"的传播主要是因为信息不对称，以及朴素的同理心、同情心。但要明白，"阴谋论"并不能引领我们找到真相，所谓的"小道消息""内幕消息"也不会偏偏选中我们。养成理性思考的习惯，不断提升信息甄别判断和逻辑思考能力，在面对"惊天内幕"时才不至于被牵着鼻子走。

余丹　执笔

2023 年 10 月 17 日

只要文章在，有美堂就在

> 历史就是如此有趣，一生未到过杭州的欧阳修，却用他引人入胜的文字，将无数人带入了那个自古繁华的杭州城。

杭州亚运会开幕式欢迎宴会上，习近平主席在向国际贵宾介绍杭州时说："千百年来，杭州以'山水登临之美，人物邑居之繁'享誉世界。"

"山水登临之美，人物邑居之繁"这句话，出自欧阳修所写的《有美堂记》。

这座位于吴山之上的宋代建筑，如今已不见踪影，知道其来历的杭州人也少之又少。但在北宋时期，有美堂不仅见证了当时杭州的山水之美、城市之盛，也得到了欧阳修、梅挚、蔡襄、苏东坡等诸多文化名人的加持。

那么，有美堂有何特殊之处？堂上又发生过怎样的故事？

一

就如同范仲淹写《岳阳楼记》时没去过岳阳楼一样，写下《有美堂记》的欧阳修，也没见过有美堂。

欧阳修和有美堂的缘分，离不开有美堂的修建者——梅挚。

北宋嘉祐二年（1057），梅挚离开京城，到杭州出任知州。临行前，宋仁宗赐诗送别，开头第一句便为"地有湖山美，东南第一州"。

到了杭州之后，梅挚在吴山上修建了一座房屋，名为"有美堂"，就取自宋仁宗的诗，以此感念君恩。

有美堂落成后，梅挚多次邀请欧阳修为此写一篇文章。但直到梅挚调离杭州，欧阳修才根据梅挚书信里的描述，写下了著名的《有美堂记》。

欧阳修在文中狠狠地把杭州夸了一通。在他看来，山水秀丽的地方，往往比较冷清寂寞，而繁华富裕的地方，往往只有车水马龙的景象，两者兼得的，只有南京和杭州。

"参差十万人家"的繁华钱塘，兼有西湖和钱塘江等山水之秀丽，站在有美堂之上，"一寓目而尽得之"。

所谓"堂"，就是用来议事、交际的场所。从记载来看，有美堂依山而建，占据了吴山高处。望西北，是水光潋滟的西湖和杭州的万家灯火；看东南，是奔涌向前的钱塘江，可谓风光无限好。梅挚的后任也将此作为办公会友的场所，留下了许多诗文。

尤其是北宋书法家蔡襄，在任杭州知州的一年多时间里，除了诗文之外，还手书《有美堂记》并刻于石碑之上，立在有美堂旁。

到了北宋末年，与有美堂相关的诗文渐少，这座曾经接待过蔡襄、苏轼、张先、赵抃等文人墨客的建筑，渐渐消失在了历史尘埃中。

南宋淳祐六年（1246），临安知府在太岁庙附近挖到了宋仁宗赐给梅挚的诗碑。如今的有美堂遗址所在地，就源于这段历史记载。可惜的是，由于资料太少，有美堂的详细规制和地址，已经无从知晓。

所幸的是，近千年以后，通过《有美堂记》等传世之作，我们依然可以在精神上与前人共鸣杭州的"山水登临之美，人物邑居之繁"，跨越时空共赏有美堂的风光，感受杭州的厚重历史。

二

在与有美堂相关的名人中，苏轼是一位不得不提的人物。苏轼与有美堂的建造者和《有美堂记》的作者，都有着独特的渊源。

嘉祐二年（1057），就在赴任杭州之前，梅挚和欧阳修等人共同主持了那一年的科举考试，也就是群星闪耀的"嘉祐二年科举"，苏轼、苏辙、曾巩、张载、程颢等都名列其中。

熙宁四年（1071），苏轼被迫出京到杭州任通判。半路上，苏轼兄弟俩特地到安徽颍州，拜访已经退休的欧阳修，相聚畅谈了20多天。

历史在不断的巧合中续写，不知是否有师生情谊的加分项，苏轼两次入杭，有美堂都是他最爱去的地方之一。

在这里，苏轼看过夏天的暴雨："游人脚底一声雷，满座顽云拨不开。天外黑风吹海立，浙东飞雨过江来……"这首《有美堂暴雨》，被认为是"苏诗中清雄之作"。

在这里，苏轼和朋友饮酒赏月和诗，甚至宿醉难眠。"三杯忘万虑，醒后还皎皎。"嘴上说着"诗酒趁年华"，实际上，对于家国的忧虑，苏轼从来没有放下过。

在这里，苏轼送别过惺惺相惜的上司陈襄。他们俩在杭州治理六井，引西湖水解决百姓的饮水问题；治理水灾旱灾，缓解百姓生活之苦。"夜阑风静欲归时，惟有一江明月碧琉璃"，陈襄离任，苏轼依依难舍。

从苏轼写有美堂的诗词之中，我们可以窥见当时杭州的景象、宋人的生活，并由此探寻更多宋代文化的韵味与内涵。

如苏轼第二次入杭，在有美堂聚会时写了一首《次韵答刘景文左藏》。关于刘景文，更为出名的一首诗，是苏轼的《赠刘景文》："荷尽已无擎雨盖，菊残犹有傲霜枝。一年好景君须记，正是橙黄橘绿时。"诗中流露出苏轼面对人生不公时的豁达和坚持。

在有美堂的生活，只是苏轼在杭州的一部分。杭州的山水，治愈了从京城郁郁而来的苏轼，以至于他感叹自己前生就是杭州人，此生只不过是旧地重游。而苏轼治理杭州，为杭州留下一个西湖的同时，更以卓绝的才华，为杭州增添了流光溢彩的人文底色。

三

2006年，在吴山的有美堂遗址上，杭州西湖风景名胜区恢复了《有美堂记》石碑，一边是文章，另一边是欧阳修像。

石碑旁，还有一个"有美亭"，亭上的楹联就出自蔡襄当年写的《重阳日有美堂南望》中的一句："山峰高下抽青笋，江水东西卧白云。"

白云悠悠，千载已过。有美堂虽已不在，但《有美堂记》笔下的繁盛杭州，在历史中被永久保留了下来。

正如《长安三万里》中所说，黄鹤楼的诗在，黄鹤楼就在。有美堂也是如此，文化的力量，在一诗一画之间传承。

同在吴山之上的江湖汇观亭，有一副广为流传的楹联：八百里湖山，知是何年图画；十万家烟火，尽归此处楼台。

如果苏轼、梅挚等人，今日从江湖汇观亭遥望杭城，想必也会感叹"最忆是江南"。

经过一次次疏浚、整治的西湖，水清树绿、游人如织；钱塘江上，潮水奔腾汹涌，但两岸已换了景色。新时代的杭州，经历了G20峰会、亚运会，活力更胜、烟火气更盛，正向着打造国际名城的目标昂首前行。

写下《有美堂记》的欧阳修，一生写了许多与西湖相关的诗词，如"轻舟短棹西湖好，绿水逶迤，芳草长堤，隐隐笙歌处处随"等。但他笔下的西湖，是颍州的西湖，不是杭州的西湖。历史就是如此有趣，一生未到过杭州的欧阳修，却用他引人入胜的文字，将无数人带入了那个自古繁华的杭州城。

钱伟锋　执笔

2023 年 10 月 18 日

解锁"一万公里"的诗画浙江

> "环浙步道"串点成线、连线成面，但仅仅停留在延展步道的长度、广度上是不够的，还应为其"形"注入更具有厚度和高度的"魂"。

一场全程马拉松的距离是42.195公里，而在浙江有一条步道，建成后它的长度将相当于237个全马。这条步道就是"环浙步道"，顾名思义，这是一条环绕浙江全境的省域步道。当然，它并非交通要道，而是供人们骑行、登山、跑步的游步道，是一条条隐藏在城市、农村、山林间的休闲小道。

想象一下，从"一曲溪流一曲烟"的杭州西溪湿地出发，或途经溪水潺潺的安吉章里古道，或跑至云雾缭绕的诸暨东白湖畔，或穿过清新自然的宁波森林氧吧，或登顶旭日东升的丽水黄茅尖……踏上"环浙步道"，就踏上了一场独具浙江韵味的风光之行、心灵之旅。

那么，这条预计长达一万公里的"环浙步道"因何而建？又将带来什么？我们一起去探寻。

一

目前,浙江已累计建成2300公里"环浙步道"主线。今年,"环浙步道"项目又列入浙江省政府十大民生实事工程,计划再建设2500公里。预计到2025年,"环浙步道"将达到一万公里。

"环浙步道"主线分为东线、西线、南线、北线、中线5条,此外还有舟山、温州洞头的两条海岛支线,途经10个设区市、39个县(市、区)。7条步道环环相扣,形成省里大环线、市里中环线、县里小环线的格局,每一条都有不同的韵致和风情。

沿着这条道,领略别样的浙山浙水。"环浙步道"依山而建、顺水而行,有的是沿江沿湖绿道,有的是登山古道,有的甚至是保留原始状态的砍柴道。

比如贯穿浙西南地区的南线,从衢州一路穿过丽水延伸至温州,连通山海。沿途,步道在"剑瓷之都"龙泉经过海拔1929米的"江南之巅"黄茅尖,跑友可以在云上山间感受"一览众山小"的壮阔,还可以在浙江唯一的少数民族自治县景宁,聆听畲族的嘹亮山歌;再如舟山的东海云廊,该步道由建设截洪渠时的施工便道化身而成,让一次性的施工道路变成长久性的多功能步道,串联起东山、长岗山、擂鼓山、海山和竹山等景点,"兼山海之胜,融文化之美"。

沿着这条步道,感受千年的诗画江南。北线可以说是"环浙步道"的"文化担当",连接起大运河文化带、浙东唐诗之路、钱塘江诗路,以及西溪湿地、良渚古城遗址等多处景点。

你可以看到流动的文脉融古通今,为沿线增添浓浓的人间烟火气，可以感受李白魂牵梦绕的天姥盛景如何化作诗词流传千古，也可以探寻古老文明起源的秘密，见证中华五千年文明史，还可以邂逅一份浪漫，饱览人文与自然和谐共生的美好景象。

二

"环浙步道"，勾连起了浙江的青山秀水，也探索出了一条"多赢"的道路。

让"沉睡"资源"活起来"。浙江"七山一水二分田"，山地和丘陵占了陆域面积的70.4%。目前，浙江的人均体育场地面积虽然已经达到2.8平方米，位居全国第六位，但与老百姓的需求之间仍然存在差距，尤其是一些山区县、海岛县，"山多地少"导致体育用地捉襟见肘。

如何让"沉睡"的山动起来、水转起来？"环浙步道"提供了一种新解法，通过"以人为本、以找代建、最少干预、勾连成网"，较好地利用山地资源，不仅解了燃眉之急，也促进了共赢。

让沿途百姓"富起来"。有的步道直接推动了当地百姓增收致富。比如遂昌县利用180余公里乡村道路与山路，开发出7条网红越野线路，吸引了省内外的自驾越野一族，每年进"山"车辆数以万计，带动沿线村落住宿、餐饮、农特产品销售数千万元。依山傍海的宁海县也建设"千里走宁海"步道，"千年古村落被步道激活""农家乐与民宿一夜走红"等消息在坊间广为流传，每年踏上宁海步道的游客超过300万人次，有媒体曾点赞："一条砍柴路，升级为观光路、健身路、富民路、强县路。"

让体育运动"热起来"。今年初，一场"挑战环浙步道"的活动备受关注，浙江省登山协会将其定位为"目前已知的在中国举行的最长距离越野比赛"。活动广发英雄帖后，来自北京、上海、成都、杭州、温州、浙江师范大学等地方和高校的10支队伍踏上挑战征程。

如今，"环浙步道"就像一个天然的超级运动场，成为长三角地区户外运动达人的热门打卡地，除登山、骑行外，户外露营、溯溪漂流、徒步穿越等也备受欢迎。

三

从"0"到"10000"，增长的不只是"环浙步道"的里程数。在推动"健康中国""美丽中国"建设的当下，"环浙步道"如何迸发出更强大的力量？如何更好地走向未来？笔者认为，还需写好这三篇文章。

串起景点，更串起文化。"环浙步道"串点成线、连线成面，但仅仅停留在延展步道的长度、广度上是不够的，还应为其"形"注入更具有厚度和高度的"魂"。这就需要多维度破解各地文化密码，深挖文化特色、历史底蕴，把宝贵的山水资源、生态格局、乡土风貌、民俗韵味传承下去，把"诗"和"远方"留在脚下，让人们在烟火气和乡土情中链接记忆，唤起乡愁，触发文化共鸣。

有形步道因"数智"更添乐趣。"环浙步道"虽有不少路段穿梭于山野间，行走其中却不用担心会迷路。因为在已经建成的2300公里步道上，共安装了5649个智能步道柱，游客可以通过这些步道柱查询路名指向、实时定位等。

接下来，还可以进一步追求人性化、安全性，比如开发途经景点智能讲解、步道驿站分布图、自主组织或举办"环浙步道"赛事活动等功能，为有形的步道插上无形的"数智翅膀"。

为"运动自由"解锁更多玩法。如今，"环浙步道"吸引了越来越多的人前去实现"运动自由"，但想要长久地留住人心，还需要不断提升服务质量，打破传统思维，探索新业态、新模式。比如：有的城市用印有特殊图案的地砖串起步道，不仅提供了线路指引，相关App还能丰富游客的徒步体验；有的地方在条件允许的路段设置夜光步道，成就了新的"网红"打卡点；还可以顺势推动乡村文旅发展，因地制宜举办西瓜节、竹笋节等，让游客在感受独特风土人情的同时又能玩得畅快。

正如有人说，"环浙步道"不仅是一条生态之道、文明之道，也是一条发展之道、通往美好生活之道。期待2025年与你共赴"一万公里之约"。

余敏刚　孔越　执笔

2023年10月18日

去台老兵的回家路

浅浅的海峡隔不断同胞对故土的思念，逝去的时光亦难以磨灭血浓于水的骨肉亲情。

1950年5月的一个夜晚，舟山的克难码头，国民党军队的军政人员正分批次搭乘舰艇向台湾方向撤退。这其中，有不少是新征召的壮丁，他们被包围在荷枪实弹的军队之中，带着迷茫和未知，登上了开往台湾的船只。岸边则是送别的亲友，泪眼婆娑、依依不舍。从舟山被带往台湾的一万三千余名壮丁，从此背井离乡，两岸相隔数十年。

半个多世纪前的骨肉分离之痛，成为许多海峡两岸同胞心中割舍不断的牵绊。1987年开始，在多方共同努力下，陆续有不少去台老兵得以回乡探亲，他们有久别重逢的喜悦，也有已是天人相隔的悲伤。

从一幕幕悲喜交加的场景中，我们能读到什么？去台老兵的回家路，是怎样走通的？舟山去台老兵史料陈列馆中的档案或许能给我们答案。

一

舟山解放前夕，十余万国民党军队一路战败撤退到舟山。他们以舟山为据点，实行闭关、禁海、抓丁征役等政策。舟山岛一时之间兵员拥挤，局势紧张。

而不久后海南岛的解放，使国民党"反攻大陆"的海上部署被打破。他们决定"放弃舟山，退保台湾"。他们做了一系列安排，包括炸码头、杀战马等，并在大量征召壮丁、补充兵员之后，组织了全员撤退。

于是就有了文章开头那一幕。码头上的分别，让一个个家庭支离破碎。彼时年仅12岁的舟山人桑品载后来回忆道："'早点回来啊'……母亲这一句呼唤越来越远，却在我脑海里响彻了半个世纪。"

而那些热血男儿，经过一路颠簸到达台湾基隆。原以为只是一次短暂的离家远行，结果却变成了遥遥无期的漫长等待。

"烟波浩渺别定海，海天横渡来台湾。"从此，他们与亲人天各一方，思乡的痛烙在了每一位去台老兵的心灵深处。

军营的生活本就艰苦，退伍后，无技傍身的老兵们从事的往往也是耗体力的工种，或成了街角点心小贩，或当保安员、三轮车夫等。而与身体的疲劳相比，更难熬的还属愈加浓烈的思乡之情。

身处彼时的台湾，连"想家"都是一种过错。台湾无法与大陆直接通信。有的老兵想尽了各种办法，托人辗转美国、新加坡等地，才将一封家书送至家中。

一道海峡隔绝了多少人的回乡路。白发父母在故乡翘首以盼，去台老兵却只能隔海遥望。

二

有一张摄于1987年浙江舟山的照片。照片中的男子背对镜头，西装革履，一手夹着呢子大衣，一手提着公文包，身板笔挺，浑然不似一位年逾古稀的老人。有一种说法是，这位老人叫潘高镜，当年被迫入台，这一去便是近40年。

1987年，72岁的他返回故乡浙江舟山，而门内则是他的家人。老人佝偻着身子，半眯着眼睛看着熟悉而又陌生的他。门内门外、四目相对，百感交集、无语凝噎。而这一刻，他们已等了太久太久……

据相关资料记载，仅1987年12月，一个月时间就有数万名台湾民众返回大陆探亲。去台老兵返乡探亲背后，是多方不懈的努力。1979年，全国人大常委会发表的《告台湾同胞书》明确提出两岸"三通"，点燃了去台老兵心中回乡的渴望。然而，彼时的台湾当局却依然禁止返乡探亲。

"今生今世不能活着见父母，死也要回大陆。"一批又一批老兵冲上台湾街头，抗议台湾当局的封锁政策。

舟山籍去台老兵姜思章就是当年返乡运动的主导者之一。据他回忆，当时集会现场聚集了上万群众，老兵们齐声合唱《母亲您在何方》等歌曲，在场的中华儿女无不潸然泪下。

在多方共同努力下，他们回乡的愿望终于照进现实。

1987年，台湾当局发布《台湾地区民众赴大陆探亲办法》，正式准许民众自12月1日起赴大陆探亲。

　　这一消息迅速传遍了台湾岛。当年11月2日是申领返乡表格的日子，位于台北新生南路的红十字会内人潮汹涌，有人拄拐杖、有人坐轮椅，排队的队伍一眼看不到头。半个月内，10万份申请表格就被索取一空。

　　然而，能与亲人们再度团聚的，只是少数的幸运儿。一些老兵，在踏上归途之后，才发现曾经的家已是人去楼空，亲人们的音讯都已消散在岁月长河中；还有一些老兵，在一次次望眼欲穿的期盼中，终究未能再见家乡，直至生命的终点都未能如愿。

三

　　"小时候，乡愁是一枚小小的邮票，我在这头，母亲在那头……而现在，乡愁是一湾浅浅的海峡，我在这头，大陆在那头。"余光中的诗道尽了多少去台老兵的思乡之情，也勾起了他们的乡愁。对他们而言，乡愁是落叶归根，是魂归故里。

　　舟山是去台老兵的重要兵源地之一。2010年，全国首家去台老兵史料陈列馆在舟山落成。这里不仅是记录去台老兵颠沛流离、回归故里的史料研究基地，也是海峡两岸同根同宗、血脉相连的见证。

　　直至今日，依然会有不少去台老兵和老兵家属前往陈列馆参观，回顾往昔岁月。不少人会在一本字迹斑驳的记事本前驻足良久，这是去台老兵应亚蒋的日记本，其中记录了他从1988年4月16日第一次回乡到2015年3月10日长居定海期间，27次往返于舟台两地的故事。

　　如应亚蒋一般，在数次返乡之后，选择回乡定居、共享天伦之乐的去台老兵还有一些。"回家了，心就踏实了。"老兵的回家路已然铺成，但在他们心中，还有一个更大的心愿，那就是台湾能够早日重回祖国怀抱。

"历史不能选择，现在可以把握，未来可以开创！"在《告台湾同胞书》发表40周年纪念会上，习近平总书记指出，祖国必须统一，也必然统一。

浅浅的海峡隔不断同胞对故土的思念，逝去的时光亦难以磨灭血浓于水的骨肉亲情。我们坚信，在两岸同胞的共同努力下，两岸统一的历史性时刻终将到来。

【档案资料】

舟山去台老兵史料陈列馆始建于2010年。原馆由于濒临海边，展品易受侵蚀，于是便闭馆计划迁移。2022年，在定海区干览镇庄家大院（原国民党警备司令部、宪兵队以及浙江省银行的办公地点）复馆并对外开放。新馆共有风云激荡、天各一方、两岸交往、九壤一统等4个展厅，从120张照片、1万字资料丰富到上千张照片、5万多字史料，是两岸血脉相连的见证。

陈静　黄雯铮　葛琳璐　孟非凡　执笔

2023年10月19日

谨防"回音壁"困住了思考

> 迈出"回音壁"的第一步，就是要意识到自己身处"回音壁"之中。

当你在网上浏览信息时，会不会长时间停留在感兴趣的内容上，而对不喜欢的信息一划而过？当你在网上和人交流时，会不会对那些说出你心声的博主直呼"互联网嘴替"，而对那些与你观点不合的人取关拉黑？你会不会在网上寻找拥有同样兴趣爱好的朋友，形成一个团结的小圈子？

这些行为在互联网上并不罕见，很有可能就是每位互联网冲浪选手的日常。而如果你刚好是这样的话，就得警惕了，你很有可能在不知不觉之间已经陷入了"回音壁效应"。

一

"回音壁效应"，也被称作"回音室效应"，来源于美国学者桑斯坦的著作《网络共和国》，指的是在互联网信息传播中，人们更容易也更倾向于选择志同道合的言论，排斥与自己意见不合的声音，由此形成较为封闭的空间。这些意见相近的声音就像回音一样在这个封闭空间里不断重复，使得原有的信息和观点得到不断印证和强化，也让身处其中的人很难听到相反的意见或其他观点。

与"回音壁效应"类似的概念还有经常出现的"信息茧房""过滤气泡"，这三个概念虽略有不同，但都指向了"网络信息同质化"这一问题。其中，"回音壁效应"的形成主要有以下三个方面因素。

从众心理。心理学研究发现，人们或多或少都会渴望正确、渴望获得赞同，会因自己与他人的不同而产生一定的焦虑情绪，因此会倾向于与大众达成一致。

这种从众心理会诱导一种选择性接触行为，就是在网上浏览信息时，人们往往选择性地接触那些与自己态度和兴趣相一致的观点、结论。那些与自己观点不一致的信息就会被选择性地忽略和遗忘，甚至对它们进行个性化解读以符合自身观念。

算法过滤。算法个性化推荐形成"过滤气泡"，这是互联网形成"回音壁效应"的主要方式之一。很多人都有这样的感受——当我们关注了某一类信息，就会接收到很多同类信息的推送，这是因为基于大数据技术和人工智能的算法认为我们对这类信息感兴趣。

这种看似"个性化"的信息推荐，实际上"窄化"了我们所能接触的信息范围，让我们在不知不觉间困于同质信息的"回音壁"中。

圈层传播。互联网的社交属性，让有着相同兴趣爱好、价值观念的人群相互寻找同类，并通过"互粉"形成网络社群。曾有人指出，在信息高速公路上会有应用程序帮助你找到与你兴趣相合的人和信息，无论你有多特别。而那些自己不喜欢、看不惯的人就会被取消关注。

因此，理论上互联网可以促进不同的用户个体、不同的思想观点实现交锋，但实际中的互联网却是同类人群、相似观点在"回音壁"中的相互强化。有学者就认为，社交媒体非但没有拓宽我们交流的范围，没有加深我们的理解，反而强化了既成的社会等级和封闭的社会群体。

二

网络空间已经成为获取信息、表达观点的重要场所，"回音壁效应"造成个体接触的信息高度同质化、重复化、极端化，其影响和危害不可小觑。

从个体来讲，算法推荐一定程度上帮助我们筛选过滤了海量信息，但当我们对这种个性定制信息产生依赖时，也就失去了接触其他多元信息的机会。我们所获取的"窄化"信息，对观察社会、感知社会造成了这样那样的限制，这就使得观点的碰撞、信息的交流在一定程度上受到阻碍。

特别是互联网已经成为我们了解外部世界的一个重要平台，如果我们接触的都是符合自身喜好和期待的定制化信息，主动或被动地忽略了真实世界多种多样的可能性，就会导致我们听到的永远只是自己的"回音"，看到的永远只是自己的"倒影"，离世界的真实原貌越来越远。

从社会角度来看，"回音壁效应"很容易导致网络舆论的群体极化现象。"回音壁"内，"志同道合"的人聚集起来，围绕着共同关注的话题展开讨论。但这种交流更容易听到相似观点，而少有不同的意见，持有不同意见的人也不敢轻易发声，从而导致"沉默的螺旋"。其结果是，类似的观点被不断强化并逐渐趋同，甚至走向极化，其中蕴藏的非理性情绪得到增强。

近些年来，一些"饭圈"事件在社交平台上掀起波澜，"饭圈"也逐渐成为互联网上极端情绪的代名词之一。其中，"饭圈"就类似于一个封闭的"回音壁"，一定程度上催化了"饭圈"成员狂热的集体情绪和行动。

三

在信息社会的"回音壁效应"之下，每个人都无法置身事外，都是某种意义上的"受害者"。如何找到"回音壁效应"的破解之道，是需要认真思考的问题。

一方面，要迈出"回音壁"，而非留在"回音壁"。陷入思维固化的"小圈子"，就无法认知事物全貌。作出价值判断的前提是听取不同声音，即便有的意见是刺耳的，也有其独特价值。迈出"回音壁"是一个打开自我心智的过程，是一个培养个人志趣的过程，意味着挣脱了傲慢与偏见的枷锁，走向了充沛丰盈的精彩世界。

当然，迈出"回音壁"的第一步，就是要意识到自己身处"回音壁"之中。这需要我们保持批判性思考的能力，建立良好的信息素养和媒介素养。比如：当热点事件发生时，不妨"让子弹飞一会"，掌握事件全貌后再下定论；当舆论场上出现"一边倒"的声音时，不妨在内心多打个问号——"事实真的如此吗？"只有形成良好的批判性思维，才能在任何时候都不被汹涌澎湃的情绪裹挟，避免偏听偏信、人云亦云。

另一方面，要拆解"回音壁"，而非加固"回音壁"。为了避免互联网形成一个巨大的结构性"回音壁"，平台相关算法的改善至关重要。当前，算法推荐存在滥用错用的危险倾向，比如有的社交平台开发了针对评论区的算法，使得不同性别、不同年龄段、不同爱好的网友看到的评论区大相径庭。这些情况引发了热议，也使人们开始质疑信息的客观性和真实性。

营造多元开放文明的网络空间，既是网络平台必须担负起来的社会责任，也是平台可持续发展的必由之路。事实证明，滥用算法不符合网民根本利益，那些频频制造"回音"、放大"噪声""杂音"的平台终将被抵制和抛弃，也终将被更加多元开放、能够带来信息增量的平台取代。

如果说信息时代的"回音壁效应"无可避免，我们至少也应该保持清醒的头脑，有效管控"回音壁效应"带来的负面影响，让网络空间在充满活力的同时保持秩序，不断生成促进思考的土壤。

谢滨同　云新宇　陈云　执笔

2023年10月19日

古茶场何以飘香千年

> 茶文化走过时光长河，飘香千年，也必将凭借深厚的文化积淀，滋养未来。

有着"中国绿茶看浙江"美誉的浙江，茶文化源远流长，河姆渡文化田螺山遗址发现的茶树根，将中国人工栽培茶树的历史向前推至距今6000年前后。

在金华市磐安县玉山镇马塘村茶场山下，就有一座千年古茶场——磐安玉山古茶场。这里目前是全国唯一集茶叶生产、交易、茶文化于一体的茶场遗址，被称为茶业发展史上的"活化石"；由此衍生出的庙会赶茶场还是人类"非遗""中国传统制茶技艺及其相关习俗"的重要组成部分。

在浙江山清水秀、云遮雾绕的群山之间，一片片茶叶承载着说不尽的光阴故事。那么，这座古茶场何以飘香千年？又如何尽展新颜，焕发出生机魅力？

一

磐安玉山古茶场绵延千年的传奇故事，得从一个人、两场庙会、三块碑说起。

一个人——许逊。在玉山民间流传着这样一个故事，相传晋代有位道士名叫许逊，他游历至玉山时，意外发现这里的茶叶质量上佳、清香醇悠，但茶农的生活十分清苦。于是他心中一动，决定留下来帮助茶农。

此后，他一方面着手研究如何加工茶叶以改进其品质，制成"婺州东白"；另一方面让道童带着茶叶，到各地道观施茶。结果各地名士喝了茶后都赞不绝口，四方茶商也纷纷慕名来到玉山，玉山茶叶一时间声名远播。"婺州东白"在唐代成为贡品，并被"茶圣"陆羽的《茶经》收录。

两场庙会——"春社"和"秋社"。宋代时，玉山地区的茶农为了纪念许逊，尊其为"茶神"，建庙祭祀，并在茶场庙东侧设置了茶叶交易市场——茶场。该茶场后来成为"榷茶之地""皇家茶场"。到了明朝，以茶场为中心的两场庙会——"春社"和"秋社"也随之形成。

"春社日"，当地茶农会盛装打扮祭拜"茶神"，而后汇聚至茶场看社戏。这段时间，茶场里还会交流各种山货物资，更显热闹非凡。民间传闻农历十月十六是"茶神"许逊的生日，因此谢"茶神"成为"秋社日"的一项重要活动。其间，迎大旗、叠罗汉、抬八仙等各具特色的民俗活动展开，规模和热闹程度比"春社"更甚。

三块碑——"奉谕禁茶叶洋价称头碑""奉谕禁白术洋价称头碑""奉谕禁粮食洋价称头碑"。在古茶场现存的管理用房内，保留着清朝道光至光绪年间立的三块碑。

所谓"称头碑"，其实是指县衙管理市场的规章条文。在白术、粮食、茶叶贸易市场上，一切由官方管理。官方禁止商户随意涨价、缺斤少两，以保护交易公平。据赵基《濮山先生传》记载："茶场山者，古宋所榷茶地也，设官监之，以进御命，曰'茶纲'。"可见，玉山古茶场是宋代以后各朝指定的官方茶叶贸易场所之一。

二

从兴盛到衰退、从破败到重建，磐安玉山古茶场历经了千百余年的风霜洗礼，留下了不少值得被历史铭记的时刻。

清朝末期，随着经济衰退，古茶场逐渐退出历史舞台；20世纪时，废弃的古茶场又陆续被农户、酒厂、供销社等用于居住和生产经营，整体日益衰败，在20世纪90年代甚至面临被拆毁的风险。

不过，进入21世纪，玉山古茶场迎来了命运的转折点。2001年，古茶场的重要性逐渐显现，玉山民众集体出资将其赎回；2004年，当地政府邀请国家文物局古建筑专家组详细考查古茶场，专家组对古茶场的历史价值给予充分肯定，认为这种古代市场功能性建筑在国内实属罕见。值得一提的是，与古茶场密不可分的一系列茶文化令人称奇，填补了我国文保史上的茶文化空白。

最重要的转折发生在2006年前后。《习近平在浙江》一书记载，在浙江工作时，习近平同志专程赴古茶场调研。习近平同志察看了茶场的现状，听取了县领导汇报，并与当地群众深入交流，当场提出："要维修保护好这个古茶场，充分发掘利用好它独特的历史人文经济价值。"

在习近平同志的关心下，古茶场得到了及时有效且高质量的维修保护。2006年5月25日，玉山古茶场被列入第六批全国重点文物保护单位名单。

此后，经过专业修缮，玉山古茶场不仅保存了完整的格局和风貌，还新建了茶博馆和文保所。而今，以古茶场文化为背景，集生产、休闲观光等于一体的万亩生态茶园基地，再现了许逊至玉山时"茶树遍布山野"的美好景象。

三

一片小小的茶叶，连接着历史与未来。如何传承发展好磐安玉山古茶场丰富悠久的茶文化，使其历史价值转化出更多当代价值？笔者认为，关键在于讲好古茶场的三个"新故事"。

讲好"茶以载道"的故事，为"老茶"注入新韵。玉山古茶场承载着世代匠人的手艺和智慧。正是一代代爱茶人对茶文化的传承与发展，才有了茶韵千年、茶香万里。

对其创造性转化、创新性发展，应当让"老"茶叶、"古"茶场、"旧"茶俗所映射的"清""敬""和""美"茶文化沁入当代人的生活，同时更深入研究和展示"茶叶交易""斗茶""茶纲""赶茶场"等传统文化内涵，让人们在潜移默化和深入了解中更加认同和喜爱茶文化。

讲好"点茶成金"的故事，让"绿叶子"走出新路。近年来，磐安聚焦文化溯源、专注品质提升、加快产业数字化转型等，多方位多角度发展茶产业。

比如恢复和挖掘"婺州东白",取其精华、精心研创,研制出"磐安云峰",如今其品牌市场价值已达20.78亿元;再如探索发展"茶旅产业",规划玉山古茶文化博览园项目,打造集古茶文化、茶园观赏、茶道体验、茶艺研学等于一体的中国茶文化旅游目的地。

讲好"以茶会友"的故事,打开对话世界新方式。有人说,茶道蕴含着中国人的处世哲学和待客之道。从茶马古道、古丝绸之路,到今天的丝绸之路经济带、"21世纪海上丝绸之路",茶文化在历史长河、世界各地传播、交流。数据显示,全球范围内的产茶国家和地区超过60个,有20多亿人喜爱饮茶。

传承千年,茶路万里。若能发挥好人类"非遗"的品牌效应,进一步做好文化遗产的系统性保护和开发利用,挖掘更多玉山茶文化好故事,绵绵茶路一定可以延伸至更广、更远。

对历史最好的继承,就是创造新的历史。"雾锁千树茶,云开万壑葱。香飘十里外,味酽一杯中。"茶文化走过时光长河,飘香千年,也必将凭借深厚的文化积淀,滋养未来。

章馨予　孔越　执笔

2023年10月20日

规范街头艺术少不了"艺术"

> 相比剧场、荧幕、舞台艺术的"阳春白雪",出自"草根"的街头艺术,通过在城市的墙壁、街道、小巷等处,展现艺术家的才华和独特的创作风格,带给人们全然不同的感受。

转角遇见一只用落叶拼搭起来的巨型萌兔、西湖边偶遇装扮古典精致的挑花郎和卖花姑娘、秋夜的广场上民谣弹唱带着人们一起摇摆……当我们不经意间和街头艺术"撞个满怀"时,心中总是不自觉地泛起某种美好情感。

城市之美,既美在都市风光,也美在艺术人文。近年来,在不少城市中,民间文艺像星星之火越发活泛了起来,点亮了街头巷尾,也擦亮了城市的文化名片。

不禁要问,生活在城市中的人们为何需要街头艺术?我们又应该如何有"艺术"地规范引导街头艺术?

一

有人说:"一个棱角柔和的城市,远远比一个坚硬冰冷的城市更幸福、美好。"温柔的城市都有一些共同点,比如拥有便捷的城市生活、优美的城市环境,但如果要获得精神上的富足,则需要人文艺术气息的装点。

当艺术走进了市井街头,城市的文艺气息便体现得淋漓尽致。比如,提到北京天桥,涌入脑海的便是"酒旗戏鼓天桥市,多少游人不忆家"的场景,三教九流、五行八作的表演在此汇集,带来浓浓的人间烟火气。

随着经济社会发展,20世纪80年代,一些摇滚乐手走上人头攒动的城市街头,更是唤醒了一座座城市的摇滚之魂。北京街头,青涩的崔健唱着一首《南泥湾》,成了多少人的美好记忆;石家庄街头,摇滚音乐氛围逐渐浓厚,一批批音乐人涌入,摇滚乐自此成为独特的文化现象,扎根于这座城市之中。

放眼世界,很多城市的街头艺术也早已成为城市风景的一部分。巴塞罗那布兰拉大道被人们赞誉"光鲜夺目,绝招纷呈",得益于街上时不时进行的五光十色的街头表演;伦敦作为全球金融中心,同样因艺术而变得多彩,著名的考文特花园成为街头艺术表演的天堂。

相比剧场、荧幕、舞台艺术的"阳春白雪",出自"草根"的街头艺术,在城市的墙壁、街道、小巷等处,展现艺术家的才华和独特的创作风格,带给人们全然不同的感受。

它给人以"转角遇见爱"式的惊艳。有人说,街头艺术最重要的意义就是"被看见"，人们可以随时随地得到美的享受和思想的震撼，看见一座城市的多样或者特色。无论是行色匆匆的路人，还是初来乍到的游人，与一曲悠扬乐曲或一抹明丽色彩的不期"巷"遇，都能够瞬间引发共鸣、点亮心情。

它体现着城市的表达与审美。丰富美好的街头艺术，体现了一座城市的多元和包容。街头艺术，无论是动态的表演艺术还是静态的装置艺术，都始终呈现一种与时代、环境和公众互动的姿态，从而展现出属于每座城市的独特气质。

比如，歌曲《成都》的创作者赵雷就曾是一位"地下通道"歌手，在他的作品中，"玉林路""小酒馆"都是最能体现成都市井风情的地方。有网友感叹，"赵雷果然是最会用音乐讲故事、展示城市特色的人"。

二

街头是城市重要的公共空间，不仅具有经济价值、交通功能，也是孕育文化、成就梦想的地方。街头艺术对提升城市人文环境发挥了重要作用，也为艺术爱好者提供了自我展示和事业发展的平台。

但笔者观察到，当下街头艺术的发展依然面临着一些困境，一定程度上存在着"街头之土"难以滋养"艺术之水"的情况。

比如，氛围缺失。有些地方投入巨资建设大剧院等公共文化设施，仅仅用于张罗几次大型文艺活动，大街小巷的文化艺术氛围却不够浓。城市文化供给，不应只有大剧场的"阳春白雪"，而没有马路边的"民间高手"。市民和游客的文化需求是多元的，一座真正有文化的城市，应该是目之所及皆能散发出文化味、弥漫着文艺范。

比如，管理不善。街头艺术为街头增加"文化味"，但如果管理不善，也可能造成不良影响。有的地方"严防死守"，对表演地点、内容、人员"一刀切"式限制，缺失了人情味、烟火气；有的地方则放任不管，任由艺人不分时段、不分场合表演，干扰了城市正常秩序、影响周围群众生活。

再如，观念错位。有的地方为了刻意打造文艺范"人设"，不定时邀请个别艺人走上街头表演，却不能与城市氛围很好地融入；有些地方"醉翁之意不在酒"，打着发展街头艺术的幌子，实质却是为了给商业街区制造"人气"、招揽客人，有了商业味儿，少了文艺味。

这些做法既不可持续，也背离了群众文艺的初衷，导致街头艺术失去吸引力与生命力。

三

"公共秩序"与"街头艺术"并非此消彼长的零和博弈，而是相互促进、相得益彰的关系。实现城市管理、文艺发展、文化需求等多目标动态平衡，是一门"艺术"，需要人文情怀，也考验治理智慧。

如何让艺术更好滋养城市，又让城市更好涵养艺术？笔者想到以下几点。

"有所作为"。对于街头艺术，城市管理者要用"艺术"的手段来管理。不能为了图省事，而一禁了之、一赶了之，当然也不能无所作为，任由艺人想唱啥就唱啥，想在哪儿唱就在哪儿唱。不断提高管理水平，因时因地、分级分类对待街头艺术，多一些绣花般的细心、耐心、巧心，才是可取之道。对于积极有益的街头艺术，应保护、鼓励、引导，激发艺术活力；对一些影响百姓生活和社会秩序的行为，应予以打击取缔。

这两年，上海、成都、厦门等城市给街头艺人颁发演出证，实施"持证上岗"，让街头艺人从"东躲西藏"变为"正大光明"。比如上海，每位艺人需要签订"不定价、不销售、不乞讨、不扰民"等上岗守则，遵循"定点、定时、定人、定事"原则，如有违规行为，将被取消表演资格，不失为一种有益探索。

"有所不为"。给艺术多一些包容和支持，是城市人文素养的重要体现。街头艺术从某种程度而言，具有先锋文化的特质，超前一些、大胆一点无可厚非。但这不等于过度放飞自我、破坏公共秩序、扰乱正常生活，街头艺人更应遵守法规、遵循规范。

一些全球知名的艺术街区和城市，都在严规之下日渐繁荣。比如，艺术气息浓厚的巴塞罗那布兰拉大道，规定表演音量不得超过65分贝，效果为人称道。

"有容乃大"。"高手在民间"，文艺总是从泥土里开出花来的。不吝掌声和赞美，鼓励街头艺人进行创新，允许街头艺人打开琴盒、接受打赏，才能为追梦之人培植善意的土壤，搭建展示的舞台。一座文艺感拉满的城市，会让更多艺术家、文艺青年和游客心向往之，也更容易诞生经久不衰的文艺作品。

当前，很多地方都期盼"忽如一夜神曲来"，能有一首像《早安隆回》一样"唱响"城市的歌。但"神曲"不会从天上"砸"下来。像隆回，就是"人人善唱，出口成歌"的好生态孕育了一首好歌。相信,给予街头艺术一个优质的发展氛围,将会有更多惊喜值得期待。

文化犹如阳光雨露,在它的滋养下,城市才能迸发出源源不断的可能性和持久蓬勃的生命力。有一天,当我们漫步城市街头,转角与艺术邂逅,看快意拨弦、听歌声悠扬,该是何等酣畅美妙。

杨昕　刘雨升　许小伟　张诗妤　执笔

2023 年 10 月 20 日

火炬传递何以藏着诗情画意

> 亚残运会火炬传递虽只有短短 3 天，但沿途山水人文、幸福宜居的风景流转，向世界展现了一幅现代版"富春山居图"。

10 月 19 日起，杭州亚残运会的火炬传递沿着"三江两岸"前行。火炬从秀水万顷的千岛湖出发，到野旷江清的新安江，再到一川如画的富春江，最后抵达潮涌大观的钱塘江。

一江三名，省以江名。亚残运会火炬传递为何会选择这条线路？沿钱塘江而上，235 公里的"三江两岸"，藏着怎样的诗情画意？

一

奔腾千年的钱塘江潮涌不息、不舍昼夜。溯流而上，以不同支流交汇处和新安江大坝为分界，有了钱塘江、富春江、新安江（含千岛湖）的区分。

古人寄情山水，为"三江两岸"赋予浙西"水上唐诗之路"的美称。

诗词中，有心之所归。忧愁时，孟浩然吟咏"野旷天低树，江清月近人"，从自然风光中求得宁静；自洽时，苏轼写下"水天清、影湛波平。鱼翻藻鉴，鹭点烟汀"，人与自然和谐相处的生活情趣跃然眼前。

诗词中，有情之所向。钱江潮奔腾不息，白居易自海潮变化思考"早潮才落晚潮来，一月周流六十回"，背后是对"逝者如斯夫"的感叹；潘阆回忆观潮盛况作"弄潮儿向涛头立，手把红旗旗不湿"，是对弄潮儿惊心动魄搏击风浪的惊叹。

如果说三江的风情，是自然山水和诗情画意的双向奔赴，那么两岸的风骨，则让这片山水有了深厚的人文底蕴。

被誉为"天下梅花两朵半，独有半朵在梅城"的严州古城，有杜牧、范仲淹、陆游造福百姓的印迹，城内墙砖古瓦不少遗留至今，犹存的城墙民居承载着历史的低语。

千岛湖的海公祠，流传着海瑞清廉敢谏的美名；富春江子胥渡，得名于忠肝赤胆的伍子胥；钱塘江畔六和塔，留下吴越王钱弘俶镇伏江潮的故事……历史积淀的人物与故事，为"三江两岸"注入了刚烈之气。

诗词赋予"三江两岸"以情致，历史赋予"三江两岸"以气质，它们共同撑起的，是沿线百姓生活的希冀。连通海洋与内陆的钱塘江水运兴盛，吴越国时期，钱塘江上已是"舟楫辐辏，望之不见其首尾"，两岸间码头渡口林立，来往船只频繁。

作为江南文化的具象化代表之一，"三江两岸"不仅是文化之路、诗歌之路，也是生活之路。

二

杭州亚运会56个场馆中，有32个位于"三江两岸"区域，亚运赛事的举办吸引更多人汇聚而来，带动了当地旅游消费的热潮。

杭州亚残运会选择"三江两岸"作为火炬传递线路，则让更多目光聚集于此。在这条充满诗意的线路上，我们能看到什么？

山水的诗意。跟随杭州亚残运会火炬传递的线路，一路山水一路风景。"峰峦成岛屿，平地卷波涛"，淳安的火炬传递，围绕千岛湖做足了文章，途经的天屿揽胜景点，能够俯瞰整个千岛湖的美景；桐庐的火炬传递线路，则体现了一江秋水穿城过的意境，火炬手们沿江而跑，江景和城景、浪漫与活力共生共长。

人文的诗意。数万年前的一颗"建德人"牙齿，揭开了人类发展史的"浙江篇"序幕；八千年前的"跨湖桥人"留下了最早的刳木为舟的痕迹。回溯数千年，本次亚残运会火炬传递经过的地点不少都于漫漫历史长河中脱胎而来：吴越分野、子陵垂钓、华信筑塘、奔竞弄潮、公望隐世……祖先留给我们的历史文化印记厚重又朴实、大气且开放。

生活的诗意。优美的生活环境和热闹的烟火气，是属于小城的"小确幸"。互联网、交通的高速发展，模糊了城市与乡村之间的界限，让充满现代感的诗意栖居成为现实。如连接古今的《富春山居图》，已不仅仅是一幅画作，更是现代杭州人幸福生活的图景，火炬传递经过的富阳黄公望村，如今是浙江首批共同富裕现代化基本单元。

亚残运会火炬传递虽只有短短3天，但沿途山水人文、幸福宜居的风景流转，向世界展现了一幅现代版"富春山居图"。

三

日夜奔竞不息的钱江潮水，融于绿水青山间的人文历史，以及两岸百姓的幸福生活，"三江两岸"的诗意在时代变迁中不断更新。新时代的"三江两岸"该如何走向未来？笔者认为，诗意之中，还可以添加四种元素。

世界的眼光。细数莱茵河、多瑙河、塞纳河等世界知名河流，多是文旅融合的典范。如莱茵河沿岸自行车道绵亘数千公里，骑行＋水上观光的文旅项目，吸引众多游客参与其中。要打造成为世界一流滨水旅游目的地，"三江两岸"需跳出杭州、开拓视野，将小城风光接轨世界文旅，用中国故事展现文化自信。

聚集的力量。"三江两岸"分属不同区县市，只有打通行政规划的地域限制和机制束缚，集合优质资源，才能以聚集之力打响文化新地标的名牌。如今年开放的之江文化中心，就包含了浙江省博物馆之江新馆等诸多文化设施，以现代复合文化综合体的模式让多元场馆融会贯通，完善公共文化服务的同时，也让文旅融合有了新支点。

互动的意趣。围绕诗词文化，"三江两岸"努力用艺术点亮乡村。如何进一步营造出"村潮""宋韵""江南味"等独特氛围，使"三江两岸"沿线变成"可移动的博物馆"，还值得探索努力。期待行走于此，越来越多的人可以沉浸式感受现代富春山居生活，领略了解潮涌文化、宋都遗风、千年古城。

体育的活力。在杭州亚运会上成功出圈的淳安公路自行车赛道、桐庐马术中心、富阳水上运动中心等都出现在了亚残运会火炬传递的路线中。杭州亚运会、亚残运会的举行,将为"三江两岸"带来新动力,比如世界顶级赛事的引进,可体验的"场馆类景区"开放,等等,亚运红利将持久释放。

那些带不走的绿水青山,那些前人留下的诗画文化,是"三江两岸"的底气所在,而丰富多彩的现代诗意和多元发展,将让"三江两岸"更可近、可感、可亲。

钱伟锋 吴大钟 执笔

2023 年 10 月 21 日

小镇的大戏与大会

> 回望"乌镇之路",可以说每一步都饱含着先行魄力:"一网情深"张扬着江南一以贯之的时尚内核,"戏剧乌托邦"托起了无数人的诗与远方。

10月19日晚,第十届乌镇戏剧节拉开了帷幕。昨天,2023年世界互联网大会乌镇峰会新闻发布会在北京举行,11月初,世界互联网大会乌镇峰会将奔赴"十年之约"。

步入金秋时节,乌镇——这片木心先生笔下"从前慢"的土地,与活力四射的戏剧文化和日新月异的互联网奇妙碰撞、相融相生。

走过十年,落户在乌镇的这一场大戏与大会,带给我们怎样的启示?

一、没有白走的路,每一步都算数

不少人会好奇:当年,为什么是乌镇?

"君子藏器于身，待时而动"。乌镇的"出圈"离不开"精准踩点"。徜徉在"乌镇时间"里，文化气息、时尚之风扑面而来。

文化IP，一直是乌镇的生命力所在。在打造之初，乌镇便被景区总设计师这样定位："不重复，走一条全新的路。"这条路，将文化贯穿始终。从茅盾到木心，从旅游小镇到文化小镇，乌镇积淀了深厚的文化底蕴，这为乌镇戏剧节的诞生埋下了伏笔。

乌镇"触网"也早有迹可循。2003年，乌镇西栅景区启动保护与开发，很多人没想到的是，乌镇在青石板下面埋了一步"先手棋"——布局宽带网线，实现Wi-Fi全覆盖。乌镇的居民和游客早早实现了免费上网，古老的街区就此链接世界。

回望"乌镇之路"，可以说每一步都饱含着先行魄力："一网情深"张扬着江南一以贯之的时尚内核，"戏剧乌托邦"托起了无数人的诗与远方。

二、"百花园"之美在于合异

这几天，水巷里，橹声慢，戏正浓，中外戏剧文化交流碰撞出的火花甚是璀璨。数据显示，从2013年至2022年的九届乌镇戏剧节，每届平均特邀剧目超20部，最多一年有来自17个国家和地区的剧团参演，一喜一悲一抖袖，一颦一笑一回眸，文化交流便如荷塘里的涟漪，荡漾开来。

历届乌镇峰会，来自世界各地的嘉宾共话互联网变革趋势，共绘数字文明的发展蓝图。今年的乌镇峰会将围绕全球发展倡议数字合作、数字化绿色化协同转型、数据治理、算力网络、人工智能、青年与数字未来等议题举办20场分论坛。

一年一度的乌镇戏剧节和乌镇峰会时间短暂，但从这里绽放出的光芒长久闪耀。这既是回望历史、解码文化的生动实践，亦是拥抱未来、拥抱世界的主动作为。

三、永远可以相信年轻人

开创乌镇如今这个万象更新局面的主力军，正是青年一代。可以说，在这秋日的水乡，青年与乌镇在双向奔赴中共生共长。

昨天的新闻发布会公布，今年的乌镇峰会创设了"全球青年领军者计划"，搭建青年互学互鉴的国际交流合作平台。目前已评选出来自14个国家和地区的18位"全球青年领军者"，他们将现场参加乌镇峰会。

而在乌镇十多个剧场里，同样绽放着青年的梦想。比如每年戏剧节期间，蚌湾剧场都因"青年竞演"而排起长龙。在这里，戏剧青年的原创作品不仅有机会获得扶持奖金，还可以与国际大师面对面交流。乌镇戏剧节尊重、呵护着年轻人的视角和表达方式，正逐渐成为中国戏剧文化薪火相传、推陈出新的后备基地之一。

四、创新是最好的出路

20世纪末，在工业化浪潮中，古老的乌镇在前行的路上似乎显得力不从心。《习近平浙江足迹》记载，对古镇的保护和发展，习近平同志一直挂在心头，在浙江工作期间，他曾5次赴乌镇调研指导。2005年8月3日，时任浙江省委书记习近平来到乌镇古镇二期保护工程现场。他当场提了三点要求：要尊重乌镇的历史遗存，要修旧如旧；要把环境尤其是水环境搞好；要做好传统文化创新的文章，给古镇植入现代的、年轻人喜欢的文化。

"创新"一词从此深深烙在了这片土地上。

于是，戏剧节诞生了。乌镇寻找到这个传统文化和现代生活的契合点，成功解锁古镇文化的"青春密码"，让"年轻人喜欢的文化"在这里生根发芽。世界互联网大会的永久落户，更让"现代的文化"有了直观表达。这十年来，乌镇因"网"而兴、加"数"前进，与数字经济相关的企业从12家攀升到超过1000家。

正如有人说，创新之路没有捷径可走，只有在不断反思、感受、洞察、创意、行动中积蓄能量，才能在激变的环境中找到出路。

五、比起话题与热度，更需要质感和实感

每年的乌镇戏剧节，都是一场手速和网速的较量。数据显示，今年开票半小时，28部特邀剧目中单剧最快售罄时间3.9秒；全网购票参与人数超30万人次。社交平台上，"乌镇戏剧节24小时看剧、游玩两不误""在乌镇街头偶遇明星"等"安利帖"热度持续攀升。

走过十年，世界互联网大会同样话题度拉满。千年古镇拥抱"互联网＋"的反差感带来关注，"互联网之光"博览会上新奇的"黑科技"频频"吸睛"，贴近时代前沿、触摸行业热点的论坛议题时常引起广泛讨论。

互联网时代，完全没有话题与热度是万万不能的，但话题与热度也不是万能的，最关键的还在于给人们带来实实在在的获得感。

习近平总书记强调，要"让亿万人民在共享互联网发展成果上有更多获得感"。这也是世界互联网大会需要释放的"数字红利"。如今，智慧医疗等数字应用惠及千家万户。今年"互联网之光"博览会还将设置未来智造、数字乡村、数字文旅等主题展区和未来生活体验区，让嘉宾和参展观众在沉浸式体验中感受科技带来的便捷普惠。

融合、潮流、传承，乌镇戏剧节留给人们的，不只是"戏"里的精彩，更有"戏"外的梦想与期冀；智慧、沟通、创新，即将到来的世界互联网大会乌镇峰会"十年之约"，带给人们的，也不仅是科技的想象，更将让美好未来触手可及。

孔越　吴梦诗　李新新　执笔

2023 年 10 月 21 日

秋日"蟹"逅

> 味道，吃进胃里就成了乡愁，刻在心上就成了一辈子都挥之不去的记忆。

每年秋风送爽、丛菊盛开之时，吃蟹便成了很多浙江人一件颇具仪式感的事。都说"蟹肉上席百味淡"，一只肥蟹可抵一桌好菜。明末清初"美食家"张岱就认为，不加盐醋而五味全者，只有蟹。

这段时间，台州三门湾畔，退潮的滩涂上不时传来"嗟嗟嗟"的欢叫声。这时，如果跟随当地渔民的脚步，就很有可能找到青蟹的"藏身之处"。在蟹界，三门青蟹算得上"顶流"，"中国著名螃蟹大赏"榜单中，必有三门青蟹一席之地。

今天，且让我们伴着海水微风，来一场秋日"蟹"逅。

一

据台州现存最早的府志《嘉定赤城志》记载，"蝤蛑（yóu móu），八足二螯，随潮退壳，一退一长，最大者曰青蟳"。古代的青蟳，就是今天的青蟹。

唐代小说集《酉阳杂俎》则略带夸张地说，"蠾蛑，大者长尺余，两螯至强。八月，能与虎斗"。难怪鲁迅先生佩服第一个吃螃蟹的人的勇气。

古往今来，不少文人墨客啖蟹、咏蟹，为今人品蟹平添了几分雅趣。

"谪仙人"李白对蟹情有独钟，"蟹螯即金液，糟丘是蓬莱"，尽现诗仙持螯举觞之态；"馋太守"苏东坡以诗换蟹，感慨"半壳含黄宜点酒，两螯斫雪劝加餐"；陆游也嗜蟹近痴："蟹黄旋擘馋涎堕，酒渌初倾老眼明。"以蟹佐酒，昏花的老眼也明亮了。

除了文人墨客，达官贵人也偏好这一至味。相传南宋时金军入侵，宋高宗的船队南下到三门，尝到了当地鲜美的海鲜。回宫后，他依然念念不忘，便命后厨做了一道"蠾蛑签"。而乾隆曾六下江南，想来遍吃名蟹，推赞"蠾蛑居首"。

三门青蟹自带鲜甜味道。在当地人看来，清蒸是对一只青蟹的"最高礼遇"。蒸最简单，也最健康。青蟹蒸煮出锅后，一丝丝白嫩的蟹腿肉，饱满紧致的蟹钳肉，加上肥美的膏黄，咬下一口，微微的海水咸、淡淡的青草香、独特的鲜味、隐藏的甜味都在舌尖跳跃，可谓味蕾盛宴。

爆炒，则带来另一种鲜香。姜片、葱段用油锅爆香，放入青蟹块，蟹膏煎得流油，再滋一圈花雕，焖上三分钟，撒一小撮盐，扑鼻的香味里藏着海边的烟火气，能驱散整日的疲劳。

据说，三门青蟹还有一定的药用价值。青蟹先在黄酒里浸泡一小时，再下锅蒸煮，蟹肉融合醇厚酒香，筋道弹牙，既美味又滋补，在秋日里暖心暖胃。

实际上，会吃的三门人有各种青蟹的烹饪方式，从传统的青蟹豆面、青蟹炒年糕、黄酒煮青蟹、蟹黄包，到青蟹意面、冬阴功青蟹、榴莲炖青蟹、围炉烤蟹等，年年推陈出新。

二

"三门去岁蒸青蟹，难忘人间世外鲜。"三门湾，位于中国黄金海岸线中段、东海入海口，海岸线长300多公里，有"三门湾，金银滩"之美誉。其涂泥松软，水质清新，盐度适中，得天独厚的地理环境适宜青蟹生长。

临海而居的三门人从不辜负大海的馈赠，用心经略着阔大的海洋。北纬29度温暖的海面下，海洋生物自在生长。潮水退去，滩涂和礁石上布满各色海鲜。生于斯长于斯的三门人，用从小练就的慧眼和巧手捡拾、捕捉美味。不过，即便是经验老到的渔民，对青蟹的大螯也颇为忌惮，伸手入蟹洞时，常常将茅草铺在手心，引青蟹钳住茅草后，才将其抓获。

起早贪黑的渔民趁着傍晚涨潮时放网，第二天黎明前收网，一天的辛劳就浓缩在日暮晨昏里。这种劳作方式被称为"讨小海"。一个"讨"字，包含了三门人的勤勉和对大海的敬畏之心。

据《三门县志》载，清乾隆年间，三门就已养青蟹。20世纪80年代初，三门开始进行围塘养殖。不过，青蟹产业迎来"大爆发"的转折，其实是个意外。

1997年8月，一场台风正面袭击了三门县涛头村。全村数千亩水稻、棉花、橘园被海水浸泡40多天，土地盐碱度高达10%以上，三年内都无法种植作物。

面对满目疮痍的家园，当时的村委会主任建议"种改养"，全村有325户村民按下了同意水产养殖的红手指印。很快,村里以"股田制"的形式成立了"公司＋农户"的青蟹养殖主体。一村传一村,金黄的蟹膏逐渐成了蟹农口袋里的"黄金",不仅效益提升,也让三门青蟹的名头更为响当当。

三

如今,人们品尝青蟹,不仅为了满足饕餮之欲,更是一种文化传承。或许很多人不知道,"横行霸道""张牙舞爪"的螃蟹在古代也有吉祥美好的寓意。

比如寓意八方招财、纵横天下。螃蟹有八腿二螯,寓意能从八方获得财物、守住钱财。同时,古代交通落后,每逢亲友出远门,古人常以蟹送别,祝福远行人纵横天下、行程安顺。

又如象征科举及第。古代科举殿试的成绩分为三甲,螃蟹背着"铠甲"寓意"一甲"。螃蟹簇拥,则称"满堂甲第"。所以,许多士子的书案都会放一件螃蟹艺术品,希望自己荣登"甲第"。

现在,一家人围桌吃螃蟹是团圆欢庆的新风尚,大家一同持螯品酒,场面煞是热闹温馨。

如果说东阳人的乡愁是带着江南梅雨味的霉干菜,缙云人的乡愁是刚出炉的、香喷喷的烧饼,那么三门人的乡愁就是"台州十大碗"之一的青蟹。

味道,吃进胃里就成了乡愁,刻在心上就成了一辈子都挥之不去的记忆。如《舌尖上的中国》导演陈晓卿所说:"每个人的肠胃实际上都有一扇门,而钥匙正是童年时期父母长辈给你的食物编码。"

作家林淡秋先生曾离开三门湾，后在杭州安居。晚年的他，对青蟹念念不忘。于是故乡的亲人总是想尽办法给他捎去一篓篓青蟹。1981年深秋，因为交通等问题，捎去的青蟹比往年晚了些，他还在心中念叨："今年的青蟹和橘子怎么还没有送来？"

如今，三门游子心心念念的青蟹，再也不会受阻于交通。它已经插上互联网的"翅膀"，"飞"入天南地北的寻常百姓家。客居他乡的三门人，只需上网轻轻一点就可以慰藉乡愁。

"天下稻粱熟，三门青蟹黄。"眼下，正是三门青蟹的最佳赏味期，对于三门湾海边长大的人们来说，来一场鲜美"蟹"逅，是一份甘甜，更是一份期待。

而你，记忆中的秋日专属限定美食，又是什么呢？

方从飞　许雪娟　张雯　俞姝辰　执笔

2023年10月22日

从未断流的中华文明，做对了什么

> 灿烂的文化有赖于悠久历史的酝酿与沉淀，伟大的文明更需要放置在时间的尺幅上去丈量。

我们常听到这样一句话，在四大古文明中，只有中华文明历经五千多年未曾中断。前不久，习近平总书记在文化传承发展座谈会上明确指出，"中华文明是世界上唯一绵延不断且以国家形态发展至今的伟大文明"。

这样的评价依据从何而来？发端于五千多年前的中华文明为何能够延续至今？在建设中华民族现代文明新征程上，又给我们带来哪些启示？

一

中华文明是世界上唯一传承五千多年而未曾中断的古文明，这句话并不是我们自己说说的。美国历史学家斯塔夫里阿诺斯在《全球通史》中这样写道，"中国文明是世界上最古老的、未曾中断的文明"。类似评价很多，这是世界史学界普遍公认的。

判断一种文明是否中断，主要看其语言文字、制度、宗教、身份认同等无形的文化传统有没有留传下来。一些古老文明即使有辉煌的历史遗迹，却没有在当今留下任何传统思想文化的影子，就不能称之为绵延不绝的文明。

文明是脆弱的，许多古老文明都经历了由盛及衰的历史周期，古巴比伦文明、古埃及文明、古印度文明都是这样。

先讲古埃及文明，它位于欧亚非三洲交汇处。在发展的过程中，周边其他文明越来越强大，逐渐超越并侵蚀了古埃及文明。埃及也先后经历了波斯人、希腊人、罗马人、阿拉伯人的轮番统治，导致古埃及文明被破坏。

再来说古印度文明。它虽最早可追溯至公元前2000多年前的哈拉帕文化，但这一文明在延续数百年后就消亡了。此后，不同宗教和文化在这片土地上传播，使得古印度文明在一次又一次被征服中衰亡。

如果说外族入侵是导致文明被破坏或中断的直接原因，那么频繁的天灾、人与自然关系的失衡，及其所引发的贫困和社会动荡，也会间接地加速文明走向灭亡。古巴比伦王国曾修建大量灌溉系统和水利设施，成为当时世界上最富饶的地区之一。然而长期过度开发等行为，导致土地肥沃度下降，农业生产受到严重破坏，最终使发展空间日益缩小，加速走向灭亡。

我们不难得出这样一个结论：灿烂的文化有赖于悠久历史的酝酿与沉淀，伟大的文明更需要放置在时间的尺幅上去丈量。否则，一旦文化传统断裂，文明便失去了它的灵魂。

二

毫无疑问，中华文明是人类文明史上一个无与伦比的奇迹。中华文明历经五千多年而不"断流"，固然离不开领土、人口、地理条件等客观条件和因素，但其真正的"长寿"密码不止于此。五千多年时光塑造出来的突出特性，让伟大文明得以延续至今。

中华文明有哪些突出特性？习近平总书记鲜明指出，中华文明具有突出的连续性、突出的创新性、突出的统一性、突出的包容性、突出的和平性。可以说，这五大特性，从根本上决定了中华文明不管世界风云怎么变幻、自身朝代如何更迭，始终不曾断流。

为什么说具有连续性？中华文明连续性的背后是极为强大的人心根基、精神支撑，这是中华文明保持旺盛生命力的根本。特别是中华民族是一个非常注重历史传统的民族，历朝历代都高度重视"以史为鉴"。有学者指出，中华文明之所以是世界几大古文明中唯一没有中断而延续下来的文明，与中华民族始终重视历史、重视历史记述有直接关系。

为什么说具有创新性？在很长的时间里，中华民族都秉持着"周虽旧邦，其命维新"的精神，勇立在世界文明的潮头。从四大发明等器物发明，到郡县制等制度创新，再到理学、心学等思想变革，创新进取的精神使得中华文明能够不断吸收新的知识和思想，从而保持活力、与时俱进，激活了文明传承发展的一池春水。

为什么说具有统一性？对统一的追求，既是文明连续的前提，也是文明连续的结果。这种统一性让中华民族各民族向内凝聚、融为一体，即使遭遇重大挫折也牢固凝聚。比如，中国历史上晋代、唐代、宋代经历了三次大规模南迁，都保留了中华文明的火种，并由后来人成功完成了统一大业。

为什么说具有包容性？中华文明海纳百川、兼收并蓄的特质，使得我们不断吸收其他文明的长处，促成其他优秀文化成果为我所用，从而丰富和滋养自身。千百年来，中华文明的发展都是融合吸收后的自我更新。如，一百多年前，马克思主义传入中国，以真理之光激活了中华文明的基因，推动了中华文明的生命更新和现代转型。

为什么说具有和平性？中华文明历来崇尚"以和邦国""和而不同""以和为贵"，和平基因在五千多年文明史中代代相传。以古代陆上和海上丝绸之路为例，这些开拓事业之所以名垂青史，是因为使用的不是战马和长矛，而是驼队和善意；依靠的不是坚船和利炮，而是宝船和友谊。这也让我们自身树立起泱泱大国形象。

三

当历史的接力棒传到了我们这代人手中，又该如何续写五千多年中华文明史？笔者想到三句话：

第一，对伟大中华文明必须保持足够的自信，对深厚绵长的历史文化必须保持足够的敬畏。不论世界风云如何变幻，始终要坚信一点：坚定地走自己的路，坚定地做自己的事。优秀传统文化是中华民族的根与基、本与源，必须守护好老祖宗留下来的宝贵财富，并从中获取精神养分。

现实中也有一些人对历史文化缺乏敬畏之心，需要保持高度警惕。比如，一些地方在城乡开发建设中对文化遗产的破坏仍然存在，"拆真古迹、建假古董"等行为时有出现，这无疑是舍本逐末，必须坚决纠正。当然，传承发展优秀传统文化也要分清"良"与"莠"，这样才能以"旧邦新命"推动中华文明重焕荣光。

第二，对历史最好的继承就是创造新的历史，对人类文明最大的礼敬就是创造人类文明新形态。曾经的辉煌已是过去式，但它们带给我们大踏步往前走的自信。唯有在宏阔征程上勇攀新的文化高峰，不断创造属于我们这个时代的新文化，才能对得起五千多年辉煌灿烂的文明积淀。

我们正奋进在中国式现代化的新征程上，有太多故事可以书写、太多精彩等待创造。怎样让中华文明赋予中国式现代化以深厚底蕴？怎样让中国式现代化赋予中华文明以现代力量？这是需要思考的。

第三，越是包容开放、敞开胸襟，中华文明就越会得到认同和维护，也就越会绵延不断。历史长河中，中华文明一直与其他世界文明和平相处、兼容并包。在百年变局背景下，更应保持文明自信和文明定力，把文明交流互鉴的大门敞得更开，让世界文明百花园姹紫嫣红、生机盎然。

在近日举行的第三届"一带一路"国际合作高峰论坛上，习近平主席宣布支持高质量共建"一带一路"的八项行动，第六条就是支持民间来往，指出要举办"良渚论坛"，深化同共建"一带一路"国家的文明对话。这具有十分深远的意义。良渚是实证中华五千年文明史的圣地，如何把这张金名片越擦越亮，如何打响中华文明浙江标识保护传承工程攻坚战等，是我们必须担负起来的重大使命。

可以说，历经风雨而历久弥新的中华文明，是我们在世界民族丛林中挺起脊梁的底气，足以让每一位炎黄子孙感到骄傲。时光不止，新的历史就永不顿笔。今天的我们，更应该责无旁贷地传承传递中华文明的薪火，让她在未来绽放出更加耀眼夺目的光彩。

倪海飞 谢滨同 执笔

2023 年 10 月 22 日

孝顺父母从多一点耐心做起

> 对父母多一些耐心，往往能让父母感受到被尊重、被理解、被需要，这比物质上的给予、时间上的陪伴来得更加有效。

今天是重阳节，也叫老人节。每年的今天，网络平台上总会有很多关于"孝顺"的话题。值得思考的是，在当下的社会，尽孝是不是变得越来越难了？父母最需要的到底是什么？

"父母在，人生尚有来处；父母去，人生只剩归途。"今天，我们讨论这个话题很有意义。

一

孝道文化在中国传承了数千年，已深深植根于中华民族每个成员的内心深处。对于孝道文化的内在逻辑，整个社会早已经形成共识。但是尽孝的方式并没有严格的标准，而且随着时代变迁，一些传统的做法当今可能也难以实现。

所以，我们在传承和弘扬中华民族孝道文化时，既要坚守它的精神内核，也不能把孝顺理解得太过狭隘，应该与时俱进，去适应这个时代并进行新的表达。

那么，现在的我们究竟该如何表达孝顺？对此有的人或许没有认真想过，也正因此，现实中存在孩子的孝顺和父母的需求"错位"的问题。简而言之，父母想要的没有给，而自己给的并非父母内心真正想要的。

举个例子，有的人总觉得自己赚了钱以后，给钱让父母花或者平时买些吃的用的就是孝顺。也有不少人觉得隔三岔五回去看望一下，就是"尽了孝心"。

在重视物质给予这一点上，常常会出现比较明显的"错位"。我们不妨思考一下，在中国式家庭里，有几个父母养孩子是为了简单地图"经济回报"呢？所以，很多人年轻时总是说，"等自己有钱了，一定要好好孝顺父母"，这句话其实是不成立的。

相对于物质上的给予，大多数人觉得陪伴才是更深层次的孝顺。能做到这一点，的确应该称赞。不过，尽管陪伴难能可贵，但父母内心也不一定就高兴，特别是有的人陪父母时玩着手机打着游戏，与父母缺少情感交流；有的为此不惜耽误工作或者孩子学习，刻意迁就父母，容易让父母觉得自己成了子女的"包袱"。

况且，随着我国城镇化进程的加速，现在很多年轻人与父母相距甚远，陪伴的成本是比较高的，并不是每个家庭都具备这样的条件。

二

在笔者看来，孝顺之所以会产生"错位"，一个重要原因是很多人对父母一代的特点和变化关注不够，对他们内心的真实需求不够了解。

近些年，我国老龄化规模大、程度深、速度快的特征比较明显，特别是"空巢化"日益突出。第七次人口普查显示，全国人口超14亿，其中，65岁以上老人占人口总数的13.5%，且这一比重还在持续上升。不少老人独自留在农村，往往会变得多愁善感、迟钝健忘，学不会新鲜事物，跟不上这个时代和年轻人的思维，但又总是担心孩子，忍不住要唠叨几句。

不少人可能都能从下面这些现象中找到自己的影子：电话讲到一半，说"我在忙，先挂了，一会儿打回去"，然后就没有然后了；"你们不懂""不要管我的事""行了别说了"，也成为很多后辈对长辈说的高频词；教父母用智能手机、数字电视，还有各种"高科技"，总会有些"不耐烦"；父母给自己的微信转发一条又一条新闻、短视频、养生知识，总是懒得去回复；等等。

一些人会将这些现象归结为生活节奏快、工作压力大，耐心都消耗殆尽了，自己已经焦头烂额。这或许是一个理由，但不是真正的症结所在。

可能很多人没有意识到的是，"被偏爱的都有恃无恐"。父母和子女的关系是最坚固、最放松、最有安全感的，我们常常习惯于对最亲密的人求全责备、不假辞色，却看不到他们因此而失落。耐心，这个看似寻常的态度，有时成了一件"奢侈品"。

三

对父母多一些耐心，往往能让父母感受到被尊重、被理解、被需要，这比物质上的给予、时间上的陪伴来得更加有效。多一些耐心，关键是要形成一种共识，树立一种意识。

一方面，社会层面可以加大对弘扬孝道文化的支持力度，出台更多搭准时代脉搏、符合当下生活工作方式特点的政策。不可否认的是，现在的年轻一代有不少已经不特意为老人过重阳节了。所以，有必要继续加大对我国传统节日的宣传力度，既要"塑其形"，更要"传其神"，让尊老敬老的孝道文化代代相传。浙江已连续12年举办"浙江孝贤"选树活动，从最初的评选孝子、孝媳等"孝贤人物"，到增加推选"慈孝之乡"和"慈孝企业"，涵盖更广泛的主体，持续扩大孝道文化的社会影响力。

特别是要出台更多实实在在、操作性强的举措，让工作和生活压力大的年轻人安心尽孝。比如北京、安徽等地相继出台政策，鼓励用人单位给予员工"孝老假"，支持员工在长辈生日、老年节以及需要康复服务等时期休探亲假。各地探索的一些比较具有针对性的做法，也值得倡导并积极推广。比如杭州有的社区创新推出"孝心车位"，子女看望60周岁以上父母，只要提前与物业预约，每次最多可免费停车5.5小时。

另一方面，呼吁年轻人对父母再多一些换位思考、再多一些耐心倾听。《论语》里有说"色难"，孝敬长辈，物质上的供养可能容易做到，给父母一个好脸色反而比较难。实际上，有时父母需要的恰恰是我们关心的询问、认真的倾听。

有人曾说："对亲近的人挑剔是本能，但克服本能，做到对亲近的人不挑剔是种教养。"如果有的人说难以做到与父母分享日常、站在父母的立场思考问题，但至少可以少把自己最糟糕的一面留给父母，可以做到让他们把话说完，这对父母来说可能就是快乐和欣慰。

日历一页一页翻过，时间是飞快的，也是无情的，我们和父母相处的每一天都无比珍贵。远行的路上，天再高，路再长，也须记得停下来等一等，别把父母丢下了。

岁岁重阳，今又重阳。趁着父母健在，给他们打一个电话吧，耐心地听一听他们的唠叨。

倪海飞　陆家颐　周天津　执笔

2023 年 10 月 23 日

每个人生来便是一束光

> 从拼搏奋斗的体育赛场，到永不言弃的人生舞台，即便是残缺的身躯，也有机会迸发出大大的能量，演绎精彩的人生。

昨晚，杭州第4届亚残运会正式开幕。在开幕式文艺演出中，健全舞者和轮椅舞者相互配合，以共融的精神，浇灌出一棵金桂，瞬间让全场倍感温暖。

正如亚残运会口号"心相约，梦闪耀"昭示的，在接下来的时间里，残疾人运动员奋力逐梦的场景，将给这座城市留下更多精彩闪耀的瞬间。

有网友说，"从残疾人运动员身上，看到了纯粹的热爱，看到了勇气的赞歌，看到了体育精神就是永不服输"。尽管他们的身体并不健全，但仍用超乎常人的信念和意志将自己高高举起，用乐观、顽强和汗水书写了新的人生篇章，这种态度值得我们每个人学习。

一

作家史铁生说："苦难既然把我推到了悬崖的边缘，那么就让我在这悬崖的边缘坐下来，顺便看看悬崖下的流岚雾霭，唱支歌给你听。"

世界以痛吻我，我却报之以歌。这种淡然看似寻常，却需要一种知命不惧、与痛苦长期相伴的勇气。对于残疾人来说，或是先天缺陷，或是一次意外、一个事故、一场大病降下的噩耗，仅仅只是痛苦的起点，而自己的余生都将与残缺的身体相伴，才是内心最大的不甘。

命运大概率已成定局，不认命却需要很大的决心。"天才翻译家"金晓宇，幼年时不幸眼部受伤，后被诊断为躁郁症。但在父母的陪伴下，他与命运顽强抗争，十年时间，仅用看得见的一只眼，完成了共600余万字的外文译著。漫长的黑暗中，金晓宇找到了那一抹光亮，那便是自己热爱的翻译事业。可以说，翻译是他的天赋，也是他和命运抗争的武器，被紧紧握在了自己手里。

对于残疾人来说，生活也有创造奇迹的多种可能性。2021年5月24日，中国盲人攀登者张洪从珠穆朗玛峰南坡成功登顶，成为亚洲第一位、世界第三位登顶珠峰的盲人攀登者。张洪说，别人登珠峰，是从地面爬到顶峰，而他是先从"地狱"爬到地面，再从地面爬到顶峰。每天早上4点起床，负重30公斤，爬3—5个小时的楼梯……是超乎常人的训练量才造就了这一奇迹。

在很多残疾人身上，还有一种非同寻常的适应力，这是一种生命中最原始的力量。患有先天性小儿麻痹症的运动员夏江波，在

2012年伦敦残奥会拿下了两块游泳比赛金牌。而在退役多年之后，夏江波又加入皮划艇队，踏上了新的征程。有人说，"生活就是要面对无数次抉择"，残疾人运动员赛道的转换比常人更加艰辛，而他们的选择告诉我们，直面人生的变化，也可以如此坦然和坚定。

二

轮椅篮球比赛中，运动员的一次次翻倒和起身，需要耗费更多的体力，更需要高超的轮椅驾驭技术；盲人门球像是古代侠客听音辨位的战斗，在黑暗中靠铃声击中目标；残疾人游泳运动员仿佛"无臂飞鱼"，每一朵浪花的翻腾都积蓄了巨大的能量……

然而，每个人都有脆弱的一面，和残缺的身体和解，和生活的苦难和解，并非一日之功。所谓"身残志坚"，并不是天生不怕苦不知疼，而是在漫长的脆弱中逐渐学会了勇敢，用强健的心灵托举起残缺的身躯。

在常人的想象中，残疾人因为突如其来的变故，往往会陷入极端脆弱敏感的心理状态，将自己封闭起来不与外界接触。但事实上，在很多残疾人身上，常常能看到自我开导、自我解压的能力，突破极限就是一种强有力的解压方式。特别是体育竞技，本就是一项追求"更快、更高、更强——更团结"的事业。而残疾人体育运动，则要再叠加一层生理难度，更需要向极限发起挑战的精神。

比如坐式排球项目，必须臀部着地，手撑地移动，运动员双手磨出老茧，臀部磨出瘀青，都是家常便饭。但国家队队员赵美玲并不觉得苦，她说："运动之后情绪会有一种释放，很自信。"同时，在许多集体项目的训练中，天南海北但又有着相似经历的运动员们聚集在一起集中训练，也让他们得以在群体中汲取力量，相互治愈。

如何面对他人的目光，或许是每位残疾人最需要突破的一道难关。假如时刻被他人的看法左右，甚至陷入自卑、自闭，那么一个残疾人永远无法实现精神的站立。正如一位残疾人网友说，残疾人必须要不怕艰辛，排除万难，努力比健全人活得还要好。

如果无法改变前路的障碍，挥着断桨继续前进是唯一出路。能够认识到这一点，许多残疾人也就走出了暂时的困顿，走向了更加丰满的人生。

三

残疾人追逐梦想的故事发生在残运会赛场，启迪却留给了每个人。当我们正抱怨生活的琐碎、环境的不顺遂时，不妨把目光转向那些自强不息的残疾人，从他们强大的心灵中，一定能够获得无穷的智慧和力量。

首先，学会悦纳"不完美"的自己。没有人天生是完美的，追求完美是一种美好品质，接纳不完美也是一种人生境界。很多残疾人对自己残缺的身躯从心有不甘到泰然处之，是内心逐渐强大的过程，是羽翼逐渐丰满的过程，是自信、自强、自立的过程。这种态度不是听天由命，而是在"鱼和熊掌不可兼得"情况下的主动作为。我们唯有承认自己的不完美并与之共处，才能迈向追求完美的新征途。

其次，不要给自己的人生设限。从这些顽强乐观的残疾人身上，我们看到了向下扎根的韧劲，也看到了向上生长的不屈。他们将人生弧光抛向最高处，生动演绎了"我命由我不由天"的精神。谁说身有残疾，便要选择极为有限的职业道路；谁说生于草芥，便不能改变自己的命运？每一个成功者，都是突破了自我捆绑、自我束缚，把极限推到最大，把极值拉到最高。当我们走出自己的舒适区，方能成就一番新的事业。

最后，给予特殊群体足够的尊重。这是社会文明进步的标志，是每一个现代社会的应有之义。对于文明社会来说，维护残疾人尊严、保障残疾人权利、增进残疾人福祉，既是对残疾人的关爱保障，更是在提升每一个生命的尊严和价值。我们都有老去的一天，也都有脆弱的一面，构建无障碍环境，特别是营造尊重关爱、平等互助的人文环境，就是在为千千万万个家庭和个体造福，其中也包括我们自己。

心与心相约，让梦想闪耀。从广州第1届亚残运会，到杭州第4届亚残运会，亚残运会始于中国，再次走进中国，展现出精神的延续和爱的传承。

从拼搏奋斗的体育赛场，到永不言弃的人生舞台，即便是残缺的身躯，也有机会迸发出大大的能量，演绎精彩的人生。多给他们一些鲜花和掌声吧，让爱与希望充盈整个社会，让每一个平凡人向阳生长。

王潇　谢滨同　孙慧　执笔

2023年10月23日

"反向消费"的正向启示

> 以前是"只买贵的,不选对的",或者说偏信"一分钱一分货",但现在是精打细算,以实惠和性价比为首要考虑因素。

该省省,该花花,消费须得货比三家。最近,"年轻人开始反向消费了"的话题冲上热搜。

所谓"反向消费",是指消费者不愿再为过高的品牌溢价买单,更关注简约、实用的消费体验。以前是"只买贵的,不选对的",或者说偏信"一分钱一分货",但现在是精打细算,以实惠和性价比为首要考虑因素。

有网友笑称,这届年轻人网红餐厅打卡、网红奶茶拔草,花上几十、数百元眼睛眨都不眨,看视频充10块钱会员费却犹犹豫豫、东拼西借;买衣服鞋帽、化妆品得再三对比,但出门旅行游玩、购置家用好物,大几千也不心疼;在各种购物App上拼单领券,为了看演唱会却愿意豪掷千金……

不禁要问,年轻人"反向消费"究竟在为什么买单?"反向消费"又带给我们什么正向启示呢?

一

前些年 iPhone 新机发布，年轻人熬夜排长队购买的场面依稀还在眼前，反映出当时大家的消费心态。但改变从今年 9 月 iPhone15 开售现场可见一斑，上海南京东路上最大的苹果零售店，也没有了往日凌晨排队的景象。

关于消费的创新词汇可谓层出不穷，前有"报复性消费""逆周期消费"等，如今年轻人"反向消费"再次丰富了我们的词库。先来看"反向消费"的几种形式：

倾向"平价"。以往一些年轻人迷恋奢侈品，追求贵重感，但现在不再追求品牌和浮华，更多倾向于平价消费，注重实用性。在网上，拼多多等平台业绩都很不错；在商场，一些平价店人气越来越高；在城市，一种"蹭老式消费"悄然兴起，年轻人去"助老食堂"吃饭、参加"夕阳红"旅游团等，享受物美价廉的产品。

青睐"二手"。部分年轻人在购买电子产品、临时用品等时，会优先考虑二手产品。他们认为既然商品是一样的，七八成新照样能用，但价格便宜很多。卖方市场也火热，有一些年轻人，把闲置物品挂到二手平台上，打一个价格差，还能变现拿回一些成本。

热衷"共享"。在"反向消费"趋势下，共享平台再度升温，越来越多年轻人选择共享办公空间、共享汽车、共享单车、共享充电宝等。如一些初创公司，租借共享办公室，装修精美，租期还灵活，能够减轻一部分负担。

支持"国货"。近几年，年轻人选择国产品牌成为时尚潮流。比如汽车、鞋服、化妆品等，许多国产品牌的科技、品质和工艺越来越好，性价比却越来越高，用网友的话说："不交智商税了！不再为虚荣买单。"

《2022年轻人国货消费趋势报告》显示，年轻人较以往购买了更多的国货商品。"95后"国货用户数占比同比提升11%，购买国产商品与进口商品的用户数总体比值为1.7，而这一数字在2021年同期为1.3。

追求"极简"。年轻人开始奉行一种"断舍离"的生活理念，喜欢清空，追求极简，不是必需品一律不买。尤其一些特定消费品使用频率低，价格贵的，就以租代买。甚至这种理念，被他们视为一种自律方式，打上"时尚生活"的标签。

二

年轻群体往往是消费风潮的引领者。出生于世纪之交的"Z世代"极具个性，更注重取悦自己，更看重主观感受，拒绝被资本、他人裹挟。那么，"反向消费"之风从哪吹来？

其一，从社会环境看，当下不少年轻人生活压力较大、生活成本较高，日常开支不小，所以合理分配资金、把钱用在刀刃上成为一项必备生活技能。此外，一些商家营销手段套路太多，年轻人频频踩坑，意识到更加要捂紧自己的钱袋子。

在社会思潮的冲刷、各种套路的洗礼、自我个性的张扬下，部分年轻群体开始反思和审视以前的消费观念，率先完成"升级换代"，消费观念越来越成熟理性，讲究实用优先而非虚荣攀比、实事求是而非超前透支、质价并重而非追逐奢侈。

其二，"反向消费"代表着年轻人消费的自信力。"Z世代"生活在国家经济实力快速增强的时代，有着强烈的文化自信、浓厚的爱国情怀，他们普遍认为国产不差于进口，国风不低于洋流，不一味追逐高奢以及国外品牌营造的潮流，更不会因为没有买到什么进口产品而自觉低人一等。

其三，网络社会传播媒介多元、环保意识增强等，也成为了促进因素。如今大众依托网络，有了更多了解社会、与外界沟通交流的平台，"反向消费"在社交平台上成为热门话题，也将在无形之中吸引更多年轻人加入，从而形成消费新风尚；此外，绿色生活方式在潜移默化间影响着大众，年轻一代也认识到高碳消费导致环境问题日益严重，因此更倾向于购买环保产品、减少资源浪费。

三

面对"反向消费"热潮，各种声音也不少。有人说"越来越看不懂年轻人的消费观念了"，也有人说"这不就是消费降级吗?"众说纷纭中，笔者想到三句话，也是"反向消费"潮带给我们的三点正向启示。

关注"反向消费"，更应关注年轻人的生活哲学。有人说，传统消费的核心是商品，消费主义的核心是符号，而"反向消费"的核心是人本身。事实上，"反向消费"并不是不消费、少消费，而是年轻人越发关注自身，不在乎价高价低，更在乎是否需要、是否喜欢，更愿意为自己的个性、热爱买单。

笔者认为，"反向消费"是市场行为，符合市场规律，不是冲动的而是理性的，理应予以理解、支持并科学引导。

消费重要，营造更好的消费环境更重要。消费所体现出的是人们对美好生活的向往，代表着大家在某一个当下的生活需求。"反向消费"更怕"便宜没好货"。质量才是硬道理，商家需要提升产品的品质，多点真诚、少点套路；政府部门也要扮演好管理者、服务者角色，以建立制度法规的形式引导提高产品质量，为大众消费营造良好环境。

重视"反向消费"的正向价值，也要警惕其成为"皇帝的新衣"。"反向消费"的观念，有助于年轻人形成更独立、更成熟的价值观，也在一定程度上助力形成更符合社会发展、社会需求的产品体系，推动全社会保持艰苦奋斗、勤俭节约的传统和作风。

但市场的本质是供求关系，商家、平台以及产业链都会根据消费者的新取向、购买力作出相应调整并重新洗牌。关注"反向消费"现象的同时，也需要关注到背后年轻人生活成本高、压力大等现实问题。长远来看，出台更多稳增长、稳就业、提振消费等"组合拳"政策，为年轻人创造更好的平台和条件，才能让消费持续在升腾的烟火气中热下去。

刘雨升　郑剑　叶世鑫　陈培浩　执笔

2023 年 10 月 24 日

揭开芯片舆论战的"面纱"

> 看清这场芯片舆论战的套路和意图，
> 我们更能做到心中有数、有效应对。

近日，美国商务部工业和安全局发布了针对芯片的出口禁令新规，对中国半导体的打压进一步升级。

事实上，每每与"芯片制裁"一同发起的还有"舆论制裁"。美国发起科技战、贸易战、金融战之时，舆论战也在同步开打，或运用硬手段进行舆论威慑和舆论打击，或运用软手段进行舆论笼络和"捧杀"。这样做的目的，无非是为了遏制中国的科技进步，瓦解中国在芯片等众多高科技领域的进取之心。

揭开芯片舆论战的"面纱"，都有哪些常见套路？美国持续炒作对华芯片封锁，其背后的底层逻辑是什么？该如何应对？

一

众所周知，舆论一旦与实际行动相配合，就可能起到放大效应。中美"芯片战"中舆论战所发挥的作用，丝毫不亚于"芯片战"本身。如何识破美国"不战而屈人之兵"的阴谋?

抹黑攻击。通过持续炒作中国高科技企业的负面新闻,质疑企业"剽窃芯片技术"或具有"官方背景",达到诋毁中国形象、制造矛盾冲突阻挠中国与其他国家科技合作等目的。有媒体发布虚假、污蔑性报道称,中国在芯片科技领域迅速崛起,主要是靠不正当手段"窃取"美国技术实现的,为鼓动对华封锁埋下伏笔。

贬低唱衰。美国媒体在涉华芯片报道上表现得十分傲慢,强势宣传"芯片禁令",编造我国有关高科技企业在美国的严厉制裁下变得"举步维艰"等谣言,意在强调我国对进口芯片的依赖,唱衰我国在尖端科技领域取得的成果,骗取美国芯片制造企业对"禁令"的支持。更有甚者,将短期内经济增速放缓与我国在芯片领域的投入恶意关联,暴露其妄想唱衰我国经济的险恶用心。

渲染"威胁"。炮制"中国芯片威胁论",歪曲我国国际形象、构陷我国高科技企业,将封锁打压中国的行为说成是合理的,"号召"其他国家一起对付中国。比如,将该论调具象为眼前的经济困难,大肆报道因垄断地位丧失导致美国民众失业,激发反华情绪。故意将芯片与军队、国防工业等联系在一起,质疑我国芯片用途,"政治化"炒作我国科技形象。

此外,舆论"捧杀"也是手段之一。"捧杀"类谣言通常自带流量,美国通过一些"捧杀"类论调,扰乱视听、煽动舆论,企图致使西方国家对中国的仇恨加剧、企业陷入舆论争议疲于应对等。

二

道是万物之本源,术是寻道之手段。无论舆论战的"术"如何变化，都离不开国家利益的"道"，舆论背后往往是利益之争。试问，美国为何频频借芯片发起对华舆论战？其真实意图又是什么？

比如，维持美国在全球科技竞争中的霸权地位。利用科技和舆论优势来维护国际霸权地位，一直以来都是美国的核心追求，美国的全球战略本质上就是"美国第一"战略。20世纪80年代，日本经济的迅猛发展对美国利益造成威胁，于是美国运用舆论战配合经济制裁行动，迫使日本在高压之下签订了一系列不利于该国的贸易协定。

今天美国"故伎重演"，最直接的原因无外乎中国的经济增长和科技进步与美国技术垄断统治的利益不符。当用军事武力、经济制裁、科技封锁等方法都无法打垮中国时，舆论战就成为"救命稻草"；而美国作为舆论战能力最强的国家，在传播霸权方面也是"独树一帜"，几乎垄断了全球主要舆论平台，这些构成了美国舆论战"频频出手"的基础条件。

比如，在意识形态主导下塑造负面的中国形象。近年来，美西方对华舆论呈现越来越意识形态化的特点，无论中国说了什么或做了什么，都从西方意识形态角度出发进行"有罪推定"。为了在意识形态领域占据主导地位，美国主流媒体不顾新闻事实、设置价值双标，将美国研究以芯片技术为核心的人工智能描述成维护世界和平正义的行为，却将中国发展人工智能说成是"远程战争战略"，试图让我国芯片产业在国际上呈现负面形象，遏制其发展。

再如，美国以为实施禁令就能卡住中国"脖子"。2018年中美贸易摩擦以来，美国对华心态表现得十分矛盾。一方面，美国将芯片定性为决定中美战略竞争结局的关键领域之一，对我国科技进展充满警惕；另一方面又高傲地认为，中国研制不出先进的技术，只要实施封锁就能卡住中国的"脖子",阻碍中国的发展。

但事实情况是,美国不断升级的"芯片禁令",不仅没有拖垮中国,反而让失去中国市场的美芯企业损失惨重。有媒体报道,就在此次拜登政府发布对华半导体出口管制最终规定后,3家美国芯片巨头一夜之间市值蒸发约575亿美元,约合人民币4200亿元。为掩盖"禁令"所带来的重创,美国只好抡起了舆论战的大锤,试图说服本土企业和民众相信对华制裁是"正确"的。

三

随着传播技术的快速发展,舆论战的手法更加隐蔽,破坏性也更大。如何应对美国的舆论围堵?

以事实对抗美国舆论战图谋。面对美国发起的舆论战攻势,一味忍让克制不仅不会减少美国对我们的攻击抹黑,反而令中国陷于舆论被动。对此,中国政府、企业和民众都该理直气壮地作出回应,不作情绪化"互怼",用"铁打的事实"让"流水的谣言"不攻自破。

此外,国际舆论场中"失语就要挨骂",主动发出真实的"中国声音"必不可少,只有将设置议程的话语权掌握在自己手里,才不至于被外媒"牵着鼻子走"。

"捧杀式"宣传是给美国"递刀子""送枪炮"。在美国仍具备全球舆论主导权、占据世界科技领导地位的形势下,需要冷静看待有关中国芯片的"过誉"言论。尽管我国在该领域技术上已经有了较大突破,但是和美国之间还有一定的差距。

一些报道动辄"世界领先""全球第一",甚至在网上出现了

"中国科技实力超越美国"等"自嗨文"，这种"自我捧杀式"宣传为美国遏制中国提供了把柄和口实，也不利于我国当前最重要的"做好自己的事情"的发展需要。

打铁还需自身硬。去年8月，美国总统拜登签署了《2022芯片与科学法案》，将对华科技打压政策以制度、法律的形式予以固化。这也意味着，中美科技博弈不是"一锤子买卖"，而将是一个长期过程。

事实证明，我们必须自力更生，不抱幻想，在芯片制造业中发展自己的技术，以技术创新应对各种封锁遏制。中国芯片产业不断发展，对于改变国际舆论对中国科技实力的认知有着重要意义。同时也要意识到，在当前国际政治经济新秩序下，合作远远大于竞争，应加强与其他国家的合作，共同应对挑战。

归根结底，看清这场芯片舆论战的套路和意图，我们更能做到心中有数、有效应对。

徐岚　执笔

2023年10月24日

BGM 为啥让人"上头"

> 音乐的情绪感染、情感传播能力，很容易引发共鸣、共情，以至于某个熟悉的BGM响起，人们就会成为旋律与歌词构建的"情感共同体"的一员。

相信不少人有过这样的经历：一看到某个场景，脑海中就响起了特定的BGM；或是在刷短视频时被一段BGM"洗脑"，以至于旋律在脑内循环播放、停不下来。

不久前的杭州亚运会开幕式上，运动员入场曲《我们的亚细亚》，以及赛场上《千年等一回》《我姓石》《我的中国心》等，也让很多人直呼"很上头""DNA动了"。一首首"魔性"BGM，不仅成为杭州亚运会气氛"担当"，也冲上了热搜，用网友的话说，"亚运会现场，没有一首BGM是白放的"。

那么，为啥BGM会让人"上头"？我们又该如何用好BGM？

一

首先来说说什么是BGM。BGM是 Background Music（背景音乐）的缩写，最早起源于欧洲戏剧，有声电影出现后又得到了发展。与一般音乐作品不同，BGM更强调音乐与使用场景间的适配度。

在没有形成BGM这一专属概念以前，这些音乐更多作为伴奏呈现。而让人们强烈意识到这种独特的音乐形式应有一席之地的契机，则要归功于其在影视领域的广泛应用。

比如，在电影《夏洛特烦恼》中，每次某位演员梳着20世纪90年代流行的港式潮男分头深情款款出现之际，必会响起歌曲《一剪梅》，不仅很有"笑"果，也加深了观众对特定音乐和画面的记忆。

如今，BGM广泛应用于短视频、游戏、动漫、酒吧、饭店、会展、景区等场景中。BGM与特定场景的紧密契合，往往会一秒唤起人们的专属记忆，给人以丰富的画面联想、强烈的情感渲染。

比如，人们会在散步时因听到《月亮之上》而下意识跟着唱，临近岁末会因《恭喜发财》的曲调而感到年味渐浓，而当《采茶舞曲》《梁祝》等旋律一飘来，不论身处何地都会感到浓浓的江南风。

二

BGM之所以越来越受关注，并成为一种重要的视听传播手段，离不开以下几个"特定功能"。

氛围"担当"。多数BGM选取原创音乐中节奏感强、简单易记的精华片段，让听众快速进入特定空间，获得沉浸感与体验感。比如每逢国庆，"今天是你的生日，我的中国"的歌声就会传遍大街小巷；春晚结束，"难忘今宵"的旋律定会响起。而当人们身处某些特定空间时，也会不由自主地脑补相应的BGM。

社交"嘴替"。用户在社交平台上发布内容，可能会出现碍于言说、难于表达的情况。这时，一支适当的BGM也许就能胜过万语千言。比如，反映好人好事的正能量现场，忍不住就会配上《正道的光》；而一句"什么是快乐星球"，又成为网友们怀旧童年的"暗语"。可以说，BGM已经成为不少人在社交平台上的"嘴替"。

情感"桥梁"。BGM自带音乐特有的"情绪"基因，让听众共享情感体验。比如在短视频平台上，取自《相约一九九八》《光辉岁月》等经典老歌的片段，再次翻红，被越来越多的年轻人所追捧，也令无数中老年人听了感到青春再来。

音乐的情绪感染、情感传播能力，很容易引发共鸣、共情，以至于某个熟悉的BGM响起，人们就会成为旋律与歌词构建的"情感共同体"的一员。

破圈"辅助"。随着一系列短视频的"出圈"，广场舞大妈们跳起Hip-hop、新闻配上动漫《不良人》的BGM，也被网友点赞"配乐有品"。中国的BGM更是火到了国外。近期，智利总统加夫列尔·博里奇在社交平台上晒出自己的访华视频，配乐用的就是中国流行音乐。可见，合适的BGM一定程度上有助于打破代际隔阂、跨越文化差异、促进沟通交流。

三

随着使用频率越来越高，BGM被乱用滥用、被侵权使用等问题也值得关注。笔者认为，想要更好地发挥BGM的作用，还需把握好"三同"。

与场景"同声相和"。想要让BGM与特定场景、人物产生紧密联系，首先需对特定BGM的旋律、节奏、歌词以及歌曲意义等有一定了解。当前不少BGM来源于热度很高的原创歌曲，但有时由于被过度使用或场景错用，一些原创歌曲也受到"牵连"，被网友"嫌弃"。

比如，《听我说谢谢你》本是一首表达感恩的正能量歌曲，却因不少博主不分场合滥用，引发少数网友抵触情绪；还有博主将某名酒的广告曲配上了宠物猫闻自己脚的视频画面，而被告上法庭，被认定有损毁侮辱的嫌疑。可见，恰当使用BGM不仅是传播内容所需，也是法律对内容生产的规范要求。

与受众"同频共振"。BGM的"出圈"，离不开好听耐听的底子，同时还要能拨动心弦、为受众提供"情绪价值"。比如，前不久被翻唱而爆红的歌曲《行走的鱼》，歌词"写一首歌给你听，来致敬你的阴影。人们传颂勇气，而我可不可以，爱你哭泣的心"，被网友评价"治愈了心中成长的不适和痛"。

当然，"同频共振"并不意味着使用BGM时要完全避免反差。相反，适度的反差可能就成为传播亮点。如社交平台上"出圈"的BGM《阳光开朗大男孩》，配上歼-20战斗机炫酷的翱翔飞行，就为视频增添了别样趣味。

与平台"同向奔赴"。很多社交平台都有自己的"调性",如果能够差异化使用 BGM,可以强化平台在用户心中的独特定位。

比如近期爆火的 BGM《爱如火》,在各平台的热度都很高,搭配的画面内容又不尽相同。抖音平台用户类别跨度较大,内容偏短平快,因此该 BGM 多用于匹配舞蹈视频,进行音乐与动作的"卡点";而 B 站有着独特的二次元文化,《爱如火》BGM 多配以动漫、鬼畜、恶搞、国潮等视频内容。

当下,一些主流媒体和政务新媒体平台,也在尝试在短视频中运用 BGM 来强化传播效果、贴近青年喜好。比如,国家消防救援局官方抖音账号在全国消防日这天,盘点了 10 首见证消防员的 2022 年的 BGM,从《说爱你》到《孤勇者》,从《单恋一枝花》到《一路生花》,配合视频中消防队员的拼搏姿态、惊险瞬间和救援场景,震撼度拉满。有网友留言,"边看边哭""每一个瞬间都是难忘记忆"。

全媒体时代,BGM 的传播价值和功能日趋显现。相信只要顺势、借势而为,合理、合情运用,BGM 将会助推更多优质内容"出圈","声"入人心。

徐伟伟　王思文　执笔

2023 年 10 月 25 日

一场以科学对阵《科学》的"战斗"

> 这些不负责任、轻易就下结论的言论和文章，体现了西方一些国家、一些人士骨子里的"傲慢与偏见"。

中国公民全球诚信度排名倒数第一？

初看之下，这句话肯定会被人当成"标题党"，或是小道流言而一笑置之。中国人素来讲求以诚为本、以信为先，诸如"一诺千金"等观念更是植根在许多人的灵魂深处。在诚信问题上，我们还不至于如此掉链子。

让人不得不关注的是，这个看起来有些荒诞的结论，却出自国际著名学术期刊《科学》。疑惑之余，也让人好奇，这到底是怎么一回事？

一

事情的起源是几年前，美国密歇根大学的4名行为经济学家做了一个关于"诚信度"的实验。据报道，他们在全球40个国家的城市街头故意"遗失"钱包，随后让助理将所"捡"钱包交给银行、酒店等公共机构的员工，请他们帮忙联系失主。而在统计最终的诚信度结果时，衡量标准仅有"捡到钱包后是否用电子邮件联系失主"，并按照"电子邮件回复率"对40个国家进行排名。

2019年6月，《科学》刊载了一篇题为《全球公民诚信度》的文章，声称这项调查研究显示，中国的"电子邮件回复率"在40个国家中排名末尾，并由此得出文初的说法。

只是根据数据来看，这个结论似乎遵照了客观事实，实际上却漏洞百出。比如，相比一些西方国家，电子邮箱在中国的使用率并不高，有写邮件习惯的人不多，人们更偏向于使用其他更便捷的联系方式。以电子邮箱作为衡量诚信的唯一标准，显然更偏向于西方视角，并未考虑到各国之间的巨大现实差异。

《科学》在国际学术界享有盛誉，其刊登文章一向代表着严谨和权威，但此番冒失、轻率的行径不免引起质疑，让人联想到一些类似事件。比如，一些西方国家和媒体，单凭某个品牌的降价策略就唱衰中国经济；凭借一张模糊不清的视频截图就炒作所谓"中国疫情失控论"；甚至连中国新疆都未曾履足，就言辞凿凿地放言"强迫劳动"等。

这些不负责任、轻易就下结论的言论和文章，体现了西方一些国家、一些人士骨子里的"傲慢与偏见"。但一旦与公平公正、实事求是渐行渐远，再强力的政府都会失去公信力，再知名的媒体也会被人唾弃，再权威的期刊也难以代表科学精神。

二

对于《科学》的行为，我们并没有就此"沉默"。为了验证该项结论的不实和片面，来自国内外十余所高校的100多位师生以"为了祖国的荣誉，可以来一场复制实验"的心愿，纷纷加入了研究队伍。

历经4年努力，团队得出了在中国丢失钱包的"电子邮件回复率"是27.4%，但"钱包回收率"却达77.8%，而集体主义文化对此有重要影响等论断，并于今年7月将这项研究正式发表在《美国科学院院报》，为中国诚信文化"正名"。

这场被称为"用科学对阵《科学》"的"战斗"，每个细节都深深打动人。

比如，年轻人的"抱团"作战。"众人拾柴火焰高"，中国人向来就相信"团结就是力量"。从美国欧道明大学教授张琪发出"组团"复制研究的倡议，到14所大学的100多位师生相继自发加入，一个"行为经济学"交流群就这样建成。他们之间有的是校友，有的是素未谋面的网友，因为"让世界看到真实的、诚信的中国"这个共同目标，吹响了"为中国荣誉、为科学精神"而战的"集结号"。

比如，集团军的"粮草"自备。要抢时间、加速度，才能尽早与《科学》"对话"，还中国诚信"一个清白"。其中，经费来源是一大难，但这个难题难不住研究的脚步。团队开启了"自筹＋众筹"的模式，如，有的团员来不及申请专项经费，入团时就"自备干粮、带资进组"；一些老师主动承担了负责实验所需的相关投入。

比如，科学家的"诚信"验证。挑战权威，须用事实说话。推翻《科学》上的论文的研究过程，就是一场"科学家"诚信验证"科学"的接力赛。为了让数据更有说服力，团队在全国近500个点进行了"丢失钱包"实验的采样收集；创新设计的"中国观察员"，保证了现场信息记录及后续"钱包"交付过程的真实性。这是一场在最短时间内完成所有采样的赛跑，如果实验消息泄漏，项目便功亏一篑。

有舆论评价道，这是中国学者为中国公民诚信发声的重要一步，他们为真实的中国形象而努力的身影，闪闪发光、令人感动。

三

尽管这次研究，反击了《科学》对中国人诚信形象的不实结论，但西方对中国的"傲慢与偏见"仍有市场。近年来，一些国际期刊戴着"有色眼镜"看中国的事件时有发生。

如，加拿大布鲁克大学化学系及生物技术中心教授Tomas Hudlicky曾在德国顶刊《德国应用化学》上发文声称，"中国学者在西方期刊上发表文章的压力是巨大的，因此欺诈和不当的论文发表行为是常见的，这并不奇怪"，妄图将"化学文献可信度下降"的责任帽硬戴在中国头上。

美西方部分人士的"傲慢与偏见"，伤人伤己，也给科学精神抹了黑。分析这一事件的前因后果，又能得出哪些结论？

严谨是对待科学的首要态度，无论国别。科学研究绝不能盲从于权威，不屈服于外在压力，不杂糅个人情感，也不迎合大众喜好，正如竺可桢对科学精神的解读，"就是'只问是非，不计利害'"。

不严谨的科学研究，得到的必然是偏离事实的结果。这次研究过程结果为何令人质疑？重要原因就是研究中没有考虑中国人电子邮件使用率和中国集体文化背景这两个"变量"。实验对象有如此之大的差异性，研究人员却视而不见，由此进一步导致研究成果产生严重偏差。

诚信文化是中华民族的自信与底气，不容撼动。言必信，行必果。诚实守信，素来是中国人为人之本，是中华民族的传统美德。商鞅立木建信、周幽王烽火戏诸侯……古往今来，关于诚信的正反面故事数不胜数。先贤们用一个个案例教导后人：人无信不立，业无信不兴。

在当前涉及中国的问题上，一些西方学者屡次扭曲事实、偷换概念，企图用一篇论文、一则报道贬低、抹黑中国。对任何针对中华民族和中华文化的抹黑行为，每位中国人都有足够的底气予以回击。

爱国是科学家精神的第一要义，毋庸置疑。科学无国界，但科学家有祖国。对国家、民族怀有真挚的情感，拥有正确的人生价值观和强烈的社会责任感，是科学家最大的科研动力。

想国家之所想，急国家之所急，在追求"大我"中绽放"小我"，是当代科学家们的"必修课"。正如这批中国科研工作者一样，因为爱国，所以选择为祖国正名而做研究，也是因为爱国，克服了一个又一个困难。

消除"傲慢与偏见"，道阻且长，但行则将至。这次事件中，研究者们"各出所学，各尽所知，使国家富强，不受外侮，足以自立于地球之上"，这值得每个人为之点赞。

王云长　张俊　王志刚　谢宇宙　杨威　执笔

2023 年 10 月 25 日

穿越时光的《送别》

在中国人的文化中，"家国"的情感体验往往具化为"亲情""友情"与"乡土"，家园故土是每个人念兹在兹的精神栖息所在。

20世纪80年代，电影《城南旧事》让一首《送别》传唱不衰。有听众闻之，不禁潸然。但于今天的很多人来说，或许不知道这首歌的词作者，正是祖籍嘉兴平湖的李叔同。

李叔同是出了名的才子，诗词歌赋戏剧、篆刻书法绘画等样样精通。比如这首《送别》，不仅是古今离别诗词中的佼佼者，亦是中西方音乐融合的生动范例。

今年是李叔同诞辰143周年。百年时光匆匆掠过，当人们再忆李叔同，往往更多的是被他富有传奇色彩的一生所折服。但今天，我们不妨通过这首引起无数人共鸣的《送别》，共情他在诗词音乐间的宽广哲思，感悟他贯穿一生的爱国情怀。

一

出身富裕家庭的李叔同，年轻时就在言行间流露出对国家命运的思虑和担忧。他不仅写下"自由花开八千春，是真自由能不死"这样的句子，更是高调地刻下了"南海康君是吾师"的印章随身携带。

戊戌变法失败后，曾支持康有为、梁启超的李叔同遭到了调查。为了避祸，他带着家人逃到了上海。李叔同一生悲欣交集，但在上海的岁月，可以说是他最热血、最酣畅的时光。

他结识了上海滩诗文界领袖人物之一的许幻园，很快就融入了许幻园以文会友的文学团体——城南文社，还与许幻园等人组成了"天涯五友"。同为爱国热血青年，他们经常不顾个人安危，以笔为矛，宣扬男女平等、个性解放等理念。

1915年，袁世凯妄图复辟帝制，旧上海笼罩在一片阴霾之下。一大批爱国人士遭到牵连，许幻园的百万家产也在那时荡然无存。

一个寒冷的冬夜，漫天飞雪，李叔同屋外传来一个熟悉的声音："叔同兄，我家破产了，咱们后会有期吧。"李叔同循声而出，却只看到好友踉跄远去的背影消失在皑皑风雪中，想到天涯五友各自飘零，悲伤瞬时席卷全身，他在雪地里兀自伫立良久。

也许在突然间，他对离别有了更深刻的理解。回过神来后，转身回到屋内，他想起了自己早年在日本留学期间，偶然听到的歌曲《旅愁》（采用美国人奥德威创作的歌曲《梦见家和母亲》的旋律）。李叔同将原曲去繁就简，含泪为歌曲填词——《送别》：

"长亭外，古道边，芳草碧连天。晚风拂柳笛声残，夕阳山外山。天之涯，地之角，知交半零落……人生难得是欢聚，惟有别离多。"

在李叔同扣人心弦的歌词中，一个个音符跳动了起来，仿佛一幅意境悠远的古典国画徐徐展开，传递着中华优秀传统文化中的情感和价值观。

二

借词抒怀，那夜的李叔同甚至没有保留原始的手稿。

《送别》成为一首歌真正现世，是在一本由李叔同的高足丰子恺和裘梦痕共同编著的音乐集《中文名歌五十曲》中。歌曲借由"学堂乐歌"的方式传唱，风靡一时，连街头巷尾的孩童都能哼上几句。

时至今日，这首歌已成为家喻户晓的离别曲。细细品味，笔者认为，歌曲蕴含了三重意境。

第一重：离愁。

"情千缕，酒一杯，声声离笛催。"长亭、古道、浊酒、人生，意象抒发情感，全词没有"送别"，但字字皆是离愁，丰富的情感蕴藏着强烈的代入感。

人生如寄，聚也匆匆，散也匆匆。学生的你，工作的你，成家的你，年迈的你，在每个人生阶段都要经历各种离别，而每当这首倾注了李叔同真挚情感的《送别》在耳边回响，浓浓的别离之苦便如同那夜的雪，不可控地纷纷扬扬，倾泻而来。

第二重：哲思。

有人说："《送别》的乐声响起，世间的悲欢离合仿佛都在其中。"《送别》中，更蕴藏了百转千回的人生哲思。

比如，缺憾之美好，世事之无常。《送别》中的"夕阳山外山"取自龚自珍《己亥杂诗》中的"吟到夕阳山外山"，表达了一种"夕阳无限好，只是近黄昏"的遗憾之美。人生如梦，离别是人生必经的缺憾，个人在无常世事中的无助、无奈，让李叔同的哲思一触即发。

第三重：家国。

若与创作的时代背景相结合，透过这首《送别》，我们还能感受词人当时"山河破碎风飘絮"的爱国情怀。

家是最小国，国是千万家。在中国人的文化中，"家国"的情感体验往往具化为"亲情""友情"与"乡土"，家园故土是每个人念兹在兹的精神栖息所在。

从小深受"家国一体"传统文化熏陶的李叔同，在祖国风雨飘摇之时，常常将那份忧国之情藏于笔墨之中，《送别》即是如此。

三

一曲骊歌，历久弥新。

2022年北京冬奥会闭幕式上，我们"折柳"送别各国运动员，鸟巢上空环旋着一曲悠扬的《送别》，在寄情惜别的同时，让世界感受到了独有的中国式浪漫。

今天，我们缅怀李叔同，重温这首《送别》，从中感悟到的，还有一种中西方文化的灵魂碰撞、水乳交融。越是民族的，越是世界的。李叔同就是一位善于交流互鉴的人，丰子恺曾说："文艺的园地，差不多被他走遍了。"

　　比如，他为古老的中国戏剧注入新鲜血液。留学日本期间，李叔同组织成立了我国最早的话剧团体"春柳社"，开创了中国新剧表演艺术之先河。

　　忍痛剃去心爱的小胡子，戴上卷发头套，"春柳社"成立后不久，在社团首次义演法国小仲马的名剧《茶花女》时，李叔同自告奋勇"反串"女主角玛格丽特。他倾情的表演，使台下的观众为之动容，受到日本戏剧界的盛赞。连日本戏剧权威松居松翁都说："中国的俳优，使我最佩服的，便是李叔同君……"他还评价李叔同"在中国放了新剧的烽火"。

　　比如，他带领中国近代音乐融入世界舞台。李叔同是中国历史上第一个用五线谱作曲的音乐家，还编创具有独特中国韵味的"学堂乐歌"。"学堂乐歌"也成为中国近现代音乐的开端。

　　"……我将骑狮越昆仑，驾鹤飞渡太平洋，谁与我仗剑挥刀？呜呼，大国民，谁与我鼓吹庆升平！"1905年，由李叔同选词填曲的一首《祖国歌》振聋发聩、远播海外。歌词体现了李叔同的文学功底，颂扬了祖国的悠久历史、广博文明，昂然的民族自豪感充塞辞间。当时留日学生在送别会上唱罢此歌，"全座鹄立，雍容揄扬，有大国民气度焉"。

　　诚然，文化因交融而繁茂，但在李叔同取得的艺术成就里，始终凝聚着他对中华优秀传统文化的坚守。

　　"长亭外，古道边"，夹杂着多少往事，多少情怀？艺术的生命又有多长？大概时间会给出答案。

吴梦诗　李雨婷　执笔

2023 年 10 月 26 日

评论区也被"定制"了意味着什么

> 在算法的干预下，评论区的"信息茧房"几乎是一个堡垒，网友很可能陷入其中而未察觉，不知不觉间被带了节奏。

前不久，有网友发帖称，在某平台观看一则"男女吵架"视频时，发现自己和妻子看到的评论区留言内容竟然不一样，自己这边的以男性立场为主，妻子那边则多是站在女性立场的评论。

同一个视频，评论区却展现出两个不同的世界。"男女有别"的背后，让人不禁要问，难道评论区也被算法控制了？"信息茧房"真的无处不在？

一

"信息茧房"并不是算法时代的产物。2006年，哈佛大学教授桑斯坦所著的《信息乌托邦》一书，就提出了"信息茧房"概念，指的是公众只注意自己选择的东西和使自己愉悦的领域，久而久之，会将自身置于像蚕茧一般的"茧房"中。

而互联网和信息技术的发展，加剧了"茧房"的形成。近年来，一些社交平台、商业网站凭借强大的算法推荐技术，向用户推送"定制"的信息产品。"你所看到的，都是你想看的"。这句读上去有点拗口的话，就是如今社交平台运用算法推荐后读者所面对的真实情况。然而，算法介入到评论区，这是很多人没有想到的。

很多人之所以喜欢翻看评论区，一方面是想看一些带着温度和思考的表达，从而获得启发；另一方面，也想看看不同观点之间的碰撞，让自己有更全面的思考，防止偏见产生。有网友说，有的评论说出了自己想说而表达不出的话，是互联网上的"嘴替"。

在常人印象中，我们每个人看到同一篇文章或同一个短视频时，评论区里网友评论的排序应该是一样的，排序靠前的评论会优先被看到，特别是在一些爆款文章或短视频的评论区，排在前面的评论往往具有代表性、引导性。比如，有些社交平台的评论区，网友评论以点赞数多少来排序，那么点赞数第一的评论显然被更多人认同。

当算法介入评论区后，每个人所看到的评论，是经过大数据"精准画像"，系统选择性地投喂我们的评论内容。也就是说，当你想看看别人对这件事的看法时，很多时候看到的只是一个"楚门的世界"。

评论区是洞察社会舆论和公众情绪的一个重要渠道，在合法合规的前提下，不同立场、不同背景的网友各持观点，人人有权发表意见。而在算法的干预下，评论区的"信息茧房"几乎是一个堡垒，网友很可能陷入其中而未察觉，不知不觉间被带了节奏。

二

如果评论区被算法所"定制",其带来的危害比一般的"信息茧房"更严重。

其一,限制了认知。"评论区里有人才,个个胜过李太白",看评论区已经成为许多网友的习惯,通过评论区,我们能了解到更丰富的信息、更多元的观点,看到不同的视角和立场,增加了帖子本身的深度和广度。如果评论区被算法控制,那么网友首先看到的将是相似的立场和雷同的内容。

其二,强化了偏见。"真理越辩越明。"评论区本该是一个不同观点碰撞、交锋的地方,人们在争论中深入思考,突破自身认知的局限性,达成新的共识或生成新的认知。而在算法控制下,网友在评论区看到的多是与自己观点相一致的内容,在不断重复中强化了固有偏见和喜好。有网友坦言,一开始持有某种观点时内心也是有些犹豫的,但一看到评论全是跟自己一样的声音,顿时觉得自己的声音就是主流的声音,而一旦遇到不同的观点,就会马上否定,越来越无法接受新观点。

当然也有网友反映,自己跟帖评论后,平台给自己推送的文章中,评论区置顶的全是和自己意见相左的评论,意味着算法或许已经从过去"你喜欢什么就推送什么"拓展到了"你反对什么就强化什么",似乎这样能使用户黏性更强。

其三,形成了误导。有的网友经常说:"我是来看评论的。"评论区的评论,特别是排在前面的评论,最先进入网友的视线,一些爆款文章或短视频下方的评论动辄数万条,网友几乎不可能全部看完。因此排在前面的评论，很容易引导网友对某个话题的看法。然而，评论区的算法推荐，让排在前面的评论不再具有代表性，反而在迎合网友的喜好或者刺激网友跟评，让网友陷入"观点茧房"中。

其四，对青少年"三观"养成造成不良影响。《中国互联网络发展状况统计报告》显示，截至2023年6月，青少年网民数量近2亿人。青少年正处在世界观、人生观、价值观形成的关键时期。他们在网上"冲浪"时，评论区是他们观察世界和进行交流交往的重要渠道，如果评论区只根据其自身的喜好来呈现评论内容，那么会导致他们的视野越来越窄，价值观也容易走向偏激和片面。

三

有学者提出，一个容许观点自由表达的完善机制，应包括人们必须处在不被主观筛选、没有人为干预的信息之中。评论区作为表达观点的重要平台，如何突破"信息茧房"，让观点自由表达和呈现？笔者有以下三点想法。

管理制度可以进一步完善。2022年新修订的《互联网跟帖评论服务管理规定》，对评论区内容的监管提出了明确要求，其主要关注点在于评论区的违法不良信息处置上。而对于评论区算法推荐等更为隐蔽的手段，现行的法律法规尚未予以重点关注。这需要呼吁立法尽快填补空白，同时也对将来的法律法规的前瞻性提出更高要求。

算法使用也应有边界意识。科技发展本身是中立的，一方面，我们不能因为"信息茧房"的出现而否定相关信息技术的进步，更不能走向反对技术的另一个深渊；另一方面，技术的发展应该是服务人，而非束缚人，应该推动社会进步，而非阻碍社会发展。小小的评论区，牵动的是大的互联网舆论场。算法不能只为了追求流量而被滥用，而应在努力提供多元信息的基础上，帮助公众更全面客观地认识事物。

警惕被"定制"的评论区带偏。对网友来说，互联网本应是认识世界、改造世界的重要工具，而非控制自身的"茧"。面对无孔不入的算法，也要提醒自己，勇于打破对互联网的依赖，拓宽信息获取的渠道，建立起更为丰富多元的知识体系。尤其在一些突发热点事件中，不能被评论区的观点牵着鼻子走，而要试着站在不同立场不同视角，学会更辩证地分析和思考问题。

评论区是网络内容供给的重要一环。在"万物皆媒"的全媒体时代，管好用好评论区，让算法应用规范起来，很有必要。

余丹　执笔

2023 年 10 月 26 日

黄帝祭典"常新"的密码

文化从来不是静止的存在，而是一种流动的传承、一种延绵的渗透。通过仙都黄帝祭典这扇窗口，我们还能看到更多。

近日，丽水缙云，好溪之畔，鼎湖峰下，一年一度的中国仙都祭祀轩辕黄帝大典及系列配套活动圆满举行。

2023年是仙都黄帝祭典升格为浙江省政府主祭的第三年。"浙江宣传"曾在《祭祀黄帝的深意》一文中，讲述了黄帝祭典与浙江缙云的深厚渊源，以及缙云人民对黄帝的敬重爱戴。

与陕西黄陵、河南新郑共同形成全国轩辕黄帝祭祀格局的浙江缙云，2023年的祭典有哪些特别之处？祭典之余，又留下了哪些启示与想象？

一

鼓击34声，寓意全国34个省、自治区、直辖市、特别行政区；钟撞15下，寓意15亿海内外中华儿女……9项祭拜祖先的仪程严谨而有序，遥远先辈们的祭祀场景如在眼前。黄帝祠宇前，祭祀大典肃穆庄严。

黄帝是中华民族的文化象征和精神图腾，黄帝文化是中华文化的源泉和重要组成部分。祭拜轩辕黄帝，不仅是海内外中华儿女尊祖敬宗的仪式，也是追根溯源找寻民族认同、血脉认同、文化认同的精神纽带。

黄帝祭典自升格以来，受到海内外瞩目。每年的祭典仪程需恪守礼制，缙云在遵循历史沿革的同时，在"不变"中求"变化"，在"变化"中出"新意"。

比如，质感更加彰显。中国是礼仪之邦。缙云的黄帝祭典将一抹雅致的"缙云色"融入服装、舞美造型中，融合唐风宋韵，彰显古风之美；从长号鸣天、击鼓撞钟，到恭读祭文、乐舞告祭，一套一以贯之的庄重仪程，在妆容绘画、服装设计、动作编排中融入"新意"，以视觉创新提升祭典质感，以传统与现代相结合的方式演绎优秀传统文化。

比如，子活动更为丰富。以祭祀黄帝为主题，2023年祭典紧紧围绕黄帝文化开展丰富多样的子活动。在祭典前、祭典月、祭典后三个阶段，当地共设置了学术研讨会、海峡两岸交流活动、黄帝文化主题展演、乡村旅游季等14项子活动，放大了祭典的"溢出效应"。

比如，亚运元素更多体现。当祭典恰逢杭州亚运会、亚残运会，如何让文化盛典与亚运盛会交相辉映？2023年的祭典，较往年多了一个特殊的方阵——亚运会获奖运动员和教练员代表团方阵。通过祭典这座桥梁，亚运健儿走进小城、走进山区小学的课堂，将亚运文化、体育精神播撒进孩子的心田。

可以说，今年的黄帝祭典，缙云在氛围营造、场地布置、内容呈现等方面，努力将中华优秀传统文化的厚重底蕴与时代价值相结合，打造出一系列新亮点。

二

降服炎帝、战胜蚩尤、统一中原，多民族融合而成的中华民族共同体逐渐形成；推算历法，教导百姓播种五谷，兴文字，作干支，制乐器，创医学……传说中轩辕黄帝的功绩千秋铭记，留给我们许多宝贵财富。

今天，如何对祭祀黄帝这一传统再作创新，推动黄帝文化的创造性转化、创新性发展？笔者认为，有两点很重要。

以挖掘的深度来充实。黄帝文化早已深入人心，如何深入挖掘黄帝文化的时代价值，让其现代内涵更为充盈，成为众多专家学者专注的课题。祭典前，缙云举办两次黄帝文化学术研讨会，并于2023年6月注册黄帝文化书院，《黄帝缙云　文化浙江》等一批学术论文集相继出版。

此外，联通各地力量，才能深入挖掘、实现资源共享。浙江省缙云县、河南省新郑市等11个与黄帝文化相关的县市，与西北大学黄帝文化研究院成立黄帝文化联盟，聚力挖掘黄帝文化的内涵，让文化传承发展不囿于一隅。

有专家指出，如今，黄帝文化研究已逐渐从单纯的先秦史学会主导向近代史、现代史、世界史学会领域延伸，从历史学向汉语学、工程学、法学领域等延伸，内涵更丰富、多元。

以形式的更迭来展现。举办祭典，千头万绪。诸如此类的重大文化活动，如何更好地呈现？这需要下一番功夫。如，缙云相继举办百名浙商、百名学者、百名台青等"百名"系列祭祀轩辕黄帝活动，增加社会各界直接参与祭祀活动的机会；如，从线下走上"云端"，如同亚运数字火炬手突破时空限制一样，海内外同胞无论身在何方，都可以参与"云上共祭"。

像是"一个猛子"扎进了缙云静谧如画的青山绿水，时代元素与雄浑厚重的黄帝文化相碰撞，激荡起层层涟漪。由此，黄帝文化的影响力、辐射力得以进一步提升。

三

年复一年，祭典的发展演变，也展现了传统文化活化之路。发展的原动力在于创新，这场祭典的"常新"密码，在于对传统文化新的演绎。

文化从来不是静止的存在，而是一种流动的传承、一种延绵的渗透。通过仙都黄帝祭典这扇窗口，我们还能看到更多。

"祭典"，不仅仅是一场仪式。与祭典同来的，是黄帝祠宇前的游人如织。黄帝祠宇所在的仙都景区，民宿时常一房难求。尝一口刚出炉的"轩辕饼"，成为人们初到缙云的必"打卡"项目。在这座山区小县城，不少街头风景都与黄帝有着千丝万缕的联系。

黄帝文化，缀于山水，活在民间。依托黄帝文化IP的影响力和衍生性，当地本土优秀传统文化也陆续盘活、串点成线，文化旅游精品路线、黄帝文化研学精品路线等陆续推出。

"缙云"，不仅仅是一处地名。公元696年，武则天封禅嵩山，将轩辕名号"缙云"赐作新县名。古往今来，缙云山水、仙都风光引得文人墨客纷至沓来。黄帝文化、百年婺剧、千年石城、诗书耕读……缙云，已然形成独特的文礼印记。

连续三年，缙云依托黄帝祭典的举办，用千年古韵的智慧激活城市活力，使得城市品质提升，文化地标相继矗立。一座城市、一种色彩、一个平台，展示着中国南方黄帝文化的魅力。

"黄帝"，不仅仅是一个文化符号。黄帝文化是中国的，更是世界的。多场中外文化交流活动，促进了黄帝文化与世界文化的碰撞与融通。不少港澳台同胞表示，祭拜轩辕黄帝，是一场文化交流之旅，更是一场凝聚中华民族共同体意识的寻根之旅；许多国际友人也成为了宣传黄帝文化的"自来水"，在海外社交平台上分享感受。可以说，在探索文化交流互鉴上，黄帝祭典不失为一个讲好中国故事的优秀载体。

在诗意盎然的人间仙都，黄帝祠宇静静矗立。站在黄帝祠宇前，积淀数千年的传统文化扑面而来。那是一种对过去的震撼，也是一种对来日的期许。盛典之外，自信在蔓延。

陈姝　执笔

2023 年 10 月 27 日

杭州亚残运会的"情感张力"

> 在这场以体育为名的盛会上，一个个"没什么不可能"的故事，让我们不禁感叹：灿烂星空，谁是真的英雄？平凡的人给我们太多感动。

失去双手也能游泳，失去一条腿也能奔跑，眼睛看不清也能进球……这是杭州亚残运会现场给予我们的激励和感动。在这场以体育为名的盛会上，一个个"没什么不可能"的故事，让我们不禁感叹：灿烂星空，谁是真的英雄？平凡的人给我们太多感动。

国际奥委会终身名誉主席萨马兰奇曾说："残疾人运动是唤醒人类良知的运动。"可见，残疾人体育运动有着非同一般的意义。那么，杭州亚残运会为何令人感动？它有着怎样的"情感张力"？

一、依然热爱生活的"英雄主义"

一位著名作家在经历残疾的折磨后，曾反复思索三个问题：第一个是要不要去死，第二个是为什么活，第三个是我干吗要写作。

类似的问题，许多残疾人可能都遇到过。他们有的生来有憾，有的突逢变故。相比健全人，他们的生活进入了困难模式。

对于杭州亚残运会的运动员来说，体育为他们打开了生活的一扇窗户。认清了生活的困境，却依然热爱生活，对生活充满信念，这样的"勇敢"尤为珍贵。

就像开幕式上，"刀锋战士"潘俊帆与王广玉君的奔跑，似乎在告诉世人，不能让肢体的残疾禁锢住自己。

2020年的一场意外，让王广玉君失去了左小腿，一度丧气的他，看到了潘俊帆的视频。同为截肢者，潘俊帆跑步踢球，甚至穿越戈壁、速攀雪山。受他鼓舞，王广玉君带着"机械腿"跨上机车，于飞驰中重新找到了自我。

二、"残疾不等于残废"的拼搏精神

体育运动，让残疾人找到了展现自我的舞台，而在上赛场前，他们用一次次的努力证明：我也行！

"篮球女孩"钱红艳4岁因车祸截肢，爷爷将半个篮球套在她身上，帮助她"行走"。11岁加入游泳队，每天训练很累，钱红艳会躲在水里哭，"因为在水里哭，只有你自己知道，别人不会知道"。

从"篮球女孩"到"水中飞鱼"，钱红艳说："残疾不等于残废，希望更多的残疾人朋友鼓足生活的勇气，用实际行动证明人生价值，回报社会，成就自我。"

改变始于体育，从不止于体育。正如亚残奥委员会主席马吉德·拉什德在致辞中所说的："你们将向全世界证明，只要拥有决心和勇气，便可以取得无限成就。"

三、与输赢无关的守望相助

追逐胜利，但不把胜利当作"唯一"。在输赢之外，还有很多值得被看见的东西。

比如，队友甚至对手之间的携手互助。田径100米T11比赛的领跑员用10厘米的引跑绳指引运动员的方向，却在冲线前降速退场；中国女子轮椅篮球队队员主动扶起轮椅翻倒的泰国运动员……

比如，情侣间的扶持鼓励。10月23日，中国盲人门球男队首战告捷，一头白发、戴着黑色眼罩的守门员胡明耀备受关注。他与女友七七在打工时认识，彼此照顾着一路走来，收获了无数网友的祝福。作为自媒体人的七七，还拍摄了许多盲人门球的科普视频，让更多人关注到这项运动。

体育让残疾人运动员被看见，而亲人、爱人的鼓励，治愈了他们的黑暗时刻，也让努力有了更大的价值。

四、触及心灵的现场教育

人同此心，心同此理，比赛事传播更具穿透力的，是赛场上的精神和力量。

在轮椅女篮小组预赛现场，场上姑娘们的表现，感染了两位坐在轮椅上的姑娘。这两位遭遇意外的姑娘说，这场比赛让她们看到了未来的更多可能。大家的努力实实在在鼓励了许多残障人士，让大家更勇敢地去面对苦难，这让队员们也很高兴。中国女子轮椅篮球队主教练陈琦说:"学会自立、自强、自信,我想这个意义比大家得了什么奖、拿了什么奖牌还要更大。"

这两天,有一些学校暂时停下文化课,带领孩子们来看亚残运会的比赛,感受运动员们不屈的精神,学习如何坚持、如何追寻梦想、如何对待成功与失败。这是赛场,更是孩子们的人生教育课堂。这样触及心灵的教育,是其他方式难以代替的。

这种力量的传递,让社会变得更加向上,也是亚残运会比赛的重要意义之一。有网友看完比赛后评论:"看到他们,以后遇到生活、工作中的难题,有更多理由让自己坚持了。"

正如杭州亚残运会宣传推广歌曲《我们都一样》所唱的:"在亚洲美丽家乡,我们都一样,载梦远航;我们都一样,永不彷徨;我们都一样,为梦闪亮。"

五、"无碍"更有爱的城市温情

有人说:"体育是打造更具包容性社会的契机。"以办赛为契机,三年多来,杭州先后推出了12轮无障碍硬件问题排查,改造提升14万个无障碍点位及重要公共服务场所。一点一滴的细节里,都藏着这座城市的平等、包容、友好。

亚残运村里,出入口被加宽了,轮椅就餐区的特制桌椅加宽加深,服务台高度不超过80厘米……如此种种,都让残疾人运动员的比赛和生活更为便利。

亚残运会让世界看到了更多残疾人的日常生活,这样的情感关注,需要长久地延伸到运动会之后,注入到越来越健全的无障碍环境建设之中。

六、科技应用中的人文关怀

在杭州亚残运会火炬传递中，亮相的电子导盲犬吸引了许多人的目光。清晰的语音提示和稳定的脚步声，帮助火炬手顺利完成了传递。开幕式上火炬手徐佳玲通过意念控制的仿生手，完成了主火炬的点燃。以人为本的科技不断进步，让残疾人有了重新掌握身体控制权的可能。

亚残运会期间，数字手语翻译机器人"小莫"，能看懂手语，还能将自然语言翻译成手语"播报"。作为听障人士的翻译官和手语转播器，"小莫"既能帮助听障人士更好地观赛，还能带他们畅游西湖。

温暖，不光在赛时。浙江数字化改革的进程里，少数人的需求从来没有被忽视。此前上线的"数智残联"系统搭建起了需求和供给的无缝对接平台，惠企助残、辅具智配、志愿助残云服务等服务场景，让残疾人的需求能得到快速响应。

精彩的体育比赛终将落幕，但亚残运会发出的"尊重、平等、包容"号召，始终回响。还记得海伦·凯勒说过一句话："为什么只有聋人才珍惜失而复得的听觉？只有盲人才珍惜重见天日的幸福？让我们珍惜生命中的每一天，去充实生命、去享受生活。"

濮玉慧　钱伟锋　执笔

2023 年 10 月 27 日

《上下五千年》何以成童年集体记忆

> 许多年幼时读过此书的人，不断体验、感受、总结生活之后，又有新的理解，颇有几分"初闻不知曲中意，再闻已是曲中人"的感悟。

前段时间，影响了几代人的《上下五千年》再度以"新时代版"的面貌与读者见面，大家的记忆闸门在听到书名的刹那徐徐打开。

可以说，很少有人没在童年读过这套书。1979年首次出版以来，《上下五千年》经历了内容续写和多次再版，始终畅销，仅少年儿童出版社就累计发行超1000万套。时至今日，它仍是各大少儿图书榜单上的常客。

一本书何以四十多年长盛不衰，成为一代又一代人的童年集体记忆？这还得从它的两位宁波籍作者林汉达和曹余章说起。

一

1954年，时任教育部副部长的林汉达向当时的老师和家长提出一个观点：了解历史知识是对青少年进行爱国主义教育的基础。

当时的历史读物是什么样的呢？随着白话文的普及，用文言文撰写的二十四史变得晦涩难懂，又有些历史演义或取材正史而作不同程度的虚构，或根据流传甚广的野史传说而来，未必适合青少年阅读。

于是，在20世纪50年代中后期，林汉达便自己动手，开始编写一批历史读物，《上下五千年》就是其中之一。

林汉达获得过美国科罗拉多州立大学民众教育专业博士学位，曾长期在大学任教，精通教育的他深知"适合"才是教育的最高境界，要让小孩子爱上读历史，书籍本身得是通俗好读的。

这方面是他的拿手好戏。在上海世界书局工作时，他曾"素译"过多本外国小说，在吃透原著的基础上用自己的语言重新创作，但又不失原著的故事结构与语言风格。林汉达将"素译"也用在了《上下五千年》的编写上，把正史打散重写成一个个故事，即便是知识储备不多的人也能看懂。

遗憾的是，直到1972年林汉达去世时，《上下五千年》才编写到东汉。接下续写任务的曹余章也是一位教育专家，他自浙江大学文学院毕业后，一直从事教育工作。

此后，通过曹余章的修改与续写，最终完成了《上下五千年》。这是一套完全用白话文写就的历史故事书，囊括了这段历史时期中几乎所有的重要人物与事件。

1979 年，这套书一经出版，各地就有"洛阳纸贵"之势。此后，各大出版社陆续推出了多种版本的《上下五千年》，有的增加篇目，有的配上插图，作者名字有增加，不变的是一直畅销。

二

要将文言文翻译成大白话，而且让人看得懂、喜欢看，并非易事。林汉达和曹余章是如何做到的？

一个"正"字放在心里。他们在故事选择上坚守"有据可循"的底线，里面没有虚构和戏说。以三国史为例，在《上下五千年》中能读到"诸葛亮隆中对策""关羽水淹七军""陆逊烧连营"，却看不到"草船借箭""蒋干盗书""借东风"这些很难找到历史依据的故事。

一个"趣"字落于笔端。有些故事"天生"寡淡，但其背后的历史节点或意义十分重要，他们便在故事里延伸一些真实、有趣的情节。比如，在"三保太监下西洋"篇章中，若是仅仅写郑和出海的事情就略显平淡，作者便在前半部分增加了明代建文帝出走的内容，通过提出"建文帝会不会跑到海外"的疑问，自然而然地写到郑和的七次远航。

一个"俗"字力透纸背。首先是标题通俗，"一鸣惊人的楚庄王""狄青不怕出身低"……随手从《上下五千年》中摘取一个标题就会发现，只要识字，就能看懂。其次是选材浅显，它是在讲生动的历史故事，而不是罗列一堆时间、地点、人物。最后是叙述易懂，它用的是聊天的语气，就像有一个人在身边娓娓道来。

比如，林汉达在讲"囚车里的人才"时，不只讲管仲是如何从

囚车里脱险的，还用"大国之间互相争夺土地，经常打仗""还有
几个诸侯国……想瞧瞧风头再说"的大白话，介绍春秋诸侯争霸的
历史。

一个"悟"字贯穿其中。写历史读物难免涉及一些观点问题，
林汉达在《向传统教育挑战》一书中曾有过阐释：学习必须以洞悟
为基础，有些问题，要留给读者自己去分析、思考、批判。曹余章
也非常注重"将问题留给读者"，比如"玄武门之变"全篇只写了
政变的过程，并未对唐太宗李世民有评价与分析。

也正因为如此，许多年幼时读过此书的人，不断体验、感受、
总结生活之后，又有新的理解，颇有几分"初闻不知曲中意，再闻
已是曲中人"的感悟。

三

如今摆在孩子们书桌上的部分少儿读物又是什么样子的？有的
在插图中出现事实性错误，有的成了"百度百科"的搬运工，还有
的读完全书，给人印象最深的却是Q版的卡通形象……

要想避免少儿读物成少儿"毒"物，行业管理、审查很重要，
内容编写也十分重要，这始终是固本之源。如何才能编写出正能量
满满且孩子们喜欢的书籍？不妨从《上下五千年》和一些优秀儿童
读物中寻找答案。

对"未来"负责。儿童是祖国的未来，编写一本好的儿童读
物，万万不可抱着"写给三岁小孩看"的应付态度，更不可为了销
量而忽视质量。林汉达和曹余章就从未觉得给识字不多的人写书是
件"小事"，力求深入浅出，颇有"每作诗，令一老妪解之"的白

居易之风。

在我国，还有许多大咖将编写少儿读物当成树人的百年大计，躬身编写。老舍创作儿童剧《宝船》，高士其编写《高士其科普童话》，李四光编写《看看我们的地球》……他们的创作受到广大读者的喜爱。

把故事讲活。少儿的理解能力是有限的，编写者需要用讲故事、打比方等方式，使内容变得浅显。如，《没头脑和不高兴》的作者任溶溶，用幽默风趣的语言和天马行空的想象，让孩子们从"没头脑"和"不高兴"两个主角身上悟到从小养成良好习惯的重要性。

追求出精品。儿童处于知识渴望期、审美敏感期、价值观初成期，他们从书本中学的知识、悟的道理，会影响一生。因此，儿童读物的编辑审核，须严之又严。比如，历史读物中不应有"戏说"，中国地图里"一点都不能少"，科普读物不能"将偶然现象当普遍规律"，插图不能"扭曲审美"……

一部经典儿童读物，除了精彩的内容外，精美的插图、创意的排版也很重要。热销儿童读物《中国历史故事集》里的插图都是业界大师画的，深受孩子们喜欢，正如其作者雪岗所说："只有精品，才能在孩子们的书架长远站立。"

少儿读物的阅读对象是刚刚走上人生道路的孩子，读什么样的书，往往影响他们一生。时代呼唤更多像《上下五千年》这样的少儿读物，也呼唤像林汉达、曹余章这样的编写者。

杨静雅　石承承　执笔

2023 年 10 月 28 日

横店离"东方好莱坞"还有多远

> 横店是一片改革创业的热土，也是一片能干事、能干成事的地方，期待这片热土能更"热"一些。

说到横店，你会想到什么？是穿越感十足的影视摄影棚、转角就能偶遇的明星，还是数以万计在这里追梦的"横漂"？

这两天，一年一度的横店影视文化产业博览会正在举办，影视文化产业与横店可以擦出怎样的新火花成为很多人关注的点。

从20世纪90年代建设电影拍摄基地起步，锚定打造"东方好莱坞"这一目标，横店已建成全球规模最大的影视实景拍摄基地、全国最为密集的影视产业集群。据统计，全国1/4的电影、1/3的电视剧、2/3的古装剧、累计8万多部（集）影视剧都在横店"诞生"。

许多电影大片产自好莱坞，这个招牌在全世界响当当。那么，横店要打造"东方好莱坞"，离这个目标还有多远？又该如何进一步跃迁？

一

有人说："没到过横店，就不算一流的导演，不算一线的明星。"然而，横店的影视文化产业，其实是"无中生有"而来的。20世纪70年代，这里人均年收入不到75元，是个寂寂无名的小镇。那么，这样一片"穷乡僻壤"之地，如何与影视产业结缘？

横店的声名鹊起，源于抓住了一次机遇。1995年12月，谢晋导演为拍摄影片《鸦片战争》，路过横店参观选景。横店集团创始人徐文荣得知后，主动请缨，免费建设外景拍摄基地。

据徐文荣口述的《风雨人生》一书记述，当时120支施工队、数千名施工人员，在荒山野岭奋战了3个多月，"19世纪南粤广州城市街景"终于如期建成，包括官府、民宅、当铺等160多座建筑，总建筑面积达6万多平方米。

《鸦片战争》公映后，抢占了先机的横店名气不断扩大。建设影视基地惊人的速度和执行力，让众多大片剧组觉得横店很靠谱，吸引着他们纷至沓来。此后，"清明上河图""明清宫苑""春秋唐园""圆明新园""梦外滩"等拔地而起，横店也成了《英雄》《无极》《满城尽带黄金甲》等众多大片的"出生地"。

截至目前，横店有32个大型影视实景基地和130余座摄影棚，建成了从春秋战国到唐宋元明清及民国的历朝历代建筑。不仅如此，横店还有注册"横漂"群演近13万人，产业配套基础工种人员8000余人，影视美术工匠1000余人，有着较为扎实的人才支撑。

放眼全国影视城，或许横店的政策并不是最优惠的，但就营商环境和配套服务而言，横店拿出了最大诚意。为营造更好的环境，横店影视城还构建了"一站式"配套服务体系，最大限度地缩短转场距离和时间，节约了剧组的拍摄成本。

正因如此，有人说："别的地方拍戏，一个剧组要来二三百人，而来横店，只需要导演带几个主演过来就可以，其他全可以在当地找到。"

二

近年来，多地政府陆续出台各类扶持政策吸引优质影视文化企业入驻，促进影视文化产业发展，横店面临的竞争日趋激烈。在越来越"卷"的赛道上，横店也遇到了一些制约发展的瓶颈。

比如，产业链"微笑曲线"能否翘得更高？影视文化产业是一个庞大的综合性产业。目前，横店影视文化的"强项"在于影视拍摄和影视旅游，影视前期投资创作、后期制作等"微笑曲线"的两端还需进一步发力。

像在横店拍摄的某部微短剧，总成本需要100多万元，其中送往异地进行后期制作花费的成本，就要占总成本的1/3。可以说，在创造价值方面，横店还有很大的进步空间。

比如，影视剧的"长尾效应"能否放得更大？从国内外电影市场来看，衍生品潜力巨大，往往能带来可观的销售收入。据全球衍生品收入TOP10电影榜单统计，产自好莱坞的排名第一的《星球大战》系列影片，从1977年拍到2020年，上映的11部影片在全球获得了102.91亿美元的票房，而其授权的衍生品收入高达422.17亿美元，是票房的4倍，"反哺"带动了影片的创作生产，影视文化产业的收益也实现了倍增。

近年来，横店影视基地相继产出了《你好，李焕英》《送你一朵小红花》《甄嬛传》等影视作品，但对这些热门作品IP的深度挖掘还不够，影视文化的"长尾效应"尚未得到充分彰显。

再如，影视工业技术革新能否找到新的突破点？当前，以VR、元宇宙等为代表的技术，大大提升了影视工业化水平，成为影视文化产业新的利润增长点。比如，从电影《流浪地球》系列、电视剧《三体》等的持续走红就可看出，科幻影视的受众基础越来越大，观众对特效制作水平的提升、科幻理念的呈现都有了更多期待。

上述科幻影视作品多在青岛东方影都拍摄，因其具备LED虚拍棚、"穹顶光场"微米级面部扫描系统等国际化先进设备，为影视工业化体系提供了更多技术支撑。技术竞争往往是残酷的，与之相比，横店影视城还需要在LED虚拍等领域进行深入探索。

三

作为浙江文化软实力"金名片"之一，横店影视文化产业如何在文化创新、优化生态、扩大效益中持续发展壮大？

首先，横店影视文化产业的持续发展，离不开好作品的加持，要靠作品说话。更多地从浩如烟海的中华优秀传统文化、革命文化、社会主义先进文化中汲取素材，同时加强策划实施，整合优质资源，力求推出更多思想精深、艺术精湛、制作精良、市场与口碑俱佳的影视精品，是值得努力的方向。

对好作品而言，好编剧是源头。如何依托导演村、编剧村和制片人村"三村"建设，如何加大对编剧人才的挖掘培育力度，支持资深编剧，扶持和储备一批年轻编剧，鼓励优秀原创剧本，还要持之以恒地探索。

其次，企业可以搬迁，但产业链往往是搬不走的，在巩固影视拍摄优势的同时，更需打造具有高附加值的影视全产业链。

比如，可通过延伸产业链条，放大溢出效应，从剧本创作研发到影视制作、院线发行放映、版权交易以及衍生产品开发，形成一条龙全覆盖；又如，抢抓文旅深度融合机遇，强化影视观光、主题度假、影视会展、旅游集散等功能建设，推动"影视—旅游—商贸"有机结合。

最后，提升影视工业化、数字化水平，是横店影视城提高竞争力、制胜力的关键。有专家认为，当前，数字技术的迅速发展和广泛应用，是未来影视文化产业发展的最大变量。

比如，能否建设一批影视科技融合发展重点实验室，推进影视重大科技项目和关键性技术攻坚，加快科技成果在影视生产创作中的转化应用，提升优质科幻大制作影视精品产出？在这方面，青岛东方影都的做法值得借鉴。此外，未来还可探索"拍摄数据分发""视频协同审阅"等更多数字化"绝活"。

横店是一片改革创业的热土，也是一片能干事、能干成事的地方，期待这片热土能更"热"一些；影视文化产业是一片蓝海，也期待横店能遨游向更深蓝，绘就光影新画卷。

郑思舒　孟非凡　蔡凤　执笔

2023 年 10 月 28 日

小小南湖菱，别样思乡情

不管离家多少年，一颗浑圆的菱角，
便似风筝的线，扯着游子的衣袖。

"小小菱缸水面浮，明湖一片漾新秋。日斜荡桨中流去，爱取菱花插鬓头……"正值菱熟时节，江南秋意浓。晨曦微光中，身着蓝印花布裙的采菱女，俯坐在小小的菱桶中，伴着轻柔的菱歌小调，浮浮沉沉，由远及近。

这幅美好的"采菱图"，是许多嘉兴人的记忆。南湖菱对他们而言，既是引以为傲的特色美食，又是难以忘怀的家乡印象。

金庸先生就曾在《射雕英雄传》中怀念这口南湖边的地道风味："南湖中又有一项名产，是绿色的没角菱，菱肉鲜甜嫩滑，清香爽脆，为天下之冠。"可见嘉兴人对南湖菱总有一种特殊的情感。

菱生南湖则无角，菱生他处则生角。这一口南湖特有的地道风味，有何特别之处？

一

南湖菱，顾名思义，就是产自以南湖为中心的水域的一种菱角。与常见的菱不同，南湖菱浑圆无角似元宝，外壳青青惹人怜，于是又名青菱、馄饨菱、元宝菱、和尚菱、南荡菱等，是嘉兴独有的特产。因而，与普通吃食不同，南湖菱在嘉兴人眼中美出了独特的风景。

南湖菱，美在悠久的传承。有据可查，南湖菱在嘉兴地区传承已有数千年。1959年，在距离南湖仅十余公里的马家浜文化遗址发掘中，出土了一只较为完整的碳化圆角菱，这可以说是南湖菱的"鼻祖"。经测定，这只碳化菱是公元前4090年至公元前2685年的产物。

2009年，考古工作者在马家浜进行二次发掘时，又发现无角碳化菱的残片，也呈现圆角的外在特征，可见南湖菱历史之悠久。

南湖菱，美在地道的风味。"门外南湖菱最美，胜它风味鸭馄饨"，可见嘉兴人酷爱吃菱。旧时保存条件较差，能吃菱的时间仅短短月余，小小南湖菱因而愈显珍贵。每到中秋前后，嘉兴人或用针线穿起煮熟的老菱，或以网兜装之，提着走亲访友，将之作为当季颇有诚意的礼物。

一枚初秋的嫩菱，往往让孩童等不及而囫囵生食，菱肉色白微甜，清爽胜荸荠；待到深秋，把老菱带壳煮熟，剥壳后，果肉色褐但糯甜，又充满回甘。在美食家袁枚看来，它的滋味甚至与松子仁一般。

南湖菱，还美在水乡的风景。南湖里种菱、采菱的盛景，自古以来就是一道绚丽风光。在嘉兴生活多年的唐代诗人刘禹锡更是白描菱画的高手，他写有"荡舟游女满中央，采菱不顾马上郎"，用菱角把青年男女的情思勾勒得惟妙惟肖。

明代姚绶的《马场湖》一诗中写道："初见菱叶稀，渐见菱叶肥。马场湖水阔，处处采菱归。"马场湖，即嘉兴南湖。清代朱彝尊在《鸳鸯湖棹歌》中也有言："蟹舍渔村两岸平，菱花十里棹歌声。侬家放鹤洲前水，夜半真如塔火明。"短短20多字，就有了十足的画面感。

二

嘉兴人有多爱南湖菱？程度难以衡量，但我们大可以从一些"蛛丝马迹"中品出滋味。

嘉兴人敦厚，常用南湖菱自嘲，称是"中庸无角"；但也是在南湖菱上，历代嘉兴人又十分高调。

清乾隆年间的《古禾杂识》，曾自豪地称南湖菱为菱中最佳："菱以南湖产者为最，所谓南荡菱也。角圆而壳薄，肉细而味甜。"对于南湖菱产地，明代嘉兴人李日华还做过"实验"，发现它"东不至魏塘（嘉善），西不逾陡门（桐乡），南不及半逻（海盐），北不过平望（吴江）"，得出"周遮止百里内耳"的结论。

嘉兴人还喜欢"献宝"，有朋自远方来，招待的宴席不管有多豪奢，饭桌上总少不了一道南湖菱。据说，徐志摩曾在家乡宴请胡适等名士，菜单中便有南湖菱烧豆腐。

其实，抛去味道，嘉兴人之所以爱南湖菱，更多是因其独一无二的特性。作为国内唯一的"无角菱"品种，因其稀缺，而让嘉兴人有了骄傲炫耀的资本。

为什么南湖菱生得如此不同？本地相传，清乾隆皇帝南巡江南，曾三次在南湖烟雨楼前万福桥畔摘食南湖菱，对其赞不绝口。美中不足就是被菱的尖角刺破了嘴，故有"乾隆皇帝命南湖菱不长角"的民间传说。

其实南湖菱无角的历史有数千年，这个传说虽无根据，但从嘉兴人愿意为南湖菱"添油加醋"，也足能看出他们对南湖菱爱得深沉。菱花尽，稻金黄，禾城老房子里便飘出阵阵菱香，那正是众多嘉兴人心里抹不去的一味乡愁。

三

现在，人们早已破解了南湖菱之所以"独树一帜"的"密码"。较为科学的解释是，无角的南湖菱，其实是南湖边的菱农在当地优良的水土生态环境中，经过一代又一代积累的种菱经验所引种培育出来的。

所谓"橘生淮北则为枳"。有趣的是，南湖菱移栽至别处竟也会长出尖角，可见南湖菱和南湖水之间的彼此成就。

不过，南湖菱曾也遭遇过"危机"。因为种植面积下降，品种混杂，再加上一些传统种植户的退出，品种出现退化。当地农科院对一些农贸市场销售的南湖菱取样观察，长角率超过40%，甚至有一些已基本丧失南湖菱的无角特性。

南湖菱，不仅是美食，也是一种文化记忆、乡愁载体。为了守护好寄托在南湖菱上的别样思乡情，十余年来，一批种业专家、技术人员、文化人士围绕南湖菱开展了一场"提纯复壮"行动。

他们尝试，让南湖菱回归南湖。就像"贴牌"的操作会损害商标，为了让这枚圆圆的菱角真正回到南湖水域，2011年，南湖东南角新辟7亩多水面种植南湖菱，打造菱文化园。曾在南湖畔世代种菱的许家村菱农成了技艺传承人，在他们的心血浇灌下，地地道道的南湖菱种植文化得以保留下来。

当地人也尝试，让南湖菱走出南湖。有了好商标，如何驰名天下而不"孤芳自赏"？周边水域开辟了多个菱塘，让小小南湖菱真正成为当地的富民之宝。比如，在秀洲区油车港镇，12000平方米的南湖菱菱种生产基地，不仅为当地提供了不少就业岗位，还吸引年轻人返乡创业、扎根故土。

此外，他们还用南湖菱"点靓"南湖。在湖畔揽秀园、勺园之间，南湖菱文化园带来了优美的菱歌、"非遗"技艺菱画等，各种周边成了南湖印象中的重要元素。

越来越多的游客、青少年打破只可远观不可近赏的"枷锁"，坐进菱桶划入菱秧丛中，体验一把"江南可采菱"，成为南湖菱的新生代粉丝；一个个菱桶与一丛丛菱角交相辉映，又成了南湖上的别样风景。

不管离家多少年，一颗浑圆的菱角，便似风筝的线，扯着游子的衣袖。南湖菱深藏于江南世风民俗中，咬一口新鲜的南湖菱，便仿佛走进了千年的诗、水乡的画、江南的歌里。

画舫过南湖，清风徐徐、歌声悠悠。轻灵的采菱身影，又撩拨起多少人的江南梦？

沈晔冰　高燕　朱鑫　执笔

2023年10月29日

作答"两个亚运、同样精彩"

> 赛事犹如一面镜子，让人们更加领略到残疾人竞技体育的独特魅力，也映照出残疾人朋友对生命的热爱、对美好生活的向往。

"心相约，梦闪耀"，10月28日晚，杭州第4届亚残运会灿然落幕。

这一晚，杭州奥体中心体育场内，在有礼、有韵、有情之中，火炬以别具一格的形式缓缓熄灭，邀请场内外所有观众"乘梦飞，再相约"。

亚运会和亚残运会，虽名称有别，但一样的理念、一样的标准、一样的状态，赋予人们对亚残运会更多的想象。杭州亚残运会闭幕式，为这场国际赛事、文化盛会画上了句号，"两个亚运"完美收官。

"两个亚运、同样精彩"，是杭州向世界许下的庄严承诺。直至这一晚，面对"两个亚运如何同样精彩"一问，我们才真正有底气说，答卷已经交出，承诺已经兑现。

一

有人这样评价亚残运会——如果说亚运会赛场上比拼的是最强健的体魄，那么亚残运会上展现的则是最不屈的精神。

亚残运会的英文是"Asian Para Games"，比亚运会"Asian Games"多了"Para"一词。"Para"源自希腊语介词，表达的正是平行、同在的意思。

毫无疑问，体育竞技是最能体现残疾人体育事业发展水平的平台之一。回溯各大国际性赛事，中国曾连续9届夺得亚残运会及其前身"远南"运动会的金牌榜和奖牌榜首位，实现残奥会金牌数和奖牌数五连冠、冬残奥会参赛大项全覆盖，在听障奥运会、世界特奥会等赛事上也取得了历史性突破。本届亚残运会，中国代表团以214金167银140铜收官，连续4届蝉联亚残运会金牌榜首位。

2010年，经过重组的"远南"运动会，以亚残运会的名义首次在广州开幕，由此开启了亚洲同城同年举办"两个亚运"的新篇章。从广州到杭州，从首次举办"两个亚运"，到再次成为东道主，中国作为亚洲大国和亚洲残疾人体育事业发展最好的国家，始终秉持"两个亚运、同样精彩"的承诺。

本次杭州亚残运会共设22个大项、564个小项，是有史以来规模最大的一届亚残运会。全亚洲的目光再次聚焦残疾人体育健儿，聚焦浙江杭州，中国残疾人体育事业又迎来新的发展机遇。

赛事犹如一面镜子，让人们更加领略到残疾人竞技体育的独特魅力，也映照出残疾人朋友对生命的热爱、对美好生活的向往。透过赛事，我们看到中国残疾人体育事业蓬勃发展，更看到中国人权事业与国家发展的成绩。

二

从竞技运动来看，亚残运会与亚运会一脉相承；就群体构成而言，二者则又互为补充。无论身体健全与否，每个人生来便是一束光，都能成就同样的精彩。那么，对于"两个亚运、同样精彩"，杭州如何作答？

这份精彩，根植于相通的办赛理念。从"亚运时刻"到"亚残运时间"，变的是牌子、不变的是队伍，亚组委和亚残组委人员相同、理念相通。比如，19个亚残运会竞赛场馆中，17个沿用亚运场馆，亚残运村727套无障碍客房和15大类无障碍设施的升级改造，也事先纳入统一布局。

"同年、同城"举办"两个亚运"，除了有利于资源的共享、宣传的持续，更大的意义还在于它所传递的理念与精神。正如曾响彻"大莲花"的歌曲《爱的天堂》所传递的，有了"爱"的滋养和传承，梦想天堂更令人追寻和向往。

这份精彩，体现在闪耀的生命之美。夺得金牌、冲破纪录，是每位运动员站上赛场的目标，但这并不是唯一追求。当顽强的生命意志与澎湃的体育激情相激荡，无论是残奥会、冬残奥会还是亚残运会，赛场上的勇士们对于生命的诠释，早已超越比赛本身。正如10月23日温州泰顺运动员谢毛三摘得本届亚残运会首金时所言："皮划艇运动对于我来说，意味着重生，也让我找到了自信，给了我全新的生命。"

这份精彩，离不开科技的助力加持。在前不久落幕的亚运会上，"科技狠活"的表现令世界瞩目，数字火炬人"弄潮儿"更是成为亚运会的经典记忆。

而本届亚残运会，从火炬传递中的"智能导盲犬"，到开幕式上智能仿生手点燃主火炬，再到数字人手语翻译"小莫"、会"读心术"的头盔等，无一不是用数字赋能、科技助力来弥补残障人士的缺憾，让许多原本"不可能"的事情变成"可能"。

三

在依依惜别中，人们将精彩瞬间在脑海中一幕幕回放。"亚残运时间"里，我们除了见证来自亚洲各个国家和地区的残疾人运动员在赛场上奋力拼搏之外，还感受到许许多多的"额外"精彩。由此，笔者想到两句话。

第一句话：用心往往体现在细节之中。

除了激烈角逐，亚残运会也是一场充满柔情与温暖的盛会。比如，赛场上，有一批特殊的"幕后英雄"。他们是领跑员、引导员、提示员，与视障运动员们默契携手、奔跑冲刺。"你是我的眼"，他们虽然是赛场上的"配角"，却是温暖的"守梦人"。

赛场外的温暖亦点亮城市，"城市侧"与"赛事侧"双线并进。过去三年，杭州改造提升了14万个无障碍点位及重要公共服务场所；公厕无障碍化率近七成……借亚残运会东风，杭州实现了无障碍设施从"有"到"优"。

"细节控"的背后，是东道主的"将心比心"。杭州，一座以"无碍"助"有爱"的城市，处处透露着温馨和温暖。

第二句话：因为有爱，精彩永不落幕。

透过亚残运会这扇"窗",在"更快、更高、更强"的竞技层面之上,我们还看到了亚洲残疾人运动员的"更团结"。

亚残运会闭幕式上,火炬熄灭环节匠心独运。在熄火仪式的故事中,实证中华文明的"中华第一舟",载着听障儿童和健全儿童一起畅游时空,向"桂冠"火炬前行。

全球目前有逾10亿残疾人,其中有6亿在亚洲。"追风、追光、追梦",通过一场场精彩赛事,将奋进昂扬、勇毅前行的价值观传递给每一个人,以生命影响生命,以生命点亮生命,凝聚起"心相约,梦闪耀"的蓬勃力量。

杭州亚运会"心心相融,@未来"的潮音尚在脑海萦绕,亚残运会"心相约,梦闪耀"的盛会又落下帷幕,展现出杭州记忆、中国心意和亚洲情谊,呈现出无与伦比的精彩。

今后,需要思考的是,"两个亚运"的精彩,比如无障碍环境提升、科技创新带来的人文关怀等,如何推及更广泛的残疾人群体?如何让精彩不只是出现于杭州亚运会、亚残运会的办赛周期内,而是更"飞"向未来的每一天、渗透到人们的日常生活中?

精彩永不落幕。体育的魅力不止于竞技、不止于赛场内;温暖的关怀、精彩的诠释也完全可以延续至未来。以上这些问号,需要更多时间与实践来作答。

陈培浩　王娟　执笔

2023 年 10 月 29 日

绍兴的桥

> 桥面交织着水乡泽国的历史和命运，桥下流淌着烟雨江南的情感和追忆。"桥"之一字，早已被赋予了太多的涵义。

1199年，沈园外的桥头，75岁的陆游久久伫立。距与唐琬在此相遇已过40余年，眼前的景象早已不似当年模样，依旧的唯有脚下石桥和水面粼粼波光。往事涌上心头，他喟叹"伤心桥下春波绿，曾是惊鸿照影来"。这首千古绝唱，让春波桥烙上了爱情的标签，千年来持续吸引着无数后人前来感怀。

而这仅是桥乡绍兴的景象一隅。无桥不成市，无桥不成路，无桥不成村，绍兴城内可以说遍地是桥。这些历经风雨的桥与城市同步成长。用心触摸，能感知到它们携带的一层又一层悠悠往事。

一

绍兴是著名的桥乡。水网织就阡陌，桥梁串联坊巷，成就了古城"三山万户巷盘曲，百桥千街水纵横"的盛景。绍兴的桥究竟多到何种程度？这很值得讲一讲。

问起绍兴城里有多少桥，咿呀学语的孩童或许张口就能来上一首童谣："绍兴城里十座桥，一大木桥，二凰仪桥，三三脚桥，四螺蛳桥，五鲤鱼桥，六福禄桥，七戬坊桥，八八字桥，九酒务桥，十日晖桥。"用绍兴话读来，数字与桥名谐音，桥下桨声欸乃，桥畔童声糯糯，颇有妙趣。

自古以来，绍兴就以桥多而闻名。翻阅史籍，宋代《嘉泰会稽志》中记载绍兴名桥201座，明万历年间的《绍兴府志》记录的桥便有382座。清光绪时期，7.4平方公里的府城内，有桥229座。根据20世纪90年代的交通普查数据，绍兴全市各式桥梁数量超过1万座，是名副其实的"万桥之城"。

绍兴有"古桥博物馆"之称，能担得起这个名头，不光因为桥的数量多，还因其种类丰富、历史悠久。

最出名的桥莫过于八字桥，该桥始建于南宋，距今已逾800年，因"两桥相对而斜、状如八字"而得名。造型为啥如此奇特？原来此地三河交汇，加之房屋鳞次，工匠们因地制宜，采用立交桥般的建造方式。八字桥展现了古代高超的桥梁筑造技艺，也成为世界文化遗产中国大运河的遗产点之一。

有伴浙东运河而生的古纤道，将桥与路完美结合，长虹卧波，绵延百余里。漫步其上，水面如镜，山阴道旁景致扑面而来，让人应接不暇。

从木桥到石桥，从梁桥到拱桥，加之碇步、吊桥、廊桥、浮桥……在绍兴，各式桥梁结构一应俱全，体系十分完整，著名桥梁专家茅以升也不禁感叹："我国古代传统的石桥，千姿百态，几尽见于此乡。"

二

千百年来，文人墨客在稽山鉴水间留下的诗词歌赋，街坊邻居在口耳相传中留下的笑语闲谈，一字一句间，总能嗅到桥的踪迹。

统计数据显示，绍兴现有古桥700余座，绍兴古桥群更被列入全国重点文物保护单位。这些桥，是历史的见证者、参与者，任时光长河奔流向前，长久地娓娓述说着一段段动人故事。

《水经注》记"城东郭外有灵汜"，南北朝《舆地志》云"山阴城东有桥，名灵汜"。灵汜桥，是绍兴有史料可查的最古老的桥，见证了2500多年前那段胆剑交鸣的史诗传奇。

据记载，入吴为囚三年，战败的勾践终于返还故国。那一日，他在灵汜桥上接受分封，吴使倨傲地传达着夫差旨意，周旁的山阴水道波涛湍急、会稽山间狂风呼啸，勾践心中的山河大地也开始翻腾咆哮。

苦心人，天不负。此后，越国开启"十年生聚、十年教训"的"逆袭"之路，终成春秋末期的霸主。更在此后千年，为此方风土奠定了独具一格的文化基调，"胆剑精神"成为绍兴人的精神写照。

绍兴的桥，不只有宏大叙事，也藏尽名士逸趣。

如王羲之，不仅留下兰亭集序、黄庭换鹅等为人所津津乐道的掌故，还有一座"题扇桥"也因他而闻名。《晋书·王羲之传》记载，王羲之偶见桥上有老太太卖竹扇，就顾自在扇面题字。见老人面露不虞，王羲之笑说："这是王右军写的字，扇子卖一百钱都不成问题。"果不其然，人们竞相争买，扇子很快脱销。尝到了爆单的快乐，老太太就天天带着扇子找他带货，王羲之只能无奈地远远躲开。斯人已远,而题扇桥犹在,至今仍是书圣故里最受追捧的打卡胜地。

在绍兴,还有上演过汉代朱买臣"覆水难收"故事的覆盆桥,陆游、徐渭诗中常提及的柳桥,吴越王钱镠平乱受谒的拜王桥……这些名桥背后的人文故事皆如陈酿,细细品咂,别有一番滋味。

三

桥在绍兴人心中有着特殊地位。桥面交织着水乡泽国的历史和命运,桥下流淌着烟雨江南的情感和追忆。"桥"之一字,早已被赋予了太多的涵义。

桥承载着期盼与祝愿。绍兴人对于怎么建桥有讲究,对桥取名亦颇费心思。吉祥如意的寓意总是最得人心,太平桥、安宁桥、称心桥、广济桥……这些名字,都寄托着人们对美好生活的向往。

绍兴的桥还关联着许多生动的民俗。如娶亲结婚时,新娘花轿无论顺路与否,都要去过一下福禄桥、如意桥。又如小儿满月,免不得要抱去太平桥、状元桥讨个吉利。这些风俗延续至今,已经融于绍兴人的文化血脉之中。

桥镌刻着乡愁与记忆。桥是水乡道路的一部分,是水乡人家日以为常的生活元素。因其恒久矗立的姿态,往往成为游子记忆中鲜明的坐标,一头连着故乡,一头通向远方。

鲁迅在《从百草园到三味书屋》中写道:"出门向东,不上半里,走过一道石桥,便是我的先生的家了。"走过三味书屋门前,三块石板铺成的普通小石桥,让鲁迅走进了求知的学堂,也让今天的我们走进了鲁迅记忆中的童年。

桥提供着便利与机遇。作为一座典型的江南水城，绍兴民间素有"出门坐船，抬脚过桥"之说。桥梁便利通行的功能，在这儿显得尤为重要。如无桥无船，就几近寸步难行，只能望水兴叹。

一桥贯南北，天堑变通途。10年前，克服钱塘江强涌潮等众多困难，嘉绍大桥横跨杭州湾，拉近了绍兴与上海的时空距离，赶上了长三角一体化的发展潮流。桥上通行车辆的喇叭声，和着桥下翻涌的潮声，似日夜不息唱响的发展之歌。

说了这么多，何不来真真切切走一遭绍兴的桥呢？你可以站在桥上环顾，看看蜿蜒悠长的街巷、粉墙黛瓦的民宅；也可乘一叶乌篷穿过桥洞，在桨橹摇曳间，感受涟漪串起的散碎时光。趁着秋高气爽，来"桥"见绍兴、"桥"见江南。

张国威　陶佳楠　许正　执笔

2023 年 10 月 30 日

"后亚运时代"如何开启

> 透过杭州亚运会这扇窗，浙江的深厚文化底蕴和发展活力得到充分展现，世界更好地领略到"诗画江南、活力浙江"的风采。

10月28日，杭州亚残运会圆满闭幕，属于杭州的"两个亚运"画下了句号。从相逢到告别，时间虽仅短短月余，但一幕幕精彩、一次次感动，都在亚运历史上留下了难忘的"杭州记忆"。

我们期待再相聚，也思考，亚运圣火点燃的光将如何从"一时亮"到"一直亮"？进入"后亚运时代"，于杭州而言，场馆设施如何再利用、体育运动如何再延续、亚运精神如何再传承？

一

在体育办赛历史上，面对场馆再利用这道必答题，有的城市交出高分答卷，也有的陷入了"白象困境"。所谓"白象"（white elephant），就是形容那些空耗大量人力物力却毫无实际用处的事物。

我国大型体育赛事向来高度重视场馆再利用，并取得显著成效。比如，2008年北京奥运会上，"水立方"作为游泳比赛场馆投入使用，为了避免奥运会后场馆闲置，"水立方"引入各种水上项目，成为周末亲子游的打卡地。2022年北京冬奥会中，"水立方"上又"搭骨架"变身"冰立方"，新增冰壶场地满足办赛需求，成为世界首座完成"水冰转换"的场馆。赛后，"冰立方"一键拆除，又重新恢复为"水立方"，还迎来了冬奥会后的首场游泳赛事。

一场亚运会让杭州攒下了不少的"家底"，这些"家底"成为杭州优化公共服务、提升城市能级的宝贵财富。

比如，杭州在筹办亚运会的过程中，从场馆布局建设之初就定下了四条原则——能改不建、能修不换、能租不买、能借不租。56个竞赛场馆，新建场馆仅12个，其余44个均采取改造提升方式建成；亚残运会的19个竞赛场馆中，也有17个与亚运会同享，大大节约了场馆兴建成本。杭州亚组委相关负责人介绍，满足比赛的要求是"上半篇文章"，赛后的可持续利用是"下半篇文章"，所有亚运场馆在开始建设改造的时候就在谋划赛后利用问题了。

除体育场馆外，借亚运筹办契机，杭州还利用高架下、废置厂房等城市"边角料"建成了113.1万平方米的各类嵌入式运动场地。这些都成为城市发展惠民的重要载体。

二

本届亚运会项目为历届之最，亚运会的筹备与举办带动了国内运动热潮。据统计，2023年浙江各地运动健身类消费同比上年实现翻倍增长。亚运期间，跑步、游泳、撸铁、瑜伽……从健身房到

"15分钟健身圈"，城市的角角落落都留下了人们运动的身影。

亚运会带来了体育运动的"一时热"，值得思考的是，"后亚运时代"，如何让体育运动"一直热"？笔者想到了三句话。

让"赛""会"成为城市常态。亚运激情点燃运动热情，其辐射效应远超不少观众的预期，有观众直言"不是亲眼观赛的话，我都不知道自己如此热爱竞技体育"；同时，亚运会期间，杭州13个区、县（市）共建立3000余个亚运城市志愿服务点，148万余名市民成为"爱杭城"亚运城市志愿者，为后续大型赛会举办留下了扎实的志愿群体。

着眼以"赛"养"馆"，杭州定下了两个量化目标：到2025年，成功举办3项国际单项体育组织顶级赛事，每年举办高等级赛事10项以上；到2035年，争取再举办一次高级别的综合性赛事和3至5个顶级单项赛事。当一项项国际"赛""会"落地成真，场馆自然闲不下来，群众的运动热情自然也冷不下来。

让体育设施敞开门、不"打烊"。开赛前，杭州亚运会竞赛场馆和训练场馆就陆续向公众开放，接待市民超千万人次，真正将惠民落到实处；赛后，56个比赛场馆中，8个高校场馆将对学校教学开放，其余48个场馆将全部对社会开放，实现亚运流量到日常"留量"的华丽转身。

为了提高场馆使用率，各个场馆"八仙过海，各显神通"，不仅"我家大门常打开"，还绞尽脑汁"请进来"。比如黄龙体育中心，不仅整合开放了篮球、游泳等13个全民健身项目，还设计建造了一条1000米长的空中跑道，吸引市民朋友前来运动健身。

让更多冷门项目"热起来"。此次杭州亚运会上，除了大家津津乐道的热门项目，不少冷门项目也"热"了起来。更重要的是，这种魅力与热情走出了赛场，走进了老百姓的生活，越来越多小众体育项目被人们熟知并喜爱。比如，金华通过"藤球进校园"活动，让藤球运动在14所学校"扎根发芽"；温州瓯海引入顶级龙舟赛事，持续打响"看龙舟，到温州"的品牌。

三

大型体育赛事的影响，不只是设施硬件、形象"颜值"的改变，更是精神的加持、文化的赋能。杭州亚运会开幕前夕，习近平总书记考察浙江时指出，运用杭州亚运会亚残运会、世界互联网大会等窗口加强文化交流传播，不断提升中国文化感染力和中华文明影响力。

透过杭州亚运会这扇窗，浙江的深厚文化底蕴和发展活力得到充分展现，世界更好地领略到"诗画江南、活力浙江"的风采。

比如，体育与文化交织相融。杭州亚运会吉祥物"江南忆"萃取良渚古城、大运河、西湖三大世界文化遗产，火炬"薪火"寓意中华文明薪火相传，会徽"潮涌"象征勇立潮头的奋进精神……无论是火炬传递还是赛场内外，"亚运情"与"中国红"并肩闪耀，古老与现代交相辉映。可以说，杭州亚运会这场体育盛会、文化盛宴，闪耀着中华风雅、亚洲风采，也将砥砺着浙江"勇敢立潮头、永远立潮头"。

比如，科技与生活同频共振。在杭州亚运会开幕式上，全球超1亿人成为"数字火炬手"，数字人"弄潮儿"承载众望点燃火炬；竞技场里，云技术让计时记分速度大幅提升，萌萌的机器狗来回运送铁饼；赛场外，数字智慧动态管理提高车辆流通效率，最大限度用好道路资源……

　　一项项"硬核"科技于杭州亚运会上被看见，在杭州亚残运会上，这些科技又带给我们柔软的感动。比如，脑波控制的智能仿生手点燃主火炬；手语数字人让听障者看见"声音"；全面布局无障碍设施点位……可以说，亚运会上的科技展现在进一步推动城市治理精细化的同时，也让我们看到，科技让城市无"碍"更有爱。

　　再如，中国与世界"双向奔赴"。回首"三个亚运"，它们见证着中国与世界的相遇。1990年北京亚运会，我们是一个高度期盼的中国，拥抱世界；2010年广州亚运会，我们是一个高速增长的中国，走近世界；2023年杭州亚运会，我们是一个高质量发展的中国，影响世界。杭州亚运会的举办，为浙江持续提升国际影响力、打造高能级开放大省提供了难得机遇，有利于实现视角升维、目标升级、定位升格。

　　"赛时看赛事，赛后看城市。"一场体育赛事的落幕，正是另一场大赛的开始。不说再见，因为杭州亚运会的"果实"满枝时时见，并如杭城桂香沁人心、飘四海。

徐伟伟　叶商伦　祝融融　徐霞　执笔

2023年10月30日

朋友圈带来的不该是社交负担

> 我们真正喜欢的、欢迎的，是没有太多人情负担、也不用太刻意包装经营的朋友圈，它是纯粹、真实的小天地。

相信有不少人每天起床第一件事，就是拿起手机刷个朋友圈，也有不少人早已养成随时随地刷"圈"、大事小事发"圈"的习惯。

不可否认，朋友圈已深度融入我们的生活，成为大家互相展示、互相了解的一片小天地。这正应了那句话，"你站在桥上看风景，看风景的人在楼上看你"。

在"看"和"被看"的过程中，人们的生活方式发生了改变，获得幸福感的同时也产生一些烦恼，甚至有人认为，"朋友圈已经沦为社交负担"，这值得思考。

一

朋友圈是个人社交圈的延伸，不同人的性格和行为，往往造就了不同类型的朋友圈。

元气满满型。现实中不乏一类人，他们十分乐于分享日常，事无巨细地呈现每一份喜怒哀乐。做了一桌好菜、来了一场 Citywalk、路边偶遇小野猫、搬了新房、孩子开学、看到好文章，生活中和工作中遇到顺心的不顺心的……都是触发发朋友圈的开关。

过期不候型。朋友圈有限时可见功能，部分人设置了三天可见、一个月可见或半年可见。有媒体曾进行调查，63.9%的受访者设置了三天可见，51.5%的受访者觉得使用此功能"能更好地保护自己"。当用户设置了限时可见后，朋友圈内容呈现就变得更加短暂和有限。

归类分组型。朋友圈的一个显著特点就是把线下不同社交圈整合到了线上同一个圈子，把不同角色都聚集在了一起。人们给朋友圈好友贴上"家人""学校""工作"等标签，进行分组归类，发朋友圈时对特定标签的人群可见，从而达到向不同好友定向展现不同形象的目的。

精准"营销"型。有的人把朋友圈当作维护关系的平台。发什么、怎么发、什么时候发，想要达到怎样的目的，都经过一定思量；还有的人将之当成推广营销的渠道，向好友推介各种各样的产品和服务，朋友圈俨然成为"生意场"。

二

不同于线下以亲缘、地缘、学缘关系为纽带的熟人社会，在朋友圈中形成的社会，是熟人和陌生人混杂的"社会"，人们与每个微信好友的"联结性"各不相同。不同类型朋友圈的背后是不同的心理，值得剖析。

一方面，人是社会的人，需要通过不断分享来填充生活、获得认同。根据马斯洛需求层次理论中的"尊重需求"：人类在生活中会做一些特定的行为来提升他人对自己的认同感。尤其在社交媒体时代，人们希望通过网络上的信息交流与共享来展现"第二个自我"，给他人留下良好印象。

在朋友圈获取认同最直接的方式，就是通过"晒"来获得好友的点赞与评论。比如，部分人在朋友圈中分享内容时，不管是视频、照片，还是文案、观点，都会经过精挑细选、精磨细琢，从而把自己更加优异的一面呈现出来。

另一方面，人类另一种本能的心理需求，是希望拥有一方私人空间。随着通讯录列表中好友越来越多，有很多仅有一面之交，还有些出于办事方便或礼仪周全等而临时添加的"弱关系"也出现在列表中，一些人就会产生一种"不安全感"。

从心理角度分析，人渴望交流诉说，但又不愿向所有人敞开心扉；渴望展示自我，却又不希望将自己的每一丝一毫都展现给他人，担心其他人无限接近个人生活圈……这自然就促使一些人不断调适着与他人交往的方式和距离，甚至为朋友圈上了一把"时间的锁"。

此外，信息超载、角色超载使得一部分人产生"朋友圈倦怠情绪"。比如，很多人希望从朋友圈中看到有价值的优质内容，但"圈"中不乏一些集赞投票、微商广告、营销软文等低效信息；此外，现实生活中，面对同事、亲人、朋友，人们往往会呈现出不同的行为模式。一旦不加区分地整合到线上，部分人就觉得无所适从，表现出的行为就是热情降低，或干脆不用。

三

对待朋友圈，不管是积极塑造自己、呈现自己，还是加密上锁、"闭门谢客"，每个人都有自己的考量和需求，这都可以理解。而我们也应理性看待这扇"窗户"。对此，笔者有几点想法。

营造"围炉煮茶式"的轻松，摒弃"加班式"的费神。当"拍照两分钟，修图一小时"成为日常，朋友圈就变成了另一种"工作式"劳心，从而偏离了休闲的意义。不妨多一些与朋友围炉煮茶、促膝夜话式的心境，在朋友圈展现真实的自我，轻松你我他。

朋友圈不是法外之地。当下"人人都有麦克风"，各种信息特别容易被断章取义式、添油加醋式传播，这背后不乏一些居心叵测者。近几年，因在朋友圈造谣被处理的案件屡见不鲜。

比如，曾有大学生在朋友圈捏造事实诽谤他人，严重影响对方精神生活，不仅被处以行政拘留，还被开除学籍，害人害己，令人惋惜。因此，在使用朋友圈时还需秉持"不造谣、不信谣、不传谣"原则，对自己的言论负责。在转发他人的内容时，也要有辨别能力。

构建虚拟的朋友圈，也别忘现实的朋友圈。借用一句网络流行语："世间最远的距离，就是朋友坐在你的对面，而你却在浏览朋友圈。"希望通过刷朋友圈来获得满足感无可厚非，但它终究只是现实社交圈的延伸、补充。别忘了，最足的安全感一定来源于身边的人、现实的生活。

都说"人生若只如初见"，笔者想说，朋友圈也需要"初见"。当然，这并不是说，我们多么怀念从前的朋友圈，而是说，我们真正喜欢的、欢迎的，是没有太多人情负担、也不用太刻意包装经营的朋友圈，它是纯粹、真实的小天地。如此，朋友圈就不会成为社交负担，朋友圈的朋友也更够朋友。

许小伟　蒋三军　毛黎勇　执笔

2023 年 10 月 31 日

本书编委会

主　　任：赵　承

副主任：来颖杰　　虞汉胤

成　　员：邢晓飞　　郑　毅　　郑一杰　　李　攀

本书编写组

李　攀　　郑梦莹　　王思琦　　孔　越

杨　阳

话与时新

（中）

之江轩———— 编著

浙江人民出版社

图书在版编目（CIP）数据

话与时新 / 之江轩编著. -- 杭州 ： 浙江人民出版
社，2025. 1. -- ISBN 978-7-213-11815-9

Ⅰ. D609. 9-53

中国国家版本馆 CIP 数据核字第 2024CQ6975 号

目录

涵养文明乡风须向五大顽疾开刀

> 尽管"村貌易改，乡风难移"，但是这块"骨头"再硬，也要把它啃下来。

我们在建党百年的光辉时刻，历史性地解决了困扰中华民族几千年的绝对贫困问题，全面建成了小康社会。脱贫攻坚以后，如何把精神文明和文化建设越搞越好？如何让文明新风在全国上下蔚然成风？这是接下来推动乡村振兴的重要内容和保障。

乡村振兴既要塑形、又要铸魂，其中移风易俗是关键抓手。近些年，全国各地移风易俗的社会氛围日益浓厚，越来越多的地区开始新事新办，追求文明新风尚。然而，大操大办、赌博、迷信等陈规陋习，"娶不起""死不起"等问题在一些农村地区仍不同程度地存在，不仅给广大农民造成负担和困扰，也扭曲了正常的社会价值观。

在培塑良好乡风文明的过程中，有哪些问题需要大力整治？笔者梳理了相对突出的五个顽疾。

顽疾一：屡禁不绝的高价彩礼

近些年，我国年轻人的婚恋观发生了很大改变，"低彩礼"甚至"零彩礼"已逐渐流行开来。一些地方在积极倡导新型"为爱添彩"的方式，很值得点赞。比如，用礼金为父母购买养老保险、为新人举办集体婚礼等。这些活动的"仪式感"并不比彩礼逊色，钱也真正花在了刀刃上。

但也有的地方彩礼一路飙升，少则十几万元，多的上百万元，成为不少家庭的沉重负担。据媒体报道，西部某地一名男子因女友父母彩礼要价最低 28.8 万元，无奈之下致信女方所在地县长求整治。

彩礼是一种礼节、一种尊重、一份承诺，所以嫁娶之事难免会涉及彩礼。但婚姻不是一桩买卖交易，我们不能简单以这个金额来衡量爱情的成色。彩礼一旦成为索要、炫耀、攀比、跟风的工具，就不再是联系两个家庭的"纽带"，而是成为物化婚姻的"计算器"、阻碍幸福的"绊脚石"。共筑小家是一个长期的过程，少一些"面子工程"、多一些"心心相印"，彩礼打折，情意不会打折。

顽疾二：本末倒置的厚葬薄养

老话说"百善孝为先"，生前奉养、死后奉葬本是为人子女之常情，如果本末倒置、重葬轻养，就大错特错了。如，有的生前不尽心供养，父母去世后却大办特办，借以炫耀，赚取"孝子"口碑。有的办理丧事比热闹，西乐队、腰鼓队、车队……送葬队伍如长龙一般，甚至劲歌热舞齐上场，让人不知是喜还是丧。有的热衷修墓，在墓地上大搞文章，重金建"椅子墓""豪华墓""活人墓"等等。

孝道是中华民族的传统美德和宝贵财富，深深熔铸在中华儿女的灵魂和血液里，我们理应将它世世代代发扬光大、传承下去。"孝"是让父母享福，而不是给别人演戏。"祭而丰不如养之厚""悔之晚何若谨于前"，要把自己所能想到的每一份孝心都用在生前，多一些关爱、多一些陪伴，而非等到"子欲养而亲不待"时后悔莫及。而逝后攀比这些歪风邪气应及时抑制，阻止其滋长蔓延。

顽疾三：尚未根除的迷信思想

一些农村地区封建迷信思想根深蒂固、难以根除。有的人生了病或受了惊，不去看医生，而是直接找法师巫婆等"神医"驱妖避邪，浪费钱财不说，还耽误治疗。有的热衷算命、相术、看风水，大事小情都要找"先生"测一测、算一算。在互联网兴起后，占卜、算命甚至披上了高科技的外衣，改头换面，通过网络渗透到诸多角落。

为什么有些人明明知道那是假的，却依然掉入迷信陷阱？其实并不是迷信这东西有多高明和玄乎，而在于一个人信仰信念的缺失，错误地想通过迷信去驱动命运的齿轮。

要根除封建迷信之毒绝非易事，必要的科普固然少不了，对于各类躺平吸金的"骗局"也必须持续打击，更为重要的一点是：人的精神支柱必须挺立起来，始终坚信唯有扎扎实实地努力、切切实实地追求，才是改变命运、实现理想的不二法宝。

顽疾四：不堪重负的人情往来

一些地方人情往来名目繁多，"有事酒"大办，"无事酒"常办，除婚丧嫁娶外，添丁增岁、升学就业、乔迁新居、新店开业要宴请，孩子上幼儿园、买了新车要宴请，甚至有的农村母猪下崽了都要宴请，着实离谱。想着"不请没面子""随出去的必须拿回来"，人情往来规模愈大、频次愈密、金额愈高，在"攀比风"的演变下，"人情债"逐渐演变成了被强制消费的"奢侈品"。

有数据显示，全国范围内人情消费占家庭（年）总支出的10%—20%，总计金额平均在6000—10000元，农村地区的比例和金额比城市更高。今年中秋国庆长假，就有不少网民在网上吐槽，"还没放假已收到8张邀请卡""这年头儿，随200元都感觉拿不出手，随500元都不好意思去吃席"。

所谓"份子钱"，重的是"情分"不是"钱"，"礼金"重的是"礼"而不是"金"，互帮互助、相亲相爱才是人情往来的内核。只有让人与人之间的交往"返璞归真"，狠刹大操大办、盲目攀比之风，才能真正摆脱令人苦不堪言的"人情怪圈"。

顽疾五：潜滋暗长的低俗娱乐

有些农村地区赌博之风盛行，特别是逢年过节时，经常有人三五成群聚在棋牌室里"废寝忘食""通宵达旦"，从"小赌怡情"到越玩越大，最后一发不可收拾，不少人因此倾家荡产。此外，低俗表演、低俗婚闹也时有出现，色情、暴力、粗俗语言等元素依然存在，一些追求低级趣味的不雅风潮潜滋暗长。

这些所谓的"休闲娱乐"降低了审美情趣，消耗了大好光阴，也污染了农村的风气环境。这当中，既有习惯了浅表性打发时间的个人主观原因，也有农村地区文化资源相对较少的现实原因，这些都需要我们去着力推动解决。

以上这些旧风陋俗，长久以来在诸多方面因素的影响下形成和固化，不同地区有不同程度的存在，不同地区也有不同形式的表现。尽管"村貌易改，乡风难移"，但是这块"骨头"再硬，也要把它啃下来。

习近平总书记强调，"加强农村精神文明建设，培育文明乡风"，"农村移风易俗重在常抓不懈，找准实际推动的具体办法，创新用好村规民约等手段，倡导性和约束性措施并举，绵绵用力，成风化俗，坚持下去，一定能见到好的效果"。

移风易俗还是一个基层治理的问题，不能一味求新、求快，简单"一禁了之"，而要锚定长远、堵疏结合、标本兼治。用村规民约去约束、去倒逼，清晰地告诉大家哪些要大力倡导，哪些要坚决革除，在正常的人情往来与陈规陋习之间划清界限。

榜样的力量是无穷的，每个地方都有大量邻里守望、敬老爱幼等先进典型，要通过更具激励效应的手段将他们弘扬开来。除此以外，我们还要注重文化的滋养，加快消弭城乡之间文化供给鸿沟，让村民们的脑袋和钱袋一起富起来。

总而言之，要把老百姓朴素的情感追求与文明的表达方式对接起来，将中华优秀传统文化和现代文明融为一体。当这些春风化雨地渗透到人们的生产生活方式中，相信一定能够完成这场悄无声息的变革。

　　　　　　　　　　　　　徐婷　陆家颐　倪海飞　执笔

　　　　　　　　　　　　　　　2023 年 10 月 31 日

别让网络"烂梗"侵蚀人心

> 在网络土壤加持下,"烂梗"被快速传播、转换放大,容易造成强化偏见、破坏心智等不良影响。

有人说,我们已进入一个"万物皆梗"的时代,言必带"梗"、无"梗"不欢。小到一个符号、一张图片,大到一个地区、一个时段,都可入"梗",创造了一种独特的文化景观和网络语境。

客观看来,部分网络"热梗"的兴起,在一定程度上是时代精神风尚的体现。但与此同时,一些恶俗低劣的"烂梗"也不断引发社会关注。所谓网络"烂梗",一般指那些被滥用、无趣低俗,甚至存在恶意嘲讽、造谣污蔑、抹黑攻击等意味的网络表达。在笔者看来,在网络土壤加持下,"烂梗"被快速传播、转换放大,容易造成强化偏见、破坏心智等不良影响。不能任由其发展,更不能像一些主播一样将之等同于正常的语言使用现象而为之辩护。

为此,笔者针对部分网络"烂梗"的典型案例,对其表现、危害进行分析,希望引起大家的重视和警惕。

一、借"梗"戏谑，伤害他人感情

有些"梗"在诞生之初仅是一种群体情绪的加密表达，但在流传过程中逐渐变质。比如"你这个老六"等，原本是一种调侃，指的是游戏中那些躲起来自保的玩家，渐渐演变成指代内心阴险、喜欢在背地里搞偷袭的人。有的"梗"本身从字面上看挺好，涵义却带着攻击性。比如"远方传来风笛"，起初是一句歌词，后来被用来指代"滚"的意思。

这些"梗"的传播者，有时的出发点可能是调侃戏谑，却有可能伤害到他人感情甚至是名誉尊严，有的甚至已经触碰到法律底线。

二、恶意造"梗"，渲染恐怖氛围

部分自媒体和网友热衷于借助社会上的热点刑事案件、悲剧事件造"梗"，通过"调侃悲剧、恶搞苦难"博关注。比如2020年引发社会高度关注的某"杀妻分尸"案，被人制作成"梗"在网上快速传播，一时间"化粪池警告""不听话的时候两吨水解决一切问题""绞肉机警告"等"梗"开始频繁出现在各种涉及夫妻问题的场合，甚至变成了一些绞肉机商家的营销广告。此外，还有诸如"XX一时爽，全家火葬场""三年血赚，死刑不亏""一起去爬山吗"等"梗"，营造了一种阴森恐怖的网络氛围。

有人一语中的地指出：这种消解悲剧与受害者的"烂梗"，会在无形中消解普通人的同理心，具有一定的社会破坏性。

三、污"梗"充斥，侵袭儿童身心

一些低俗无趣、违背良俗，甚至携带暴力色情的污"梗"在少年儿童的日常生活中蔓延，引发家长和老师们的普遍担忧。比如有人指出"想你的腿，亲你的嘴"，这原本是网络歌曲的一句歌词，但其爆火的地方却是幼儿园。再如"白雪公主和贝儿"系列等成人化的"梗"，容易对孩子们的心智和情感带来不良影响，也令家长们深恶痛绝。此外，如"磕CP"等"梗"在少儿生活中蔓延，也令不少家长忧心忡忡。

有媒体调查显示：超过83%的参与者表示，发现孩子在日常说话中使用网络"烂梗"；有75%的参与者明确表示，对孩子说话使用"烂梗"的现象很反感，但似乎又"无计可施"，需要全社会加以警惕，共同应对。

四、过度玩"梗"，扭曲审美认知

部分短视频和综艺节目为迎合一些网友的低俗情趣，刻意制造浮夸低劣的"烂梗"吸引流量，已成为网友接触"烂梗"的高频地带。比如网上有一则关于网络"热梗"的视频：一群奇装异服、表情夸张、举止怪诞的人，"激情"演绎"我没K""不噜biu不噜biu""恐龙扛狼扛狼扛""鸡哔你"等"网梗"，成为一场"审丑"盛宴。再如"年少不知阿姨好，错把少女当成宝""少走XX年弯路"等"梗"也在无形中传递着不劳而获、不思进取、"傍大款"等不良思想。

有人总结，这类"烂梗"将语言、表达行为过度娱乐化，反映了审美向洗脑、魔性、低俗、流量妥协，陷入了"无内涵、无意义、无品味"的"三无烂梗"队伍。

五、"梗"化热点，抹黑地域形象

把某地域通过一些典故、热点事件进行"梗"化，加以嘲讽，虽然很多人仅将此当作一般性的调侃娱乐，但在某种程度上已造成抹黑攻击。如前不久针对南阳"迷笛音乐节"，掀起了一场"地域黑"，其中"桃花源怎么消失的""得是关张这样的人才看得住马"等"网梗"也"功不可没"。此外，还有诸如"江西彩礼高""一提山西人都是煤老板"等"梗"也随处可见。

需要指出的是，部分网友抓住一些个别事件，一味玩"梗"调侃，具有很强的暗示诱导性，非但无趣无味，还容易操纵社会情绪，伤害地方感情。

六、筑"梗"为笼，僵化思想情感

有媒体指出，"烂梗"处在语言的下沉方位，充斥着重复、夸张、人云亦云，它会让人患上"文字失语症"。"浙江宣传"曾发文《被"梗"住的表达》，剖析了过度"玩梗"对于青少年表达力和思考力的不良影响，引发广泛认同。笔者认为，语言就是思维方式，当前层出不穷的网络"烂梗"，有的生搬硬造，有的简单缩写，还有的乱用谐音，本身就反映了思想情感、思维方式的局限、贫乏。

正如有人指出的，曾经流行一时的"蓝瘦香菇""你这个老六"

"绝绝子"等，现在看来是如此老土、无聊，令人厌烦。而长期生活在一些网络"烂梗"中，思想情感也会变得空洞。

最后，笔者想说的是，"网梗"的出现，是网络发展的必然现象，某种程度上也是网友表达情绪的需要，是对现实生活的一种调节，具有广泛的用户基础。"网梗"的正确引导使用，对于网络文化是一种丰富和创新。

但另一方面，网络"烂梗"的不良影响也不容忽视，我们要对恶俗"烂梗"坚决说"不"，同时要对那些刻意制造、传播"烂梗"以博流量牟利的短视频、网络主播、综艺节目、低俗桥段进行严肃整治。

胡祖平　林利宏　执笔

2023 年 11 月 1 日

"蓝色循环"凭啥在全球"冒尖儿"

> 而对治理"海塑"等环境污染问题来说，多捡一个瓶子、多发出一声号召、多买一个再生用品，都是书写好"循环"文章的有力支撑，也是值得再发力的方向。

10月30日，浙江再获"地球卫士奖"："蓝色循环"项目喜获联合国环境规划署（UNEP）"地球卫士奖"——商界卓识奖。

如果说，2018年"千万工程"获"地球卫士奖"——激励与行动奖，是对美丽乡村、美美与共的褒奖；2019年"支付宝蚂蚁森林"又获"地球卫士奖"——激励与行动奖，是对"蚂蚁森林"掀起老老少少"攒能量"种树参与生态建设的点赞；那么此次"蓝色循环"项目获"地球卫士奖"——商界卓识奖，则是对海洋"减塑"、百姓共富的充分肯定。

三获联合国最高环保荣誉，意义非同一般。那么，"蓝色循环"项目究竟有什么独特魅力？是什么使它从全球2500个申报项目中"冒尖儿"？

一

很多人或许不知道，当前全球海洋正遭受7500万吨至1.99亿吨塑料垃圾的污染，科学家更在人类胎盘、母乳、血液中检测到了微塑料。混着塑料垃圾的这片蔚蓝，已然是在艰难支撑，"大海捞塑"行动刻不容缓。

"蓝色循环"项目获得国际认可的奥秘，就在于其致力于海洋生态环境保护，紧盯痛点难点问题，击破了"老大难"。笔者发现，其非凡之处在于较好地把握了海洋塑料垃圾治理的关键。

我们该如何回馈海、照顾海？"蓝色循环"项目，简而言之，就是通过"政府引导＋市场运作"的模式，构建起海洋塑料垃圾"市场化垃圾收集—高值化资源利用—国际化认证增值"的流程体系，垃圾由"海漂"进入"小蓝之家"海洋垃圾收集点，又被加工成塑料颗粒，最后变成再生产品，形成可循环价值链。

"蓝色循环"项目实现了治理的全流程。海洋废弃物"收集—运输—储存—处置—再生制造"环环相扣，通过整体施策形成了正向循环，提高了项目的成功率，给了"海塑"精准而持久的治理。

然而，如果单纯靠政府补贴渔民回收"海塑"，往往动力较弱，清理回收会变得"有一搭没一搭"。对此，"蓝色循环"项目在"海塑"溢价与碳交易红利的基础上，将20%的资金作为"蓝色生态共富基金"，开展物资补贴、绿色信贷、缴纳社保等增值服务。

基于此，低收入渔民有了社保，不断增收，有的还获得了绿色贷款；再生塑料加工企业实现降本增效；生产企业使用绿色原料，通过碳足迹标定和碳减排指标交易，获得更多的国际话语权和认可度……治理的困境变成了共富的红利。

值得一提的是，在这场"大海捞塑"的行动中，谁都没有落下。沿海低收入居民、渔民、船舶主等组成实体化收集队伍；运营企业、产业链企业、认证机构等多元主体组建了"蓝色联盟"公益组织；志愿者等社会力量，着力实施"清洁海滩"等公益行动。人人都参与进来，共促"再造的美"。

二

有人评价，"蓝色循环"项目让海洋流动出了"循环美学"。自2020年起，该项目至今已累计收集塑料废弃物2254吨，减少碳排放约2930吨，成为目前全国单体回收海洋塑料废弃物量最大的项目。

不禁要问，"蓝色循环"项目缘何在浙江大放光彩？回望来时路，我们或许可以找到答案。

比如，先行理念的引路护航。习近平同志在浙江工作时强调，发展海洋经济，绝不能以牺牲海洋生态环境为代价，不能走先污染后治理的路子，一定要坚持开发与保护并举的方针，全面促进海洋经济可持续发展。在"八八战略"中，"绿色浙江"和"大力发展海洋经济"成为关键的理念指引。《浙江省海洋经济发展"十四五"规划》还将"海洋生态文明建设成为标杆"立为目标之一。正是政策的高瞻远瞩和一任接着一任干的一以贯之，给了"蓝色循环"项目成长的沃土。

比如，得天独厚的蔚蓝宝藏。浙江海域面积有26万平方公里，是全国岛屿最多的省份，"浙"里的海岸线超6000公里，其中大陆海岸线长度居全国第五，守护好地球母亲赋予的蔚蓝宝藏，我们责无旁贷。在浙江的这片海上，探索出"海塑"治理的成功路径、展现万里波涛的美丽风采，也是展现"浙江之窗"、向全世界贡献中国智慧的应有之道。

再如，数智家底的有力加持。浙江拥有数字技术的深厚家底，这一加持使"蓝色循环"项目得以高效推行：收集网络化，"5G物联网＋区块链"技术助力打造"海洋云仓"；流程可视化，转运的过程得以在平台系统清晰可见，比如由再生塑料制成的手机壳上贴有追溯码，一扫便知塑料的"前世今生"。

三

"蓝色循环"项目，实现了减污降碳与绿色共富的同频共振，获得"地球卫士奖"，既是褒奖也是新的期望。接下来，如何深入推进"蓝色循环"模式、守护蓝色星球？

世界大洋相通，各国命运相牵。当前，日本核污染水在两轮排海约1.56万吨之后，又将从11月2日起进行第三轮排海，一意孤行充当"海洋污染者"；又有多国捕鲸业为谋求利润肆意行动，屡禁不止，令人心痛；石油、工业和塑料污染影响着海洋动物生存……如此种种都对海洋生态造成了不可估量的危害，这也呼吁世界各国放眼长远，共同扛起"海洋卫士"的责任和使命。

实际上，可以更多动员各方探索参与到这场"蓝色循环"当中，提高社会参与度，形成护海之力。当更多国家、更多力量参与进来，当海滨旅客、沿海民众、生产企业融在一起，当再生塑料加工商和消费者更加贴近，这场海洋的"清塑保卫战"才会有更持久的战斗力。

"循环美学"绽放在一点一滴中。保护环境,每个人都不是局外人。而对治理"海塑"等环境污染问题来说,多捡一个瓶子、多发出一声号召、多买一个再生用品,都是书写好"循环"文章的有力支撑,也是值得再发力的方向。当涓滴之力汇成海,更多资源进入循环,滩净海清将得以实现,海洋垃圾也能变为"海洋宝藏"。

高分纪录片《蓝色星球》中,海洋浩瀚深邃,神秘莫测又美丽动人。蔚蓝的海水,无尽的宝藏,这是人类赖以生存的家园,也是推动文明前行的动力,期待更多像"蓝色循环"这样的"地球卫士",让未来更蔚蓝。

牛珠玉　王雯　冯元群　王云长　执笔

2023 年 11 月 1 日

老书场的焕新之路

坚守不是固守，变革也非蛮干，艺术有其魅力，或许正与其包罗万象、"日日新，又日新"的特征密不可分。

"说书唱戏劝人方，三条大道走中央；善恶到头终有报，人间正道是沧桑。"老书场内，定场诗吟罢，说书人口若悬河，听书人如痴如醉，待到一声"惊堂木"，众人才惊觉梦醒。

从北宋《东京梦华录》中的"瓦舍勾栏""日日如是"，到明清时期"每茶坊皆有说书人"的盛况，再到如今各地各具特色的百年老书场，听书听曲可谓刻在很多中国人DNA里的偏爱。

最近有一个流行词——"血脉觉醒"，用以指代年轻人对传统文化的重新认识与接纳。各地的老书场是怎么摇身一变，成为年轻人"血脉觉醒"后的打卡新地标的？

一

从字面上看，书场缀以"老"字，不仅标注了它的历史积淀，也透露出其在文化传承方面的作用。有网友形容老书场，"看的是台上嬉笑，品的是百样人生""越长大越感受到老祖宗的审美有多高级"。

那么，老书场的味道，因何能在岁月磨洗中愈加香醇？

传统曲艺的原汁原味。传统曲艺是书场的核心与灵魂，书场因曲艺而名，曲艺借书场而兴。其叫好又叫座的秘诀无他，唯"地道"二字。在绍兴，只需一张电影票钱，就能在书场内感受扑面而来的越风越韵。每逢节假日，越州书苑场场爆满，不仅丰富了本地人的业余生活，也成为旅客打卡晒圈的热门景点。

一方水土养一方人的乡土味。在绝大多数传统曲艺中，使用本地方言、加入本地文化是一条"金不换"的铁律。正如浙江嵊州方言是越剧念白的源头，黄梅戏以安徽安庆地区民间音乐为基调，不使用河南"中州语"就唱不出豫剧的高亢激昂，只有"吼"出来的"关中音"才显得秦腔古朴粗犷……老书场"保存"了丰富多彩的地域文化，无疑是了解地方文化的窗口。

"快意恩仇"的江湖味。扬善惩恶是许多传统文艺的叙事母题，书场里的悠悠千秋，传递着中国传统文化中是非善恶的价值理念。《杨家将》《说岳全传》等曲艺母题中的"忠"，《赵氏孤儿》《五女拜寿》里的"孝"，《劝人方》《锁麟囊》中的"善"……千百年来，寓教化于娱乐的曲艺潜移默化地塑造着观众的是非荣辱观，赓续着经典故事中蕴藏的文化基因。

二

"把古往今来重新说起，将悲欢离合再叙从头。"老书场是时代产物，但并未淹没在时间的洪流中，其屹立不倒的秘诀就在于它与时代相向而行。在时间的千淘万漉中，不大的老书场锤炼出新绝活，招揽八方来客。

比如，孵化了新业态。近年来，不少老书场拥抱新技术、升级新服务，不断衍生出各具特色的业态，为传统曲艺的传承发扬增添了内生活力。像山东济南百花剧场主打"主题展览＋剧场演出＋文化体验"，融入汉服体验、雅集、文创、主题茶舍等业态，打造沉浸式体验剧场。书场内不仅能听书听曲，更有一条龙的文化服务，拓展了书场的"边界"。

比如，圈粉了新票友。有京剧演员曾说，世界上只有两种人，一种喜欢京剧，另一种不知道自己喜欢京剧。让不知道自己是否喜欢曲艺的"后浪"们走进书场，从而爱上曲艺，是必须要破解的课题。

让老书场赢得新观众，其中一把密钥就是打破所谓年轻人和传统书场之间存在的隔阂。像苏州市评弹团，创作改编了一批描述苏州美景、时代新风等主题的作品，年轻观众在评弹馆前大排长龙，走出场馆后仍津津乐道，不仅享受了艺术盛宴，还汲取了时代养分，不能不说是戳中了年轻一代的"点"。

再如，生发了新样式。左手评弹，右手脱口秀，有着70多年历史的杭州大华书场凭借横贯中西、融汇古今的"混搭"赢得了人气。在年轻观众看来，接地气、抵人心的脱口秀，就像是一种妙趣横生的"新曲艺"，老书场也俨然成为特殊的"Livehouse"。

可以说，此类演出并非艺术形式的简单叠加，而是新旧语言艺术的耦合，其迸发出的新样式往往能取得"1＋1＞2"的效果。其实，不仅是脱口秀，话剧、歌剧、哑剧、木偶剧、情景喜剧等都曾与老书场"擦"出新火花，上演了艺术碰撞与古今对话。

三

门庭若市、高朋满座，老书场有其旧时辉煌；革故鼎新、与时俱进，老书场亦有年轻风尚。款款走向未来的老书场，通过各种形式的"吐故纳新"来实现曲艺文化的"新陈代谢"。对于老书场的焕新之路，笔者想到三句话。

只有"潮"起来，才能"传"下去。从广东举办"非遗少年说"展示活动，到00后小演员"变身"刀马旦……"潮"起来的"非遗"，带领更多年轻人领略传统曲艺的魅力，影响着他们的审美，吸引着他们的加入，更让人们看到了传统艺术在美育中传承、在融合中创新的更多想象。

既有阳春白雪，也有下里巴人。"浙北淳民聆曩年风云变幻，江南雅韵颂今日歌舞升平"，这是嘉善天凝书场悬挂的一副楹联。在这里，在每场书的开头10分钟，评弹演员都要把老百姓关注的新闻热点编成曲艺，作为开篇进行演唱。新近发生的，也是最令人感同身受的。

老书场是"说话"的地方，也是交流感情的平台，雅俗共赏是它既有艺术格调又格外亲民的标签。在这里，庙堂之高到江湖之远的"最后一公里"被打通，千百年来"文以载道"的艺术准则得到实践。

在坚守中变革，在变革中坚守。形式只是手段，精神内核才是书场的立身之本。坚守不是固守，变革也非蛮干，艺术有其魅力，或许正与其包罗万象、"日日新，又日新"的特征密不可分。艺术不囿于窠臼，敢于同老底子"叫板"，才能实现传统曲艺与时代脉搏的同频共振，成就新的经典。

穿越千年岁月云烟，越来越多的传统书场演绎出"老树新枝更著花"的文化现象，但其承载的传统艺术始终与市井烟火紧紧相融，在声声弹奏中，讲述着善恶美丑、演绎着百态人生。

曹起铭　沈健　张许娥　执笔

2023 年 11 月 2 日

年轻人"脆皮"究竟脆在何处

> "脆而不碎"的他们，正努力"支棱"起一道内核稳定的心墙。

前段时间，不少大学生在社交平台上晒出自己离谱的受伤经历，如"伸个懒腰脖子断了""打喷嚏致腰椎间盘突出""迟到被罚写检讨，气出心脏病"等等，缘由稀奇古怪，令人啼笑皆非，他们因此自嘲为"脆皮年轻人"。

作为一个网络"热梗"，"脆皮年轻人"指新生代青年群体，年纪轻轻小毛病却不少，因为一些无意间的动作而导致身体损伤或心理创伤，又被称为"复合型老龄青年"。那么，当代年轻人真有这么"脆"吗？年轻人的"脆"，究竟脆在何处？

—

"脆皮"一词，将年轻人的健康问题暴露无遗。实际上，造成"脆皮"的原因很多样。

一方面，年轻人追求"放浪形骸之外"，熬夜刷视频、饮食不规律、缺乏运动等长期养成的不良习惯"透支"了身体，引发各种慢性病症，进入亚健康状态。我们曾在《"朋克养生"横扫青年群体的背后》一文中进行过相关论述。

另一方面，针对年轻人"脆皮"现象，笔者认为更该把目光移至心理层面的症候。中科院曾对8万名大学生的心理健康状况作调查，发现这一群体抑郁和焦虑风险的检出率分别是21.48%和45.28%。可见，青年群体的心理健康问题不容小觑。此外，其表现维度是多方面的。

比如，日常"破防"，情绪脱轨。大到高考失利、被裁失业，小到游戏输局、体重上浮，甚至只是突然冒出的一颗痘，都能成为压垮年轻人的一根稻草。他们大喊着"我破防了"，继而不自觉地陷入情绪漩涡。

比如，生活不易，感到"蕉绿"。年轻人的焦虑有些来自外界施压，如长辈逢年过节的夺命连环问，无可遁形的同辈压力，以及"工资跟不上房价"的现实窘境；有些则来源于自我要求，对完美容貌的追求，对工作更上一层楼的期待，等等。

再如，社交恐惧，自我隐藏。大多数年轻人都有过这样的经历：和不熟的同事搭乘同一部电梯，默默掏出手机，滑动页面，假装忙碌。从低头族、"小透明"到宅文化，"社恐"似乎成了年轻人的保护色。但"社恐"未必是真正害怕、恐惧社交，而是假借其名，回避社交。

当然，"脆皮"不是个贬义词，甚至被不少年轻人拿来作梗自嘲。他们在"脆皮"的同时，却又坦然面对，用黑色幽默式表达将生活中的压力娱乐化、轻松化、戏谑化。

二

戏谑归戏谑，这也警醒我们：青年群体出现身心健康问题已成为一个较为普遍的社会现象。身处信息时代，部分年轻人的自我期待与生活现状存在的落差，向外化成了风尘仆仆的人生旅途，往内则体现为略显空虚的精神世界，两相叠加，导致他们的情绪管理面临一定困难，最终引起不同程度的"脆化"。

一方面，社会加速迭代，竞争也日益激烈，"追求最优绩效"或主动或被动地成为人生目标，给年轻人套上了无形的枷锁。相较于老一辈，年轻人的视野更开阔，需求更多样，其目标达成难度也水涨船高。高远的理想、不服输的劲头、不将就现状的背后，都需要加倍去奋斗。从学校到社会，从成绩到业绩，年轻人面临着不少压力，使身心双重疲累。

另一方面，"网生代"群体的人际交往，一定程度上存在虚拟与现实的失衡。部分人偏爱线上社交，面对直击痛点式的线下交流，习惯以内向为由搪塞。久而久之，这些未能消解的负面因子便可能成为导火索，导致情绪出现过山车式波动。

再者，社交平台的蓬勃发展，给年轻人的精神聚集提供了客观环境，"脆皮"现象一经曝出，网络算法迅速将其推送到青年群体中，在圈层内形成信息茧房。在"沉默的螺旋"作用下，一些人为追求合群积极对号入座，利用"脆皮"造梗，不知不觉陷入"虚拟狂欢"之中。这种病毒式传播滚雪球般越滚越大，造成一种到处都弥漫着"脆皮"的假象。

三

"脆皮"年轻人走红后，网络上出现了一些质疑的声音，有一种声音认为，"这不过是在无病呻吟"。但简单地贴标签、笼统地归因，无法解决年轻人的"脆皮"问题，甚至可能加深隔阂、恶化状况。我们需要走近年轻人、理解年轻人，明白年轻人的"脆皮"究竟脆在何处。

社会、家人、朋友要合力搭建"支援体系"，给予年轻人有温度的关怀。国家卫健委近年来多次发布心理疏导相关工作方案，专业心理知识通过大众科普走进青年群体，让年轻人更好地正视并接纳自己。一些高校与企事业单位以"525心理健康节"等为契机，举办模拟沙盘、倾听分享会等心理团建活动，为"脆皮"年轻人提供宣泄倾诉的环境。

家人和朋友也应多加倾听交流、亲密互动，以更包容亲近的心态理解相助，让年轻人的"脆皮"疗愈有处可栖。

而年轻人也正通过富含"Z世代"个性的方式，实现自我解救与纾困。比如，年轻人热衷于购买"爱因斯坦的大脑""好运喷雾"等虚拟"情绪商品"，这种看似不能理解的消费行为，实则是他们竭力在无趣中制造有趣，满足自己的情绪价值，获得难能可贵的悦己体验。此外，深谙互联网社群文化的青年群体活跃于各类社交平台小组中，以"抱团取暖"的方式分享故事、提供经验，一层层织密保护"脆皮"的外衣。

但值得注意的是，外部力量的介入并不是一劳永逸的解药。我们或许能从中获得一些短暂的轻松和愉悦，但要想根治情绪"顽疾"，最终还是得看个人的内在驱动力、治愈力。在实践与思考中逐步认识自我、接纳自我，是减少内耗的开始。

　　作为社会转型期青年特有的心理特质，年轻人"脆皮"现象值得被关注，但对此不应片面解读、赋予标签、一味夸大，更好地对症下药才是良策。年轻人的"脆皮"不是一种被动无能，而是一种积极应对。"脆而不碎"的他们，正努力"支棱"起一道内核稳定的心墙。对于他们，不妨少一点苛责，多一点包容、关爱。

钟璐佳　林奕琛　李林伟　执笔

2023年11月2日

武林新事

在如今杭州体育场路武林路口，古武林门的石碑竖立于此，诉说着这座古老城门的千年故事。

如果用一个词代表杭州，那么在钱塘与西湖之外，大概便是武林了。

如今，城内还有着武林广场、武林路、武林门等地名，其中的武林门，是杭州最古老的北城门。

武林门位于京杭大运河西南方向，依托大运河的水运，自隋代以来，武林门一带一直是商贾云集的繁华之所。

武林门，见证过怎样的往事？而今的武林，又在发生着怎样的新变化？

一

城墙，是一座城诞生之初的变迁骨架；城门，则标注了一座城的坐标。

城门内外，见证了千年以来城市的变迁。隋朝时，大将杨素修筑杭州城，建有12座城门，其中的北门就是后来的武林门，历史上还有过北关门、余杭门的名称。至辛亥革命后被拆除，这座城门一共历经了1000多年的岁月。

关于武林门的来源，有一个广为流传的说法：武林门南侧原有一个"高可三丈，广不满百步"的小土山，名叫"虎林山"，因为口音的问题，叫着叫着，虎林便成了武林。

杭州名士田汝成在《西湖游览志》中认为："吴音承讹，转虎为武耳……余盖疑此山为灵隐之余脉……"

口音之说，已无法考证。但有一点可以确定的是，杭州的武林，与叱咤江湖的武侠梦没有关系，它的存在，见证了杭州城因水而兴、因"运"而起的历史。隋炀帝开凿京杭大运河后，位于大运河南端的杭州，靠水运带动了城市的发展，逐渐崛起成为"东南第一州"。

面向运河的武林门，历代以来就是出入杭州城的要地。运河上的船只，到了武林门外的码头，停下卸货后，大船就地停靠或折返，货物靠纤夫拖运至小船，才能进入城内水系。

武林门外，商人从这里迎来北方的货物，带走杭州的丝绸、茶叶，旅人从这里坐船远行，沿着运河到他乡寻找生活与梦想。无数的迎来送往，汇成了一座城千年以来的日常。

宋代，苏轼曾在武林门与妻子分别。1073年，任杭州通判的苏轼，受命前往江苏赈灾，连除夕都没有回杭和家人团聚。第二年春天，苏轼写下了一首《少年游》。"去年相送，余杭门外，飞雪似杨花。今年春尽，杨花似雪，犹不见还家。"思念之情，流露在词中。

此外，宋元时期，陆游、杨万里、王冕等人也留下了武林门送行的诗词。到了清代，"朝廷恩泽自北而来，由此门入"，康熙、乾隆累计10多次南巡杭州，都是经武林门入城。

在城市的变迁之中，城门已消失不见，但武林门的名称流传了下来。在如今杭州体育场路武林路口，古武林门的石碑竖立于此，诉说着这座古老城门的千年故事。

二

城门与城事相连，到了清代，武林、艮山、凤山、清泰、望江、候潮、清波、涌金、钱塘、庆春十大古城门，沿着杭州的内环线依次分布。

每一座古城门，因其地理位置的差异，特色不一。杭州城里，至今仍流传着"武林门外鱼担儿，艮山门外丝篮儿，凤山门外跑马儿"的民谣。

武林门的"鱼担儿"，说的便是杭嘉湖一带的鱼贩们，集中在武林门外卖鱼。他们从德清、塘栖、新市、菱湖、双林摇橹而来，渔船密密麻麻铺满河面。

不只鱼贩，繁忙的漕运带来了人流，也带来了日益繁华的商业。到了傍晚时分，众多货物从船上卸载下来，形成了集市。"篝火烛照，如同白日"，夜市灯火通明，游人众多，这就是杭州著名的"北关夜市"。

千年运河静静流淌，见证着城市的扩展。但武林门一带的商业繁盛，从古代一直延续到了现代。当年武林门外折柳送别的码头，已成城市中心。

1969年，在武林门到小北门之间建起了红太阳广场，也就是现在的武林广场。在这里，诞生了著名的环北小商品市场的前身——红太阳市场，留下了众多老杭州人的回忆。

如今的武林商圈，更是浙江时尚潮流的领先者。熙熙攘攘的人群，代表了这个城市升腾的烟火气。武林的文化，在历史的变迁中以不同的方式延续着。

宋末元初时期，周密以笔记体的形式，记录下了南宋时期杭州的山川风貌、市民生活、城市建筑、四时礼仪等，名为《武林旧事》。而今的武林，运河两岸"日日新"。

三

在澎湃激荡的"钱塘江时代"，武林门走到了一个新的时期。

回顾武林门乃至杭城兴盛的历史，不难发现，大运河以及相伴相生的商贸文化是武林门的根基。新武林如何走向未来，笔者有三点想法。

续写好水的文章。从武林门码头放眼望去，大运河宛如一条生命之河，沿岸繁衍出无数文化瑰宝，都与武林门有着千丝万缕的联系。2023年6月，"大运河非遗旅游嘉年华"在拱墅区举行，串联运河沿岸八省市"非遗"项目，展示运河沿岸传统元素制成的各类文化创意产品。

未来，更当持续加大运河沿线联动规模，连点成线，聚力打造一批文商旅IP，促进运河"非遗"活态传承。

打捞记忆的锚点。从"百官门"，到今日辉煌的核心中央商贸区，武林门可以说是城市繁华的原点。若其在今天留下的只有一段三五行字的故事、一块孤零零的石碑，未免有些简单。

凭借高科技数字化手段打造新的武林门IP，还原古城门、北关夜市桨声灯影、繁华喧闹的盛景，让市民和游客真正体会到武林门、大运河的昔日盛况，在做好文旅融合的同时，也让城市文化深植于杭州的下一代之中。

火下去是硬道理。杭州，曾被马可·波罗称为"世界上最美丽华贵之天城"，是海上丝绸之路的重要城市。武林门是车马繁华的水陆码头，武林路作为全国首批商业街之一，开风气之先，在新时代的开放发展格局中，武林门的商贸文化如何继续火起来，是一个新课题。

在运河边武林门码头，有一座门楼，上面有一副楹联为"北往南来千里碧波贯今古；湖光山色满城佳气蔚葱茏"。当完成了时代使命的古城门隐于幕后，更为开放包容、开拓创新的杭城站在钱江潮头，破浪前行。

杭城的人文记忆，就在新城与旧巷之间继承与融合，为城市发展注入走向未来的动力。

陈佳婧　潘芳姗　执笔

2023年11月3日

是谁"偷"走了课间十分钟

> 用压抑和训斥达成的"普遍文静",这既非"文明"本来的样子,也易对学生身心健康发展起到反向作用。

近期,不少媒体关注中小学课间十分钟现象。"新华视点"记者调查发现,部分中小学生在课间十分钟被约束,除喝水和上厕所外,不能走出教室活动,甚至不能随意离开座位,引发舆论高度关注。一时间,"中小学生连上厕所的时间都快没了""中小学生被圈养"等话题登上热搜,"静悄悄的课间十分钟"让不少人扼腕叹息,"把课间十分钟还给孩子"的呼声愈发高涨。

那么,是谁"偷"走了宝贵的十分钟?背后又折射出哪些问题?值得我们深度思考。

——

"等待着下课,等待着放学,等待游戏的童年。"在"70后""80后"的学生生涯里,课间十分钟,是一群人打弹珠、抓石子、踢毽子、跳皮筋的游戏时间。

笔者认为，部分学校约束学生课间十分钟的做法，"作用"不大，伤害却很大，实则是得不偿失的一种"反教育"。

比如，压抑了天性。专家研究发现，儿童的天性包括好动、好奇、爱玩等。天性的发展和释放影响着孩子的成长。把孩子限制在教室里的这种做法，违背了儿童天性，剥夺了本应属于孩子的快乐，也不利于他们的心理健康。该学习时学习，该放松时放松，张弛有道方能快乐成长。

比如，限制了能力。著名教育家苏霍姆林斯基曾说："人曾是、而且永远是大自然之子。"只有尽可能多地在大地上奔跑、触摸大自然、接受阳光雨露滋养，孩子才能拥有更好的动手能力和丰富的想象力、创造力。一个总是埋首在书桌前的孩子，又如何能尽情感受大自然的多姿多彩？

比如，妨碍了交往。有的家长反映，由于课间不能游戏，孩子朋友很少，一段时间下来只交到"两个朋友"——同桌和后桌。有的孩子甚至因为朋友少而产生厌学情绪。社交活动不是成年人的专利，而是每一个社会人所必需的。缺少友情、温情、共情的校园，很容易培养出冰冷的"学习机器"。

再如，影响了身体。正处于生长发育期的孩子需要奔跑跳跃、舒展筋骨、放松双眼。将成长期的少年儿童"关"在教室里，久坐不动，影响孩子们的身体健康。更何况孩子的注意力集中时间有限，长时间的紧绷状态也无益于学习。有调查显示，我国6—17岁青少年超重肥胖率近20%、青少年儿童近视率超50%，让孩子课间"静坐"于室内，"小胖墩""小眼镜"只会有增无减。

此外，让老师也受到牵累。教师是学校最宝贵的资源。当前，老师除了上课以外，还须"一岗双责"负责学生的课后安全。于是，下课后，有的老师就坐在教室后面，像摄像头一般牢牢盯住学生；有的老师则戴着"值日"袖章，在管辖区域巡逻监管。在这种高压下，很难想象老师将如何为孩子营造轻松愉快的课堂氛围。

二

在教育减负的大背景下，本应该快乐游戏、充满童趣的课间十分钟，为何被随意"剥夺"？

客观条件所限。有的校园面积不大，但楼层多，楼道、走廊较狭窄，短短十分钟，如果有成百上千名学生在楼梯上下奔跑，确实存在安全隐患，容易产生拥挤踩踏风险。

过度管理导致。有的学校以强调纪律为名，让好动的孩子安静下来，美其名曰"文明休息"，实则是为了方便管理、减少麻烦。有的学校针对孩子课间的活动范围、活动种类乃至声音大小，都作出详细规定，并与班级评分评奖挂钩。

学业压力使然。在升学压力下，有的主课老师争分夺秒"抢"时间。上节课老师怕落下进度拖堂两分钟，下节课老师怕学生进入状态太慢提前两分钟，还有不少老师布置了"课间作业"，在"争分夺秒"的紧迫感之下，令学生们头疼的"无缝衔接"就自然形成了。

在这些原因之下，一些更深层次的问题值得关注。

如何卸下学校的包袱？由于学生的安全意识、自主能力较成年人弱，校园内确实容易发生安全事故。孩子间的一些小摩擦、小事故可能在公众、家长的密切关注下演变为舆情事件，又因取证难、界定难引发维权，导致校方不堪其扰。长此以往，家长少了些"学会放手"的信任，对小问题少了包容和理解；学校少了些"将心比心"的沟通，与家长的距离逐渐拉远。

政策如何执行有力？对于保障孩子的休息时间，相关部门多次出台相关政策。然而，打着"为了孩子好"的名义，挤占课间时间的现象在很多学校司空见惯。甚至有学校在对孩子的德育评价中，列入了"不能跑""不能跳""不能大声说话"等奇葩标准。

三

把课间十分钟还给学生，已迫在眉睫，承载着学生、家长、学校和社会的期待，也便离不开各方的共同努力。

引导孩子"好好玩"。首先要让孩子们有时间去玩，比如增设大课间、无作业日、体育及艺术课程，把师生通通"撵出"教室；也要让他们有地方能玩，可以通过"上天入地""立体扩容"等方式，充分利用好校园里的走廊、转角、露台等"金角银边"，拓展课间活动空间；更要让他们有东西可玩，不妨多一些创新，把选择权交给孩子，把孩子们天马行空的主意变为现实。

带着孩子"学会玩"。一方面，要念好"安全经"。学校有必要把安全教育、行为习惯、文明礼仪等纳入课堂教学内容，家长不妨也"苦口婆心"一点，多向孩子们叮嘱课间活动的安全须知，告诫孩子怎么做是安全的，怎么做会有危险。另一方面，要修炼"金钟罩"。学校的硬件设施需要保障安全性，要对楼梯扶手、走廊围栏、监控摄像头等进行严格规范，为孩子的游戏系上"安全带"，让课间活动活泼而有序地开展。

助力孩子"放心玩"。沟通不畅，往往是压垮信任的"最后一根稻草"。建立更优的家校关系，能为创新开展课间活动提供更坚强的后盾。突发事件应急处置预案需要不断完善，而这有赖于相关部门和学校通力合作，建立联动快速反应机制。此外，探索引入和完善学生伤害事故的保险机制，避免学校承担"无限责任"，解除学校的后顾之忧。

课间十分钟的热烈讨论背后，是人们对教育减负能否真正落实的关注。用压抑和训斥达成的"普遍文静"，这既非"文明"本来的样子，也易对学生身心健康发展起到反向作用。

教育不是圈养，学业更非全部。成长的过程中，课间少学习十分钟又何妨？

杨昕　徐琦罡　毛霖　方容平　谭西涵　执笔

2023 年 11 月 3 日

逛书展逛的是什么

> 一个个富有文化味、创造力、生命力的书展，能让更多人重新认识阅读的价值，找到心之所向的精神家园。

11月3日，第八届浙江书展在宁波国际会展中心开幕，热情高涨的书迷蜂拥而至，书展迎来大流量。50多位名家齐聚，全省700多场阅读推广活动，点燃了浙江人的阅读热情。

而就在2023年8月，为期7天的上海书展也出现了热气腾腾的场面，周末观展日门票早早售罄，有读者甚至5小时狂盖180个章"打卡"；7月举办的第33届香港书展同样反响热烈，7天共吸引近百万人次入场，有市民晚上11点还在"扫"书。

书展，何以屡次成为"爆款"，吸引着成千上万的爱书人奔赴一场场"书香之约"？当我们在逛书展时，逛的又是什么？

一

追溯历史，书展起源于16世纪的欧洲，以商业市集的形式呈现，大家称之为"书市"。而在移动互联网时代，人们越来越习惯于数字阅读和线上购买书籍，买书就是动动手指的简单事情。那么，线下书展为何能"魅力十足"？

主打"体验牌"。有研究表明，人们对体验性消费的需求渐增，"买体验，而不是商品"成为消费新时尚。就像逛街一样，一个"逛"字道出了许多人去书展的首要诉求——体验感。

如果你逛书展目标明确，想要看看更新更全的图书市场，了解各家出版社的新招，集齐每一个设计精美的限定印章，很多书展都可以让你"逛"有所获；倘若你逛书展只是想打发时间、放空脑袋，也会收获不少惊喜，比如偶然淘到一本冷门却打动了自己的好书，在书摊旁偶遇志同道合的书友，碰巧听到一场分享会……

增强"社交性"。有知名出版人曾评价书展是"读书人、著书人、出书人和卖书人普天同乐的盛会"。一个好的书展，能够促成书与人、人与人的相遇。

比如，在本届浙江书展上，大家惊喜地发现，梁晓声、王旭烽、梁衡等名家将现身主会场，感叹一句"原来身边有那么多名家讲座可以免费听"。坚持了10年的"城市萤火虫"换书大会亮相浙江书展，互换之间，你可能得到一本好书、一个书友，更可以分享阅读心得和人生感悟。

营造"仪式感"。明明去电影院就能看电影，为什么我们还需要"电影节"？重要原因之一，是此类活动给参与者带来了特别的仪式感。早在宋代就出现了类似书展性质的"曝书会"，今天的我们很少会像古人一样在读书前净手洁案，但在逛书展前专门腾出时间、做好攻略，在逛书展时安静挑选、打卡集章、聆听讲座等，这也会唤醒我们对于书籍的敬重之心。

此外，对行业来说，书展是"跨圈链接"的重要平台，潜藏着发展机会。通过举办书展，行业内外的产品、人才、信息、资源等生产要素交汇、碰撞、互动，从而为出版业的发展增添新动能。比如，浙江书展创新推出了长三角联合馆，"集齐"了82家图书出版社参展，搭建起互融互通的合作交流平台。

二

"书展热"不是"突如其来"，而是"积蓄已久"。

一方面，图书已经成为一个持续生长的文化符号。自2014年开始，"全民阅读"连续10次被写入政府工作报告，阅读已融入大家的日常生活，为"书展热"奠定了扎实的群众基础。

同时，各类文化创新节目助推了年轻人对图书和阅读的关注。如《但是还有书籍》展示了隐身于图书背后的编辑故事，《典籍里的中国》以"文化＋戏剧＋影视化"的方式让古籍"活"起来，等等。

书展引领阅读，阅读鼓励书展。如果说，阅读是一种个人行为，那么线下书展，更像是一场读书人的"嘉年华"，一个跨地域、跨国界、跨文化的大展台，给书友们提供了一个可以"奔现"和共情的平台，不断点燃阅读"兴奋点"。

另一方面，"以城为名"赋予了书展独特的文化生命力。"城市是文化的容器"，它能为书展提供独特的物质和精神养料。如今，很多人可能会因为一场书展而爱上一座城。

比如，法兰克福书展作为全球规模最大的出版行业展会，开放基因始终与法兰克福这个知名的展览城市共生共荣；北京国际图书博览会作为世界四大书展之一，集版权贸易、出版展示、阅读推广等功能于一体，向世界展示中国形象；香港书展则借力香港的亚洲商业中心地位，采取高度的专业化及市场化运作；而浙江书展选择永久落户宁波，与其"书藏古今，港通天下"的城市名片完美契合……

纵观中外，这些书展与城市资源、城市气质相互融合，带来良性循环，渐渐形成"城市品牌"，获得独特的文化生命力。

三

不可否认，如今热火朝天的书展，也还存在一些值得关注的问题，如：新媒体营销火爆之下，"线上购票"是否挡住了部分老年读者？展区内摩肩接踵，如何给读者留一方安静阅读的空间？一些热门书展"站在风口"，其他城市的书展却似乎"尚未入局"？

笔者认为，要让书展"热"而不降温，甚至再添一把火，可以多一些思考和尝试。

解锁"超预期"的活动形式。书展重"书"，也应重"展"。随着体验感越来越被重视，一些书展"解锁"了新活动。比如浙江书展打造了一批诸如云逛书展、云游出版社等多种多样的线上服务，将为期三天的书展延伸向 365 天的"书香浙江"；上海书展推出"打卡集章"，圈粉不少年轻人；法兰克福书展创新推出 Cosplay 活动，让读者可以扮演喜爱的书中人物；等等。

如果各类书展能够从出版书籍的设计、编辑、印刷、发行的全链条出发，挖掘并设置更多富有新意的活动形式，不仅能吸引更多人参与，还能让拥挤的人潮分流，提升书展体验感。

引领全民阅读的"思想导航"。一个书展，如为了销量一味迎合市场，将很快失去生命力。好的书展不仅要考虑不同文化层次、不同年龄群体的阅读需求，还要站在更高起点引领阅读，提供先进的思想文化，才能助力提升国民文化素养。

比如，浙江书展就将主题出版陈列于黄金展区，曾推出习近平新时代中国特色社会主义思想、百年大党等系列主题，引领阅读风尚；本届书展首设中华版本馆，精选杭州国家版本馆和宁波天一阁部分珍贵版本资源，增加大众对中华文化的自觉认同。

打造与城市的"文化共鸣"。一场书展折射出一座城市灌溉多年的阅读生态，只有与城市同频共振，两者才能双向奔赴。如羊城书展以"公共文化会客厅"为理念，打造9000平方米"花城书房"，与四季花开的广州遥相呼应；浙江书展设立长三角地区好书联展，从"浙版好书""江苏凤凰好书"等书单中精选近300种好书，充分展现了长三角地区的人文特色……对一座城市而言，需要思考如何进一步发挥书展的品牌效应，通过书展这一具备独特文化内涵的载体，打造引领时代潮流的文化盛宴。

有人说，书展就像一个文化"闹钟"，每到节点来临，就能提醒大家拾起书本。一个个富有文化味、创造力、生命力的书展，能让更多人重新认识阅读的价值，找到心之所向的精神家园。

宋明耀　厉晓杭　执笔

2023年11月4日

电视"套娃"收费套不住人心

> 如何"解套",让智能电视回归"原生态",把"遥控器自由"还给用户,是一项需要多方聚力的工程。

你最近一次看电视是什么时候?你买过几个视频 App 的会员?近年来,随着网络技术快速发展,电视机也进入了智能时代。投屏、点播、回放、快进等功能改变了以往的电视收看方式。然而,伴随而来的,还有日益复杂的操作步骤,以及环环相套的收费项目等新问题。

11月3日,治理电视"套娃"收费和操作复杂试点工作总结暨全国推广工作部署推进会在北京召开。会议强调,到2023年年底前,要在全国范围内实现"开机看直播、收费包压减50%、提升消费透明度"的目标任务。

那么,电视为何频现"套娃"收费?究竟有哪些令观众不满的套路?又该如何"解套",让电视回归"观看自由"?

一

什么是电视"套娃"消费？打个比方：优质节目藏在最小套娃之内，观众要一窥究竟，只能从大到小层层解套，每一次解套确实都离目标更近了，但也要付出层层代价。

"套路"深深深几许？

比如抢先看、免广告要收费。对于一些热播电视剧、电影大片，普通会员只能解决"温饱"，充值更高级别的会员才能"超前点播""提前看大结局"，用户一不小心就掉入"充了，又没完全充"的陷阱。一些人为免广告充了会员，结果还得看"会员尊享广告"。

比如换屏看、细分内容要收费。很多视频App的会员，电视机和手机不能通用，需要分别购买，甚至手机投屏到电视的功能也有限制，需要升级会员才能解锁；不少电视节目还被细分到不同领域，比如体育、动漫、综艺、儿童节目等，导致明明拥有会员，点开节目时却显示需要"体育会员""少儿节目会员"等，还有的影片甚至需要单独付费。

再如提高清晰度也要收费。一些视频的清晰度是"会员专享"，比如某电视App，普通会员只能使用480P清晰度进行投屏，只有升级到更高级别的会员才能"解锁"更高清晰度，等等。

"套娃"消费规则加上电视界面上的各种专区、推荐内容、广告植入等，让人眼花缭乱，不断消耗着观众的信任和耐心。以至于有网友吐槽，电视越来越智能，用起来却越来越"智障"。

二

为什么"套娃"收费等问题"久治不愈"？其实，"套娃"收费现象的产生，有其必然性。

一方面，"套娃"收费的背后，是环环相扣的各方利益博弈。客观而论，电视机的功能作用，正逐步被互联网平台所替代。但作为老牌的传播载体，电视观众依然为数不少，市场广阔。围绕这片市场，电视机生产商、电视台、视频应用方、内容提供方等频频出招、跑马圈地，持续上演"攫金"攻防战。

这四方都能对电视观看作出功能限制，收费环节随之越来越多。有人将这场攻防战总结为"一场智能电视和媒体平台合谋的联合收割"，一些智能电视当初宣称的"海量内容平台"，俨然异化成了"海量割韭菜窗口"。

另一方面，"套娃"收费利用的是观众"来都来了"的妥协心理。"来都来了"的沉没成本，不仅在旅游上体现得淋漓尽致，在电视收费上也同样适用。有研究显示，由于电视节目大多具有连续性，观众在已经投入一定时间、金钱、精力的前提下，会有较强意愿为收看完整剧集而消费。

比如有的厂商在硬件设备上唱足"底价""破价"的调子，转头就从广告业务等软件上疯狂"回血"；还有一些内容供应商，通过试看引流、低价引流等方式吸引用户，一次又一次地让消费者为沉没成本埋单。

然而不可否认的是，当前电视因为"套娃"收费以及复杂的操作，正陷入"吓走年轻人、困住儿童和老人"的窘境。长此以往，整个行业都将难以为继。

其实，消费者并不抗拒为喜爱的内容付费，各大视频网站的付费会员数屡破新高也从侧面证明了这一点。消费者抗拒的是"套娃"式的霸王条款，让"电视自由"遥不可及。

三

电视行业走到了转型的"十字路口"。如何"解套"，让智能电视回归"原生态"，把"遥控器自由"还给用户，是一项需要多方聚力的工程。

系统化的解题思路少不了。前段时间，国家广播电视总局联合多部门，下大气力治理电视"套娃"收费，提出了"三步走"的治理路径。首先，将收费包压减40%；其次，规范电视运营和收费；最后，健全长效管理机制。一些用户近期可能已经体验了一把"开机看直播"，即打开自家电视后，开机画面直接播放电视直播频道。有网友感慨"多年的困扰终于开始得到治理"。

"以用户体验为中心"的理念是关键。虽然通过一段时间的治理，电视"套娃"收费现象已经有所改观，但也有网友表示："无所谓，反正早就不看电视了。"这不禁让人反思，智能电视实现了"开机看直播""没有套路收费"这些黑白电视时代早有的"标配"，就能挽回那些流失的观众吗？如何提供更优质的服务、更精彩的内容、更丰富的选择，是需要重新定位和思考的。

比如从交互体验上，回归"开机，选台，收看"的简单操作模式；尊重和保障用户基本内容的收看权益、视听体验，对于愿意为产品和服务埋单的用户，提供确定的、清晰的、有价值保障的服务；同时，减少和撤销不合理的收费项目，确保用户的知情权、选择权。

经济利益与社会责任的平衡点需找准。电视作为一个影响力巨大的传播载体，在商业化之外，也需要将意识形态、公共服务的责任扛在肩头，积极传播社会正能量。与此同时，积极探索网络时代电视传播的盈利模式，进一步加强资源配置，强化有效融合，避免智能电视与媒体平台"群雄割据""恶性竞争"，比如可以打通内容生态隔断，实现大小屏幕互联互通，打造"跨屏生态"等，做好长远发展的文章。

正如有人说，玩套路没有出路。"套娃"收费套不住人心，留不住观众。只有给消费者"解套"，才能为行业发展找到新路。

陈瑜嘉　程亮　孔越　执笔

2023 年 11 月 4 日

你是在哪个瞬间爱上阅读的

> 阅读不是一件可以即时反馈的事情，不可能有立竿见影的效果，它只是在我们的灵魂深处埋下一颗种子，静静等待着在未来某一刻破土而出、开花结果，所谓"博观而约取，厚积而薄发"，不外如是。

有人说，人的一生，是由无数个瞬间构成的。有些瞬间虽然短暂，带来的影响却可以持续很久。喜欢是一瞬间的事，思念却可以持续很久；离别是一瞬间的事，怅然却可以持续很久。阅读也是如此。爱上阅读，可能就在"一瞬间"，但阅读给予我们的力量，却是永恒的。

这两天，第八届浙江书展正在火热举行中，这是浙江构建"书香社会"的重要载体，一个主要目的就是以书为媒，持续播下全民阅读的种子，去收获一个个阅读的瞬间，激活阅读的力量。

一

你为什么看书？这是个"老掉牙"的问题，但这个问题总是有新的答案，因为总有人会因为不同的考虑而打开一本书。

可能是为了求知，可能是为了寻找灵感，也可能是为了陶冶情操……从古至今，无论中外，书籍始终以各种各样的理由吸引着人们。

如果让一个没有阅读习惯的人读书，他很可能会问，阅读有什么用？

在信息化时代，人们要想获取知识，有太多比深阅读更加方便快捷的途径，读书反而成为一种"奢侈"和"浪费"。可能我们读10本书解决不了生活中的困惑，读100本书做不到"腹有诗书气自华"，读1000本书也无法成为笔下生花的作家。从实用主义的角度来看，阅读并不是一件有"效用"的事情。

然而在读书的时候，我们打开了历史的纵深，跨越了空间的阻隔，感受到人的渺小，又感慨于人的伟大。在这样的洗礼和淬炼中，我们构筑起自己的精神家园，无论物质世界如何风云变幻，我们心中都有一根定海神针，对人对事始终能够保持开放从容。

阅读不是一件可以即时反馈的事情，不可能有立竿见影的效果，它只是在我们的灵魂深处埋下一颗种子，静静等待着在未来某一刻破土而出、开花结果，所谓"博观而约取，厚积而薄发"，不外如是。

如果我们反复问着"阅读有什么用"，那我们很有可能失去爱上阅读的机会。最初开始阅读或许是"为了点什么"，但当爱上阅读的时候，你一定不再会单纯用理性评估它的价值。

二

一个人爱上阅读，往往就在一瞬间。你是在哪个瞬间爱上阅读的？这个问题恐怕也没那么容易回答。

或许在某个瞬间，你的心静了下来。书中自有一方天地，在深度阅读中，我们会沉下心来，把生活的一地鸡毛都抛诸脑后，"躲进小楼成一统，管他冬夏与春秋"。

或许在某个瞬间，你遇到了"另一个自己"。悲欢离合、苦辣酸甜，当我们在书里找到一个人，和某一时刻的自己拥有相似的境遇、相似的心情，便会产生情绪共鸣、心灵触动，便觉豁然开朗、不再孤独。

或许那个瞬间，仅仅是个偶然。有人爱上阅读，可能是一瞬间产生了一种"说不清道不明"的情愫，好比"情不知所起，一往而深"。这种感觉如同一个人突然爱上跑步，非要叫他说出个"一二三"，可能也就是因为感到兴奋、快乐、满足。

其实很多作家在第一次遇见书时，也没什么"非分之想"，只是单纯地被书里的某个情节吸引住了，直到后来才发觉，当初那一瞬间的吸引，竟成了生命中的光。

第七届茅盾文学奖获得者麦家，小时候有一次去亲戚家做客。做饭烧柴时，几张纸被随意撕了用来引火。麦家随手一翻，就深深陷了进去。于是，从柴火堆里抢出来的《林海雪原》为麦家打开了一扇窗。

如此看来，与阅读"一见钟情"，往往只在一个瞬间，我们拿到通往那个神秘丰饶的精神世界的钥匙，也只需要一个恰好的时机。而这个最好的时机，多半出现在青少年时期。

三

在全民越来越重视阅读的当下，社会、学校、家长都在强调青少年阅读的重要性。有一点很重要但往往容易被忽略：发现并把握住激发孩子们阅读兴趣的那个瞬间。

现阶段培养青少年阅读习惯，有一些被固化的模式值得反思。比如，根据学校或者相关部门开具的推荐书单打包购买"名著"，却未提前了解过孩子的阅读需求，导致有家长疑惑："给娃买了那么多书，不爱看都落灰了，咋整？"再比如，每天划定一个时间段要求必须用来看书，或者报各类阅读培训班和写作班，等等。

很多家长这样引导孩子阅读的时候，可能是想让孩子通过阅读写好作文、把语文成绩提上去，可能是想让孩子获得更多的知识积累、赢在起跑线上，也有一些仅仅是想让孩子少打游戏，把时间花在更有意义的地方。

这些都能够理解，也确实挺重要，但如果只是抱着这样的心态去引导孩子阅读，就容易走上功利性、强制性、短期性的歧途。结果可能适得其反，孩子非但没有爱上阅读，反而产生了一定的抗拒和抵触。

在培养阅读习惯之初，得让孩子品尝到阅读的快乐，才能坚持下去。别怕孩子尽喜欢些"杂书"，要让孩子自己去寻找"心动"的瞬间，没准你眼里的"杂书"，正是点亮孩子阅读兴趣的那盏灯。

对孩子来说，同伴的力量往往是巨大的。要让一个不爱阅读的孩子独自阅读一本书可能很难，但如果他知道自己的父母或者小伙伴正与他一起读某一本书，阅读的兴趣就可能一下子被激发出来。阅读不仅是一个人、一个家庭的事，也需要各方面的同心同行，全社会要为随时可能出现的那个"瞬间"做好准备。随处都能跟阅读"撞个满怀"，还怕激不起孩子的兴趣吗？

也许没有比读书更来之容易的快乐、更持久永恒的满足了。趁着书展正燃，在书香弥漫中放下功利，轻松地翻开书吧，去寻找爱上阅读的那一个瞬间，去享受爱上阅读的每一个瞬间。

陆家颐　倪海飞　执笔

2023 年 11 月 5 日

人们期待怎样的"官方通报"

> "官方通报"中有分寸的共情,不仅可以传递主流价值取向,更可以传达人性化的理念,从而直抵人心。

网络时代,人人都有"麦克风"。而在这些"麦克风"中,"官方通报"是一个特别的存在。近些年,"等官方通报"甚至成了一句网络流行语。

互联网可以随时随地分享和互动的特性,让信息传播走上了"高速路",但同时也滋生了一些人"看热闹不嫌事大"的娱乐心态和"无事不喷"的键盘侠心理,由此产生的吃瓜跑偏、谣言四起甚至网络暴力等问题,成为当下网络空间治理的难题。此时,"官方通报"一锤定音的作用就更为凸显。

然而不可否认的是,由"官方通报"引发的次生舆情事件并不少见。或被吐槽高高在上、满口"官方";或被指责漏洞百出、难以服众;或被质疑信誓旦旦、反被打脸。这不仅不利于推动问题解决,更消耗着群众对相关部门的信任。

那么,网络时代,人们究竟期待怎样的"官方通报"?

一

"官方通报"作为代表政府部门或其他官方机构的公开回应，具有天然的权威性，主要作用是满足民众的知情权。在新媒体环境下，不少"官方通报"已经"改头换面"，形成了适应网络传播的新形式。

比如，"滚动更新"。移动互联网时代，网民的意见和情绪几乎可以实现"秒级"发表和传播，这让舆情发酵的速度变得更快了，但同时也压缩了官方部门对事实进行调查和对舆论进行引导的反应时间。如何以更快的速度切中疑点、呈现证据、果断辟谣、以正视听？挑战是巨大的。实践中发现，"滚动更新"不失为有效一招。

2020年6月13日下午，台州温岭发生槽罐车爆炸事故，当地通过官方渠道在次日凌晨就发布现场情况通报，接着还召开了新闻发布会，通报事故基本情况、救援开展情况、下一步工作打算等，此后还陆续通报相关情况。2023年5月，某地一大厦有异响振动。当地通过官方微博连续发布情况通报、后续情况通报等，对现场情况、居民疏散情况、调查结果、下一步处理措施等进行"滚动更新"，有效消除了市民疑虑。

比如，"形式多样"。技术发展让我们拥有更为丰富的传播手段，这使得"官方通报"也可以变得更加鲜活、更有网感。

近年来在网上颇受欢迎的官方微博"@江宁公安在线"，在一则关于破获一起特大盗窃共享单车案的"官方通报"中，一改以往传统的发布形式，在正文中插入了侦查现场、抓捕嫌疑人、缴获赃车等环节的照片，甚至配上了表情包，图文并茂、俏皮亲民，引起网友广泛关注。

比如，"与人共情"。在很多人的印象中，"官方通报"往往平铺直叙，只求将事件的起因、经过、结果等表达清楚。但近年来也出现了一些"另类"的"官方通报"，它们不再千篇一律，甚至不再内敛冷静，同样获得了网友点赞。

有网友提出"把《水浒》相关内容从中小学课文和课外读物中清除出去"的建议，浙江省教育厅教研室发布千字长文回应，充分尊重网友的情绪和感受，寓说理于共情之中。有研究者分析了"@莘县公安"的一则关于杀人案件的通报，全文800多字，叙述事件部分只占300多字，其余内容都是在这起案件事实基础上所延展开来的议论与抒情表达。比如"我国是传统文明礼仪之邦，华夏文明源远流长，'温良谦恭让'一直是备受推崇的传统美德""真心希望这种案情通报是最后一次，唯愿所有人都能和谐共处，平安是福"等，以理服人、以情动人，也深得人心。

二

然而，近年来，出于种种原因，"官方通报"引起争议也并非个案。网络时代，"官方通报"是一种官方和民众之间的沟通和交流，"什么时候说、怎么说、用什么态度说"，直接影响沟通成效。笔者认为，这三个"坑"需谨防。

发声太"慢"，欲说还休。有专家指出，互联网的特性使得舆论场呈现出多元化格局，致使真相有时缺位，非理智的思考与发言无孔不入。倘若官方部门无法清晰把握舆论走向，不能及时采取措施"跑赢"流言蜚语，甚至抱着侥幸心理认为通报不发，舆论就会随着时间逝去，那么官方部门最终将会陷入"塔西佗陷阱"，影响公信力。

就像自然灾害发生后，72小时内是黄金救援期，热点事件发生后的"官方通报"，时效性同样重要。比如，前几年某地发生高架桥侧翻事故，一时间相关视频在网络上铺天盖地。大家都在关注伤亡情况，然而当地的第一次通报却迟迟不出，"龟速发布"引发网民质疑，各种猜测观点甚至谣言不断涌现，舆论焦点也逐步从关注现场情况转移至对当地政府工作的质疑。

内容太"空"，粉饰事实。一些"官方通报"带着"传者本位"的理念，只着眼于"官方"立场，结果导致偏离舆论关注重点，甚至出现有悖事实和常理的内容，被人诟病。

比如曾有报道称一则不足300字的"官方通报"中，大篇幅陈述"各级领导重视"；再如，此前某地一家化学品公司发生爆炸事故，当地的"官方通报"中竟出现了"遗体爆炸时形成碎片……遇难者亲属情绪稳定""空气质量正常"等内容，网友纷纷质疑：家属情绪怎么可能稳定？化学品引燃爆炸，空气质量怎会正常？还有网友指责其将"灾难处理"变为"政绩粉饰"。

结论太"急"，频频反转。"反转来得太快，就像龙卷风"，这句话放在对影视剧的评价中，可能是褒奖；但要是放在对"官方通报"的评价中，那就要引起警惕了。

比如公共事件发生之后，一些地方政府急于"灭火"，维护自身形象，对调查草草下结论进行通报，结果棺虽盖而论难定，引发一波又一波更大的猜测议论，在网友不断求证中被"打脸"。

上述"官方通报"的种种"病症"，究其病根，是有些地方的"舆情观"出了问题，"浙江宣传"在《要想处置"舆情"，先要做好"事情"》中就曾对此进行过探讨。

三

那么，当前符合大众期待的"官方通报"是怎样的？笔者认为有三对关系要把握好。

有速度也要有诚意。所谓"谣言止于公开，互信缘于透明"，只有态度真诚、实话实说，才能消解公众的质疑。有些单位部门存在"求稳"心态，抑或是迫于责任倒逼，四处"甩锅"，不仅贻误黄金时效，也免不了被察觉出满满套路。有舆情专家总结，把自己的诚意、底线甚至困难摆出来，更能获得公众的理解和谅解。

曾有人夸张地说，互联网的记忆只有七秒，网民的记忆不足七秒，热点只是一阵风，有效止损很重要。但实际上，互联网是有记忆的，热点事件可能会冷却，而事实留下的印记不会被抹去。

讲道理同时讲感情。一方面，通报内容要确认事件存在、事件真实，事件逻辑性、关联性站得住脚，回应衍生信息时需要清晰明了和逻辑严谨，引导公众更好地了解和评估事实，也就是需要好好讲道理。

另一方面，人心都是肉长的，我们期待有理有据的论述，也期待有情有义的文字。正如有人所说，越是与民共情，越能凝聚人心。"官方通报"中有分寸的共情，不仅可以传递主流价值取向，更可以传达人性化的理念，从而直抵人心。有些通报充斥着"不予公开"的拒绝、"绝不姑息"的警告等，不仅失了感情，还丢了民心。

有开端更需有闭环。对于处置舆情来说，"官方通报"是贯穿始终的一条主线，不仅需要良好开端，更要把握全程。一份合格的通报，不仅要讲清楚事件脉络，还要抓好并展现后续处置工作，从而避免无休止、不必要的讨论。

"官方通报"不仅是必要的程序，更是沟通的桥梁。对于公众来说，透过一份份通报，期待看到相关工作改进完善；对于相关单位来说，主动接受公众监督，补好短板和漏洞，远比侥幸躲过去更有意义。

公众对"官方通报"的期待，归根到底是对相关事件的关注和对相关单位工作的期待。通报"翻车"，核心还是不奔着回应期待，而是玩推卸责任的"文字游戏"。然而，舆情面前，评判"官方通报"成效的不是自己，而是期待回应的公众。

文风、话风也是政风，"官方通报"向来被认为代表着政府的声音和形象，期待更多有情有责、有理有据、有血有肉的"官方通报"。

朱鑫　孔越　杨永昌　执笔

2023 年 11 月 5 日

该怎么看年轻人过"洋节"

> 我们需要深入挖掘传统节日的内涵，在内容和形式上积极创新，希望越来越多的年轻人爱上传统节日，在过传统节日中感受中华文化的博大精深，但是也不能因此把"洋节"拦在门外。

前些天，上海万圣节角色扮演盛况火爆出圈，各路"明星""网红"齐上阵，这场年轻人的"百变大咖秀"引发全网热议。

有网友说"这哪是万圣节，这分明是万梗节"，有网友评论"这次我承认上海的松弛感了"，也有网友出来"灭火"，表达了对"崇洋媚外""文化入侵"的担忧。

每逢万圣节、圣诞节等西方节日，关于"洋节"的话题就会被频繁提及。那么，如何看待2023年的上海万圣节？"洋节"，到底是不是"洋劫"？

一

何为"节日"？从仪式上来看，多为庆祝或祭祀，其精神内核植根于各国不同国情文化，所以承载了各自不同的民族感情。

春节、中秋、清明、端午、重阳……中国人如数家珍的传统节日，往往与家庭团聚、祭祖等活动紧密相连，衍生出不同的传统习俗，凸显的是中国社会的价值观和文化传承；而对西方的"洋节"，国内年轻人更多关注到的是其轻松、娱乐的氛围，诸如愚人节的恶作剧、万圣节的化妆和戏谑、圣诞节的赠礼和装饰等。

回顾2023年上海万圣节的Cosplay场面，不是精致的西方吸血鬼恶魔骷髅反派，也不是带着孩子去邻居家要糖捣蛋，而是"本土化"了。

其中，有孙悟空、唐僧、财神等中国传统元素，有甄嬛、安陵容、祺贵人等影视剧角色，还有明星、名人模仿秀、互联网的经典表情包、本土热梗，等等。在限定的时间、特定的空间内，很多年轻人扮演自己喜欢或讨厌、觉得有趣或想要嘲讽的角色，琢磨自己的装扮够不够潮、融梗够不够准，尽情做快乐的"显眼包"。网友们更是将其称为本土版"万梗节"。

再看看2023年各地马拉松比赛中的Cosplay，"四大才子"、"东北特色"的花肚兜、"阿凡达"……当代年轻人没放过任何一个可以整活儿的机会，对他们来说，节日是表皮，快乐是筋骨，主打的就是释放压力、追求开心。正如周杰伦《稻香》里所唱："笑一个吧，功成名就不是目的，让自己快乐快乐这才叫作意义。"

我们不能简单地给年轻人扣上"崇洋媚外"的帽子。我们不提倡过"洋节",但也不会对过"洋节"的年轻人求全责备、一味指责,而应深一层看到过节背后年轻人的心理特征和情感诉求,进而加以正向引导。

二

笔者认为,有几个"不等于"需要加以厘清。

接受形式,不等于认同价值。有人说,陌生感是惊奇与快乐的重要来源。过去,万圣节、感恩节、圣诞节等被推到国人面前的背后,是各种商业营销的噱头,而很多年轻人选择过"洋节"大多只是为了赶一波潮流,真正知其来历、文化背景的并不多。

不难发现,诸如万圣节一类的"洋节"传入国内后,大多已被"本土化"改造。比如,讲求好彩头的国人把苹果称为"平安果",流行在平安夜送苹果,但西方的圣诞节并没有这一"习俗"。我们不能把"洋节"的流行,等同于对其背后价值观的认同。

赓续传统,不等于盲目排外。在中国,传统节日始终是主流,广大年轻人对传统节日所承载的价值和表达的情感熟稔于心,也只有中华民族自己的节日才能真正牵动大家的心弦。这番滋味在粽子、月饼、饺子里,这份传承在清明祭祖、中秋赏月、重阳敬老里,这种精神和情感更是融于世世代代的家风家教、流淌于华夏儿女的浓浓血脉中。2022年,有媒体对2002名青年进行的一项调查显示,51.4%的受访青年觉得大家过传统节日的热情比以前高涨了。

我们需要深入挖掘传统节日的内涵,在内容和形式上积极创新,希望越来越多的年轻人爱上传统节日,在过传统节日中感受中华文化的博大精深,但是也不能因此把"洋节"拦在门外。"洋节"

进入中国，可以说是全球化进程中一种必然的文化碰撞，正如在不少西方国家和地区，"中国节"正越发走俏。比如，2023年春节期间，数十万民众聚集在伦敦市中心的特拉法加广场，舞龙舞狮，锣鼓喧天；美国纽约州将中国农历大年初一定为全州法定节日，世界各地的"中国味儿"越来越浓。

说到底，"洋节"的偶尔出现只是年轻人日常生活中的点缀。中华民族世代情感、愿望、信仰、伦理、礼仪等积淀凝结而成的传统节日始终是主旋律，需要也正在被不断发扬光大。

开放包容，不等于放之任之。中华文明的博大气象，本身就得益于中华文化自古以来开放的姿态、包容的胸怀。面对"洋节"，无须谈之色变，但也不能放之任之。

在笔者看来，理性的选择是不忘传统，秉持"取其精华、去其糟粕""古为今用、洋为中用"的理念，抽离"洋节"文化中诸如宗教信仰等西方元素，警惕美西方国家借"洋节"搞意识形态渗透，留存爱、快乐等积极向上的精神元素。

三

海不辞水，故能成其大；山不辞土石，故能成其高。伴随着"地球村"里各国各民族文化的交流碰撞，节日文化为我们打开了一扇扇看世界的"窗"，也给我们带来了现实考验。笔者认为，至少有以下三点需要把握好。

"拿来主义"不可取。我们可以去了解，但并不意味着所有的"洋节"都要过一过。如果与我们的传统、国情并不契合，甚至可能相背离，那我们就要有选择地进行甄别取舍。一些年轻人对"洋节"趋之若鹜，奉行"拿来主义"，完全沉溺于过"洋节"，同样是值得警惕的。

年轻人可以追求好玩、新潮，但追求的应是符合中国文化内核的"真善美"，比如在感恩节学会关爱、给予和宽容。让青少年领略一个斑斓多姿的"地球村"大有裨益，关键在于如何教育引领，引导他们涵养家国的情怀，体悟文化的多样性与民族性，更好地守牢根脉。

追求狂欢要有度。此次，部分网友对万圣节Cosplay的一些担忧，也不无道理。比如，拥挤的人潮会不会存在安全隐患？2022年韩国万圣节狂欢引发的踩踏事件，触目惊心、殷鉴不远。

在上海巨鹿路，警方增派了民警、辅警等安保力量，加强对现场人流、车辆的疏导和管控。部分列车也采取跳停通过的方式缓解现场客流，确保乘客安全。有安全才有快乐，当维护秩序的交警笑答"我不是Cosplay"时，这份和谐、欢乐显得更为松弛，只因有了安全这个"1"为前提。

别把低俗当个性。在公共场所，每个人都应遵守基本的行为规范，这是起码的文明底线、行为底线。聚会狂欢也好，角色扮演也罢，不能"只见消费主义，不见公序良俗"，谁都不能违反法律法规，也不能妨碍他人正当利益。

如果把低俗当玩梗，为博人眼球而挑战道德底线、法律底线，那就会给社会、给他人、给自己带来不可估量的负面影响。个性不是无节制的"放飞自我"，更不是毫无禁忌的"不管不顾"。无论何时何场景，文明都应是一种素质、一种习惯。

陈培浩　王娟　执笔

2023年11月6日

"先行者"如何谱新篇

> 干事业就好比烧开水，99℃和60℃都不算沸腾，只有达到100℃时水才能沸腾。

你眼中的浙江是什么模样？有人的第一印象是"江浙沪包邮区"，也有人说是"七山一水二分田""上有天堂，下有苏杭"，还有人想到"西塞山前白鹭飞"的绿水青山和"古意石桥月半弯"的古镇烟雨……或许在一千个人眼中，浙江就有一千种不同的模样。

2023年9月，习近平总书记亲临浙江考察，赋予浙江"中国式现代化的先行者"新定位、"奋力谱写中国式现代化浙江新篇章"新使命。那么，浙江如何先行？如何谱写新篇章？省委十五届四次全会给了我们答案。

一

对于"先行"，浙江并不陌生。

此前，"浙江宣传"曾发文《跟着"八八战略"学先行论》，从文化特质、红色基因等方面，深入分析了浙江能够领时代之先、领风气之先、领潮流之先背后的深层次逻辑。

早在20年前，习近平同志在浙江工作期间，就用"八八战略"为浙江开辟了一条"干在实处、走在前列"的"先行"航道。他鲜明指出，不仅要使浙江经济社会发展的主要指标保持全国领先位置，而且要在实践中善于创造性地开展工作，积极为全国提供有益的探索和经验。

党的十八大以来，习近平总书记先后6次考察调研浙江，对浙江作出一系列重要指示批示。从"秉持浙江精神，干在实处、走在前列、勇立潮头"的新要求，到"干在实处永无止境，走在前列要谋新篇，勇立潮头方显担当"的新期望，从"努力成为新时代全面展示中国特色社会主义制度优越性的重要窗口"的新目标，到高质量发展建设共同富裕示范区的光荣使命，再到"中国式现代化的先行者"，"先行"二字可以说是一以贯之、前后相承。

成绩属于过去，未来仍需奋进。这次全会审议通过《中共浙江省委关于深入学习贯彻习近平总书记考察浙江重要讲话精神在奋力推进中国式现代化新征程上勇当先行者谱写新篇章的决定》。不难看出，全会的主要目的就是进一步动员全省上下扛起"先行"的使命、强化"先行"的思维、明晰"先行"的打法，谱写崭新的篇章。

谱写新篇章就要拿出新作为、干出新成绩。"奋力谱写中国式现代化浙江新篇章"应该是一个什么模样？习近平总书记从四个维度给浙江画了像——

其一，要在以科技创新塑造发展新优势上走在前列；其二，要在推进共同富裕中先行示范；其三，要在深化改革、扩大开放上续写新篇；其四，要在建设中华民族现代文明上积极探索。

习近平总书记还指出，要坚持和加强党的全面领导、加强和改进党的建设。这一根本遵循，为我们谱写中国式现代化浙江新篇章提供了坚强保证。

习近平总书记所提出的大命题新课题，都是中国式现代化的关键性、战略性、牵引性重大问题，既给我们部署了"过河"的任务，又指导解决"桥和船"的问题。

二

"山越高越难爬，车越快越难开。"这是习近平同志在浙江工作时说过的一句话。

从哪里入手推进浙江新发展？如何攀登高峰、驾好快车，不辱历史使命？全会围绕勇当先行者、谱写新篇章，对标对表习近平总书记提出的大命题新课题，找准着眼点，指出要在一系列重大问题上寻求先行探索突破——

着眼拓展基本路径、厚植发展新动力，在一体推进创新改革开放上先行探索突破；着眼夯实基础支撑、再造发展新优势，在打造现代化经济体系上先行探索突破；着眼彰显人文底蕴、强化精神新引领，在建设中华民族现代文明上先行探索突破；着眼擦亮鲜明标识、提升社会新形态，在构建共同富裕体制机制上先行探索突破。

仔细观察会发现，这四个方面的着眼处、突破点，有这样三个突出特点。

谋得远。把深入学习贯彻习近平总书记考察浙江重要讲话精神作为主线贯穿始终，从浙江实际出发，贯通过去、现在和未来，对在奋进中国式现代化新征程中勇当先行者谱写新篇章作出了长远的战略谋划。

谋得深。四个方面相互贯通、系统集成，深刻回答了"国之大者"与浙江使命、理论与实践、目标与路径等基本问题，形成了制胜未来的战略战术战法"组合拳"。

谋得实。全会力求将各项着眼处、突破点落实落细落具体，体现了"跳起来摘桃子"的能动性。比如，在讲到第二个方面时就详细提出，要从全面推进产业升级、全面推进绿色变革、全面拓展经济纵深、全面推进民营经济转型等四个层面来夯实基础支撑，再造发展新优势，兼顾到发展动能、发展方式、发展空间、发展主体等多种要素。

三

聚焦"中国式现代化的先行者"的新定位、"奋力谱写中国式现代化浙江新篇章"的新使命，全会提出进一步放大格局视野，恪守政治坐标、坚定战略坐标、抬高发展坐标、明晰世界坐标、锁定价值坐标、升华精神坐标。

锚定这"六个坐标"，笔者有四点感受。

第一点：保持历史耐心和战略定力。有人说，真正的高手，往往都是长期主义者。其实对一个地方的发展来说，何尝不是如此。对那些长期以来实践证明行之有效的做法，我们要坚持、继承、发展好。比如，全会提出要持续推动"八八战略"走深走实。我们要始终坚持"八八战略"管根本、管全局、管长远的统领地位，既要只争朝夕、笃行不息，也要蹄疾步稳、稳扎稳打，把"八八战略"这篇大文章续写得更加精彩、更加出色。

第二点：深挖文化的力量。习近平同志在《干在实处　走在前列——推进浙江新发展的思考与实践》一书中鲜明指出：改革开放以来，浙江在政策并无特殊、陆域资源并不丰富的情况下，成为全国经济发展最好最快的省份之一，其深层原因，就在于文化的力量。

用好"两个结合"的法宝，赓续好历史文脉，加快形成一批熔铸古今、汇通中西的重大标志性文化成果，是我们当前的重要任务。比如，持续放大杭州亚运会、杭州亚残运会、世界互联网大会、良渚论坛等窗口综合效应，加强文化交流传播，不断提升中国文化感染力和中华文明影响力。

第三点：保持清醒的头脑。习近平总书记在考察浙江时谈到高质量发展建设共同富裕示范区，特别提醒"一定要放低身段来干这件事"。客观地说，新起点上浙江正面临新的"成长的烦恼"。我们要保持"人间清醒"，继续打好"创新牌"、吃好"改革饭"、走好"开放路"，尤其要坚持问题导向，聚焦问题找答案、紧盯问题找出路、针对问题找方法，以解决问题引领推动浙江激活发展动能、增强发展活力、拓展发展空间。

第四点：烧旺沸腾的状态。干事业就好比烧开水，99℃和60℃都不算沸腾，只有达到100℃时水才能沸腾。回望过去，浙江之所以能，离不开浙江人"走遍千山万水、说尽千言万语、想尽千方百计、吃尽千辛万苦"的精神气度、精神特质、精神境界。踏上新征程，我们要永不满足、永不懈怠，学会在更高层次上找座次、定坐标，实事求是、创新实干，既勇敢立潮头，又永远立潮头。

陈培浩　执笔

2023 年 11 月 6 日

从"洗澡"看助老

> 谁都会老去，都可能面临生命的困顿。养老尽孝不是某些人的事，而是与每个人都息息相关。

中国到底有多少老人？一组数据显示，据测算，"十四五"时期，我国60岁及以上老年人口将突破3亿，2035年左右突破4亿。另一组数据显示，截至2018年底，我国有超过1.8亿的老年人患有慢性病，失能、部分失能老人约有4000万。

随着我国人口老龄化趋势加剧，"银发海啸"袭来，以至于曾有报道称"养老机构一床难求""最火养老院要100年后才有床位"。

《礼记·礼运》提道："使老有所终，壮有所用，幼有所长，鳏寡孤独废疾者，皆有所养。"那么，今天如何让老人度过一个高质量的老年期？我们能做些什么？不妨从一个看似微小的问题展开探讨——洗澡。

一

或许很多人想不到，老年人会被日常的洗澡困住。

有调查数据显示，在2018年访问的1.3万余名全国45岁以上中老年人中，超7%的受访者无法独立完成洗澡活动，而其中又有超10%的受访者无人协助洗澡。

这几年，国内出现了"助浴师"，为老年人提供"上门助浴"服务。"助浴"这一概念由国外引进，在国内部分大城市萌芽、发展。通常由两到三人上门为老人洗澡，单次收费多为数百元。

在此基础上，浙江湖州市吴兴区志愿者联合会联合当地公益服务中心开出湖城首班"助浴快车"。自2020年12月起，"助浴快车"开进了湖城187个社区，免费为失能、半失能、残疾人提供助浴服务726人次。

何为"助浴快车"？又如何驶入老年人心中呢？原来，吴兴区志愿者联合会与医院合作，组建了由老年科、康复科、心理科、营养科等多学科的现职医生、护士志愿者等组成的"助浴快车"核心志愿服务团队，同时定制了一辆流动"助浴车"，不仅配备专业助浴设施、洗浴工具，还配备暖气、医疗辅助等设备，全方位保障针对老年人的助浴服务。目前，助浴服务队有专业助浴师23人、助理助浴师7人、助浴评估师6人、志愿者2000人。

提供助浴服务前一天，志愿者会上门进行评估，检测助浴场所和老人身体状况。当天，从可升降的脚踏板，到可自动调节水温的电热壶，以及健康检测仪、洗浴用品、热饮等便民用品都准备妥当，细节彰显着服务温度。

更重要的是，"助浴快车"服务并不是一次性服务，社工还会定期上门走访老人，询问老人的需求和意见。毕竟，老人需要的，不仅是洗一个热乎乎的澡，更是一种热乎乎的陪伴。

"助浴快车"的出现，解决了特殊老年群体洗澡难的问题，也为老年人找回了体面与尊严。如今，在广州、杭州市富阳区、重庆市巴南区等地，都有志愿团队为老人提供助浴服务。老人洗澡这一需求，正在被看见。

二

这些年，全国各地都在不断探索和深入推进养老志愿服务的工作。虽然这期间取得明显成效，但也遇到一些问题。

比如，团队专业化问题。我国有约4000万名失能和部分失能老人，由于这类老人大多身体自理能力差，并伴随一些基础疾病，即使是洗浴这类看似日常的生活需求，每一环节都可能存在危险信号。这也意味着，志愿者需具备多学科的知识储备和熟练的实操技术。但现实中，组建一支多元化的专业志愿团队并不容易。

比如，标准制度化问题。就拿助浴来讲，国内既没有相应的助浴师资格证书，也无统一的助浴标准，这也造成助浴师服务水平参差不齐，老人满意度存在差异。不少洗浴人员表示，面对易发生意外的老人，恐惧感在所难免。一旦老人发生意外，目前没有相应的政策保护；做得好，志愿者也无一定的奖励。以"为爱发电"方式吸引这类专业人才，并想大范围普及，收效还不够显著。

再如，服务社会化问题。养老是每个人都将面临的一道坎。当老龄化速度快于助老志愿服务水平提升时，我们不禁思考，除了专业人士组建的志愿团队，普通人是否可以尽个人所能，成为养老时代的一束微光？像"助浴快车"团队开展线上线下助浴技能培训，有老年人的家庭进行简单的适老化改造，让年轻人参与进来，从身边做起，多花一些时间陪伴老人……目前依然任重而道远。

三

随着社会的发展，更多老人的需求被看见、被回应。不只是助浴师，社会需要更多助老志愿团队。想让助老志愿服务遍地开花，用微光照亮微光，进而温暖更多的银发老人，笔者认为，可从以下几个方面进一步破题。

更精准触达。就像"助浴快车"聚焦老人洗澡这一需求，助老志愿服务各式各样、各有侧重。有专家指出，基层志愿服务既要着眼于志愿服务流程的"需求端"，识别服务对象的诉求，也要在"供应端"做好志愿服务工作，从目标到过程再到结果，逐步构建精准触达的志愿服务工作长效机制。

就拿浙江很多地方来说，老人累了，有休息场所供休憩；老人饿了，有爱心食堂提供饭菜；老人身体不舒服，有健康评估、用药咨询等助医服务。在四川，一群"90后""00后"创立了一家"另类养老院"。他们提出"养老无龄感"概念，和老人拍时尚大片、唱K、跳舞、种菜……老年人精神层面的生活质量，也不应成为被遗忘的"角落"。

用机构赋能。有数据显示，目前，我国对养老护理员的需求超过1000万人，但从事养老护理的服务人员只有50万名左右，远远不能满足需求。人才的培养，离不开政府部门、专业院校和机构提供专业培训与辅导，为助老志愿服务提供更给力的后盾。

比如，金华近年来将养护服务人才队伍提升纳入共同富裕建设重点指标，通过入职奖补、岗位津贴、培训补助、以赛促训等方式，促进养老服务人才增量提质，持证护理员从原来的 2400 多人增加到 3500 多人；丽水则探索建立"山区养老管家"队伍，将互助养老和专业养老模式相结合，在发放特殊岗位津贴的基础上组织培训、竞赛等，助力养老服务人才招得来、留得住。

让服务找人。不可否认，当前一些助老志愿服务与社会需求之间还存在"信息差"。比如助浴志愿服务，就有不少人还不是很了解，因此有必要提高业务知晓度，推动体系化规模化运作，让服务抵达更多有需要的老年群体，只有这样，才能让更多像助浴这样的服务成为普惠养老的一部分。

政策关注与保障是一针稳定剂。2023 年 5 月，我国发布《关于推进基本养老服务体系建设的意见》，并印发《国家基本养老服务清单》，让服务项目"一目了然"，服务方可以根据清单开展增量服务，被服务方则更了解了可以获得的服务范围。做好老有所养的体系化、制度化安排，让更多基本养老服务都聚集到老年人身边、床边、周边，才能稳定人们的养老预期、生活预期。

谁都会老去，都可能面临生命的困顿。养老尽孝不是某些人的事，而是与每个人都息息相关。我们关注助老志愿服务，不仅是破解老年人一些"隐秘"的需求困境，更是维护他们应有的尊严和体面。

吴开珺　王晶　姚伶俐　执笔

2023 年 11 月 7 日

国产电车出海，他们慌什么

> 世界市场很大，优势可以整合。不能因为中国是汽车工业的"后来者"，就心怀傲慢和偏见。

中国造车新势力异军突起后，出现了一股强劲的"出海潮"。一些优质新能源车企和先进电池技术迈入全球市场，受到欧美、东南亚等国家消费者的喜爱和青睐。

将物美价廉的产品分享给全世界人民，去改变大家的出行体验和生活方式，本应是一件值得拍手称赞的好事，但有人坐不住了。近段时间，欧盟以"公平贸易"为由，宣称拟对中国新能源汽车进行反补贴调查，将关税的"大棒"挥了起来。

中国电车出海本质上是推动合作共赢，欧盟却抛出了反补贴调查，不得不说这是在开经济全球化之倒车。他们不安的原因和逻辑究竟是什么？接下来我们该怎么办？

一

要弄清楚这个问题，首先要看到一个事实：过去几十年，很多领域都是发达国家在赚中国人的钱。

这个道理其实很好理解，在造车新势力出现之前，满大街跑的有多少国产汽车？绝大多数都是外国品牌，虽然它们中有很多是中外合资，但关键核心技术是别人的，谁掌握技术，自然谁就赚大钱。

然而，关键核心技术西方又捏得很死，不论是德系车，还是日系车，都是只让中国企业代工。技术一直被"卡脖子"，所以我们只能从合资开始。20世纪八九十年代的"国民神车"夏利，技术就是从日本那里买过来的。坐过夏利的人可能都知道，与同时代桑塔纳的差距不是一星半点。

但中国人并没有因此讨厌夏利，恰恰相反，那些汽车往事给我们留下了不少美好的记忆。正是在边学边干、缺啥补啥的"修炼"中，中国人升腾出了自己的"造车梦"，从此我们加快迈出了追赶跨越的步伐。

我们不仅大力加强与世界知名车企的合资合作，而且还敞开胸怀，拿出土地让他们在中国建工厂，共享中国经济高速发展的红利。今天看来，如果不是因为这份心胸和政策，如果不是世界先进燃油车品牌的进入，中国汽车工业不会取得这么快的进步，中国新能源汽车更不可能实现弯道超车、换道超车。

现在，中国满大街都是国产电车，无论是驾驶感受，还是配置、颜值、整车质感等，都比以前进步不少，不断刷新国人对国产汽车的认知。这样的风景线和新潮流，逐渐嵌进了越来越多人的内心深处。一些过去热衷于追捧"BBA"的年轻人，也慢慢开始转向"蔚小理"等国产品牌。这倒不单是为了抒发爱国主义情怀，而是国产车的体验确确实实很不错。

二

最近这段时间，汽车领域发生了一些微妙变化，引起了广泛关注。

比如，一些外国品牌合资车企退出了中国市场，包括曾经辉煌一时的广汽三菱宣布重组，成为中国国企广汽集团全资子公司，旗下的生产设施将交由广汽新能源子品牌广汽埃安接管。

再如，一些世界头部车企纷纷与中国新能源品牌牵手。近日，玛莎拉蒂母公司Stellantis集团和杭州本土公司零跑汽车达成战略合作协议，Stellantis集团将以15亿欧元收购零跑汽车约20%的股份，零跑汽车则将向Stellantis集团提供电动汽车技术生态支持。

同样是中外合资，以前是我们出土地、资本等来吸引外国车企进驻，创办合资企业。而现在，是我们技术出海，让世界头部车企给我们注资。这一反向操作至少说明了两点，一是电动化、智能化已经是大势所趋，全球汽车产业格局正在悄然发生变化；二是体现了资本对国产品牌的信心，我们在国际上得到了越来越多的认可。

西方一些国家和利益集团，如果以"零和博弈"的狭隘思维去看这个变化，内心自然容易产生惊慌和不安。毕竟全球汽车市场的"蛋糕"就那么大，中国电车起来之后，以前风光无限的外国品牌、合资车企，短期之内多少会受到一些影响，不可能像过去那样在中国"躺着赚钱"。

　　实际上，这种新趋势新变化是一件大好事，现在中国电车领先于世界，全球化布局之后必将加快推动世界汽车产业格局的重塑，造福世界各国人民。

　　世界市场很大，优势可以整合。不能因为中国是汽车工业的"后来者"，就心怀傲慢和偏见。过去中国市场从来没有排斥来自欧美等国家的世界汽车品牌，从来没有觉得那是威胁，而是让他们尽享中国发展的红利。今天中国电车出海，却被设置了障碍，这明显是不合理，也是不对等的。

　　合作共赢才是世界经济发展的潮流。现在我们在电动车技术及相关产业上积累了一些优势，欧洲市场应该放宽准入，让中欧车企加强新能源技术的合作，携手把"蛋糕"越做越大，让世界人民共享技术革命的红利。

三

　　令人感到遗憾的是，一些西方政客没有认识到这一点，有的出于捞取个人政治资本的考虑，执意对华实行"去风险"的一招。

　　比如，欧盟委员会主席冯德莱恩担心中国电动汽车涌入欧洲市场后，会威胁到欧洲本土电动汽车生产，在没有发起相应的反倾销调查的情况下，就声称要针对中国电动汽车启动反补贴调查。实际上，欧盟成员国内部对此也存在重大分歧。

　　这样赤裸裸的单边保护主义，不仅与全球化大潮格格不入，严重扰乱和扭曲全球汽车产业链供应链，也无助于欧洲解决自身面临的各种挑战。

　　中国企业出海过程中，这一步很难绕开。面对外界的"围剿"，关键还是要坚定不移做好自己的事。要清醒地看到，中国汽车工业长期处于弱势地位，造车新势力的兴起虽逐渐扭转了这个势头，但汽车工业的崛起不是短期内能做到的事。在"出海潮"正热的当下，我们自身要多一份"冷思考"，不能立马把国产电车捧得太高，中国汽车工业远没到"轻舟已过万重山"的那一天，还是要沉心静气，扎扎实实地造好车。

近几年国产电车快速发展后，也出现了一些问题，亟待我们去解决。比如，盈利能力不够的问题，除了比亚迪等少数车企的表现相对亮眼，还有很多品牌销量低、无盈利，甚至卖得越多，亏得越多；比如，无序扩张、恶性竞争问题，短时间内一哄而上，内卷问题比较突出，知名企业、强势品牌和优质市场的培育还不够，尤其是一些主业与汽车不沾边的企业也加入进来，这方面需要加以规范和引导；等等。

电动汽车上下游配套产业多、产业链长，考验的是整个基础工业和产业链的实力。为此，国产电车的崛起不仅仅靠车企本身，而是要抬升整个行业和产业链，这一点对接下来的"新能源军团"出海至关重要。毕竟，单个企业的承压能力是有限的，但是如果大量的、成批的产业链起来，我们就能击破外界筑起的壁垒，真正立于世界之潮头。

道阻且长，行则将至。我们坚信，中国汽车工业会迎来新的春天，中国人的汽车强国梦一定会实现。也希望，世界各国能够敞开怀抱，共同续写新能源汽车合作共赢的精彩故事。

倪海飞　云新宇　陆家颐　王瞻　执笔

2023 年 11 月 7 日

"和合"之道的东方智慧

> 今后，镶嵌在深邃历史空间中的和合基因，也将继续作为文化标识，更好发挥作为中外文化交流纽带的作用，向世界展示伟大古老文明的绚烂和美。

在浙江，每逢喜事，家中常有悬挂"和合二仙"图的习俗。相较于威武雄壮的门神、天庭饱满的灶神，"和合二仙"的形象更为圆润活泼，其一手捧圆盒，另一手拿荷花，笑容满面，令人心生欢喜。

古时的"和合二仙"图上，有时还配有"和气乃众合，合心则事和，世人能和合，快活乐如何"的短诗。可见，"和合二仙"是团圆、美满的象征。

"和合二仙"不只是简单的造型画像，更是一种文化符号，蕴藏着延绵不断的和合理念。日前，2023和合文化全球论坛在台州举办，我们借此来探讨：为何和合文化能走进千家万户，其中蕴含着怎样的东方智慧？

一

可亲的"和合二仙"是凭实力获得中国百姓喜爱的。在悠久的时光之中，不同时代、不同地区的人们为其赋予了不一样的表现形式，许多习俗一直延续至今。

比如，"美满为重"的婚礼习俗。"和合二仙"在民间又被称为"爱神"，掌世间家庭和睦之权，司百姓婚姻美满之职。所以在婚礼仪式中，"和合二仙"的出场率不可谓不高。

在浙江，男女成婚前需要举办一系列的仪式活动，以祈求婚姻美满。女子会准备食盒、妆匣等物品，上面多以"和合二仙"为装饰，寓意衣食无忧、生活富足；新人拜堂时，"和合二仙"的画像常被悬挂于厅堂之中，与长辈一起见证新人礼成。

比如，"抱团取暖"的发展模式。一人孤，三人众。台州的百姓深知"众人拾柴火焰高""大家好才是真的好"。在和合文化影响下，一系列协作组织成立起来，如具有台州特色的一些行业协会等，使从前的单打独斗、恶性竞争转变为如今的行业协商、良性发展。

这样的例子很多。像2003年，台州温岭新河羊毛衫行业就实行工资集体协商的办法，员工工资由企业与行业工会商量着办；又如台州杨梅、青蟹等特产聚合起来，成立公用品牌"台九鲜"，抱团闯市场。

再如，"和气为先"的邻里关系。在天台，有个高山移民小区叫幸福花苑。从2003年安置首批下山移民至今，小区居民从100户扩大到2000多户，邻里和和睦睦，很少发生吵架红脸的情况。在

《幸福花苑社区居民公约》中，不乏诸如"有事好好说，办事莫吵架"等"和气"规定，引导大家心往一处想、力往一处使，移民居民一家亲。

在台州，像这样的邻里和合实践不在少数。如将"慈孝文化"写入村规民约，推进"红榜颂道德"主题活动等，打造了"台州有礼""和合邻居节"等多个和合品牌。

二

和合从先秦开始就有发端，济公传说、刘阮传说等与和合相关的民俗更是被列入国家级非物质文化遗产名录。和合理念何以拥有如此绵长且坚韧的生命力？又有哪些魅力点所在？

其一，"得团圆处且团圆"的美好追求。团圆是中华民族孜孜不倦的追求。"和合神"蕴含着团圆相聚的特质，传说最早可以追溯到唐朝僧人万回。万回代父母探望万里之外戍边的兄长，并带回兄长书信聊慰父母。

纪念万回的习俗在唐宋盛行。明田汝成《西湖游览志余》记载："宋时，杭城以腊月祀万回哥哥，其像蓬头笑面，身着绿衣，左手擎鼓，右手执棒，云是和合之神。"如今，在浙江一些地方，在新人结婚时亲朋好友都要喝一口"和气汤"，表示从今往后全家和和睦睦、团团圆圆过日子。

其二，"一家有事大家帮"的合作合力。古代中国受限于生产力发展水平，一些大型农务、人生大事难以独立完成，便需要宗族、血亲、邻居的扶持帮助。在承载着和合因素的习俗、规矩下，大家凝聚在一起，不仅将事情办得漂亮，人际关系也越发紧密。

如朱熹在福建赈灾时，提出了社仓之法，即灾时将官仓的粮食借给灾民，秋收后偿还归仓。若遇小歉则利息减半，大饥则全免。可见，互帮互助、分担风险、"合则两利"的观念深入人心。

其三，"一片冰心在玉壶"的相处之道。和合强调与人为善、彼此尊重，主张以"求同存异""和而不同"的心态和胸怀去欣赏、接纳他人。《寒山拾得忍耐歌》就是强调谦和忍让。北宋时，天台知县郑至道编撰《谕民书》7篇，主张建立和合的社会家庭秩序。

这些特质的一点一滴都深入百姓的日常生活，与百姓所需"打成一片"，也成为和合文化不竭的生命力。

三

今天的和合精神，在继承传统的基础上被赋予了更多现代价值。如何实现创造性转化和创新性发展，让和合的文化基因不仅镌刻在历史中，不仅限于一地一域，而能为更多人所喜欢和接受？

和合可以有"历史范"，也可以有"年轻态"。和合民俗是长期形成的风俗习惯、礼仪礼数的集合，具有浓厚的历史气息。但在当下，和合民俗文化不能仅靠发思古之幽情来传承弘扬，躺在故纸堆里做文章并不能让和合民俗焕发新的光彩，需要来点"年轻态"。

比如，将和合与文化产业相结合，设计和合手办、贴纸等文创产品；推出和合话剧、童谣等文艺作品，提高和合民俗的普及度和接受度；以"趣谈""话说"等生动趣味的语言普及和合民俗，让年轻人也能关注和合民俗。

前两年，浙产动画电影《济公之降龙降世》采用3D技术，将天台山国清寺、大瀑布、饺饼筒等和合元素搬上荧幕，让观众通过画面就能感受到具有和合特色的建筑文化和民俗风情。

和合既要深耕本土，也应该走向全球、影响世界。越是民族的，越是世界的。有人说，和合文化中蕴涵着协和万邦的国际观，因而和合民俗也肩负着互学互鉴、沟通交流的使命。积极主动"走出去"，和合魅力会散播到世界各地。

其实，早在1905年，寒山的诗歌就已出海并一版再版；1997年，美国查尔斯·弗雷泽的长篇小说《冷山》扉页中亦援引寒山"人问寒山道，寒山路不通"一句，和合文化在海外颇受关注。再往前推，有唐以来，不少经文交流、物产贸易就已经带着和合文化的种子漂洋过海。

和合文化是台州的，也是中国的、世界的；是历史的，也是当代的。如今，以和合文化为中心，越来越多主题文化交流活动开展，各类研究会、海外驿站相继建立，诸多海内外人士成为和合文化的"传播大使"。

比如，在2023年的和合文化全球论坛上，来自中国、美国、日本、韩国、泰国、保加利亚等国的政要人士、国际组织代表，以及20多位驻华使节共同践行全球文明倡议，推动文明交流互鉴，成为和合文化的优秀传播平台、实践样本。

今后，镶嵌在深邃历史空间中的和合基因，也将继续作为文化标识，更好发挥作为中外文化交流纽带的作用，向世界展示伟大古老文明的绚烂和美。

王新华 刘亚文 周于稀 执笔

2023年11月8日

乌镇十年启示录

> 文明如大江大河流淌。走过农业文明、工业文明的人类社会，正大踏步迈向网络文明、数字文明。

11月8日至10日，乌镇迎来2023年世界互联网大会乌镇峰会。从2014年世界互联网大会永久落户此地开始，这个枕水小镇的命运齿轮悄然转动起来。

作为全球互联网江湖的"华山论剑"，每年的世界互联网大会乌镇峰会，都是一次跨越山海的思想奔赴。不禁要问，走到第10个年头，世界互联网大会乌镇峰会改变了什么？又带给我们怎样的启示？

启示一："后起者"亦可"后发先至"

回望半个世纪，互联网寄托着人们追求自由、平等生活的美好愿景，泛在的连接、开放的创新、共享的精神，让"地球村"从想象落进现实。

在互联网的世界，中国是"后起者"。1994 年 4 月，通过一条 64K 国际专线全功能接入国际互联网，中国成为全球第 77 个拥有全功能互联网的国家，搭上了第三次科技革命的快车。

"触网"30 年，中国互联网一路高歌猛进，从跟跑到并跑，再到部分领域领跑，实现了"后发先至"。不论是网络基础设施建设，还是数字经济发展态势，抑或是关键核心技术突破，都"勇闯天涯"、乘风破浪。如今中国成为全球最大的互联网市场，拥有全球最多的网民和移动互联网用户，以及最活跃的互联网技术和应用创新生态。

世界互联网大会乌镇峰会 10 年，也见证了中国互联网的进阶之路。从首届世界互联网大会乌镇峰会以来，来到乌镇的参会嘉宾累计近 1.2 万人次，覆盖 172 个国家和地区。在这里，世界互联网领先科技成果发布、"互联网之光"博览会、"直通乌镇"全球互联网大赛等重要活动持续举行……世界互联网大会乌镇峰会，成为国际互联网领域一致公认、踊跃参与的交流合作高端平台。

2022 年 7 月，世界互联网大会国际组织在北京成立，成为中国深度融入世界互联网治理格局的重要一步，也是中国追赶世界、拥抱世界、融入世界、引领世界的成果体现。

从 0 到 1、从 1 到 10，"狂飙"10 年的乌镇，已是全球互联网绕不开的"地标"、不容错过的"盛宴"，全球互联网空间里深深烙下"中国印记""乌镇印记"。

启示二："构建网络空间命运共同体"理念生于中国、属于世界

当前，世界百年变局加速演进，乌克兰危机持续延宕，巴以紧

张局势加剧。此外，在现代风险社会语境下，新兴网络技术应用迭代周期越来越短，以网络安全为代表的非传统安全问题愈加突出。今天，靠任何一个国家都不可能包打天下，全人类精诚合作、协同应对是"大势"。

历史的钟摆朝向何方？又该如何抉择？2015年，在第二届世界互联网大会乌镇峰会开幕式上，习近平总书记创造性提出构建网络空间命运共同体的重要理念，深刻指出"网络空间是人类共同的活动空间，网络空间前途命运应由世界各国共同掌握"，提出推进全球互联网治理体系变革的"四项原则"和构建网络空间命运共同体的"五点主张"，为国际网络空间治理贡献中国智慧。

一路走来，在"构建网络空间命运共同体"理念的指引下，世界互联网大会乌镇峰会发布《携手构建网络空间命运共同体》概念文件、《携手构建网络空间命运共同体行动倡议》、《乌镇展望》和《网络主权：理论与实践》等一系列成果。

借着高能级"对话框"和世界级"朋友圈"，世界互联网大会乌镇峰会助力中国在国际互联网领域的话语权不断提升，推动形成更多具有全球普遍性、发展性、引领性的倡议共识，为全球网络空间治理贡献中国方案、乌镇方案。

从纸面上的概念文件和行动倡议，到实践中的案例和成果在全球涌现，小镇河边廊檐下的一次次思想碰撞，激荡起数字文明的阵阵风潮，彰显中国负责任大国的形象与担当。

启示三："数字改变生活"不是一句口号

已有1300多年建镇史的乌镇，地处江、浙、沪三省交界，京杭大运河傍镇而过。自宋代起，这里便发展为江南贸易重镇，来往商贾如云。这颗坐落于江南水网中的明珠，也被称为"中国最后的枕水人家"。不过，因为世界互联网大会，从此乌镇不只是"乌镇"。

比如，数字文明与江南文化在此碰撞融合。昭明书院、茅盾故居、木心美术馆……跨越千年的文化积淀让乌镇成为古镇中的顶流。自2014年与互联网"结缘"起，此后一年又一年，峰会在水乡尽情"生长"，传统文化、互联网文化在此有机相融。在这里，5G网络全覆盖，智慧停车、无人驾驶、共享出行、智慧政务、智慧医疗、智慧养老等改变了小镇人们的日常，充实江南生活的"里子"。

比如，数字之光将鱼米之乡点缀得更亮。峰会带来的人流、商流、信息流，让这个水乡古镇站上风口，蝶变为"世界级小镇"。乌镇所在地嘉兴桐乡市，原先以桑蚕丝、化纤丝、玻纤丝、纺织服装等"三丝一纺"为主导产业，现在已经发展为以智能汽车、智能计算、智能传感和工业互联网等"三智一网"为主导产业。在传承与发展之中，乌镇也成为"诗画江南、活力浙江"的"橱窗"。

可以说，10年间，乌镇时时处处上演着新旧交织、快慢交融的"对话"，呈现着江南文化在数字时代的历史性演化。这种变化，是可感可知的、众所公认的。

启示四：世界级大IP要办得好，更要用得好

《习近平在浙江》记载，早在2003年，时任浙江省委书记的习近平同志就指出，在当今信息时代，科学技术对生产力发展产生的

就是幂数效应。从那时起，"数字浙江"建设的发令枪鸣响。

乌镇"十年之约"，恰是见证"数字浙江"发展的一个窗口。随着峰会释放的"磁场效应"不断扩大，思想在这里碰撞、人才到这里寻访、资金到这里猎投、项目到这里对接。不仅如此，浙江数字经济能级不断提升。2023年，浙江提出"以更大力度实施数字经济创新提质'一号发展工程'"。

来看几组数据：10年前，首届世界互联网大会举办时，乌镇与数字经济相关的企业仅12家，如今已逾千家；2014年，浙江数字经济总量为1万多亿元，2022年已增长至4万亿元；在2022年的世界互联网大会数字经济产业合作大会上，现场签约的重点项目投资金额达746亿元；2022年，在峰会带动下，共有1000多家单位发布3.8万余个招聘岗位，吸引27万名人才前来应聘。可以说，10年来，峰会带来了实实在在的红利。

经世致用是植根于浙江文化的重要基因。对于世界互联网大会这个世界级大IP，浙江不仅仅要积极谋划办得好，更要抓住机遇用得好，持续放大红利和溢出效应，真正激活浙江数字经济的"一池春水"。

启示五：看到多远的过去，就能看见多远的未来

2023年9月，在浙江考察时，习近平总书记嘱托浙江"要在建设中华民族现代文明上积极探索"，"运用杭州亚运会亚残运会、世界互联网大会等窗口加强文化交流传播，不断提升中国文化感染力和中华文明影响力"。

文明如大江大河流淌。走过农业文明、工业文明的人类社会，

正大踏步迈向网络文明、数字文明。就像良渚时期的"稻谷",如今"数据"成了最基础的资源,互联网成为刀耕火种的新"稻田"。"守正不守旧、尊古不复古",如何建设数字文明,随之成为建设中华民族现代文明和全人类文明的一个"必选项"、一道"必答题"。

有人说,"信息技术作为科技发展的核心,在人类历史上扮演着至关重要的角色,而互联网则成为这个时代最显著的象征"。互联网不仅改变了人类的生产、生活方式,还带来了无限的机遇和挑战。如何看待它、运用它,直接影响着人类未来的发展。

10年,世界互联网大会乌镇峰会围绕关乎人类未来的命题议题持续作答作为。十年一秩再启航,从乌镇出发,从现在出发,加"数"前进,在"未知远远大于已知"的网络空间创新拓荒,我们终将驶向无垠的星河。

徐伟伟　徐岚　杨昕　许小伟　汪霖　执笔

2023 年 11 月 8 日

中国戏剧节，人们期待什么

> 中国戏剧节，折射出新与旧的传承、东方与西方文化的碰撞、传统精神与时代审美的交融，呈现出中国戏剧艺术的生机勃勃。

昨晚，一场属于全国戏迷的狂欢——第十八届中国戏剧节在杭州拉开帷幕。

作为我国戏剧艺术领域最高规格、最高水平的艺术盛会，两年一届的中国戏剧节可谓好戏连台，话剧《雷雨》、越剧《新龙门客栈》、舞台剧《苏堤春晓》等热门戏剧作品，一出票就被一抢而空。

在社交媒体上，许多戏迷晒出自己的抢票"战果"，不少"打工人"还专门请了年假，从全国各地专门飞到杭州，只为把好戏一口气看个过瘾。

不禁要问，中国戏剧节承载了观众怎样的期待？对于中国戏剧的未来，我们又应该寄予何种期待？

一

　　创办于1988年的中国戏剧节，是"戏剧的盛会，人民的节日"。在这个舞台上，一代代戏剧名角轮番登场、经典戏剧作品接续上演，为戏迷留下无数值得回味的精彩瞬间。

　　2021年，杭州从武汉手中接过中国戏剧节节旗，宣告将连续举办第十八届、第十九届、第二十届中国戏剧节。这场戏剧界的盛事之所以青睐杭州，源于浙江与戏剧深远绵长的缘分。

　　"一部戏曲史，半部在浙江"，浙江是戏剧大省，也是南戏发源地，戏剧文化积淀深厚、星光璀璨。

　　据记载，最早的南戏诞生于南宋时期的温州。当时，永嘉地区是繁华的通商口岸，民间盛行的村坊小戏逐渐演化出"生旦净末丑"各有分工的南戏。一部《张协状元》，在人物形象塑造、戏剧结构等方面都呈现出了比较完整的戏剧形态，被称为"戏曲活化石"。

　　《西湖老人繁胜录》记载，南宋时期，临安城中有"南瓦、中瓦、大瓦、北瓦、蒲桥瓦，城外有二十座瓦子"。瓦子相当于现在的剧场，可见当时戏剧演出之兴盛。到了元代，"元曲四大家"关汉卿、郑光祖、马致远、白朴都曾到杭州游历、寓居，让杭州成为北杂剧的创作演出中心之一。到了明清时期，戏曲界多位大家横空出世，徐渭、汤显祖、李渔等都留下了戏曲史上的一段段传奇。

　　此后，浙江戏剧百花齐放、诸腔竞奏，各地方小戏如雨后春笋纷纷涌现，逐渐形成富有浙江地域特色的越剧、绍剧、婺剧、甬剧、杭剧等地方剧种。同时，源自西方的话剧于20世纪初传入中国，与歌剧、舞剧、杂技剧、魔术剧等一同归入戏剧"大家庭"。如今，全国共有348个剧种。

近年来，随着浙江越剧"小百花"绚烂绽放，乌镇戏剧节火爆"出圈"，"浙婺现象"引发全国关注，戏剧艺术从小戏成为大戏，从小众走向大众。

二

如果把中国戏剧节比作一桌戏剧艺术的"满汉全席"，那么广大戏迷就是闻香而来的"老饕"。如何烹出一道道精致的菜品，满足不同食客的多样口味，本届中国戏剧节费了不少心思。

端上经典拿手菜。本届戏剧节的亮点之一，是经典作品的改编再现。比如，话剧《雷雨》诞生近90年经久不衰，不同时代有不同时代的《雷雨》，每个人心中也有自己的《雷雨》。此次上演的新版《雷雨》，将原作中诸多鲜为人知的线索重新还原，实现对经典作品的再演绎。

此外，曲剧《鲁镇》、芭蕾舞剧《白蛇传》、音乐剧《家》等作品，也都是从耳熟能详的经典改编而来。创作者们"旧瓶装新酒"，将以现代性、时代感的艺术表现形式，向观众传递新的感官体验。

尝试新鲜创意菜。除了经典"拿手菜"，本届戏剧节也鼓励将实验性、探索性的"创意菜"端上"餐桌"。比如浙江小百花越剧团出品的新国风环境式越剧《新龙门客栈》，就是为年轻观众精心打造的新品。此前，这部作品一票难求，几位主角在网络上迅速走红。

再如，《钱塘里》以越剧艺术展现现实题材，表现当下生活中小人物的真善美，亦是一种创新探索。这些戏剧作品，为传统戏曲拓展生存空间提供了一种"参考坐标"，也为中国戏剧节在更多年轻人中间"破圈"打开了新的可能。

烹制多元特色菜。入选本届戏剧节的作品，不仅涵盖了15个地方戏曲剧种，让观众能够感受到浓郁的地方文化特色，也照顾到了不同年龄段、不同审美层级的观众，多元化满足细分群体的需求，一剧一格，各美其美。

比如，观众可从《天算》《雾中灯塔》《林基路》等红色题材话剧中，感受荡气回肠的爱国情怀；可从京剧《纳土归宋》、晋剧《庄周试妻》、秦腔《狸猫换太子》等作品中，回溯动人心魄的历史烟云；也可在越剧《第一缕阳光》、话剧《炉火照天地》、台州乱弹《我的芳林村》等作品中，寻找现实生活的投射印记。

笔者认为，纵观这些演出，"不变"与"变"贯穿其中："不变"的是以精品奉献戏迷，把全国戏剧界近两年的创作成果，拿出来晒一晒、亮一亮，让观众来检验；"变"的是推动戏剧艺术随时代而变，在传统与经典中融入时代精神，回应当代观众的审美期待。

三

中国戏剧节，折射出新与旧的传承、东方与西方文化的碰撞、传统精神与时代审美的交融，呈现出中国戏剧艺术的生机勃勃。但我们也应看到，新时代，戏剧经典作品的创作和名师大家的培养，还需接力，传统戏剧艺术"圈粉"年轻人，仍待加力。

"好戏"尚需"共情"。从这次戏剧节火爆的一些作品来看，叫好又叫座的戏剧作品，往往是从优秀传统文化中汲取养分，从时代生活中提炼元素。契合当代的审美需求与价值理念，如此方能赢得观众的共鸣与共情。

比如舞台剧《苏堤春晓》，在视觉上创新采用亦真亦幻的山水画影像，让观众感受到杭州之美、宋韵之美；在叙事上从"做市长的苏东坡"与"做诗人的苏东坡"两条线出发，演绎了这位北宋名士的人生际遇，让观众能从中感悟人生。

"技传"更需"道传"。戏剧要赓续发展，关键在于"人"。对于戏剧名家的培育，需要老一辈艺术家与新生代演员薪火相传，在磨炼技艺的基础上提升学养，从不同剧种间吸取艺术养分，才有可能有技更有道，攀登艺术"高峰"。正如昆曲表演艺术家汪世瑜说，"艺术的真正生命力在于传承，最重要的是下一代的继承与发扬"。

"破圈"还需"贴心"。年轻人并不是不爱戏剧，乌镇戏剧节期间游客超过30万人次，热门话剧、舞剧、音乐剧都是一票难求。相比之下，中国传统戏曲似乎要"清冷"许多，台下观众"满是银发"的现象屡见不鲜。

传统戏曲需要跳出桎梏，主动寻找自己与年轻人之间的连接点，破解"流量密码"。比如，流行歌曲《新贵妃醉酒》等将戏腔戏韵运用其中，传唱甚广；上海京剧院演员杨扬为游戏角色配音的唱段《神女劈观》火爆全网，国内视频网站播放量突破3000万次，在海外平台也收获了960万次播放量，让外国玩家迷上了中国戏曲。

有的年轻观众认为，中国传统戏曲唱词听不懂、唱腔节奏太慢，很难欣赏。事实上，传统戏曲中的韵味，需要沉下心来细品，也需要一些设计巧妙的"导赏"。中国戏剧节期间，不妨买上一张惠民票，走进剧场沉浸式聆听，说不定你也会很"上头"，由此打开"新世界"的大门。

茹雪雯　吴优优　童颖骏　执笔

2023 年 11 月 9 日

三词读懂世界互联网之要义

> 互联网既是人类文明的成果，也是人类走向未来的共同家园，我们需要像爱护地球一样珍视它，因为在浩荡前行的信息革命时代，网络空间有多大，人们对美好未来的憧憬就有多远。

这两天，全球互联网再次进入"乌镇时间"。11月8日上午，习近平总书记在向2023年世界互联网大会乌镇峰会开幕式发表视频致辞时指出，当今世界变乱交织，百年变局加速演进，如何解决发展赤字、破解安全困境、加强文明互鉴，是我们共同面临的时代课题。

2014年至2023年，习近平总书记亲临世界互联网大会乌镇峰会现场发表主旨演讲1次，向大会致贺信6次、致贺词1次、发表视频讲话2次，连续10年以不同形式关心大会的举办。这些讲话、贺信、贺词中，始终贯穿着一个理念主张——构建网络空间命运共同体。

笔者认为，要更好理解"网络空间命运共同体"理念，绕不开三个关键词——"发展""安全""文明"。今天，我们聚焦这三个关键词，读懂世界互联网的昨天、今天与明天。

——

习近平总书记的视频致辞中提出三点倡导，第一点就是，我们倡导发展优先，构建更加普惠繁荣的网络空间。我们先来说第一个关键词，"发展"。

实际上，互联网从它诞生之日起就深刻改变了世界，以日新月异、一日千里的发展势头迅速席卷全球。时至今日，全球50多亿网民的生产生活与互联网息息相关，与之须臾不可分。

不仅如此，互联网日益成为推动发展的新动能，数字经济的发展已经成为全球经济增长的重要引擎。数据显示，2022年，美国、中国、德国、日本、韩国等5个世界主要国家的数字经济总量为31万亿美元，数字经济占GDP的比重为58%，数字经济规模增速高于GDP增速。

然而，这只是互联网改变世界的一个切面，全球发展不平衡、不平等的格局并未因互联网而得到根本改变。当前，许多人类面临的共同发展难题亟待破解，如全球互联网治理体系正发生深刻变化，各国网络合作面临少数国家单边主义、保护主义的冲击。此外，数字鸿沟、数字治理赤字等问题也不少见。以两组数据来举例：

其一，2023年，以ChatGPT为代表的生成式人工智能风靡全球，许多人盘算着如何在这一大潮中吸金造富。但据美国《时代》周刊报道，为了训练ChatGPT，其开发公司OpenAI雇用了许多时薪不到2美元的外包肯尼亚劳工进行数据标注。他们的海量工作是构建AI模型中不可或缺的一环，可他们却又在被边缘化、被遗忘。

其二，截至2022年底，仍有9亿非洲人口未连接互联网，非洲大地上互联网使用成本仍然较高，互联网基础设施不完善，信息技术等落后。

可见，象征平等、开放的互联网并没有普惠所有人，财富、年龄、地域、教育、制度等仍然构成了互联网时代的鸿沟。因此，当互联网进入人工智能时代，我们更要呼吁加快信息化服务普及，让更多国家和民众共享互联网发展成果。

比如，进一步推动互联网普及应用，推进全球信息基础设施建设，探索建立信息共享和互信互认机制；再比如，推动全球数字技术创新，应用发展云计算、人工智能等新技术，促进释放更多发展动能与红利。

二

第二个关键词，"安全"。在视频致辞中，习近平总书记提道，我们倡导安危与共，构建更加和平安全的网络空间。

当前，世界百年未有之大变局加速演进，地缘政治局势紧张，全球经济韧性不足……多重危机叠加之下，人类再一次站在了何去何从的十字路口。同时，信息技术飞速发展，以网络安全为代表的非传统安全问题越发突出。

习近平总书记在视频致辞中提道，互联网日益成为"维护安全的新疆域"。2022年世界互联网大会乌镇峰会，我们在《"第五疆域"如何打造命运共同体》中写道："网络空间，是继陆、海、空、外太空之后的'第五疆域'。"在"第五疆域"中，人类面临着不少困境与挑战。

比如，网络攻击。当下，破坏网络系统运行安全、信息内容安全、信息通信与传播安全的行为并不少见。在国际上，一些国家利用技术霸权向全球实施网络攻击，在网络空间大行不义之事，已不是稀罕事。2020年以来，丹麦媒体就多次曝光，丹麦、瑞典、挪威、德国、法国、荷兰等欧洲国家的各国政要通话和短信内容长期被监听。

比如，科技伦理。科技进步和伦理争议如同一枚硬币的两面，技术进步在给人类带来极大便利的同时，也带来了信息泄露、算法滥用、"大数据杀熟"等各类风险，隐藏着巨大的安全隐患。

比如，网络暴力。近年来，各国网暴事件屡屡发生，严重破坏网络生态、影响社会安全，已成为世界性治理难题。比如，有韩国女演员因网络恶评而患上抑郁症，选择结束生命。在国内，网络暴力事件也时有上演。

在这样的背景下，国际社会比任何时候都需要携起手来，共同破解网络空间安全治理的全球性困境。为此，中国举起全球化和多边主义的旗帜，通过世界互联网大会乌镇峰会等平台，推动国际社会共同探索完善人工智能伦理准则、规范及问责机制等，构建网络空间命运共同体。

2015年，习近平总书记在第二届世界互联网大会乌镇峰会开幕式上就提出推进全球互联网治理体系变革的"四项原则"和构建网络空间命运共同体的"五点主张"，倡导构建网络空间命运共同体，得到国际社会的广泛认同和积极响应。此后，每届大会主题都包含了这一核心理念。

三

习近平总书记在视频致辞中提道，倡导文明互鉴，构建更加平等包容的网络空间。第三个关键词就是"文明"。

如今，以互联网、大数据、人工智能等为代表的新一轮科技革命和产业变革加速演进，重塑着我们的生产方式、生活方式、治理方式，人类文明一脚迈进了一个全新的空间。如何在网络空间搭建化解矛盾冲突、增进文明对话的新平台，成为新的时代课题。

在复杂的国际形势下，互联网也成了冲突对抗的"武器"。近日，以色列为控制舆论，切断了巴勒斯坦加沙城的网络，导致加沙人民与外界中断了联系。这一事件，再次引发人们对互联网技术和数字文明走向的深思。

需要看到的是，网络霸权主义已经构成了对世界和平与发展新的威胁。平等相待、健全规则、共同治理，是世界各国特别是发展中国家共同的呼声。

"命运共同"，是中国拿出的应对方案，携手构建网络空间命运共同体成为打开人类文明的新方式。作为文明互鉴的新平台，互联网"新"在哪？在笔者看来，其最大意义就在于助力弥合人与人之间、国与国之间的鸿沟，以不同于过去的文明交流形式，让各种文化、文明于竞争中发展，在共享中传承，促进各国人民相知相亲，美美与共。

2023年，世界互联网大会乌镇峰会迎来第十年。十年前，习近平总书记在向首届世界互联网大会乌镇峰会致贺词时指出："互联网真正让世界变成了地球村，让国际社会越来越成为你中有我、我中有你的命运共同体。同时，互联网发展对国家主权、安全、发展利益提出了新的挑战，迫切需要国际社会认真应对、谋求共治、实现共赢。"

十年，倏忽而过。世界互联网大会乌镇峰会的十年，推动搭建平台、凝聚共识，丰硕成果不断涌现，致力于源源不断向全球贡献中国智慧，让全球互联网发展更加包容、更加普惠、更有韧性。

十年，又是开始。互联网既是人类文明的成果，也是人类走向未来的共同家园，我们需要像爱护地球一样珍视它，因为在浩荡前行的信息革命时代，网络空间有多大，人们对美好未来的憧憬就有多远。

王人骏　云新宇　徐岚　执笔

2023 年 11 月 9 日

多面的江南

> 江南的柔，是从风月到辞藻再到灵魂的婉约柔和；江南的刚，是从笔触到性情再到精神的愈发刚强。

这几天，很多人在水乡乌镇沉浸式地感受了江南。其实，江南既有"山光悦鸟性，潭影空人心"的宁静悠远，也有"众峰来自天目山，势若骏马奔平川"的威武雄浑；既有"平岸小桥千嶂抱，柔蓝一水萦花草"的深情款款，也有"春江潮水连海平，海上明月共潮生"的江海气派。

在江南，浙东唐诗之路、钱塘江诗路、瓯江山水诗路和大运河诗路，在地图上恰好合围出一个"文"字。江南自古文化资源灿烂，有人将之概括为五个字——"郁郁乎文哉"。数千年来，江南也成为众多名人雅士的人生"下一站"和心灵"又一村"。今天，让我们跟着历代名人"大 V"们，寻觅多面的江南。

一

江南，之所以成为一个"诗承千载"的文化圣地，与它浑然天成的山水"虹吸力"密不可分。

单是一条不到200公里的"浙东唐诗之路"，就留下千余首唐诗。酒香也需勤吆喝，在诗人"大V"的热情推介下，诗路上的江南于诗情画意中平添几分生机与灵动。

在秀山丽水包裹中的人，是放松、自适的。唐代诗人贾岛写下"峰前峰后寺新秋，绝顶高窗见沃洲。人在定中闻蟋蟀，鹤从栖处挂猕猴"，诗句间，江南的山水人物、飞禽走兽在早秋时分尽显和谐融洽；清人姚承绪有文"一片寒山石，风流属赵家。洞天高士宅，茗碗故乡茶"，难掩其对昔日江南隐士风流志趣的向往，甚至可说是充满艳羡和钦佩。

陆游更是在浙中磐安留下"封神之作"，不仅写活了江南山水，也道尽了人间沧桑。不惑之年的他，因力主抗金，"鼓唱是非，力说张浚用兵"遭罢官，回到老家山阴闲居。一日，他游访山西村，即兴作诗："莫笑农家腊酒浑，丰年留客足鸡豚。山重水复疑无路，柳暗花明又一村。"近千年后的今天，读罢依旧让人心有戚戚焉。

相比诗人、词人带给我们的无限遐想，画家对江南山水的描摹则显得形象鲜明。结庐隐居在富阳的黄公望，在80多岁时终于完成了大工程《富春山居图》，他以水墨笔触描绘富春江两岸初秋景色，"凡数十峰，一峰一状，数百树一树一态，雄秀苍茫，变化极矣"。山绵绵、水茫茫、树苍苍，渔人泛舟、村屋相间，让人不禁流连于此，忘却尘世的牵绊和岁月的变迁。

江南山水自带气韵，让人顿生"我见青山多妩媚，料青山见我应如是"之叹。从"五柳先生"陶渊明、"山中宰相"陶弘景，到"梅妻鹤子"的林逋、"斜风细雨不须归"的张志和，不论是生性淡泊豁然，还是仕途受阻选择归隐，江南的秀丽山水一直是大师们心尖上的"白月光"。

二

"盖山川风土者，诗人性情之根柢也。"诗意河山不仅能开阔文人的视野，还能陶冶他们的性灵，培养超脱俗世的情操。

"才高八斗"的谢灵运，37岁时外放永嘉当了一年太守，在楠溪江登屿遥望，见"云日相辉映，空水共澄鲜"，江天一色、云日同辉，于是"想象昆山姿，缅邈区中缘"，仿佛来到昆仑仙境。这一年，他写下20余首诗，每一首都传抄回京城，被官吏百姓"点赞、抄送、转发"，成为当时的诗坛领袖。

他也是钟爱登山的"驴友"，发明了名为"谢公屐"的登山鞋，上山去其前齿，下山去其后齿，如走平地，相当好用。这双"前无古人"的鞋还被李白引用进了《梦游天姥吟留别》。执着于"爱我所爱"，沉醉于精神自由，这是很多江南名士的特征，他们游刃天地，合奏一曲性灵相生。

江南自古物产富足，人们更加注重日常生活细节，食不厌精、脍不厌细，最大限度寻找生活情趣。

与谢灵运一样，清代"性灵派三大家"之一的袁枚也有着奔放率真的品格。经历坎坷仕途之路，30多岁的他选择辞官退休，买下曹雪芹家的祖宅并改名为"随园"，开启近50年的隐逸生活。他是一个货真价实的"吃货"，四处拜访名厨，写下一本被誉为"食经"的《随园食单》。他"我行我素"，能说出"苔花如米小，也学牡丹开"，想必其内心是强大而难以撼动的。

他们并非个例，在江南还有不少名士随心所欲、放荡不羁、超然世外，他们的"现象级"操作被当地民众口耳相传。

有人说，没有灵性的人生是"灰暗"的。受江南诗性文化的长期影响，江南的文人墨客尤重心灵的自由和解放，往往给人不囿于陈规杂矩的印象，这也是江南文化的独特韵味所在。

三

人们眼中柔性的江南，却自有刚性的一面，这种刚烈性格自古有之。《汉书·地理志》提道："吴越之君皆好勇，故其民至今好用剑，轻死易发。"

刚勇的江南人多有偏隅不偏安的家国情怀。"江南佳丽地，金陵帝王州"，江南自古安宁繁华，凭借长江天堑，成为诸多中原王朝的"避险宝地"，东晋、南宋、南明都在江南建立政权。但偏居一隅并不能打消仁人志士重回塞北、恢复华夏的决心意志。

即便如袁枚般空灵之士，也写过"赖有岳于双少保，人间始觉重西湖"的诗篇，盛赞岳飞、于谦忠贞爱国，江南也因埋葬了他们的忠骨，在中国的历史文化中有了更加厚重的分量。

江南文化孕育了江南人"敢教日月换新天"的气魄。西方列强最早在上海、宁波等江南地区开埠，使得江南人民最早受外来文化冲击，接触民主主义、社会主义学说，工农反抗帝国主义的决心也逐渐萌发。

清末民初，余杭人章太炎在文学界掀起一场革命思潮，誓要"震以雷霆之声"，改变以往文墨议论"往往务为蕴藉，不欲以跳踉搏跃言之"的风气。他这一生，"上念国政，下悲小己""七被追捕，三入牢狱"，是鲁迅心中"革命之志终不屈挠者"。章门子弟中，鲁迅、钱玄同等人也是在救亡图存道路上求索呐喊的勇士，共同撑起江南风骨的一道长墙。

江南不只有雨巷里的丁香姑娘，还有化诗为刃的"鉴湖女侠"。32岁的秋瑾在绍兴古轩亭口就义前写下绝命书："日暮穷途，徒下新亭之泪；残山剩水，谁招志士之魂……虽死犹生，牺牲尽我责任；即此永别……中原回首肠堪断！"

革命作家郁达夫在1935年创作了《江南的冬景》，盛赞江南的冬天温润、晴暖，"抵得过北方夏夜"，他认为"若是冬天来了，春天也总马上会来"的诗句，只有在江南的山野里，最容易体会得出。这种革命寒冬中期待新生、"化茧为蝶"的希冀，此刻读来依然让人心潮澎湃、充满力量。

江南的柔，是从风月到辞藻再到灵魂的婉约柔和；江南的刚，是从笔触到性情再到精神的愈发刚强。

刚柔相济，诗性灵性，造就了江南文化，形成了我们熟悉的江南人文风情，也将在古今轴线上，不断影响国人对"美好"的认知。今日之江南，正等着你我慢慢品味、共同书写。

应钢　周夏影　吴思佳　执笔

2023年11月10日

"馆"窥互联网

> "发扬伙伴精神，大家的事由大家商量着办"，只有各国加强网络空间的交流与合作，形成制衡单边霸权的更强大力量，方能获得更广阔的发展空间。

日前，在 2023 年世界互联网大会乌镇峰会召开之际，全球首个以互联网为主题的大型科技馆——乌镇世界互联网科技馆正式对公众开放。

这座总建筑面积 4.3 万平方米的全新展馆，将科技感与故事性紧密相融，讲述着互联网发展的过去、现在和未来，同时呈现一个"365 天永不落幕的世界互联网大会乌镇峰会"。

那么，走进乌镇世界互联网科技馆，我们可以感受到怎样的"互联网发展史"和"乌镇十年"？又能看见怎样的未来数字世界？

—

近年来，各类极具未来感的科技馆频频亮相，它们不仅是为了打造一些视觉效果，还想让人们了解一个国家、一座城市或一个产业的整体规划、发展以及未来走向。

全新开放的乌镇世界互联网科技馆，有哪些值得一看？

重温"网事"，又观照现实。正如有人说，互联网是一个由"0"和"1"代码构成的虚拟世界，但它又与每个人的现实生活息息相关。这也成为乌镇世界互联网科技馆展陈设计的关键。

观众可以看到，有6个常设展区将精彩"网"事娓娓道来。比如，在"互联网创新全球共同平台"展区，可以回顾世界互联网大会乌镇峰会诞生、发展并成长为新型国际组织的十年历程，还能重温峰会十年结出的果实；而在"互联网凝聚人类共同命运"展区，全球百余位对互联网发展作出巨大贡献的杰出人物，以及他们的相关事迹都得到展示。

具象呈现，可触摸未来。展馆中陈列了130多件颇具"网感"的实体展品，比如全球第一款图形界面计算机Lisa电脑、中国第一台路由器等，让人们的互联网记忆有了具象展现。云课堂、远程医疗、网络寻亲、集成办理的数字政务……数字文明展示内容，以其特有的温度关照着每一个人。

在乌镇世界互联网科技馆，仅仅是看还无法满足人们对互联网的憧憬，新奇的互动更让未来"触手可及"。比如"互联网慧联空天地海万物"展区，通过先进的LED显示技术与沉浸式体感交互，让未来互联网连接太空、天空、地面、海洋的综合场景如同现实，使人身临其境，引发无限畅想。

"一绿到底"，更链接全球。在这里，先进的理念与技术得以应用和推广。乌镇世界互联网科技馆拥有为其量身打造的低碳方案，整个科技馆日常的基础照明需求通过顶部光伏板发出的电就能够满足。以科技馆为代表，本届世界互联网大会乌镇峰会也首次实现100%绿电供应，其中乌镇西栅景区和"互联网之光"博览中心等场馆绿电供应量预计超过50万千瓦时，相当于减少碳排放量380余吨。

在这里，还可以触摸全球互联网发展的脉搏。科技馆里巨大的机械翻转墙展示着全球互联网发展的重要数据，多个会议厅、报告厅也将为世界各地的专家学者、企业家、政府官员等，提供对话交流的平台，从而推动全球更多互联网新产品、新技术、新应用在"乌镇首发"。

二

勾勒互联网发展进程的乌镇世界互联网科技馆，让人感受到历史的纵深。走进第一展区——"互联网创新全球共同平台"展区，映入眼帘的是世界互联网大会乌镇峰会从诞生到成熟的十年历程。

从"互联互通·共享共治"到"发展数字经济　促进开放共享"，再到"迈向数字文明新时代"等，历届峰会主题的变迁被一一呈现。细数往届峰会，不难看出一条清晰的全球互联网发展脉络。

"现代管理学之父"彼得·德鲁克有一个观点：任何新事物都需要许多前期工作。你需要别人的理解，建立共识。这句话在世界互联网大会乌镇峰会的诞生上同样适用。中国首倡举办世界互联网大会乌镇峰会，并非"脑洞大开"，而是有着广泛的共识基础。

2013年"棱镜门"事件爆发后，美国实施网络攻击、网络监听的事实暴露在世界面前。各国更加深刻认识到网络安全的紧迫性，并因此坚定了推进全球互联网治理体系变革的决心。在这样的背景下，与各国共同探讨全球网络空间治理，也就成了世界互联网大会乌镇峰会的责任和使命。

2014年和2015年的两届世界互联网大会乌镇峰会，中国提出了"互联互通·共享共治"的发展主题和"构建网络空间命运共同体"的重大命题。2016年起，全球经济步入低速增长轨道，复苏乏力，各国寄希望于数字经济实现"逆风翻盘"。世界互联网大会乌镇峰会一直将数字经济作为重点议题。比如2016年首次举办"世界互联网领先科技成果发布活动"，展现了数字赋能全球发展的潜力；2017年又将"发展数字经济　促进开放共享"列入主题。

近年来，随着数字技术的不断发展，平台垄断、个人信息滥用、算法剥削、网络暴力等网络空间的失序行为也呈上升态势。这说明数字技术的发展与数字规则的建立没有完全同步，因而陷入创新与治理难以平衡的"科林格里奇困境"——当一项技术已经成为整个经济和社会结构的一部分，对它的控制就变得十分困难。因此，近年来，世界互联网大会乌镇峰会的主题出现一大显著变化，即在关注数字经济的同时，更加聚焦发展数字文明和共建网络世界。

走过十年，世界互联网大会乌镇峰会始终与时偕行。每当世界互联网的年度盛会指向"乌镇时间"，都试图推动着一轮新的创新与变革。

三

乌镇世界互联网科技馆不仅诉说着互联网发展的过去，也"剧透"着一个包容、普惠、有韧性的数字世界,这也是2023年世界互联网大会乌镇峰会的主题。值得思考的是,一个包容、普惠、有韧性的数字世界,究竟是一个怎样的数字世界?笔者有三点想法。

比如,在这个数字世界里,不再是"零和博弈、赢者通吃"。在科技馆的入口处,镌刻着国家主席习近平向首届世界互联网大会乌镇峰会所致的贺词:"互联网真正让世界变成了地球村,让国际社会越来越成为你中有我、我中有你的命运共同体。"

20世纪70年代,"互联网之父"温顿·瑟夫和罗伯特·卡恩没有申请TCP/IP协议的专利,而是将其无偿开放给世界。从诞生之初起,互联网就蕴含着开放共享、平等协作的精神。因此,作为国家主权自然延伸的网络主权,包括各国在自己网络主权范围内选择互联网发展道路、管理模式和公共政策的权利,都应该得到充分尊重。

对于个别国家动辄封锁围堵,对他国实施网络攻击,并将其美化为"信息共享"的做法,须旗帜鲜明地予以反对。只有坚决捍卫网络空间平等的发展权、参与权、治理权,世界各国共享互联网发展成果的愿景才能照进现实。

比如,在这个数字世界里,网络空间绝不是"法外之地"。习近平总书记指出,要把依法治网作为基础性手段,继续加快制定完善互联网领域法律法规,推动依法管网、依法办网、依法上网,确保互联网在法治轨道上健康运行。

互联网发展的未来是要建立起一套全新的规则和制度体系,并且让运用网络的每个个体都能敬畏这些规则和制度,如此人类才能拥有一个更好的数字世界。近年来,运用法治手段构建和维护网络空间良好秩序,已在世界范围内赢得共识。比如2023年5月,欧盟监管机构给美国元宇宙平台公司开出 13 亿美元罚单，这也是第一家根据欧洲隐私法规被勒令关闭跨大西洋用户数据流的美国科技巨头。

比如，在这个数字世界里，"大家的事由大家商量着办"。从 2012 年到 2022 年，中国数字经济规模从 11 万亿元增长到 50.2 万亿元。事实上，世界许多国家数字经济发展都持续提速。良好的发展前景，带来日益激烈的竞争，网络谣言、黑客攻击、网络诈骗等问题层出不穷，互联网治理已成为全球共同难题。

唯有共同治理，方能赢得未来，这也正是世界互联网大会乌镇峰会的一个初衷。"发扬伙伴精神，大家的事由大家商量着办"，只有各国加强网络空间的交流与合作，形成制衡单边霸权的更强大力量，方能获得更广阔的发展空间。

这两天，世界互联网大会乌镇峰会"十年之约"如约而至，正如有人用"实打实、沉甸甸"来形容世界互联网大会乌镇峰会的"乌镇十年"。未来的"乌镇时间"、未来的数字世界，还有更多精彩等我们"开箱"。

徐岚　黄薇　孔越　执笔

2023 年 11 月 10 日

方寸之间如何做大文章

> 印本身就是一个立凭信、立诚信的手段。用刻刀把感悟、情怀与担当铸刻在金石之上，传播着立德守信、自信开放之声。

"锲而不舍，金石可镂。"荀子《劝学篇》中这耳熟能详的一句话，道出了篆刻的精神与魅力。此前，在杭州亚残运会开幕式上，西泠印社社员的篆刻与"刀锋战士"的表演，将中国传统艺术与残疾人运动的体育精神完美融合，这也是继北京奥运会后，篆刻第二次登上国际大型体育赛事舞台。

近日，被誉为"天下第一名社"的西泠印社迎来了建社120年系列活动。作为一项"冷门绝学"，篆刻方寸之间的价值，如今被越来越多的人认可与喜爱。这项中国传统技艺是如何入古出新、吸引世界目光的？在这方寸之间，西泠印社又能如何做大文章，使其不断绽放新光彩？

一

方寸之间，能容纳下多少东西？

在几厘米见方的印中，书法、绘画、雕刻缺一不可；印面上字法、篆法、刀法、章法等样样讲究；印文、边款所含文学意味可资品赏；甚至连印石，都是一门深奥的学问。

潘天寿曾说："画事不须三绝而须四全。四全者，诗、书、画、印是也。"可见印章在文人墨客心中的地位之高。

中国印章的历史至少可以追溯到商代时期。1998年，在安阳殷墟出土了一方饕餮纹铜玺，这是目前考古发掘出的距今最久远的印章。不过在很长时间内，印章还只是一种器物、工具。

自唐宋以来，随着文人画的兴起、书画鉴藏的流行以及钤盖款印的风行，文人士大夫对"诗书画印"愈发重视，印章一时成为风雅。到了明清时期，篆刻流派纷呈，"西泠八家"和"皖派"篆刻风靡全国，中国篆刻艺术也由高原迈向高峰。

当金石篆刻从工匠的手中慢慢向文人手中过渡，篆刻之术便在单纯的器物雕琢上生发出不同的意味。赵孟頫等一大批极具名望之人以刻刀代替毛笔，把金石当作纸张，自篆自刻，趣味无穷。以石治印，使篆刻逐渐脱离工匠之手和凭信之用，转而进入艺术领地。

有论者就指出，篆刻既蕴含着中华民族的价值观、宇宙观，也充盈着中华民族的审美观。同时，它还体现了中华民族人文价值的核心理念——诚信。

印本身就是一个立凭信、立诚信的手段。用刻刀把感悟、情怀与担当铸刻在金石之上，传播着立德守信、自信开放之声。

二

"社筑西泠，看山影湖光皆可作八家心法。印传东汉，证莆宗皖北不仅求两浙渊源。"这是西泠印社宝印山房中的一副对联，寓意着此地人杰地灵，也讲述着篆刻与杭州的深厚渊源。

宋代以来，杭州经济社会趋于稳定、繁荣，吸引了大量的书画家聚集于此，为篆刻与书画融合发展带来了契机。与此同时，篆刻历史上的很多重大事件也都发生在杭州。

如李清照晚年流寓杭州20多年，完成著作《金石录》，这是我国最早的碑刻目录和研究专著之一；活跃于杭嘉湖地区的赵孟頫、定居并终老于杭州的吾丘衍，最早从理论、实践两方面着手，为篆刻文人化运动的崛起奠定了基础。1989年，杭州于书法家鲜于枢墓中发现的两枚他生前的常用印，是国内唯一的元代书家用印实物。

此外，"西泠八家"中的丁敬、蒋仁、黄易、奚冈、陈豫钟、陈鸿寿、赵之琛、钱松，都是地道的杭州人。以杭州为中心，"浙派篆刻"赓续时间长、阵容强大，赵之谦、吴昌硕、齐白石、黄士陵等名家大家无不受到熏陶。

虽然印学在杭州发展繁盛，但它似乎一直难以"破圈"，只在小众圈层红火。1904年，丁辅之、王福庵、吴隐、叶为铭四位平均年龄仅30岁出头的青年"慨然有感印学之将湮没也"，选址"湖山最胜处"的孤山西泠桥头，"乐石吉金，唯印是求"，成立西泠印社。他们将视线聚焦到中国文字的源头，从甲骨文、金石铭文中探寻中华文化的密码。1913年，"石鼓篆书第一人"吴昌硕出任首任社长，西泠印社声名渐起，一时群贤毕至。

更为人称道的是，西泠印社有君子风骨，社员们把很多珍贵的东西都捐给了社里。比如，西泠印社的镇社之宝"汉三老讳字忌日碑"，1921年时差点流落海外，吴昌硕赶紧通过捐款筹募买回石碑；丁辅之、吴隐等则捐出土地、房屋等给印社；张鲁庵也捐赠了其毕生收藏的400多部历代印谱、1500多方历代印石；等等。

潜心"修炼"百余年的西泠印社与中国篆刻艺术院联合申报，中国篆刻于2009年成功入选联合国教科文组织人类非物质文化遗产代表作名录。目前，西泠印社已有近2.7万件藏品，包括印章、印谱、书画等，为深入学习和研究印学提供了宝贵资源。

刀墨笔砚，使命不改，传承百廿年的西泠印社令原本小众的篆刻艺术光彩夺目，成为海内外篆刻家、篆刻迷恋者的"朝拜圣地"。

三

习近平总书记在哲学社会科学工作座谈会上强调，中华文明延续着我们国家和民族的精神血脉，既需要薪火相传、代代守护，也需要与时俱进、推陈出新。

篆刻与印学，是经典古文化象征，如何在新时代激活这一中华优秀传统文化的生命力，实现创造性转化、创新性发展？笔者想到几个问题。

如何从小众走向大众？专业性强、技艺复杂、价格昂贵……高门槛一开始便将许多人拦在了门外。放下身段、主动跨步出门，印章的魅力才能从小匣子中释放出来。

当下，移动互联网给了篆刻艺术跳出小众传播的平台与机会，篆刻与体育、动画、视频等元素相结合，给大众带来了丰富的感官体验。如西泠印社合作推出的"亚运风采"篆刻文字与图形印记作品展、《不一young的杭州——亚洲航家》等一系列节目，以深入浅出的形式讲述篆刻艺术，在很多观众心目中留下深刻印象，让印学变得鲜活起来。

如何从国内走向国际？中国印是独具东方韵味的传统文化名片，是与世界交流交融的珍贵载体。近年来，西泠印社相继启动"世界印章史""一带一路·世界图纹与印记"项目；2008年起，"百年西泠·中国印"系列巡展走过美国洛杉矶、法国巴黎、意大利罗马等城市，在汉字文化圈之外的国家刮起一阵阵"西泠旋风"。

接下来，可以打造更多中国印文化品牌，进一步积极"走出去"，开展文化交流和互鉴，让世界看见中国的篆刻技艺，听到精彩的印学故事。

如何从"大家"走向年轻人？"才以用而日生，思以引而不竭"，传统文化的生命力体现于生生不息的日常生活之中。

有人说，文化就是生活方式的积累。中国印学在培养艺术大家之外，还可以通过进校园等丰富多彩的活动，走向千家万户，特别是让更多的孩子、年轻人近距离感受篆刻之美。就像西泠印社一改最初的特邀入社、选拔入社和常规发展入社，开创"考试入社"的先河，不限资历、择优选拔。越来越多年轻人的加入，也将带动更多年轻人喜爱篆刻并以之为业。

化梦为刀，刻万古春秋；金石为记，载历史变迁。期待印学在与时代和世界的同频共振中，"琢磨"出新的印记。

俞越　张帆　执笔

2023年11月11日

网络舆情不能"一删了之"

> 从社会价值来看，删得了帖文，删不了网民的愤怒情绪。网络舆情看似偶然，实则是现实社会矛盾和问题的直观反映。尤其是一些全民关注的焦点、敏感事件，随意删帖只会让负面舆情由星星之火迅速变成燎原之势。

在这个舆情"快闪"时代，有人戏称，网络舆情的生命周期只有7天。但事实上，舆情的"降温"速度很大程度上取决于舆情处置效率。

习近平总书记指出，既不能把网上政治问题当成一般问题，缺乏政治敏感性和政治警觉性，反应迟钝、应付消极；也不能把一般问题政治化，把舆情当敌情，简单粗暴、一删了之。

那么，"一删了之"是出于哪些认识误区？风险又有哪些？对待网络舆情的正确"姿势"是什么？

一

毫无疑问，重大网络舆情给地方政府带来了巨大压力，稍有不慎就可能遭遇网民的"围攻"、舆论的"拷问"，不少基层干部也因此深陷"舆情劫"。一种常见的情况就是，一些地方在舆情苗头刚出现的时候"装聋作哑"，等到事情"闹大"之后又想着"封堵删"，导致舆情失控，产生"引火烧身"的恶果。

这反映出一些党员干部面对舆情的"本领恐慌"，从根本上来说是缘于对网络舆情存在认知误区。

误区之一：删帖是化解舆情沸点的"万能神器"。一些地方和单位把舆情视为"洪水猛兽"，唯恐避之不及，在遇到突发事件以后，第一反应便是想方设法删除负面舆情信息，把删帖当成解决实际问题，这属于典型的掩耳盗铃。

网络舆情是社情民意的"风向标"和"晴雨表"，舆情处置不等于信息管控，采取简单粗暴的删堵办法容易引爆网络舆论场的"猜疑链"，造成"你越删什么，网民越信什么"，从而引发直指政府相关部门不当作为的二次舆情，留下舆情"病根"。

误区之二：网络舆情是网民的无端"抹黑"、故意"搞事"。随着网络信息技术和社交媒体的发展，网络舆情在国家治理过程中发挥着重要作用。一方面，让网民参与公共讨论是社会进步的体现。我们不能想当然地以为，网络舆情都是负面的，网民的出发点都是恶意的，实际上很多舆情信息都能为政府决策提供参考。如若一言不合就想办法删帖、屏蔽，导致社情民意通道遭遇"肠梗阻"，问计于民就成了"虚晃一枪"的花招。

另一方面，舆情治理的最高境界其实是"治未病"。近年来，网上热点舆情发生明显"转向"，直接攻击社会体制的"显性"舆情减少，而借民生议题煽动民怨的"隐性"舆情增多，实际上是在及时发出社会预警。比如，此前有关生育的话题在社交平台引发舆论热议，紧接着各地相继出台了优化生育的政策措施。

误区之三：网络舆情是宣传网信部门的事，与涉事部门无关。有的涉事单位和领导干部在发生舆情时一味寄希望于宣传网信部门，自己则当起了"事不关己，高高挂起"的"看客"，舆情"高烧不退"，负面信息处理不掉，就认为是宣传网信部门工作没做好。而事实证明，很多舆情事件的爆发都是因线下处置不当所致，尤其在一些重大敏感事件中，没有做好具体的事情，就很可能掀起舆情骇浪。

二

网络舆情为什么不能"一删了之"？这与网络舆情的社会价值、舆情治理逻辑、舆论传播规律等密切相关。

从社会价值来看，删得了帖文，删不了网民的愤怒情绪。网络舆情看似偶然，实则是现实社会矛盾和问题的直观反映。尤其是一些全民关注的焦点、敏感事件，随意删帖只会让负面舆情由星星之火迅速变成燎原之势。

从舆情治理逻辑来看，线下处置有瑕疵，必然产生线上舆情啸聚。网络舆情从来就不是空穴来风。脱离了现实问题，舆情又如何"存活"？纵观近年来发生的多起舆情危机，许多网络舆情之所以持续发酵甚至酿成公共事件，一个重要原因就在于，线下实际问题久拖未决。这一点，"浙江宣传"曾在《要想处置"舆情"，先要做好"事情"》中作过论述。

从舆论传播规律来看，负面舆情靠"删帖"是删不尽的。在这个"算法＋社交"叠加的时代，一张图片、一段视频在短时间内就能形成病毒式传播，再加上传播技术花样翻新、传播手段层出不穷，要想全网"消杀"，几乎是一件不可能完成的事情。曾有网友发帖反映当地道路存在质量问题，孰料第二天就遭遇莫名删帖，该网友接连在多个网站发帖质疑删帖行为，引起了众多网友共同声讨，最终删帖人迫于压力向网友道歉。

总而言之，各类社交平台如雨后春笋般发芽，"一删了之"很难实现，舆情处置工作也因此容易陷入"越删传播越快"的"怪圈"。

当然，从网络治理的角度看，"删帖"作为一种方法手段本身并无褒贬之分，关键看适用的对象。删帖是很多国家实施网络监管的有效手段，在一些突发性事件中对于阻断谣言及违法有害信息内容等确实起到了不可忽视的作用。2019年以来，中央网信办累计清理违法和不良信息200多亿条，账号近14亿个。正确地删帖，其实是推动形成良好网络生态的有力抓手。

但若将此法当作舆情治理的"灵丹妙药"，对所谓的"负面信息"反应过度，不仅违背舆论传播规律，而且也不利于社会矛盾和问题的化解。

所以说，对于那些威胁社会稳定、带来严重负面影响、违法违规的信息内容，删帖当然是必要的；但是对于那些网民的批评性评论，相关部门和党员干部应该有不删帖的胸怀；对于因为应对失当带来的舆情"飓风"，涉事部门也该有主动担当的勇气和魄力。说到底，不能一概而论删帖是对还是不对。

三

那么，我们该怎样看待网络舆情？笔者支三招。

比如，有解决实际问题的"金刚钻"。"存在决定意识"，问题在先，舆论在后。有了解决实际问题的"金刚钻"，才能干好舆情处突的"瓷器活"。2021年年初，山东烟台连续发生两起金矿安全生产重大事故，当地政府在全力救援的同时，迅速展开事故责任调查，依法依规对40余名相关责任人进行追责问责，有效阻止了网络舆情的进一步"感染"。

比如，拿出"攻心"的应对办法。成功的舆情回应，总是能够抓住主要矛盾和矛盾的主要方面，"攻心为上"，直击网民最为关注的问题。网络舆论场既有"鲜花"，也有"冰雹"，要想不被"冰雹"砸伤，就要走出"封删堵"的"死胡同"，主动发布的"料"给得越足，负面舆情滋生的空间也就越小。2015年轰动全国的"东方之星"沉船事件，之所以没有引起大面积的负面舆情，及时主动发声的功劳不小。

比如，与舆情"和谐相处"。互联网既是情绪池，也是意见场，有"骂声"乃是人间常态，关键是我们应该以何种态度应对这些"骂声"，既不能"过敏"，也不能"麻木"。党委、政府坚持以人民为中心，人民的新期待和新诉求是不断产生和变化的，更何况工作中有时还会存在这样那样的不足，应该有包容网友批评甚至指责的雅量。既然没有舆情的"理想国"是不存在的，那么我们不妨学着和舆情"和谐相处"，认真倾听网民反映的问题和意见，发现不足、予以改进。

舆情处置如治水，当"疏"不当"堵"，重在标本兼治。相关部门和党员干部具备与之相适应的舆情素养和应对本领才是网络舆情治理必备的"宝典"。

徐岚　执笔

2023 年 11 月 11 日

谢安的前半生与后半生

> 谢安之后，"东山"不仅成为中国山水诗的发源地，更化为一个天人合一、天下为公、智慧担当的精神地标。

公元360年，眼见家道中落、晋室危急的谢安，结束了在会稽东山20余年的隐逸时光，决定应征西大将军桓温邀请，担任军中司马。

此后，这位从东山复出的"江左风流"一路开挂，不仅成功挫败权臣桓温企图篡位的野心，还在危急关头指挥打赢了著名的"淝水之战"，让"晋室赖以转危为安"。

位于曹娥江畔的东山，也成为唐诗之路的重要驿站，吸引了李白、杜甫等一大波著名诗人心驰神往，相继"打卡"，甚至成为古人在山水与庙堂之间自由切换的精神坐标。

那么，这位半生都在隐居的名士，为何要走出东山？他又何以能够"东山再起"？

一

要了解后半生为英雄的谢安，必须要先了解前半生成长为隐士的谢安，再看看他生活的时代背景。

纵情山水、隐逸清谈蔚然成风，是魏晋时期特有的文化符号和精神美学。士人们神情超迈地行走于山水林泉，至情至性、潇洒通透、欣然忘归。因此，当随晋室南渡的谢安惊喜地发现东山山水之美，便开始了心灵的放逐。在东山国庆寺、梅坞古道、曹娥江畔……他沉醉于自然，纵情于山水。

当然，"独乐乐不如众乐乐"。他更愿意与支道林、许询等士人一起或坐而论道，或信步漫游；与谢家子弟在寄情山水中切磋诗文，或是在曹娥江中垂钓艳丽的蓝色鳊鱼。在东山，这位特立独行的豪门子弟，硬是把自己活成了魏晋风度的标杆。

永和九年（353）春，在那场盛大的由王羲之做东的兰亭集会上，谢安与好友许询、支道林等41位名流，相聚在"会稽山阴之兰亭"，书写自己放旷山林的情怀："伊昔先子，有怀春游。契兹言执，寄傲林丘……"

有学者统计，《全唐诗》中歌咏晋代人物的有668首，其中涉及谢安一人的就有274首。在其忠实"粉丝"李白的笔下，写到谢安或用东山典故的就有37处之多。

二

谢安是在不惑之年迎来人生大转折的。《晋书·谢安传》记载，

"隐居会稽东山，年逾四十复出为桓温司马，累迁中书、司徒等要职，晋室赖以转危为安"。后人据此提炼出"东山再起"这个成语。

那么，原本徜徉在东山这片清越山水中的他，为何会选择"年逾四十复出"，走出东山？

从家族背景来看，随晋室举家南渡的祖父谢衡，在东山开创了谢氏家族基业。此后，谢安的父亲、兄弟等人皆跻身权力的中心，因此他一出生不仅"财务自由"，而且政治资本丰厚。

但随着居庙堂高位的祖父、父亲相继去世，谢安终究要独自面对家道中微这一"中年危机"。就在他出山的前一年，弟弟谢万出击前燕大败而归，险被手下军士所杀，后被革职为民，此时的谢安再也无法继续在东山"躺平"了。

我们再从现实角度分析。当时，借门阀士族上位的司马家族皇帝，遭士族权臣架空甚至造反成为家常便饭，再加上北方胡人政权扩张等，此时的东晋皇室不仅要与士族"内卷"，还要与北方政权"外耗"。

身处家国两难境地的谢安，急需开启直面现实的"觉醒年代"。事实上，简文帝很早就看出，谢安既然能够与众人同乐，那么就必然会与众人同忧。此时的谢安毅然出山，不只是为家族计，更是为天下苍生计。

当然，也有他个性的缘由。这位4岁时就被名士桓彝评价为"风神秀彻"的士族子弟，骨子里遵循的其实仍是积极入世的那一套。早期他在教授谢家子弟读书时，就把《诗经》这一儒家经典作为必修课。

《世说新语》中还有这样一则记载。谢公因子弟集聚，问："《毛诗》何句最佳？"遏称曰："昔我往矣，杨柳依依；今我来思，雨雪霏霏。"公曰："吁谟定命，远猷辰告。"谓此句偏有雅人深致。大意是谢安与子弟论诗，认为《诗经》中最好的诗句不是"杨柳依依"的个体情致，而是国君要及时将战略命令告知百姓的政治智慧。

三

公元383年，当前秦苻坚的百万雄师以降维之势碾压般袭来时，迎接这场战争的最高将领谢安已是白发苍苍的老人。可当时正与客人下棋的他甚至并未被前方的战报惊扰丝毫。直到客人沉不住气询问，他才淡然回应：小儿辈已大破敌军。

这场史上著名的"淝水之战"，是他后半生的高光时刻。一方面，这让东晋迎来了一段难得的盛世，皇帝司马曜与谢安等士族名臣通力合作，收复了黄河以南大片土地，内外形势一片安宁。

另一方面，谁也不会想到，那个啸傲山林20多年的隐士，居然在出山后的20多年里，如此从容地行走在一个王朝的江湖风雨之中，并以截然不同的人生经历告诉世人，什么是大智慧、大担当。

那么，谢安为何能够"东山再起"，并让"东山"成为一种意向化的境界与符号？我们不妨从他早年入山到中年出山，再到最后急流勇退的三个阶段，进行分别观照。

在隐逸林泉的早期，表面上看，谢安是在沉迷山水。其实他在东山的沉潜中，不仅涵养了清明通透的人格之美，还以身作则教授谢家子弟领悟自然之道，让自己和身边人都活得从容舒展、自在温暖。

　　与孙绰、王羲之等人体验"乘桴浮于海"的兴致时，那个在风高浪急之间气定神闲、吟咏不辍的谢安，何尝不是日后匡扶晋室、靖边安国时潇洒从容的谢太傅？在"淝水之战"前线立下显赫战功的谢石、谢琰、谢玄，作为谢家子弟，其实也都是谢安的弟子。

　　在走出东山的中年时期，他力挽狂澜匡扶晋室，本就是出于一种心怀天下、志在安民的智慧与深情。他曾对好友王羲之说，自己中年时对亲友的生离死别尤其敏感，有时候会连续好几天心情烦闷。而得知淝水大捷时仍与友人从容对弈的背后，是他奔过门槛折断木鞋"屐齿"的狂喜，是带着浓厚人情味的强大自制。

　　在人生的最后时期，当受到排挤与猜忌时，谢安客观而超脱地看待名利的羁绊。这一时期，他已开始做好隐退的准备。最让他心心念念的，就是回到那个熟悉的东山。他甚至在作为他乡的南京江宁，仿造了另一个地理与空间意义上的"东山"，以此呼应那个再也回不去的家园。

　　也正因此，谢安之后，"东山"不仅成为中国山水诗的发源地，更化为一个天人合一、天下为公、智慧担当的精神地标。

廉彬　杨金柱　执笔

2023 年 11 月 12 日

办实事重要的是"百姓觉得"

> 如何真正把惠民生、暖民心、顺民意的工作做到群众心坎上，是检验党员干部能力和作风的一把标尺，是必须回答好的一道考题。

最近一段时间，全国不少地方都在开展民生实事项目征集活动，吸引了广大群众的热情参与和讨论。数据显示，2023年度浙江省为民办实事项目征集活动，有380多万人参与，收到3万多条意见建议，最终确定了2.8万多个项目。

这份关注的背后，说明民生实事承载的期望值很高，大家希望自己的诉求和心声被看见、被听到、被实现。或许很多人对GDP的增长感受不直接，但对民生实事办得实不实、好不好，心里会有一杆秤。

一

民生实事是连接党心民心的重要桥梁，如何真正把惠民生、暖民心、顺民意的工作做到群众心坎上，是检验党员干部能力和作风的一把标尺，是必须回答好的一道考题。

习近平同志曾发表过一篇题为《心无百姓莫为"官"》的文章，文中谈道，群众的一桩桩"小事"，是构成国家、集体"大事"的"细胞"，小的"细胞"健康，大的"肌体"才会充满生机与活力。

近些年，党委、政府在推动经济社会发展的过程中，坚持把民生实事项目摆在突出位置，下大气力推进改革、解决难题，努力把好事实事办到老百姓的心里去，让广大群众共享高质量发展红利。

比如，浙江省高度重视老百姓出行问题，近5年累计完成综合交通投资超1.6万亿元，居全国第一，实现了"高速公路陆域县县通、高铁陆域市市通"，而且通过大力发展轨道交通、快速路，有效缓解城市交通拥堵问题，改善了广大市民的出行体验。

再如，以前办证拍照，办一次拍一次是常态，重复拍照多、等候时间长，群众常抱怨不方便、没必要。在这个背景下，"一窗通拍、全域应用"从65个备选事项中脱颖而出，入选2023年浙江省政府十方面民生实事。通过数据的集成协同，群众只需拍一次照片，就能办理身份证、驾驶证、市民卡等多个证件。

这些让群众有切切实实获得感的政策举措，就是在践行"办实每件事，赢得万人心"的承诺。随着经济社会的高速发展，人民群众所需所盼发生了巨大变化，除了"菜篮子""米袋子""果盘子"这些最基本的民生，人民群众也需要便捷的办事流程、祥和的社会环境、丰富的精神生活，特别是教育、医疗、住房、养老等领域，老百姓关注度很高，亟待全社会共同努力破题。

二

当前正在进行的主题教育中，"下基层、察民情、解民忧、暖民心"实践活动是重要内容，"践行宗旨为民造福"也是要达到的具体目标之一。各地党员干部从解决急难愁盼问题入手，办了不少好事实事。但现实中，也有一些民生实事虽然办了，但老百姓感受不明显，甚至不买账。

有的供需错位，事情做了不少，但不是群众心里最想要的。有的在办实事过程中只考虑到了"我觉得"，却没有想到"百姓觉得"，甚至简单地将常规工作列入民生实事项目，或者绕开矛盾走，回避难题，导致民生实事成色不足、针对性不强。

离开了"民声"，就不能称作"民生"。如果忽略了群众需不需要、满不满意，"干部忙了一身汗，群众还是不点赞"，不仅会做无用功，而且违背民生实事项目的初衷，损害党委、政府的公信力。

有的脱离实际，虽然设想很好，但是很难真正落地。一些地方和党员干部出发点是好的，为民办实事的热情很高，但是违背经济社会发展规律，也超出了当地资源禀赋，导致政策空转、没有下文。有的甚至搞形式主义，把为民办实事理解为搞几项大工程，实施起来像"花架子"，对老百姓的日常生活没有实质性的帮助。

民生实事，要点就是"实"，征集的项目、提出的目标、实施的抓手，以及党员干部的作风，都必须实实在在，掺不得半点水分。只有这样，民生实事才不会停留在纸面上，才能落地见效，结出累累硕果。

有的高开低走，启动时轰轰烈烈，但没有长期坚持下去。这主要还是"一阵风"的问题,在项目征集、工作部署时声势比较大,但是责任没有压紧压实,没有以强有力的手段一抓到底,专班推进和督办机制仍需健全。尤其是在碰到一些难题后,还存在"等靠要"的思想。

为民办实事是一项神圣工作、长期工程,对于一些定下来的项目,如果不能持续发力用劲,不仅浪费人力财力,而且还容易成为"半拉子"工程,被老百姓诟病。

三

悠悠万事,民生为大。现在,为民办实事已经成为很多地方每年雷打不动的一项工作,大家也都在积极探索创新。比如有的地方实施民生实事"票决制""好差评"等做法,这些都是倒逼民生实事落实落地的有效手段。想要把实事办到百姓心坎上并不容易,但这应该成为不懈追求的目标。

民生实事项目征集是送上门来的宝贵意见,要珍视老百姓内心深处的诉求和声音,不要辜负了这份信任和期待。每一条意见建议都极为宝贵,是相关部门原本需要花费大量时间精力去走访、调研才能得到的第一手信息。现在老百姓已经把一些现成的"金点子"送上门来,这是践行群众路线的绝佳契机。

民生实事项目的确定和落实,是一项系统工程,从一开始就要树立问题导向、效果导向。既要从数以万计的意见建议中抽丝剥茧,梳理出核心关切,又要统筹考虑当地经济社会发展现状,坚持点上突破和面上推进相结合,短期提升和长远布局相结合。不能坐在办公室里拍脑袋、想当然,更不能只顾面子、不顾里子。

民生实事项目一旦确定下来，就是一份"军令状"，就是对人民群众的庄严承诺，决不能只是写在纸上、挂在墙上。特别是那些牵涉面广、利益纠纷复杂、容易产生矛盾得罪人的"硬骨头"，要克服畏难情绪，想尽千方百计，硬着头皮也要把它干好。

很多民生实事项目不是单个部门的事，需要多部门协同起来去做，如果"楚河汉界"分得太清楚，在群众眼里就是推诿扯皮。所以要健全机制、完善闭环，可以采取专班运作、牵头抓总的方式压茬推进，一锤一锤地敲下去，一个月一个月地提醒督办下去。

民生实事项目落实得怎么样，老百姓心里一清二楚，也最有发言权。应当把民意调查、问卷反馈作为倒逼手段，不断查漏补缺，拉高工作标准，这样办的民生实事才不会走偏变形、背离初心。

倪海飞　云新宇　谢滨同　执笔

2023 年 11 月 12 日

"梅茶鸡蜂"何以"闯"世界

> 农业文化遗产"不是关于过去的而是关乎人类未来的遗产"。

梅茶混栽，鸡跃梅林，蜂舞其间，共生共荣。这是浙江仙居山林间独特的一幕。

近日，联合国粮食及农业组织网站公布，仙居古杨梅群复合种养系统被认定为"全球重要农业文化遗产"。仙居古杨梅群复合种养系统是"梅茶鸡蜂"有机结合的复合型山地农业模式，是全球第一个杨梅领域的重要农业文化遗产。

放眼世界，仙居是公认的人工栽培杨梅起源地之一。那么，"梅茶鸡蜂"是如何"组团"的？又何以"闯"世界？

一

仙居自古以来就是一处层峦叠翠、山清水秀之地，这里四季分明、无霜期长、热量丰富、温暖湿润、雨水充沛，十分适宜野生杨梅生长。

因此，仙居先民很早便开始了漫长的杨梅驯化与人工栽培活动。当地栽培杨梅的历史可追溯至魏晋南北朝时期，那时的仙居辖属临海，沈莹所著的《临海水土异物志》中就有杨梅的记载："杨梅，其子大如弹子，正赤，五月熟。似梅，味酸甜。"这个记载后来被农学巨著《齐民要术》等史籍广泛引用。

除了杨梅，仙居先民逐渐发现，栽茶、牧鸡、养蜂等同样与当地的环境契合。相传，宋代政治家、仙居乡贤吴芾就喜爱在杨梅茶树混栽林中喝茶吟诗，而且是喝一种在普通"素茶"里放入杨梅肉的"杨梅茶"，风味独特。

据有关史料记载，明万历年间，梅茶混栽、林下养鸡、林中养蜂的复合种养模式在当地变得普遍。

"梅茶鸡蜂"复合种养模式凝结着仙居先民的经验创造，保留传承至今。在这里，杨梅、茶叶、鸡、蜂，默契地形成了共融共生、协调发展的"生态种养系统"：杨梅和茶混栽有助于增强系统的水土保持、水源涵养、空气调节等；仙居鸡充满活力，承担着系统里的"杀虫"和"施肥"任务；勤劳的"园丁"中华蜂为系统内蜜源植物授粉，增强了系统环境内的生物多样性，实现不同生物特性的契合与互补。

2015年10月，仙居古杨梅群复合种养系统被列入第三批中国重要农业文化遗产。同年，仙居县开始谋划申报全球重要农业文化遗产，并于2019年被列入全球遗产预备名单。

二

如今，28株千年以上古杨梅树领着1.3万余株百年以上古杨梅树，坚守在山林之间，"仙居杨梅""仙居鸡"则已经成为国家农产品地理标志登记保护产品，以"杨梅灯"为代表的"仙居针刺无骨花灯"也被列入首批国家级非物质文化遗产名录……在仙居，"梅茶鸡蜂"复合种养模式不是一种单纯的农业技术，而是深深嵌入仙居人生产生活的方方面面。

20世纪80年代，仙居为了改良仙居杨梅品种，引进了"东魁杨梅"。3月保花、5月疏果、7月养护……年复一年的"闯三关"，是梅农长情的告白。而后，他们又在枝条修剪、土壤管理、营养供给、病虫害防治等方面琢磨出不少"宠溺"的方法。

一颗杨梅，承载着无数人的"仙居记忆""仙居印象"。每一年杨梅采摘季，八方旅人、四方食客、各路行商蜂拥而至，与当地人一起开启"餐食座无虚席、住宿一房难求"的"全民狂欢月"。

如今，仙居人还为杨梅产业定制了"亲农在线"应用场景。大数据被应用到"山头"，产区、天气、水肥、销售等信息一目尽览，让这里的每一棵杨梅树都拥有自己的专属"身份证"。

研发锁鲜"黑科技"、量身定制外包装、冷库余位精准发布、快递"陆空专线"直达……"仙梅"攻破储存保鲜难题，"48小时送达圈"日渐扩大，成功进入了欧美国家的"朋友圈"。仙居还开发神仙大农"梅茶鸡蜂"农旅伴手礼，集齐杨梅酥、云雾茶、神仙鸡、土蜂蜜，将农业文化遗产直接从"大山"送至"嘴边"。

现在，"仙居杨梅"区域公用品牌价值已达26.23亿元。入选"全球重要农业文化遗产"保护项目，意味着"梅茶鸡蜂"的发展也将迎来全新的开始。

三

有人说，农业文化遗产的特点在用，精髓在用，因而更要注重对其进行活态保护与传承。然而不可否认，仙居古杨梅群复合种养系统仍面临着一些挑战，比如种植、加工成本不断攀升，技术传承与推广面临挑战，品牌效益不足，等等。这需要深入探索实践一条"守正创新"的"活"路。

比如，为好故事融入新表达。仙居人对杨梅的感情绵延千年，从他们将杨梅称呼为"仙梅"就可见一斑。这也让他们赋予了杨梅许多鲜活形象，并创造出许多关于仙居杨梅的民间故事。如果可以更深入地挖掘这些杨梅故事，并赋予其具有"网感"的表达，或许可以为杨梅文化"破圈"提供契机。

比如，用好产品赢得新前景。在仙居，相比于梅，茶、鸡、蜂这三种农产品的发展潜力还需进一步挖掘。像仙居碧绿茶和仙居土蜂蜜品质虽佳，但尚缺少系统的管理、营销和深加工，导致卖不出好价钱，市场拓展也面临一定挑战。杨梅的"发展之道"或许可以提供借鉴。

仙居被杨梅界誉为"杨梅良种之宝库"，凭借"天赋异禀"，再依托现代科技，做深杨梅深加工这篇文章，自然不愁好产品。目前，仙居已具备国内首创的万吨杨梅深加工生产线，并开发了十多个系列产品。当地还主动跟相关院校合作，推动杨梅产业向"生态化、特色化、品牌化、规模化"方向发展。

比如，借好风景绽放新魅力。入选"全球重要农业文化遗产"，给仙居的文旅产业也带来了新机遇。近年来，当地做足杨梅文章，推出了数条杨梅采摘游精品路线。接下来，不妨继续拓宽思路，做一篇精彩的"梅茶鸡蜂"农文旅融合文章。

正如有研究者指出，杨梅本身的"天生丽质"就足够令人一观，如若再加上茶、鸡、蜂等合理配置与和谐搭配，这幅画卷将更添几分层次和生气。与此同时，这个"生态种养系统"涉及仙居多个行政村，这些村落中，有建于山坳缓坡地带的"山坳村"，也有建于山脚或山坑内的"山脚村"，其中不少还入选了"中国传统村落"名录，特色鲜明、氛围浓厚，可以成为颇具魅力的旅游佳地。

农业文化遗产"不是关于过去的而是关乎人类未来的遗产"。如何让仙居古杨梅群复合种养系统更加焕发蓬勃生机，需要继续沸腾激情，接续创新。

应芳露　孔越　执笔

2023 年 11 月 13 日

浙婺的改革突围之路

一个地方剧种的传承发展绝不是仅靠个别院团"单打独斗"就能完成的，需要众多剧团齐头并进、共同努力，这样才能实现永续流传。

不久前，在墨西哥桑塔·卢西亚国际艺术节上，由浙江婺剧团表演的婺剧《三打白骨精》惊艳亮相，赢得满堂彩。这不是浙婺第一次在海外受到欢迎。2023年9月，这个来自浙江金华的地方戏曲院团远赴肯尼亚、埃塞俄比亚等国，不但在非洲"火"了一把，还吸引了很多"洋粉丝"。

当一些国有文艺院团深陷生存与发展的困境中步履维艰时，浙婺凭借改革，探索走出了一条突围之路，并创造了闻名全国的"浙婺现象"。此前，"浙江宣传"曾专门发文关注。

趁着中国戏剧节举办之际，我们不妨再往深一层探究：浙婺经历了哪几次重要改革？又是如何通过改革激活"一池春水"，实现"小剧种"唱响全球的"大梦想"？

一

在浙中地区，民间素有"浙婺演到哪，就火到哪"的说法。铜锣一响，十里八乡的人都会赶来一睹风采。

20世纪50年代，浙婺刚成立不久，便获得了良好的发展机遇。时任中国戏剧家协会主席田汉曾赋诗一首："浙东何止山川美，又有新声说婺州。"然而，到了80年代中期，浙婺却和其他剧团一样陷入低谷：观众急剧减少，一年到头演不上几场戏。

不在绝境中灭亡，就在绝境中崛起。面对几近停摆的生存危机，浙婺开始了第一次"绝地反击"式的改革。1996年，剧团公开竞聘选拔，名不见经传的"龙套演员"王晓平当选为副团长。两年后，浙婺又在全省率先将"团长负责制"改为"总经理负责制"，王晓平被任命为总经理。他既有敏锐的商业眼光，也熟悉婺剧特色。成为剧团经营者后，他走市场化道路，靠"戏台子"留住人，短短几年就屡创佳绩。"艺术再精湛，若没市场，依旧死路一条""人才的高度决定艺术的高度"……在浙婺，王晓平的不少"名言"为人所熟知。

梨园界有句行话叫"练千遍不如看一遍，学千遍不如串一遍演一遍"。那时，浙婺一改过去"等戏演"的老路，创造一切机会演出，改革的成效很快显现出来。比如，剧团从演"课本剧"入手，不到两个月演出70多场次，剧团运营步入正轨。

2011年，国有文艺院团新一轮体制改革启动。浙婺顺势而为、乘势而上，进一步整合资源、盘活全局。在地方党委、政府的支持下，与当时的金华剧院等3家单位合并，并升格成立浙江婺剧艺术研究院。

2013年，占地65亩、投资3.3亿元的中国婺剧院建设完成，交由浙婺管理使用。有了硬件条件的加持，全团更加专注于剧目创排。这一时期，浙婺硕果累累，一举获得十余项国家级大奖。

时间一往无前，改革的步伐历经实践检验愈发坚定有力。2019年，浙婺迎来第三次改革——探索"一团一策"。新出台"婺剧六条"扶持政策，条条都是"真金白银"，极大地释放了改革活力，激发了院团发展的内生动力。

经历三次不同时期和境遇的重要改革，浙婺的发展之路越走越宽，从一个濒临解散的地方剧团成功跻身全国优秀地方戏院团行列。

二

发展到今天，浙婺已经是一张具有浙江辨识度的文化名片，也成为弘扬民族艺术、传播中华文化的一扇窗口。它之所以能在全国院团改革中走在前列，在于较好地解决了国有文艺院团普遍面临的三大难题。

首先，化解"出人难"，改变了演员青黄不接的现状。繁荣戏曲艺术，人才是根本，尤其是青年人才。在选人用人方面，浙婺敢于打破"论资排辈""唯主角论""身份界限"等"潜规则"，唯才是举、不拘一格，对有能力的人给机会、给平台、给激励。

至今仍为人所津津乐道的一个故事是：2019年婺剧《红灯记》赴京演出，3个主角里有两个是"小年轻"，10多位国家一级、二级演员甘愿配戏。还有很多人不知道，在历年"新松计划"全省青年戏曲演员大赛里荣获金奖的浙婺演员中，有不少是配角演员或者非编制演员。

其次，攻克"出戏难"，扭转了传统剧种式微的颓势。有调查显示，截至2015年8月，全国共有348个戏曲剧种，将这一数据与20世纪八九十年代编撰的《中国戏曲志》对照，发现已有47种剧种消亡，另有17种濒临消亡。

一出有影响力的好戏能救活一个剧种。浙婺以剧目为突破口，创新表演内容和形式，全力输出好作品。以这次在海外圈粉的《三打白骨精》为例，唱、念、做、打、翻，变脸、下高翻、双砸险……各种技巧接连展现，一场戏下来，全程没有"尿点"，让人拍案叫绝。

最后，破除"出效益难"，打破"没人看""不叫座"的困局。转企改制后，财政"断奶"，国有文艺院团往往因为自身缺乏"造血"能力，找不到打开市场、吸引观众的路径，从而"走下坡路"。

振兴戏曲最好的办法是吸引更多人看戏。浙婺的办法有"三大招"，比如，利用中国婺剧院剧场资源，举办惠民演出；又如，引进国内外优秀商业演出，集聚人气；再如，"上厅堂也下农田"，在剧院之外到农村乡野去演出，用"流动车""小舞台"等灵活形式，将婺剧唱进每个人的心中。

三

小剧种，也能唱大戏。从农村走出，到多次登上春晚，再到漂洋过海，回望浙婺60多年发展史，始终贯穿着敢闯敢试的改革勇气。

那么，"浙婺现象"的出现，对于当下更好地推动国有文艺院团改革能带来怎样的启迪和助益？笔者认为，有这样几句话值得深思。

既要"抬头看路"，也要"埋头拉车"。"改革"二字，乍听之下很宏大，其实并不复杂。浙婺的三次改革，最突出的是"精准号脉""问题导向"，把握住了不同阶段的时代机遇从而采取行动，针对发展过程中的矛盾和问题进行"对症下药"，在生死存亡之际首先解决"活下来"的问题，然后聚焦怎样出精品、育人才，最后是整体发展的提质增效，一步一个脚印。

形势变化快，机遇稍纵即逝。院团改革既需要立足社会实际，洞察发展趋势，进行前瞻性规划，利用好政策机遇等乘势而上，也需要厘清什么问题最要紧、难点堵点在哪里、瓶颈困难是什么，然后一个个去研究、一项项去攻关、一样样去解决。

既要有所作为，也要有所不为。院团改革的核心逻辑之一是尊重规律，即尊重事物发展规律，尊重艺术创作规律，尊重市场运行规律，尊重新老交替规律……一言以蔽之，一切按照规律办事。

放眼古今中外，任何艺术都具有差异化的地域和族群特色，戏曲亦然。在不断的改革谋新中，浙婺坚持尊重规律，有所为也有所不为。一方面，大胆拥抱变化，根据新潮流新需求，与当代审美趣味和受众偏好相融合；另一方面，牢牢抓住"文戏武做、武戏文唱"的"秘笈"，靠高难度表演巩固独树一帜的剧种特色，强化记忆点。

既要自己好，也要大家好。"一木不成林，一花不成春。"一个地方剧种的传承发展绝不是仅靠个别院团"单打独斗"就能完成的，需要众多剧团齐头并进、共同努力，这样才能实现永续流传。

从改革开始，浙婺就深刻认识到构建"大婺剧"生态圈的重要性，从不挤压其他婺剧团的生存空间，反而积极培育婺剧发展的生态链。通过持续输送优秀人才，复盘、移植、新创剧目，带动金华、丽水、建德等婺剧流行区共同发展，不断做大做强婺剧品牌。

有一首歌这样唱道："敢问路在何方？路在脚下。"改革没有终点，改革一直在路上。在国有文艺院团的改革大潮中，相信会有更多改革"弄潮儿"激起浪花朵朵，将来自历史深处的传统戏曲传得更远、唱得更响。

李戈辉　俞晓赟　执笔

2023 年 11 月 13 日

瓯江舴艋船

承载着货物，瓯江舴艋船打通了山路阻隔。承载着人文，瓯江舴艋船融入了船帮文化。然而，瓯江舴艋船即将承载不动的事物，可能是时间。

中国瓷器远销海外的悠久历史，与瓯江息息相关。

早在宋元时期，行于瓯江之上的一只只舴艋船，便已将瓯江上游的龙泉青瓷，运至下游温州的入海口。青瓷顺着瓯江水而下，再经由"海上丝绸之路"，运往欧洲各国。于是，这条海路也有了"海上陶瓷之路"的赞誉。

而瓯江上的舴艋船，一次次顺流而下，又溯流而上，为海上人文交流、贸易往来注入生机与活力。

一

瓯江，是浙江省第二大河流，干流长388公里，有"八百里瓯江"之称。

瓯江流域虽风景如画，但也因山川密布、地势险峻，在古代难以通过陆路运输。于是，以瓯江作为"经济大动脉"的水路运输，就成了当时打通山川阻隔的交通方式。

瓯江舴艋船因头尾尖、船肚大、多种推力相结合的特点，成为瓯江上最为理想的运输工具。面对坡度起伏、水深不一的瓯江航道，舴艋船在浅水以竹篙推进、深水靠木桨划船、顺风则扬帆起航，途经难以行船的浅滩，则靠船工下水拔船或拉纤，渡过一个个关口。小小舴艋船在千年历史中，运送了不计其数的货物。

早在秦汉时期，这条航线就已通航，自丽水龙泉，经由云和、莲都、青田等地进入温州一带，并于温州湾进入东海。既可以把木料、瓷器、香菇、粮食、药材、茶叶等货物从上游运至下游或海外，也可将食盐、水产等物品送入交通不便的山区。

南宋时期，瓯江上游的龙泉窑颇为兴盛，产出大量优质瓷器，通过舴艋船运往瓯江河口的温州朔门古港一带，再用其他船只从温州港运往西方国家。龙泉窑的柴火烧得越旺，瓯江上的船工越繁忙。至元代，已出现"瓯江两岸，瓷窑林立，烟火相望"的盛况。

物产丰富的瓯江流域山区，也不断通过水路向外输送各种物资。据史料记载，仅清光绪六年（1880），就有1183担可用于制造绳索、床垫的毛棕，被运至温州港出口，且出口量不断增加，至民国二年（1913），已达4323担。

抗日战争全面爆发后，陆路运输被日军严格限制或切断，瓯江流域的水路，更是成为极为关键的运输通道。大量宝贵的物资，从下游往上游运输，供应我国抗战的大后方，其中有煤油、皮革、石蜡、白糖等进口洋货，也有棉纱、布匹、卷烟等国货。

二

舴艋船是运载工具，更是人文交流的载体，载动的，是千年的船帮文化与水运文明。

宋代李清照的"只恐双溪舴艋舟，载不动许多愁"，或许是许多人对于舴艋船的第一印象；聚焦于瓯江之上，早在东晋时期，书法家王羲之就曾坐着舴艋船，畅游瓯江支流好溪；相传南北朝诗人谢灵运、唐代诗人孟浩然、南宋文学家陆游、南宋文人政治家文天祥、明代戏曲家汤显祖等人，都曾坐着舴艋船一睹瓯江沿岸之美。文人墨客留下的传世名篇，定格了他们刹那的所见所闻所感，供我们想象，也让我们得以一窥当时瓯江流域的风情。

文人名家毕竟只是舴艋船上的旅客，它的主人，也就是那些船工们，是水运文明的推动者、见证者。

他们在瓯江上以撑船为生，曾长期居无定所。而他们的子子孙孙，喝着瓯江水长大，在船里生、船里长，也成了船民。随着航运由盛转衰，他们很多人已经上了岸，成了当地居民，有了田地，但他们没有放弃水上的营生。毕竟这些船只，是他们与这片土地逐渐产生牵绊、最后扎下根的重要媒介。

船帮也在撑船过程中自然形成。档案显示，民国期间瓯江上有船只8000余艘，往返于江面上，可谓浩浩荡荡。以青田温溪帮、云和石浦帮、丽水龙泉帮、温州永嘉帮最为出名。

他们的舴艋船从瓯江干流上游、中游或支流下来，过急流、闯险滩、避暗礁，到达瓯江河口。他们互相帮助，共享商业资源，让那些有号召力、体力充沛、经验丰富的船工在前带头，保障整个船队顺利到达目的地,其实这也可以说是"四千精神"的一种体现。

三

承载着货物,瓯江舴艋船打通了山路阻隔。承载着人文,瓯江舴艋船融入了船帮文化。然而,瓯江舴艋船即将承载不动的事物,可能是时间。

国家的基础设施建设蓬勃发展,在便利人们生产生活的同时,也不可避免地削弱着水运的地位。比如,自20世纪七八十年代开始,瓯江流域修建了多处水电站,大坝切断了水路,阻隔了自然航道,船只通行不再像以前那样方便。高铁和公路运输的蓬勃发展,部分替代了水路航运。

如今,舴艋船遍布于瓯江之上的时代,早已渐行渐远,但对其文化价值的挖掘,才刚刚开始,并已迫在眉睫。在笔者看来,有以下三点至关重要。

造船技艺需要传承。瓯江流域曾有许多颇有名气的造船师傅,这些造船师傅往往都是撑船好手,他们根据自己撑船的经验,不停地对船只进行改良。目前,瓯江两岸能建造传统舴艋船的工匠已难觅踪迹。如今还健在的船工,均已上了年纪。造船的技艺、行船的经历、撑船的手法、吆喝的号子、相传的故事,这些瓯江上重要的非物质文化遗产,都存在于本就遥远且仍在逐渐消逝的老人记忆之中,需要加紧进行挖掘。

航运文化需要传承。关于瓯江航运文化,包括相关的史料、文物、古迹,都有必要尽快加以调查、整理乃至抢救,对有价值的、颇具代表性的渡口、建筑等进行修缮并将其列为文保单位,适度地进行商业化包装，用于旅游景区建设，或是通过展览、文创的方式进行宣传。有的村落里还留有宝贵的船帮古宅、古渡遗址、瓷窑工场等，在这些真实具体的历史场域，还能看到近在眼前的文物史料，更能让人们切实地感受到在瓯江舴艋船的百转千回之中，船民们百折不挠的精神品质。

乡情乡愁需要传承。曾经，船民的孩子仍是船民，船帮的人们也在互帮互助之中谋生，共享着集体智慧与群体记忆。但随着舴艋船遍布瓯江的时代落幕，船民的后代也步入了新的时代，多有背井离乡者，开创各自不同的生活。当家族与集体的根基不再，乡音乡情乡愁也在不断流失，如今，这些消逝中的事物，都需要我们加以保护。纵然时代变迁、沧海桑田，但他们回家的路，永远都在。

曹凌云　执笔

2023 年 11 月 14 日

AI客服何时才能"听懂人话"

> 无论科技发展到哪个阶段，以人为本都是必须遵守的一条法则，科学技术的发明和应用是为了"让生活更美好"，不能为了追求效益而背弃初衷。

双十一的"购物潮"还没结束，各行各业又开始了一轮"售后潮"。当人们寻找客服时会发现，无论是购物平台、物流公司还是银行，接待我们的大部分都已经变成了机器人。

随着人工智能技术发展越来越快，很多企业选择用机器人来代替人工，客服就是机器人应用最广泛的一个岗位。不过，自从AI客服"上岗"以来，就收到了成千上万的"差评"，人们纷纷质疑，AI客服到底方便了谁？

一

平心而论，AI技术大规模应用于客服领域确有积极意义。AI客服可以预先对需求进行筛选分流，为客户提供更加精准、快捷、个性化的服务，并且能够摆脱人工客服工作时间与精力的限制，做到"7×24小时"随时在线。但在实践中，AI客服在很多时候不仅无法解决问题，还成为客户寻找人工客服的"绊脚石"，甚至凭借一己之力把小问题激化成大矛盾。

相信很多人都有过这样的体验。AI客服接听电话，轻则答非所问、鸡同鸭讲；重则自作主张、直接挂断。有的慢条斯理地朗诵从1到9的选项，层层"套娃"后给出一个牛头不对马嘴的解决方案。如果你的普通话不够标准，或者直接要求转接人工客服，它会提示你"识别失败"，以上步骤从头再来。网络端AI客服也是半斤八两，无论客户提出什么问题，它往往只会来回重复提前设置好的话术，令人恼火不已。

然而，当人们不需要AI客服时，它们却又仿佛"无孔不入"。营销推广是AI客服的主要职责之一，金融、保险、房地产、教育等行业更是"重灾区"，推销电话常常不分场合、不分时间地"无差别骚扰"。即便想要理论几句，可是人工智能没有感情，任凭你如何抓狂，对面"波澜不惊""下次还敢"，虚拟号码甚至无法拉黑屏蔽。今年7月，就有一位用户不堪忍受AI客服骚扰，将对方公司一纸诉状告上了法庭。

技术初衷与应用效果落差如此之大，无怪乎有人吐槽AI客服"不是人工智能，而是人工智障""不是解决问题，而是解决客户"。

二

尽管"一问三不知"的AI客服已经屡获差评，但一面是不少用户吐槽"被AI气死只是时间问题"，另一面AI客服却在"横扫"

各行各业，各大企业都越来越爱用。

其中原因不难理解，就是客服需求实在太多了。特别是互联网电商飞速发展，客户咨询、商品推荐、售后服务、投诉建议、日常答疑等业务量指数级爆炸，仅依靠人工为客户提供服务难以为继。统计数据显示，人工客服每天能处理的业务量为100到200单，再熟练也不过200到300单，也很难做到24小时随时在线，远远不能满足市场需求。而AI客服却如同"机械降神"一般不眠不休、不知疲倦，数据显示，智能客服每天打电话的数量可以是人工的数十倍。

对于企业来说，AI客服作为"莫得感情"的服务机器，也大大节省了培养、维护员工的物质和情感成本。薪资普通、稳定性不够、工作重复枯燥，还容易遭到投诉、辱骂，客服人员心理压力往往不小。如果企业关怀不到位、薪资不符合预期，员工就容易离职。对于企业来说，选择人工客服就会面临招聘难、流失大、培训成本高、用工成本高等问题。

AI客服"省心省力又省钱"，虽然无法解决一些复杂问题，但对企业来讲，显然是一笔划算的生意。

当然，AI客服也从未停止学习和进步。从笔者亲身体验来看，现在接到的AI客服电话，只听声音很难辨别是机器还是真人。得益于不断迭代的语音处理技术，AI客服的声音不再是死板的机械音，而无限接近于真人。深度学习技术也赋能AI客服更加准确地判断用户意图、提供个性服务。

有人认为，随着技术的进步，AI的"拟人化"之路正越来越宽广，AI客服终将取代人工客服，而现在正是"拐点"到来的前夜。

三

　　科技改变生活是不可逆转的浪潮，人们也并不是拒斥 AI 客服，而是讨厌"没用的 AI 客服"。无论是"智能"还是"智障"，说到底，AI 客服都只是一件工具，决定它们使用效能的，是背后操纵工具的"人"。技术是中性的，但人应当有所为而有所不为。

　　任何一家企业想要在市场上立足，依靠的必然是"创造价值"，而不是单纯的"削减成本"。为了降低成本而"雇佣"AI 客服是可以理解的，但如果因此就无视用户体验，必然会引起用户反感、流失，最终反噬自身。在应用技术的时候，尤其要牢记"服务至上"的理念，从用户的角度去思考他们想要什么、不想要什么。

　　有时 AI 客服解决不了问题，确实是"巧妇难为无米之炊"，因为程序赋予它们的功能就只有"照本宣科"。要想让它们真正成为"人工智能"，企业一方面要持续投入研发，让它们更好地适配客服岗位的职能；另一方面，也可以给 AI 客服开放一些基本权限，让它们有能力去解决用户的实际问题，而不是充当敷衍塞责的"挡箭牌"。

　　而 AI 客服阻碍人们与真人对话的背后，其实是一些企业的人工客服在减少。AI 与人工并不是非此即彼的关系，且不说目前 AI 客服缺陷不少，即便有一天发展成熟，人工客服所能提供的情绪价值和应变能力，也是它们无法轻易做到的。此外，对老年人等群体来说，人工客服对于他们而言是不可替代的"救命稻草"。技术的发展要给人以更加多元多样的选择，而不是将人逼上"单行道"，更不能把那些尚未跟上时代潮流的人挡在技术的高墙之外。

另外，很多人之所以不断遭到 AI 客服的电话"骚扰"，更深层次的根源，是数据泄露、侵犯隐私等违法行为。目前，个人信息保护领域的法律法规已经逐渐健全，企业、电信运营商等主体都要承担起责任，任何机构、任何人都不应想着"在违法的边缘试探"或相互"甩锅"。相关部门要进一步严格执法，通过开展专项整治行动等方式严查个人信息泄露问题，从源头上切断这条灰色产业链，还人们一片清静安宁。

人们对于"AI 客服听不懂人话"的吐槽，其实暗含着对人与科技关系的一次省视。无论科技发展到哪个阶段，以人为本都是必须遵守的一条法则，科学技术的发明和应用是为了"让生活更美好"，不能为了追求效益而背弃初衷。始终把"人"作为根本目的和依托，在最硬核的科技中融入最柔软的人文关怀，才是人与技术和谐共生的"密码"。

谢滨同　云新宇　陆家颐　执笔

2023 年 11 月 14 日

宋词中的"意难平"为何触动人心

> 从少年时的斗志昂扬，到中年时的无奈看穿，再到晚年与时光握手言和，生命历程中的那些无力感和苍凉感在宋词里都有生动体现。而这种词句的流淌、氛围的营造，击中了很多人心中柔软的一面。

现在在网上，一旦遇到不如意的事，人们很爱说一句：到底意难平。"意难平"，出自南宋孙应时的《阻风泊归舟游净众寺》一诗："愁边动寒角，夜久意难平。"

其实，宋词里"意难平"的出现频率远超宋诗。宋诗叫"意难平"，宋词里的说法更凝练，叫"愁"。一旦遇着"愁"的事，我们心头冒出来的多是宋词，这是源于宋词总能将闲情愁绪表达得淋漓尽致。这种"意难平"的情绪，如同贺铸描绘的"一川烟草，满城风絮，梅子黄时雨"，萦绕笼罩在宋词里。

一

宋词中为何弥漫着这种闲情愁绪？这跟宋词的"出身"有关。

词是在宴乐中诞生的，本是配合宴乐乐曲填写的歌诗，是达官贵人迎来送往、文人雅士觥筹交错时的助兴产物。而让歌女演唱，自然得营造清丽幽怨的氛围，所以词在诞生之初便多是闺怨、思妇、伤春、悲秋等主题，这种基因让宋词流淌着"意难平"的血脉，婉约深情一直是宋词的主基调之一。

宋词里经典的"意难平"如此之多，还跟特殊时代词作者的人生经历紧密相关。几位顶流宋词名家多是人生跌宕起伏，情感、仕途、家国多种不如意交织，最终不平成就了词章，失意酿成了诗意。

先看婉约派。如柳永，一生多次落榜，沉沦下僚，只得融入人间烟火。而他与歌女之间更是缠绕颇深，聚聚合合，最后凝练成"衣带渐宽终不悔，为伊消得人憔悴"。又如秦观，这位苏门四学士之一的词作大家，终生郁郁不得志，在人生最后的被贬谪时期，写出了"可堪孤馆闭春寒，杜鹃声里斜阳暮"的忧伤词句。再如姜夔，虽诗词、散文、书法、音乐无不精善，但一生只能四处飘荡、寄人篱下，这让他的词作充满了"淮南皓月冷千山，冥冥归去无人管"的凄清感。

而豪放派代表人物的人生也不如意。如苏东坡，一生多次被贬谪，那股不平之气一直埋藏心中。再如辛弃疾，自从南下回归南宋，便被朝廷闲置，难上疆场，难收故土，满腔愤懑在词作中得以抒发。而坚守边疆的范仲淹，写起边塞诗来也充满"人不寐，将军白发征夫泪"的不平意；而"匹马戍梁州"的陆游更是"鬓先秋，泪空流"，充满了"心在天山，身老沧洲"的愤懑感。

即便是一生过得颇为顺畅的"太平宰相"晏殊，时不时也会写出"满目山河空念远，落花风雨更伤春""无可奈何花落去，似曾相识燕归来"的词句。

二

宋词中的"意难平"并不单一，而是角度多元、情感丰富，能契合人生中多种不如意时的情境，更易引起共鸣。

先说情感上的"意难平"。若是相爱不能相守，可读情路崎岖的柳永，读他的"多情自古伤离别，更那堪，冷落清秋节"，读他的"对潇潇暮雨洒江天，一番洗清秋"；可读姜夔，他一生都在追忆自己的合肥之恋，读他的"春未绿，鬓先丝。人间别久不成悲"，读他的"谁教岁岁红莲夜，两处沉吟各自知"。

若是爱而不得，可读陆游，在《钗头凤·红酥手》里品味他和唐婉"一怀愁绪，几年离索"的伤感；若是永失所爱，可读苏轼，在《江城子·乙卯正月二十日夜记梦》里咀嚼他和王弗"十年生死两茫茫，不思量，自难忘"的一往情深，读贺铸的《鹧鸪天·重过阊门万事非》，感受"梧桐半死清霜后，头白鸳鸯失伴飞"的悲苦。

意难平的当然不只有情感，也有职场不顺、仕途受挫。可读柳永，读他的"黄金榜上，偶失龙头望"，到最后变成"青春都一饷。忍把浮名，换了浅斟低唱"的自弃；读秦观，在"雾失楼台，月迷津渡"中，期待"驿寄梅花，鱼传尺素"，品饮"桃源望断无寻处""砌成此恨无重数"的无奈；读苏轼的黄州系列词作，是"拣尽寒枝不肯栖，寂寞沙洲冷"，是"世事一场大梦，人生几度秋凉"。

少年时虽意气风发，人到中年却壮志未酬、庸庸碌碌，有这样的经历，读词也容易共情。读辛弃疾，从"为赋新词强说愁"到"却道天凉好个秋"，就是少年成熟蜕变的过程；读刘过，"欲买桂花同载酒，终不似，少年游"；读蒋捷，从"少年听雨歌楼上"到"壮年听雨客舟中"，至最后的"听雨僧庐下""一任阶前、点滴到天明"。

从少年时的斗志昂扬，到中年时的无奈看穿，再到晚年与时光握手言和，生命历程中的那些无力感和苍凉感在宋词里都有生动体现。而这种词句的流淌、氛围的营造，击中了很多人心中柔软的一面。

三

但宋词之所以有魅力，能成为经典，是因为它的"意难平"并非只是一味沉沦，而是有节制的伤感；不只是愤懑，而是走向了旷达；不只是小我的"意难平"，而是走向了家国的大情怀。

宋词继承了《诗经》倡导的"乐而不淫、哀而不伤"的节制感。比如姜夔这位科场失意的白衣秀士，虽然一生不平愤懑之事不断，但他的词风却清空骚雅，"如孤云野飞，去留无迹"。如他正月看灯写的词，前句虽是"花满市，月侵衣。少年情事老来悲"的伤感，后句却转为"沙河塘上春寒浅，看了游人缓缓归"的接纳与和解。

而苏轼更进了一步，他从"意难平"出发，最后抵达的是旷达。他和苏辙中秋不能相聚时，在"起舞弄清影，何似在人间"这里还较为凄凉，但过渡到中间已开始用"此事古难全"化解，最后笔锋一转，变成"但愿人长久，千里共婵娟"的希望。他困在黄州时，这种不平和愤懑之气，也被他咀嚼消化，变成"莫听穿林打叶声"的旷达，化成"门前流水尚能西"的执着。

　　而宋词的"意难平"最振奋人心之处，在于积攒了力量、酝酿了希望，跃升到民族家国的大境界，而这种豪情在以辛弃疾等词人为代表的豪放派身上体现得尤为明显。

　　将个人的"意难平"和家国情结合得最深的当属辛弃疾。这位少年时叱咤风云、取敌将首级如囊中取物的马上战将，人生的下半场却辗转各地、报国无门。在马放南山、刀剑入库之后，他选择了写词。尽管词作中也常流露出失意的感慨，可终究峰回路转，变成"青山遮不住，毕竟东流去"，释放出"金戈铁马，气吞万里如虎"的豪情，凝练成"了却君王天下事，赢得生前身后名"的壮志。这也是人们钟爱辛词的最大缘由，它让人们有一种勇于前行、走出困境的力量。只要不放弃，笔墨和刀剑都是报国的利器。

　　其他词人如刘过，四次应举不中，作为陆游、辛弃疾的好友，他的词作始终激荡着一种豪气。又如陈亮，这位来自永康的状元，一生坎坷，但词作并不顾影自怜，而是高亢雄壮之气不改："万里腥膻如许，千古英灵安在，磅礴几时通？"再比如岳飞，在其传世名作《满江红》里，是"靖康耻""臣子恨"这些家国之痛，让他"怒发冲冠""壮怀激烈"。这种"壮志饥餐胡虏肉，笑谈渴饮匈奴血"的不平之气，成为历代中华儿女抵抗外侮的精神支撑。

　　意难平时，可读宋词，既可在婉约词的共情共鸣中得到抚慰和治愈，更可在苏轼的旷达、辛弃疾的豪放中积蓄力量，走出困境——"归去，也无风雨也无晴"；"道'男儿到死心如铁'。看试手，补天裂"。

赵波　执笔

2023 年 11 月 15 日

重视舆情但别患上"舆情恐惧症"

> 想当然地试图将网民的声音淹没在未引起关注之前,结果往往适得其反,越想把事压下去,越是按下葫芦浮起瓢,在当前纷繁复杂的舆论形势下加剧舆情的紧张态势。

在"人人都有麦克风"的裂变传播时代,舆情应对已经成为各个地方党员干部必须学习的一堂"必修课"。一些地方虽然重视舆情,但禁不住网上一点"风吹草动",生怕聚光灯下会出点什么岔子。这折射出少数地方的党员干部陷入应对网络舆情的误区,患上了"舆情恐惧症"。

重视舆情当然很有必要,但我们也要警惕走向极端,患上"舆情恐惧症"。那么,"舆情恐惧症"的主要表现是什么?症结在哪里?我们该如何对症下药?

一

移动互联网时代,偶发突发事件让舆情无处不在、无时不在。

这让一些地方的党员干部对互联网是既畏惧又畏难，在不知不觉中患上"舆情恐惧症"。具体表现有：

"过激式"回应。有的矫枉过正，网上一有了话题度，就高度紧张、如临大敌。出了一点舆情，也不区分舆情的大小和性质，就处理问责干部或者指责相关部门工作不力，看上去是果断应对，其实是不敢担当。即使面对正面声音占据主导地位的舆情热点，抑或只是网友单纯的情绪吐槽，也要"快刀斩乱麻式"一顿"操作"。其实，针对舆情迅速进行调查，作出合理合情的解释，也可以赢得网友的理解和支持。

"切割式"回应。有的一旦有事件被曝光后引发关注，就第一时间作出"切割"、撇清关系。比如，一些地方一旦出现舆情，就喜欢拿临时工来"顶雷"，第一时间表明"不是我的人""不是我的事""不是发生在近期"，简单粗暴地表明"与我无关"。殊不知，责任义务没有临时的，敢于担责才是正确态度。2017年，国防部回应官微配图不严谨：疏忽在小编，责任领导担。这赢得广大网友的一致点赞。

"鸵鸟式"回应。有的秉持"热门事件冷处理，冷门事件不处理"的原则，觉得惹不起总能躲得起，认为现在每天热点事件这么多，拖一拖、扛一扛，等时间一长，"风头"过去就好了。殊不知，这种放水流舟式的舆情应对方式，会损害政府公信力，甚至会陷入"塔西佗陷阱"。实际上，"烂尾舆情"有点像网络舆论汪洋中的暗礁，说不定什么时候就会激起舆论的惊涛骇浪，而与此一起被风浪暴击的，往往是政府的形象。

"打地鼠式"回应。有的视舆情为洪水猛兽，不想着正视问题、解决问题，而是不问缘由一味"灭火"，舆情一露头就把"封、堵、删"当成"万能钥匙"。对此,"浙江宣传"在《网络舆情不能"一删了之"》一文中曾专门做过论述。想当然地试图将网民的声音淹没在未引起关注之前,结果往往适得其反,越想把事压下去,越是按下葫芦浮起瓢,在当前纷繁复杂的舆论形势下加剧舆情的紧张态势。

二

往深里看,患上"舆情恐惧症"可能有以下几个原因。

网络舆情趋于纷繁复杂。从客观情况看,舆情从应急化转向常态化、从单一性转向复合性。这是因为,一方面,随着社会加速发展,风险隐患时时存在,不确定性大大增加,各种事故、事件、事情都有可能引发舆情,有时让人防不胜防;另一方面,在"以秒计"的互联网传播速度面前,无论舆论事件多小,有时却能以超乎想象的速度被放大,使得舆情生成周期越来越短、发酵态势愈演愈烈。这些都导致舆情应对的难度加大。

对舆情的认识存在偏差。互联网为政府部门问需于民、问计于民提供了新的重要渠道,但一些党员干部将舆情和"问题"画等号,将其视为维稳的对象和问题的表现。还有的在舆情面前,不是把注意力放在回应关切上,而是放在"避风头""平息事情"上。从政府舆情处置事件的反面例子来看,一些信任危机正是源于应对舆情时的"犹抱琵琶半遮面"。在一些舆情事件中,本来事件本身并不复杂,却因官方模棱两可的回应或者冷漠的态度而使事件持续发酵。

应对舆情的能力不足。在众声喧哗的网络时代,一些党员干部由于缺乏互联网思维和把握网络传播规律的能力，在舆情面前常常陷入胸中无数、不知所措的被动困境。有的容易受到网上各种杂音的干扰，难以辨别真民声、了解真民意；有的在应对舆情时采取"自说自话"的方式，一味强调"领导高度重视"，忽视了群众诉求，导致舆论反噬、引发次生舆情；还有的不敢说，信奉"多一句不如少一句"。

特别是随着区块链、人工智能等新技术的应用，舆情应对也需提升"智慧"含量。一些地方不善于运用新技术新手段，一些党员干部不知网不懂网，导致在处置舆情时陷入"失明""失聪""反应迟钝"等困境，难以作出快速有效的回应。

此外，有的地方在面对舆情时杯弓蛇影、慌不择路，对党员干部的"过"与"罚"往往不对应、不相当，甚至在一些时候"罚"大于"过"，盲目追责问责、滥用追责问责，也在一定程度上削弱了党员干部应对舆情的动力。

三

舆情处置看起来不是常态工作，也不会天天遇到，却有可能随时随地出现。虽然今天舆情处置的难度不断增加，但这并不意味着我们就只能被动应对、无所作为。笔者想到四句话。

第一句话：要想"说得好"，首先要"做得好"。掩耳盗铃的"鸵鸟式"做法只会让事态更加不可控，能见微知著、研判民意最见水平，真解决问题、解决真问题是最优解。克服"舆情恐惧症"，切不可把"吐槽""抱怨"都当作舆情去"处置"。网民吐个槽、反映个问题或者提个建议，属于社情民意的范畴，应多聆听公众"内心的声音",敢于直面争议、回应问题、回应公众关切。

第二句话:公开透明是应对舆情最好的"润滑剂"。任何企图欺瞒掩饰的"躲猫猫式"做法,只会让流言、谣言传得更快。克服"舆情恐惧症",要有直面问题的勇气和公开信息的底气,在把握舆论关注的焦点、尊重民意的同时,不受舆论裹挟,以法律为底线、以客观事实为基准,拿出令人信服的证据和结论,以有理有据赢得广大网民认可。真实、可信、权威的信息才是定分止争的"灵丹妙药",会真正令人信服。

第三句话:练好"泳技"才能畅游"舆海"。敢于到互联网深水区去游泳,在实践中提升懂网用网的能力,成为党员干部需要直面的现实要求。克服"舆情恐惧症",需要硬功夫。不断增强舆情应对的本领,强化互联网思维,把握舆情发展规律,掌握大数据等基本舆情分析工具和技术,有助于提升直面舆情的能力和信心,特别是要善于和网友对话,积极回应网友诉求,把话说到网友心坎里去。

第四句话:"问责"与"负责"两条腿走路。舆情当前,不问是非曲直,就先简单问责,只会伤害基层干部的积极性和创造性。一方面,可以构建更科学有效的机制来防范舆情风险,并动态监测、实时预警;另一方面,要为担当者担当,筑牢容错免责的制度屏障,优化舆情应对激励机制,从"简单问责"向"适度容错"转变,防止追责问责被滥用,从而鼓励党员干部在面对舆情时由"躲事干部"变为"扛事干部"。

陈培浩　姜佳将　孟欣然　执笔

2023 年 11 月 15 日

夜校"归来"

工作之余，年轻的生命忘怀地追寻着生活的乐趣、愉悦、活力。

近日，"年轻人为什么抢着上夜校"的话题冲上热搜，"白天上班、晚上学艺"似乎成了很多大城市年轻人的标配。

夜校火到什么程度呢？有网友分享，自己瞄准的很多"潮课"科科爆满，不少课程在上架1分钟之内被"秒完"，甚至存在65万人抢1万个名额的现象。不仅如此，一些网友还晒出了自己的夜校"抢课攻略"，供他人"按需取用"。

夜校缘何突然爆火？它究竟击中了年轻人哪些痛点，又带来了何种启示？

—

"夜校"，顾名思义，夜间上课的学校。它的来历可谓"恒久远"。资料显示，世界上第一所夜校诞生于19世纪的意大利，其开设用意主要在于提高劳动者素质、减少文盲。

在我国，到了20世纪80年代，夜校成为一种相对固定的教学模式，供年轻人利用夜晚的非工作时间进行学习。"白天辛勤劳动，晚上学习、向上"，工人夜校、农民夜校一时间如雨后春笋，到处拔节。此后，作为特殊时代产物的夜校渐渐沉寂，成为一代人记忆中的过去式。

如今，"夜校热"在年轻群体中再度来袭，不仅花样翻新，而且"按需办校开课"，主打的是"你想学什么，我就开什么课"。

比如，让年轻人"潮"起来。书法、声乐、中国舞……年轻人是传统文化"潮玩"的主力军，他们热衷什么"潮"，夜校就掀什么"浪"。用一些体验者的话来说，小时候没玩过、玩不起的，现在都捡回来、找回来了。

比如，让年轻人"动"起来。北京冬奥会、杭州亚运会等赛事的成功举办，带来了全民运动热情高涨。年轻人本就精力旺盛，DNA里的"运动基因"压不住了。此时，有教练、有陪练的夜校运动课程成为年轻人运动的好选择。于是，乒乓球、羽毛球等大众体育项目课程常开常热，网球、轮滑等小众运动也唱起"夜曲"。

比如，让年轻人"搭"起来。对于不少每天重复家与公司两点一线的年轻人来说，在夜校找到趣味相投的搭子，告别"每个夜晚来临的时候，孤独总在我左右"的生活，着实是一种快乐。如浙江省文化馆开设的摄影、国画等公益性艺术课，不仅扩大了年轻人的社交圈，也让更多陌生人成为日渐熟悉的"同桌的你"。

二

细数社交网络上关于"上夜校"的热点话题，从此前"年轻人占领了周末的老年大学"引起热议,到如今夜校火热"出圈",可以发现,年轻人对文化生活的需求从未减退。

未成年人有少年宫,老人有老年大学,但介于两个年龄段之间的年轻群体想学点什么应该去哪里呢?夜校大门敞开,年轻人纷纷涌入。那么,让这届年轻人追捧的夜校,究竟魅力何在?

"错峰学习"锻炼了一技之长。相信很多人有同感:工作这么多年,最大的遗憾是总觉得简历里特长一栏没啥可填。快节奏的社会推着年轻人前进,导致他们常常忘了问一问自己到底热爱什么。夜校弥补了这种遗憾,许多有了主动权的年轻人走进夜校,抱着同一个目的——找回"搁浅"的兴趣爱好。

点心制作、平板绘画、Vlog拍摄……有人说,本抱着休闲的心态去上课,最后还真的学到了东西。有用也好,自娱也罢,对于奋斗在大城市的年轻人来说,与窝在屋里玩手机相比,这90分钟的全新体验已经十分珍贵。

"钱包友好型"的高质量教学。传统技艺、文化艺术、专业培训,市场上以之为名的课程似乎在人们的潜意识中就是难以靠近的。一来难以找到靠谱的门路学习,二来市场培训机构动辄几百上千元一节课,让"钱包束缚了爱好"。反观夜校,以上海市民艺术夜校的学费为例,500元12节课,每节课90分钟,授课老师有非遗传承人、艺术院团专业教师等,质好价优,主打高性价比,自然成为年轻人的心头好。

当然,"一杯冰美式"的学费和优质的师资并不是夜校受到欢迎的全部理由,丰富多彩的夜生活选择中,年轻人之所以选择"上学",根本原因在于年轻群体的情感诉求。

焦虑与压力需要"松弛片刻"。在快节奏社会,年轻群体是加速节奏中最为敏感的齿轮，难免会产生情感的焦虑与心理的倦怠。夜校恰巧开辟了一个轻松、和谐、自洽的"后花园"，大家不必纠结于同辈压力、职场内卷、无用社交，白天的工作精英晚上拎个帆布袋就能上课。正如有网友说："在忙碌的生活中，能够慢下脚步喘一口气，拥抱自己喜欢的事情，何乐而不为呢？"

三

百余年前，北京大学校长蔡元培先后创办"校役夜班"和"平民夜校"，让大众有机会走进大学学习知识文化。随着社会进步，"归来"的夜校，又被赋予了新内涵——工作之后的疲惫不再只靠短视频、手游来驱散，大家可尽情从多元多样的公共服务中获得身心滋养。

那么，如何让给予人们精神力量的夜校继续火下去？

"旧瓶"也要装"新酒"。夜校在各地大有"忽如一夜春风来"之势，但仅在短时间内吸引流量绝不是长久之计。要长期办得有声有色，保持住生命力和吸引力，还要看"旧瓶"里装的"新酒"够不够对味。

不同地域的情况千差万别，资源的扩大与放开不能整齐划一，而是要充分结合本地的艺术特色，精心谋划、因城施策。比如，有的地方的剪纸、雕刻等课程让年轻人近距离地接触学习传统文化，不仅有助于坚定文化自信，也为非遗项目本身注入了新鲜血液。

服务"贵精"也"贵多"。夜校的爆火对相关部门提出了新的要求，市民呼吁量大质优的公共文化服务。事实上，丰富的社会资源大都能转化为可为市民群众所用的教学资源，关键看如何尽可能提供高性价比的学习项目，如何将各类资源应用尽用。在推广过程中，也要不断增强针对性，找准目标群体的实际需求，用扎实的口碑让"满血复活"的夜校正向"出圈"。

"跟风"还需自身硬。在夜校大火的背景下，一些爱尝鲜的年轻人纷纷"跟风"抢课，认为抢上了就是赚到了，或许未必会去管喜不喜欢、需不需要，少数人甚至去了几次就不了了之。对此也需要给予适当引导。夜校课程不是一锤子买卖，不能只是为了图个新鲜感，需要长期坚持、沉心学习。在名额有限的情况下，更应该认真考虑，把机会留给真正需要的人。

夜校的火，实际上反映了当代年轻人在忙忙碌碌的节奏当中，努力探索多姿多彩的可能。工作之余，年轻的生命忘怀地追寻着生活的乐趣、愉悦、活力。正如有人说，"老年大学的意义在于揭示'30岁没完成的事情，60岁去做也来得及'，而年轻人走进夜校，或许正是希望'与其60岁时有遗憾，不如30岁时去完成'"。

王云长　王志刚　张睿　钱永强　蔡嘉妮　执笔

2023年11月16日

典型评选常问五个"有没有"

> 从民间发掘，再到官方弘扬，最后回归全民学习践行，这样一种良性循环模式，走完整个流程，形成全社会的同频共振，才能放大"最美"的音量，绽放"最美"的风景。

先进典型大家都很熟悉，公司单位里的年度优秀、季度先进，还有各地推选出来的"时代楷模""最美人物""道德模范"，比如"最美妈妈"吴菊萍、"时代楷模"钱海军等，平常在电视荧屏、地铁海报、公益广告等都可以看到。这些典型让我们明白何为先进、何为模范，也让我们有了努力的方向、对标的目标。

在《之江新语》中，习近平同志这样写道："向先进典型学习，可学者多矣！最关键的是要学精神、学品质、学方法。"年底临近，又到了评选典型的"旺季"。要选好典型、用好典型，开展评选工作时就要问问这五个"有没有"。

一问：导向对不对，有没有见人见事见精神

典型先进与否，还是要群众说了算。有些地方多年开展评选工作后，忘记了要选什么样的人，为什么要评选这些人，将选典型变成了机械的常规工作；有些地方选典型的花样繁多，强行在典型前冠以单位或者行业的名称，产生各种各样的"最美某某人"，降低了"最美"的含金量，让先进典型评选受到质疑；有些地方把典型评选当工作业绩指标，只看重评选典型的数量，甚至有的地方纠结于"选60个还是80个"，层层分配，误以为越多越好，结果难以令人信服。

说到底，树典型、立标杆是一项群众性工作，也是一种政绩观的体现。典型工作究竟是选给自己看，还是选给群众看？如果不回答好这个问题，就会陷入自娱自乐的"怪圈"。应该充分倾听基层的呼声，考虑社会的反响，以典型好不好、群众喜不喜欢为标尺，才能选出人民群众普遍认可的榜样。

二问：挖得深不深，有没有避免选出"材料典型"

精神需要提炼，事迹需要传播。对于评选出的先进典型，唯有深入挖掘才能丰满立体。有些地方只顾找典型，不管挖事迹，把典型的好事迹讲得清汤寡水、毫无生气。还有些地方把评选典型变成"材料典型"，闭门造车搞创作，导致典型千篇一律，"365天有360天在加班""完全牺牲陪伴老婆孩子的时间"……有时这类没有经过调研的事迹材料，读来只会让评选者头晕、让老百姓无感。

好典型好在那些好事迹上，需要深入挖掘故事、阐释提炼细节，进而凝练成一种精神。正如习近平同志在短评《要善于抓典型》中强调："抓典型，更具意义的是要树立精神上的榜样，让人们学习典型所体现的精神，让典型身上的精神发扬光大。"

在这一点上，"时代楷模"的挖掘提炼值得我们学习，比如"点亮乡村女孩人生梦想的优秀人民教师"张桂梅、"灯暖千万家、奋进共富路的新时代劳模代表"钱海军、"扎根苗乡烛照学子的优秀支教校长"陈立群，每一个人物事迹的定位都是深入挖掘后的凝练。人物事迹生动，内在品质动人，我们才能真正知道典型好在哪里、美在何处。

三问：标准高不高，有没有敷衍了事、简单处之

是不是典型，往往在于其是否真的做到常人所不能做、不敢做，或者没有想到要做、没有坚持去做的事。有些地方选典型搞"来者都有奖"，不断放低门槛；还有些地方在选典型时标准简单粗暴，甚至有的地方面对同类型人物时，谁工作年头长就选谁、谁年纪大就选谁，并未对典型特质进行深入思考。

其实，当我们学习过往选树的典型时会发现，他们都是各行各业精心推选出来的，都经过了深入的调研、细致的评审。比如"浙江骄傲"眼科医生姚玉峰为3万名病人送去光明、90岁"诚信奶奶"陈金英坚持10年还债，他们拥有超乎常人的非凡之勇、无私之爱、坚毅之志。典型要想立得住、叫得响，就要拉高标准、深考细究，真正选出事迹过硬的人，容不得简单处之，更容不得放水。

四问：共情够不够，有没有让人真正为之动容

经常听到有人说这样一句话："感动了自己，却感动不了别人。"没有共情就不会有共鸣。有些地方在评选时，自我代入感太强，把自己感动了，却忽略了大众的感受；还有些地方宣传典型时，一味追求高大上，认为"唯有套路得人心"，殊不知真实平实朴实的人物和故事，最能感动人。

典型的感人之处在于"真"。他们并不是不食人间烟火的"道德完人"，也不是矫揉造作、刻意为之的"打榜英雄"。正如外卖骑手彭清林跳桥救人后说："曾犹豫几秒，但再不跳，人就会沉下去。"有人让他趁着热度去直播带货，他却说："我只是做了一件我觉得该做的事，我不想借此来炒作自己，来牟利。"这些发自内心的实在话，打动无数人。

相反，如果生造细节、刻意拔高甚至弄虚作假，只会适得其反，戕害典型的说服力、影响力。

五问：影响远不远，有没有写好后半篇文章

选典型，评选只是前半篇文章，真正发挥其作用才是终极目的。但有些地方只管选、不管用，不在乎典型示范作用有没有得到发挥。还有些地方只做宣传、不搭平台，误以为新闻上了、传播有了，选典型的目的就达到了。

典型人物选出来，还需要给予足够的扶持保障，并为他们搭建发挥作用的大平台。比如在杭州亚运会火炬传递中，"最美人物"

担当火炬手，就很好地向世界展示了浙江"最美风采"；丽水市打造"好人一条街"，典型、榜样"走"上街头、点亮城市。

归根结底，先进典型不只是荣誉，更是一种责任。从民间发掘，再到官方弘扬，最后回归全民学习践行，这样一种良性循环模式，走完整个流程，形成全社会的同频共振，才能放大"最美"的音量，绽放"最美"的风景。

刘雨升　执笔

2023 年 11 月 16 日

茅盾的心愿

> 几十年时间过去，不断涌现的"奇才"没有辜负他。茅盾文学奖与其身后的作家们，正以一种独特的姿态，屹立于当代文学之林。

继乌镇戏剧节、世界互联网大会乌镇峰会之后，水乡乌镇又迎来一场盛会。11月16日，为期5天的"茅盾文学周"拉开帷幕，备受瞩目的"中国文学盛典——茅盾文学奖之夜"也将于11月19日晚举行。

经过42年时光流转，于1981年设立的茅盾文学奖已产生53部获奖作品。这个初冬，假如茅盾先生回到故乡乌镇，想必会有更多诗意奔涌，会欣喜于自己赤诚的心愿正不断在中国文学大地生根、拔节。

今天，我们就从42年前茅盾先生留下的那个心愿说起。

一

1981年3月，病榻上的茅盾口述了两封短信，其中一封，是写给彼时的中国作家协会的："为了繁荣长篇小说的创作，我将我的稿费二十五万元捐献给作协，作为设立一个长篇小说文艺奖金的基金，以奖励每年最优秀的长篇小说。我自知病将不起，我衷心地祝愿我国社会主义文学事业繁荣昌盛。"同年4月，茅盾文学奖正式设立。

茅盾先生为何留下繁荣长篇小说创作的心愿？回答这个问题，要追溯到更久之前。1933年，茅盾的《子夜》出版。这是中国第一部具有现代长篇结构的小说，也在当时创造了一段传奇：出版三个月，重版四次。

1980年，茅盾在《外文版〈茅盾选集〉序》中总结自己的长篇小说《蚀》与《子夜》的创作经验时说："这两部作品所以能引起轰动，是因为作品涉足于他人所不敢道而又是人们所关注的重大题材……《子夜》亦是唯一以民族资产阶级和买办资产阶级为描写对象的长篇。"

"五四"以降的新文学时期，针对鸳鸯蝴蝶派小说的泛滥，茅盾与鲁迅等人树起了现实主义文学的大旗。茅盾在1931年所写的《致文学青年》一文中告诫青年："因为中国社会直到现在还缺乏普遍的严肃的文学观念，一般人尚认为只要有笔，有墨，有纸，有时间，能写，就可以创作，于是同样地染着这种错误观念的一部分青年便觉得世间事无若文学家之轻而易举而且名利双收了。这种观念便是'浮而不实'的注脚。"

为了"努力于正确的严肃的文学观念"，茅盾身体力行。《子夜》这部作品的最早一批读者中，有鲁迅，也有瞿秋白。瞿秋白以不同的署名发表两篇评论文章《〈子夜〉和国货年》《读〈子夜〉》，他点明了这是中国第一部写实主义的成功的长篇小说，体现了文学对时代的深刻观照。

事实上，除了《子夜》，茅盾在《林家铺子》《春蚕》等作品中，也带着由江南蚕桑哺育的文学初心，带着彼时中国的时代气息和社会风貌，走向更广阔的世界，使之与时代交锋。正如有人说："茅盾的小说具有丰富多彩的文学典型，注重作品题材与主题的时代性，反映中国现代社会演变的历史画卷。"

二

茅盾先生曾提出，"文学是为表现人生而作的，文学家所欲表现的人生，决不是一人一家的人生，乃是一社会一民族的人生"，并指出这便是"文学家的责任"。

40多年来，作为当代中国文学领域的巅峰之作，53部茅盾文学奖获奖作品以及云集其身后的其他优秀长篇小说，作为文学家扛起"责任"的成果，回应和告慰着茅盾先生的心愿。我们以获得第十一届茅盾文学奖的5部作品为例进行透视。

比如，深深扎根于现实土壤之中。在《宝水》里，乔叶截取了一个村庄的"切片"，其纹理是村庄的数百年历史，人到中年的青萍浸润于这个"切片"中，以他者的目光呈现出宝水村与中国当代农村的样貌；在《雪山大地》中，杨志军则为父辈们在青藏高原的几十年艰辛奋斗立传，为以父亲、母亲为代表的草原建设者按下记录的"快门"。

比如，唤起读者对历史的记忆和思考。孙甘露在《千里江山图》中，以党史中的真实历史事件为基础，建构起他的文学世界。谍战小说的外衣下，展现的是前行者与后来者在历史追溯中的彼此凝望；刘亮程以一场场梦，走入人类历史的童年，他的《本巴》以蒙古族英雄史诗《江格尔》为背景另辟天地，用文学激活了古老史诗的力量。

比如，探讨人性的缤纷与深度。以《回响》为例，作家东西将一起刑侦案件与一场家庭婚姻双线交叠，人物内在的幽微与外部世界的广阔交织、碰撞，让读者从中窥见隐匿却又真实的自我。

当然，以上几个方面，未尽全部，它们并不单独存在于一部作品中，而是交融杂糅，塑造着文学的丰富。作者的叙述也是多元的，或厚重，或入微，或轻盈，或迅捷……而贯穿始终的，是茅盾文学奖不变的宗旨与信念——弘扬现实主义精神。从这些作品以及它们与往届茅奖获奖作品组成的矩阵中，可见时代发展的方方面面。

三

此番在乌镇开启的这场文学盛典，不仅属于文学界，更属于广大读者。系列活动中，有针对产业的论坛，有面向青年作家和读者的交流、签售，还有由茅盾文学奖生发的观影、Cosplay 等活动。

这段时间，如果你来到茅盾先生的故乡，就能随时随地进入"茅盾文学周"——在"伯鸿阅读"的场子偶遇名家，在各种声音亭开启一段朗诵，在大街小巷跟随作家采风……

文学的持续繁荣离不开青年作家，也正因如此，"茅盾文学周"

安排了部分往届和本届茅盾文学奖的获奖作家，与青年作家进行互动。文学周期间，文学名家将来到位于杭州的浙江文学馆，与年轻写作者一起参观文学馆，并分享写作经历。

丰富多样、新意十足的文学活动，透露出两个信息：一是文学与大众的密切度之深；二是文学名家对青年的感召力之强。

因茅盾先生的心愿而生的茅盾文学奖，与之配套的"中国文学盛典·茅盾文学奖之夜"，除了挖掘和鼓励优秀的作品与写作者，也面向新时代开启"头脑风暴"。

比如，短视频盛行的时代下长篇文学该去往何方？影视改编如何推动文学发展？与文学产业化相关的一系列话题，将在昭明书会的三场论坛中被探讨。事实上，笔者认为，这些也是推动文学走向生活和心灵的新探索。

"一个具有多方面生活经验，富于创作性的作家，有可能运用各种题材，驱遣各种体裁，并且也具有个人独特的风格。盛世出奇才。"20世纪70年代，在一次文学座谈会上，茅盾如此寄望后来者。

几十年时间过去，不断涌现的"奇才"没有辜负他。茅盾文学奖与其身后的作家们，正以一种独特的姿态，屹立于当代文学之林。茅盾先生的心愿，一直烛照着优秀的写作者。正因如此，长篇小说才由《子夜》等点点星火，发展成为今天的满天繁星。

而这个心愿，将不止于激励创作者勇攀文学高峰，更带来了文学"破圈"发展的新思考和新尝试。这一切，与我们每个人都息息相关。

周璐　李新新　孔越　执笔

2023年11月17日

以文塑"圈"的长三角

> 在以文塑"圈"的长三角，期待更多文化资源转变为文化发展优势，更多优秀传统文化转化为文创品牌，更多温柔旖旎的江南水乡成为亮丽的文旅名片，为中华民族现代文明的壮美蓝图再添上浓墨重彩的一笔。

城市群灯光图往往与其发展程度有着紧密联系。夜幕降临，如果从太空俯瞰，会发现神州大地有一个形似"雁型"的区域，闪烁着璀璨光芒，这正是长江三角洲。

2018年11月5日，习近平总书记宣布"将支持长江三角洲区域一体化发展并上升为国家战略"，赋予长三角重大历史使命。五年间，这片热土承载着殷切期许，奋力书写高质量、一体化发展新篇章。

今年11月16日，由浙江、上海、江苏、安徽三省一市联袂打造的第四届长三角国际文化产业博览会，在国家会展中心（上海）举行。那么，长三角一体化发展有着怎样的文化力量？一体化大棋局下，文化如何在"长三角文化圈"中持续发挥作用？

一

用不到全国4%的土地面积创造了全国近1/4的经济总量，夜间灯光指数增长57.24%，目前GDP过万亿元的城市就有8个……长三角是我国经济发展最活跃、综合竞争力最强的区域之一。当然，这片土地的璀璨不仅体现在经济发展的高质量，还体现于文化根脉的不断生长。

2019年，《长江三角洲区域一体化发展规划纲要》印发，明确指出要"继续办好长三角国际文化产业博览会"。近两年来，虽然第四届长三角文博会因疫情影响延期，但长三角文化产业发展从未停滞，反而呈现出更坚强的韧性、更澎湃的活力，成为全国文化产业的"领跑军团"。

正如本届文博会的规模在前三届的基础上有了新提升，首次超过10万平方米，设立了"综合发展""文化科技""文化生活"等板块，这背后是长三角文化产业发展的底气。《长三角文化产业发展蓝皮书2023》显示，2021年三省一市共实现文化及相关产业增加值15470亿元。

当然，较之产值的攀升，更直观的是群众文化获得感幸福感的提升。

公共文化"围墙"不断拆除。如今公共文化服务越来越成为人民群众美好生活的"刚需"。比如，浙江群众可持社保卡，进入长三角区域的图书馆、博物馆、A级旅游景区等公共文化空间。同时，浙江省120多家公共图书馆、110多个公共博物馆、160多个公园景区均实现了长三角社保卡通用，让百姓感受到一体化公共文化服务顺畅、便利、无差别的"同城待遇"。

文化项目"超级链接"越来越多。流动创造价值，长三角一体化为文化企业带来了发展机遇和空间，开出了更多"连锁"机构和项目。比如，上海长峰集团有限公司在浙江湖州投资打造的太湖龙之梦乐园，可一站式游玩动物世界、嬉水世界、太湖古镇等，业态十分齐全，年接待游客近千万人次。

文化供给源源不断、多姿多彩。数据显示，目前长三角拥有5200余个艺术表演团体，总从业人员达到11万余人，每年为观众奉献80万场的精彩演出；拥有791个艺术表演场馆，演出场次占全国的24.39%；出版物种类和数量在全国占比达14%……

随着长三角文化供给的日益丰富和文化交流的频繁活跃，群众有了更多样的文化选择。可以说，在一体化战略的指引下，长三角文化融合创新结出了累累硕果。

二

长三角一体化发展战略上升为国家战略仅五年时间，为何能够不断生长、开花和结果？这与长三角地缘相接、文脉相连密不可分。同根同源的江南文化塑造了长三角地区民众相似的文化性格，相融相通的文化"磁场"成为长三角文化一体化的坚实基础。

比如，海洋性格。自古以来，江南一带江海交汇。东临东海，长江和大运河从东西和南北贯通，在此"牵手"，不仅促进了货运、商贸的发展，也让这里的人们更加开放包容、兼收并蓄，更具进取心和开拓精神。

比如，家国情怀。江南文化不只有吴侬软语、诗酒风流，也有忠肝义胆、家国情怀。像绍兴人陆游一生向往金戈铁马，鲁迅先生激情抒发"我以我血荐轩辕"……特别是近代以来，很多江南仁人志士或投身革命，或践行实业救国，兼具诗性与血性。

可以说，江南，不仅是一个地理概念，也成为"嵌入"长三角一体化发展的精神纽带和文化基因。

今年全国"两会"期间，习近平总书记在参加江苏代表团审议时指出："上有天堂下有苏杭，苏杭都是在经济发展上走在前列的城市。文化很发达的地方，经济照样走在前面。可以研究一下这里面的人文经济学。"

笔者以为，以上海、南京、杭州、合肥、苏州等城市为代表的长三角城市群，正逐渐成为读懂江南文化、读懂人文经济学的高光样本，而这也正是长三角一体化更深层的驱动力。

三

"长三角文化圈"的发展，如何越来越紧密、越来越高质量？在昨天的文博会开幕式上，三省一市党委宣传部共同签署了《关于着力推动长三角文化产业繁荣发展的合作备忘录》。

当然，长三角文化产业一体化发展的进程不是一蹴而就的，比如一些机制方面的藩篱需要进一步打破，一些项目的协调力度仍需加大，等等。笔者认为，有三个方面可以着力。

把公共文化服务的"朋友圈"扩得更大一些。文化产业繁荣发展，落脚点在于让发展成果惠及民生，这也是长三角地区群众的共同期盼。比如，可以进一步拓展长三角区域美术馆、博物馆、图书馆等机构的"朋友圈",加强馆际联动和服务功能联通。比如,继续推动文化活动优质品牌资源整合,放大优秀传统文化和现代文化活动品牌效应,开展文化走亲和人才交流,不断提高长三角地区公共服务的覆盖率和适用性。

让文化产业的"雁阵"飞得更高一些。长三角是全国文化产业发展最富活力的地区之一,也涌现出不少文创龙头企业、文化产业基地等。接下来,可以发挥更大的引领作用,比如聚焦元宇宙、区块链、人工智能、虚拟现实等数字技术,开拓面向未来的数字文化新业态;发挥区域生态资源优势、水乡古镇优势等,深化文旅融合,推出更多"串珠成链"的精品旅游线路,为文旅消费一体化发展注入动能。

让文化市场扬帆远航的"燃料"更足一些。此次长三角文博会,是一次长三角区域文化产业和市场整体实力、创新活力、国际影响力的展示,也开启了扬帆远航的新征程。

以此为契机,可以探索共建长三角区域文化市场一体化协作机制,加快构建一体化的知识产权保护公共服务体系;建立健全对外文化贸易合作促进机制,共同打造面向全球的文化"走出去"平台,将长三角打造成为更具全球影响力的文化贸易创新高地。

在以文塑"圈"的长三角,期待更多文化资源转变为文化发展优势,更多优秀传统文化转化为文创品牌,更多温柔旖旎的江南水乡成为亮丽的文旅名片,为中华民族现代文明的壮美蓝图再添上浓墨重彩的一笔。

郑思舒　孔越　执笔

2023 年 11 月 17 日

山城斜塔的别样故事

> 巍然耸立的延庆寺塔，刻录着松古平原的时光风华，诉说着过去的文化高度，也畅想着未来的传唱广度。

被称为"最后的江南秘境"的松阳，青山环绕，江水汤汤，原始而又神秘。延庆寺塔坐落在这里，给这座江南山城增添了几分迷人色彩。

延庆寺塔建于北宋年间，曾因经年雨雪风霜侵袭而破败不堪，倾斜2°38″险些倒塌。30多年前经紧急抢救，它方得以原汁原味地留存。

很多人或许会问：江南古塔林立，延庆寺塔有何特别之处？今天，我们就来说一说这座斜塔的别样故事。

一

延庆寺塔离不开松阳的哺育，山城也离不开延庆寺塔的滋养。有人形象地打比喻，四面环山的松古平原犹如一只大脚掌，延庆寺塔就是最中心的经脉，流淌出"浙西南粮仓"的美学符号。

千塔有千面。堪称"江南古塔一绝"的延庆寺塔，浑身透着一个"美"字。

先说协调美。但凡是古建筑，都是被历史选定的。北宋太平兴国四年（979），效仿唐玄奘的行达禅师，从印度取得《大经论》八部、佛骨舍利子49粒归国，决意建塔供奉。几经辗转，选定两地建塔，其中一个便是延庆寺塔。

至今仍有人好奇：延庆寺塔何以落地松阳？答案便藏在诗画田园的深处。登上延庆寺塔瞭望，东北和西北方可见云龙山、上方山，东南和西南面弥望着广袤田园，仿佛置身于"唯此桃花源，四塞无他虞"的画卷。

再说古典美。梁思成对古塔偏爱，他心目中江南古塔的样子就是秀立高挑、匀称和谐。这和宋代李诚在建筑著作《营造法式》中的描述是一样的。延庆寺塔别具风姿之处，就在凝结了其时建筑之美。

今天看到的延庆寺塔与初建时几近一致。它是砖木合用而建，似楼似阁，六面七级，每层有壸门、平座、回廊，从副阶入塔可登至七层。塔顶冠以铁刹，塔底有地宫。远远望去，它雄伟挺拔，丰姿俊秀，干云蔽日，像极了松邑文化的"白月光"。

最后说自然美。延庆寺塔又被称为"醉翁塔"，原因是它向东北方向倾斜。清代《松阳县志》记载，此塔倾斜之身由来已久。倾角与苏州虎丘塔相似。即便是20世纪80年代抢修时，它的姿态也没有被改变，保留了塔身上朱画飞天、墨绘罗汉的原始样态。

沙孟海在为延庆寺塔题字时，听到斜塔的故事，于是将"塔"字向左倾斜。榜额上"塔"字的巧思，与塔身倾斜相反，互为牵制，至今仍是美谈。

延庆寺塔的美远不止于此。它化为文化之河流，见于人们眼眸，流在人们心间。

二

历经千年的延庆寺塔，在 20 世纪 80 年代走到了十字路口。彼时，它渗水下沉、瓦片缺失、木檐朽烂，落下的残砖断瓦常被百姓捡回家中，只剩下了光秃秃的塔柱子。有专家断言："如果不修缮，延庆寺塔早晚是要倒塌的。"

改革开放后，救护延庆寺塔的脚步加快了。1983 年，省里决定修缮延庆寺塔，1986 年又将其列为省重点维修项目。直到 1991 年 11 月完工，修缮历时 8 年。

把延庆寺塔修成什么样，是令人大伤脑筋的问题，争议的焦点是斜塔"扶不扶"。

当时，方案有两种：一种是"沉井扶正法"，认为塔体扭曲，倾斜角度大，如果不及时纠偏，随时会倒塌。另一种是"静压桩加固法"，认为塔体每层倾斜角度均匀，塔基虽然破损，但足够承受塔身重量。

几经斟酌，国家文物局组织专家"会诊"，认为延庆寺塔倾斜角度在可控范围，如果强行"扶正"，会破坏原本稳定的力学结构，风险更大。

延庆寺塔倾斜式修复，难度不小，从测绘、设计、备料到维修都要考虑斜度。比如说最基础的测绘，搭建脚手架要顺着斜面，环绕塔身一层层搭建，不能触碰塔体，又要利于数据采集精度。测绘用了将近一年。

开工修复后，有两项工作必须要做，就是文物发掘和物料准备。这在当地引起轰动，大家都想一睹佛骨舍利风采。

延庆寺塔修缮时，打开过地宫，但并未进行挖掘。塔边的一眼宋代古井中，出土了诸多日常用品，最珍贵的是龙泉窑"佛法僧宝"瓷印。地宫原封不动，也是对斜塔承重的保护。

保持斜塔的样子，材料也至关重要。延庆寺塔的木构件损毁颇多，要找到合适的木材，需要不断勘探。比如用到的塔心柱，原料来自深山的安岱后村，找了三个多月不说，20多位大汉用了一天才扛下山。

打静压桩是斜塔修复的核心工艺。当时，全国只有两支工程队能做，工程造价要20万元。经不住松阳方面的软磨硬泡，有支施工队答应10万元进场施工。

重生后的延庆寺塔，完全按照传承千年的风格、设计和大小修复，成为浙西南人文景观的标志。曾有古建筑专家感叹：延庆寺塔很多部分都是北宋原作，很难得。

三

巍然耸立的延庆寺塔，刻录着松古平原的时光风华，诉说着过去的文化高度，也畅想着未来的传唱广度。

延庆寺塔近年来得到各方关注。2006年，它被国务院公布为全国重点文物保护单位，在"保护为主、抢救第一、合理利用、加强管理"的方针指导下得到更好的传承保护。它融入当地人日常，独得一份宠爱。

然而，延庆寺塔要想在新时期焕发新光彩，映照山城品格，要做的事还有不少。

保持"古朴心"。延庆寺塔滋养人心的,在于它的古朴。这不仅在于它的宋韵原装,更在于它传承千年的朴素神态。就像宋代文人朱琳在《延庆寺塔记》中所写的:"洗花寒滴翠檐雨,惊梦夜摇金铎风。"它曾经撩拨起历代文人墨客的情绪,留下了张玉娘、沈晦等人的足迹。延庆寺塔的别致,全在这份形神积蓄。任何时候,都应该把原味守护好传承好。

寻找"时尚感"。延庆寺塔要"出圈",离不开年轻人的体验。俘获年轻人,方法亟待开发。比如,试着与当地人文故事结合,创作年轻人爱看的内容,聘请年轻人来设计好的文创产品,让到过延庆寺塔的年轻人,有"激动的心颤抖的手",还有"看了玩了带着走"。再如,借力电影、网播剧、网游等载体,将延庆寺塔融入其间。寻找新玩法,创造新打法,有待去开拓。

走出"活化路"。对延庆寺塔来说,景观变现之路,活态利用不可缺少。比如,把延庆寺塔植入当地的山水人文景观当中,连点成线,连线成面,把"盆景"串成"风景",让到过松阳秘境的人,在转角处遇到塔影文脉。再如,把古塔与古村落"绑定",形成独特的线路,使游人在建县1800多年的松阳偶遇历史,找到"古典中国的县域坐标",进而喜欢上"到松一游"。

古塔无言,文化有语。何不到延庆寺塔走一走,来一次跨越千年的斜塔对话?

邓其锋　执笔

2023 年 11 月 18 日

浙江戏剧如何更"有戏"

> 好的戏剧作品之所以打动人心,在于拨动了老百姓的心弦,在于创作者始终把人民喜不喜欢、满不满意作为艺术创作的出发点和落脚点,善于运用"群众语言""生活视角"开展创作。

近日,第十八届中国戏剧节在浙江杭州拉开帷幕,15个戏曲剧种、34台入选剧目和1台特邀剧目在20天内轮番上演。

好戏连台可不是戏剧节的"专利"。今年以来,全国演出市场火爆,不少好戏开票即售罄,如舞剧《红楼梦》《只此青绿》、话剧《白鹿原》《雷雨》,还有新国风·环境式越剧《新龙门客栈》等,都受到观众的热烈追捧。

都说"一部中国戏剧史,半部在浙江"。历史上,浙江是南戏的诞生地,不仅有"一出戏救活了一个剧种"的浙产昆剧《十五贯》,还出现了风靡一时的越剧"小百花"现象。

在呼声和热议中,我们一起来探讨:浙江戏剧如何更"有戏"?

一

　　戏剧有独一无二的审美原则和艺术手法。戏剧虽古老，但它是"活"的艺术，其现场性、舞台性，使之成为一种不可被替代的、具备自身独特审美原则和创意逻辑的艺术形式。只有走进剧场，坐在观众席上，才能体验到那身临其境的参与感，才能见到"用舞台表达故事"的独创性，这是任何线上的艺术形式所代替不了的。

　　近年来，浙江涌现出不少戏剧好作品，除了前面提到的越剧《新龙门客栈》，还有斩获"文华大奖"的越剧《枫叶如花》、荣获全国"五个一工程"奖的歌剧《红船》等。但笔者认为，浙江戏剧要继续"脱颖而出"，还要在这几个问题上下功夫：

　　更多的"好戏"在哪？群众的眼光是"狠辣"的，能经受群众眼光检验的作品常常意味着能经受住时间和市场的考验。如今，越来越多的观众呼唤"好戏"、期待"好戏"，浙江作为戏剧大省，近年来已有不少戏剧作品问世、"出圈"，得到了观众的肯定。但在戏剧优秀剧目缺"高峰"、少"高原"的现状下，我们更应扛起时代重任，加大马力打造出更多精彩的扛鼎之作、传世之作。

　　更多的"名家"在哪？历史上，我国各类剧种都曾高手如云、名家辈出，为戏剧艺术事业的发展和传承作出了重要贡献。浙江自20世纪80年代以来，已有40余人获得中国戏剧梅花奖，这与高水平表演密不可分。但目前，创作、研究、评论、经营管理等人才短缺依旧是浙江文化艺术发展道路上面临的重要考验，如何进一步优化戏剧人才的成长环境，值得思考。

　　更大的市场在哪？市场是戏剧的风向标，浙产戏剧的高票房让戏剧热潮直观可感。不过，“一击即中”毕竟是小概率事件，目前，一些花大力气打造的戏剧作品带不动票房的现实依旧存在，其缘由或许在作品创作本身，或许在观众和市场培育的匮乏，还有的单位和个人陷在不靠市场靠政府、不靠观众靠拨款、不靠口碑靠评奖等思维之中，导致“新戏没人看，老戏不爱看”。如何让戏剧叫好又叫座，是浙产戏剧绕不开的必答题。

二

当前的戏剧市场上，几家欢喜几家愁。一边是不少好戏成为新的经典、观众的宠儿；另一边则是一些戏剧演出时门可罗雀，剧团只能靠着政府购买服务性演出勉强度日；还有一些民营剧团和演出公司，惨淡经营、难以为继。

戏剧艺术之路如何“板正”？笔者认为这些方面值得思考。

少一些偏离初心的创作。部分院团为了生计，忙于四处接戏，没时间沉下心来谋划内容；部分名导名编赶场子式创作，从之前的“数年磨一剑”变成了“一年磨数剑”，平均分给每个剧团的时间不过十几天。行走在戏剧之路上，台前幕后的每一个人都应该有着纯粹的艺术初心。让文艺创作回归最初的梦想，戏剧作品才能多一些情感共鸣。

多一些不为名利的洒脱。当下，各类奖项颇有“乱花渐欲迷人眼”的趋势。有政府扶持、奖项加持的各地院团，本应是戏剧艺术繁荣生长的沃土，但部分院团一味追求评奖而忽略市场需求，甚至出现了一些“为评奖而生”的作品，虽然精雕细琢，却很少面向大众演出，只在小圈子中孤芳自赏。在评选评审时，有的专家同行们既当"裁判员"又当"运动员",免不了出现追名逐利的非客观情况。荣誉是光鲜的,但不是万能的,戏剧作品要走下奖台、走上舞台,才能赢得观众的喜爱。

添一份大浪淘沙的真实。由于"饭圈文化"入侵等因素,部分戏剧演出质量与票房不匹配。戏剧与影视、综艺本就同宗同源,艺人在各类大众传媒平台上成名后回归舞台,本是舞台之幸事、乐事。然而,"粉丝经济"在带来资金与热度的同时,也带来了流量乱象,戏剧本身的内容价值与形式之美容易遭到忽视。

比如,一些剧目起用流量明星,一张戏票被炒至上万元,作品质量和票房却不成正比;预算结构失衡,"明星"拿最多的报酬却排练得最少,不仅表演不如人意,也伤了爱戏之人的心。

三

习近平同志在浙江工作期间曾强调,文化产品和文化服务必须坚持面向群众、面向市场,从大众中来、到大众中去。浙江戏剧如何更"有戏"的答案,就蕴藏其中。

讲"与民同心"的故事。好的戏剧作品之所以打动人心,在于拨动了老百姓的心弦,在于创作者始终把人民喜不喜欢、满不满意作为艺术创作的出发点和落脚点,善于运用"群众语言""生活视角"开展创作。只有深入群众的生活中去找题材、找素材,讲观众喜闻乐见的故事,才能使作品保持旺盛的生命力。

比如,越剧现代戏《核桃树之恋》的故事原型,发生在浙江嵊州仙人坑村,核弹英雄的"深潜"人生质朴而感人,折射出一代人的奉献精神,搬上舞台后,很多观众深深共情。

磨"难得一见"的好戏。曾经的戏剧工作者"十年磨一剑""台下十年功"的情况并不鲜见。比如,被称为中国现代戏剧三大奠基人之一的田汉,就以十年磨一剑的精神,打造了《白蛇传》经典范本,他逐字逐句反复推敲,使其成为一出久演不衰的经典剧目。当然,出品方也应给予作品足够的打磨时间,给团队足够的成长空间,如果要求年年出新、出原创,就容易触发急功近利的现象。

比如,国家艺术基金设立了滚动资助项目,在已被资助的项目中选取有更大前景的作品继续扶持,这为一些作品树立了标杆。

做"面向市场"的作品。馄饨好吃,在于"皮薄馅大",戏剧作品也同理,只有做触动人心的内容、写令人动容的情节、刻画形象鲜明的人物,方能让观众席坐满,把面向市场的路走宽。

当然,除了内容方面,还需要从组织机制、人才培育等各方面同步发力。比如,继续推进"一团一策"改革,落实省属事业文艺院团薪酬制度改革,推动国有戏曲院团和民营院团改革进一步深化、人才配置更加健全,激发艺术生产"新动能"。

莎士比亚说过:"自有戏剧以来,它的目的始终是反映人生,显示善恶的本来面目,给它的时代看看它自己演变发展的模型。"戏剧有隽永的人文价值、艺术价值,它对人类而言早已不仅仅是一种娱乐方式,更是一剂心灵的良药,一片灵魂的净土,一个了解人类自身、了解世界运行法则的窗口。

相信浙江戏剧艺术之路,只要有坚守者、创新者、改革者,必能越走越宽广。

侯云杰　执笔

2023 年 11 月 18 日

古窑出"新瓷"

> 古窑新生，旧焰新燃，时代的风华与古老的智慧在此刻交融，这不仅是技艺的延续，更是文化的涅槃。

　　一块普通的泥巴，经火的淬炼，演绎出万般精彩，这就是中国的瓷器。

　　在"七山一水二分田"的浙江，最不缺的就是泥巴。作为瓷器的发源地，浙江既有四大名窑之一的龙泉窑，也有星罗棋布、散落乡野的地方古窑，婺州窑就是其中之一。

　　始烧于三国的婺州窑，曾在众多古窑暗淡的时代闪耀，在经历过历史上一段时间的沉寂后，如今又焕发了新生。作为地方窑，婺州窑是如何突破地域限制的？像婺州窑这样的古窑，在当下又该如何出"新瓷"？

一

　　关于陶瓷的诞生，许多人有美好猜想。作家胡平在《景德气象与瓷上千年——一场中国文化的寻根之旅》一书中就曾这样想象：在距今万年左右的新石器时期……有一天，他们在无意之中发现，被水浸湿后的黏土可塑，晒干后再用火烧，会变得坚硬而结实，陶器便应运而生……

弯腰取土之际，我们的祖先应该不会意识到，自己无意中的发现，竟开创了绵延不绝的瓷器文明。正如很多人不知道，小小的婺州窑，其实也浓缩着一部瓷器文明史。

东汉三国两晋时期，不断升级的战火，让禁铜令成为全国的共识，这使得瓷器迅速发展。当时，许多地方开始烧制瓷器，其中就包括婺州窑。

这一时期的婺州窑已然极具魅力。窑工们将深色釉料散落到上好釉的瓷坯上，烧成时，单色釉面上的褐色斑点如同梅花绽放。此后，他们又使用化妆土工艺，使粗糙的坯体变得光洁起来，给当时以青瓷和黑瓷为主的色瓷时代吹进一股春风，形成独一无二的青瓷风格。

唐时，饮茶者的目光不再局限于茶叶，也关注到茶具。"碗，越州上，鼎州次，婺州次。"釉面呈天青或月白，有玉石质感，晶莹美观，使得婺州窑在陆羽《茶经》中摘得探花。

婺州窑也曾环球旅行。它是中国陶瓷较早的外销瓷之一，宋元时开始就畅行海外。在韩国新安海域水下打捞出的一艘中国元代沉船中，就发现了婺州窑的瓷器。

我们大致可以想象这样一个场景：在繁忙的明州码头，一件件瓷器先是从婺州送到此处，被小心搬上船，再漂洋过海，漂向世界各个角落……

二

20世纪50年代以来，文物主管部门对各地婺州窑遗址进行了调查，共发现古窑遗址600余处，时代自汉至明，其窑址数量之多、生产年代之长，放眼全国瓷窑也属罕见。

晚清以后，与众多古窑一样，婺州窑一度消失在人们视野。窑火明灭，制瓷泥上一片蔓草青苔。那么，当时婺州窑的窑火因何熄灭？

瓷器命运是民族命运的投射。资料记载，元代以后，是婺州窑的衰落时期。元、明、清时期，因瓷业中心转移，婺州窑深受冲击，一些原来的高端产品在婺州窑中已见不到了。尤其是晚清时期，内忧外患，社会生产力水平下降，瓷器行业日渐萧条。工艺比不上、瓷器卖不出、社会不稳定，制瓷工匠们失去立足根本，只能另投他业。

制瓷技艺传承是传统技艺传承的缩影。在制瓷技艺传承方面，历史上存在过"传男不传女"的说法。加上对技艺的保密和限制传播，往往只限于家族内部或是特定的传承人群口传手授。这无疑是历史上制瓷技艺传承传播受制的一大原因。

制瓷变化是时代变化的反映。那些一度消失的窑口，似乎都有一些共性。比如，装饰较为落后，不符合当时审美。当景德镇的青花瓷以绚丽之名畅行于世时，婺州窑仍旧生产胎质厚重、釉面青黄的瓷器，虽然古朴凝重，却显得像一个缓缓踱步的老人。

庆幸的是，当年人声鼎沸的婺州古窑，虽然只剩下残垣断壁，但藏在古窑里的那些技艺和匠心仍薪火相传。2014年，婺州窑陶瓷烧制技艺被列入第四批国家级非物质文化遗产项目名录。

非遗保护传承的关键在人。有这样一组数据更能说明婺州窑如今的发展生态：婺州窑拥有国家级非遗代表性传承人1名、省级非遗代表性传承人2名、市级非遗代表性传承人9名，从业人员数百人……对于婺州窑的未来，这些非遗传承人希望通过5年、10年甚至50年，让婺州窑再多一些传承、多一些生气、多一些变化。

三

制窑行业有句话这样说："火到猪头烂，窑到砖头黑。"只有火候到了，砖头才会变黑。窑火重燃，绝非一日之功。千年古窑如何再出"新瓷"？从婺州窑的"回生"中可窥一二。

独特风格的产品是立身之本。回望漫长的中国古陶瓷史，能被人们记住的瓷都有着不可替代的特色风格，比如汝窑的香灰色胎，磁州窑的独特装饰技法，耀州窑的刻花装饰，等等。

历史上，同在越州管辖区，婺州窑之所以能长期与越窑青瓷争艳斗彩，靠的就是根据本地红土粉砂岩特点独创的釉下褐彩装饰技术。在复原婺州窑的过程中，国家级非遗婺州窑烧制技艺代表性传承人陈新华就坚持原材料的本地化，这使得他的作品恢宏大气，具有鲜明的秦汉标签。

技术上不断创新是动力源泉。婺州窑的发展历史当中，深藏着技术创新的基因：三国时，首创釉下褐彩装饰技术；西晋时期，成熟应用化妆土技术；唐代时，成功创烧乳浊釉。换句话说，婺州窑青瓷发展的动力正是来自窑工们不断的创新。

可喜的是，这样的基因今天依然在传承流动。婺州窑非遗传承人不满足于复刻婺州窑曾经的传统样式，而在其中融入了现代技艺和元素。比如，有人创新"玉青瓷"研发，让厚重的婺州窑有了"一席青衣似晶玉、雨过天青如翠峰"的灵动。

适应市场是生命周期长久的保证。非遗活化，关键是要适应市场。一件非遗产品制造出来后，只是束之高阁、置之不理，那么它的生命周期便不会长久。

从重燃婺州窑窑火开始，婺州窑的工匠们就深刻意识到市场的重要性。他们不守成、不囿旧，让"艺术生活化"、使"生活艺术化"，让瓷器兼具实用、观赏、收藏等功能。婺州窑还大胆跨界，先后与良渚博物院、荆州博物馆等达成合作，研发新型釉水，形成"寂色瓷系列""鸿蒙彩系列"等产品品系，丰富了当代婺州窑的产品类系。

古窑新生，旧焰新燃，时代的风华与古老的智慧在此刻交融，这不仅是技艺的延续，更是文化的涅槃。愿更多的窑火熊熊，"新瓷"迭出。

俞晓赟　执笔

2023 年 11 月 19 日

当茅奖回到文学的精神故乡

> 在快节奏的当下，"短平快"才是主流。然而，茅奖的热度给出回应，长篇小说并不缺读者，经典文学依然是大时代中的精神灯火。

"漫长的岁月和迢迢千里的阻隔，从未遮断过我的乡思，我的家乡乌镇……"1980年，茅盾先生在《浙江日报》发表了《可爱的故乡》一文，字里行间情深意切，饱含着对故乡的眷念。

随着"茅盾文学周"的持续进行，今晚，又一重磅"大戏"即将开启——"2023中国文学盛典·茅盾文学奖之夜"在茅盾故乡乌镇举行，承载着先生心愿的茅盾文学奖终于又"回家"了。

对于这一文学嘉年华，浙江期盼已久。茅奖"回家"，回的不仅是地理意义上的故乡，更是回到了文学的精神故乡。这不仅是故乡对茅盾先生的致敬，也意味着中国文学的精神之光将把这片文学热土照得更亮。

一

其实，这不是茅奖第一次"回家"。2000年至2008年，连续三届茅盾文学奖曾在乌镇颁奖。时隔15年，先生故里又焕新颜。那么，此次茅奖"回家"，带来了哪些惊喜？

一次颁奖和全民的参与。此番，是中国作家协会主席团决定打造"中国文学盛典"之后，第一次以茅盾之名举办的大型活动。除了颁奖这个核心环节，文学论坛、作家签售、项目签约、文学嘉年华表演等各色活动同步上演，一批作家还走进学校、企业、乡间，呈现一场全民参与的文化盛事。

行走在乌镇，好似一场流动的文学盛宴。转出弄堂，话剧表演再现茅奖作品经典桥段；伫立桥边，文创摊位前人头攒动；还有灿星朗读、环境朗读、声音亭等呈现的多重朗读会，在小桥流水间，回响悠长。

一场对谈与集体的致敬。在前两天的"茅盾文学周"启幕现场，"致敬"是一大关键词，致敬的不仅是茅盾，还有与茅盾有关的集体群像。例如，茅盾与鲁迅是亲密的文学战友，两人因文学结缘，因志向而相知。当天，茅盾和鲁迅的后人一起来到现场，讲述先辈们跨越时空的友谊。先辈们的人生经历和文学作品，是后来者汲取力量的无穷宝藏。

一行足迹和众人的奔赴。茅盾文学奖已颁发至十一届，每一张榜单、每一部作品，都是一次弘扬时代精神的"再出发"。在乌镇，文学又在酝酿着更多可能。"昭明书会·文学产业化""伯鸿阅读·文学市场开拓""茅盾有戏·文学作品转化"……专家学者与文学爱好者，共同探讨拓展当下文学"出圈"之路。

有人这样感叹："今天，文学已死，尤其是严肃文学。在快节奏的当下，'短平快'才是主流。"然而，茅奖的热度给出回应，长篇小说并不缺读者，经典文学依然是大时代中的精神灯火。

二

茅奖"回家"，这个"家"，更是文学精神和文学信仰的归处。作家苏童说："在子夜写作，像春蚕吐丝，这是茅盾先生为我们指引的创作之路。"茅盾的这条路究竟是啥？这或许是文学的一个终极命题。我们今天怀念茅盾，他的经验、精神，依然是永不过时的启示。

用心灵感受现实。茅盾曾表述自己的文学主张，强调文学应该反映人民的生活、思想、情感和价值观念。关心现实，是茅奖作品的主要特色，也是茅盾文学主张的延续。

比如，本届茅奖作品《宝水》，以带着泥土味道的乡村笔触，将中国当代农村的成就、问题、迷惘在四季流转中娓娓道来，在主人公的疗愈中慢慢剥开。这两年，我们也看过不少网红文学作品，如快递员胡安焉的非虚构作品《我在北京送快递》，用一个个平凡隽永的时刻，打动了千万读者的心。真诚是必杀技，生动、鲜活、真切，永远是文学打动人的第一要义。

用作品回应时代。巴尔扎克曾自诩要做一个时代的"书记员"，这句话在茅盾身上同样适用，从茅奖作品来看也同样适用。比如，充满反思的《芙蓉镇》《冬天里的春天》，改革开放后的《钟鼓楼》《沉重的翅膀》，聚焦反腐的《抉择》，关注特定人群的《天行者》

《推拿》……每一部作品，都在清晰而又深刻地呼应着滚烫的时代。

用文学传承文脉。茅盾旗帜鲜明地主张，文学要有民族精神，应该有独特的历史文化与民族特色。对脚下的土地负责，这是许多作家从茅盾身上汲取到的养分。

比如此前的《额尔古纳河右岸》《尘埃落定》《一句顶一万句》，还比如本届茅奖作品《本巴》《雪山大地》，等等，这些作品声声传唱那些无名者的故事，代代延续对脚下土地的深爱。

三

茅奖"回家"，对浙江而言，意义尤为特殊。都说"一部中国现代文学史，半部在浙江"，鲁迅、茅盾、徐志摩、郁达夫、夏衍等作家，曾形成席卷全国的文学"浙江潮"。

那么，当社会经济、思想文化环境等发生了巨大变化，在今天，大众更需要怎样的文学作品？浙江文学又该如何持续生长？笔者借此次茅奖"回家"，进行了思考。

比如，更多地关注当下现实，凸显浙江特色。近年来，浙江加快从文化大省向文化强省迈进，"文学浙军"传承茅盾等前辈们关心现实、呼应时代的精神，在文学实践中已有不俗表现。像2000年，作家王旭烽的《茶人三部曲》（一、二）获第五届茅奖；此后，关注经济体制改革的《大江东去》、讲述"义乌传奇"的《鸡毛飞上天》、透视城乡变迁的《南货店》等一批文学作品，描绘着这片热土上的壮阔波澜，也获得强烈反响。

但从匹配茅盾文学奖的高度和厚度来说，许多作品还有一定差距，真正在艺术和思想层面达到高水准的鸿篇巨制不多。此次茅奖

"回家"，必将进一步激发"文学浙军"的创作热情、地域文化自觉、社会责任感等，用文学的视角解读浙江。

比如，适时、适度地向新的文学形态转型。有学者指出，文学与网络、影视等载体的结合已经成为一种不可逆转的趋势，新的文学形态势如破竹，如网络文学、摄影文学等。"茅盾文学周"期间，短视频时代下长篇文学该去往何方等话题也成为讨论热点。

近年来，在网络文学领域，浙江优秀作家、作品频现，不少作品在海外也备受欢迎。接下来，可以更多承担起社会责任和文学责任，提升内容水准和艺术内涵，让世界看到中国文学、看到浙江文学。

再如，让优秀文学作品多样化走入大众生活。当下，除了市场化、产业化，文学的大众化也是需要去回应的一个现实课题，这关系到文学的生存、发展与繁荣。对此，浙江也在不断探索。

今年10月底，浙江文学馆正式对公众开放。这座酝酿了20余年、建设了4年多的文学殿堂，以文学为魂，呈现浙江文人、文章、文学的璀璨历史，并将之呈现在公共文化空间中供公众零距离学习感受。

设立文学奖时，茅盾先生曾说："我衷心地祝愿我国社会主义文学事业繁荣昌盛。"说到底，文学的繁荣昌盛，离不开用心用情的创作队伍和热忱的文学爱好者，更离不开奔涌向前的时代和创造这个精彩世界的人们。

古镇的欸乃桨声，也是穿越时代的新声。期待有更多作家、更多作品、更多经典，"盛放"在雄厚广阔的中华大地上。

朱鑫　孔越　执笔

2023年11月19日

从盛典看文学的"破圈"

> 让更多大众关注文学，让作家和作品得到应有的尊重，让文学在数字化时代找到新的姿态，是盛典举办的初衷。

11月19日晚，"2023中国文学盛典·茅盾文学奖之夜"在茅盾故里乌镇举行。全国文坛的名家大家汇聚到这里，熠熠星光照亮了江南水乡的夜空。

此次依托茅盾文学奖举办的"茅盾文学奖之夜"，还有去年举办过的"鲁迅文学奖之夜"，以及接下来的"少数民族文学骏马奖之夜""全国儿童文学奖之夜"等，从中短篇小说、散文、报告文学、少数民族文学、儿童文学等各个维度，见证和传播着中国文学的光荣与梦想。

以文学的名义精心打造盛典活动，可以说是新时代文学发展的"破圈"之举。为何这么说？

一

"茅盾文学奖之夜"探索文学"破圈"的努力非同一般。

让作家走到聚光灯下。当晚，第十一届茅盾文学奖的5位获奖者——杨志军、乔叶、刘亮程、孙甘露、东西，在这里领受了中国长篇小说奖的至高荣誉。茅盾文学奖四年评选一届，每届仅评选5部左右获奖作品，且篇幅不能少于13万字。严格的标准，更彰显获奖作者的实力和大众的认同度。

致敬作家，也是在礼赞写作这项事业。有作家说，"我们能做的就是不停书写，用手中的笔接续百年文学优良传统，努力记录和表现我们这个波澜壮阔的时代"。创造出几十年之后仍然值得捧读的文字，是每一个作家的梦想。

让文学产生大流量。时隔15年，茅盾故乡再迎茅奖"回家"，这是属于乌镇、属于浙江的高光时刻，也是中国作家协会决定打造"中国文学盛典"之后举办的第一场"茅盾文学奖之夜"。浙江精心准备，联动各大文艺平台，通过互联网平台、广播电视、新闻出版等领域多渠道多形式传播，努力把"茅盾文学奖之夜"办成一届"隆重典雅、形态丰富、传播力强的大型文学盛典"，让新时代中国文学的发展成就以最直观的方式跃然眼前。

从《平凡的世界》《白鹿原》到《主角》《千里江山图》，在历届茅奖获奖作品矩阵中，可见时代发展的方方面面。弘扬现实主义精神，反映时代大势，茅奖作品传承着这种"不变"，让人展望新时代文学无限广阔的空间。

让盛典由大家共享。茅盾文学奖不只是一个奖项，茅奖盛典不是一场短暂落幕的活动。配套的茅盾文学奖获奖作家座谈会、"新时代山乡巨变创作计划""新时代文学攀登计划"推进会、网络作家座谈会、新时代文学跨界传播论坛等系列活动，都在试图打破线上线下、场内场外、圈内圈外的局限，努力激发链接过去、现在与未来的交流，为文学抵达无穷的远方、无数的人们提供更多可能。

二

从此次茅盾文学奖"回家"，以及"中国文学盛典·茅盾文学奖之夜"的精彩呈现，能让我们深切感受到：好作品是会说话的，文学作品的传播力来自文学作品的硬核实力。

关于创作与传播的关系，中国作家协会党组成员、副主席、书记处书记李敬泽打了一个比方。他说，取经路上遇到艰难险阻，孙悟空就会用金箍棒画一个圈，把师父唐僧放到圈里，然后自己出去降妖打怪。在文学"破圈"这件事情上，作家们就是唐僧，从作家协会到媒体报社等是孙悟空。

论创作，在中国现代文学史上，一个个浙江籍名家蜚声中外，鲁迅、茅盾、郁达夫、徐志摩、戴望舒、夏衍、艾青、丰子恺等，他们打下了浙江文学的"江湖地位"。前人打下的"文化江山"，需要我们倍加珍惜、有所作为。

如何树起浙江文化的地标？今年，之江文化中心落成启用，作为浙江文化新地标，一地连接四馆，在有限空间内生动诠释了浙江文脉的浩瀚宽广。其中，浙江丰厚的文学历史在浙江文学馆中"立体"起来。茅盾笔下的一句"唐代银杏宛在，昭明书室依稀"，如今乌镇昭明书院已重建。

一个个文化地标的树立，足以见证浙江对文化的重视，也足以看见浙江从加快建设文化大省到推进高水平打造文化强省的决心。

如何壮大"文学浙军"的队伍？从茅盾文学奖看浙江，王旭烽以《茶人三部曲》（一、二）获第五届茅盾文学奖，麦家以《暗算》获第七届茅盾文学奖。但对比浙江鼎盛的文脉，我们可以感受到落差。怎么当好文学新人的伯乐和服务员，怎么壮大新时代"文学浙军"，是茅盾文学奖"回家"触发我们思考的新课题。

茅盾先生说过，"披沙拣金，功归无名英雄；名标金榜，尽是后起之秀"。盛典的圆满落幕，是浙江文学走向未来的新序章——继续对标以茅盾先生为代表的浙江文学前辈，不断铸就新的文学高峰。

说到底，多出好作品是硬道理，然而对作家来说，"破圈"不是写作的最终追求。正如新晋茅盾文学奖获奖作家杨志军所说，面对"破圈跨界"一定要保持清醒的头脑，既要看到它在传播推广方面的优势，也要看到它催人浮躁的一面。作家和作品可以"出圈"，但作家不可以把"破圈"当作自己的写作目的。

三

文学是认识一个国家、民族精神的载体。让更多大众关注文学，让作家和作品得到应有的尊重，让文学在数字化时代找到新的姿态，是盛典举办的初衷。

"文学应该向着鲜活的生活敞开，让所有的人都能进来。"如何更好地放大文学价值，理应成为各方的考量。在笔者看来，关键是要适应新的媒介环境和传播格局，充分地发挥优质文学的作用。对此，笔者有以下两点看法。

做好"传播"这篇文章。文学不是阳春白雪，不能孤芳自赏，它来自田间地头、万家灯火，也应最终在老百姓口中相传。要获得这样的效果，就要想方设法让文学抵达老百姓心里。

如今，中国作家协会旗下共有茅盾文学奖、鲁迅文学奖、全国少数民族文学创作骏马奖、全国优秀儿童文学奖四大国家级文学奖项。接下来的颁奖都将打造成为大型文学主题盛会形式的"中国文学盛典"，最大限度吸引并拥抱广大读者，达到让文学"破圈"传播的目的。

从传统的"圈内"发奖，到策划面向公众举行综艺晚会的"典礼"，这是重要的改变，可以看成是中国文学界的一次开辟文学新境界、拓展文学新空间的主动求变之举。文学经典不能被束之高阁，理应被更多读者特别是年轻人看见。打造爆款、引爆流量，会让经典更加深入人心。

做好"再创作"这篇文章。一部文学作品也许只有30万人读过，但变成影视剧后会有300万人甚至3000万人看见。许多人在观看剧目后会选择阅读原著，被改编成电影以及电视剧播出后，相关图书热销，原著小说在线阅读率持续上涨。作家孙甘露介绍，《千里江山图》这部作品已陆续开发电子书、音视频产品、影视剧等多元衍生品，同时策划"红色剧本杀"等活动。同名广播剧也与读者见面。电视剧、舞台剧等其他影视改编版本也在酝酿之中。

影视化、有声化都是阅读形态的延伸，符合当下大众需求的新阅读，也是更具"可及性""丰富度"的阅读。优秀文学作品借助这些新的"阅读形式"得到补充和丰富，从而也能反哺文学。

茅奖典礼"回到"茅盾故乡，不仅是一次回望，更是一次再出发。茅奖盛典落幕了，但实现文学"破圈"传播、让文学点亮生活，仍然一直在路上。

周玥　吴思佳　刘芷余　黄薇　李新新　执笔

2023 年 11 月 20 日

助学金不是"助玩金"

> 道理讲起来总是很简单，但要解决现实问题就会面临"既要、又要、还要"的多重挑战。

一段时间以来，领取助学金的高校学生出现高消费的行为多次引发舆论热议。

教育部全国学生资助管理中心发布的《2022年中国学生资助发展报告》显示：2022年，各类助学金共资助全国普通高等教育学生1380.71万人次、资助金额499.77亿元。可见，助学金问题是一个关涉教育公平和社会公平的大问题。

那么，助学金和"高消费"发生的碰撞引发了哪些争议？该以怎样的"打开方式"用好用活助学金？

一

关于助学金和"高消费"的讨论，其实并不是一个新鲜话题。而每当出现此类新闻时，网上总少不了一番唇枪舌剑。

前些年，一则"妈妈省吃俭用给我买了一双500元名牌球鞋，学校就取消了我的贫困生助学金"的网文，在当时就引发热议。只不过，在最近的两起新闻中，名牌球鞋变成了"价格不菲的手机、电脑、平板、手表四件套"和"自己赚钱买的异地演唱会门票"。

前一名同学所在学校核查后，认定其存在生活不节俭、过度消费的行为，并终止其助学金发放。后一名同学将跨省观看演唱会信息发布在朋友圈，在辅导员对其作出提醒时不仅不以为意，反而开启怼人模式，同样引发了质疑。

两起事件虽然只是具体个案，但反映了同一类问题。

有人说：真正口渴的人是不会拿水用来浇花的，"家庭经济困难"和"高消费"本身就是冲突的，家庭经济困难就应该有困难的样子，应该省吃俭用。也有人反问道：家庭经济困难就得顿顿吃糠咽菜，就不配穿好鞋、好衣服吗？如果是亲戚朋友赠送的呢？如果是自己勤工俭学赚来的呢？如果消费是为了专业和学习的需要呢？我自己省吃俭用攒下的钱，为什么不能买高档商品？

双方观点看似各有道理却不免失之偏颇，但最终都集中在同一个焦点，那就是助学金到底是用来干什么的？

二

放眼全国，目前我们的学生资助政策体系已经比较完善。十多年来，全国学生资助金额累计超过2万亿元，实现了资助政策"所有学段、所有学校、所有家庭经济困难学生"全覆盖。

就制度设计而言，可以说，只要你能够考上大学，就绝不会因为经济困难而不能上学。但同时也要清醒地看到，在实际操作中，的确还存在极少数"领取助学金的学生家庭经济不困难""家庭经济困难的学生领取不到助学金"的现象。要分析这些现象以及前文所述的种种争论，讲到底还是需要厘清判断标准。

比如，什么样的学生才算家庭经济困难学生？

有人认为，要认定一个学生是否家庭经济困难并非易事，会受到校园所在地和生源地经济发展水平、城乡居民最低生活保障标准、学校收费标准等多方面因素的影响。

实际上，标尺早就有了。2018年10月，教育部、财政部、民政部等六部门发布了《关于做好家庭经济困难学生认定工作的指导意见》，全面规范了各教育阶段家庭经济困难学生认定的原则、依据和工作程序等，不可谓不详尽，关键是如何把标尺用到实处。

再如，什么样的消费才算得上是高消费？

经济条件不同的人，对于"高消费"的理解自然也不尽相同。对于家境较好的学生来说，一张跨省演唱会门票花费的或许只是日常零花钱，但对于家庭经济困难的学生来说，很可能是好长时间的生活费。

人人都有追求美好生活的权利，家庭经济困难的学生当然也不例外。助学金不是道德枷锁，但每个人对其都应该保持一份敬畏。如果不领取助学金，靠自己勤工俭学消费"价格不菲的手机、电脑、平板、手表四件套"，这很值得尊敬。但如果一边领取助学金，一边高调炫耀观看跨省演唱会，即便门票是自己勤工俭学得来的，也不免会落人口舌，产生一种"家庭条件好的学生薅了助学金的羊毛"的错觉。国家设立各类助学金是为了"解决家庭经济困难学生的就学问题"，其出发点在于雪中送炭的"助学"，而非锦上添花的"助玩"。

三

道理讲起来总是很简单，但要解决现实问题就会面临"既要、又要、还要"的多重挑战。要寻得动态平衡，尚需多方共同努力。笔者想到四句话：

"精准"方能定分止争。从2019年起，教育部调整政策，将高校学生申请资助时需由家庭所在地乡、镇或街道民政部门对学生家庭经济情况予以证明的环节，改为申请人书面承诺。这一政策的调整是为了减证便民、优化服务，但对精准识别困难生提出了更高要求。事实上，在一个班级里，哪个同学家庭经济困难，朝夕相处的同学最清楚，如果助学金落在真正困难的人身上，相信大家都会心服口服。这就需要完善助学金的审核、认定和动态监督流程，综合运用系统比对、调查走访、日常生活分析、同学评议等多种手段，把各类助学金精准"滴灌"给迫切需要的学生。

"柔和"的爱更加难能可贵。有的学校在助学金评定时方式较为简单，辅导员在班里吆喝一声"来，谁家困难，填表啊"，有的甚至公开在教室搞个"比穷""比惨"的竞选会议。家庭经济困难的同学出于自尊心或碍于面子，如果没有足够勇气，怕是很难站到那个讲台上。而有的高校则探索实施更加"隐形"的资助方式，利用大数据分析等技术精准识别生活困难的学生，无须申请，悄悄将暖心的餐费补贴充到学生饭卡中，做到了涓涓暖流沁人心。

物质脱困更要道德脱困。网上有人提问："贫困生真的很丢人吗？"这个问题下面有个回答得到了很多人的认同："贫困生不丢人，那些打着贫困生的旗号，领着贫困生的补贴，然后买各种高档商品的人才丢人。"明明家境贫困，却因为害怕被人看不起而不敢寻求资助，这是认知上的问题。自信自强，才格外令人尊敬。电视剧《三国演义》中有一句台词："出身寒微，不是耻辱；能屈能伸，方为丈夫。"反过来，明明不贫困，编造证明领取补贴，这就是道德上的问题了。这样的学生经济不贫困，但道德一直停留在贫困区。

"消费观"亦是大学的重要一课。大学之大，要学习的内容远远不止于课本。不得不说，今天的大学生更加追求时尚、新奇和个性化的生活方式，有的甚至养成了过度借贷和超前消费的习惯，陷入"校园贷"的套路而无法自拔，这就需要学校在物质助学的同时兼顾精神助学，加强对受助学生的人文关怀和价值观引导，帮助其培养健康的消费观念和正确的价值观，实现物质生活和精神生活的双重帮助。

这正是：求学路上愁穷困，幸有国家助学金。雪中送炭要精准，真正帮助困难人。

陈培浩　徐健辉　执笔

2023 年 11 月 20 日

文保古村的"诸葛妙计"

> 人人都是文保员,人人也都可以是历史的守护者和延续者。当越来越多的人加入文保大家庭,这些无价的文化瑰宝在时间长河中会愈加闪耀。

当全村300多幢元明清古建筑亟须保护,而村集体收入却不足10万元时,怎么办?谁来保护?怎么保护?这曾经是摆在金华兰溪诸葛村面前的难题。

如何迎难而上,就看能否拿出新办法、蹚出新路子。作为国内最早探索古村落保护开发的村庄之一,诸葛村走出了一条特别的文保之路,这条路的关键在于"人人都是文保员"。

那么,诸葛村因何整体纳入全国重点文物保护单位?他们何以做到"人人都是文保员"?这给古村落保护带来了哪些启示?

一

小小的诸葛村,为何能拥有这么多珍贵的古建筑?

原来，诸葛村是全国最大的诸葛亮后裔聚居地，自古以来村民就深受"不为良相，便为良医"的祖训熏陶。加上兰溪地处三江之汇，有着天然的通商优势，为诸葛后裔行医经商提供了便利。于是乎，外出行医经商者众多，创办了数以百计的药行，甚至把生意做到了全国各地。

怀揣浓浓的乡土情结，他们用赚来的钱反哺家乡，回到村里"大搞基建"，留下了"青砖、灰瓦、马头墙，肥梁、胖柱、小闺房"的徽派格调，留下了"十八厅、十八塘、十八井"的独特布局。

然而，随着岁月更替、村落变迁，那些一度令外人"眼红"的古建筑却似乎成了制约当地发展的"包袱"。这时的诸葛村，面临着如何更科学保护和更合理开发的问题。

今天回过头看，1992年的一件事埋下了转折的伏笔。那时，全国文物工作会议提出"保护为主、抢救第一"的方针。一位大学教授经人介绍前往诸葛村开展调研，一踏上这片土地就被眼前历史之久、数量之多、形制之齐、布局之特、群落之完整的古建筑所惊艳。

在他的带领下，20多位师生蹲点调查一个多月，认为诸葛村是中国南方乡土建筑文化极具代表性的古村。他们为诸葛村编制了《诸葛村保护规划》，在全国首次提出古村落整体保护的概念。

由于专家学者的关注和研究等因素，诸葛村逐渐声名鹊起。这也让村里人更加意识到，祖宗留下来的古建筑是宝贝。到了1996年，诸葛村被列为全国重点文物保护单位。自此，诸葛村的"文保事业"拉开大幕。

2003年9月19日，时任浙江省委书记习近平来到兰溪诸葛八卦村调研，据《习近平浙江足迹》记载，看着白墙黑瓦、错落有致的村貌，习近平同志仔细询问村党支部书记诸葛坤亨："诸葛书记，你们村是怎么保护的？""在诸葛八卦村，人人都是文保员。"诸葛坤亨说，"村里每幢古建筑都要挂牌，住在里面的村民要签订保护责任书。每个村民都是股东，也都是古村保护的受益者。"习近平同志边听边点头，夸奖道："这是一种很好的保护模式。"

二

"人人都是文保员"，这是诸葛村探索出的一个创新理念。

但时任诸葛村党支部书记的诸葛坤亨坦言："最初大家都不看好诸葛村的前景，村民也没什么信心。""初创期"最直接的矛盾，就是大量古建筑需要维护修缮，但人力和资金又极度紧张。诸葛坤亨凭借经营管理工厂的经验，想到了用"众筹"来打破局面，让每一位村民都参与其中。

随后的日子，村里开始密集宣传文物保护法，并将相关内容写进村规民约；给每幢古建筑挂牌，明确保护内容和责任人；试水保护性开发，组建旅游发展公司，请村民当股东……渐渐地，一条古村落保护与开发的"逆袭"之路开始越走越宽广。

人人都有"责任田"。从居住生活的古建筑，到村里的一草一木，都由村民认领包干。由于每个人都紧盯自己的"目标文物"，任何细小的变化或问题都能在第一时间被发现，这有利于文物的及时保护和修复。而这样的参与感和成就感，也加深了人与文物之间的关联。就像许多村民虽然已经搬进新村、住进新房，但总是放心不下，要时不时回老宅看看，确认"老伙计"无恙，才感到安心。

干出"术业有专攻"。虽然这些村里的"文保员"都不是科班出身，但不少人边干边琢磨，成了"土专家"。比如村里的古建筑修复队，每到夏季都会仔细检查、判断古建筑的老旧程度，然后选择部分古建筑进行修复。粗算下来，这些年他们已修缮古建筑的面积超过6万平方米。

是股东更是受益者。这些年，古村落的保护也带火了诸葛村的乡村旅游。钟池、丞相祠堂、大公堂等成了"网红"打卡地，村里的民宿、农家乐、旅游商品店铺等也给村民带来了收入。2019年，诸葛村被评为全国乡村旅游重点村。如今，当地年旅游综合收入已过亿元，村民们的付出得到了丰厚回报。

三

有人这样评价，诸葛村整个村子就像一个巨大的活文物体，是中国古村庄与古民居完整保留的典范。这离不开诸葛村探索的"人人都是文保员"的模式。那么，这一模式能为现在不断迭代和深入的文保工作带来哪些启示？

既要共鸣点，也要着力点。或许有人认为，文物只是静止的物件，但实际上它披着光阴、藏着故事，是一段历史时期、某种文化背景的见证，可以让人们找到记忆和情感的共鸣点。这样的认同感往往可以开启为之改变的大门，这也是诸葛村得以顺利实施整村保护的关键。而一个个保护项目的实施，则成为将村民的共鸣点转化为工作着力点的载体。

就像诸葛村，曾计划恢复性开发上塘古商业街，但因为项目资金不够差点"搁浅"，结果村民纷纷解囊相助。这其中很大的原因，是村里世代人都习惯在此集会、活动、经商，这片区域承载了他们太多的情愫。当项目完工后，村民们无不感慨："这才是诸葛的旧时光。"

既要大众化，也要专业化。"人人都是文保员"，弥补了文保力量的缺口。但这并不意味着靠这招就能包打天下、万事大吉。多数时候，文保还是有技术门槛的，讲究科学性、综合性、专业性，甚至还会牵涉到法律、化学等学科领域。

其实，诸葛村也是由一个"共同体"在维系，比如政府提供政策支持、专家给予技术指导、专业化公司负责开发运营。哪怕在村民文保员队伍内部，也有人专注于古建筑的维护和修复，有人致力于孔明锁制作等非物质文化遗产的传承与发扬，"潮"一些的村民还利用现代科技手段玩转数字文保。可以说，让专业资源和社会力量有机结合、相互浸润，是"文保模式"的一种理想状态。

既要"引进来"，也要"走出去"。"人人都是文保员"的深刻意义，不光是自身参与其中，还在于把这种理念传递给更多人，传递给我们的下一代，使文物超脱于静态的存在，让"文保事业"在时空穿梭中不断延展，成为与更多人息息相关的生活元素，从而拥有旺盛而持久的生命力。

比如，诸葛村不仅调动本村村民，还吸引了数百位周边村民报名加入文保队伍，不断充实活跃在文保一线的新鲜血液。因文保招牌而享受旅游发展红利的诸葛村民们，也当好宣传员，将多年来参与"文保事业"的生动故事传播出去，讲给八方来客，让他们透过诸葛村这扇窗，看到中国灿烂的历史和文化。

人人都是文保员，人人也都可以是历史的守护者和延续者。当越来越多的人加入文保大家庭，这些无价的文化瑰宝在时间长河中会愈加闪耀。

盛游　孔越　执笔

2023 年 11 月 21 日

"浙"只地瓜何以越来越甜

> 浙江经济像地瓜藤蔓一样，在开放中拔地而起、苗壮生长，而延伸藤蔓、开枝散叶自然离不开更高水平的开放。

习近平同志在浙江工作期间曾生动形象地谈到"地瓜理论"：地瓜的藤蔓向四面八方延伸，为的是汲取更多的阳光、雨露和养分，但它的块茎始终是在根基部，藤蔓的延伸扩张最终为的是块茎能长得更加粗壮硕大。

从一只地瓜的生长，可见一个省的发展。那么，当这只地瓜遇到"一带一路"的沃土，会结出什么样的果实？我们该如何打造更具韧性、更富活力、更显竞争力的"地瓜经济"升级版？

一

有人说，"一带一路"的丰沃土壤为浙江的"地瓜经济"提供了充足养分，地瓜根茎自然也越来越壮实。事实证明：浙江的"地瓜经济"与"一带一路"建设实际上是一个双向奔赴的结合。

先看藤蔓。十年来，浙江将区位优势和海港优势充分利用好，通过海铁空交通设施的建设，实现立体多向的互联互通。

比如，海上通道辐射全球。向东看，筑梦深蓝海域。特别是精心打造宁波舟山港，以"港通天下"的气势架设庞大的海上贸易航线网络，开辟"一带一路"航线120余条，占该港总航线数超四成，成效也十分显著：实现连续14年货物吞吐量居全球第一，连续5年集装箱吞吐量居全球第三。2023年，其在新华·波罗的海国际航运中心发展指数排名中跃居全球第九，赢得了世界一流强港的"入场券"。

比如，陆上通道贯通亚欧。向西看，铸造"互联互动"金纽带。像开辟"中欧义新欧班列＋海铁＋海运"的多式联运新通道，辐射欧亚大陆50多个国家和地区160多个城市。"温州号""台州号"等地方特色专列疾驶在世界多个国家，带去了中国小商品、服装、电子元器件、饮料、食品等，很多商品都成为国际友人一扫而空的"爆款"，而西班牙红酒、德国啤酒、捷克水晶、意大利香皂、白俄罗斯牛奶、俄罗斯食用油等也成为浙江广为人知的热销商品。

再如，空中丝路通达五洲。浙江是全国拥有三个千万级机场的省份之一，全省机场国际航线覆盖亚、欧、非、北美、大洋洲全球五大洲，通航"一带一路"沿线国家城市达到47个，其中荷兰皇家航空公司、印尼苏拉维加亚航空、新加坡酷航等国外航空公司在浙江开辟多条航线，而在国际货运方面，全省口岸机场累计开通国际及地区全货运航线40条，稳定运营32条，年货邮吞吐量突破百万吨大关，排名全国第四。

出入通畅了，浙商的生意路子就更广了。如今，200多万名浙商遍布全球180多个国家和地区，覆盖了"一带一路"沿线所有国家和地区，他们就如同地瓜的一根根藤蔓，深度融入全球。

二

效果好不好，不看"广告"看成效。地瓜沿着"一带一路"开枝延展，藤蔓吸收养分越来越丰富，地瓜根茎也越来越壮实。

再看"浙"只地瓜。数据显示，十年间，浙江"一带一路"沿线进出口额从6271.7亿元增至17259.3亿元，占全国份额从9.7%提升至12.5%。其中，跨境电商进出口额约占全国六分之一，成为浙江推动"一带一路"贸易畅通的鲜明标识和重要新生力量。与此同时，"浙"只地瓜也在反哺"一带一路"沿线国家和地区。

一方面，对沿线经济带动更有力。作为制造业大省，浙江具有健全的工业体系、较为先进的技术水平和工艺流程，与共建国家互补性较强，分工协作、协同发展潜力巨大。

比如，与共建"一带一路"国家和地区的产能与投资合作不断深化，打造了泰中罗勇工业园、印尼青山工业园、纬达贝工业园等一批境外园区，国家级境外经贸合作区数量位居全国第一，推动当地构建更具韧性的产业链、供应链体系。

再如，大力拓展绿色发展合作空间，目前浙江企业已在20多个共建国家参与建设了光伏、风电、水电、地热、生物质发电、垃圾发电等数百个海外清洁能源项目，造就了一颗颗亮丽的"丝路绿宝石"。

另一方面，让沿线共享发展成果。聚焦基础设施、产业科创、民生保障、卫生健康等重点合作领域，浙江每年滚动实施一批风险小、效益高、惠民生的"小而美"项目。

比如，开展对非医疗援助，累计派出援外医疗队员260余人次，服务当地民众150余万人次。在白俄罗斯、以色列、罗马尼亚、新西兰等沿线国家和地区建立了4家中医药海外中心。

再如，由浙企中地海外水务有限公司建设运营的塞内加尔乡村打井供水工程完成后，当地200余万名民众饮用水便无后顾之忧，同时农业和畜牧业的发展有了水源保障，还创造了3000多个就业岗位。

三

当前，浙江正在大力实施"地瓜经济"提能升级"一号开放工程"。正如地瓜到了苗壮成长的阶段，更需要全方位的精耕细作，做好翻藤、施肥等工作，"地瓜经济"也需要在更大范围配置资源、在更大空间谋求突破等，从而更具韧性、更具活力、更具竞争力。对此，笔者有四点想法。

越开放，越发展。浙江经济像地瓜藤蔓一样，在开放中拔地而起、苗壮生长，而延伸藤蔓、开枝散叶自然离不开更高水平的开放。习近平总书记强调："中国开放的大门不会关闭，只会越开越大。"今年3月，《中国（浙江）自由贸易试验区提升发展行动方案（2023—2027）》正式出台。风来潮起，浙江自当乘风而上，通过对标新加坡自贸港条例和海南自贸港条例等，推动制度型开放再提升。

越畅通，越广阔。依海而生的浙江，既能向内辐射内陆腹地，也能向外拓展海洋空间。奔向下一个金色十年，浙江需要进一步拓展"一带一路"海上、陆上和空中通道，这包括实施世界一流强港和交通强省建设工程，推进义甬舟、金丽温开放大通道与"一带一路"深度融合，从而打造国内大循环战略支点、国内国际双循环战略枢纽，做好枢纽经济"变现"这篇大文章。

越联结，越强大。浙江有600多万名浙商在国内打拼、200多万名浙商遍布全球，这是浙江做强"地瓜经济"，参与"一带一路"建设的宝贵资源。推动"地瓜经济"提能升级，就需要助力浙商飞得更高更远。比如，坚持"走出去"与"引进来"有机统一，推动浙江经济与海内外浙江人经济深度融合，还可以"以侨为桥"，积极引导浙籍侨胞参与浙江接轨"一带一路"，发挥好桥梁和纽带作用，等等。众人拾柴火焰高，把海内外浙商的力量凝聚起来，前进征途上的想象空间很大。

越交流，越精彩。在第三届"一带一路"国际合作高峰论坛开幕式上，习近平主席宣布中方将举办"良渚论坛"，深化同共建"一带一路"国家的文明对话。这也是一次让浙江故事像蒲公英一样飘向世界的重要机遇，可以立足区域文化优势，创新打法，积极向"一带一路"沿线国家和地区传播浙江文化艺术发展的灿烂成果，以人文交流进一步促进"一带一路"民心相通、文明互鉴。

陈培浩　任宇　执笔

2023 年 11 月 21 日

有一种秋韵叫"芦花飞雪"

> 其实，赏芦的美好，并不一定非要我们看出与众不同的意境来。"深秋帘幕千家雨，落日楼台一笛风。"目之所及，那一份随风摇曳的恬静，就足够治愈生活了。

"蒹葭苍苍，白露为霜。"《诗经》中的美好，正重现在这个季节的江南。

江南的秋韵里，有一种颜色被称作"芦花飞雪"。每年11月至12月，芦苇田渐渐泛白，成片的芦花恰似雪漫沃野，将秋日氛围感拉到极致。

随风起伏的片片芦花，伴随着落日余晖下的波光粼粼，在秋高气爽的日子里，出现在许多人的镜头下，温和而又坚韧，浪漫却不张扬，无比契合水润江南的柔美风情。

一

芦苇，一种极其普通的水生植物，多生长于浅水湿地。

江南多水，因此可赏芦的地点颇多，上海的崇明岛、江苏的阳澄湖、江西的鄱阳湖等都是名声在外的赏芦胜地。

"芦花放，稻谷香，岸柳成行……"位于江苏常熟的沙家浜，在那段峥嵘岁月里，当地群众以芦苇荡掩护受伤新四军战士的故事，通过京剧《沙家浜》传遍大江南北。这片芦苇至今依旧旺盛，是著名的红色旅游景点。

浙江的湿地公园，在这个季节同样打出了赏芦的招牌，如杭州的西溪湿地、湖州的下渚湖湿地、宁波的杭州湾国家湿地公园以及台州漩门湾国家湿地公园等。就拿杭州西溪湿地来说，西溪河渚的古称就有"蒹葭里""蒹葭深处"，民国以前，西溪河渚芦花核心区域起码有百亩之多，可谓"千里蒹葭十里洲"。

除这些景点以外，江南的乡村也经常能见到芦苇田。这段时间，杭州余杭下陡门村就在网络上赚了一波眼球，摇曳的芦花、静立的香樟，诗意的生活氛围氤氲在乡村田间，吸引了许多年轻人专程打卡。

年轻人赏芦打卡，多选择在落日时分，但在古代的一些文人墨客看来，赏芦最好是在夜色之下。清代文人厉鹗认为"花时月泛最佳"，乘一叶扁舟漂泊在芦田之间，看千里芦花在清冷月色中飘摇，别有一番雅趣。

芦花盛开时，若雪花满滩。文学家张岱欣赏了西溪湿地的芦花后，在《西湖梦寻》中写道："其地有秋雪庵，一片芦花，明月映之，白如积雪，大是奇景。"《红楼梦》大观园里，有一处四周环水的庭院名为"芦雪庵"，贾探春邀请宝玉参加诗社活动时，在信上写道"棹雪而来"，大抵也是觉得芦花似雪，要摇着小船穿过"芦雪"前来。

这一雅好，也延续到了现代。郁达夫在《西溪的晴雨》中写道，赏芦最好的季节"总要到阴历十月的中间，若有月亮，更为出色"。

芦花秋雪、月夜泛舟，江南秋天里的古人赏芦之趣，时至今日读来，仍让人向往沉醉。

二

在芦苇众多的别称中，"蒹葭"一词，因为《诗经》而广为人知。

在数千年的诗文传诵间，芦苇不仅仅象征着对"伊人"恍惚飘摇的情思，也蕴含着丰富的意象和复杂的情感。

"蒌蒿满地芦芽短，正是河豚欲上时。"在苏东坡的笔下，刚刚冒出头的芦芽，是欣欣向荣的新生命，春天清新欢快的气息扑面而来。

芦花虽高大，但随风轻拂、柔顺温软，让人心神安宁。"最是平生会心事，芦花千顷月明中。"在陆游的心里，那些壮志难酬的情绪，在静谧的月夜芦花下，得到了短暂的安放。"最爱芦花经雨后，一篷烟火饭鱼船。"隐居孤山的林逋，最爱在雨后的芦花中，在渔船上生火做饭，独享一份清闲安宁。

风吹四散的芦花，在失意人眼中，更多的是落寞怅惘的象征。"千里江山寒色暮，芦花深处泊孤舟。笛在月明楼。"远离故土的李煜思念起江南清秋，清寒暮色笼罩着故国江山，遥想自己与芦花、孤舟为伴，词中深藏着一份眷恋与哀愁。

"满地芦花和我老，旧家燕子傍谁飞？从今别却江南路，化作啼鹃带血归。"在被俘后的文天祥看来，芦花也因为国破家亡而"白头"，和自己一同在国土沦丧中沧桑老去，亡国之痛溢于言表。

江南水乡滋养着芦花，多情的江南儿女在其中嗅到了乡愁的滋味。

"离人到此倍堪伤，陂水芦花似故乡。"唐人罗邺在异乡水边看到芦花，想起的却是家乡杭州。现代诗人徐志摩远赴西伯利亚途中，十分惦念西溪的月下芦花，提笔写下："我捡起一枝肥圆的芦梗，在这秋月下的芦田；我试一试芦笛的新声，在月下的秋雪庵前……"

三

芦苇，于文人是诗意，于农家是生活。这种普普通通的植物，被人们赋予了许多特殊含义。

如坚韧不拔的精神。"得地自成丛，那因种植功。"芦苇耐寒、抗旱、抗高温，在水边便可以自在生长。在神话故事中，芦苇焚烧后的芦灰是女娲止住滔天洪水的"神器"。有学者分析，"芦灰止水"可能是当时令人信服的"科学"结论——芦苇不怕水，即便被洪水淹没，过后依然长得郁郁葱葱。这种坚韧的生命力得到了先民的崇拜，他们因而相信芦苇能战胜水患。

如对隐逸生活的向往。古代隐居有樵隐、耕隐、渔隐等，归隐于山林湖海的隐士对于芦苇自然是不陌生的。"高士想江湖，湖闲庭植芦"，唐代诗人王贞白赋予芦苇自在潇洒的隐士风骨，直言在湖边种芦苇可以满足对于辽阔江湖的思慕。这种"植芦之好"受到许多文人追捧。

如一种美好的情愫。芦苇的根茎纵横交错，总是聚在一处密集生长，人们有时将其比作兄弟间的敦厚情感，南宋严粲在《诗辑》中说："苇之丛生如兄弟之聚也，戚戚然，亲爱之。"如今，在一些地区，仍有在门上挂苇帘的风俗，以期子孙后代繁荣团结。

江南一带的居民，有采芦苇叶包粽子的习俗，芦苇叶的清香和糯米的软甜交融出春夏之交的幸福感。对于孩子来说，粽子的美味固然难忘，钻进芦苇荡中和同伴一起捉迷藏、抓鱼的美好，更是一份不可多得的回忆。

其实，赏芦的美好，并不一定非要我们看出与众不同的意境来。"深秋帘幕千家雨，落日楼台一笛风。"目之所及，那一份随风摇曳的恬静，就足够治愈生活了。

风吹过，秋水荡漾，苇叶沙沙作响，芦花绽放如雪，江南的芦苇荡景观大多相似，但胜在自然随意，足以抚平人的心绪。正如汪曾祺在《人间草木》中所写的，"世间万物皆有情，难得最是心从容"。

王艳颖　郑洁　张耀耀　执笔

2023 年 11 月 22 日

领导干部为什么要多读书

> 时代和环境总是在变化，我们不能裹足不前，仍凭过去的老习惯办事，耗尽经验能力的积累，而要通过阅读和学习来"充电补能"，努力提高各方面的素养，主动加快知识更新和能力拓展。

战国时期的思想家、教育家荀子说："学者非必为仕，而仕者必为学。"意思是，读书人不一定都要去做官，但为官者必须坚持学习。这个道理在今天仍然适用。

尽管工作千头万绪，且在繁忙的政务活动、密集的工作安排之下，领导干部很难有时间静下心来完整阅读一本书了，但读书学习仍应是领导干部必不可少的一门功课、一种自觉。

一

1939年，毛主席在给八路军延安总兵站检查工作会议作总结时，说过这样一段话："有了学问，好比站在山上，可以看到很远很多东西，没有学问，如在暗沟里走路，摸索不着，那会苦煞人。"

对领导干部而言，倘若脱离了读书学习，就会在工作中不懂规律、不懂门道，如果碰到急难险重任务，很可能就会难以应对、底气不足，感慨"书到用时方恨少"时恐怕为时已晚。特别是如今，我们国家已经踏上了中国式现代化新征程，很多领域的工作都是探索性甚至是开创性的，有的工作是前人没有干过的，在世界上也没有可供借鉴的经验，这对领导干部的专业素质提出了更高要求。要避免"苦煞人"，就得日常在读书上下一番功夫，把学问学到家。

进入新发展阶段，粗放式的管理模式早已经不管用了，"绣花功夫"是领导干部要掌握的新技能。群众的利益诉求各不相同，如何在多元中求主导、在多样中求共识，如何协调和驾驭各种矛盾冲突，都需要对人们的所思所想、所处社会环境的变化有深入细致的掌握。在技术飞速发展、社会深刻变革的背景下，领导干部如果只顾埋头工作而不注重读书学习，就容易陷入事务主义的窠臼，导致有时候看起来很忙，实则是抓不住要害的"瞎忙"，力气使不到点上，更难以从根源上解决问题。

有人认为，读书学习是很"高大上"的事情，而基层工作讲究"接地气"，没有知识和理论的积累也能过得去。实际上，这是对读书的一种误解。"书卷气"不等于阳春白雪，"接地气"也不等于提倡粗放和守旧。在当今时代，肚里没墨水是难以服众的，也难以驾驭基层复杂的局面。一名优秀的领导干部，应当做到既善于读书学习，掌握高超的理论素养，又能用群众听得进去的生动语言来表达，和群众打成一片。

拿着旧船票，登不上新客船。时代和环境总是在变化，我们不能裹足不前，仍凭过去的老习惯办事，耗尽经验能力的积累，而要通过阅读和学习来"充电补能",努力提高各方面的素养,主动加快知识更新和能力拓展。实践中碰到难题时去经典著作、他山之石中"请教",眼界宽了,办法就多了。

二

领导干部要多读书,更应善读书、读好书。在时间和精力有限的情况下,尤其要对阅读书目精挑细选,带着责任、联系实际,保证学有所得、读有所悟。

其一,多读马克思主义代表性著作。中国式现代化是中国共产党领导的社会主义现代化,任何时候都不能抛弃马克思主义这个魂脉。想要掌握马克思主义基本原理,追本溯源读原著、学原文是最好的方法。

领导干部读马克思主义著作,不仅理所当然,也很有现实意义。不论是《共产党宣言》《资本论》,还是《毛泽东选集》《邓小平文选》,这些闪耀着真理光芒的经典名著,至今仍对治国理政发挥着重要作用。不仅要阅读原文原句,更要从中学习世界观和方法论,掌握蕴含其中的立场观点方法,把马克思主义活的灵魂运用于工作和实践中。

其二,多读优秀传统文化典籍。中华民族有着五千多年文明史,中国历史上的许多优秀文化典籍都蕴含着做人做事的道理。在这个意义上,阅读中华优秀传统文化书籍,既能够建立古人和今人的时空链接,激发人发自内心的文化情怀,涵养人的文化品格,让人滋养浩然之气,也能够在潜移默化之间增长做好手头工作、解决现实问题的智慧,有一种以一当十、事半功倍的效果。

特别是领导干部为官一任，更要多了解所在地方的风土人情、历史人文情况，熟读乡贤名士所著的地域文化典籍，这样才能更加珍惜老祖宗留下来的宝贵财富，更好地从当地的资源禀赋、文化优势出发开展工作。在地方工作时，习近平同志就有细读地方志的习惯。他曾说："要马上了解一个地方的重要情况，就要了解它的历史。了解历史的可靠的方法就是看志。"

在浙江工作时，习近平同志还要求绍兴领导干部背诵《兰亭集序》《钗头凤》。在文化软实力越来越成为一个地方"硬通货"的时代，领导干部除了摸清"经济家底"，还需要摸清当地的"文化家底"，做一个爱文化、懂文化、敬畏文化的决策者和管理者。

其三，多读走在时代前沿的作品。笔墨当随时代，阅读也应紧跟时代。领导干部往往管理着一个领域、一个地方，如果不能对社会发生的变化、群众需求的升级保持高度敏锐，就无法识变应变求变，从而陷入"管理落后于实践""观念落后于时代"的被动局面。

读书是最好的知识更新手段，这是因为，人的双腿只能去到有限的地方，阅读却可以带你去往更辽远的天地，去了解未曾涉足的知识盲区。领导干部的书单里，凡是先进的科学技术、价值理念、思想文化、治理模式等内容都应该纳入阅读范畴，不应有古今之别、中西之分，而要在"人类知识的总和"中汲取优秀思想文化资源，去放大自己的视野和格局。

三

我们党历来有倡导党员干部读书的光荣传统。中央政治局进行集体学习已经成为一项重要制度，是党中央的率先示范之举；每一次主题教育，也都把理论学习摆在突出位置，把读原著悟原理作为重要方式。

对于读书学习的重要性，许多领导干部都心知肚明。但有时觉得工作实在是太忙了，只能先把书搁在一边。的确，改革发展各项任务千头万绪，领导干部想要拿出整块时间来系统读书学习并非易事。但时间少不能成为不读书的理由，不能成为惯性和惰性的挡箭牌。

毛泽东同志日理万机，但读书一直是雷打不动的习惯和爱好。在他身边工作的同志回忆，他经常一边吃饭，一边看书，还经常利用出访考察途中的时间读书看报。他曾说："工作忙就要'挤'，看不懂就要'钻'，用这两个法子来对付它，学习是一定可以获胜的。"

时间的开关，总是握在每个人的手里。握得松了，时间很快就流失了；拧得紧了，时间也就走得慢。就算是早起10分钟，少看10分钟手机，一天也能多出20分钟的读书时间，这样积少成多，一年下来能多看不少书。

进一步推动读书学习的制度化和落地实施，是在领导干部中大兴读书学习之风的关键所在。比如，将阅读水平和阅读效果作为领导干部激励考核的一项主要内容，让爱读书、善读书、读好书的人尝到甜头。还比如，把主题教育的好经验好做法固定下来，每年都抽出一定的时间闭门读书学习，列出必读和选读书单，制订个人学习计划，要求不能以理论辅导、专家讲座代替集中学习，让领导干部静下心来看书，等等。

可以说，领导干部的所作所为是整个社会的风向标，全民阅读的开展、书香中国的建设，离不开领导干部的带头示范作用。正因如此，领导干部读书学习不仅仅是个人的事，也是整个国家和社会的事。当领导干部有了更多的"书卷气"，整个社会才会有更浓的"书香气"。

谢滨同　倪海飞　王钰涵　执笔

2023 年 11 月 22 日

铁军的浙西印记

> 感悟铁军精神，永远具有现实意义——将光荣的"基因代码"谱写在时代的风云中，必能激发出豪迈推力与恢宏能量，伴我们壮阔行进。

1938年2月的一天，浙西小镇开化县华埠镇盛传"八路军"要来镇上的消息。一时间，人们扶老携幼上街围观，看到的却是一支精神抖擞但武器装备"并非那样威风"的军队。

有人拉住走在队伍最后面的小战士，问："你们是八路军吗？""我们是新四军，就是以前南方的红军。"小战士说完，赶紧追向前面的队伍……

往事并不如烟。翻开开化县档案馆珍藏的85年前出版的《出动中的新四军》，仿若打开一个隐秘的入口，带人置身热血无畏的历史现场。今天，我们一起透过纪实类图书《出动中的新四军》，来追寻新四军在浙西的红色记忆。

一

卢沟桥事变后，国共两党达成协议，将留在南方八省边界地区的红军和游击队，改编为"国民革命军陆军新编第四军"，简称新四军。"八省健儿汇成一道抗日的铁流，东进，东进！我们是铁的新四军……"一首《新四军军歌》，道出了新四军发展壮大与英勇抗战的传奇历史。

1938年暮春，新四军军部从江西南昌迁往安徽岩寺，新四军在江南的三个支队受命前往军部驻地集中，接受第三战区点验。嘹亮的集结号驱散了春寒，年轻的新四军战士们，义无反顾地走出大山。

《出动中的新四军》，讲述的正是湘鄂赣红军游击队改番新四军第一支队第一团后，从湖南平江开赴前线过程中的"东行漫记"。比如，对新四军在开化县华埠镇举办"军民联欢大会"鼓舞抗战士气的描述，让人仿若身临其境："'打倒日本帝国主义！'几条在庙门口打转的野狗，为这震天的吼声所惊吓，掉过头，狼狈地向外面逃走了。"

再比如，书中记录当时的开化县县长向新四军第一支队司令员陈毅"抱怨"：该县人口不少，但一到"抽壮丁"时却捉不到人。听说很多百姓主动参加新四军，他请教有什么秘诀。陈毅为其支了"切实防止乡保长舞弊""废止军队里的打骂"等四招，说完哈哈一笑，县长自惭形秽，只得尴尬赔笑。

纵览全书，总共11个章节，基本按照行军时间先后排列，其中4个章节与开化有关，显示出新四军停留开化时间较长。透过书中一些弥足珍贵的鲜活细节，新四军在浙江初步集结、组编，东进抗日的秘辛前传愈加清晰可辨。

二

新四军在开化，肩负着何种特殊使命？《出动中的新四军》只是历史显微镜下的切片，若要看清真正的脉络，还需回到现实。

在衢州开化县华埠镇，有一棵远近闻名的香泡树，当地人把此处叫作"香泡树底"。这里，就是陈毅同志当年在开化的旧居地。

85年前，陈毅等将领就是在这棵树下，现场指挥南方八省红军游击队，集结组编成新四军第一、第二、第三支队，开启了新四军铸就铁军精神的序幕。

15年前，陈毅、粟裕等新四军将领的后代相聚开化，正式向世人揭开了一段尘封半个多世纪的往事——新四军在江南的第一、第二、第三支队在开赴岩寺军部前，已在开化进行了为期两个月左右的先期集结与组编，基本完成了支队、团、营的组织构建。

而这背后，则是中国共产党坚持独立自主领导新四军落下的一步先手棋。

新四军成立之初，便着手筹划如何安全、迅速集结的事宜。1938年年初，中共中央东南分局书记项英委派陈毅到皖浙赣边游击区侦查集结地点，项英和陈毅随后在一封给毛泽东同志的电报中提出：可一面集结、一面编组，使营、连的建制全部建成并能立即投入战斗。

对于提前集结的行动原则，毛泽东同志回电同意。其中意味不言而喻，在统一战线中也要保持党对新四军的绝对领导。

不久后，长江以南的十多支红军游击队、7000多人相继集结开化，并在此进行了整训和补给，完成了从游击队到正规军的转型。有人因此这样感慨：新四军军歌中的"八省健儿"，首先是在开化"汇成一道抗日的铁流"。

那么，为什么选择开化？有人曾以开化兼具"天时、地利、人和"来解读。"天时"自不必说。所谓"地利"，即开化位于皖浙赣三省交界处，符合新四军"应尽可能向前伸出到浙皖苏边区"的地理要求。

再说"人和"，开化是方志敏创建的赣东北和闽浙赣革命根据地的重要组成部分，具有坚实的中共党组织和群众运动基础。新四军集结期间，先后有40多名开化青年主动报名参军，后来大多数牺牲在抗日前线。

同时，开化县华埠镇是商贸重镇，具备后勤供给条件。史料记载，开化各界抗日后援会华埠分会曾募捐2000多块银圆转交新四军，表达民众支持抗日的决心。当地一位叫吾瑞柏的乡绅还给陈毅赠诗，其中写道："他年我上芹阳岭，犹忆将军风度翩。"

三

需要说明的是，发掘和审视新四军在开化集结组编的历史，不是要与岩寺集结整编来比先后、分轻重，而是拂去封尘，还原历史的年轮。两地都是新四军军史中重要的里程碑，都值得重重致敬与纪念。

事实上，再读《出动中的新四军》、追寻新四军旗帜的踪影，要旨都指向一点——究竟是什么样的理想和信念，支撑起新四军从困境中壮大，于绝境时突围，在逆境中奋起，最终走向胜利？

有人说，靠的就是新四军历经苦难与辉煌凝聚成的铁军精神。中国新四军研究会曾将铁军精神提炼概括为：听党指挥铁的信仰、报国为民铁的担当、逆境制胜铁的意志、集中统一铁的纪律。

比如，听党指挥铁的信仰。《出动中的新四军》中记载了这样一件往事：新四军第一支队第一团举行东进杀敌誓师大会后第二天，全体官兵即下山出征，徒步翻越堆满一二尺深大雪的九岭山……对于久在深山孤悬的游击队而言，要在一夜之间放下成见，与国民党合作抗日，殊为不易，但他们之所以做到了坚决服从，归根到底在于坚定不移听党话、跟党走。

比如，集中统一铁的纪律。回望历史，新四军正是以"令行禁止、秋毫无犯"的铁律将自己淬炼成"一块坚硬的钢铁"，赢得了人民的信赖和支持。书中还记载了这样一个细节：陈毅同志曾向当时的开化县县长介绍，新四军无论在怎样困苦的环境里，绝不侵占民众的一针一线，买东西要照数给钱，打坏东西要照数赔偿，归还借用房屋要打扫干净，把门板上好，把卧草送还……

精神的火焰，永远向上。感悟铁军精神，永远具有现实意义——将光荣的"基因代码"谱写在时代的风云中，必能激发出豪迈推力与恢宏能量，伴我们壮阔行进。

【档案资料】

《出动中的新四军》，由汉口群力书店于1938年5月出版。该书的发现，提供了观察新四军集结组编过程的全新视角。该书现珍藏于中国革命军事博物馆、南昌新四军军部旧址陈列馆、开化县档案馆等处。

李啸　执笔

2023年11月23日

记者不该犯"材料依赖症"

> 真正的新闻需要记者亲临现场、见人见事才能发掘到，有血有肉、打动人心的新闻是网上"抄"不来、资料里"拼"不出的。

自ChatGPT横空出世以来，"谁会成为'第一批被AI抢走饭碗的人'"时常跻身热门话题。有网友排出最有可能被AI取代的十大高危职业，"记者"一职就位列其中。

这一说法不无道理。如今，许多新闻记者都有职业危机感，正如有人坦言："现在外界对记者的重视程度不如从前。"造成这一结果的一个重要原因，正是报道质量下降。相信大家有同感：如今网上"雷同"的新闻不少，仿佛只是换了几个关键词和记者署名。还有一些报道则存在资料堆砌、人云亦云之嫌。这背后，其实是一些记者犯了"材料依赖症"。

伴随着媒体融合深入推进，新闻工作者改进文风作风、践行"四力"一直在路上，推出了大量精品力作。但不可否认的是，仍有一些记者不愿跑现场，不愿深思考，总想等着采访单位或者采访对象"喂料""输送"，或习惯于从网上复制粘贴一些素材，久而久之，其自身发挥的价值就越来越小。

不禁要问：这些记者为何会犯"材料依赖症"？

一

记者在起草新闻稿件时，确实需要参考一些文件材料、领导讲话，这有助于快速掌握报道主题，确保新闻的权威性、准确性。然而，少数记者却把拼凑"材料"视为新闻写作的"捷径"，把"跑现场"变成了非必要的"选项"。笔者发现"材料依赖症"主要有以下几种表现。

"搬运工"。有的记者把网络搜索引擎当成了新闻素材的来源，从各个网站"搬运"一些材料，不到现场也能洋洋洒洒写出数千字的报道；有的就算到了现场，也不做采访、不做记录，只等着拿领导发言稿、活动通稿，简单地组合拼接后，将稿子一发了之，缺少真正的"含氧量"。

"二传手"。有的记者将到现场采访视为浪费时间的苦差事，要么直接把采访问题扔给新闻当事人，坐等他们回复现成的书面答案，要么把采访任务简单地"分包"给基层融媒体中心的记者或乡镇宣传委员，把本应鲜活有趣的新闻采访变成了匆忙应付的材料报送。

"臆想家"。新闻贵在真实，少数记者甚至习惯于"自导自演"，拿着固化的新闻模板，凭空想象采访对话，出现查无此事的情况就在所难免。

文风即作风，"材料依赖症"更多折射的是记者的工作作风。

在笔者看来，记者应是站在社会发展前沿、记录时代变迁、传递群众心声的一群人。真正的新闻需要记者亲临现场、见人见事才能发掘到，有血有肉、打动人心的新闻是网上"抄"不来、资料里"拼"不出的。

去现场是记者的使命。习近平同志在《摆脱贫困》一书中就曾讲过，深入实际，调查研究，这是党的优良传统，也是新闻工作者必须具有的工作作风。报道写得好不好，与新闻工作者能不能深入实际、深入采访很有关系。

二

新闻报道不只是传递信息，不同的记者有不同的视角，有思考有观点才能让鲜活的新闻激荡人心。然而，一旦犯了"材料依赖症"，新闻就"干"了。

每一家媒体都应该有自己的品位和定位，这要靠新闻作品的品质和格调来体现。新闻作品过度依赖"拿来"，不仅让人"食之无味"，甚至有时候既说不清"是什么"，更无法为读者真正解疑释惑，长此以往，损害的是媒体的声誉和权威性。

"材料依赖症"也让一些记者变懒了。有人说，"记者即行者也"，记者的生命之路在脚下，把一条条好新闻跑出来、问出来、写出来，这样的新闻才会有穿透力和生命力，这样的记者才会受到尊重和欢迎。

一些记者依靠"喂食"，调查研究、观察思考的能力逐渐退化，缺少独到的视角、深刻的观点，只为在报道数量上完成任务，攒够工分，为求不出错、宁愿不出彩，久而久之就缺少了挖掘深度内容的冲劲和职业精神。如果不自我革命、不自我逼迫，又何谈寻找自我价值、提升职业地位？

对于媒体而言，如果生产的内容没有营养、没有内涵，广大读者尤其是"网生一代"自然就会流失。在融媒体时代，读者的信息来源和渠道越来越多元，这也使得他们对新闻内容越来越"挑剔"。"不对味""变了味"的新闻，就会渐渐失去读者，而大家总会在其他"用心"的平台找到对味、有味的"信息盛宴"。

三

曾有记者提问ChatGPT"自己是否会被它取代"，得到的答案是："新闻记者需要独特的观察力、判断力和沟通能力，以提供独特的见解和有价值的信息。实际上，纯粹的AI技术是不具备这些能力的，而这些能力是记者在新闻报道中的关键价值。"这句回答，看似能够打消一些记者对于"会不会被取代"的顾虑，其实是对新闻记者提出了更高要求。

破解"材料依赖症"，笔者认为需要把握以下几点：

真采真写是成长成才的硬功夫。贴着"地皮"找新闻，应成为每一位记者的基本素养。吃不了苦的人是干不好记者的。试想，在突发的重大事件或者稍纵即逝的新闻线索面前，如果没有奔向现场的新闻冲动，这样的记者又去哪里寻找职业认同感和成就感呢？

深度和细节是新闻价值的重要体现，透过现有的材料去寻找新闻线索，采访核实、补充完善，或者透过新的视角去记录事实、阐发思考，是记者应有的职业素养。比如，看似寻常的会议，如果记者能够通过采访专家、相关人士来对基本信息进行补充完善，报道的深度和厚度便会得到提升，报道自然丰满了。

比如，在日前举行的中国新闻奖、长江韬奋奖颁奖报告会上，连续三年获中国新闻奖一等奖的浙江广电集团记者杨川源作为代表发言，分享的就是自己蹲点一线，让报道更有锐度、更有温度的体会。再如，《浙江日报》开设《第一视点》专栏，呈现浙江贯彻"八八战略"的生动实践，报道以评论、通讯、记者手记等形式呈现，稿件内容就源于记者本人扎实的调研和深入的观察、思考。

让考核评价的"颗粒度"再细一些。在"人人都有麦克风"的当下，新闻也要"以快制快"。深入一线的记者既要采，还要写，"跑断腿的比不过在电脑前用通稿拼拼凑凑发稿的快"的现象需要反思、改进。此外，如今一部分记者日常任务的确较多较重，这一现实也须承认。

我们需要思考，什么样的记者才算好记者？不能只是看他发了多少稿子，关键要看他跑了多少现场，看他写的文章有没有贴近时代、贴近人民。因此，媒体考核评价，该松绑松绑，该加码加码，少一些数量上的考核，多一些质量上的评价，坚持无调研不新闻、无现场不新闻，培养有头脑的、有深度的专家型新闻工作者，这样一来，记者不仅能"跑"出好新闻，更能"跑"出成长性。

被采访主体也应为记者提供更多空间。一些重大事件如政策的发布、文件的颁布等，确实需要统一口径，确保减少差错。但一些宣传活动、主题报道等，相关部门应该给记者提供更多采访便利和报道空间，尊重记者采访的权利，甚至欢迎记者进行监督和批评，哪怕是被问到了"痛处"。

好记者是需要蹲下去吃一番苦头才能炼成的。如果说要成为好记者需要哪些必备条件,那么就是直抵新闻现场,始终保持一腔火热的血、一颗滚烫的心。

王人骏　沈於婕　程静静　执笔

2023 年 11 月 23 日

预制菜，是风口还是"猛兽"

> 对这一尚"青春"的行业，若能有效规范，使其健康发展，或将推动整个食品行业焕发新的生机与活力。

近期，有关"预制菜进婚宴、进校园"的话题频频登上热搜榜，在受到广泛关注的同时也引发诸多争议。

有人说，"预制菜营养价值不高、口味不佳，含有不少添加剂、防腐剂，存在食品安全问题"；也有人说，"预制菜是餐饮新风口，在把食品添加剂控制在安全标准范围内的情况下，就能吃得放心"。

那么，对于不断引发热议甚至处于风口浪尖上的预制菜，我们究竟应该怎么看？又该如何规范呢？

一

预制菜，顾名思义，就是把菜品原材料预加工或预烹调，并进行预包装的成品或半成品菜肴，主要分为四大类：打开包装就可以吃的即食食品、加热就可以吃的即热食品、稍微加工一下就可以吃的即烹食品和原材料已切配好的即配食品。

其实，预制菜并非"新兴产品"。20世纪中期，美国餐饮连锁行业迅速发展，冷冻设备、技术以及冷链物流日趋成熟。客观环境使得美国预制菜行业快速扩张，并诞生了一批大企业。随后，预制菜在日本、韩国、加拿大等国家推广开来，逐渐风靡。

在我国，预制菜行业起步相对较晚。20世纪90年代前后，肯德基、麦当劳进入中国，西方快餐行业对产品标准化的需求，催生了数家国内配套工厂。火锅连锁业务和外卖业务的发展，进一步推动了预制菜行业在中国的提速发展。近年来，电商、网红行业的火爆，更是让半成品菜、快手菜一度销售红火。

在快节奏的现代生活中，餐饮消费者越来越注重效率和边界，预制菜凭借快速烹饪、快速出餐等优势，迅速占领市场。相关分析显示，2022年中国预制菜市场规模达4196亿元，2026年中国预制菜市场规模有望达10720亿元。

今年初的中央一号文件提出，要提升净菜、中央厨房等产业标准化和规范化水平，培育发展预制菜产业；国家发展改革委也发布《关于恢复和扩大消费的措施》，进一步明确加快推进预制菜基地建设。

事实上，预制菜被寄予厚望，一定程度上正是因为它代表着未来食品生产工业化的趋势。中国餐饮品牌想要打通全国乃至全球市场，标准化是基础。如肯德基、麦当劳之所以家喻户晓，离不开其食材和制作流程的统一规范。中央厨房的出现，有效降低了餐饮行业在人工和房租方面的成本，同时在食材损耗等方面的优势也较为明显。

二

如今，随着预制菜不断"参与"进老百姓的日常生活，关于它的争议也从未停歇，其中不乏负面评价。"卫生状况差""营养价值低""添加剂多"……这些随之而来的评价，反映了对这一新兴行业的快速拓展，公众还存在一些疑虑。

一是舌尖安全。俗话说，"民以食为天"，食品安全是美好生活的基础条件。当下，人们不仅希望吃得饱，更期待吃得安全、吃得营养。近年来，像"福寿螺""瘦肉精""地沟油"等食品安全事件及"用调制乳代替牛奶"等餐饮乱象时有被曝光，难免会消耗老百姓对餐饮行业的信任。

目前，处于"狂飙"发展中的预制菜行业，从某种程度而言仍存在生产主体不明晰、生产过程不透明等问题，这些或许都是让消费者感到焦虑不安的来源。一份研报显示，在2023年中国消费者对预制菜食品安全信赖程度中，仅有22.18%的消费者选择非常相信，55.92%的消费者选择比较相信，17.90%的消费者选择一般相信。

二是品控管理。资本逐利下，是否可能出现以次充好的现象？有的企业在原材料上投入占比较低，食材选择有限，配餐提前加工，储存时间较长，影响了食物的营养价值；有的企业为了提升口感，放入大量油炸食品，添加了很多调味剂，让普通消费者特别是没有辨别力的孩子吃得津津有味，却影响了身体健康。

三是标准制定。虽然近年来预制菜行业发展迅猛，但相应标准却尚未明确。由于缺少明确的准入门槛，许多小企业、小作坊加入预制菜生产行列。实际上，质量体系的监管、食品安全的溯源、食材运输的保障等各个环节，都需要对应的行业标准去规范，否则就难以提升整个社会对预制菜的信任度。

三

随着时代发展，预制菜与人们的日常饮食已逐渐密不可分。预制菜行业是我国餐饮行业产业化发展的一个新增长点，要理性看待，无须视其为"洪水猛兽"，但也不可"一窝风"追捧。在行业发展得较为成熟之前，对待"预制菜进校园"等尝试，应十分审慎。

那么，如何让预制菜行业发展得又快又好且可持续？笔者认为，不妨从两个方面着手。

用"安全"抓住心。对于"野蛮生长"的预制菜行业，找到痛点与堵点并不难，解决一些乱象也不难，关键看如何才能把"安全"二字真正落实，如此才能让老百姓真正放心。

一方面，企业要守住生产的底线，严格遵守产品生产、食品安全和质量管理等国家级标准规范和分级行业标准，并坚持公开透明原则，用"明厨亮灶"、信息公开等方式保障消费者的知情权、选择权和监督权；另一方面，政府办事用心，百姓才能放心，对待预制菜，要以最严密的标准、最严谨的监管、最严格的处罚、最严肃的问责，保障老百姓食品安全。

同时，也要做好食品领域知识普及，加强预制菜行业的科普宣传，让消费者能够更加全面、科学地认识预制菜。

用"品质"抓住胃。品质是食品行业的关键竞争力。如果企业只顾短期利益，为降低成本而损害消费者权益，那必将受到市场的冷眼；相反，如果能在不断提升品质和口味、保证营养价值等技术研发上下功夫，那么品牌辨识度和知名度将通过口耳相传拔节生长。

同时，各地还可以通过建设预制菜产业示范园区，培养壮大预制菜企业，建立更为完善的生产加工、冷藏仓储、分拣配送等体系，让品质在产业链的支持下更好地提升。如浙江已建成瓯海预制菜孵化园等多家预制菜产业园区，逐步实现规模化生产。

预制菜，一头连着生产车间，一头连着千家万户。对这一尚"青春"的行业，若能有效规范，使其健康发展，或将推动整个食品行业焕发新的生机与活力。我们拭目以待。

郑一杰　邵一琼　执笔

2023 年 11 月 24 日

世界中国学大会是个什么会

> 世界中国学要可持续发展，不能局限于让世界读懂中国，更要尽可能使中国经验、中国智慧造福世界，致力于帮助有需要的国家和地区找到适合自己的道路，实现更好的发展，从而让世界认识一个"开放的中国""为人类文明作贡献的中国"。

何以中国？这不仅为华夏儿女之永恒关切，也是世界各国长期求索的命题。11月24日，世界中国学大会·上海论坛拉开帷幕，全球400多位专家学者汇聚黄浦江畔，深入探讨"全球视野下的中华文明与中国道路"。

在地区冲突频发的当下，以文明之镜自鉴、互鉴，极具现实意义。事实上，源远流长的中华文明，一直为世界所瞩目。发展日新月异的中国，更成为各国研究的重点。一路走来，从汉学到中国学，再到世界中国学，世界看中国的眼光越来越立体、越来越全面。

为何研究中国的国外学者越来越多？研究和发展世界中国学，

到底有怎样的意义？

——

要了解世界中国学大会是个什么会，首先需要了解世界中国学。我们来简单梳理一下世界中国学的发展脉络。

汉学的"老祖宗"可追溯到马可·波罗、利玛窦等这些为我们所熟知的人物。13世纪开始，那些首先来到"神秘东方"的传教士们，一边用羽毛笔、拉丁文记录下自己的中国印象，一边满怀热情地把古老中国的百家言论、哲人智慧翻译、介绍给欧洲，于是渐渐形成了早期的汉学。此后，汉学逐渐成为外国人了解中国的一扇窗口。

不过，传统汉学主要研究的是中国古典文化。中国是个幅员广阔、人口众多、统一的多民族国家，进入20世纪，因战争等重大国际问题影响，欧洲把研究汉学转为了研究中国问题，从而发展出了中国学。与汉学相比，中国学更侧重对近现代中国的政治、经济、军事、社会等现实问题的研究。

一件具有代表性的事件是，1964年3月，第16届亚洲研究协会年会在华盛顿举办，会上达成了一个基本共识：中国学研究必须与社会科学的发展相结合。这标志着中国学研究开始社会科学化，人们开始将"中国"当作一个整体来进行立体考察。

改革开放后，原本被称为中国学"荒村"的亚非拉国家也开始研究中国，中国学日益成为显学。正如此前，厄瓜多尔学者何塞说："全世界都在望向东方。古代中国的思想内涵既丰富又深邃，而当代中国已是第二大经济体，谁不想多了解它一些呢？"

然而，随着越来越多的国家和地区研究中国，一些问题也逐渐显现。比如，国外和国内基于不同精神传统、学术语境、学脉传承谱系的研究，不仅使得彼此之间的叙事存在差异，也造成海外中国叙事与本土中国叙事"各自为政"。

不同文化之间需要沟通对话，不同文明之间需要交流互鉴。正因这样的共同理念，2004年，首届世界中国学论坛举办，正式提出了"世界中国学"这一概念，并很快被广泛接受。此外，世界汉学大会、世界汉学与中国学研究大会、世界汉学家大会等也是研究世界中国学的重要学术平台。

因而，我们大概可以这么说：汉学是1.0版，中国学是2.0版，而世界中国学是3.0版。

二

随着中国快速崛起以及在全球舞台上扮演的角色越来越重要，世界中国学愈加受到重视。而为了使世界中国学研究变为"中外互鉴之学"，世界中国学界作出了持续探索，带来了诸多改变。笔者谈两点。

从他塑到共塑。曾有一个著名的"谭中之问"。2015年，印度华裔学者谭中这样发问："海外中国研究为什么不看中文书？""谭中之问"透露出，曾经中国在世界中国学领域处于"有理说不出、说了传不开"的尴尬境地。

这一局面逐渐被扭转。比如，2019年出版的《领导力与大国的崛起》，就在海外学者中激发热烈反响，英国学者评价："作者向我们展示了从中国角度看待现实世界和历史的思考，我欢迎这种对以欧洲为中心的正统学术观念的修正。"而中国人民大学多位学者撰写的《百年变局》，得到全球最具影响力的科技出版社之一的施普林格出版社的青睐，并向全球发行。

再如，自2010年世界中国学论坛升格为国家级学术平台后，该论坛走出国门创办了美国、韩国、德国、阿根廷等海外分论坛，形成广泛的国际学术交流网络。截至2021年底，参加过这一论坛的中外学人达2700余人次，覆盖全球102个国家和地区。此次世界中国学大会·上海论坛就邀请了400多位来自海内外的专家学者，聚焦大会主题，从政治、经济、文化、社会及国际关系等诸多领域进行深入交流研讨。

"让中国学回到中国"，这是几代中国学人的夙愿，正在成为现实。此次世界中国学大会·上海论坛，将进一步为全球学者搭建起自由交流的舞台、平等的对话体系，从而有助于形成有关中国的"世界性的百家争鸣"。

从关注历史到立足当下。如前文所述，汉学的研究以传统中国古典文化为主，在典籍翻译、校勘、考据与注释上下功夫，中国学研究扩展至近现代中国的各方面，世界中国学则把目光投向了当代中国。像世界中国学大会·上海论坛的主题就是"全球视野下的中华文明与中国道路"，其中一个平行分论坛的议题是"道路的探索：中国式现代化与中国道路"。

纵观十届世界中国学论坛主题，我们也发现其呈现出一定规律性。"和衷共济""和合共生"……前四届的主题主要基于传统中国文化，阐释"和"的理念。从第五届开始，主题更加聚焦当代中国发展，诠释中国道路，对"中国梦""一带一路""和平发展"等热词进行阐释。比如2017年，党的十九大闭幕后，第七届世界中国学论坛的主题是"新时代的中国"。

中国当下的重要变革、重大事件，正成为世界中国学研究的热点和焦点。这也说明，中国的一举一动关系着世界的前进脚步，因而能吸引诸多学者的目光。正如国家主席习近平在2023年向亚太经合组织工商领导人峰会发表的书面演讲中所说的，"下一个'中国'，还是中国"。

三

"中华文明源远流长，从未断流。今日中国，从岁月深处走来，传承着久远的血脉。今日的中国人，就是曾经的中国人。"这是纪录片《中国》里的一段话。现在，伴随着中国日益走向世界舞台中央，世界比以往任何时候都更加需要关注中国、读懂中国。

我们该如何研究和发展世界中国学，以更好地实现文明交流互鉴？笔者认为要处理好三对关系。

知彼与知己。研究世界中国学，中国不能缺席。在历史上很长一段时间内，海外中国叙事占据了世界中国学研究的主体，深刻影响了世界各国对中国的认识和理解。中国做得好，也能讲得好。我们不仅需要对海外叙事进行总结和反思，发挥海外汉学家在中国形象塑造等方面的积极作用，也需要立足中国实际，主动构建自我叙事，掌握世界中国学研究的话语权。世界中国学大会·上海论坛就是我们主动作为的重要契机。

向外传播需要基于向内的深度挖掘，有"理"才能走遍天下。正如有位世界中国学专家说，只有把中国道路和中国模式真正搞清楚，只有让中国学真正崛起，我们才能建立起比较完整的中国叙事及其相关的知识体系，才能真正影响后西方时代。期待更多学者以饱满的热情，不断提升中华文化的感召力、中国形象的亲和力、中国话语的说服力，让"学术里的中国"与中国前进的脚步同频共振。

研究与应用。"中国崛起""一带一路"等正成为世界中国学研究的热词，迅速崛起的"中国模式"是很多发展中国家研究的对象。尼泊尔共产党（马列）总书记迈纳利就曾说："中国在消除贫困、科技创新、应对气候变化等领域取得突破性进展。中国式现代化为其他国家发展提供启示和借鉴。"

世界中国学要可持续发展，不能局限于让世界读懂中国，更要尽可能使中国经验、中国智慧造福世界，致力于帮助有需要的国家和地区找到适合自己的道路，实现更好的发展，从而让世界认识一个"开放的中国""为人类文明作贡献的中国"。

比如，随着"一带一路"倡议在非洲落地，世界中国学得到了进一步发展。2013年，南非成立了全非洲首个中国研究项目，短短10年后，非洲已有近百家机构开展中国学研究，还出现了研究期刊。

独学与众学。与西方"以个体利益为重"不同，"天下大同"可谓中国的世界观，中国人不仅自己要过好日子，也想和大家一起过好日子。从中国智慧理解世界，从不限于各美其美，而是以和谐方式寻求合作的最大公约数。研究世界中国学亦是如此。

世界中国学是一项世界性的学术事业，既博大精深又与时俱进，绝非某个机构或者个人可以完成的。多位海内外学者认为，面向未来，以文明互鉴超越所谓的"文明冲突"，应当搭建起更多沟通交流的平台、开展更多平等的对话。

　　世界中国学大会正是这样一个平台。通过如世界中国学大会这样的平台来探讨中华文明与中国道路，其意义不仅在于理解古代中国、认识现代中国，还在于把握未来中国。从西学东渐，到今天的文明互鉴，中国与世界将走上共赢之路，世界中国学也将不断"生长"。

吴梦诗　朱鑫　杨永昌　执笔

2023 年 11 月 24 日

南浔古镇的客流狂飙

> 在古镇复兴的道路上，只有敢于守正创新，才能收获"游人如织""好评如潮"，才能真正变"流量"为"留量"。

免去门票，打开大门，又一个 AAAAA 级景区——南浔古镇，实现了华丽转身，找到了流量密码，取得了井喷式发展。

据统计，2023 年 1 月至 10 月，南浔古镇累计接待游客已突破 1000 万人次，其中，国庆假期接待游客达 120.69 万人次，假期游客量较疫情前的 2019 年同比增长 1027%。

走出"门票经济"的南浔古镇，客流量因何狂飙？南浔从众多江南古镇中"破圈"而出，成为"黑马"，背后是什么在支撑？

一

笔者最初知道南浔古镇，是因为作家徐迟对家乡的描述。在一部小说里，他一口气用了 66 个"水晶晶"来描绘南浔，"水晶晶的水，水晶晶的太空，水晶晶的日月，水晶晶的星辰……"让人对这个水晶晶的古镇心生向往。

谈起古镇游客数量的变化，很多南浔的朋友都会讲到一个会。今年1月，当地召开了"古镇免费游暨长三角亲子乐园"主题新闻发布会，宣布南浔古镇景区向全球游客永久免票。这是继杭州西湖风景名胜区、绍兴鲁迅故里、台州天台山国清景区后，浙江省第四个实行免费政策的国家AAAAA级景区。

免门票只是一个刺激性举措，南浔古镇能成功把更多游客吸引过来，与它自身各方面特色优势和资源禀赋密不可分。

"吸睛"得益于古镇深厚底蕴。南浔古镇于1252年建镇，早在明清时期就是江南蚕丝名镇，既有小桥流水、粉墙黛瓦的江南韵味，也有中西合璧、独树一帜的建筑风格。

此外，古镇人文兴旺，拥有中国三大私家藏书楼之一的嘉业堂藏书楼，还先后涌现了41位进士、8名"两院"院士、200多位知名专家学者，这些都是古镇的底蕴所在，也是吸引游客的看点所在。

"引流"得益于南浔地理优势。南浔古镇坐落于江、浙两省交界处，东接苏州、北临太湖，距上海、杭州、苏州都只有一小时车程，是上海都市圈、杭州都市圈的重要成员，共享着两大都市圈人口和产业外溢的红利，叠加效应明显。

当越来越多的人在周末、假日选择短途游、周边游时，身处长三角城市群中心腹地的南浔自然成为不少江浙沪游客的首选。

"井喷"得益于发展理念转变。古镇旅游竞争日渐白热化，如何先行一步、抢得先机，当务之急就是要转变发展理念，主动出击、敢于创新。正是转变了发展理念，推出了古镇永久免门票、聘请古镇复兴顾问、古镇街区有机更新等举措，古镇才迎来了大变化，它的文化价值、古朴颜值也不断转变为文旅产值。

二

当然，免去门票仅仅只是古镇复兴迈出的第一步，如何把游客吸引过来、留下来才是关键。在这方面，南浔有许多积极探索值得借鉴。

主打一个原汁原味。走进南浔古镇，给人直观的感受是它原汁原味的古朴与厚重，老街巷、老房子、老桥梁以及原住居民生活场景，让人们亲身体验到古镇的原生态。

这背后，是古镇坚持"在保护中发展，在发展中保护"，从点、线、面入手构建全方位保护规划体系，深化"老宅新生"工程，对古镇主要历史街巷分类实施修缮工作，严格控制商业化区域，最大程度还原了古镇水城相依、街巷曲折的整体风貌。

切入细分旅游市场。近年来，亲子游成为增长速度快的细分旅游市场。南浔抓住了这一市场动态，打出了"长三角亲子乐园"亲子游品牌，打造亲子街、举办亲子艺术节、引进亲子项目，因此被很多家庭安排在了旅游出行攻略之中。据悉，今年国庆期间，古镇游客中以家庭游为主的就占到了86%。

丰富游客旅行体验。多样化、烟火气的旅游体验，才能让游客玩得好留得住。在南浔古镇闲逛，目之可及处，是一批古色古香、典雅诗意的庭院民宿，以及许多年轻态的书店、茶吧、咖啡吧，还有让人沉浸的夜游灯光秀"烟雨江南"……"美宿＋美食＋游船"的组合产品以及丰富的业态提升了游客游玩体验感。

会营销会"吆喝"是重点。传统的古镇推广方式，往往是被动靠旅行社带来客源。南浔主动适应市场的新变化，聚焦游客来源的多元化、散客化、互联网化，抢占小红书、抖音、微博等各类自媒体社交平台，结合湖笔文化、丝绸文化、蚕桑文化、慈善文化等打造一系列IP，把游客的眼球"钓"过来。

三

每个古镇都是独一无二的存在，都有自己的独特韵味，但真正能转型成功的古镇、景区并不多见。

南浔古镇的转型突围，坚定了古镇免门票的信心和底气，也让我们看到古镇类景区不一样的发展模式，为推动古镇复兴带来了一些启示。

摆脱"门票依赖"算"大账"。当下，旅游已经向着"综合消费经济"转变，其带来的吃、住、行、游、购、娱，以及间接创造的社会与经济效益远远高过门票价值。免去门票固然会损失部分收入，但带来的消费、市场和活力不可估量。通过免门票等措施把更多游客引过来，把旅游市场这块"蛋糕"先做大，不失为一个好办法。

"好看的皮囊"也要有"有趣的灵魂"。千篇一律的古镇比比皆是，一些地方因过度商业化已备受游客诟病。古镇的开发，需要以保护为前提，尽最大可能留存原有形态风貌，展现原汁原味的古镇生态。同时，也应结合自身资源禀赋、区位条件、消费群体等，找准发展定位、发展特色业态、开发特色IP，培育真正能把游客引过来、留下来的"拳头产品"。

揽"瓷器活"得有"金刚钻"。免去门票后游客数量的暴增，必定会带来交通、住宿、游玩等各方面的挑战，短时间内的集中消费造成供需不平衡，带来的结果就是不愉悦的游玩体验。在决定门票免与不免之前，更应问一问自己，接待能力、服务水平是否提升了？配套设施是否跟进了？游玩环境是否改善了？只有扎扎实实的努力，才能实现口耳相传的效应。

每个古镇都是一座"富矿"，免门票的"后半篇文章"该如何作答，南浔古镇也才刚刚答了一个开头。在古镇复兴的道路上，只有敢于守正创新，才能收获"游人如织""好评如潮"，才能真正变"流量"为"留量"。

徐毅　张睿　王志刚　谢宇宙　钱永强　执笔

2023 年 11 月 25 日

掘金"新石油"

> 年轻一代是数字一代，数字经济就是年轻人经济。当年轻人点燃创业创新梦想，"新石油"的无限价值也将在更宽广的赛道上奔流。

这两天，第二届全球数字贸易博览会正在杭州举行，这是国内唯一以数字贸易为主题的国家级、国际性、专业型展会。其间，作为数字贸易基础性资源的"数据"，再次引发广泛关注。

其实，我们的生活工作每时每刻都在产生数据，它们的背后，蕴藏着巨大价值。早在10年前，习近平总书记就指出："浩瀚的数据海洋就如同工业社会的石油资源，蕴含着巨大生产力和商机。谁掌握了大数据技术，谁就掌握了发展的资源和主动权。"

那么，数据这桶"新石油"是如何炼成的？今天，我们如何点"数"成金？

一

要想掘好数据这桶"新石油",首先得了解什么是数据。有专家曾通过这样一个故事来类比：

阿凡提每天都去楼下餐馆闻一下饭香,看一眼咸鱼下饭。结果餐馆不肯,要求阿凡提付钱。他就拿出金币"叮"地弹了一下,然后说你听到了,那我就付过钱了。这里面的饭、咸鱼、金币,是原来传统的物权,饭菜香和金币声,就可以看成是产生的数据。不过,由于该"数据"没有开发流通,故难以释放其真正的价值。

也有人说,数据流动就像石油燃烧,可产生动力,动力则创造价值；但它又不同于石油,因为越生产越消费,数据资源会越多,并向数据资产、数据资本转变。对于这一过程,笔者总结了两个关键词。

其一,"算力"。从智能制造到大语言模型,从无人驾驶到智慧医疗,看得见的应用背后,是看不见的算力。比如,在被称为浙江"最强大脑"的乌镇之光超算中心,每1秒钟就能进行181.9千万亿次计算,相当于全国14亿人不眠不休算上4年。

这巨大的算力便是新型生产力。像在电商赛道上,消费者搜索、浏览、收藏、分享等行为所产生的数据是海量的,商家想要通过精准化营销、个性化推荐来提高销售效益,平台的算力就是基石。

其二,"场景"。就像石油可以作为合成纤维、塑料等制品的原料,数据经过"提炼萃取"后也可以用于有价值的场景。像无人支付、直播带货、共享出行等数据应用创新场景,现已经深度改变着你我生活。

从数据中来，到实体中去，推开数实融合的大门，经济被赋予更强的动能，生活也多了几分温度。在互联网就医领域，2022年，互联网医疗用户规模就达到3.6亿人，智慧医疗让亿万人足不出户"一键"看病。

二

开采数据"原油"，靠算力"引擎"，借数字技术"工具"，进数实融合"炼厂"，其"提炼"程度越高，流动产生的价值就越高。来看两组数据：

2022年，中国数字经济规模达50.2万亿元人民币，居世界第二，占GDP比重达41.5%；放眼世界，一项基于15个样本国家的统计显示，IT支出每投入1美元，可拉动15美元的数字经济产出、29美元的GDP产出。

不过，数据这桶"新石油"，也实在不易采。因为它只有"动"起来才有价值，但又不能"乱动"。换句话说，数据不会自动创造万千价值，也不可随意用于各类场景。当前，数据共享、开放、治理中依然存在着一些问题，羁绊着数字经济、数字贸易向前发展的步伐。

"孤岛"现象。近年来，各种应用场景带来了海量数据，但一些数据之间由于种种原因没有链接、无法流动，导致共享不及时、不完整。近两年，国家相关部门已经开始着手治理，一些"数据孤岛"慢慢消逝，但"创新孤岛""平台孤岛"却开始逐渐显现，划地为域、自建闭环生态的现象也不少见。

"灰色"现象。这些年，数据被过度收集、篡改、滥用、泄露等事件时有发生，数据安全问题日益凸显，在采集、存储、处理、传输、交换、销毁等过程中，不少交易"隐身"在灰色地带。去年，某头部平台就因存在过度收集用户信息、人脸信息等违法问题，被罚款几十亿元。

与此同时，数字贸易中的"规则赤字"也成为各方关切，数据归谁所有、谁有权用、如何安全使用等等，都有待厘清。

"休眠"现象。"孤岛"和"壁垒"带来数字鸿沟，使得很多数据处于尚未开发的"休眠"状态。比如有的数据入口"大门紧闭"，有的则穿上"隐形衣"，使得数据的获取、运算、优化、流通等无法进行。"休眠"的背后，除了技术问题，也有服务、共享意识不强等问题。

这些问题，都亟须在具体实践中尽快破解，找到更加安全可行的数据流转、价值"提炼"路径。

三

有人说，大数据之大，不在于"大体量"，而在于"大价值"。在数字化重构贸易价值链的过程中，要掘好"新石油"这桶金，还需把握好三个方面。

安全底座。数字技术是一把"双刃剑"。数字贸易的蓬勃发展，也让安全风险不断加大。从个人到企业再到国家，数据安全的"护栏"须臾不可少。在价值变现与数据安全的博弈中，也需要更优的数字规则框架和数字共识。

本届数贸会就旨在积极参与数字贸易国际规则制定，推动扩大数字时代贸易领域，形成更多共识。大会通过举办文化贸易、数字金融等多场主题论坛，发布一批标准、制度，探讨数字经济风险防范和争端解决之道。

健康土壤。眼下，在数据产业侧，数据要素流通仍存在着"不愿、不敢、不会"共享的难题。如何让数据健康合规地流转？浙江已有不少新尝试。比如在温州，中国数安港就为数据流转设立了"红绿灯""斑马线"，通过"中转站""安全岛"的探索，将数据所有权和使用权分离，保障数据的安全有序流动，并逐步培育起安全合规的数据交易生态圈。

创新赛道。近两年，新型人工智能、大模型等信息技术，从实验室呼啸着走向市场。无论是在智能驾驶还是智能绘画等方面，AI都让万物产生了更强的链接。比如本届数贸会上，单是首发首秀首展成果就有100余项，助力挖掘更多数据资源价值。

值得一提的是，在这个过程当中，年轻人将大有可为。年轻一代是数字一代，数字经济就是年轻人经济。当年轻人点燃创业创新梦想，"新石油"的无限价值也将在更宽广的赛道上奔流。

一部贸易史见证人类历史发展进程。历史车轮前进至今，悄然间，我们已进入数字贸易新时空，悄然间，因为数据，一个个曾经不可能的场景也从想象落进现实。期待"新石油"能够为人类带来更多想象。

陈培浩　王丹容　执笔

2023 年 11 月 25 日

谢晋不谢幕

> 是时代造就了独一无二的谢晋，赋予了他鲜明的精神品格；是谢晋烙下了时代独一无二的印记，赋予了它多元而鲜活的色彩。

"谢晋导演永不谢幕！"在不久前的谢晋青年电影盛典上，中国电影界的老艺术家们纷纷如此抒怀。

1923年11月，谢晋出生于绍兴上虞。从小与电影结缘的他，伴随着共和国的脚步，走上了电影艺术之路。转眼已至谢晋百年诞辰。回首谢晋的光影人生，他那36部家喻户晓的经典之作告诉我们，"谢晋就是一个时代"，他开启了中国电影发展新纪元。

那么，他和他的电影中，到底有什么值得我们不停追寻？

一

提到谢晋，人们会想到什么？是他对创作永远充满激情的模样？还是一批耳熟能详的作品？抑或是"一代电影大师""改革先锋""金鸡奖最佳导演"等荣誉？但不管是哪个，电影已成为谢晋最鲜明的符号。

如果说，世界上有什么是不朽的，"精神"当在其中。谢晋离我们而去已15年，然而，流动于其影像肌理间的浓厚爱国主义精神、现实主义精神和人民情怀，早已穿越了时光。

有人怀念他的诗人气质。"文贵含蓄"，这是作为电影艺术家兼"电影诗人"的谢晋始终提倡的创作理念。他曾说："戏，越是动情的地方，演员越克制，而观众越会感动。"因而他的作品"婉转而低徊、情致而意蕴"。

比如，《女篮5号》中，刘琼和秦怡需要表演从年轻时热恋到中年破镜重圆的跌宕起伏的爱情，但谢晋要求演员的情感演绎需要含蓄而克制，以一种内在的方式进行。这种高要求成就了谢晋电影中的诗意与美学。

有人怀念他的创作激情。如果要算流派，谢晋当属"豪放派"，正是这种似火的热情和执着的奋斗，造就了中国电影史的多个"第一"：新中国最早的彩色体育片、全国首部涉及反右题材的影片、华语电影史上首部投资过亿的历史巨片《鸦片战争》……

"电影是我表达对国家、民族的忧愤思绪，表达老百姓悲欢苦乐的一种最直接的方式。"文章合为时而著，从这个角度来说，谢晋选择电影或是有意为之，他在一次次攀登艺术高峰的过程中，将"电影是人学"的理念阐述得透彻。

有人怀念他的醇厚"乡"味。谢晋，这位从上虞走出去的大师，一生都被乡情牵绊着。也许是幼时乡间的草台班子在他心中扎下了艺术的种子，以至于他后来辗转上海、四川、重庆等地，确认了电影为其一生要追求的事业。可以说，家乡是谢晋的精神原乡。

在谢晋的 36 部电影作品中，至少有六七部中有家乡的镜头，用时下流行的话来说，算是"硬植入"。可谢晋觉得这很理所应当，他说："我是绍兴上虞人，不在家乡取景，心里不安啊。"哪怕行至生命尽头，他还在为没有给家乡拍一部电影而遗憾。这样的赤子情怀，如何不叫人感动？

二

谢晋的电影，在光影史上留下了一个又一个奇迹。在半个多世纪的创作生涯中，谢晋的 6 部影片荣获"百花奖"，足以登顶中国电影史；《高山下的花环》被一些网友赞为"中国最好的战争片"；在一张电影票只要一毛钱的年代，电影《牧马人》创造了票房过亿的"奇迹"。那么，他的作品，何以在人们心里刻下深深的烙印？

记录着时代变迁。作为现实主义电影大师，现实主义的强大力量在谢晋的影片中展现得淋漓尽致，他曾说："一个比较重大的作品，总归是要跟国家的命运、时代特征、人民关心的东西联系在一起的。"

从《红色娘子军》《舞台姐妹》，到《天云山传奇》《芙蓉镇》，再到《鸦片战争》，谢晋的电影不仅记录了社会的发展，也生动刻画了时代所需的电影话语、塑造了反映时代的银幕形象。

传递着思想力量。在谢晋的作品中，无时不见反思，特别是他的"反思三部曲"《天云山传奇》《牧马人》《芙蓉镇》，融入了中国改革开放史，震撼了观众的心。

有人说，谢晋引领了中国人在精神上的改革开放。谢晋的每一部经典之作，必定包含具有价值引领力的精神品格，这也是谢晋电影经久不衰的密钥。

展示着民族形象。为民族塑像是谢晋赋予自己的社会责任，在他的电影中，中华民族真诚、善良和美丽的形象生动而鲜活，连眼泪和痛苦都转换成了一种信仰和力量，使人看到生活的希望。比如，《清凉寺钟声》被网友认为"有传统的中国悲天悯人的情怀，非常朴素真实"。

在他看来，"如果20世纪中国电影还没有美好的形象留下来，并且被全世界都能接受的话，那我们这一代电影人就没有尽到责任"。于历史浮沉和时代变迁中看见人性中的美好品格，展现生生不息的中国精神、中国价值，正是他的电影美学的出发点。

三

"时代有谢晋，谢晋无时代"，这是中国老一辈电影理论家钟惦棐对谢晋最质朴，也是最经典的评价。

在笔者看来，是时代造就了独一无二的谢晋，赋予了他鲜明的精神品格；是谢晋烙下了时代独一无二的印记，赋予了它多元而鲜活的色彩。今天，我们又该怎么去解读与追寻谢晋内心深处的艺术追求？有这样三个"心"很关键。

初心。谢晋曾说："一部电影如果没有对社会、对人生、对生活有独到而深刻的认识，这个作品就是平庸的。"这句话至今仍点明了文艺创作不可脱离的土壤——时代和人民。

比如，他的电影当中，始终交融着人性、人情和家国理想，这是因为他心里装着人民、装着观众、装着故乡。这不仅是新时代文艺工作者应该推崇的思想境界，也理应成为艺术之路上的创作源泉。

匠心。一个动作、一个眼神、一个物件，创作过程中，谢晋对于细节的精雕细琢乐此不疲。他试图用接近真实的艺术方式去表达对于真实世界的真实情感与态度。比如在拍摄《啊！摇篮》时，八路军军服上的纽扣干净透亮，为了贴合实际，他要求连夜重做；而在演员的角色塑造和人物刻画上，谢晋更是严格甚至严厉，以至于不少老演员们对谢导的大嗓门至今记忆犹新。

追求进步、精益求精，这是谢晋对艺术创作的态度，只有从"心"做起，发扬"工匠精神"，才能创作出更多经得起推敲、受得住检验、叫好又叫座的文艺精品。

本心。谢晋始终热衷于"玩转电影"，好莱坞电影技巧、苏联蒙太奇理论都是他学习的对象。他将创新作为拍摄中的重要意识，比如在创作《芙蓉镇》时他叮嘱大家，"经验不要变成包袱"；他敢于起用新人、重用新人，当时 21 岁的祝希娟便是被谢晋带入了《红色娘子军》剧组，成为首届大众电影百花奖最佳女主角。这种冲破桎梏、创新求变的意识，也深深地融入他的电影之路。

1998 年，在从影 50 周年纪念活动上，谢晋朗读了一封写给自己的信。信里，他对自己说："一眨眼，五十年过去了，你一直说至今没有将最好的影片拍出来，你七十五岁了，你还有多少时间？"

时代的谢晋，在时间的洪流中孜孜以求，就像一颗恒星，闪耀在艺术的星辰大海之中，因而造就了璀璨的谢晋的时代。

脚踏黄土、面朝人民，奔走在新时代的文艺道路上，创作者们或许该如谢晋一般，心向时代、永不满足。当文艺星火缀满苍穹、照亮时代，这将是对时代的谢晋最好的致敬与缅怀。

陈健　陈黎超　冯洁娜　执笔

2023 年 11 月 26 日

风从海丝来

> 与其在遥望大海、遥想当年中找角度，不如找到与"当下"、与"自身"最有关联的话题。

公元1291年，在中国待了17年之久的意大利人马可·波罗沿着京杭大运河抵达杭州、南下泉州，后扬帆于太平洋、印度洋，经波斯回到故乡威尼斯。他将中国瓷器和中华文化带到欧洲，也为后世留下《马可·波罗游记》，成为东方文化的传播使者。

走出历史的烟尘，故事正继续书写。732年后，在共建"一带一路"倡议提出十周年之际，来自全球13个国家16个海丝沿线城市的代表来到浙江温州，参加2023海上丝绸之路城市影响力市长交流大会，共话海丝遗产价值与海丝文化传承。

从历史走进现实，今天，我们该如何讲好新时代海丝故事，使之乘风而行、远播万里？其中有何门道？

一

作为人类文明交流互鉴的典范，海丝之路的开辟与兴盛，见证着"舶交海中，不知其数"的商贸繁华。那么，这些文化遗产中藏着怎样扣人心弦的故事元素？

勇敢的心。自秦汉始，商贾使节们冲破惊涛骇浪，将冒险与征服的生命叹歌，吟唱为商贸与文化交流的赞歌。从徐福东渡开创中国远航先河，到郑和历经28年七下西洋；从宋朝周伫辗转移居高丽参政，到近现代浙商闯五洲拓市场……无论是大海还是商海，探究未知世界的勇毅壮举，敢为人先的开拓拼劲，从不曾随风帆远去。

神秘的谜。自水下考古打捞"南海一号"沉睡历史开始，"华光礁Ⅰ号""南海西北陆坡一号、二号"……这些世界级的重大考古发现，如一个个时光宝盒，等待着人们从中进一步探寻历史切片。

一直以来，世界遗产名录中，码头遗迹较少。2022年考古发现的温州朔门古港遗址，码头、航道、航标等要素齐备，被考古专家认为有"补白"之功，成为海丝申遗工程的经典样本和支撑性遗产点。如今，我国公布有63处海丝史迹遗产点和关联点，每一处都像一扇"穿越门"，开启探究海丝文明的窗口。

碰撞的美。有学者曾说："连接陆地的不是大海，而是航海的人。"海丝之路，是东西方不同文明板块之间经济、文化、科技的接触、交流与碰撞。

在遥远的17世纪，荷兰代尔夫特为何会产出"别样青花"，一举成为欧洲瓷都？百余年前，法国博物学家为什么拿着元代温州人周达观写的《真腊风土记》法文译本，寻访吴哥窟遗址？海洋虽隔绝，文明自通达。西学东渐、东学西传，文明碰撞，绵延不绝。

在蔚蓝的大海里，海丝留下无数生动的故事。千帆之下，这些故事都是烛照古今的文化馈赠。

二

海丝珍存无数，该如何找到其间的内核机理？

先来看一粒种子的旅行。唐末五代，通过海丝之路，占城稻的种子"漂洋过海"抵达福建沿海，在宋代得到大面积推广，自此成就"苏湖熟，天下足"的盛况。如今，中国企业来到占城稻故乡老挝，与当地合作培育优质香米，一举结束老挝稻米零出口的历史。

一粒种子的力量，佐证一个道理：海丝文化不仅是中国的，更是世界的，美美与共应该成为普遍性的文化追求。我们从源远流长的历史连续性来认识它，从海纳百川的文化包容性来品味它，就能更好地理解海丝之美、传播海丝风华。

讲故事的"道道"有很多。笔者认为，在高质量共建"一带一路"的当下，要解构与建构海丝故事，需要把握两个叙事逻辑：一是"场景"逻辑，把中国故事置于广袤的世界文明"海域"里；二是"时间"逻辑，把当下故事编织进海丝千百年的文明卷轴里。

从这样的叙事逻辑出发，讲好海丝故事还要处理好三大关系：

其一，古与今。遗存不是尘封的古董，流淌于时间长河里的海丝文化，自有连接当下生活的"密码"。读取这个"密码"，使之在"今天"的语境中找到正确打开方式，让海丝故事融入当下生活，具有挑战性也最具价值。

其二，物与人。故宫博物院原院长单霁翔说过，"我们不缺文化遗产，我们缺的是人文关怀"。海丝故事资源的深耕细作，需要摆脱见物不见人的窠臼，见人见事、重形重意。找到人、事、物的有机链接，方可触摸到无垠波涛上泛着光芒的人文温度。

其三，情与理。精准传播海丝故事，"陈情"和"说理"不可偏废。但人情味是最丰富的佐料，个体经历与生命观照，最能勾连起人类共通的情感。如果国外受众产生了情感共鸣，认为"这不仅仅是为中国也是为我们而写的故事"，那么海丝风华就会变得更有吸引力。醇正绵长的人情味，是隐藏在故事背后那最动人的风景线。

三

远山近岑，天风海涛，不同的视角下，风景自是不同。

这从一个侧面启迪我们，海丝是跨越万里、绵延千年的宏大叙事。与其在遥望大海、遥想当年中找角度，不如找到与"当下"、与"自身"最有关联的话题。笔者想到三句话：

从"我"到"我们"。海丝的故事，不是单一主体叙事。帆影重重，叠映的是不同国家、不同人群各自精彩的闯荡故事，每一国、每一人都是恢宏史诗里的主角。自2018年广州、宁波、南京三市发起倡议，海丝申遗城市联盟成员已拓展至34城。从海丝之"门"走向海丝之"盟"，各城展其美、尽其力，形成更大声量。

这两天，在2023海上丝绸之路城市影响力市长交流大会上，海内外海丝沿线城市的代表都是活动"主角"、叙事主体。大家一起讲述开放、创新、融通的故事，联合发布海丝城市创新发展合作倡议，构建的正是"我们一起"的传播理念。

从"文"到"文化"。"大海是非凡的和声家。""文"有差异，"化"在融合。对自身文化挖掘得有多深，故事叙事高度就有多大。在金华，一台婺剧走进非洲，亮出文化"传家宝"，也就找到了故事切入点；在温州，龙舟"出海"和"引流"，点燃国外爱好者的兴奋点，也找到了新的文化交流赛道。

海丝沿线各城市以友好城市协作、世界文化遗产联合申报等建立合作关系，突破了"文化搭台、经济唱戏"的传统叙事框架，亦是探索人文交流、民心联通、美美与共的时代话语。

从"外"到"不见外"。中国政府友谊奖获得者、美籍教授潘维廉在厦门生活30多年后，写下《我不见外——老潘的中国来信》等30多本书籍介绍中国，这种"不见外"受到习近平主席的赞赏。"海丝万里路，与君共一程"。有着"当代女马可·波罗"之称的意大利人唐云，用半生探寻中国文化，定居温州后循着海丝遗迹，出版意大利语书籍介绍中国非遗之美。让"老外"不见外，让老外书写"不见外"的故事，海丝故事才会有更多传播大使。

故事能载着我们思接千载、视通万里，穿越时空去"旅行"。越过千年，海丝路上那开放、包容、互鉴的恒久力量，如同一道道灯塔之光，绽放穿透时空的人文华彩……风从海丝来，故事未完待续。

王丹容　执笔

2023 年 11 月 26 日

有一种乡愁叫金庸

骨子里多年孕育、一脉相承的，是中华优秀传统文化的蕴藉，是故乡情结和家国情怀。

"只盼你心头牢牢记着'为国为民，侠之大者'这八个字，日后名扬天下，成为受万民敬仰的真正大侠。"——浙江文学馆《侠之大者 百年金庸》纪念特展的展厅门口，书籍样式的展示墙上，摘录了《神雕侠侣》中的这段话。

杏花春雨江南，书中乡愁几度。在金庸的武侠世界，江南的故乡便是"文学原乡"。他曾说："如果一个人离开家乡很久，在外边住的时间一长，对故乡怀念的感觉就越深。有时回忆小时候在这里的生活，有一些是很美丽的。总想，老了，再回到这个地方来住。"

今天，我们跟随金庸的人生足迹，寻找那缕滋养侠之大者的乡愁。

一

正如一位当代作家所说的"我写作就是回家"，当金庸第一次尝试写武侠小说，故乡的风物和传说，就遥遥生起了感应，继而扑面而来。

金庸自述："第一部小说写了我印象最深刻的故事，那是很自然的。"然而，那时的他可能未想到，浙江、江南、嘉兴、海宁……这些元素会在后续作品中出现得那么频繁。作为浙江人，阅读金庸小说常会油然而生自豪之感。

他夸嘉兴毫不吝啬。"两人到了嘉兴府。那是浙西大城，丝米集散之地，自来就十分繁盛……地近京师临安，市肆兴旺。""城中居民人物温雅，贩夫走卒，形貌亦多俊秀不俗……""其时正当春深，碧水翠叶，南湖宛若一泓碧琉璃上铺满了一片片翡翠。"

这种近乎白描的散文笔法，在武侠小说中并不多见，因此更为难得。如果抛开武侠小说情节，这不亚于一篇文字丰赡、情感浓郁的"嘉兴游记"。

更有意思的是张无忌的身世。金庸在书中特别把天鹰教总舵安排在与他的故居袁花镇毗邻的地方，把钟爱的张无忌视作地道的家乡人。

写江南，他独爱西湖，几乎把知名景点都写了一遍。金庸在杭州收获了第一份工作和第一份爱情，《射雕英雄传》中，他特意安排郭靖、黄蓉作"导游"，牛家村、湛碧楼、飞来峰、南宋皇城遗址、葛岭、北高峰法华寺……如今也都是金庸书迷的打卡点。

杨过夸过、韦小宝偷吃的粽子，越女阿青背后的吴越之争，江南七怪的市井行当，绍酒配江鲜，糯米嵌糖藕……家乡的读者总能在读到弥漫于作品各处的元素时会心一笑。人生出发前的经历，总是刻骨。家乡一幕幕地理风物，一帧帧在他脑海中转换着"蒙太奇"。

2000 年，金庸唯一的自传性散文《月云》发表在《收获》杂志当年第一期上，他描写童年："一九三几年的冬天，江南的小镇，天色灰沉沉的，似乎要下雪，北风吹着轻轻的哨子。"

记忆深处的乡愁，也是慰藉离别的良药，在一次又一次的回味中，大侠也在与自己的童年和解。

二

别久而情深，情深而意重。金庸之所以对嘉兴印象深刻，正是源自当时动乱年代的烙印。

他生逢乱世，杏花春雨江南笼罩在战争的阴影中。他在和池田大作的对话录《探求一个灿烂的世纪》中回忆："日本军队侵略我的故乡时，我那年是十三岁，正在上初中二年级，随着学校逃难而辗转各地，接受军事训练，经历了极大的艰难困苦。"

方是之时，空袭警报声时常盘旋在少年金庸读书之地上空，教室是要用黑色窗帘遮住的，或者干脆就在防空洞中学习。快到年底时，金庸和同学们更是跟着校长开始辗转多地、流亡千里。如果只是路途坎坷，或许苦难没有那么深重，但当很多年后金庸得知母亲和最小的胞弟都因缺医少药于逃难途中病逝，人生纵使再遇多少风景，都将因逝者如斯而抱憾终生。

"先到南门，坐在海塘上望海，回忆儿时母亲多次携了他的手在此观潮，眼眶又不禁湿润起来……儿时旧事，一一涌上心来……"多年以后，他把这份对母亲的眷恋写入《书剑恩仇录》，化身陈家洛返回故乡凭吊。

不难想象，久别家乡的金庸，当年在香江之畔是如何的百感交集。"千军岳峙围千顷，万马潮汹动万乘"，这个章回名，是景象，又何尝不是金庸的心境？

抗战胜利后，21岁的金庸回到家乡浙江，并在杭州《东南日报》工作，后来又考到上海《大公报》任翻译，并在东吴大学法学院插班修习国际法。

种种经历，或许在无形之中推动着他，因而成就了"身无分文闯香江"的传奇。两年后的春天，《大公报》香港版复刊，需要一名翻译，于是金庸接受委派，前往香港工作。

现在网络上有一个新词叫"人生密度"，金庸的前24年，历经国仇家恨，壮志未酬，乡愁烙印成了他武侠写作中的一大情感基调。

对于少年金庸来说，乡愁是一枚枚离别的邮票。南湖的雨、钱江的潮，或是氤氲不散，或是洒满衣襟，于金庸而言，无论何时何地，都免不了叹一句"此情无计可消除，才下眉头，却上心头"。

三

后来，乡愁是一张厚厚的报纸。

金庸，这个名字家喻户晓，黄发垂髫大抵都能说上两本他的武侠小说以作谈资；查良镛，这个名字，知道的人或是记住的人大概就相对少些。1955年，查良镛创作首部武侠小说《书剑恩仇录》，第一次使用笔名金庸。金庸，由"镛"字拆分而来，此后这个名字便随着他的武侠小说，火遍大江南北。

有人说，金庸用一支笔创造了两个奇迹：金庸以武侠小说名垂后世；查良镛以政论闻名于当时，其创办的《明报》可以说是香港舆论界、新闻界真正"为国为民"的"侠之大者"。

《明报》于金庸而言，很值得一说。1959年，金庸等人创办《明报》，并在7年后设"北望神州"专版，将权威的中国消息传递给民众。发布新闻之余，金庸意识到赓续中国传统文化的重要性，于同年创办了《明报月刊》，用学术刊物为海外华人侨胞搭建了沟通的桥梁。

从一份"市民小报"，演进成为新闻、学术的"大报"，金庸这位"香江第一健笔""香港第一才子"建立起了无可非议的"《明报》王国"，他本人也被视为香港的"舆论领袖"。

之后，他又热情投入到香港与祖国的交流中，参与推动香港回归：1981年2月，发表《关于香港未来的一个建议》，其中提到"中国如决定收回香港，应在15年之前通知英国"；多次与国家领导人会晤，谈论香港问题、国际局势；出任香港特别行政区基本法起草委员会委员、香港特别行政区筹备委员会委员……

这位后世眼中的武侠小说家，在当时真真正正担起了"为国为民，侠之大者"这八个字。

海上生明月，天涯共此时。金庸以武侠之笔，写华夏精神，讲中国故事。骨子里多年孕育、一脉相承的，是中华优秀传统文化的蕴藉，是故乡情结和家国情怀。

香江浪奔浪流，逝水滔滔五年。家国辉光日新，故乡风物依旧。

袁斐　高燕　执笔

2023年11月27日

爱国主义教育基地不能丢了"魂"

> 爱国主义教育基地种类很多，但他们有着共同的目标，就是让人内心升腾起浓浓的爱国之情，了解祖国大好河山的悠久历史和灿烂文明，了解伟大民族从哪里出发、又要往何处去，了解小我和大我的关系，更了解身为个体的我们，能够为祖国做些什么。

不论你在南方还是北方、城市还是乡村，都能找到爱国主义教育基地的身影。从革命历史纪念馆，到各类博物馆，再到历史名人故居，爱国主义教育基地内容不同、形式不同，但内涵相同。正如有人说，爱国主义教育基地是最能令人直接感受到爱国主义精神的地方。

今年10月，《中华人民共和国爱国主义教育法》公布，其中多处提到爱国主义教育基地，强调应当加强内容建设、发挥爱国主义教育功能等。但笔者也听到了不同声音，"有的爱国主义教育基地越来越不像爱国主义教育基地了"，也有人疑惑，"有些场馆竟然也可以被评为爱国主义教育基地？"

爱国主义教育基地到底包括什么？如何才能真正发挥出爱国主义教育功能？这成为我们需要思考的问题。

一

爱国主义教育基地建设在我国有近30年历史。早在1994年，党中央就颁布了《爱国主义教育实施纲要》，将"搞好爱国主义教育基地的建设"作为一项重要工作。

有人认为爱国主义教育基地只能是与红色革命有关的场所，其实不然。爱国主义教育基地具有丰富的类别。比如文物博物馆、名人纪念馆、档案馆、自然科技馆等，又如建设成就标志地，还有自然人文景观、历史文化街区、风景名胜区等。

在沉浸体验中修德。在很多名人故居、纪念馆的爱国主义教育基地中，我们可以深度了解先贤的生平事迹，或奋斗、或奉献，让我们坚定理想、矢志报国。比如雷锋纪念馆，"在伟大的革命事业中做个永不生锈的螺丝钉"激励着我们踏踏实实干事创业，继承发扬雷锋精神；再如在孔繁森纪念馆，我们体悟到"青山处处埋忠骨，一腔热血洒高原"的壮志，感受到怎样的人才是党的好干部。

在追溯历史中知来。一大批爱国主义教育基地承载着历史风云，比如天安门广场、故宫博物院、南湖革命纪念馆等等。来到南湖畔红船前，我们似乎能感受到百余年前中共一大召开时的紧张兴奋；站在天安门广场上，我们仿佛能够听到开国大典举行时的礼乐声。

在感受成就中自豪。你或许还不知道，其实身边有很多重大工程也是爱国主义教育基地，比如南京长江大桥、秦山核电站、都江堰水利工程等。重大工程是中华民族智慧的结晶，它们组成的"国家队方阵"，让人看到"中国梦"如何照进现实，激发起浓浓的自豪之情。

爱国主义教育基地种类很多，但他们有着共同的目标，就是让人内心升腾起浓浓的爱国之情，了解祖国大好河山的悠久历史和灿烂文明，了解伟大民族从哪里出发、又要往何处去，了解小我和大我的关系，更了解身为个体的我们，能够为祖国做些什么。

二

如今，爱国主义教育基地数量越来越多，有一些的建设规模也越来越大。但有一部分基地却是有了"形"，丢了"魂"，导致基地无法发挥本该发挥的作用。笔者概括了这样几种类型。

将守旧当守正。部分基地的硬件建设跟不上群众需求。打着所谓严肃、致敬的幌子，不拥抱新的展陈技术、大众的审美偏好，"基地建在本世纪，硬件留在上世纪"，导致展陈过时落伍。不仅如此，有些基地对历史文物的保护不够到位，缺少行之有效的技术手段。

以硬件建设代替软件建设。部分基地越来越重视硬件建设，利用高大上的硬件设施吸引人们走进参观，但在讲解服务、宣教运营等"软件"上却仍"原地踏步"，有的连讲解员都无法保障，等着参观者"自悟"。此外，一些基地对于文化的挖掘、研究、阐释还不够，爱国主义教育只停留在面上，深不到里子，导致观众"来了之后不想再来"。

挂着牌子却没有实质内容。部分基地趁机钻空子、挂牌子，变得有名无实。比如有的基地"主角"仍是旅游景点，爱国主义教育内容只是"配角"，主管部门把心思大都花在了对景点的精心开发维护上，对爱国主义教育内容却简单拼凑、敷衍了事。

这样的基地不缺人气和流量，但参观群众往往玩一圈出去了却还不知道这里是爱国主义教育基地，对此没有太多感知。此类基地或许能够成为"网红打卡地"，但网红效应是否可以真正转化成为爱国主义教育效果还要打个问号。

用娱乐化消解政治性。有的基地不讲正史讲野史、为造噱头编段子，把爱国主义教育路走偏；还有的基地借"忆苦饭"狠狠宰客，乱象时有发生。如，某国家级爱国主义教育基地不仅在遗址保护区的道路两边摆满各种卖纪念品、玩具、小吃的摊位，还有算命的，更有甚者让人换上伪军服装嬉笑拍照。

基地，是开展爱国主义教育的基础性地点，也是支撑性地点。如果爱国主义教育基地变得呆板化、空心化、泛娱乐化，那么爱国主义的种子也难以在这里生根发芽。

三

爱国主义教育基地作为载体十分重要，但其承载的爱国主义精神更为关键，是不可忽视的内核。

习近平同志十分重视爱国主义教育中心阵地的建设。《习近平浙江足迹》记载，2008年9月29日，良渚博物院向社会开放。10月31日，习近平同志视察良渚遗址保护工作，嘱咐时任院长蒋卫东"要把良渚博物院建设成为良渚文化展示普及中心、学术研究中心和爱国主义教育中心"。

爱国主义教育需要有中心阵地，爱国主义教育基地在硬件完备的基础上，如何建用并举，是我们面临的重要课题，对此笔者有三点看法。

守正也要善于创新。爱国主义教育基地既需要守好历史的正、文化的正，也需要创出活动形式的新、传播方式的新，与时俱进地贴近当下年轻人的喜好，让爱国主义教育活动开展得更有趣味，真正弘扬爱国主义精神。

比如温州市瓯海区在中共浙南一大会址演出的原创红色音乐剧《青春指南》，取材于1930年6月发生在渔潭村的中共浙南一大革命历史，一对温州青年情侣走进渔潭村中共浙南一大纪念馆，"亲历"那段历史，体悟奋不顾身的燃情岁月。爱国主义教育基地和音乐剧的梦幻联动，让基地承载的历史更加活灵活现、入脑入心。

服务需要培育队伍。爱国主义教育基地需要不断提升服务水平，而这离不开一支高水平的人才队伍，包括策划团队、运营团队、讲解团队等等。培育一批年轻态、专业强的队伍，是爱国主义教育基地焕发生命力的关键。比如，一个好的讲解员就可能让来此参观的人真正听得进、记得住，受到熏陶。

比如在中共浙皖特委旧址，94岁的林翠娥就是一名党史的"义务讲解员"、红色旧址的"义务守护者"，40年来充满深情地为年轻党员讲述福岭山当年发生的红色故事。去年"七一"前夕，她还圆梦入党，成为一名"90后"预备党员。这份执着和热爱，让爱国主义教育基地的故事更加鲜活、感人。

厚爱也需严格管理。对于爱国主义教育基地的创新发展与探索，也许我们需要抱着鼓励支持的态度，但有关部门也需要做好管理和审查。就像有网友评论："我不提倡在网络游戏中接入爱国主义教育。"

爱国主义教育基地讲解需要讲正史，不可以是野史；形式可以活泼，但不能偏颇。当积极的内容与恰当的形式相融，爱国主义教育基地才能建设得合规合法、教育得合情合理。

刘雨升　执笔

2023 年 11 月 27 日

绍剧如何再"打天下"

> 生于柔情似水的江南，又透露着古越先民剽悍之气的绍剧，以高亢激越的唱腔、粗犷朴实的音乐和文武兼备的表演，成为绍兴、浙江乃至中国戏曲的一张闪亮名片。

头戴紫金冠，手摇金箍棒；鼓点铿锵，筋斗翻腾……这样的美猴王孙悟空是很多人心中的经典形象之一，央视版《西游记》更是承载了几代人的童年记忆。不过鲜为人知的是，这个孙悟空的形象其实源于浙江的一种地方戏——绍剧。

在杭州亚运会开幕式上，一段绍剧猴戏成为暖场节目，让文武俱佳的绍剧再次进入大家的视野。一出猴戏，何以成就经典？历经数百年跌宕沉浮传承至今，绍剧将如何再"打天下"？

一

"金猴奋起千钧棒，玉宇澄清万里埃。今日欢呼孙大圣，只缘妖雾又重来。"60多年前，毛主席曾为绍剧《孙悟空三打白骨精》

题诗。作为国家级非物质文化遗产和浙江三大剧种之一，绍剧的前身是"绍兴乱弹"，俗称"绍兴大班"，至今已有400余年历史。

从戏曲发展史看，绍剧有着鲜明的"跨界融合"基因。绍剧的诞生与秦腔、昆腔等都有着千丝万缕的关系。早在明代，秦腔流入绍兴地区，与当时盛行的余姚腔融合形成激越昂扬的"调腔"，登上舞台后成为"绍兴高调班"。明末清初，昆腔十分流行，乱弹也紧接着传入，这两者又成为高调班兼唱的曲调。至清乾隆年间，绍兴乱弹盛行，戏台庙会之处常常萦绕着响遏行云之声。

到了20世纪三四十年代，绍兴乱弹开始走出本地，在上海崭露头角，伴随着《济公传》《西游记》等一批经典剧目创排完善，"绍兴大班"声名一时响彻黄浦江畔。随着猴戏持续走红，绍剧迎来了发展的春天。1950年，绍兴乱弹被定名为绍剧。

1960年，由六龄童、七龄童主演的戏曲电影《孙悟空三打白骨精》上映，引起轰动，生动的孙悟空、滑稽的猪八戒等形象广为流传，一举斩获第二届百花奖最佳戏曲片。影片还火到了海外，在72个国家和地区放映。

自此，生于柔情似水的江南，又透露着古越先民剽悍之气的绍剧，以高亢激越的唱腔、粗犷朴实的音乐和文武兼备的表演，成为绍兴、浙江乃至中国戏曲的一张闪亮名片。

此后，凭借着家学渊源，六龄童之子六小龄童又出演央视版《西游记》，从此绍剧猴戏中孙悟空的形象精髓，伴着"你挑着担，我牵着马"的歌声，成为无数人记忆中的经典。

二

"绍剧打天下，越剧讨老婆。"与清婉越剧同发源于水乡绍兴的绍剧，有着"打天下"的底气与豪气。

深厚的草根性，是绍剧与生俱来的"流量底盘"。乾隆年间，会稽人鲁忠赓的《鉴湖竹枝词》中有"奏罢霓裳却风笙，首春逐疫半严城。踏歌角抵余风在，夜夜高棚演月明"之句，描绘了正月十五前后，绍剧前身绍兴乱弹演出的火热场景。

旧时，浙东一带许多农村地区都会请演出团队，在乡里村头，寻一处空旷的地方搭台布景，日夜不息地演上两三场甚至两三天，人头攒动的赶戏场面不减陆游笔下"倒社观戏场"的盛况。20世纪20年代，绍剧拥趸众多，在本地就有二十余个班社，至绍剧全盛时期，"自名角至杂差"各类行当就有四五千人之多。鲁迅先生的《阿Q正传》中"悔不该酒醉错斩了郑贤弟"就来自绍剧《龙虎斗》。

朗然的风骨气，是绍剧动人心神的"艺术魅力"。文艺作品是时代的号角，戏剧引领大众的深层次力量，即在于激浊扬清的价值观，而一句"会稽乃报仇雪耻之乡，非藏垢纳污之地"，恰恰契合了绍剧中蕴含的朗然正气。

1961年，"南派猴王"六龄童章宗义率领浙江绍剧团，赴北京上演《孙悟空三打白骨精》，观看表演的毛主席多次鼓掌，并欣然题诗。澄清寰宇、驱散迷雾的正能量，是绍剧走向高光时刻的重要倚仗。直至今日，绍剧的大量优秀传统剧目依然常演不衰，如彰显家国情怀的《于谦》、颂扬忠义不屈的《杨门女将》等。

浓浓的乡音味，是绍剧弥足珍贵的"共情密码"。当铿锵的唱腔响起，熟悉的乡音引来不断的喝彩、勾起无限的乡情。《习近平浙江足迹》记载，2005年1月16日至22日，时任浙江省委书记习近平率领由600多人组成的浙江代表团参加"港澳·浙江周"活动，主动"走出去"。开幕式当晚，绍剧《真假悟空》引来阵阵掌声。

三

与"同乡"的越剧相比，绍剧的历史更悠久，但在如今戏曲市场中的地位和影响力却不及越剧等。那么绍剧如何再"打天下"？笔者认为，可以从以下三方面着力。

敢创新，以"七十二变"应对"八十一难"。相比浙江小百花越剧团跨界打造新国风环境式越剧《新龙门客栈》，再度让越剧"火出圈"，绍剧在《孙悟空三打白骨精》后，却鲜有叫得响的经典之作。

接下来，绍剧想要再出好戏，关键还在于创新。既要注重对经典传统戏的改编创作和复排，也需做好新编现代戏的创排。像新版绍剧《孙悟空三打白骨精》巧借布景、灯光、音乐等手段，在尊重经典的基础上进行全新演绎，更加凸显人物特色，也更具视觉冲击力。

巧突破，找到传统经典和现代审美的共振点。"三里不同调，十里不同音"，绍剧在舞台上用的多为绍兴方言，部分唱段晦涩难懂，加之题材表现方式略显陈旧，想要得到年轻观众的青睐不容易。

在深入挖掘绍剧文化内涵的同时，融入时尚元素，使之能更贴近当代人的审美，与观众"打成一片"，是绍剧为打开更广阔市场可以着力的方向。如绍剧电影《孙悟空大战红孩儿》尝试运用舞台特效，大胆加入流行音乐，巧妙融入网络流行语，吸引了不少年轻人的关注。当然，时尚元素"混搭"也不能"乱搭"，还需建立在传承精髓的基础上。

谋承续，让"热爱可抵岁月漫长"。俗话说，"台上一分钟，台下十年功"。然而在追求"成名要趁早"的现实语境里，鲜有年轻人愿意坐冷板凳，目前仅有的两个绍剧团都面临着人员老化、青黄不接的困境。

人才培养无疑已经成为关乎绍剧承续的一个突出问题。一方面，需要不断提升资深演员的影响力，量体裁衣、搭建平台，发挥"明星"效应；另一方面，还要抓好新生代艺术人才的培养，以走出去、请进来的形式，提供专业化、精细化的培训，鼓励其探新路、出新戏，让青年演员们找到"热爱"的自信与担当。

从经典猴戏，到亚运会开幕式的金猴献瑞表演，我们看到古老的绍剧依旧有着激荡人心的力量。绍剧欲"奋起千钧棒"，再次"打天下"，必先抖擞"悟空"精神，在传承创新中悟出"真经"，相信前方自有"好戏"。

王丽　王珂雨　阮秀涵　周圆　王薇　执笔

2023 年 11 月 28 日

行动家恩格斯

> 纵览恩格斯的一生，他总是倾向于行动起来，用亲身经历去洞察社会变化，探寻无产阶级解放的道路。

1844年，25岁的弗里德里希·恩格斯开始提笔创作《英国工人阶级状况》。他用饱含深情的笔触写下了这样一段话：

> 我愿意在你们的住宅中看到你们，观察你们的日常生活，同你们谈谈你们的状况和你们的疾苦，亲眼看看你们为反抗你们的压迫者的社会的和政治的统治而进行的斗争。

恩格斯在写下这部工人阶级社会调查的开山著作之前，曾走遍了英国曼彻斯特的工人住宅区，用了21个月的时间深入了解英国无产阶级的所思所想。这段年轻时期的创作经历，成为恩格斯追求真理的指南针。纵览恩格斯的一生，他总是倾向于行动起来，用亲身经历去洞察社会变化，探寻无产阶级解放的道路。

203年前的11月28日，恩格斯在德国巴门市出生。今天，恩格斯果敢坚毅的脚步声，仍然铿锵作响。

一

当一个"富二代"，这原本是家族为恩格斯预设的"躺赢人生"。拥有工厂的父亲将他当成家族生意的接班人来培养。但恩格斯却不断用实际行动告诉所有人：他要走一条别人未曾设想的道路。

1839年，恩格斯到乌培河谷开展实地调查，发表《乌培河谷来信》，他用深刻的笔触记录了下层阶级，特别是乌培河谷的工厂工人，普遍处于可怕的贫困境地，"疾病蔓延到难以置信的地步"。

这篇带有进步倾向的文章轰动了当地，但也引发了巨大争议，连同窗好友都和恩格斯绝交。

1844年，恩格斯在回国途中绕道巴黎会见了马克思，并与马克思合写了《神圣家族》等文章，两人由此开始了终生合作。恩格斯找到了志同道合的伙伴，但引发了家族的极大不满，父亲甚至一度中断对他的资助。

1847年，恩格斯和马克思一起加入正义者同盟，同年6月，他们以科学社会主义为指导创立了第一个无产阶级革命政党。1848年2月24日，马克思和恩格斯起草的《共产党宣言》在伦敦出版，引发了当时欧洲各国的震动。无产阶级的解放事业已经吹响号角，但等待恩格斯的却是接连不断的官方追捕，他曾一度流亡到比利时和瑞士。

似乎每一次对真理的接近，都会给恩格斯带来现实中的麻烦。追寻真理的道路本就不好走。让恩格斯最无奈的不是家人的反对、官方的迫害，而是为了支持马克思，他不得不放弃直接参与领导工人运动的机会，回归自己口中的"该死的生意"。

1850年到1869年，恩格斯回到父亲的家族工厂里，从事经营工作。他虽然得到了体面的生活，却感到了内心世界的荒芜。任何人如果从事违背自身价值观的工作，都不会感到幸福，更何况如恩格斯这般思想活跃的革命家。

恩格斯虽然通过信件与马克思诉苦，但他对自己默默支持马克思这件事的意义有着清醒的认识。恩格斯曾在一篇文章的长注释里写道："马克思比我们一切人都站得高些，看得远些，观察得多些和快些。马克思是天才，我们至多是能手。"

此后，恩格斯开启了"黄金辅助"模式，与马克思携手完善马克思主义的理论体系。在两人的合作中，恩格斯经常用更多的行动力来参与具体事务的处理，并乐此不疲。

恩格斯打趣地比喻自己是"第二小提琴手"，并且"高兴我有像马克思这样出色的第一小提琴手"。

马克思曾经坦言恩格斯的才能本和自己比肩，但恩格斯甘愿做时代巨人的"影子"，他用行动让自己走向了"角落"，把"主义"的大讲堂留给了马克思，最终成就了马克思主义的横空出世。

二

回顾恩格斯的生平，就不能不谈他与马克思的"神仙友谊"。翻阅恩格斯给马克思的回信，我们可以看到，恩格斯极具行动力的行事风格，总能让两人"友谊的小船"穿越生活中的惊涛骇浪。

当马克思面临经济窘境时，恩格斯不但寄钱资助，还能构思新的理财方案，为朋友解忧。在1852年9月14日给马克思的回信中，除了资助现金，恩格斯还提出："我现在正考虑一个节省几英镑的新计划；如果成功，我想能在下月初以前……再寄给你一些。"

当马克思遇到精神内耗时，恩格斯总是第一时间提笔给挚友送安慰，甚至有时候还会适当"卖萌"开导这位极具艺术家气质的伙伴。他经常称呼马克思为"大胡子的老摩尔"，这是两人通信的专属昵称。当马克思因恩格斯为接济自己一家而被迫从商感到愧疚时，恩格斯却在回信里开导，"你不必这么想……"

当马克思遇到学术问题时，恩格斯将所知所学倾囊相授，绝不含糊。马克思写文章需要经济数据，他就不断穿梭于曼彻斯特的各个交易所和工厂，为马克思送去第一手数据和资料。有时候还经常直接操刀，给老朋友写去洋洋洒洒数千字的回信，提出自己的见解。

《资本论》第一卷出版的16年后，马克思离开了人世，恩格斯马上接手了第二、第三卷手稿的整理出版工作，让这部"工人阶级的圣经"以最完整最严谨的状态面世。由于没日没夜地抄写、整理、补充、编排，他几次累得生病。然而他却说："我喜欢这种劳动，因为这时我又和我的老朋友在一起了。"

恩格斯与马克思的友情，早已超越了物质和金钱的局限，闪耀着共同信仰带来的人性光辉。

三

在那个风起云涌的年代，行动者的无畏和勇气，成为恩格斯耀眼的人生标签。如果说马克思为无产阶级的解放提供了"批判的武器"，恩格斯则致力于实践"武器的批判"。

青年的恩格斯曾长期深入无产阶级的生活，用最有力的笔锋，把时代的腐朽剖析得入木三分，他还奋不顾身，冲上工人武装起义的最前线，在枪林弹雨里追寻《共产党宣言》。

中年的恩格斯总结军事斗争的经验，为无产阶级革命留下了宝贵的军事理论思想，被革命伙伴们亲切地称呼为"将军"。

晚年的恩格斯，保持着旺盛的斗志，锻炼身体随时准备投入革命斗争，他目光如炬，始终坚持马克思主义立场，让国际工人运动走在正确的道路上。

难能可贵的是，冲在捍卫真理第一线的恩格斯，始终保持一种与生俱来的内敛。战友夸他战斗勇猛，他却谦虚地表示"备受赞扬的冲锋陷阵的勇敢是人们能够具备的最平常的品质。子弹飞鸣简直是微不足道的事情"。

马克思去世后，曾有人提议把马克思和恩格斯共同创立的科学社会主义学说命名为"恩格斯主义"，恩格斯对此坚决反对。他曾在公开发表的著作中写下这样一段话表明心迹：

> 没有马克思，我们的理论远不会是现在这个样子。所以，这个理论用他的名字命名是理所当然的。

可以说，恩格斯是一位充满人情味的良师益友，也是一位不同凡响的革命斗士。

恩格斯曾说过，只说空话是无济于事的。203年后的今天，恩格斯仍可以被称为这个时代的同路人。追随他的脚步，用行动去践行时代赋予的使命，这是我们怀念这位伟大革命导师的现实意义。

徐健辉　执笔

2023 年 11 月 28 日

再探远古江南

> 人们常说河姆渡遗址的发现，源于意外和偶然。而拉长时间轴则会看到，其实它更离不开广大群众和干部的文化自觉，以及考古、文物、农业等领域专家学者的坚持不懈。

今年是河姆渡文化发现50周年。近段时间，一场名为"远古江南·海陆山河"的考古成果特展亮相中国国家博物馆，324件套文物把大家的目光吸引到了距今约7000年的浙江河姆渡遗址。

50年前，宁波余姚农民偶然发现了一片史前文明的沃土，考古证明先民们曾在这里饭稻羹鱼、划桨行舟、伐木建房。50年间，一系列围绕河姆渡文化的考古工作持续开展，将远古江南的美好画卷和灿烂辉煌的中华文明呈现给世界。

那么，50年后的今天，当我们再来探秘河姆渡，又能探出什么？

一

时针拨回到50年前，1973年6月，余姚县罗江公社决定在姚江北岸扩建排灌站机房，以此解决因地势低洼而造成的水稻种植雨多受淹、雨少枯损的困境。

然而，就在地挖到两三米深时，工人开始抱怨自己的脚总是被划伤，锄头老硌到石块，也像是陶片和骨头。大家猜想："脚底下的会不会是文物？"当时工程的负责人立刻暂停施工，汇报到公社，后又上报至县文化站。此后，县里工作人员搜集小部分出土文物，赶赴杭州。

随后，这片土地迎来了考古学家的接续造访。他们分别在1973年和1977年发起两次考古发掘工作。据统计，两次发掘合计揭露遗址面积2600多平方米，出土了6700余件文物，发现了大片干栏式木构件建筑遗迹、丰富的稻谷遗存、夹炭陶器、骨器、象牙雕刻器以及其他动植物遗存等。

经过对出土文物的碳-14测定，专家判断河姆渡遗址距今约7000年至5000年。2021年，河姆渡新石器时代遗址的发掘入选"中国20世纪100项考古大发现"。

今天，通过一件件文物，我们可以看见河姆渡人衣食住行等日常生活，他们充分利用天时地利，躬耕于山林田亩之间，出没于鲸波万仞之中，开拓出丰富多彩的农林和海洋生活，创造出绚丽璀璨的河姆渡文化。更重要的是，河姆渡为研究中华文明的起源、发展进程提供了珍贵的实物资料。

人们常说河姆渡遗址的发现，源于意外和偶然。而拉长时间轴则会看到，其实它更离不开广大群众和干部的文化自觉，以及考古、文物、农业等领域专家学者的坚持不懈。

二

50年间，河姆渡文化相关遗址的发掘从未停止，并且不断有新的发现。比如河姆渡文化新的代表性遗址——田螺山遗址中，出土了许多不同造型的木质船桨和海鱼骨骸，几公里外的井头山遗址则将历史向前推了1000多年……

随着考古发掘工作的不断深入，河姆渡文化也有了更多新的价值。

比如，率先把中国稻作文化历史推进到7000年前。河姆渡遗址中最为家喻户晓的便是其中出土的稻作农业遗存。《河姆渡文化研究》一书记载："在主体文化堆积层中，普遍存在稻谷、谷壳、谷秆和枝叶的堆积……其数量之多，保存之完好，实属罕见。"考古发掘中发现，河姆渡人种植的时候还用上了骨耜、骨镰这样的工具。

进入新世纪后又有新发现。距河姆渡遗址七八公里处，与它同时代的田螺山遗址"现世"，考古学家从中发掘出7000年前的粮仓和几十万颗炭化稻米，经测算，这相当于1500亩左右稻田的年产量。差不多同时，距田螺山约400米，施岙遗址也得到发掘，一片总面积近90万平方米、拥有纵横的田埂和灌溉排水系统的古稻田"破土而出"。

这些都有力证明了我国是世界上最早种植水稻的国家，纠正了中国栽培水稻的粳稻从印度传入、籼稻从日本传入的说法。

比如，提供中华文明多元一体的生动印证。2003年，在河姆渡遗址发现30周年之际，田螺山遗址发掘启动，此后出土1.2万余件文物，既有衣食住行用品，又有艺术创造品等。

如今，在以浙江东部姚江河谷为核心的区域已发现80多处遗址。它们像一块块拼图，共同勾勒出河姆渡文化的面貌，也串起了浙东地区从渔猎过渡到农耕的文明脉络，成为中华文明多元一体的印证，让世人得以观察到更完整、详实的远古社会生活。

三

今天我们再来探源河姆渡，更应读懂它的时代意义。

在文化传承发展座谈会上，习近平总书记指出，如果不从源远流长的历史连续性来认识中国，就不可能理解古代中国，也不可能理解现代中国，更不可能理解未来中国。

作为中华文明拼图中的一个重要切面，河姆渡文化当中蕴含的精神和价值，不仅启迪我们对美好生活的向往和追求，也激励我们不断深入挖掘其所蕴含的时代价值。对此，笔者有三点想法。

知"来处"方能明"去处"。2006年，时任浙江省委书记习近平在《浙江文化研究工程成果文库总序》中深情地写道："浙江文化富于创造力的基因，早早地出现在其历史的源头。在浙江新石器时代最为著名的跨湖桥、河姆渡、马家浜和良渚的考古文化中，浙江先民们都以不同凡响的作为，在中华民族的文明之源留下了创造和进步的印记。"

我们现在的生活离不开先民打下的基础，我们脚下的每一寸土地，都是他们躬耕和开拓的，他们早在数千年前就已在探寻"何以中国"的答案。当我们与文物隔空对望，能从"来处"坚定文化自信，亦能为"去处"凝结中华儿女赓续文明、团结奋斗的不竭动力。

为远古找到与现代的连接点。1986年，河姆渡遗址的有序保护与博物馆建设工作启动，第一步便是迁移遗址上的43户居民及3家企业。为保护一个古遗址而拆迁整个村庄，河姆渡开了全国先河。为远古找到与现代的连接点，浙江仍在不断探索。河姆渡文化正不断为人所了解、欣赏。

比如，当地把河姆渡古渡口、遗址博物馆等多个节点串联打造成美丽乡村示范线，去年一年就吸引超60万人次前来打卡；稻米、骨针等文物的意象，也被用到了发饰、咖啡杯等文创产品的设计中。

文明探源一直在路上。在河姆渡遗址发掘之前，普遍存在的一种观念，认为中华文明起源于黄河流域，而河姆渡遗址的发现，首次有力地证明，长江流域和黄河流域一样，都是中华文明的发祥地。

事实上，在我国启动中华文明探源工程后，考古工作者用层出不穷的考古发现，实证了我国百万年的人类史、一万年的文化史、五千多年的文明史，明确了中华文明多元一体、兼容并蓄、绵延不断的总体特征。一处处史前重大遗址就像一个个坐标，指引人们不断寻找文明源头。文明探源一直在路上，我们能发现的还有很多很多。

今年，专家已经钻探到年代介于井头山和河姆渡之间的文化层。河姆渡的故事，还在续写。而我们在一次次品读河姆渡当中，也将听到穿越数千年而来的一声声耳语，触摸到这片土地上鲜活的生命力量，看见更加多姿多彩的中华文明。

沈晶晶　厉晓杭　执笔

2023年11月29日

恶评主旋律电影的到底是哪些人

> 或许主流作品有高低之分，但主流价值没有优劣之别，以字句之差掩全体之貌、以评论之名行抹黑之实，那不是真正的批评，我们每个人都应有这样的鉴别力。

近日，《我本是高山》在网上引发热议。

电影引起讨论再正常不过，但不少人揪住电影中的细节进行无限联想、放大，相互攻击、口诛笔伐，甚至抵制电影上映，远超出讨论电影的范畴。而随着《我本是高山》正式上映，更多理性声音浮出水面，有网友说，"完成度还可以，骂得有点过了""电影不够完美，但值得一看"。

事实上，近年来《战狼》《志愿军》《长津湖》等影片，都引起了如潮水般的讨论，然而其中总是夹杂着各种恶意的抹黑攻击，不是聚焦于电影本身，而是借题发挥、上纲上线。不禁想问：恶评主旋律电影的到底是谁？该如何看待？

一

不可否认，部分主旋律电影在质量和水平上不尽如人意，如故事情节"高大全"，主要角色"伟光正"，一味追求宏大叙事，甚至随意改编，脱离生活、脱离实际，让不少观众对主旋律电影产生了刻板印象和不适感。这种状况确实要改变。《我本是高山》同样有提升空间。观众的争议和吐槽，能帮助主旋律电影找到不足、不断改进，主创团队应虚心听取。

然而一直以来，一些网友和自媒体或发表不着边际、捕风捉影的指责，或对主旋律电影极尽讽刺。笔者总结了他们的五种手法。

先入为主型。有的先入为主，总是不相信人性的光辉，认为影片中的正面人物都是"硬拗"的人设，"脱离现实""没有人性"，所以主旋律电影就是"强行灌输"无私奉献的教育片，不值一看。比如再现了王继才、王仕花夫妇32年守岛人生的电影《守岛人》，一些人或质疑事实，认为电影夸大了两人的付出，或吹毛求疵，认为因守岛而牺牲家庭是"迂腐的"，总之就是不相信他们的赤诚情怀。

断章取义型。这类手法常抛开电影不谈，通过抽离出电影内容细节、解读电影海报等宣发环节，甚至剪辑、拼凑电影情节等，试图否定电影的全部。

就拿《我本是高山》中"酗酒母亲"的情节设定来说，在电影语境中它体现了张桂梅不仅关爱学生的学习，还关注她们的家庭环境，并呼应了她"女孩子受教育，可以改变三代人命运"的观念。对此，观众可以有不同理解和看法，但一些网友和营销号将之抽离出电影上下文，甚至还没看过全片，就将"侮辱女观众""男导演拍不好女性故事"等帽子扣在创作团队头上，让舆论陷入了无休止的性别论战和脱离电影的空谈中。

视而不见型。有的人对中国的飞速发展"选择性失明"，认为主旋律电影是在唱"虚伪的赞歌"、在"美化"中国，置身于日益繁荣昌盛的祖国怀抱中却"怨气深重"。如《我和我的祖国》讲述了新中国成立70年间的"高光时刻"，获得一众好评，但有人非说它是"现代革命样板戏"，不描写"黑暗的过去"。

颠倒是非型。这类手法以"忧国忧民"形象出现，摆出一副"众人皆醉我独醒"的"姿态"，站在制高点上直接否定主旋律电影的立意。如《长津湖》热映时，不时有声音说它是在"宣扬战争""煽动民粹"。保家卫国、反抗侵略变成了"宣扬战争"，彰显民族精神变成了"煽动民粹"，这类抹黑可谓居心叵测。

声东击西型。这种手法通过攻击演员本人来达到否定主旋律电影的目的。如炒作演员个人隐私、捏造涉及演员的谣言等，以此来削弱大众的观影热情，甚至引导大家产生抵触心理。如曾有谣言称，"《建国大业》里有27个导演、演员加入外国籍"；主旋律电影的一些"熟面孔"，更是经常在情感、国籍、人品等方面遭到中伤。

二

每个国家、每个时代都有自己的主旋律电影。中国的主旋律电影承载着中国的主流价值观，见证了中国电影的发展之路。像《地道战》《闪闪的红星》《小兵张嘎》《铁道游击队》等都浓缩了一代人的集体记忆。近些年来，不少主旋律电影也是"叫好又叫座"。然而，恶评的声音却从未散去。在笔者看来，主要有以下原因。

有的出于认知偏见，以为只有反思和批判才算艺术。有观点认为，批判力度决定艺术高度，揭露社会黑暗、反思人性丑恶的电影才算艺术，主旋律电影就是纯表扬，缺少艺术价值。有人打着学术旗号，显得自己很高明，有人为批评而批评，语不惊人死不休。之所以会产生偏见，固然与一些主旋律电影过度脸谱化有关，但不能因此以偏概全地认为"正能量就是低级的"。电影的艺术价值从来不取决于它是"赞扬真善美"还是"揭露假恶丑"。

有的立场先行，借电影评论之名攻击主流价值观。有的人看似在批评电影，实则是在批评影片传递的主流价值观，把矛头指向制度和体制。如针对《战狼》《湄公河行动》《红海行动》等我国一批现象级主旋律电影，西方一些媒体却将它们展现的爱国情怀解释为"自负的民族主义情绪"，嘲笑这是"打不死的中国式英雄主义"，质疑中国在"秀肌肉"，背后意图远超出对电影本身的批评。

有的被情绪裹挟，导致舆论焦点偏离电影本身。电影具有很强的大众文化消费属性，讨论电影成为很多人生活的组成部分，也是他们传递情绪的出口。置身网络舆论场旋涡中，公共讨论也极易失焦、偏离电影本身。如《志愿军》上映前，有人仅凭一张海报就认为电影涉嫌"辱华"，实际上这张海报是其中一个戏剧性角色。脱离了电影语境的批评是难以成立的。

有的打着小算盘，被利益驱动在网上"带节奏"。一些机构和营销号，或为博人眼球、赚取流量，或为给其他电影做推广，写起"小作文"，无底线炒作、"带节奏"，甚至雇佣网络水军、买热搜，对抹黑攻击主旋律电影起到推波助澜的作用，再加上平台算法推荐，这些声音被进一步放大。

三

我们拥有批评一部电影的权利吗？答案当然是肯定的。

不论什么类型的电影，如果它需要观众，就得接受批评，希望流量加身，就要能承受评议。现在人人都可以是"批评家"，在权威批评、专业批评外，大众批评快速崛起，成为潮流。看过电影后评论几句再自然不过，臧否不一也很正常。在良好的电影批评生态中，"好评""差评"都是推动电影产业发展的重要助力。我们真正要警惕和抵制的，是那些别有用心的恶意抹黑。

观众可以感性，但表达应该理性。正如茅盾所言："批评一篇作品，不过是一个心地率直的读者喊出他从某作品所得的印象而已。"观影结束，好便是好，不好便是不好。好评给人以激励，差评给人以警醒。但评论需多一些就事论事，少一些上纲上线，倘若被污名化、标签化的倾向误导，就可能判断失误。像有人说一部作品不好，原因是它带有主旋律色彩，这就是典型的非理性立场。

众声喧哗中需要专业声音。从1905年中国人拍的第一部影片《定军山》上映算起，我国电影市场已走过一百多个年头。其间，电影批评与电影产业携手并进，引领着人们对电影的认知。在众声喧哗的电影批评时代，更需构建一个成熟完善的电影批评生态，让专业批评与大众批评和谐共存，把理性声音传递出去，让观众更好地品鉴电影传达的主题思想和艺术样式，使电影带来的各种延伸性的思想观点和审美态度得到更好分享、讨论。当优质的影评占据舆论场，极端的声音就会失去滋生空间。

　　媒体沉默只会助长歪风邪气。近段时间来，随着国际局势变化，电影《辛德勒的名单》在一些平台受到差评围攻。有媒体批评了此举，这是一种担当。一些电影的价值，早已超出一国一域范畴，反映着人性的真善美，不该动辄全盘否定。对国内的主旋律电影，媒体更不应"避嫌"，而应理性分析，当一些人恶意差评甚至借电影攻击我们的意识形态和主流价值观时，理应挺膺而出、批驳谬误，用权威声音激浊扬清、以正视听。敢于亮剑、大胆发声，才能更好地凝聚共识。

　　有好的内容才有好的批评。不论电影生产和传播格局如何变化，内容为王的法则不会变。有的主旋律电影创作水平、制作质量有欠缺，有的艺术水准有待提高，这都是不容忽视的现实。主旋律电影特别是现实题材的主旋律电影，有时制作周期较短，观众预期值高，要拍好不容易。越是如此，就越要锤炼讲好故事的本领，做到有高度更有温度、有立意更有诚意，推出更多新时代的《上甘岭》《高山下的花环》等，把主旋律的故事讲出彩，把正能量的题材做精彩。

　　最后，引用李健吾先生的一句话："临到欣赏一件作品，一个批评家首先应当注目的，不是字句，却是全体。"或许主流作品有高低之分，但主流价值没有优劣之别，以字句之差掩全体之貌、以评论之名行抹黑之实，那不是真正的批评，我们每个人都应有这样的鉴别力。

李攀　何诗航　谢滨同　张耀耀　执笔

2023 年 11 月 29 日

地名的背后是什么

> 当我们翻开由地名编纂而成的"文化之书",无论哪一页都闪耀着绵延五千多年而历久弥新的中华文明,成为人们的精神归途。

千百年来,当人们选址定居后,一条道路、一方土地便慢慢有了自己的名字。如今,每每被问到"你是哪里人"时,答案就是这一个个具有特殊意义的地名。

"浙江宣传"曾在《为何总有人把"浙江"读成"折江"》中探源"浙江"地名,无论是读音、字面意思,还是历史渊源,都引发诸多共鸣和讨论。而像这样的地名故事,在浙江大地上还有很多。

比如有人就将浙江地名巧妙连缀,作了一副对联,上联"仙居天台云和月,龙游丽水玉环山",下联"留下枫桥画溪晚,分水泽国雁荡南"。被网友赞为最美"国风地名"。

那么,这些美丽的地名从何而来?背后有哪些意蕴?今天我们就来聊聊这个话题。

一

　　地名，沉淀着自古以来的山川风貌、历史沿革、社会观念等。正如浙江籍历史地理学家谭其骧所说："地名是人类历史的一块'活化石'，是一种看得见的乡愁。"

　　比如，有的地名寄托人们的美好祝愿。像安吉取《诗经》中"安且吉兮"之意而得名，镇海、宁海、定海等都含有"海定波宁"的含义。航运开放后，具有冒险精神的浙江人下海经商，龙湾、龙港等地名彰显出"如龙入海"的气势。先辈们把朴素的愿望和祈求浓缩在一个个地名中。

　　比如，有的地名来源于世代栖居的秀丽山水。如以山为名的地名，雁荡、会稽、岱山、括苍等，尽显雄奇险秀、鬼斧神工，让人忍不住驰目骋怀；以水为名的地名，不管是"秀之斜塘，田连阡陌"的西塘，还是"水以兰名，城以溪名"的兰溪，抑或是浔溪穿镇而过的南浔、菱叶随波荡漾的菱湖，光听名字就有水波流转、含蓄朦胧之感。

　　比如，有的地名则蕴含古代"天人合一"的思想。古人认为，天上的某个星宿往往对应着地下的某个区域，于是出现了一些以天文星宿命名的地名。像台州就得名于三台星宿，金华取自"金星与婺女争华之地"，丽水古称"处州"则因处士星见于分野而得名。

二

　　无论是"吴越同舟""天台路迷""东山再起"等人们耳熟能详

的成语，还是"江南忆，最忆是杭州""湖月照我影，送我至剡溪"等千古吟诵的诗词，我们常常能在其中邂逅美丽的地名。

人文荟萃的浙江，历来是山水形胜、积淀深厚之地，地名背后的故事如同陈酿，随着时间发酵而越发醇香。

漫步苏堤，透过"西湖景致六吊桥，间株杨柳间株桃"的美景，仿佛能看到一代文豪苏东坡伫立湖畔、遥望长堤的身影，"水光潋滟晴方好，山色空蒙雨亦奇"的诗意和浪漫惊艳千年；提到温州的永嘉，人们往往会联想到晋时任职永嘉郡太守的谢灵运和"云日相晖映，空水共澄鲜"的瓯江山水，永嘉学派、"永嘉四灵"皆发端于此。

"骨灰级驴友"徐霞客曾多次游览浙江，足迹遍布祖国的山川河流。为了验证《大明一统志》中"荡（雁湖）在山顶，龙湫之水，即自荡来"的说法，他历尽艰险，攀爬上山，最终考证了雁湖并不是龙湫瀑布的源头，而是来源于常云之北、绝顶之南的夹坞之中。

更为迷人的是，不同时期的文化景观还会交错层叠，沉淀出厚重的人文底蕴。比如绍兴，既是大禹的"治水毕功之地"，又是文人墨客的"雅集之地"；既是"只今惟有鹧鸪飞"的苍凉之地，也是"东南山水越为首"的醉美之地。

人依地栖，地以人传，地名烙着生命与情感的印记。当人们问起"你是哪里人"，地域的答案或许不是最重要的，更多时候是在建立一种情感认同。

"浙江宣传"曾在《每条路，都是回家的路》中提到，放大台北的导航地图，不难发现，以大陆城市命名的街道很多，这无疑凝结着台湾同胞对大陆浓浓的眷恋之情。而在台州大陈岛上，也有一座名唤"思归"的石亭，其上有"望海觅岩云曾听波涛澎湃，飘蓬归故里来寻根本枝蔓"一联，这何尝不是两岸同胞血浓于水的生动注释。

三

有人说，如果历史文化是时间长河中的巨船，那么地名就是深深扎根在停泊地中的船锚，为历史发生提供地理坐标。

然而，1986年至2014年，我国约6万个乡镇名字、40多万个建制村村名被停止使用，永远藏在了历史记录的文献中。在迅猛的城市化浪潮中，地名成为一份亟待守护的文化遗产。笔者认为，更好地保护、传承、发展地名文化，可以从两方面着力。

一方面，让老地名"活"在新时代。2022年5月1日起施行的国务院修订后的新版《地名管理条例》规定，"地名应当保持相对稳定"，"具有重要历史文化价值、体现中华历史文脉的地名，一般不得更名"。这就需要我们与地名展开"深情对话"，深入挖掘地名所蕴藏的深厚文化，同时多形式、多途径宣传展示地名文化遗产保护成果，让地名文化"活起来"。

不少地名具有强大的感召力和辨识度，不妨尝试将其与文化节目、特色农业、文旅产业等深度融合。比如衢州着力打造"衢地有名"品牌，编纂《衢州市地名总体规划》和《衢州地名志》，创新打造地名数字馆、千年古镇馆、数字地名展示区等成果；再如《中国地名大会》节目聚焦地名背后蕴含的寻根文化、孝亲理念、奋斗精神等，唤醒公众的集体记忆；今年7月，民政部在全国还开启"乡村著名行动"，通过地名方案编制、命名设标、文化保护、采集上图、信息服务等多个环节提升乡村地名建设水平。

另一方面，为新地名找到"乡愁记忆"。"普天之下，莫不需名"。对很多人来说，地名不仅仅是简单的文字符号，更是一种深沉的羁绊、印记和牵挂。儿时村头的山丘、热闹的街巷、求学过的集镇，还有一些约定俗成的方位，共同组成了人们对一片区域的立体印象。

然而，当前一些地方在对新建道路、街巷、居民区等区域命名时，存在夸大、崇洋、重复、怪异等问题，这些地名往往见不到历史、生活和情感，被广泛诟病。目前，不少城市已经开始探索运用数字技术为地名建立数据库。进一步建立健全地名文化遗产保护分级分类机制，在编制地名规划、开展地名命名更名时，充分挖掘本地文脉，将优秀传统文化、乡愁记忆等融入新地名中，这仍然是值得努力的方向。

"地名虽小，但一一相连，就是你我的家国。"愿更多美丽的地名在传承发展中焕发新的光彩，当我们翻开由地名编纂而成的"文化之书"，无论哪一页都闪耀着绵延五千多年而历久弥新的中华文明，成为人们的精神归途。

施佳丽　刘亚文　叶倍　梁力　孔越　执笔

2023 年 11 月 30 日

电视调解不能调而不解

> 电视调解类节目以民众喜闻乐见的形式协助解决现实的社会问题，希望更多人"看了别人的故事，解决自己的问题"。

这些年，电视调解持续受关注。在各家电视台，调解类节目的收视率稳居高位，有效助力了基层矛盾化解，还捧出不少金牌调解员。

然而，也有人质疑，媒体调解过度挖掘隐私换取流量，存在帮倒忙、拉偏架的现象，不但调而不解，反而损害了媒体形象。还曾有某调解类节目因为"和稀泥"而冲上热搜，遭到吐槽。

电视调解类节目何去何从？这成为媒体面临的一个课题。

——

电视调解类节目为何会受到群众欢迎呢？这与电视调解类节目本身的优势密切相关。

媒体的公信力。在我国，各级电视台是拥有权威性的主流媒体。出于对主流媒体最朴素的信任，群众才将自己的纠纷、矛盾或尴尬和盘托出，期待换来一个"公道"，因而催生了北京电视台《第三调解室》、深圳电视台《第一调解》、合肥电视台《庐州和事佬》、浙江本土的《钱塘老娘舅》等调解类节目。

比起法院调解、行政调解、仲裁调解的庄重严肃，电视调解更为灵活和便捷，为解决社会矛盾纠纷提供了新的模式和渠道。特别是从反应速度来看，群众打一个热线电话，不管是家长里短还是邻里纠纷，电视台一般都能尽快到场进行调解。

节目的影响力。电视调解类节目往往以群众爱看的故事为外壳，设置跌宕起伏的情节、引人入胜的悬念，并将人物遭遇演绎得有一定的戏剧性，增强了传播度和影响力，让群众的诉求得到更广泛的关注。可以说，媒体播出的每一次调解、每一起案例，都是一次传播和放大的过程。在巨大的传播效应下，自然而然会出现"模仿行为"，有的群众遇到类似困扰时选择向电视台求助。

资源的整合力。电视调解类节目，总的来说是一个媒体搭台，整合调解员、律师、基层公安等资源，帮助群众化解矛盾和困难的过程，有时候电视台还会发挥媒体优势，助力一些实际问题的解决。比如，杭州某地有对年过七旬的夫妻因为蜂蜜积压导致互相埋怨，经常争吵。浙江电视台《钱塘老娘舅》栏目和当地派出所民警一起帮助这对夫妻建立起网络销售和物流渠道，通过电视播出后，积压的蜂蜜在几天内就销售一空，家庭矛盾迎刃而解。

二

然而，电视调解类节目天然存在两种逻辑的矛盾——传播逻辑需要戏剧与冲突，治理逻辑则需要权威和解决方案。在发展过程中，部分节目为了吸引眼球、赚取收视率，频频出现失范问题，因而受到诟病。

比如存在表演化的倾向。有些调解类节目在剪辑中有意放大调解过程中的冲突，人为制造矛盾和悬念，把调解过程演绎成一场跌宕起伏的家庭伦理剧，剪辑成一出追逐流量的表演。更有甚者热衷于挖掘放大婚外情、家暴等隐私细节，借助调解现场的争吵谩骂、失态来换取流量，消耗媒体公信力。

比如侵犯当事人的权利。调解时的采访是必要的，主要是为了更加深入地了解当事人的困境、难题，或者双方当事人由于各种原因所产生的误会、矛盾，充分了解当事人的诉求，以此作为调解的基础。但如果把控不当，很可能会出现侵犯当事人隐私权、名誉权、肖像权的行为，触及一些当事人不愿被外界知晓的问题。还有的电视节目专门对着当事人卧室、家具、摆设这些与调解本身无关的内容进行拍摄。

比如调解的结果难以落地。电视调解类节目将调解的过程置于公开的场合，同时整个调解的过程也受社会公众舆论的监督，但电视调解不具备法律效力，当事人也可能随时反悔，热热闹闹走过场，结果却不一定尽如人意。有的当事人在电视上"自曝家丑"，却不能换来一个理想结局。

再如调解员的素质参差不齐。媒体调解的成功率、当事人的满意程度和调解员的权威、经验和技巧有较大关系。而调解员的素质有时参差不齐，有的调解员甚至在调解过程中作出与法律法规相悖的建议；有的观念较为传统，在夫妻矛盾调解中一味"劝和不劝离"，遭到群众吐槽；还有的为了所谓的调解成功，违背了公平公正的原则，作出明显损害其中一方利益的调解，违背了调解的本意。

三

一方面，电视调解类节目符合群众需求，也有利于发挥媒体的优势，有着深厚的生存土壤；另一方面，调解类节目也存在一些问题。如何通过规范，来充分发挥调解类节目的作用，笔者认为应遵循以下几个原则。

有所为也要有所不为。媒体不是万能的，收视率不应是唯一指挥棒。电视台一方面要守牢边界，所作所为不超出自身职能，不越俎代庖，进行"电视审判"；另一方面，要坚守社会责任，避免为了追逐收视率和点击量，让"狗血剧情""暴力隐私"充斥荧屏。此外，在调解案例的播出上，也应避免"有闻必录""有案必播"，注意选取一些具有共性的问题，给社会带来一些思考和启示。

会用力也要会借力。矛盾调解涉及方方面面，尤其是需要法律等方面的专业知识，以媒体一己之力往往容易"捉襟见肘"。媒体既要立足自身传播优势，也要主动与公安、司法、民政、妇联等不同单位广泛联动，以"媒体＋N"的基层矛调共治模式推动问题解决。如浙江电视台《钱塘老娘舅》从2012年起与派出所、社区等单位建立联调点30余个，覆盖群众达300万人，调解纠纷、化解矛盾超过1万件。

重过程也要重结果。电视调解类节目过程精彩固然重要，但调解结果最终能否落地才是群众最关心的，也是和群众切身利益密切相关的。如何让电视调解类节目避免"过程热闹、结局落寞"，甚至引发当事人投诉，电视台理应作出创新探索。比如天津广播电视台《二哥说事儿》节目现场达成的调解协议，加盖人民调解委员会印章之后直接具有法律效力。

有力度也要有温度。邻里矛盾、家庭纠纷等通过电视调解类节目得到有力解决，这很重要，但是如果一味放大矛盾、纠纷，难免会给人负面扎堆的感觉。因此电视台在制作过程中也应注重家庭温情、邻里互助等善意因素的释放，形成温暖的基调。如在家庭矛盾类事件的调解过程中，制作方在采制过程中可以从家庭已有的感情因素，比如父母养育之恩、兄弟姐妹亲情等因素出发，既有助于利用温情缓解双方矛盾，也能感染电视机前的观众。

基层矛盾纠纷量大面广，且往往成因复杂，难以通过单独的一方面工作解决。电视调解类节目以民众喜闻乐见的形式协助解决现实的社会问题，希望更多人"看了别人的故事，解决自己的问题"。我们也期待，这类节目能够走上更为规范的发展之路。

余丹　陈程　执笔

2023 年 11 月 30 日

不靠海的杭州是如何出海的

> 钱塘江是浙江的母亲河，也给杭州在温婉的江南文化中注入了开放包容的海洋精神。历代以来，从欧洲到东亚，不断有外国友人来到杭州。

"千里迢迢来杭州，半为西湖半为绸。"杭州，一座"不靠海"的城市，竟然是历史上"海上丝绸之路"的重要港口之一。

近年来，越来越多的发现证明，在这条中国古代对外经济文化交流的重要通道上，杭州占据着重要位置。特别是南宋时期，杭州更成为"海上丝绸之路"的贸易中心。

"万商所聚，百货所殖"的杭州，丝绸、茶叶、瓷器等从这里装船，驶向大海，香料、黄金、宝石等也从世界各地运来。

不靠海的杭州是如何出海的？这一段对外经济文化交流的往事，对杭州未来发展有何启示？

一

有宋一代，宽阔的杭州湾不仅是中国对外贸易的通道，也是文化交流的窗口。

京杭大运河打通了杭州内外水运的"任督二脉"：向北，大运河串联起江南与中原；向东，浙东运河连接起杭州与明州港（宁波）；向南，又借助仙霞古道等通道，将泉州港纳入水陆转运体系。杭州从三个方向串联起了内河航运与海上贸易，这就让杭州成为众多市舶司港口城市中最为独特也无可取代的存在。

时者，势也。两宋时期，西北陆路通道被金、西夏等所阻。随着南宋将都城迁至临安，国家的经济重心和对外交流的重心向东南方向倾斜，向海而行更加顺理成章。

此外，丝绸、茶叶、瓷器，这是"海上丝绸之路"上最能代表中国的三种商品了，而这三种商品，都属于杭州的优势产业。

先说丝绸。据《梦粱录》《武林旧事》《咸淳临安志》等典籍记载，南宋时期，杭州城内的工商业有三四百个行当，与"穿衣"相关的就有数十个，其中以丝织业最为发达。杭州生产的丝织品有绫、罗、锦、缎、刻丝、杜缂、鹿胎、纻丝、纱、绢、绵、绸等十多个大类品种，远销海内外，"丝绸之府"逐渐名闻天下。

再说茶叶。浙江名茶众多，仅杭州周边就有西湖龙井、径山茶、安吉白茶等品种。灵秀的江南水乡，孕育出独特的茶文化。

最后说瓷器。经过晚唐及吴越的积累，传统制瓷工艺在宋代突飞猛进。南宋瓷器代表了当时中国瓷器的最高水平，成为"海上丝绸之路"瓷器销售的主力。杭州发掘并保护的天目窑遗址群，就曾是用以进行海上贸易的外销瓷生产基地。这里生产的瓷器从杭州出海。

通过"海上丝绸之路"出去的"杭州制造"，还包括了漆器、书籍、乐器等等。如今收藏于日本的众多漆器珍品，大都来自南宋时期的杭州。

为了更好地管理海上贸易，北宋陆续在广州、杭州、明州、泉州、密州等地设市舶司。南宋杭州的市舶司在城北余杭门附近，紧靠天宗水门和余杭水门。两座水门外就是大运河。市舶收入成为两宋重要的财税来源之一。

二

除了海上贸易之外，杭州在对外文化交流中同样占有重要的地位。

钱塘江是浙江的母亲河，也给杭州在温婉的江南文化中注入了开放包容的海洋精神。历代以来，从欧洲到东亚，不断有外国友人来到杭州。

唐代，杜甫曾作诗："商胡离别下扬州，忆上西陵故驿楼。"诗中的"西陵"，便是如今位于钱塘江南岸的西兴古镇。因为地理位置特殊，这里是接轨内外贸易的要道，许多外国商人从这里进出中国。

在宋代，径山寺是日本人来中国重要的"朝圣"地之一。前来学习佛法的圆尔辨圆、南浦绍明等人在径山寺完成修行后，不仅带回了茶具，还带回了径山茶种和制茶、点茶、饮茶等方法。日本学者研究认为，"茶道"源于"茶礼"，"茶礼"源于宋代的《禅苑清规》，径山寺茶宴礼仪被认为是日本茶道的源头。

在杭州湖滨，竖立着马可·波罗的雕像，右手执笔，左手捧书。早在13世纪，这位来自意大利的旅行者，在游记中将杭州称为"世界上最美丽华贵的天城"。这句话，也成为杭州最好的推广语之一。

英国哲学家罗素亲身感受西湖之美后，在他的自传中写道："西湖美不胜收，那是一种富有古老文明的美，甚至超过意大利的美。"

文明因交流而多彩，文明因互鉴而丰富。拥有三大世界遗产的杭州，通过文化连接起世界。

今年，在良渚古城遗址，杭州与希腊成功举办了"良渚古城·雅典卫城"中希文明对话活动；在西湖边，杭州与意大利就世界遗产的保护传承利用开展对话。

目前，杭州与香港、温州、茂名、佛山、钦州等城市一起成为"海上丝绸之路"保护和联合申报世界文化遗产城市联盟的成员。杭州天目窑遗址群符合"海上丝绸之路"史迹点的遗产价值要求，现已开展申报世界文化遗产的准备工作。

三

杭州亚运会的成功举办，极大地提升了杭州的国际知名度。新时代，杭州在积极参与"一带一路"建设中如何继续发挥作用？

探路"新玩法"。未来，杭州可进一步畅通开放通道，率先探索制度型开放，在规则、规制、管理、标准等方面积极创新，为高质量共建"一带一路"贡献"杭州方案"。

数字是杭州的特色。从海上船只到互联网云端，经济文化交流的形式不断变化。11月23日在杭州开幕的第二届全球数字贸易博览会上，"丝路电商日"相关活动全方位展示了"丝路电商"的合作成果以及发展机遇。

拥抱"新朋友"。杭州还可以搭建更多交流平台，鼓励民间交流特别是民营企业合作，实现民心相通、共同成长、相互成就。

扎根杭州，面向世界，"地瓜经济"的藤蔓，已经伸向世界各国。如"杭州民营企业牵手'一带一路'国家（地区）"对接交流会，自2015年举办以来，已累计吸引近百个国家（地区）、700多位杭州民营企业家积极参与。

讲好"新故事"。文化是杭州的底色。通过举办文化展览、传播文艺作品等方式，线上线下同步传播，向世界讲好新时代的丝路故事、杭州故事。

纪录片《良渚》和《良渚微讲坛》系列短视频作品先后译配成多个语种，在埃及、巴西、俄罗斯、意大利、葡萄牙、匈牙利等15个国家展播，海外观众近2亿人次；杭州与匈牙利首都布达佩斯联动，在"2023丝绸之路周"上展示了匈牙利独特的丝绸服饰、家居饰品、仪式用品等文物。

不靠海，可以借"港"出海。"后亚运时代"，杭州需要释放亚运会的红利，通过良渚论坛、数贸会、世界旅游联盟等诸多新"港口"，开拓新时代丝绸之路的新"航道"。

方俞　钱伟锋　执笔

2023年12月1日

直播卖书"播"动了谁的心弦

> 一时爆火后，解决好发展之路上的阵痛，思考如何通过这种新渠道连接人和书，让更多好书被看到、被阅读，这才是行业未来可持续发展的关键所在。

你在直播间买过书吗？

过去一年，直播卖书火了。从北京图书订货会到法兰克福书展，从上海书展到浙江书展，越来越多出版机构涌入直播间，编辑、营销人员化身成为常驻主播，是各大展会一道亮丽的风景线。

不过，有媒体摸底全国50余家出版机构，近一半的受访机构表示直播效果并不佳；笔者在某直播平台随机点进30个图书直播间，发现实时在线人数基本在几人到几十人之间，上百人在线的直播间寥寥无几。

由此可见，漂亮的数据，或许终究是"头部主播"的狂欢。不禁要问，对图书行业来说，直播卖书到底能持续吗？

一

直播卖书兴起于2020年，诞生之初就受到行业和读者的追捧。在疫情期间遭遇寒流的书业，线下营销迟滞，出版发行单位纷纷加入线上直播阵营，拓宽生存空间。

直播对于图书行业的意义是显而易见的。区别于线下卖场，直播卖书搭建了一座桥梁，连接书商和读者；不同于传统电商，直播卖书通过直播间的评论、弹幕等实时互动，实现了作者、编辑与读者之间点对点的交流。

直播的形式能够传递品牌价值，是出版方展示品牌形象的"窗口"。传统出版机构宣传造势，通常的营销推广方式是在实体书店打打广告、举办新书发布会或作品研讨会，对于场地、资金要求较高。直播卖书突破时空限制，有时仅需一部手机就能完成品牌露出，很大程度上降低了营销成本，能短时间找到目标受众。

此外，直播卖书还是平台引流常见的"打开方式"。图书品类标准化程度高、对物流速度要求不高，因而低价卖书常常成为电商平台引流的"利器"；通过图书来引流获客的成本也较低，比如一些平台打造的"百亿补贴读书月""全民好书计划"，本质上是高性价比的广告手段。

对读者来说，去不少实体书店买书是没有折扣的，但是在短视频渠道买书会更实惠一些。有报告显示，2022年短视频电商销售折扣是4.2折，传统电商渠道销售折扣是5.6折，垂直及其他电商渠道是7.8折。

二

直播卖书为出版营销注入新活力，但随着竞争日趋白热化，一些乱象也随之暴露出来：产品质量问题、"头部主播"坑位费虚高、互相拉踩等等。这些问题对于行业高质量发展来说，都是"拦路虎"。有人感叹，"直播卖书这条路已经越走越歪了"。在笔者看来，至少有以下几个方面值得警惕：

比如，低价促销"饮鸩止渴"。在国内图书零售市场持续负增长的整体趋势下，直播凭借低折扣促销，市场份额在急速增长。有的直播间以低价换个人流量，"全新书籍1元1本""50万册书破价到10元以下""爆款书跌破双十一价格"……各种营销噱头加上主播们娴熟的话术，让直播间赚足了眼球。

图书承载着思想传播价值，本来就是薄利行业，价格过低恐怕连纸张成本都无法覆盖，更别提印刷、物流、作者版税和其他成本。一旦低价引流、"破价"销售的手段持续进行下去，可能将对书业造成长期的、实质性的伤害。

比如，挤压实体书店生存空间。线上成为图书零售主战场已是不争的事实。数据显示，2022年实体店渠道零售图书码洋同比下降37.22%，短视频电商零售图书码洋同比上升42.86%，码洋占比赶超实体书店，成为新书首发重要渠道。

为了吸引读者"回归"，实体书店不惜花重金重新装修，探索转型之路，但目前看来收效甚微。尽管政府出台了一系列扶持政策，但在大部分读者眼中，去书店只不过是"免费"感受一下文化氛围，摸着实体书却在网上下单，已成为"常规操作"。

比如，对读者造成隐性伤害。直播间选品一般会倾向传播效果好、转化率高的图书，比如名声大噪的公版书、成功励志的鸡汤书，一些思想性较强的历史类、专业类等需要深阅读的图书则显得格格不入。反映到产业上游的选题策划阶段，一些小而美的历史类、专业类书籍很有可能就会沦为可做可不做的"鸡肋"。

此外，主播短时间内往往要推荐多本图书，很难消化它们的内容精华，只能在"电商捧哏"的配合下，"321上链接"，敦促读者"买买买"。在直播与生俱来的吆喝式快节奏和强情绪刺激之下，有多少读者是因为喜欢和需要而下单的，不得不打上问号。

三

任何新兴事物都有其两面性，直播卖书也不例外。一时爆火后，解决好发展之路上的阵痛，思考如何通过这种新渠道连接人和书，让更多好书被看到、被阅读，这才是行业未来可持续发展的关键所在。

拥抱新趋势，开拓新玩法。图书作为知识文化的载体，直播卖书固然需要考虑流量、销量和收益，但也需要充分考虑图书承载的社会功能。在当前直播活动密集、竞争趋于激烈且转化率提升不易的情况下，单靠出版机构自播来迅速提高图书销量，在短时间内恐怕难以实现。

有业内人士表示，"直播卖书虽然薄利，有时甚至低于成本价出售，但不带货更难卖"。既然趋势不容阻挡，不如从容应对。比如，倘若能将直播变成品牌塑造的新赛道，在不耗费较多现有资源的情况下，进行新书宣传、阅读推广、读者交流等多元化的探索，善于利用社会热点引流，适应平台规则调整直播策略、丰富直播内容，日积月累，说不定会有意想不到的收获。

少点商业气，多点文化味。直播卖书效果好不好，和主播的知识底蕴有很大关系。相较于"叫卖式"吆喝、"限时购"戏码，书友们更愿意把直播当成了解图书内容、学习文化知识的互动节目。将卖书过程融入故事情境中，不但不"违和"，网友们还直呼"爱了"。

比如，有知识主播利用自己的知识储备，将图书内容发散开去、娓娓道来，引起观众共情，逐步在观众心目中建立品牌认同感。直播间里，没有嘈杂的叫卖声，没有肾上腺素飙升的紧张，读者奔着学知识、听故事而来，把书加进购物车也就成了一件顺理成章的事情。

走出"价格战"，让好书"出圈"。说到底，无底线的"破价"是直播卖书被人诟病的"原罪"。谁都希望低价买到好书，但图书是一种特殊的产品，并不适用一般消费品市场的充分竞争原则。对图书来说，并不是价格越低就越好。价格过低很可能会形成"劣币驱逐良币"局面，到头来谁都买不到真正的好书。不少书商也认识到，绝对的低价折扣不是实现引流的主要选择。

其实，《出版业"十四五"时期发展规划》中就明确提出要"推动图书价格立法，有效制止网上网下出版物销售恶性'价格战'"。多名全国政协委员也连续多年提交呼吁加速图书价格立法的提案。期待法律会长出尖锐的"牙齿"，遏制恶意竞争的"野蛮生长"，让直播间成为读者与好书相遇的平台。

　　比起销量和转化率，唤起大众对阅读的向往，激起大众对知识的渴求与追求，引发行业对理想主义的坚守，或许才是直播卖书持续发展的更大意义。

郑黄河　执笔

2023 年 12 月 1 日

解码《绽放》

亚运会带给我们每个人的美好回忆将永存于《绽放》，每个人心中的体育之光、友谊之光、和平之光、希望之光仍将持续"绽放"。

提起杭州亚运会、亚残运会，你印象最深的是什么？是踏浪前行的数字火炬手，还是翩翩起舞的"白鹭精灵"，抑或是"攀花赠友""荷桂共生"的浪漫场景？这两天，历时三年拍摄的杭州亚运会开闭幕式纪录片《绽放》正在浙江卫视、Z视介热播。

满屏的"大莲花"，再次叩击着我们关于亚运的"记忆之门"。如果说杭州亚运会开闭幕式给人以惊鸿一瞥、惊艳四座之感，那么纪录片《绽放》则带着我们"透视"幕后那些漫长而不为人知的故事以及数万人一千多个日夜的拼搏。

一些网友看了《绽放》后，纷纷在评论区留言："《绽放》让我再次'破防'""每一个瞬间都历历在目""一次完美的亚运会的背后是多少人的辛苦耕耘"。那么，纪录片《绽放》到底精彩在何处，究竟如何打动人心？

一

《绽放》，解构了每一个创意所蕴藏的思想内涵和艰辛过程。

"成如容易却艰辛"，通过《绽放》我们看到，杭州亚运会每一个创意策划的细节敲定并非都是一帆风顺的，经验背后有无数的选择与放弃、得到与失去、汗水与泪水。我们从三个角度来看：

从"月映亚洲"到"潮起亚细亚"。杭州亚运会原定于2022年中秋节开幕，主创团队一直都围绕着"月映亚洲"这个主题反复打磨论证。而当方案好不容易通过初审时，却得知因各种原因，亚运会延期到2023年的秋分开幕。这一转变改变的，不仅仅是时间，更是原有的"月映亚洲"创意。

纪录片《绽放》，恰到好处地还原了从等待到焦灼再到坚定的过程，展示了主创团队的付出与努力。在开了上百次会、经历十几轮研讨，历经否定之否定、螺旋上升般的迭代后，开闭幕式的创意方案才最终尘埃落定。就这样，"潮起亚细亚"成了杭州第19届亚运会开幕式的新主题。

从"潮涌"到"弄潮儿"。亚运会开幕式上，数字火炬手和真人火炬手共同点燃主火炬的画面让世界惊叹不已。《绽放》展示了这背后无数次的论证和方案的反复修改，并告诉观众，点燃主火炬塔只是一个瞬间，但火炬塔设计既要体现环保理念，又要体现数字之城的特色，还要让数字火炬手跑出真实感力量感，实现每一个要求都需要一番艰辛的努力。

比如，为了让老旧手机用户也能成为数字火炬手，工程师们进行了超10万次测试，敲下了20多万行代码；为了让数字火炬手的形象更真实，AI团队邀请真人田径运动员，捕捉每一个动作细节，实现完美呈现。这些背后的故事，在《绽放》当中都有体现。

从创意到落地。如何将创意完美呈现出来？6000平方米的地屏和相当于9个IMAX荧幕的超大网幕成为呈现杭州亚运会开幕式的载体，但硬件加科技的组合还远远不够。《绽放》展示了引导员选拔、群演遴选、亚运主题曲确定等过程，让人看到每一份成功的背后，都是千辛万苦的付出。正是一次又一次决策的推翻重来，造就了最终呈现在观众眼前的华丽"绽放"。

二

《绽放》，解密了每一片"花瓣"如何千万次"练习绽放"。

对大多数观众来说，美轮美奂的开闭幕式，意味着视听盛宴，记住了那些精彩瞬间、感人画面，却无法想象背后凝结了多少演职人员的付出和汗水。忠实地记录，既是一种纪念，也是一种致敬，更是对未来的启示和激励。

我们看到，每一滴汗水都有故事。在《绽放》的镜头里，88位武警战士组成的升护旗集训队，举着哑铃夜以继日艰苦训练；引导员为了呈现"最美微笑"，咬着筷子、穿高跟鞋，成千上万次举牌练习；两个小演员"一个听不见""一个看不见"，却要彼此形成完美默契、呈现最佳舞台效果。

我们看到，每一份付出都值得被致敬。除了聚光灯下的主角，还有更多人在背后默默奉献，即便没有一束光亮照在脸上，也要拼尽全力完美呈现。开幕式群演中最终没有上场的"绿叶"们首次出现在《绽放》中，纪录片也讲述了丝滑转场背后的突发状况及运行逻辑等，用一个个感人至深的画面来致敬无名英雄。

比如，9月23日清晨，天空仍在下雨，100多位工作人员在地毯上面用毛巾擦拭，用吸水器努力在角角落落吸水，确保能够顺利演出。

不仅如此，每一次失败也应该被记录。《绽放》没有回避困难和问题，而是尽可能还原呈现，用真实来打动人，更让观众体会到盛会筹备过程中所经历的惊心动魄。

比如火炬"走火"。去年12月，导演组到大丰实业的工厂见证测试主火炬1.0版本点火。在进行可控燃烧测试时，意外出现，一个喷嘴被压力顶掉，一团3米高的火苗冲了出来，测试失败。又如地屏"融化"，地屏是保证开闭幕式演出成功的重要装置，不能出任何差错。杭州的夏天骄阳似火，在一次彩排时，由于80℃的地表温度和重物碾压，两块LED板拱起损坏，彩排中断。

三

《绽放》，解读了每一个元素所传递的核心价值和文化底蕴。

杭州亚运会开幕式气势恢宏、浪漫唯美，生动诠释了中华文化的独特魅力，传统与潮流在此碰撞，奏响"心心相融，爱达未来"的乐章。《绽放》向我们展示了每一个节目、每一个具象背后承载的价值理念。

比如，带你看懂中国式浪漫和文化自信。亚运会开幕式上，梅兰竹菊勾勒的中式门窗，拥抱世界。《绽放》呈现了"国风雅韵"篇章的创意思路，用极简的中国山水画开启整台演出。在6000平方米的超大地屏上，只有91个演员，在舞蹈人数上的克制，恰恰映衬了中国美学简约典雅的内核，更展现了从容淡定的文化自信。

此外，纪录片还揭秘了舞蹈服"水天碧"的诞生过程。演员穿上后犹如在天地间起舞，观众也将旖旎的钱塘风光尽收眼底，宋韵文化尽情流淌，让世界看到中国优秀传统文化中蕴藏的气质与神韵。

比如，带你看懂以水为媒、展现文化交融之美的构思。亚运会开幕式以水串联全场，钱塘潮涌的水，绿水青山的水，亚运主火炬被命名为"钱江潮涌"，数字火炬手的名字为"弄潮儿"……水的元素无所不在。

《绽放》阐释了这一创意表达的意涵。通过水，描绘"诗画江南、活力浙江"的形与神，贴合亚运奔竞向前的精神，以国风之潮、自然之潮、科技之潮、运动之潮展现昂扬奋进的时代风貌；更通过水的交融激荡，体现亚洲人民同爱同在和人类命运共同体的理念。

比如，带你看懂"残健共融"、美美与共的温情。《绽放》专门拿出一集的篇幅来刻画亚残运会开幕式的温暖点滴。在这里，观众可以看到金桂是如何成为贯穿亚残运会的元素的，体育精神如何与金石艺术相结合，无声的世界里如何逐梦前行，等等。

绽放的瞬间固然很美，但在此之前的"蓄力"，以及在此之后的记忆，也同样美好。杭州亚运会虽然结束了，亚运精神却始终年轻。亚运会带给我们每个人的美好回忆将永存于《绽放》，每个人心中的体育之光、友谊之光、和平之光、希望之光仍将持续"绽放"。

余丹　焦征远　王超　执笔

2023年12月2日

本书编委会

主　　任：赵　承

副 主 任：来颖杰　　虞汉胤

成　　员：邢晓飞　　郑　毅　　郑一杰　　李　攀

本书编写组

李　攀　　郑梦莹　　王思琦　　孔　越

杨　阳

话与时新

（下）

之江轩 —— 编著

浙江人民出版社

图书在版编目（CIP）数据

话与时新 / 之江轩编著. -- 杭州 ：浙江人民出版
社，2025. 1. -- ISBN 978-7-213-11815-9

Ⅰ. D609. 9-53

中国国家版本馆CIP数据核字第2024CQ6975号

话与时新

之江轩　编著

出版发行：浙江人民出版社(杭州市环城北路177号　邮编　310006)

　　　　　　市场部电话：(0571)85061682　85176516

责任编辑：高辰旭　陶辰悦　胡佳莹等

营销编辑：陈雯怡　陈芊如　张紫懿

责任校对：王欢燕　何培玉　汪景芬

责任印务：程　琳　　　　　　　　　封面设计：王　芸

电脑制版：杭州天一图文制作有限公司

印　　刷：浙江新华数码印务有限公司

开　　本：680毫米×980毫米　1/16　　印　　张：62.5

字　　数：722千字　　　　　　　　插　　页：6

版　　次：2025年1月第1版　　　　印　　次：2025年1月第1次印刷

书　　号：ISBN 978-7-213-11815-9

定　　价：120.00元(上、中、下册)

如发现印装质量问题，影响阅读，请与市场部联系调换。

目录

再看基辛格这三句话

> 历史的趋势、时代的潮流不容许我们违背，我们也不能身体进入21世纪，脑袋还停留在过去，停留在殖民扩张的旧时代里，停留在冷战思维、零和博弈的老框框内。

1971年7月，基辛格作为尼克松总统特使访华，为推动中美关系正常化作出了重要贡献。由此开始，基辛格与中国结下了不解之缘。中学历史课本上对于这段往事的记载，让许多人首次得知了"基辛格"这个名字。

此后近半个世纪以来，这位杰出的美国外交家始终对中国葆有热忱的好奇与探求之心，访问中国超过百次，对中美关系的发展提出了诸多见解。

在美国，基辛格曾被称为"最了解中国的美国人"；在中国，几十年的交情也让他多了一个亲切的称呼，"中国人民的老朋友"。今天，笔者选取了基辛格的三句话，既为缅怀"老朋友"，也为启发思考未来的中美交往之道。

一

第一句话：美中关系对全球稳定与和平至关重要，两国之间的冷战会扼杀太平洋两岸一代人取得的进展。

纵看基辛格的一生，"稳定"与"和平"可谓贯穿他的演讲、采访和大量思想论著中的两个高频词。背后原因，或可追溯至他成长的经历。

1923年5月，基辛格出生于德国巴伐利亚州的一座小城。那时世界局势动荡、德国经济低迷，而基辛格一家定居的菲尔特市，又紧挨着纳粹党经常举办党代会的纽伦堡，因而混乱、苦闷和担惊受怕是伴随基辛格童年成长的主基调。此后，命运也未见得眷顾他。二战期间，基辛格先后有十多位亲人遭纳粹杀害。

看到了太多战争带来的伤痛与祸乱后，基辛格对平静稳定的生活环境格外珍视。比如，在本科毕业论文《历史的真义》中，他写道："和平是人类最崇高的奋斗目标，是对人的道德人格的终极肯定。"在博士求学期间，他同样发表了一些文章，从各个角度讲述"和平"这一主题。

当然，和平稳定是大多数人美好的愿景，但基辛格深知和平并非易事，尤为重要的是要处理好大国之间的关系。回顾中美建交四十多年来，虽然国际形势和两国关系都处于动态变化中，但能看出一个基本逻辑，中美合则两利、斗则俱伤。在全球化深入发展的今天，中美两国拥有广泛的共同利益，合作领域广阔，更应避免落入"零和""冷战"的陷阱。

基辛格的这句话也在提示我们：中美两国携手共进，就可以做世界稳定的压舱石、世界和平的助推器。如核扩散、气候变化、能源安全、恐怖主义等全球性问题的处理，都亟须两国通力合作，以此稳定世界的信心。反之，一旦陷入相互攻击、水火不容的角斗赛之中，结果只会是两败俱伤。

二

第二句话：经过了如同过山车一般跌宕起伏的历史后，也只有坚韧不拔的中华民族才能继续保持团结，充满活力。

善于"从历史和教训中观察世界"是基辛格的一大特点。也正是因为对中国历史有着极深的了解，基辛格才作出如此深刻的评价，这也从一个侧面揭示了中华文明何以能够延续至今的道理。

历史上，许多曾称霸一时的大帝国，像罗马帝国、奥斯曼帝国等，都由于自然灾害、社会动荡、国内外战争等原因，最终衰落了，有的甚至烟消云散。在世界四大古文明中，唯一绵延不断且以国家形态发展至今的，只有中华文明，我们不仅一脉相承地延续下来，而且不断创造辉煌。

在文化传承发展座谈会上，习近平总书记鲜明提出中华文明五个突出特性——连续性、创新性、统一性、包容性、和平性。这五个突出特性，从根本上决定了中华民族骨子里绵绵不竭的精气神。

习近平总书记还说："中国人的韧性、耐心和定力，这是中华民族精神的一部分。"这份韧性、耐心和定力，可以说是中国全面推进大国外交的底气所在。对此，任何一个与中国打交道的国家都应当明了。因为，"我们对于时间的理解，不是以十年、百年为计，而是以百年、千年为计"。

在漫长的历史进程中，中华文明经风历雨，却始终与其他文明进行广泛深入的交流，以开放的胸怀同世界其他文明开展交流互鉴，美谈佳话不胜枚举。从陆上丝绸之路到海上丝绸之路，从玄奘取经到鉴真东渡，从"西学东渐"到"东学西渐"……正是在兼收并蓄、博采众长的过程中，中华文明得以成为一个海纳百川的开放体系。

从历史走向今天，以文明交流超越文明隔阂、文明互鉴超越文明冲突，对于当下的东西方文明交流、促进人类文明共同进步依然具有重要启示意义。

三

第三句话：我相信美中之间的和平与合作至关重要，符合两国自身利益、符合世界的利益。

正是一以贯之这个理念，基辛格致力于推动中美两国关系走向正常化，为推进中美关系发展、赓续两国人民友谊作出诸多努力。

在中国传统文化中，很早就传递出一个理念：得道多助、失道寡助。合则两利，斗则俱损。在人民群众的普遍意识中，广泛认同"朋友多了路好走""你好、我好，大家好"的道理。相反，类似丛林法则、零和博弈等顽固强调存量竞争的思维，则让人感到不解。

大变局时代，世界又一次站在十字路口。变局之中，身处俄乌冲突中的人们有着切身的体会，裹挟在巴以冲突中的那些儿童、妇女、平民百姓也有着切身的体会。不仅如此，巴勒斯坦的一些父母选择在孩子的腿部写下名字，以便孩子遇害后可以帮助识别身份的真实故事，相信每个人听了都会哽咽难言。

零和思维、丛林法则，本质来讲，就意味着激烈的斗争，甚至是掠夺和流血。历数一些西方国家的战争历史，自2001年以来，美国以"反恐"之名发动的战争和开展的军事行动足足覆盖了"这个星球上约40%的国家"。阿富汗战争、伊拉克战争等屡屡震惊世人，以及利比亚战争和叙利亚战争，其间都发生了人道主义灾难。

历史的趋势、时代的潮流不容许我们违背，我们也不能身体进入21世纪，脑袋还停留在过去，停留在殖民扩张的旧时代里，停留在冷战思维、零和博弈的老框框内。

正如习近平主席在中美元首会晤时指出的，相互尊重、和平共处、合作共赢，这既是从50年中美关系历程中提炼出的经验，也是历史上大国冲突带来的启示，应该是中美共同努力的方向。

"中国崛起是政策和历史的必然"，"一个两大强权对抗的世界不会让人类得利，只有全世界皆输的结局"。基辛格的时代已经过去，但中美关系的发展需要更多基辛格式的智慧与担当。

李攀　王云长　陈培浩　张俊　执笔

2023年12月2日

张元济的执念

> 古籍虽无声，其一笔一画之间保存的正是中华文化的密码，一帧一页之间"流动"着我们的文化血脉。所谓弦歌不绝、文明日新，它们将深沉、持久地流淌在中华儿女的心中。

1932年1月29日早晨，尖锐刺耳的飞机轰鸣声撕碎了上海的天空。随着数声巨响，与商务印书馆一路之隔的、有着"亚洲第一图书馆"美誉的东方图书馆，瞬间被吞没在熊熊大火中。

46万册馆藏图书，包括35000多册价值连城的善本古籍从此绝迹，"纸灰在上海的上空飘落数日不散"……看着满眼灰烬，商务印书馆和东方图书馆的主要经营者张元济哽咽难言，甚至后悔不该将如此多的典籍存放在一处。

不久后，在商务印书馆河南中路发行所外，一张承载着一代出版人心愿的巨幅标语挂了起来——"为国难而牺牲，为文化而奋斗"。

拭去历史的烟尘，今天，我们回望张元济和那一代出版人用生命守护文脉的故事，感受他们接续文脉的执念。

一

23岁中举人，26岁中进士，授翰林院庶吉士，出身于嘉兴海盐一个书香世家的张元济，是名副其实的学霸。然而，因参与戊戌变法，他被清廷"革职永不叙用"。后经李鸿章推荐，他来到上海南洋公学（现上海交通大学）做译书院主事，算是交大的"老校长"。

谁也没料到，不久后，张元济"下海"了。1901年，他加入商务印书馆做股东。彼时，商务印书馆不过是四个排字工凑钱创办的一个小作坊。对此，太多人表示不理解，但张元济却是铁了心的。

在他的悉心经营下，当时商务印书馆的发展规模超过了整个亚洲所有出版企业，出版物占全国的52%。他一头猛地扎进了出版行业，是因为内心深深的执念。

当时，列强劫掠，古籍沦亡，"国运日衰，楹书难守"，张元济痛感中华古籍流失。比如，浙江归安陆氏皕宋楼，藏有百余部珍贵的宋本古籍。"一页宋版一两金"，在古籍中，宋本十分稀缺。然而，这些国宝级的宋本书却被日本财阀打包买走，四处流落。这件事，让他直到晚年依旧痛心疾首。更令他哀伤的是，此类事情在那个风雨飘摇的年代时有发生。

如何最大限度存续民族文化？张元济常深深思索。他开始一边整理家中的藏书，一边建立图书馆、采购古籍。1915年，他做了个大决定：搜罗古籍，影印出版大型古籍丛书，即后来的《四部丛刊》。

如此卷帙浩繁的工程，历史上或许只有《四库全书》能算先例，可那是乾隆倾国家之力才编纂铸成的。一个普通人，能完成这一浩大工程吗？

漫漫七年，《四部丛刊》终于面世。这部丛书把我国古代重要的经史著作，诸子百家代表作，历代著名学者、文人的别集，都按《四库全书》的分类方法，编排成经、史、子、集四部分，先后出了"初编""续编""三编"。它收录古籍502种、3100多册，近9000万字，被称为中国现代出版史规模最大、影响最深远的古籍整理出版工程。

二

《四部丛刊》出版大获成功，为张元济孜孜以求的执念作了正名。

任何一件事的成功都不是毫无缘由的。要知道，在当时，完成这么一项大工程，需要大量资金投入，连商务印书馆内部都出现了反对声音。面对非议，张元济苦苦支撑、全力以赴。

比如，为了尽可能收集到最全的古籍，他把能用的法子都用了个遍。在报纸上刊登广告；在自家门口挂了一块"收买旧书"的招牌；遍访全国有名的藏书楼，向藏书家商借古籍摄影……常熟古里铁琴铜剑楼、江安傅氏双鉴楼、长沙叶氏观古堂等地都留下了他的足迹。他还专程奔赴日本，带回罕见中国古籍的摄影底片，其中就有此前从皕宋楼流亡到日本的宋本。

古籍版本决定书的品质，他遍寻上世纪初的藏书楼书目，从中选择最优版本。如果发现更好善本，便不惜成本将先前所印的书撤回、重印。比如在收录《水经注》时，他听从王国维建议，弃用了原武英殿聚珍版本，从北大教授朱希祖手里借用了明钞宋本《水经注》。

不少古籍因保存不善，残破、缺页、墨迹不清等问题不少，需精心修校比对。张元济总是亲力亲为，伏案为每一页书校准，不清楚的字迹，一笔一笔描润清晰，用不同的版本对照甄别，确保准确无误。他每天至少完成100页的修校，以致用眼过度，医生多次叮嘱不能这般看书，但只要情况稍有好转，他又立即投入工作。

《四部丛刊》成功出版后，张元济更是马不停蹄增补古籍，继续出版续编和三编，收书150余种、3000余卷，并筹划出版四编。

三

张元济曾说，第一件好事还是读书。今天，翻开《四部丛刊》的不同版本，从密密麻麻的方块字里，我们能读懂什么？

"莫愁前路无知己"的自信。最早编古籍丛刊时，张元济也有顾虑，他审慎地和前辈说，"此时尚应者寥寥"。然而，《四部丛刊》编印期间，他得到诸多襄助，众多藏书家、文人、学者前来"聚薪成火"。比如，铁琴铜剑楼主人瞿启甲慷慨出借珍贵善本，不收一分一厘；蔡元培、胡适等加入商务印书馆复兴委员会，参与古籍收集和出版等工作。

《四部丛刊》出版后，很快成为不少文人的案头标配。胡适曾三次购买《四部丛刊》，连在美国时都辗转托人购买，漂洋过海运至住所；鲁迅对其尤有好感，日记里多次记录购书过程。

"为往圣继绝学"的情怀。如果说商务印书馆是中国出版史上的一个文化符号，那么提及这个符号就不能不提"张元济"。而这一切背后，靠的正是那份"为往圣继绝学"的情怀，那份记录时代、传承文脉、启迪后人的执念。

为回击日本人毁我文化之举，年近古稀的张元济同时编校《四部丛刊》续编、三编和《百衲本二十四史》，与时间赛跑，为古籍"续命"。由于抗日战争全面爆发，他筹划的四编不得不搁置。

这份情怀，后人能懂。80年后，当代学者拾起了接力棒，根据张元济留下的四编目录，于2016年完成了《四部丛刊四编》的出版；在此基础上，学者们寻找、汇编了更多稀有古籍，2020年《四部丛刊五编》刊印。

百年来，几代学者前赴后继，无数出版人倾心倾力，才积淀出了古籍出版界今天所享有的口碑和声誉。大家的初心与底气，如张元济曾在与好友蔡元培的书信中坦露的心迹："盖出版之事可以提携多数国民，似比教育英才为要。"

古籍虽无声，其一笔一画之间保存的正是中华文化的密码，一帧一页之间"流动"着我们的文化血脉。所谓弦歌不绝、文明日新，它们将深沉、持久地流淌在中华儿女的心中。

王博　李刚　执笔

2023年12月3日

良渚何以"对话"世界

> 在美丽之洲话文明之路，于良渚而言，是中华五千多年文明圣地的又一次"出圈"传播；于世界而言，将再次说明，世界文明虽有差异，但也有许多共同性，求同存异、和而不同，才是正确之道。唯有基于平等的交流，才能绽放出文明之花。

这几天，良渚古城迎来八方来宾，一场世界级的文明对话拉开帷幕。12月3日上午，就在这片闪耀着文明之光的美丽之洲上，"良渚论坛"主论坛将开启。

一个半月前，10月18日，习近平主席在第三届"一带一路"国际合作高峰论坛开幕式上宣布，将举办"良渚论坛"，深化同共建"一带一路"国家的文明对话。

当世界的目光再次汇聚良渚，我们不禁要问：在这场文明对话上，人们将探讨什么？良渚又何以"对话"世界？

一

　　要说清楚"良渚论坛"，得先了解"一带一路"。"一带一路"发端于中国，从亚欧大陆延伸到非洲和拉美，150多个国家、30多个国际组织签署共建"一带一路"合作文件。在"一带一路"，上百种语言共存，各国各地区拥有不同的历史渊源、迥异的文化背景。越是如此，越需要文明交流互鉴、促进民心相通。

　　那么，良渚文明何以成为各国认识中国的"窗口"？良渚文化对中国来说，分量很重。活跃在距今5300年到4300年之间的良渚文化，被认为是东亚地区最早迈入早期国家形态的区域文明。2019年7月6日，在第43届世界遗产大会上，"良渚古城遗址"被列入《世界遗产名录》，这标志着中华五千多年文明史得到世界广泛公认。

　　良渚是独特的。近20万公斤炭化稻谷遗存的池中寺"皇家粮仓"，独一无二的良渚玉器，仅外围堤坝总土方量就达288万立方米的超大型水利工程……据最近报道，良渚古城遗址考古工作取得新突破，周边新发现疑似水坝近20处。良渚以一系列考古实证向世界证明，这里有东亚和中国史前稻作文明的卓越成就，是人类文明史上早期城市文明的杰出范例。

　　良渚是包容的。在良渚，考古学家发现了具有红山文化特征的玉器、与大汶口文化相似的八角形刻画符号。环钱塘江流域与西辽河流域、黄河下游一带，在五千多年前就有着深度交融，这种开放的态度，也推动了中华文明多元一体格局的形成。

　　良渚是世界的。在良渚古城遗址的申遗文本中有这样一句话：

"良渚古城遗址可填补《世界遗产名录》东亚地区新石器时代城市考古遗址的空缺，为中华五千年文明史提供独特的见证，具有世界突出普遍价值。"民族的，也是世界的，时至今日，良渚先民的审美和智慧，依然令世人感到惊艳。

"良渚论坛"在良渚举行，正是希望在这片独特的、包容的、世界的美丽之洲上，让世界看到如中华文明一般璀璨的诸多文明，让不同的文明交流互鉴，以文会友，博采众长。

二

国之交在民相亲，民相亲在人往来。以"践行全球文明倡议，推动文明交流互鉴"为主题的首届"良渚论坛"，是中国支持高质量共建"一带一路"的八项行动之一。"良渚论坛"是在习近平总书记亲自关心指导下举办的，意义深远。

举办"良渚论坛"，一方面是展现。邀请外国友人来到中国，将以良渚为代表的灿烂多姿的中华文明铺陈在他们眼前，这种在场感、真实感是看任何报纸、书籍、视频都难以比拟的。另一方面是交流。以良渚之名推动文明对话，推进不同文化互学互鉴，在沟通中加深对彼此的了解，促进世界文明的美美与共。

从11月23日开始，来自不同国家的嘉宾陆续抵达浙江，开启了这场文明对话之旅。

这是一场动情交心的盛大相聚。朋友间走动多了，自然感情更深。比如，参加"良渚论坛"的嘉宾中，一部分是来自83个国家的84位艺术家。他们聚集于初冬的江南，来到良渚、西湖、大运河等地，感受中华文化的魅力与气韵。

面对同一片江南风光，艺术家们必然将产生不同的体悟和感受。采风过程中，中国历史、文化、艺术的多样性和丰富性将越发深入人心，透过艺术家之眼，中华文明与其他文明的共性与特性也将越发清晰。

这是一场深入深刻的文明对话。他们将聊些什么呢？从主论坛、分论坛主题上看，有说中华文明的，有说文化丝路的，有说中国式现代化的，有说艺术交流的……无疑，这是一场多学科、跨文化的交流。

可以说，"良渚论坛"为文明对话搭建起平台，邀请有识之士共同探讨人类发展的大命题。在理念碰撞、文化激荡之间，中华文明与各国文明美美与共、和谐共生的绝佳范例又将诞生。

这是一个美美与共的全新起点。正如丝绸之路开启了东西方文化交流的文明之路，"良渚论坛"也将为文明互鉴的未来之路打开更多想象。可以预见，"良渚论坛"建立了对话平台、连接通道后，更多交流沟通将由此不断开启、不断加深。

文化和旅游是世界共通的话题，以此为纽带，凝结心灵、传播文明，推动构建人类命运共同体必然将成为全人类的共识。

三

世界并不平静，"文明优越论""文明冲突论"沉渣时而泛起。在传播文化、传递友谊、维护世界文化多样性和创造性、促进文明交流互鉴、推动构建人类命运共同体等方面，历史文化遗产具有独特而重大的意义。把"一带一路"建成文明之路，我们又该如何进一步发力？笔者着眼浙江来说一说。

从宽度上寻求共通。提升文化传播力，既要借鉴国外优秀的文明，也要积极将自己的声音传出去。诸如打造"良渚论坛"等重磅平台只是第一步，更重要的是往后对它们的高效利用。

笔者以为，未来，可以以此通道为依托，更主动地通过多方向、多渠道加强与各国在考古保护、文物展陈、文旅交融、智库共建等方面的交流合作，实现文化价值和社会价值的并行；此外，积极架设不同文明互鉴的桥梁，开展研学、采风、展会、青年对话等活动，在互通之中实现"双向奔赴"。

往深度上提炼挖掘。讲好中国故事，除了好平台，好内容同样重要。如浙江有万年上山、八千年跨湖桥、七千年河姆渡、五千年良渚、千年宋韵、百年红船……文脉源远流长，历史文化丰富多样。

对内，我们要站在新的历史高度，从整体上了解中华文明与江南文化的独特魅力，在充分提炼展示中华文明的精神标识和文化精髓的基础上，深化内涵、创新形式，借用"良渚论坛"这样的平台，把好故事讲好，把伟大的文明讲透彻，当好文化"讲解员"。

比如，就良渚而言，可以借助"一带一路"交流对话，开展跨学科、跨领域的综合研究，推动良渚古城遗址作为"人类文明史上早期城市文明的杰出范例""中国早期国家社会代表"入编更多国际权威学术著作和各国历史教材，进一步提升其国际辨识度、知名度。

在长度上实现长效。借本次"良渚论坛"，良渚文明得以充分传播，体现了大型活动对文化传播的重大作用。往后，我们应借势借力，持续放大论坛的综合效应。

此外，争取产业项目、文化机构、大型活动等多多落地，进一步将良渚文明这张"金名片"打造成浙江文化的鲜明标识,让"和平合作、开放包容、互学互鉴、互利共赢"的丝路精神代代传承、永不停步。

在美丽之洲话文明之路,于良渚而言,是中华五千多年文明圣地的又一次"出圈"传播;于世界而言,将再次说明,世界文明虽有差异,但也有许多共同性,求同存异、和而不同,才是正确之道。唯有基于平等的交流,才能绽放出文明之花。

濮玉慧　钱伟锋　郑思舒　郑梦莹　执笔

2023 年 12 月 3 日

"帅才"钱三强

> 一路走来，无论国际形势如何风云变幻，我们的内心依然能够保持笃定，这离不开如钱三强那样的无数先辈铸造了"大国重器"，让东方巨人傲然立于世界。

1961年1月的一天，正在忙碌的于敏被钱三强紧急叫到办公室。钱三强一脸严肃："经所里研究，报请上级批准，决定让你参加热核武器原理的预先研究，你看怎样？"当时，钱三强正在物色氢弹研制的科学家，但于敏多次因为"只专不红"而挨批。钱三强重用于敏，要承受着压力。

历史证明，正是钱三强点了这名"战将"，让中国氢弹研究速度加快。而类似这样的用才故事，在钱三强身上屡见不鲜。俗话说，"百将易得，一帅难求"。今年是钱三强110周年诞辰，让我们走进他"帅才"的人生。

一

帅才，自己首先得有"才"气。

钱三强出生于绍兴，祖籍湖州吴兴，父亲是国学大师、新文化运动倡导者钱玄同。在父亲的鼓励下，钱三强从小广泛阅读书籍，勇于尝试新事物，同学都说他"有一股牛劲"。

青年立志，有时源于偶然的一个兴趣。19岁时，钱三强在读了英国科学家罗素写的《原子新论》后，就做了一件极其"凡尔赛"的事——在北京大学预科就读的钱三强决心放弃电机工程专业，改学物理，并考入清华大学重读一年级。

此时，中国积贫积弱，别说重型武器，连重工业基础都没有。1937年，卢沟桥事变爆发，父亲钱玄同病情加重，钱三强获得了去巴黎大学居里实验室工作的机会，他自问："国难家患临头，我能忍心离去吗？"最后，是病榻上的钱玄同劝勉他："你学的东西，将来对国家是有用的。报效祖国，造福社会，路程远得很哩！男儿之志，不能只顾近忧啊！"

到了实验室，导师有意考验这个来自中国的青年，布置了一个难度极高的任务——改进记录原子核粒子轨迹的云雾室。钱三强除了用心钻研，还跑到巴黎郊外的一家工厂，邀请技术工人一起制作构件，最后经检测改进效果不错，让曾获得诺贝尔化学奖的导师也很是惊讶。

"一股牛劲"的钻研精神，加上出色的协调能力，让钱三强很快迎来了人生的第一个"高光时刻"。1946年，33岁的钱三强和夫人何泽慧带领科研团队，发现了铀核裂变的新方式——三分裂和四分裂现象，被西方媒体称为"中国的居里夫妇"。

父亲临别的那句话时常回荡在他心中，如一团烈火燃烧："你学的东西，将来对国家是有用的。"1948年，他和夫人毅然返回祖国，此时他们的孩子才半岁。面对朋友的不理解和导师的挽留，他动情地说：

"回到贫穷落后、战火纷飞的中国，恐怕很难在科学实验上有所作为。不过我们更加清楚的是，虽然科学没有国界，科学家却是有祖国的。正因为祖国贫穷落后，才更需要科学工作者努力去改变她的面貌。"

二

由才到帅，并不是一个容易的过程。

1950年初，钱三强的内心，或许是激动与忐忑并存的。中国科学院近代物理研究所成立了，这是中国历史上首个主攻原子物理学的国家级研究所，同年到来的还有"一纸任命"——由钱三强担任副所长。

从事科学组织工作，就意味着在专业上的研究和成就会有所减少。"干惊天动地事，做隐姓埋名人"。他没有考虑这些，而是迅速投入工作，着手解决一个最为棘手的问题——国内原子物理研究的科学家太少。据估算，新中国成立初期全国科研机构、科研人员与总人口的平均比例是每1125万人口中有一个科研机构，每10万人口中才有一名科研人员。

该如何"聚天下英才而用之"？除了于敏，钱三强还曾推荐邓稼先、程开甲、周光召等科学家。周光召当时由于有复杂的社会关系而很难调动工作，经钱三强大力推荐，他最终被调到了核武器研究所。总之，他用满腔热忱，邀请国内及海外的原子物理科学家聚拢到研究所来，其间还发生了三个小故事。

一封"真情信"。当时，我国还有不少科学家在国外留学或工作，对于回国有所顾虑。钱三强写信给《留美学生通讯》，言语真切自然："凡是本身有用的人才，不是自私自利者，都欢迎回国，参加建设工作……凡是真埋头苦干，不骄不躁的专家都受到尊重。"这封信起到了很好的动员作用，一些学者归国后被吸引到研究所。

一笔"急用款"。1950年，赵忠尧在回国时被驻日美军扣留，使其在南京的家眷生活发生困难。钱三强获悉立即致函时任中科院院长郭沫若，请求院方发给赵家生活补助费，数额相当于拟定工资的百分之七十。赵忠尧及其家眷，对钱三强深表感激。

一支"原子军"。为了让国内原子物理学习蔚然成风，钱三强在研究所建立了近代物理研究室，代号"6组"，从全国重点大学选拔学生专门培养。之后，"6组"与北京大学"联姻"成立技术物理系，钱三强领导的研究所又在中国科学技术大学开办了近代物理系和放射化学系，为国内源源不断输送原子物理人才。

而钱三强领导的研究所由初创时的10多人，到1956年达638人，被称为中国原子能事业的"老母鸡"。彭桓武曾评价："三强在求才、育才、用才方面做得很出色、有特点。"

三

帅才，贵在有统帅之能，成为国家之栋梁。

1959年6月，中国原子能事业进入了"至暗时刻"。苏联反目毁约，撤走专家，带走了全部图纸。钱三强带着一腔愤怒与热血，重新"排兵布阵"。他把邓稼先、朱光亚、周光召等科学家，放到科研一线的合适岗位。他心中笃定的信念，如当年毛泽东主席对他的期盼："我们自己干，也一定能干好。"

扩散分离膜是铀235生产中最关键、最机密的部分，苏联声称它是"社会主义安全的心脏"，钱三强在出访苏联时曾提出参观学习，也只被允许站在老远的地方望一眼。1959年，钱三强组织了攻关小组，让钱皋韵牵头，经过4年努力研制成功，使我国成为全球第四个能制造扩散分离膜的国家。

一篇报告文学这么写：这时的钱三强，是科学前沿战场上指挥若定的领军大将，他总是在关键时刻，调配关键人物去解决关键问题。在谋划全局的时候，钱三强总能周密地考虑到布局上还有哪些环节是空白点。他不能让这几个空白点堵塞千军万马的必经之路。

历史似乎有某种巧合，给钱三强送上一份特殊的"礼物"。1964年10月16日下午3时，一朵巨大的蘑菇云在新疆罗布泊的荒漠里腾空而起，中国第一颗原子弹成功爆炸。而这一天，恰巧也是钱三强51岁的生日。仅仅2年零8个月后，中国西部上空再次响起轰天巨响，中国第一颗氢弹爆炸成功。

"要使国家摆脱屈辱，走向富强，除去建设强大的工业，发展先进的科学技术，别无他途。"这是15岁的钱三强，在读到孙中山所著《建国方略》时的有感而发。从国外的学术辉煌，到回国后的默默领航，钱三强超过50载的"与核共舞"，源于一生不变的爱国赤子之心。

一路走来，无论国际形势如何风云变幻，我们的内心依然能够保持笃定，这离不开如钱三强那样的无数先辈铸造了"大国重器"，让东方巨人傲然立于世界。如今，中国式现代化的征途，需要无数人去开拓、去实干。近日，习近平总书记在上海考察时强调，推进中国式现代化离不开科技、教育、人才的战略支撑；要着力造就大批胸怀使命感的尖端人才。钱三强的那句话——"科学没有国界，科学家却是有祖国的"，体现的就是一种深沉的使命感。不管从事什么工作，每个人都应把祖国放在心中。

徐震　张锋　执笔

2023 年 12 月 4 日

中国盛会也是世界机会

> 自古以来，相互理解是在交流中产生的，紧密合作是在相互理解中增强的，而彼此共赢是在紧密合作中实现的。

12月3日，首届"良渚论坛"在杭州举办，来自全球的八方来客齐聚西子湖畔，围绕"践行全球文明倡议，推动文明交流互鉴"开展对话。国家主席习近平向首届"良渚论坛"致贺信。这是今年杭州再一次举办高规格盛会，为文明的交流互鉴又增添了浓墨重彩的一笔。

有人说，2023年是属于中国的"盛会之年"，也是中国开放的大门越开越大的一年。成都大运会、第三届"一带一路"国际合作高峰论坛、杭州亚运会、世界中国学大会·上海论坛、"读懂中国"国际会议（广州）和2023从都国际论坛……一场又一场的中国盛会陆续举办。

当世界的目光一次又一次地聚焦中国，大家看到的，不仅是一个更加可信、可爱、可敬的中国，也是中国一次次和世界携手打造的全球机会。

一

　　细数 2023 年以来中国举办的盛会，不难发现中国办会的几种特点，从中也能看出今天中国不同的面孔。

　　首先，在体育运动的盛会中，我们看到了中国的活力与多元。国际体育赛事无疑是 2023 年中国盛会的重头戏。从成都大运会到杭州亚运会，世界不仅感受到了体育竞技之美，更感受到了青春活力之美、人文交融之美。

　　而在大运会、亚运会之后，更多的国际赛事已经在路上。比如，上海已经成为巴黎奥运会资格系列赛主办城市之一，巴黎奥运会现代五项资格赛将在郑州举行，女篮资格赛也落户西安，世界会看到更加青春、更加多元、更加有活力的新时代中国。

　　其次，在经贸往来的盛会中，我们看到了中国的开放与务实。开放是当代中国的鲜明标识，一场场人气爆棚的经贸活动，既向世界展现了越来越有自信的中国，也让我们看到了满满的活力与机遇。

　　比如，在第 133 届广交会上，超过 220 个国家和地区的境外采购商线上线下参会，其中线下参会的境外采购商近 13 万人；在第 134 届广交会上，来自 229 个国家和地区的境外采购商线上线下参会，其中线下参会的境外采购商近 19.8 万人。中国国际服务贸易交易会、全球数字贸易博览会、中国—北欧经贸合作论坛也都取得了耀眼成果。这恰恰说明，中国不搞"清谈馆"，而是"行动派"，彰显了中国开放而务实的国际形象。

　　最后，在文明互鉴的盛会中，我们看到了中国的努力与智慧。

文明因交流而精彩，文明因互鉴而丰富。在杭州的"良渚论坛"上，与会学者在世界遗产旁进行着深度的文明对话；在上海的世界中国学大会上，中华文明与中国道路反复被提及；在广州的"读懂中国"国际会议上，"扩大利益汇合点，构建人类命运共同体"成为人们的关注点……

文明的差异绝非冲突的根源，而恰恰是世界文明百花园姹紫嫣红的动力。在世界文明的百花园中，平等地对话、包容地交流，始终是文明之间和谐共处、彼此成就的基本规则。人类该如何相处？文明该如何共存？世界又该往何处去？从这些交流对话中，我们看到了中国积极探索解决方案的身影，也能看到以"中国之答"回答"世界之问"的独特智慧。

二

透过这一场场盛会，中国在国际舞台上越来越有存在感。虽然主题不同，但我们可以在这些盛会中看到一些共同的特点。

比如，合作与交流是所有国家的"基本盘"。习近平主席强调，欢迎各国人民搭乘中国发展的"快车""便车"。疫情之后，世界各国交流合作的需求越来越强烈，而中国盛会正是这"快车""便车"的"接驳站"，为世界各国的互联互通搭建了平台。

比如，11月举办的第六届进博会，参展的世界500强和行业龙头企业数就达289家，远超历届水平。大门常开，客人常来。正是在一次次的"开门迎客"中，一个真实的中国才被更多人所看到。

比如，共享与共赢是共同聚会的"向心力"。盛会不仅是中国的，更是属于世界的。共建"一带一路"十年来，中国已经和150

多个国家、30多个国际组织签署了合作文件，与共建国家的进出口总额累计达 19.1 万亿美元，累计双向投资超过 3800 亿美元……在这场"十年之约"中，"小伙伴"都获得了实惠、得到了发展。

人人有平等的机会、人人有共享的成果，正是秉持着这样的理念，受益的不仅有作为"东道主"的中国，更有实现互利共赢的各方，这也正是盛会能得到各国欢迎的"中国密码"。

比如，对话与理解是世界人民的"公约数"。这一系列的盛会，涉及政治、经济、文化、体育等各个领域，无论在哪个会场，都能看到来自五洲四海"三百六十行"的身影，俨然是一场全世界人民的共同聚会。

比如，体育盛会里团结的故事，就戳中了各国人民的"泪点"：在成都大运会上，中国羽毛球运动员谭强给巴西对手韦尔顿送上一双新球鞋；杭州亚运会上，敬业的志愿者"小青荷"给各方来宾留下深刻印象……疫情之后，我们比任何时候都更需要国际合作，不同肤色、语言、国籍的人们相聚在中国，在对话中增进理解，为人类的未来贡献了"中国答案"。

三

一连串的中国盛会，给当今世界带来了哪些启示？笔者有三点看法。

"一起更好、越来越好"是全人类的共同期盼。面对世界百年未有之大变局，国际冲突和矛盾不断加剧，特别是最近这些年，世界经济复苏艰难，发展鸿沟不断拉大，生态环境持续恶化，冷战思维阴魂不散，甚至一些地方开始燃起战火。与此同时，一些美西方国家竭尽所能来延续其世界主导地位，国际体系中充斥着各种霸凌行径和霸权行为，弱小国家的哭声和诉求被置若罔闻。

在这样的环境下，中国盛会得到了全球各国的高度关注：140多个国家、30多个国际组织、超4000位嘉宾参加第三届"一带一路"国际合作高峰论坛，30多个国家和地区的600多位嘉宾亮相"读懂中国"国际会议，83个国家的艺术家齐聚"良渚论坛"……这说明在世界文明的百花园、人类社会的大家庭中，让命运更加紧密地连接在一起，既是大势所趋，也是共同心声。正如习近平主席在给"良渚论坛"的贺信中所指出的，相互尊重、和衷共济、和合共生是人类文明发展的正确道路。

"面对面、心贴心"的对话是达成共识的最好办法。"相异的文化有可能构成一个共同体系吗？"美国前国务卿基辛格曾向世界提出了这样一个问题。找寻问题的答案，交流互鉴是重要的途径。每一场盛会，都是面对面对话的平台，寻求着心与心的贴近，而每一次对话，都尝试着为丰富世界文明百花园注入新的力量。

自古以来，相互理解是在交流中产生的，紧密合作是在相互理解中增强的，而彼此共赢是在紧密合作中实现的。把阻碍交流的"墙"多多拆掉，擦亮欣赏所有文明之美的眼睛，我们才能找到通往未来的共同答案。

"美美与共、相互成就"是盛会之约的最终归宿。作为世界大家庭的一分子，中国的发展离不开世界，而作为全球第二大经济体，世界也离不开中国。中国盛会不是"自娱自乐"，而是为全球各国构筑一个互惠互利的平台，努力把互利合作"蛋糕"做大，让发展成果更多更公平惠及各国人民。

在第三届"一带一路"国际合作高峰论坛上，习近平主席指出，只要大家把彼此视为朋友和伙伴，相互尊重、相互支持、相互成就，赠人玫瑰则手有余香，成就别人也是帮助自己。盛会"聚光灯"下的紧密相连有力地说明，各国更紧密地团结在一起，能办成事、办好事、办大事，创造出美美与共的明天。

　　无论在运动场、展览馆还是会议室，来自全球各地的人们在交流交往中释放真诚与善意，而建设一个更加和谐、美好、繁荣的世界，依然是下一场盛会中中国会继续为世界交出的答卷。

陈逸翔　毛黎勇　云新宇　郑思舒　执笔

2023 年 12 月 4 日

画者宾虹

欣赏黄宾虹的作品，我们难以像傅雷一样达到"逸品"的境界，但静心冥思，细细品读，或许能感受到国画大师的一二。

1943年，为庆祝黄宾虹的生辰，翻译家傅雷专门在上海办了个书画展。作为策展人，他不仅写手札数十通与黄宾虹探讨细节，展览期间几乎天天到场当讲解员，还化名"移山"撰文解释，以便更多人读懂黄宾虹的画。

关于一代国画大师黄宾虹画作的评价，向来有"读不懂"的说法。半年多之前，在中国美术学院美术馆进行的"宋韵今辉"艺术特展中，黄宾虹的画作被许多年轻人评价为"读不懂"。山不像山，树不像树，只看到黑墨团团。

傅雷曾在《观画答客问》这样建议："子观画于咫尺之内，是摩挲断碑残碣之道，非观画法也。盍远眺焉？"意思是说，你站得太近了，可以试试远点看。

今天，我们去回望黄宾虹的一生，尝试读懂画者宾虹。

一

　　1933年，黄宾虹在入川写生途中遭遇兵祸。他计划着自己的退隐生活，"搬至池州府住家，或金华皆好"。5年后，再次遭遇战乱、身陷北平的黄宾虹经历了人生的至暗时刻。在友人帮助下，他只身逃出北平，而此行的目的地，正是金华。

　　人愈老，愈想回到儿时的故乡。金华是黄宾虹的故乡，那里既有他的家人，也有他的启蒙老师。

　　1865年1月27日，乙丑年正月初一，黄宾虹出生于金华城西，祖籍安徽省歙县。他的父亲是一位徽商，因避乱举家搬到金华，经营着一家布店。

　　童年时期，黄宾虹对画画产生了浓厚的兴趣，从此与绘画结下不解之缘。在画家倪逸甫的启蒙下，黄宾虹开始领悟传统绘画的内核精髓："当如作字法，笔笔宜分明，方不至为画匠也。"倪逸甫的这句教诲，触动了黄宾虹命运的齿轮。

　　黄宾虹虽在家人的催促下继续研读经史，但从事绘画艺术的理想已在心中萌发，16岁的他在金华已有"小画家"之誉。青年时期，黄宾虹四处游学，接触到了许多宋元真迹，并时时拿出来临摹。艺术之路，走得越来越坚定。

　　此后，在经历了中年上海求学、作画和编纂艺术论著的沉淀之后，黄宾虹以更大热情和精力投身艺术登峰之路。

　　不过，他的画作一开始并没有受到欢迎。黄宾虹有次在上海开画展，只有一个人买他的画，黄宾虹激动坏了，送了他一堆，这个人就是傅雷。在1951年、1952年，黄宾虹的画才涨到一元钱一张。

对此，黄宾虹不以为意，依旧挥笔如故。想来在他的心中，这些画作早就与他的人生、家乡的土地、祖国的风物融为了一体，魂牵梦萦、挥之不去。

二

黄宾虹的画，有一个明显的分野，学术界将之分为"白宾虹"和"黑宾虹"。

中青年时期的黄宾虹，沉浸在江南山水之间，加上他临摹了不少宋元时代的山水画，深受新安画派的影响，绘画风格疏朗清逸，后世称之为"白宾虹"。到了人生暮年、年逾古稀，辗转各地，黄宾虹的绘画风格发生了深刻变化，他晚年的山水画，黑密厚重、挥墨成川，后世称之为"黑宾虹"。

从"白宾虹"到"黑宾虹"，黄宾虹在艺术上的变法，与其求新求变的人生追求是密不可分的。

黄宾虹是一位不一样的画家。在战乱频发的时代，他对家国命运变革的关注与参与，让他在近现代画家群体中格外显眼。

26岁那年，黄宾虹全家从金华迁回歙县潭渡村。在潭渡村的日子，他不但求学于名儒，还收徒弟教习拳法，开办中小学校，传播新知识，汇聚民间变革的力量。

他曾驰书康有为、梁启超，声援维新变法；曾参与徽州革命党人的活动，与谭嗣同交谈革命，创建进步组织，宣传革命思想。44岁前，黄宾虹曾因此遭遇两次通缉追捕。

在踏上艺术修行之路后，黄宾虹70岁游历青城山、71岁登黄山、72岁重游桂林山水……苦苦寻觅画技变化之法。这个时期，黄宾虹把"知白守黑"等绘画理论运用得炉火纯青。"白宾虹"向"黑宾虹"的转变此时已悄然开始。

在北平日据期间,黄宾虹闭门谢客,在绘画上经历了"面壁十年图破壁"的变革完成期。他提出"今拟将写生与古迹融合一片,以自立异,不蹈临摹守旧之弊"的求新理念。这个理念贯穿了黄宾虹"大器晚成"的艺术生涯,也成就了"黑宾虹"的登峰造极。

黄宾虹的一生可以用"颠沛流离"来形容,但他的精神脊梁却从来没有被现实的重压压弯过。画者的风骨,凝聚成了黄宾虹画作的千岩万壑之思,也成就了这位艺术修行者的卓尔不群。

三

今天,回望黄宾虹的一生,欣赏他的画作,我们又能读出怎样的画者宾虹?

浑厚华滋的民族气节。黄宾虹身处的是一个战乱频发的时代,立志不做腐朽王朝"遗老遗少"的他,对家国的热爱始终坚定。

1938年,日本驻华北军事总司令四处拉拢美术界人士为"中日艺术协会"站台。面对威逼利诱,黄宾虹选择返回金华,并将一批最重要的画作藏于金华。1943年,北平艺术专门学校的日本主持人伊东哲以全校师生的名义为黄宾虹举行八十岁祝寿仪式,但黄宾虹没有出席。

黄宾虹曾有一句诗说,"浑厚华滋我民族"。他认为,我们的民族拥有深厚且繁荣的文化和精神风貌。这句诗折射的正是他的民族气节。

慨解义囊的奉献精神。对黄宾虹来说,自己的画似乎不是特别宝贵的东西，常常随手送画。傅雷是懂画的知己，黄宾虹就送了一堆画给他。同仁创办书画社，他大方赠画以供社费，聊表支持。

1955 年，黄宾虹逝世后，家人秉承其遗志，将其遗留的自作书画、文物收藏全部捐献国家，由浙江省博物馆保存，藏品总计 1 万余件。慨解义囊之心，可见一斑。

甘于寂寞的求索精神。与许多知名画家相比，黄宾虹算得上大器晚成。他生前，远没有现在这般的声誉，他的画很难被人认同。

他的一生是寂寞的，也是不断求索的。当很多人急功近利时，黄宾虹却把个人的生命融到绘画事业中去。晚年登峨眉、游青城、涉夹江、抵万县，然后泛舟东下，探险巫山十二峰，只为实地观山望水。即使因患白内障几乎失明，依然画笔不辍，"愿作西湖老画工"。

傅雷曾在《观画答客问》中讲到观画的几种境界：

一见即佳，渐看渐倦，此能品也；一见平平，渐看渐佳，此妙品也；初看艰涩，格格不入，久而渐领，愈久愈爱，此神品也，逸品也。观画然，观人亦然。

其实，对于我们大多普通人来说，黄宾虹还稍显陌生。欣赏黄宾虹的作品，我们难以像傅雷一样达到"逸品"的境界，但静心冥思，细细品读，或许能感受到国画大师的一二。

徐健辉　俞晓赟　执笔

2023 年 12 月 5 日

家门口的服务该如何"嵌入"

> 基层的情况纷繁复杂，国家层面出台的政策重在指引方向、明确要求，不可能面面俱到。实践中，这些设施嵌在哪里、嵌入什么、怎么嵌，还需要地方政府动一番脑筋，拿出"绣花"功夫抓落实。

当前，我国65%以上的人口生活在城镇，居民主要生活在社区。在家门口就能充分享受到便捷的服务，这是很多人梦寐以求的，而很多人的这个愿望，得到了相关部门的积极回应和高度重视。

近日，国务院办公厅转发国家发展改革委《城市社区嵌入式服务设施建设工程实施方案》，该方案明确，我国将优先在城区常住人口超过100万人的大城市中，选择50个左右试点城市开展社区嵌入式服务设施建设。国家发展改革委有关负责人表示，群众最需要什么、市场最缺什么，就重点建设和发展什么。消息一出，反响强烈。

我们常说，民生无小事，枝叶总关情。建设嵌入式服务设施有怎样的意义？又该如何通过建设嵌入式服务设施把服务真正送到群众家门口？想清楚这些问题，这项为民的实事才能办得更实。

一

顾名思义，社区嵌入式服务设施就是灵活利用城市的"金角银边"，在闲置、废弃的空间里建设养老托育、社区助餐、家政便民、体育健身、儿童游憩等设施，为社区居民提供家门口的服务。

实际上，嵌入式服务设施在一些城市早有探索。比如，杭州抓住筹办亚运会、亚残运会契机，建了一大批老百姓家门口的服务设施，去屋顶打球，到桥底健身，已经成为新的时尚趋势。再如，上海探索"社区嵌入式养老服务"，让社区老人在熟悉的环境中实现"老有所养"；深圳光明区启用创新型社区综合服务中心，提供养老、托育、职业培训、助餐等服务。

所以这项政策的出台，不是一时起意，而是拥有扎实的实践探索基础，具有鲜明的针对性。

其一：用好方寸之地，缓解城市公共服务设施总量不足的问题。我国人口规模巨大但城市空间稀缺的客观现实，是公共服务设施供给面临的一大挑战。据统计，我国人均基础设施资本存量只有发达国家的20%—30%，人均公共文化设施、公共体育设施面积都存在一定程度的短缺。

尤其是随着城镇化快速发展，越来越多的人进入城市。有数据显示，我国城市居民平均约75%的时间在居民社区中度过。这样一来，社区居民对公共服务的期待与需求也水涨船高。一个城市的面积就这么大，既要保证住房等用地"刚需"，又要留足公共服务设施用地，而嵌入式服务设施就是"螺蛳壳里做道场"，推动缓解这一供需矛盾。

其二：改善居民体验，破解公共服务成本高、不够方便的问题。目前，大部分城市都配备了相对完善的公共服务设施，但这些设施一般主要分布在市中心或者几个相对集中的区域，对有的居民来说距离远、停车难，茶余饭后去走走看看的欲望被"不方便""不划算"消减，获得感也大打折扣。

针对这一问题，嵌入式服务设施从实用主义的角度出发，力图让每一项服务都触手可及。家门口有托育所、楼底下有老年活动中心，这些都可以是布局的目标，旨在打通服务到家的"最后一公里"。

其三，建立熟人圈子，破解城市居民对社区归属感不强的问题。身处城市，人们每天忙着为生计奔波，社会原子化的现象日益凸显，邻居之间成为"最熟悉的陌生人"。特别是外来务工的"新××人"，游离于社区之外，住处好比旅馆，孤独感和割裂感成为他们融入城市的一大障碍。

嵌入式服务设施建设以社区为基本单元，大大增加了人们与附近同年龄、同喜好人群的交流机会，有助于找到各种"搭子"、建立熟人圈子、增进邻里感情。

二

基层的情况纷繁复杂，国家层面出台的政策重在指引方向、明确要求，不可能面面俱到。实践中，这些设施嵌在哪里、嵌入什么、怎么嵌，还需要地方政府动一番脑筋，拿出"绣花"功夫抓落实。

摸清实际需求，切忌"想当然"。老百姓缺的是什么？每个区块的答案都不一样，当地政府心里应该最有数。弄清楚社区设施底数和短板，优先针对"一老一小"等提供急需紧缺服务，因地制宜去规划和建设，才能让嵌入式服务设施发挥最大的价值。

比如，现在我国呈现出老龄化趋势。截至2022年，60周岁及以上老年人口超过2.8亿人，占总人口的19.8%。而老年人往往集聚在老小区，所以对这些地方，我们应把建设的重点放在养老方面。像近些年一些地方兴起的"老年食堂"广受欢迎，因为它有效解决了老年人吃饭问题。

兼顾不同群体，不能"一刀切"。同一个社区中，老年人、中年人、年轻人等群体的需求不同，可能还会有矛盾冲突。在空间、预算有限的情况下，如何解决居民需求冲突，需要精准把脉，不能顾此失彼，最好对不同群体的诉求都要有所回应。

不仅如此，即便是同一个场地，也要想办法进行综合设置、复合利用、错时使用。比如，白天可以是老年活动中心，傍晚可以是托育教室，晚上可以是书吧、咖啡吧，努力实现"一举多得""众口能调"。

主打一个方便，少些"中阻梗"。嵌入式服务设施最大的一个特点就是"便民"。离开了这一点，它就没有多少存在价值和必要。尽可能把开放的时间、体验的方式做到最大最优，而不要人为设置一些门槛，让人"临渊羡鱼"。

嵌入式服务设施能不能建在居民的心坎上，很重要的一点是要契合当下社会快节奏的特征。现在很多人的业余时间都比较碎片化，尽可能建得离老百姓近一点，让大家"放下筷子就想去""走几步路就能到"，这也很有必要。

三

建设城市社区嵌入式服务设施，是一个循序渐进、逐步推开的过程，不可能一蹴而就。在接下来的几年，如何推动这项政策精准落地，真正惠及一方百姓，将是摆在各级政府面前的一道时代考题。

嵌入式服务设施建设是一项民心工程，落实过程中需要算好政治、经济、民生"三本账"，不要有"大干快上"的冲动，不要轰轰烈烈地"堆盆景"，不要一执行起来就变形走样。畅通反馈机制，根据实际使用情况及时调整、及时补充，特别是建得好不好、有没有"嵌"到心坎上，要让大家来评价，老百姓的口碑、设施的人气都是很直观的"打分"。

嵌入式服务设施要有"生命力"，前提是确保它的高品质。政府部门既要"扶上马"，优化前期的选址规划、空间布局、资源整合，也要"送一程"，让后续的服务不掉链子、不失品质。建成后如何运营、谁来管理？政府、社区、企业、居民各个层面分别扮演怎样的角色？如何才能办得长久？这些都是值得思考的难点，需要各地加快探索创新。

一个现代化的城市，既要有星罗棋布"接地气"的嵌入式服务设施，也要有在精不在多、显得"高大上"的大规模服务设施。建设嵌入式服务设施的初衷，是推动优质资源下沉到社区，是补缺不是替代，不能因此停滞或者迟缓常规公共服务设施建设的步伐。只有两者定位明确、各司其职，才能更好满足人民对美好城市生活的期待。

政策事关方向，落实决定成败。总而言之，要把"好经念好"，真正让嵌入式服务设施嵌进亿万百姓的心坎里。

倪海飞　陆家颐　执笔

2023 年 12 月 5 日

一件旗袍背后的女子越剧

> 事实上，自诞生之日起，女子越剧就一直和"改革"一词紧密相连。它的出现，本身也是越剧改革的产物。

近日，来自浙江嵊州的"90后"越剧演员陈丽君因为舞台上的精彩表演吸引了众多目光，她与搭档李云霄都是女子，一刚一柔，让不少观众直呼"上头"。少为人知的是，女子越剧——这一以女子表演为突出特色的戏曲艺术表演形式，至今已走过百年。

如今，每个走进嵊州越剧博物馆的人，都会被一件有些特殊的旗袍所吸引。它之所以在一众展品中格外显眼，并不在于制作有多精良，花纹有多华美，而是因为上面沾染了触目惊心的污渍，让人过目难忘。这件旗袍的主人是著名越剧表演艺术家袁雪芬。

在它的背后，藏着一段跌宕起伏的越剧往事。

——

1946年，袁雪芬在上海主演越剧《祥林嫂》，反响热烈。

和以才子佳人为题材的传统越剧不同，这一剧目改编自鲁迅先生的作品《祝福》，通过表现主人公祥林嫂的悲惨人生，发出对旧社会的控诉和不满，具有强烈的现实批判性，被称为"新越剧的里程碑"。

然而，危机也在这时悄然而至。当时的社会舆论形成了泾渭分明的两个阵营。一边是进步人士对新越剧的称赞，另一边则是传统派的坚决反对。他们给她扣上了"红帽子"，并进行恐吓、污蔑甚至迫害。

1946年8月27日上午，袁雪芬按计划去电台播音。根据她的自述，当她像往常一样穿着旗袍，乘坐着黄包车在弄堂对面等红绿灯时，突然从路边窜出一个人，直接将一包粪向她劈头抛下。十字路口的交通警察视而不见，抛粪人逃之夭夭。

当街受辱，换成一般人早就仓皇失措了，但袁雪芬很快镇定下来。她明白，这一切都是反对她的人提前计划好的，目的就是为了让她出丑，进而停止演出。当天下午，袁雪芬照常到剧场演出。

袁雪芬被抛粪一事，很快引发各方强烈反响。当时有不少人在报刊上发表了声援文章。然而，恶势力的迫害并没有停止，她还陆续收到恐吓信，信中声称"限期三天离开上海"，里面赫然装着子弹……

可能很多人会问，不过就是一出戏而已，何至于此？

在越剧改革之初，要冲破已经成为很多人"刻板印象"的剧种定式和表演理念，遇到的阻力和困难超乎想象。但以袁雪芬为代表的女子越剧人，反而越挫越勇，坚定地将越剧改革的这艘破冰小艇驶向更远处。

二

事实上，自诞生之日起，女子越剧就一直和"改革"一词紧密相连。它的出现，本身也是越剧改革的产物。

清咸丰年间，嵊县（今嵊州）马塘村村民以民歌小调为基础，创作出新的曲调，这便是越剧的前身。后来，嵊县东王村的唱书艺人在香火堂前用四只稻桶垫底搭起戏台，正式掀开了越剧发展的序章。

刚开始越剧是"男人戏"，直到1923年，嵊县籍商人王金水闯荡上海滩，敏锐嗅到了越剧发展的无限可能，萌发了组建第一支越剧女子班的念头。

于是，他请男班艺人金荣水回乡招收20多名13岁以下的女孩，在施家岙村组建起第一个越剧女子科班。次年1月，这帮女班的青涩演员就登上上海升平歌舞台演出，但由于当时年纪偏小，技艺幼稚，缺乏实践经验，而且采用的是"男班"唱腔和技法，并未"一炮而红"。

女子越剧首冲上海失败，但故事到此没有结束。受到当时新文化运动带来的女性意识觉醒的影响，一群群小姐妹们冲破樊篱，携手唱戏闯上海。正是在这一时期，青年袁雪芬深受前辈鼓舞，决心做一场更大的梦。

"我们越剧为什么只能演小寡妇哭坟，为什么不能像话剧那样演戏呢？"有感于此，1942年，"新越剧"改革在以袁雪芬为首的一批越剧演员的推动下，如火如荼地开展起来。

她们率先建立起了"以编导制为中心，集'编导音舞美'为一体的艺术创作机制"，同时将目光聚焦到剧目的社会性上，勇于揭露社会黑暗，重视对爱国主义、反封建等思想的呈现。在艺术表演形式上，尺调腔和弦下腔作为新的越剧音乐主腔被创作出来，为舞台增添了新的韵致。

为了革去戏班演出的陋习，袁雪芬还向老板提出，用自己十分之九的包银薪酬，聘请编剧、导演、舞美设计等专门成立剧务部，对舞美、服装、道具等排戏、演出流程进行规范。

在袁雪芬的倡导和当时上海进步的文化环境下，越剧涌现出一批改革者，如尹桂芳、竺水招等。她们相互扶持、彼此成就，越剧的面貌自此焕然一新。

三

从施家岙第一个女子科班的诞生，到以独特的艺术特色和观赏价值征服观众，再到改革后家喻户晓，女子越剧的传奇已然书写了百年。

新时代新机遇下，女子越剧如何再次自我变革，在改革中迸发新的生命力？笔者认为，关键是要走好"三条路"。

走好彰显"她力量"的特色之路。女子越剧，最突出的特点就在于"女子"二字。目前现存的全国300多个地方剧种中，只有越剧基本由女性演员演出。虽然部分剧目也有男女合演，但女子越剧一直是越剧主要的演出风格和艺术特色。

当下，越剧的女性文化特征随着时代发展被赋予了更加丰富多元的内涵。在继续传承和发展女性表演所特有的柔美、浪漫、温婉、诗意等元素之外，也要"跳出来"，更加注重对其题材内容、主旨精神、舞台呈现等方面的深化挖掘，进一步贯穿女性对自我价值的肯定与生命意识的觉醒，从而实现与新时代女性观众群体的真正共情。

走好内容为王的创作之路。一个剧种的发展，离不开一部部经典剧目的支撑和垒筑。剧目可以成为剧种和艺术流派的标志性成果。从今天来看，当年越剧之所以能在大上海的"十里洋场"站稳脚跟，根本原因就在于推陈出新，不断上演一出出叫好又叫座的新戏、好戏。

在信息过剩、过载的当下，内容为王已经被实践反复证明是颠扑不破的真理。越剧发展亦是如此。坚守内容为王的理念，秉持作品立世的原则，创作更多像《红楼梦》《梁山伯与祝英台》《五女拜寿》这样家喻户晓的经典之作、扛鼎之作，用作品来奠定"江湖地位"，才是阳光大道。

走好紧跟时代的"破圈"之路。一直以来，越剧都是一个"科技友好型"戏种，曾经积极跨界电台、唱片、电视等媒介。现在，短视频和网络直播蓬勃发展，人工智能、虚拟现实等技术日益多元，越剧也应该主动搭上"技术"的列车，融汇艺术与技术，开启互联网越剧时代。

比如，《新龙门客栈》打破传统剧场的空间样式，塑造有血有肉的角色人物，着力营造浓厚的"沉浸式""临场感"，特别是演员陈丽君与李云霄返场互动的短视频，在各大短视频平台上刷屏，吸引更多人走进剧场。

江南灵秀出莺唱，啼笑喜怒成隽永。经历一个世纪的风雨洗礼，百年女子越剧历久弥新，仍在不断续写"越"向未来的新传奇。

【档案资料】

这件旗袍是 1946 年 8 月 27 日上午，袁雪芬在上海因《祥林嫂》的影响力遭受迫害，被当众抛粪的旗袍，现存于绍兴市嵊州越剧博物馆。

李戈辉　刘向　杜佳苏　叶彬彬　执笔

2023 年 12 月 6 日

高校大门何时重开

> 大学校门的"开"与"不开"、校园管理的"难"与"不难",应走出封闭的"小天地"、走入开放的"大社会"中来思考权衡。

近日,一些高校纷纷取消公众入校限制,通过预约、登记就可方便出入校园,收获不少好评。一段时间以来,"大学是否应取消公众入校限制"的话题频频引发热议,鼓励全面开放者有之,担忧影响校园秩序者亦有之。

大学校园要不要开放,这在疫情之前本不会成为话题,如今在现实中屡成焦点。今天,我们就来聊一聊大学校园的"开门之道"。

一

"大学之道,在明明德,在亲民,在止于至善。"这句话是《礼记·大学》的核心,同样也是大学办学的重要理念。大学是很多人的向往之地,大学校门亦成为一种精神符号,开或关都牵动着大众神经。

有网友调侃说，目前国内大学校门可谓"三分天下"，有的全面开放、自由出入，有的预约开放、有序登记，也有部分学校至今仍大门"紧锁"。赞成与反对的人之间，仿佛隔着一道"门"，双方站在"门外"与"门内"各执一词。

"门外"的人，支持开放互动。有人说，大学之所以为大学，很重要的一个原因就在于它的开放包容。大学自带公共属性，除了教书育人和科学研究外，将大学资源向社会开放共享，这本身也是大学办学的应有之义。校园实体之门在一定程度上也代表着办学理念之门，对外隔绝的校园环境、封闭的办学状态，对大学自身发展、对公共精神的培养都是不利的。

"门内"的人，顾虑秩序安全。一些师生员工担心，校门一旦打开，管理难度就会大大增加，"管理焦虑"就会大大增强。比如，课堂会不会被围观、吃饭会不会排长队、自习室会不会被挤占、校园活动会不会被网红直播冲击、校园安全和秩序会不会受到影响等等。像有的大学开放后，附近的市民朋友周末就到学校的湖泊边露营，不仅丢下很多垃圾，还会造成安全隐患。

不得不说，这些担心的问题都是很现实的，但这并不能成为大门"一关了之"的理由。正如有网友作了一个比喻：大学毕业前，母校说"常回来看看"；毕业后，大学门口的保安说"社会人士不便入校"。调侃的背后，是"过母校而不得入"的无奈。

二

"门内"与"门外"的双方，各有各的担忧，都有一定的道理。

然而，大学校园是否应该开放，归根到底是我们要想清楚：大学与社会到底是什么关系？我们需要什么样的大学？

古今中外，开放、包容、多元一直是大学所秉持的价值理念。被称为"中国古代第一所大学"的稷下学宫，机构开放、来去自由，成为诸子百家争鸣的文化沃土。牛津大学被称为"大学中有城市"，没有围墙、没有校门，街道穿校园而过。开放、包容、多元，不仅体现在学术讨论、思想碰撞等观念层面，还应体现在管理制度、公共服务等大家看得见和摸得着的层面。

蔡元培担任北大校长后，主张大学应该是对外开放的。北大旁听之风，从此盛行。当时北大教授马叙伦曾说，人称咱北大有"五公开"，即课堂公开、图书馆公开、浴室公开、运动场地公开、食堂公开。那个年代，这"五公开"一时成为北大开放包容的一则美谈。

回到现实，大学校园的封闭管理，是防疫期间的权宜之计。如果一所大学长期依赖封闭隔断，固然能降低风险，变得更加安全，但对科研教学、人文交流、社会实践带来的障碍，对开放包容的精神追求造成的羁绊，对真正成为全社会的大学的影响，都不容小觑。

于老师和学生而言，生活、科研、社交都需要走进社会，特别是大学生基本上都是成年人，有必要融入社会、适应社会；于社会公众而言，也有亲近大学、向往校园的需求，像暑假期间，一些家长就很想带着孩子走进大学参观学习，一些大学校园早已成为大家心目中向往的旅游景点；于一座城市而言，大学还承担着引领科技创新、展示先进文化、提供公共服务等重要功能。此外，有法律人士指出，高校开放也有着法律法规方面的要求。

今年7月，教育部发布通知，鼓励高等学校、高科技企业、制造企业等向社会开放参观，主动服务全民学习。清华和北大宣布，自7月8日起开放校园预约参观，实行网上实名预约制，不向任何机构和个人收取参观费用。两校还制定了具体的流程和规则。让师生"走出去"、公众"走进来"，让大学之"学"融入社会之"大"。此举不仅是撤去物理空间的一扇屏障，也意味着深度激活大学的社会功能、社会价值。

总之，大学校门的"开"与"不开"、校园管理的"难"与"不难"，应走出封闭的"小天地"、走入开放的"大社会"中来思考权衡。大学与社会的双向奔赴，不应也不能受制于"管理焦虑"。

三

面对大学校园开放这道治理考题，我们应该推开"这扇门"，让大学与社会深度融合，使其成为常态，并从中看见引领城市治理的"一道光"。

不能一关了之，也不能一开了之。大学校园开放，既要做"想不想"的价值判断，也要做"能不能"的技术判断。校门分分钟可以打开，但不能"一开了之"。治理如同转盘子，往往面临"既要、又要、还要"的局面。如何解决大家担忧的安全和秩序问题，尤为考验管理者的能力和智慧。

一所大学有一所大学的风景、设施与气质，一把尺子量不出所有大学的管理要求。大学要开放，也要允许学校因校制宜、渐次推进，以更小更细的管理服务颗粒度，精细化、精准化规划好开放区域、时段与线路，实现有序开放与安全开放的动态平衡。比如有的大学大门打开了，但是图书馆、教学楼等场所采取了人脸识别的方式。

不可独善其身，也不能承受甚重。大学不是独善其身的"深深庭院"，但也不是承受人气之重的"打卡之地"。人们漫步校园，与古老建筑邂逅，与学术大咖相遇，是一种无形的文化熏陶和精神享受。但风景独美的大学校园，不是网红景区，也不是流量密码。

人们可以走进校园，但不能干扰教研，亦不可消费大学。校门打开看似是大学的事，但校门常开也是社会公众的事，需要全社会的支持和呵护。带着文明走进大学校园，这是一种应有的自觉和素养。

不仅要打开物理之门，更要打开观念之门。大学校门常打开，可以是多层次、多维度的。大学和社会之间的互动，不仅是物理空间的敞开，也是资源的更好链接、精神的彼此碰撞。在打开校园大门之时，也要打开师生的"心灵之门"、管理的"理念之门"。

比如，通过"开放课堂"，让市民旁听一场大师的讲座、获取一次"蹭课"的机会，不失为一件美事；又如，通过"开放场馆"，让市民在图书馆静心阅读、在绿茵场肆意奔跑，也不失为一道风景。通过这扇门，引导大学生从"象牙塔"走向"小社会"，在打开心境、接触社会中走向成熟，更不失为育人之乐。打开校园一扇门，展示的是风景之美，更是包容之美、人文之美。

陈培浩　王丹容　王娟　执笔

2023 年 12 月 6 日

"夏衍杯"回归的双重意味

> 许多影片之所以能够在电影市场占据一席之地，就是把"本子叫好、市场叫座"发挥到了极致。不竭的创意、不懈的追求，始终应该是驱动影视行业向前迈进的动力。

出生于杭州的夏衍，是浙江电影界的"顶流"之一。作为中国左翼电影运动的开山鼻祖，他是中国电影史上第一部左翼影片《狂流》的创作者，也是第一届"百花奖"最佳编剧奖的获得者。

而以他名字命名的"夏衍杯"，自2006年创立至今，已成为无数剧本创作者心目中的殿堂，享有"中国电影编剧的奥斯卡奖"的盛誉。

12月6日，第十八届"夏衍杯"优秀电影剧本征集活动证书颁授仪式在夏衍故里浙江杭州启动，这是继"茅奖"重回茅盾故里之后，浙江文化界迎来的又一项标志性回归。

一

作为一项缘起浙江、面向全国的"重量级"专业赛事，浙江虽在2018年、2019年两度迎回"夏衍杯"举办权，但在最体现创意深度、作品亮度和人才厚度的评选环节，却鲜有亮眼表现。自2012年衢州作家陆洋捧得"夏衍杯"创意剧本奖以来，浙江已连续10年与这一奖项无缘。"浙江宣传"《夏衍故里何时捧回"夏衍杯"》一文，曾围绕这个话题进行探讨。

让人欣喜的是，在经历多年磨练和沉淀后，今年，"夏衍杯"不仅回到夏衍故里，浙江时隔10年又再次获奖。因而，这可以说是一次具有双重意义的"回归之旅"。

一次"跨越时空"的精神回归。1933年，在中央文委的领导下，由夏衍任组长，钱杏邨、王尘无、石凌鹤、司徒慧敏任组员的"党的电影小组"成立。此后，"党的电影小组"积极从事进步电影剧本创作，累计拍摄了74部左翼电影，并通过创办主题刊物、开辟电影专题等方式，确立党对左翼电影运动的领导，促进中国电影实现历史性变革。

曾经，以夏衍为代表的电影人，坚持在荆棘里潜行，在光影之中不断为国人带来希望。而今，回到夏衍故里的"夏衍杯"，以勇担民族文化新使命、续写电影文学新辉煌的新姿态，为当代电影人更好前行提振了信心。

一次"实至名归"的光荣捧杯。除了举办权，文艺浙军在"夏衍杯"上的精彩表现，则是另一种意义上的回归。本届"夏衍杯"获奖的15部作品中，有4部来自浙江，《归途有风》获得了代表最高荣誉的优秀电影剧本奖,《太阳传说》《滴血飞箭》《取灯儿》斩获成长电影剧本奖。

比如,《归途有风》以土生土长的宁波夫妻陆敦富、顾三妹为主角,讲述了历史变迁下两岸亲情和家国情怀的故事;《滴血飞箭》以猎户阿松为代表,展现了明朝嘉靖年间浙中南地区山民抗击倭寇、保卫家园的英勇故事。

值得关注的是,4部作品的作者中,龚应恬、林惊雷、高雄杰都是浙江籍作家,《取灯儿》的作者倪学礼则长期在杭州工作。这些生在浙江、长在浙江的创作者,取材于浙江、创作在浙江,用各自的笔触生动书写了浙江电影创作的崭新篇章。

二

浙产电影是浙江文化的重要组成部分。近年来,《独行月球》《热烈》《送你一朵小红花》等获得了口碑和票房的双赢。此番浙产剧本喜获丰收,是浙江电影多年修炼的成果。正所谓"工夫在诗外",这背后主要有三点原因。

培育了"好苗"。作为影视行业的"幕后英雄",好编剧是孕育好剧本的关键要素。2017年,首个"中国网络作家村"落户杭州滨江,成为浙江培育创作人才之路上的一个历史性时刻。2020年,浙江建设了之江编剧村,集结了刘和平、麦家、温豪杰等编剧。

此后,莫干山编剧村、胥山编剧村等越来越多的"村落"吹起了文艺风,吸引着艺术家"沉"到村里,创作出更多接地气的好作品。

厚植了"沃土"。"五个一工程"奖、"夏衍杯"、浙江电影"凤凰奖"……近年来，浙江不遗余力营造鼓励创新、力争上游的文学创作氛围。此外，浙江培育起"以赛带练、以奖育人"的创新机制，带动一批又一批文艺新苗在这片文化沃土上破土而出、苗壮成长。比如，《绿洲》《水果糖的滋味》《乌龟也上网》等一批剧本走上大荧幕，胡永红、曲江涛、丁旸明等一批青年作家、青年编剧脱颖而出。

搭建了"暖房"。马克思曾指出，商品转换成货币是"商品的惊险跳跃"。与之类似，剧本转化成电影更像是"编剧的惊险跳跃"。如果这一跳不成功，编剧的热情和信心就有可能受挫。

浙江完整的产业链降低了编剧"跳跃失败"的风险。上有浙江文化艺术发展基金政策扶持，下有横店影视转化出品，影视产业在"浙"里聚集。同时，许多新兴影视产业园也在蓬勃发展。比如，数字化的华数白马湖数字电视产业园、国际范的中国浙江影视产业国际合作区等，都为浙产剧本成果转化提供了平台与机会。

三

手捧金杯，力重千钧。今后，我们该如何传承夏衍的精神？中国电影剧本创作，该如何走出一条属于自己的路？

让优秀传统文化成为"滋养的秘方"。习近平总书记在文化传承发展座谈会上指出，只有全面深入了解中华文明的历史，才能更有效地推动中华优秀传统文化创造性转化、创新性发展，更有力地推进中国特色社会主义文化建设，建设中华民族现代文明。

应当用好用活博大精深的中华优秀传统文化，为剧本创作提供专属的源头活水。2023年以来，从令人热血沸腾的《满江红》，到充满东方诗意的《长安三万里》等，无不用"中国人才懂的浪漫"一举击中观众的心，展现出中华文化的深层意蕴。这证明，从历史中找灵感、找素材，理应成为一名编剧的必备技能。

让不竭创意成为"闯关的秘诀"。当以ChatGPT为代表的人工智能横空出世，当AI剧本生成器等成为内容创作的"神器"，许多人或许有这样一种感受：编剧和剧本只能"在夹缝中求生存"。

然而，事实也证明，好剧本永远是稀缺品，好编剧不可能被轻易替代。许多影片之所以能够在电影市场占据一席之地，就是把"本子叫好、市场叫座"发挥到了极致。不竭的创意、不懈的追求，始终应该是驱动影视行业向前迈进的动力。

让市场转化成为"制胜的秘籍"。细数历届"夏衍杯"获奖作品，既有现实主义的发人深省，又有浪漫主义的诗意柔情，尤其是由同名剧本改编的《我的影子在奔跑》等电影，纷纷斩获了华表奖、金鸡奖等奖项。

然而，从好剧本到好市场，这中间未必尽是坦途。剧本推介如何跟进？宣发的套路如何破除？"小成本"如何取得"大收益"？……一个个问题的解决，是剧本重获新生的钥匙，更是产业行稳致远的关键。

夏衍在《野草》一文中写道："世界上气力最大的，是植物的种子。"就让"夏衍杯"成为这样一颗种子，生发出向上生长的创作之苗，长成记录时代的"电影之树"。而作为回归之地的浙江，愿以热诚之土，奋力护苗生长。

汤燕君　何嘉成　徐铭婕　执笔

2023年12月7日

五问"人肉开盒"

> 除了要对"人肉开盒"行为进行严厉打击，让恶意"开盒者"得到应有的法律制裁，也要溯源隐私数据与信息是如何泄露的，对相关链条进行前置性干预与阻断，全力铲除"开盒"背后的利益交换，让所有人都能安心将自己的信息放在"隐秘的角落"之中。

对于"人肉搜索"这个词，想必大家并不陌生。而现在，一种成本更低、手段更隐蔽、信息泄露更彻底的"人肉"新模式——"人肉开盒"正在悄然兴起。

"人肉开盒"指的是利用非法手段公开曝光他人隐私数据与信息的行为，"被开盒者"因此而受到没完没了的电话轰炸、网络谩骂和恶意虚假举报。近来，不少媒体曝光了"人肉开盒"事件，其中一宗案件涉18个省市共计40余人。令人诧异的是，这背后的主谋竟是两名未成年人。

有人惊叹这次网暴侵权案件牵涉范围之广；有人意外"开盒"

行为者的低龄化和群体化；有人焦虑即便自己不是公众人物是否也会遇到别有用心的偷窥者；更有人疑惑该如何监管这种游离于法律边缘的隐秘行为。

一问：谁被"开盒"？

"人肉开盒"正在成为不法分子在网络上对不同群体、不同圈层进行恶意攻击的一种网络暴力行为。一些网络"极端派"组成的社群内，经常充斥着要对那些观点不同、"非我族类"的网友进行"盒威慑"的言论。像之前，针对一起热传的虐猫事件发声的多位明星就遭到"人肉开盒"，一些人的身份证、手机号等信息被曝光。

与"人肉搜索"不同的是，"人肉开盒"不单单是搜索、曝光你的信息，还会在网上纠集一群人"分工合作"，盯着你的线上和线下动向，时不时发来匿名信息骚扰恐吓、谩骂侮辱，让人感到毛骨悚然。

更可怕的是，除了针对明星或公众人物，这样的网络暴力行为正越来越多地让普通人成为受害者。此类犯罪行为，造成部分被害人经历"社会性死亡"，甚至可能会造成受害者精神失常、自杀等严重后果。互联网的开放性，让"开盒"行为不只局限于圈层之内，而且很容易蔓延，外溢到整个网络空间中，为网络戾气和网暴行为推波助澜。

二问：谁在"玩火"？

据报道，在一些"人肉开盒"案件当中，不少涉案者是未成年人。一些未成年人寻求猎奇、新鲜，在"开盒"的瞬间似乎有了一种虚假的快感。有参与者直言："现实中是一个高中生，碰到女生连一句话都不敢说"，但"开盒"的过程让自己有了一种掌控他人的感觉。

不顺眼的网络博主、看不惯的同学，甚至态度不好的老师都可能成为他们"单边制裁"的对象。这种"惹我不开心、开你没商量"的"戾气社交"，在某些圈层中形成了一种暴力病态的风气。

而相比以上，更可恶的是为了谋取利益而唆使未成年人去"开盒"的人。这些不法分子大量窃取隐私信息，将之低价打包出售给未成年人，对未成年人形成不良引导。一些青少年涉世不深但接触网络很早，法律意识较为淡薄，容易被人误导，在价值观还比较模糊的时候就不知不觉成了被不法分子利用的工具。

值得一提的是，还有一些国外不法分子也在网络"死角"虎视眈眈，对未成年人展开"围猎"，应当引起警惕。前文提到的两个未成年人，就是在境外平台上加入了相关群组，参与了对受害者的"人肉开盒"行为。

三问：谁是"帮凶"？

当看到"网络开盒"的攻击行为时，一些网民会产生趋同的认知心理和行为特征，对"开盒"行为不但不制止，反而叫好起哄，让"开盒"行为不断加码升级。

由于互联网本身的开放性、匿名性特征，一个网民可以在网上对他人施暴并保持匿名。网络的"遮掩"给了他们逃脱责任后果的无负担心理，他们认为偌大的网络世界，被法网罩住的肯定不会是自己。再加上一些人法律意识不强，对网络行为的不良后果缺乏足够认知，自以为只是"吃瓜"，殊不知是在犯罪。

有时候，来自素不相识的普通网友没来由的恶意和攻击，往往容易成为"被开盒者"难以承受之重，成为压垮他们的"稻草"。而当"被开盒者"合法权益受到侵犯后，想要找到"开盒者"却是较为困难的一件事，多数情况下受害者只能忍气吞声，难以让施暴者付出应有代价。

四问：谁来"供料"？

在互联网世界，几乎每个人都无处可藏，所有个人信息都可能随时被暴露在日光之下，这也导致"人肉开盒"的不法行为有了可乘之机。

从以往经验来看，物流、金融、电商等行业是数据泄露的重灾区。据专业人士分析，"内鬼"违规获取隐私数据，以及网络爬虫攻击、植入木马和漏洞攻击等是数据泄露的主要原因。

大量的隐私数据一旦泄露，就可能在看不见的角落被兜售。所谓"社工库"，就是用各大网站用户的资料数据库搭建的数据库查询平台，是黑客与大数据进行结合的一种产物。黑客们将泄露的用户数据整合分析，然后集中归档在一个地方。"开盒者"有时候就会查询"社工库"信息来实施侵害。

大数据时代，个人在网络上留下数据痕迹，就可能成为被"开盒"的对象，甚至致使个人遭受无休止的网络暴力和生活骚扰。因此，个人信息保护的重要性越来越受到重视。

五问：谁该"出手"？

"人肉开盒"的恶行，冲破了道德底线，更逾越了法律红线。前不久，中央网信办启动"清朗·网络戾气整治"专项行动，其中"网络厕所""开盒挂人"行为被列为要集中整治的第一个问题。"人肉开盒"是网络毒瘤，必须重拳出击，还网络空间一片清朗。

除了要对"人肉开盒"行为进行严厉打击，让恶意"开盒者"得到应有的法律制裁，也要溯源隐私数据与信息是如何泄露的，对相关链条进行前置性干预与阻断，全力铲除"开盒"背后的利益交换，让所有人都能安心将自己的信息放在"隐秘的角落"之中。

"人肉开盒"之所以屡禁不止，与一些商业平台失管缺管也不无关系。有人说，移动互联网时代，人们就像生活在透明的盒子里，购物软件知道你买什么，视频软件知道你看什么，社交软件知道你聊什么，地图软件知道你去哪里……"人肉开盒"再一次把信息安全问题推到了公众面前，也是在倒逼平台完善升级。

对"开盒"这类不法行为，平台要坚守底线，不仅要做好个人信息安全保护、防止泄露，还要加强内容审核、处理屏蔽，堵住网络失管漏管的"盲盒"。

云新宇　谢滨同　陈云　冯胜　执笔

2023 年 12 月 7 日

"围猎"公版书

> 公版书制度建立的初衷，是打破知识垄断，共享人类智慧，让读者在阅读中感受经典作品的魅力。这些作品看似各家都可以出版，实则颇为考验出版社的水平，门槛反而更高。

公版书，历来是文化宝藏库里的"富矿"。我国现行著作权法规定，自然人的作品，其发表权等部分权利的保护期为作者终生及其死亡后五十年，截止于作者死亡后第五十年的12月31日。这类作品，出版社使用不会侵犯作者的版权，一般被称为"公版书"。

据不完全统计，常年盘踞畅销书榜前列的《浮生六记》，至今已出现100多种各类版本；风靡世界的童书《小王子》，光是中文译本就有七八十种；在图书评分网站上搜索《红楼梦》，能查到多家出版社出了近千个版本。

让人眼花缭乱的同时，"选择困难症"读者恐怕还有些许抓狂。不禁要问，这是一个怎么样的红海市场，吸引着多方"火拼"？市场如何在把公版书卖给读者的同时，也把"心"交给读者？

一

那么，各出版社为何孜孜不倦"围猎"公版书？

国学持续复兴，促使读者回归经典阅读，打响了"公版IP"。近年来，5000多年生生不息的中华文明，赋予了更多人自信的底气。以前阅读经典，通常需要"二道手"转化解读，比如《蒋勋说红楼梦》《于丹〈论语〉心得》……本本都是当年畅销"爆品"。而如今，随着国民人文素养逐步提高，更多人已经不满足于"嚼好的馒头"解读，转而追求阅读名著原文。

公版书拥有较为稳定的读者群，不少作品备受欢迎。那些享誉世界的文学作品、传承千年的经典书目，如《论语》《诗经》《战争与和平》等，篇篇锦绣、字字珠玑，收获海量读者"粉丝"。据开卷数据显示，2022年公版书销售1.386亿册，《2022抖音知识数据报告》提到，当年抖音用户最爱的十本书中，一半都是公版书。

对出版社来说，很多公版书几乎没有市场"顾虑"，且有较大利润空间。那些仍旧活跃在市场上的公版书，因作家本人具有IP特质，为作品带来许多自然流量。再者，当作品进入公共版权，出版方省去约稿、组稿、签订合同等流程，使得图书出版周期大大压缩。

业内人士透露，优秀作家作品的稿费占图书成本比例往往在30%以上，且对首印数和版税都有较高要求，公版书因为没有这部分费用，成本自然而然大幅降低。

二

然而，对于这块"唐僧肉"，各方争议也从未休止。有人将其贴上"低成本""赚钱利器"的标签，有人将其等同于"复制粘贴"。公版书也因此陷入圈内"鄙视链"底端，做原创书的看不起做版权书的，做版权书的看不起做公版书的。这也暴露出公版书行业的一些乱象。

著作权保护，首当其冲。公版书虽然进入"公有"领域，但也不是谁都可以随意出版。事实上，公版作品不受保护的仅仅是发表权和十三项财产权，也就是不需要作者或其他权利人的许可和付酬，但是署名权等三项人身权永远受保护。而在实际操作过程中，有的出版商肆意篡改名家名作，或者抄袭其版式设计、体例编排、结构策划、标题拟定、排版加工等，侵犯了著作邻接权。

比如意大利作家亚米契斯《爱的教育》一书，1959年已成公版，其中王干卿翻译的版本是最受欢迎的版本之一。而该译本长期遭受侵权之困，被直接照搬译文或"洗版"；又如被擅自篡改后出版了注音版、插图版，导致原译本的翻译权、修改权、署名权等被侵犯。

跟风出版，难以保证质量。有些出版单位，只顾眼前利益，而不衡量实际情况，在"编校人员不足、专业水平欠缺"的情况下，强行跨专业跟风出版。比如古典文学作品注释校勘要求高，倘若理工编辑校古籍，恐怕难以胜任，极易发生"牵一发而动全身"的出版差错。

有的名著刻意追求学生版、青少年版，进行大量删减，盲目降低阅读难度，置原文内涵于不顾；还有的为了规避版权限制，投机取巧、东拼西凑，导致编校质量不合格。笔者曾买过一本薄薄的《资本论》，封面上没有注明译者，对照200多万字的原文后，发现它只有部分章节梗概，俨然将一本权威经典著作变成了故事书。

营销"用力过猛"，常被诟病。在竞争日益激烈的公版书市场，有的出版商为了秀"存在感"，打着图书"下沉"的美名，试图以媚俗的封面、花哨的装帧挤占高品质公版书的市场空间，搅乱市场秩序的同时，让书业不知不觉陷入"劣币驱逐良币"的困境。

三

公版书制度建立的初衷，是打破知识垄断，共享人类智慧，让读者在阅读中感受经典作品的魅力。这些作品看似各家都可以出版，实则颇为考验出版社的水平，门槛反而更高。

面对市场上鱼龙混杂的现象，如何走出"拿来主义"的老路，变"故纸堆"为"活资源"？笔者以为，为其注入更多知识内涵应是最佳解法。

内容是"硬通货"，编辑应追求"信达雅"。一方面，挑选优质底本是关键，既要符合当代文化价值取向，又要能得到权威认可。另一方面，译者、整理者水平直接反映图书品质，注重翻译、注释、校订各个环节，精确传达原作思想艺术风貌。唯有秉承认真细致的工匠精神，在内容上多做"加法"，才能摆脱公版书"炒冷饭"的老派形象。

比如，浙江文艺出版社和大星文化策划的《月亮与六便士》，选择水沫诗歌奖、波比文化小说奖得主徐淳刚作译者，根据英国

Vintage Books 出版社 1999 年英文定版进行翻译。其版式简洁明了，在开篇配上了精美的高更绘画作品作插图，深受年轻读者的喜欢，目前已累计销售 244 万册，是市场上较为畅销的版本之一。

服务是"附加题"，答题该戳中读者"心巴"。好的出版服务，敏锐的市场洞察力和创新的思维不可或缺。比如《2022 年度图书市场分析》报告显示，短视频电商图书销售同比增长近 43%。从这个角度来看，不妨借助短视频、社交媒体平台，第一时间收集读者反馈，增强双向互动，获取更多"种子读者"，让口碑传播带动营销。

此外，也可以利用数字出版技术，让公版作品跳出纸本，尝试电子书、音频书、视频书，实现"一种产品、多种产出"，延伸文字作品附加值。

尽管当前出版行业仍缺乏针对"公版书"管理的具体法规，但相关管理部门已经意识到这个问题。国家新闻出版署在这几年图书"质量管理"专项工作中，就明确提出要"加大对公版图书内容和编校质量的检查力度"，多位全国政协委员也呼吁"加强公版书出版管理"，行业正一步一步向好发展。

千淘万漉虽辛苦，吹尽狂沙始到金。在经历时间检阅和书业洗礼后，那些底本优质、质量上乘、装帧精美的公版书，定会似琼浆玉露般，缓缓流进你我他的心田。

郑黄河　郑一杰　执笔

2023 年 12 月 8 日

流行语背后藏着什么"秘密"

> 流行语作为一种与社会互动、表达自我的新方式，一定程度上契合了当下人们的生活方式和工作方式，展现着人们如何标记社会生活。

近日，《咬文嚼字》编辑部发布了"2023年十大流行语"，"新质生产力""双向奔赴""人工智能大模型""村超""特种兵式旅游""显眼包""搭子""多巴胺××""情绪价值""质疑××，理解××，成为××"等词汇与句式榜上有名。

每到岁末年尾，用"年度流行语""年度热词"回顾总结这一年似乎已经成了一项"保留节目"。可以说，这些流行语不仅承载着人们对过去一年网络热点、公共生活的记忆，也折射出大众的社会心理和价值观念。

那么，年度流行语何以流行？透过这些流行语，可以触摸到怎样的时代脉搏？

一

年年岁岁花相似，岁岁年年"词"不同。年度流行语一头连着大时代的风云激荡，一头连着普通人的喜乐哀愁。

正所谓"言由心生"，不少流行语堪称大众鲜活的"表情"、心声的"嘴替"，因而引发了很多人的共鸣。比如2022年的网络流行语"雪糕刺客"之所以被网友调侃并衍生出"汽水刺客""奶茶刺客"等词汇，是因为它形象地反映了大众在消费时，面对不合理的价格，感觉到被冒犯，从而产生的愤慨、尴尬的情绪，反映出大众消费心态的转变。

一些流行语言简意丰，虽然只有寥寥几个字，包含的意思却犹有千言，其传神之处在于"只可意会不可言传"。比如，"质疑××，理解××，成为××"就形象地表达出一种从对某种态度或做法的质疑，到理解之后对之感到认同、赞成，于无形之中反映了一个人转变的心路历程。这背后，或许就包含了许多一波三折的情节、难以言说的故事。

此外，一些年度流行语在一定程度上反映了全社会共同关注的话题。比如，今年火"出圈"的"特种兵式旅游"，凸显出在当下的年轻群体中，主打"快狠准"的高性价比旅行方式受到追捧，而"搭子"一词的流行，则表明年轻人开始追求一种轻松的、不接触过密的新型社交关系模式。

二

年度流行语犹如一面镜子，映照出世界万象与社会变迁，反映着特定时间段的社会景象。有学者指出，语言是一种社会交流工具，是社会组织和社会关系的反映，随着社会的发展而发展。

而说到底，语言只是记录、表达的符号与工具。我们有必要读懂，流行语因何而流行，它究竟反映了什么？

互联网话语生态的变化。互联网具有全时空、全媒体、全链接的特征，形成了传播讯息、表达言论的新媒体平台矩阵，为流行语的传播提供了温床。这些平台载体在流行语的裂变传播中成为关键渠道。

可以说，流行语的变迁史，就是中国互联网形态变迁、主体变化的体现。值得一提的是，如今年轻人占据着新媒体平台上的绝对"C位"，是流行语的主要创造者和使用者。随着社会化媒体时代的到来，新媒体平台的重要性与日俱增，年轻人的声量也越来越大，他们在互联网话语生态创新中起到主导性作用。

群体社会心态的折射。流行语作为一种与社会互动、表达自我的新方式，一定程度上契合了当下人们的生活方式和工作方式，展现着人们如何标记社会生活。大到影视歌曲，小到评论、留言、弹幕，都能看到人们留下的"时代表情"。

一些年度流行语脱颖而出，很大程度上是因其反映了某一群体的心声，传递着他们情感上的同频共振。这为我们把握当下各类社会群体的心态提供了重要切口。

网民个体情绪的表达。当前，我国仍处于社会主义初级阶段，发展不平衡不充分问题仍然突出，教育、医疗、再分配等社会结构性问题依然存在。如果说走出社会主义初级阶段是攀登一座高峰的话，那么在向上的过程中难免爬坡过坎、涉险渡困，容易产生、积聚一定的复杂情绪。

一些流行语往往诙谐幽默又极具个性，能够让人在自嘲或调侃中纾解心理压力，从而起到"疏导剂"的作用。比如，反讽梗"栓Q"和"我真的会谢"，并不是表达感谢之词，大多情况下是说话者感到郁闷时的一种调侃，体现的是无奈之情；魔性的"我太难/南了"，则是网民希望释放生活压力的心理在口头上的表征。

三

透过年度流行语，我们既要看到具有普遍性的社会现象，更要透过现象把准深层次的社会机理和时代脉搏，在此基础上强化社会问题的有效纾解、社会心理的正面引导，在国家、社会、个人之间画出更大的同心圆。

比如，在流行语中感知群众心声。文字融入了人们的情感，表达着内心的感悟和想法。可以说，无论是严肃的、调侃的，还是乐观的、忧虑的，字里行间所跳跃的归根结底还是人民对美好生活的向往，这就需要用流行语观照现实，多关注并解决流行语背后的现实问题。

比如，针对在青年群体中流行的"佛系""打工人""躺平""精神内耗"等词语，应当多加观察研究，更多聚焦年轻人急难愁盼问题，着力从青年视角补齐公共服务短板，为他们的成长发展提供实实在在的帮助。

比如，在流行语中凝聚正向能量。近年来，各类流行语更新迭代的速度越来越快。一方面，流行词总能以特有的传播方式、幽默的表达方式和深刻的文化内涵，吸引人们对相关事件的关注，从而在一定程度上有助于推动社会治理方式的改变、引领社会进步的步伐。

另一方面，也要警惕流行语在使用过程中的"变味儿"，避免出现低俗、粗鄙化的倾向。这就需要准确把握流行语用语的产生、传播规律，引导青少年正确使用流行语，更好实现个体自我表达与时代精神的融合。

再如，在流行语中勾勒时代图景。"中国梦""打虎拍蝇""命运共同体""文明互鉴""中国式现代化""新质生产力""人工智能大模型"……一个个词汇犹如时代的脚印，见证了宏大的时代叙事在语言中留下的痕迹，也展示出中国社会发展各领域集中体现的引领性发展、爆发式成长。

因而，有人说，要读懂中国，先要读懂流行语，从中可以洞见中国的过去和未来。这话并不夸张，用好昂扬向上的"时代表情"，对于激发人们的自豪感与认同感具有十分重要的作用。

在时代的滚滚洪流中，有的流行语昙花一现，有的则历久弥新，但无论如何，它们都代表了一段时期的社会缩影，值得我们去关注、记录和研究。

正如同"一千个读者就有一千个哈姆雷特"，每个人心中的年度流行语自然也不尽相同。那么，2023年让你最有感触的流行语是什么？一起来评论区聊一聊吧。

陈培浩　许小伟　执笔

2023 年 12 月 8 日

柚中"名旦"风味几何

> 熟透的文旦果皮金黄，生得一副喜人相，也就得了"黄金果"的别名。同时它的果形浑圆剔透，契合了极简美学。

有句老话说"秋冬吃柚，赛过吃肉"。天气一冷下来，便又到了柚类水果的"江湖争霸"之时。

江湖上有沙田柚、文旦柚、坪山柚、暹罗柚"四大名柚"之说，各有各的风味。不过对浙江人来说，最熟悉的还得是产自台州玉环的文旦柚。这位柚中"名旦"瓤肉脆嫩，酸甜可口，曾在全国柚类品质鉴评会上多次斩获冠军，早已美名远扬。

那么，一个柚子何以成为柚中"名旦"？今天我们就来说道说道它的风味。

一

俗话说，人如其名，"文旦"亦然。"文"用来形容柔和的外表与容态，"旦"则指戏曲中扮演女性的角色。如此来看，文旦便是

"一位柔美的女角儿"。

在玉环，每年霜降之后，文旦开始被渐冷的天气催黄。熟透的文旦果皮金黄，生得一副喜人相，也就得了"黄金果"的别名。同时它的果形浑圆剔透，契合了极简美学。紫砂壶中就有一种名壶为文旦壶，它仿照文旦的造型线条，充满圆润丰腴之美。

从体积上看，文旦单果一般重2斤至4斤，大的可达到7斤以上。秋冬之文旦，是江南嘉果中的"巨无霸"。而文旦的气味，不似热带水果那浓郁得化解不开的馥香，也不是那种略带呛人的沉香，而是淡雅的清香。放一两个文旦在案头，室内便会香味弥漫。

文旦并非越新鲜越好吃，懂行的老饕都有将文旦"辞水"一说。即将新鲜文旦置于阴凉通风处，"发汗"一周。待水分流失后，果皮愈发薄透，果肉也更加甜糯。

"杀文旦"是玉环当地方言的说法，因文旦个头大、皮厚，剥起皮来阵仗极大，故用"杀"。用刀片拦腰轻轻一划，去掉果皮，再剥去薄薄的白色表皮，用力一掰，白齿皓玉般的果肉便露出来了。撕下一瓣儿轻轻塞入嘴中，酸甜滋味尽数在口腔中迸发。

除了直接吃，玉环文旦亦可入药、入茶、入菜……人们的奇思妙想总能与文旦擦出不一样的火花来。譬如笔者钟爱的"玉环文旦露"，以文旦果壳为盛器，撕果肉为粒，把兰香子和西米泡发后，混入熟木瓜，并一起勾芡装入果壳。每每忆起那酸甜酸甜的味道，仿若思乡的滋味一起悠悠飘来。

二

如今浙江各地的水果店出售文旦，多标明"玉环文旦"，以示出身"名门"。不过，早年的玉环文旦，还没有这般风光，那时它还是"土里吧唧"的土种柚子，当地人称之为"土栾"。那么，这颗果子又是如何逆袭的？

文旦和玉环的缘分可追溯到120多年前。据《玉环县志》等记载，清光绪二十三年（1897年），告老还乡的玉环人韩姬宗陪同夫人到九华山敬香拜佛，偶遇一福建女香客正在剥一个外形似球、果皮橙黄的大果，打听后才知道果子叫"文旦"。两位"吃货"食指大动，品尝过后对此赞不绝口，下定决心要将这一美味带回家乡。

于是，13粒文旦种子就跟随韩姬宗夫妇一路跋山涉水，扎根在玉环这片温润的海岛上，与玉环当地土栾、玉橙嫁接繁衍，开枝散叶一个多世纪，遂成为迥异于其他柚类、品质超群的柚中珍品——玉环文旦。

《晏子春秋》里说"橘生淮南则为橘，生于淮北则为枳"，讲了一方水土孕育一方风物的道理。为克服玉环文旦"水土不服"的问题，当地农技人员和果农花了不少功夫。

玉环文旦是个"娇贵的主儿"，非常怕冷。一般冻害的临界气温为零下3℃，连续24小时低于零下3℃即开始受冻，尤其在春季萌芽期对温度的要求较高。因而低温寒潮对抗冻能力弱的玉环文旦而言是致命打击。每年寒潮来临前，果农们都要细致地给植株盖棚、覆膜、盖遮阳网、提前灌水，为其提供最舒适的生长环境。

除了改善文旦的"居住"条件，更要解决好"就医"问题。比如"采前裂果"就曾是"老大难"问题。玉环文旦平均年裂果率在20%—30%，20世纪90年代曾高达50%。1993年，当地拿出30万元作为重奖，对文旦裂果攻关项目进行招标，招纳中国农科院柑桔研究所、浙农大园艺系等各路"大神"攻坚克难，逐步改善裂果率高的问题。

三

至今，文旦在玉环种植了上百年，玉环被誉为"中国文旦之乡"。从酸涩发苦、无人问津的"土栾"到酸甜可口、名满天下的"文旦"，玉环文旦的逆袭之路带来了哪些启示？笔者认为，当地的三个有益探索值得借鉴。

"另辟蹊径"打开新销路。如今的玉环文旦不仅在北京、上海等国内20多个城市站稳了脚跟，还漂洋过海，远销欧盟、印度尼西亚、日本等10多个国家和地区，打开了国际市场。

热销海内外的背后，离不开销售渠道、衍生产品等多重创新。比如，玉环在通过直播和短视频等渠道打开文旦新销路的同时，还开发出文旦汁、文旦酥、文旦精油等文旦"深加工"产品，打破了销售熟果的单一模式。此外，当地还通过文旦智能分拣流水线，根据客户需求，设定糖度、克重等标准挑选优质果，因此拿下不少订单。

"深耕品质"打响"玉环"标。在名柚辈出的"江湖"，玉环文旦为何能独树一帜？这离不开玉环为文旦绘制的一张张清晰的"发展地图"。比如，玉环专门制定了"玉环文旦"产业标准，在品牌形象、品控保障等方面下了不少功夫。

今年，玉环还出台了《促进玉环文旦产业高质量发展的若干意见》，提出要从种苗源头提升文旦品质，实现中高端精品文旦"一果一码"等，不断用好品质推动"玉环文旦"成为中国柚类第一品牌。

"接二连三"打好文化牌。"既卖产品，又卖风景，更卖文化"，这是玉环文旦的"破圈"之道。自2007年起，一年一度的"文旦旅游节"就是当地的秋冬热门，吸引不少"吃货"、网红博主"打卡"。像今年的旅游节，以民俗表演、文旦集市、非遗展示等形式，吸引了天南海北的网友们在线观看。

与此同时，文旦花开创意园、"柚见山谷"房车营地等特色项目，文旦菜品、文旦数字藏品、文旦文化体验研学线路等"文旦周边"，也催生了当地独特的"美丽经济"，让文旦之于玉环不只是一种水果，更是一种文化、一种生活。

正值文旦季，柚香满城。不妨赴一场金黄邂逅，与这位柚中"名旦"清甜相约。

林琳　孔越　执笔

2023 年 12 月 9 日

在仓桥直街流连的理由

> 因为古街的模样是一些人记忆里的儿时故乡，也是一些人从未见过的精神原乡。住惯了高楼大厦的人们在现代化的都市中渐渐模糊了这些回忆和根脉，又在这些古街古镇中将它们逐渐找寻回来。

有这样一个街区，它的每一处角落都氤氲着难以被取代的市井情、烟火气。在这里，既能遇见一座古城的遗迹，也能感受老底子本地人真实的生活。有人赞美它，在它幽深寂静的街巷里，在它小桥流水幽幽泛起的微光中，历史文脉得以传承。

它就是被一些网友称为"中国遗产活生生的展示地"、曾在2003年荣获联合国教科文组织亚太地区文化遗产保护优秀奖的绍兴仓桥直街历史街区。

河道、民居、道路是它的核心组成部分，老城中心的老街是它最为人认可的标识。而网红打卡地、文青必到地、遛娃好去处、越乡古韵CBD……则都是当下人们赋予它的新标签。

老街何以出新韵？老街何以解乡愁？老街何以安流年？或许我

们能从它的"前世今生"里窥探一二。

一

一条仓桥直街里，留存的是一座千年古城的时光印记。而它的名字就述说着它的故事。

所谓"仓"，藏着昔时货物存储往来的秘密。春秋时期以货换货的贸易就在这里发生，据传，越国建都城时，为便于舟楫运载货物，在这里建有一排仓储房。由此，临河建仓、仓前设铺的格局便渐渐形成了。在后来的历朝历代，官府的各种库仓仍往往设在周围。像两宋之时，府衙就在此建造粮仓，以储粮备荒。

所谓"桥"，从来都是独特的风景。绍兴是水城，河道纵横，多船多桥。在仓桥直街，自北向南，仓桥、宝珠桥、府桥、石门桥、酒务桥、凰仪桥等石桥依次排开。每一座古桥的得名，都伴随着一段有趣的传说故事。比如街上最美的一座古桥"宝珠桥"，原名"火珠桥"，相传是因乾隆皇帝下江南时曾到此处游玩，不小心把一颗宝珠掉到河里，故从此改名。看街也看桥，古桥传说承载着浓浓的乡民情结与厚重的历史文化。

所谓"直街"，暗示着曾经的热闹，也昭示着今天的繁荣。昔日的仓桥直街名人荟萃，这条街上的一爿古董店曾是鲁迅先生光顾买古文物的地方。1902年10月，后来成为辛亥革命志士、光复会会员的王子余在此开设"万卷书楼"，他销售、传播进步书籍，并常与徐锡麟、秋瑾等叙谈纵论，使这里成为传播反清革命思想种子的重要场所。而今天，它是地标，也是网红打卡地，吸引着越来越多的游客来这里，做一场江南水乡的旧梦。

二

有网友逛完仓桥直街后说，它唯一的缺点，就是只在绍兴有。街前古朴台门、街后小桥流水，仓桥直街这与众不同的独特气质从何而来？

实际上，从旧时光迈入新时代，仓桥直街的风貌肌理一直以来都基本未变。传统习俗依然存续，原住居民自在生活，新兴时尚也有一席之地，仓桥直街努力打造出社景合一、文商旅融合的活样板，而这些都归功于四条原则。

原汁原味的保护。仓桥直街从来不在文化遗产上动手脚，保持着街随河走、粉墙黛瓦的水乡风貌和建筑特色，也保留着最质朴最原初的生活气息。这里的民居多为清末民初建筑，近80%的原住民仍在此居住生活，时间仿佛只是增加了岁月的厚重感，却未改变其原本模样。老台门里晒着太阳的老人、坐在河埠头上择菜的妇女，冬日时分家门口挂着的酱鸡酱鸭……这不是景区，分明是活的老绍兴。

原模原样的恢复。历史街区是一部"看得见的历史"。府山脚下的仓桥直街，横向展示着绍兴宽广而深厚的阅历，纵向记载着城市的历史与传承。20世纪90年代，绍兴首次提出对仓桥直街周边实行保护，并将一些路段改成步行街，一度引发争议。此后，保护文物建筑的原真性和环境风貌的完整性就成为一条底线。仓桥直街的恢复，仅对部分塌旧建筑进行还原修缮，并着力疏浚整治河道，尽可能保持道路街景、河道水系、古树、小桥、院墙、驳岸等整体的统一。

有根有据的修复。"绍兴城里十万人，十庙九庵八桥亭，台门足足三千零。"台门是绍兴特色民居建筑，仅在仓桥直街，保存完好的各式台门就有40余处。有的台门院落经历数十年的岁月变迁和几代人的居住生活，在不同程度上遭到了损坏。而修复也必须"修旧如旧"，厅堂陈设布置尽量恢复绍兴地方传统，屋面、墙面、地面、楼面都按原样，用旧材翻盖整修，就连新添的瓦也要尽量用旧瓦。置身老街，如同进入了一座没有围墙的绍兴历史博物馆。

有脉有络的创新。从春秋时期以货换货的小气候，到如今商业兴旺、旅游发达、人文荟萃的大繁华，仓桥直街在沿袭传统建筑风格和传统民俗文化的同时，持续注入创造性转化的新动能。"一箪一瓢尽滋味，一叶乌篷入画来"，仅以绍兴美食为例，在这里既可以尝尝臭豆腐、醉蟹、木莲豆腐等地道特色美食，也可以试试黄酒棒冰、投醪咖啡等新式创意甜品。此外，越剧、越菜、越医等优质文化资源的复兴也在赋予老街新的文化符号。

三

有人说，当你到达一座城，可以不去最繁华的商城，也可以不去最喧闹的风景，但一定要去最古老的小巷走走，感受光阴的沉淀，寻找往日的故事。但有些时候，对古街有多少美好的幻想，就会被"坑"得有多惨。

有的古街为了经济利益搞得不伦不类，开设着千篇一律的工艺品店和小吃商铺，陷入过度商业化的误区；有的古街丢掉了自己的风土人情和文化根脉，跟风修建仿古建筑，看似表面光鲜，实则鲜有旧时痕迹，仿佛都出自一个模子；还有的古街为了迎合游客而挤压了原住民的生活空间，使得传统文化遗产和历史价值逐渐被侵蚀……这些都让那些慕名而来的游客大呼上当。

而仓桥直街却并不如此，反而常年游人如织、广受好评。这不禁让人思考，人们去古街，到底为了啥？古街、古镇的传承发展，到底该做怎样的文章？

奔的是文化。好风景常有，但好故事不多。如果说一步一景皆是"皮囊"，那么文化便是"有趣的灵魂"。文化典故、历史古迹越多，人文色彩越浓厚，古镇就越有着经久不衰的魅力，仓桥直街便是如此。就像如果没有鲁迅笔下的故乡和鲁镇，绍兴的小桥流水和别处就不会有太大不同，臭豆腐和茴香豆也咀嚼不出其他滋味；如果没有沈从文，凤凰古城也会泯然于湘西众多古镇中，不会成为今天这样热闹的景点。古街、古镇开发只有坚守文化内核，才能焕发强大的生命力。

看的是风情。如果说，历史元素和文化特征的存在，才配得上一个"古"；那么本地居民和传统生活风貌的保存，才配得上"街"。北方古街的深沉厚重，江南古镇的乌檐碧瓦，西北古城的质朴粗犷，都是不同时期、不同地域、不同经济社会发展阶段和历史变迁的一种写照。游客们拍照打卡的是古建筑和自然景观，感受的是文化氛围，品尝的是本地美食，这些都是古街旅游的精髓。有数据显示，我国共有2800多座已开发或正在开发的古城镇和数量更为庞大的古街。倘若不靠独树一帜的风土人情，而靠千人一面的商业开发，靠拼凑嫁接、生搬硬套别人的爆款项目，靠拆旧建新、山寨复制，终究是有形无实，不会让人流连。

品的是乡愁。人们为什么青睐古街？因为古街的模样是一些人记忆里的儿时故乡，也是一些人从未见过的精神原乡。住惯了高楼大厦的人们在现代化的都市中渐渐模糊了这些回忆和根脉，又在这些古街古镇中将它们逐渐找寻回来。有绍兴当地居民就说，仓桥直街对他来说不是历史街区，而是小时候放学的回家路。望得见山、看得见水，更记得住乡愁，或许才是古街真正牵动人心的地方。

老街焕新颜，注定是一道难得的风景。如何保留烟火气、提升文化味，探索出一条新时代古城更新与现代生活共存的路径，让寻梦江南的游子和归人听得到戏台上咿咿呀呀的越剧唱腔，看得到河面上慢慢悠悠的乌篷流转，感受得到传承千年的江南文脉与名人风骨，也是未来的仓桥直街在"微改造"和"精提升"中要坚守和追寻的。

云新宇　胡祖平　王珂雨　执笔

2023 年 12 月 9 日

国产剧在阿拉伯世界为何"真香"

> 剧里有"中国的故事"。越来越多的中国影视剧乘风远行,为阿拉伯国家朋友们揭开今日中国的"面纱"。

很多网友或许不知道,一些中国热播剧已经"出圈"到了阿拉伯世界。像《欢乐颂》《父母爱情》《琅琊榜》等国人耳熟能详的国产剧,近年来陆续在多个阿拉伯国家热播。

这几日,杭州临平艺尚小镇迎来第六届中国—阿拉伯国家广播电视合作论坛,来自15个阿拉伯国家的国际友人、阿拉伯国家联盟和阿拉伯国家广播联盟两个机构的嘉宾,以及国内专家学者等汇聚一堂。他们讨论的重要话题之一就是中阿视听作品交流。

今天,我们借此次论坛来探讨:哪些中国影视剧是阿拉伯朋友的心头好?它们缘何"圈粉"阿拉伯市场?如何更好推动中国影视剧走进阿拉伯世界?

一

位于欧亚非交界处的阿拉伯地区，是东西方文明的交汇之处。尽管相隔千山万水，中阿文化交流互鉴仍自古有之。古丝绸之路将两块古老的土地早早地联系在了一起。公元651年，长安迎来了第一位阿拉伯使节，双方的文化情缘自此绵延不绝，为后世留下丰富的遗产。

10年来，中国和阿拉伯国家作为共建"一带一路"的天然伙伴，联系愈加紧密。双方在教育、文化、智库等领域合作频频，阿拉伯艺术节、中国—阿拉伯国家广播电视合作论坛等各类人文交流活动多次举办。

在影视领域，中国和阿拉伯国家的交流合作尽管起步不早，但惊喜不断。10年前，第一批阿语版国产剧走上阿拉伯国家的荧屏，意外地受到当地观众的喜爱。比如，电视剧《金太狼的幸福生活》虽在埃及非黄金时段首播，却收获很高的收视率。

值得一提的是，阿拉伯世界的观众也爱上网追剧。《长月烬明》《偷偷藏不住》等时下的国产热剧在YouTube阿语频道很受欢迎，其中电视剧《以家人之名》的点击量更是高达1亿次。如今，阿拉伯语已成为互联网平台上国产剧被翻译最多的语言之一，足见中国影视剧在阿拉伯国家的受欢迎程度。

当然，双方未来的合作也将更深入、更紧密。去年12月，习近平主席在首届中国—阿拉伯国家峰会上提出了中阿务实合作"八大共同行动"，其中第六条"文明对话共同行动"中就强调中国要与阿方共同实施50部视听节目合作工程。

二

那么，中国影视剧凭什么在阿拉伯国家"圈粉"，令当地观众越追越香？笔者认为，至少有以下三点原因：

剧里有"贴近的生活"。最初，进入阿拉伯国家的国产剧主要是一些历史古装剧，但在当地反响平平。之后，贴近阿拉伯国家观众生活、反映中国社会经济发展的都市题材剧逐渐增多，比如《三十而已》《安家》等一系列都市家庭题材电视剧，因为展现中国大城市的现代化风貌和多姿多彩的生活而受到欢迎，成为现象级作品；浙江作家鲁引弓小说《小欢喜》的同名电视剧也在当地成为爆款剧，剧中营造的轻喜剧氛围让不少观众觉得"很温暖"。

剧里有"中国的故事"。越来越多的中国影视剧乘风远行，为阿拉伯国家朋友们揭开今日中国的"面纱"。近年来，一批反映当代中国发展的重大题材电视剧受到阿拉伯国家观众热捧。比如，讲述中国脱贫攻坚故事的电视剧《山海情》先后在沙特阿拉伯、埃及、苏丹等多个国家播出。

这些作品集中反映的，正是中国社会发展的日新月异、翻天覆地。正如一位埃及教师所言，《山海情》的故事之所以引发共鸣，是因为观众通过这部电视剧可以了解到当年中国农村的真实情况。和现在繁荣富强的中国对比，观众发现中国人有多么了不起，中国人的今天原来是这样的来之不易。

剧背后还有"双向的奔赴"。在共建"一带一路"倡议下，中阿融媒体定制化服务平台、丝绸之路影视桥工程等合作机制，为双方架起了沟通合作的桥梁，双方合拍出一批兼具关注度和美誉度的优质作品。

在沙特阿拉伯掀起"中国热"的合拍动画《孔小西和哈基姆》就是其中之一。去年12月，习近平主席在沙特《利雅得报》发表题为《传承千年友好，共创美好未来》的署名文章。文中提到，"中沙合拍的首部电视动画《孔小西和哈基姆》广受小朋友喜爱，播撒中沙友好的种子"。

三

中国影视剧在阿拉伯国家火热的背后，是阿拉伯国家对了解中国和中国文化的热情。共建"一带一路"倡议的提出，为阿拉伯国家了解中国、促进双方文化交流创造了机遇，但中国影视要更好地"走出去"、深入阿拉伯世界的角角落落，还有很长的路要走。如何打造更好口碑，减少因观念差异带来的"文化折扣"现象等，都值得思考和改进。

笔者认为，可以从以下几方面着手：

追求人文交流的双向互动。在影视创作时，如果能够根据阿拉伯国家观众的生活方式和思维观念等，将文化、艺术、影像转化贯通，同时加强对文化共性的挖掘，或许可以更有效地引发阿拉伯国家民众情感共鸣，帮助他们理解和认识中国。

正如有学者所提出的，中阿文化交流既需要自上而下引导，也需要自下而上参与。应充分调动社会团体、企业和民间的积极性，形成"政府引导、民间主导"的互动格局，做到进一步的民心相通，让更多中国好剧登上阿拉伯国家荧屏。

抓住新青年和新媒体。阿拉伯国家青年人口约占当地总人口的

60%。如今，新媒体平台越来越成为他们获取信息的重要载体。我们也应当借助互联网，发掘更多像"埃及法老刘正曦""ZEIN叙利亚小伙""老王在中国"（伊拉克UP主）这样的网红，同阿拉伯国家本土平台合作开展"网红说剧""短视频大赛"等推广活动，增强中国好剧在阿拉伯国家青年群体中的黏性，实现影视作品进一步"出海"。

用新科技赋能影视"智"作。如今，新一轮科技革命正在重塑文化业态，无论是视听产品的生产创作还是传播，都被赋予了更多元的选择、更广阔的想象空间。超高清、人工智能、虚拟拍摄这些"黑科技"，可以成为中国影视剧"酒香不怕巷子深"的一大法宝，也可以是中国送给每一位阿拉伯国家观众的礼物。

行合趋同，千里相从。和平合作、开放包容、互学互鉴、互利共赢一直是中阿交往的主旋律。千年以前，我们的先辈跨越层峦叠嶂，使中阿文化通过丝绸之路相互交融、熠熠生辉；今天，我们仍心怀这份期待，愿携佳作不远万里，为文化丝路增添更多生机。

蔡益辂　执笔

2023 年 12 月 10 日

从阿里献血事件看"媒商"修炼

> 人同此心，心同此理，舆论的背后是你我他，是一个个真实的、有血有肉的个体。

近日，关于"27岁女子在西藏遇车祸，阿里地区公务员集体献血"的消息屡上热搜。

"全员献血""警车开路""百万包机""神秘小姑"……涉事人的描述不经意间流露出"特权"色彩，引得网友浮想联翩。12月6日，媒体联合调查报道《五问阿里献血事件真相，还原上海女子车祸救治全过程》发布，厘清了事件的来龙去脉，一直在飞的"子弹"终于落地，舆论迅速趋于缓和。

不禁想问：明明是一场凝聚社会大爱的高原救援，为何在一传十、十传百之后，传变了味？是什么造成了事件传播的"360度大转弯"？大家又能从中吸取什么教训？

一

一切争议，都绕不开那段讲述车祸经历、接受"阿里全体公务员献血"的视频。视频中，涉事人以个人视角回溯了事件始末，言语中掺杂了开篇提到的夸张表达，引起广大网民的猜想与质疑。而随着事件的发展，其社交账号上"晒生活""晒感慨"的一些生活影像也被推至聚光灯下。

说到底，舆论场是公共空间，"朋友圈"不是"自留地"。"凡尔赛"式高调炫耀，难免不让人怀疑涉事人存在着一定的特权背景，于是这件事也演变成为公共事件，引起了广大网友的不满。

一个视频引发滔天热议的背后，有社会心态、舆情应对、网络管理等多方面原因，也反映出"媒商"的重要性。人们常说起"智商""情商"，那么"媒商"又是什么？

简单来说，"媒商"就是"媒介素养"，指的是人们面对各种媒介信息时的选择能力、理解能力、评估能力、创造能力以及思辨能力等。社交媒体时代，"媒商"是每个人的"必修课"。假如阿里献血事件涉事人在按下相关内容发送键前，能多一分谨慎、多一点思索，后续的一切也许就不会发生。

时至今日，传播格局发生了天翻地覆的变化。一方面，人人都有"麦克风"，每个人都是信息的生产者和传播者，都可以在互联网上展示自我、表达意见，网络舆论场呈现出"众声喧哗"的景象。另一方面，身处巨大又庞杂的"信息场""意见场"，个体声音十分容易被裹挟，每个人都可能因一句不合时宜的话而"翻车""塌房"，被推至聚光灯下成为"公众人物"。正因如此，"人人皆媒"时代，人人都应有"媒商"。

二

近年来，不少人由于缺失"媒商"，在互联网的海洋中一不小心栽了跟头，造成负面影响。

有的"网络共情"不足，招致公众排斥。"媒商"高的一大体现，就是一种与他人共情的能力。键盘敲出的每个字，话筒发出的每个音节，都在公开发布之后成为特定情绪的表达。特别是在公共网络空间，如果不考虑与他人共情，无所顾忌、随性任意地自我表达，就很可能带来不良效应。

此前，某头部主播面对网友称某品牌眉笔太贵的言论，直接反问"有时候找找自己原因，这么多年了工资涨没涨，有没有认真工作"，缺乏对"普通人挣钱不易"的共情，其离谱言论瞬间引得反感之声铺天盖地，至今还是网上的热梗。

有的传播意识匮乏，发酵激化舆情。在这方面，一些地方基层干部就曾出现过"负面典型"。面对媒体采访，或三缄其口，"防火防盗防记者"，视舆情为"敌情"；或打起太极，左躲右闪，频频推脱；或雷人雷语频出、胡乱表态，不会讲、讲不好，进一步激化矛盾。

殊不知，网络传播速度飞快，任何微小舆情都可能在意见领袖、大V的转发下和大众的指尖传播中瞬间"裂变"，对政府部门形象造成极大伤害。做到"好事能说好，坏事也能好好说"，才是"媒商在线"的正确表现。

有的散布虚假信息，扰乱传播秩序。社交平台去中心化的特征带来信息爆炸的同时，也使得信息的发布门槛大大降低。自媒体的内容生产通常没有严格的信息审校制度，一些缺乏媒介素养的发布者出于博关注等目的，常常夸大事实、歪曲真相，甚至编造谣言、误导公众。

此外，一些网民"媒商"匮乏，容易信谣传谣，不经意间当了"二传手"，破坏了舆论秩序。比如，近日一则"香港铜锣湾党群服务中心正式挂牌"的图文广泛流传，不少人信以为真，而图片地点实则为天津市南开区铜锣湾花园小区。

还有的一味追求"流量"，污染网络环境。媒介素养缺失还可能体现为不顾信息质量，造成内容功利化、低俗化，靠猎奇博出位，靠扮丑获曝光，恶化网络生态。比如，为迅速实现流量变现，少数"直播带货"机构和个人在内容生产上底线全无，或"卖惨引流"，或"打擦边球"，出现了如"大凉山网红"打着"助农扶贫"旗号实则制假售假、直播间女主播裤子不小心脱落等不堪现象。

三

身在全媒体时代，每个组织机构甚至普通人都有直面舆情"烤"验的可能，承受"难以承受之重"。掌握与网络舆论的相处之道，应当是每个人的必备素质。这里，笔者有四句话。

第一句，了解舆情，敬畏舆论。互联网就像一个大广场，每次发声都可能成为声量巨大的"喊话"。更要注意的是，社交媒体模糊了"私人性"和"公共性"的边界，在网络平台上的不当言论也有演变成公共事件的风险。因此，每个人都要当好自身言论的"把关人"，用心经营和管理自我媒介形象，不该"满嘴跑火车"。

第二句，将心比心，换位思考。人同此心，心同此理，舆论的背后是你我他，是一个个真实的、有血有肉的个体。像众人厌恶的

"炫耀帖"等，其实都是高高在上的俯视心态在作祟。在互联网"放大器"的作用下，缺乏"媒商"、不具备同理心的当事人往往容易成为"众矢之的"。无论是个人还是组织，在网络空间，都应好好说话，以平等的姿态与他人沟通。

第三句，不惹事也不怕事。面对谣言，要抓住"黄金24小时"甚至"黄金4小时"，及时说明真相、澄清事实；面对批评，也要拿出勇气、准确回应、诚恳道歉、及时改进，最大可能获得理解和认可。像《五问阿里献血事件真相，还原上海女子车祸救治全过程》这篇报道，对"小姑姑是谁""包机"等话题逐一回应、详细解释。类似这样的回应，不妨快一些、多一些，让无谓的联想与质疑之声无从延伸。

第四句，网品即人品。一个在高原上众人接力施救的热血故事，却一度成为"仇官""仇富"的集中宣泄。事件真正伤害的，是那些给予帮助的献血者、政府官员和医务人员。无论是逞口舌之快的当事人，还是为了博人眼球而无底线蹭热点的自媒体，都具有不可推卸的责任。网品体现人品，网络世界折射现实世界。无论线上线下，都要遵守做人的本分，做到言有所戒、行有所止、心有所畏，更不能让好人"受伤"、让好事"变味"。

一次突发舆情引发了舆论旋涡，一篇报道又让整个事件真相浮出水面。对每个人而言，可以看到的，除了真相，还有很多。比如，如何吸取教训、避免此类事件二次上演，也是需要考虑的问题，而修炼"媒商"，也许就是其中重要的一点。

苏畅　杨昕　执笔

2023年12月10日

谭其骧和他的中国地图

> 今天，打开中国2023年版标准地图，神圣的主权、辽阔的疆域，都有了具体的展现。越来越多的人发出了中国"一'点'都不能少、一'点'也不能错"的告白，相信如果谭其骧老先生听到，一定会很欣慰。

"规范使用，一点都不能错！"2023年版标准地图发布时，相关话题一度冲上热搜。

国家版图代表着一个国家的尊严和主权，我国向来有编绘地图的传统。这其中，不得不提由浙江籍著名历史地理学家谭其骧主编的《中国历史地图集》，该地图集曾被誉为"新中国社会科学最重大的两项成就之一"。

历时约30年的编写，被学界称为"谭图"的《中国历史地图集》共8册、20个图组、304幅地图，收录了中国清代以前可考的约7万个地名，全景展现了一个统一的多民族国家的缔造和演进过程。

今天，我们重温谭其骧穷其一生以复原中国历代版图的追梦之旅。

一

1911年，谭其骧出生于浙江嘉善的一个诗书之家。谭其骧日记中有这样一段话：其骧十五以前浑浑噩噩，十六十七献身革命，十八而志于学，从今而后，矢志不移。

谭其骧很早就加入了共青团，参加进步运动，还被反动当局逮捕入狱；他曾跟着夏丏尊拜访鲁迅先生，以鲁迅为偶像，试图写革命小说来唤醒国人；在暨南大学，他一年内三换专业，直至在历史系找到一生所系。

青年立志与中国时局有着直接关系。彼时，中华山河破碎，强盗们蚕食鲸吞中华土地，还妄想篡改历史，为侵略正名。比如，"九一八"事变后，日本帝国主义就拉拢无耻文人，提出东北三省和内蒙古非中华旧有之说。

针对种种谬论，刚刚毕业的谭其骧挺身而出，在《国闻周报》正面迎击，以大量史实证明：东北土地为中华民众所有。

他诚挚的家国情怀吸引了一批志同道合的师友。1934年，顾颉刚邀请谭其骧共同主编《禹贡》半月刊，在《发刊词》里动情写道："这数十年中，我们受帝国主义者的压迫真够受了，因此，民族意识激发得非常高……大家希望有一部《中国通史》出来，好看看我们民族的成分究竟怎样，到底有哪些地方是应当归我们的。"

于是，谭其骧准备用自己的一生，去穿越千年时光，触摸祖国的山川河流。虽然因为连年战乱，《禹贡》没能办下去，但命运的齿轮已然转动。

二

以史为鉴是中华民族的优良传统。从魏晋时期裴秀以"制图六体"绘成《禹贡地域图》开始，编绘历史沿革地图就成了一代代学者的"千年梦想"。

中国幅员辽阔、历史悠久，使用过的地名数不胜数。编一本详尽、精确的历史地图集可谓艰难至极。因此直到新中国成立之初，国内尚无一部详尽精确的历史地图可供使用。

20世纪50年代，谭其骧开始编纂《中国历史地图集》。

与现代地图依靠科学测绘不同，历史地图需要从浩如烟海的记载中推敲历代地理要素的变迁。有学者指出，"谭图"最大的贡献，就是确定了中国历史地理的空间范围。为了确定边境，不仅要查证史料，还离不开脚步丈量、实地勘探。比如1975年，年近古稀的谭其骧还实地考察了新疆，之后就修订了清代伊犁边界的相关信息。

从1982年至1988年，《中国历史地图集》由中国地图出版社出齐八册并公开发行。前后历时30余年，遍经坎坷，参与编绘的许多人青丝渐成华发。在《中国历史地图集》出齐的庆祝大会上，谭其骧看着已然苍老的同事们，念着已离世的编辑人员名单，说："编绘工作虽然已成为过去，但这种奉献精神是永存的！"

其实，众人都知道，付出最多的就是谭其骧。1978年，他先后罹患多种疾病，但即使在半昏迷状态，谭其骧还对前来探视的好友说："我不会死，我还要好起来继续工作的。"

据其当时的助手葛剑雄回忆，谭其骧生命的最后十年，足迹北至长春，南至中越边界，西至昆明，东至日本列岛，乘坐火车飞机上百次。谭其骧就这样用一生的不懈奋斗擎起了一束照亮历史的"火炬"。

三

有人说，历史地图是辽阔疆域的"历史群像"，在文明的积淀中，被定格为一幅幅历史地图。今天，透过谭其骧和他的304幅中国地图，我们又能读到什么？

"修齐治平"的家国情怀。青年时，谭其骧对历史地理的研究不仅仅是出于学术旨趣，更是来自救亡图存的时代使命感；中年之后，他锲而不舍、不辞辛劳地编绘历史地图，只为给中华五千多年的文明演进立传。

"历史好比演剧，地理就是舞台；如果找不到舞台，哪里看得到戏剧。"谭其骧曾形象地表述了历史与地理的关系。观其一生，他都在"明知不可为而为之"地不断攀登。

《中国历史地图集》的出版告一段落后，国家决定恢复《中华人民共和国国家历史地图集》的编绘工作，友人出于谭其骧的身体考虑，曾劝他不要再参与。但谭其骧毅然接下任务，而且不止一次地跟学生们说："这件事完成了，我这一辈子也就不白活了！"

查阅谭其骧日记，最后五天的记载让人格外揪心，这位年过八十、一只眼睛近乎失明、身体活动受限的老人，休息时间却是凌晨三点三刻、两点三刻、三点……直至为中国历史地理事业拼尽最后一口气。

知其所来、识其所在、明其将往的文化自信。习近平总书记在文化传承发展座谈会上指出，如果不从源远流长的历史连续性来认识中国，就不可能理解古代中国，也不可能理解现代中国，更不可能理解未来中国。

地图、音乐、绘画被称为国际三大通用语言。美国前总统里根1984年访华时，《中国历史地图集》曾被作为"国礼"赠送，可见这一套书的分量。谭其骧开创的事业，正是让"上下五千年、纵横千万里"脱离浪漫想象，有了真实可感的史料。

与每一"点"较真的自觉与底气。2010年1月，国内一名学者在欧洲演讲时，有国外听众对中国疆域版图提出异议。该名学者不疾不徐拿出谭其骧主编的《中国历史地图集》，用翔实的记载和论断，给出了有力的回应。

据参与编绘的科研人员回忆，谭其骧要求极严，在绘图前，对于每个点、每条线、每一个要素，都要求必须将原始史料依据全部列出，对于有不同记载的还要详加考证，最后竟积累了"数以百万字"的释文。

晚年，谭其骧将书房取名为"四毋斋"，所谓"四毋"指的是"毋意、毋必、毋固、毋我"，就是说不要凭空臆测、不要主观臆断、不要固执己见、不要自以为是。从"四毋"可见谭其骧一丝不苟、严谨细致的学术作风。

今天，打开中国2023年版标准地图，神圣的主权、辽阔的疆域，都有了具体的展现。越来越多的人发出了中国"一'点'都不能少、一'点'也不能错"的告白，相信如果谭其骧老先生听到，一定会很欣慰。

曹起铭　朱鑫　孔越　执笔

2023年12月11日

"泼天的富贵"你接得住吗

被流量选中的普通人，其故事中的坚持、困惑或治愈，映照着很多人的生活，戳进无数网友的心底。

最近，有三件事火了——2.2亿元彩票大奖、"鹅腿阿姨"和解清帅认亲。三件事的主角并无交集，但他们的故事都指向同一个关键词，那就是网络热梗"泼天的富贵"。

"泼天的富贵，接得住吗?"在这三件事的热评中，网友们态度不一、观点各异，让这个问题成为舆论潮中的"焦点之问"。今天，我们就来聊一聊该如何看待这"泼天的富贵"。

———

先来说一说彩票大奖。

近日，江西一彩民花了98500元，中了福利彩票快乐8游戏选七玩法49250注头奖，总奖金达2.2亿元。天降横财的故事，引人艳羡也抓人眼球，在网上引发轩然大波。

不少网友认为，该彩民的操作"神似穿越而来"，精准"捕获"巨额大奖，其背后疑云重重：为何花近10万元买一注两个三连号的号码？为何明明4万元就可以掏空整个奖池，却多掏近6万元，将每注奖金降到1万元以下？在一家彩票店下了重注后为何又跑去三公里外的彩票店再下重注？中奖者与彩票店老板说法为何有出入？哪怕经济条件不错，会不会花成千上万的"血本"买彩票？一时间，各种猜测不断发酵，各种传言真伪难辨。不少网友质疑有猫腻，呼吁有关部门展开调查。

过程超乎常理，引发公众质疑也在情理之中。网上舆论沸腾，这"泼天的富贵"背后有漫天的问号亟待解答。到底有没有猫腻？是不是纯属幸运？网友期待真相，舆论也需要真相。疑云密布之下，有关部门不妨早日出来"走两步"，以真相回应社会关切。福彩事业，助力的是公益慈善，关乎的是公正公平。倘若一拖再拖，舆论风暴只会越刮越猛烈。

无论事件如何扑朔迷离，"花10万元买彩票中2.2亿元"的故事，其抓人眼球的点之一是"豪赌与暴富"。一些人之所以钟情于彩票，是因为买张彩票有可能带来人生的"逆袭"，既给人生多一些可能，也为公益添一份力量，有着属于"打工人"的小乐趣。然而，中彩固然美好，生活中却没有那么多一夜暴富的机会，"泼天的富贵"满屏飞只是一种错觉。

"豪赌与暴富"的故事值得警惕。天下没有谁能不劳而获，也没有谁能随随便便成功。他人有他人的奖票，我们有我们的命运，买彩票也好投资也好创业也罢，切不可陷入求暴富的"豪赌"心理，更不能因此铤而走险。持有一份健康淡定的平常心、脚踏实地的上进心，人生的运气或许会更好。

二

再来说说人间清醒的"鹅腿阿姨"。

"鹅腿阿姨",本是在北大附近卖烤鹅腿的小摊主,后辗转清华、人大门口,因三所顶尖高校学生纷纷发帖热情"呼唤"她来自家校门前摆摊而迅速走红网络。突发的流量始料不及,有网友催促她:"赶紧带货呀,抓住这泼天的富贵。"让人意外的是,火爆"出圈"后,"鹅腿阿姨"选择守住小生意。

"我们不想太张扬,平平淡淡就行""我不希望走红,更不想当网红,只想和以前一样简简单单地给学生们做他们喜欢吃的东西"。"鹅腿阿姨"的这份清醒实属难能可贵,令人尊重。

互联网时代,从来不乏一夜成名的事件,但流量狂欢终会散场。"鹅腿阿姨"用"烟火味"与"人情味",抓住了学生们的胃与心,也抓住了网友们的心与眼。很多网友的共情与共鸣,来自她与学生们一起构建的"生活的小确幸",来自她努力生活的样子。她从生活中来又回归到生活中去,则是狂欢喧嚣下一位普通人真实而朴素的选择。

人间清醒的故事不常见,却很让人受用。流量至上的时代,谁都有可能成为网红。被流量选中的普通人,其故事中的坚持、困惑或治愈,映照着很多人的生活,戳进无数网友的心底。

当然,并不是每个人都能承受流量的突然青睐,面对天降的红利,关键是坚持两点。一是莫让流量变成"山"。从"素人"到"红人",当事人面对的是流量与现实的冲突,会陷入被过度围观的困境。作为普通网友,好奇"吃瓜"能理解,但要留给当事人适当的空间与距离，避免不必要的打扰。二是莫让流量带偏"路"。热点会过去，热度会退却，流量红利可以吃一时，却不能吃一世。能够长红的人，一定是好好传播自己正能量的人；走到最后的人，是葆有初心、努力生活的人。毕竟，"泼天的富贵"如浮云，生活还要继续，人生路还长，切莫迷失了自我。

三

最后来看一个心酸却又温情的故事。

25岁的小伙子解清帅，忽然接到警方电话，说他出生三个月后就被拐卖，现在亲生父母找到了。家人相认，泣不成声。戏剧性的是，儿子失踪后，父母拼搏多年赚下不少资产。"昨天还在拧螺丝，一夜之间就成了家产上亿的富二代"，这种只会发生在电视剧里的桥段，少不了被网友热议一番。

"泼天的富贵"从天而降，命运的齿轮骤然转动，认亲团圆时满屏的戏剧性，背后却是千回百转的心酸和义无反顾的坚持。作为家庭团圆的见证者，我们在看到"泼天的富贵"故事噱头的同时，还可以感受到亲情相牵的故事内核。漫漫寻亲路，是寻子家庭骨肉分离的悲痛，是警方和社会各方志愿者的执着。解清帅认亲的故事，以戏剧性的走向，给了生活以希望、以欣慰，照亮的是更多还在咬牙坚持、煎熬奔波的寻子家庭团圆的路。

这不仅是一个轰动的认亲故事。在这场看似娱乐化的网络狂欢中，网友们之所以热衷于全程围观、津津乐道，是因为这宛如一部真实而感人、悲痛又温暖的社会伦理电影。解清帅的悲与喜、不幸与幸运，都是生活中真实的转折和抉择。透过这个故事，我们看到了一个普通人在特殊境遇下的成长和选择，看到了一个社会为不幸的普通人改变命运所作出的努力，也由衷期待天下无拐。

2.2亿元福彩大奖、"鹅腿阿姨"走红、解清帅认亲，在这三个故事中，面对"泼天的富贵"，不同的人有不同的态度，也给我们不同的启示。财富与梦想、烟火与流量、亲情与人情，这些元素共同构成了一个个扣人心弦、情感交织的生活剧本。"泼天的富贵"看似是一种调侃和戏言，人们从中解构出的却是关于社会的公平与正义，关于生活的治愈与希望。

风来得快，去得也快。平平淡淡、普普通通才是大多数人生活的常态，但人生路上难免有各种各样、大大小小的意外或惊喜。你有什么刻骨铭心的故事呢？

陈培浩　王丹容　王娟　执笔

2023年12月11日

不让冷门绝学成"绝响"

> 现如今，不少冷门绝学已经重回大众视线，但距离"冷门"不冷、"绝学"不绝仍有差距，尚需绵绵用力、久久为功。

前不久，2023年度国家社科基金冷门绝学研究专项立项名单公布，95个项目入选。这一动作引发关注，"冷门绝学"这一表述更是让人不由得联想到武侠小说里的"秘籍绝技"。

其实从2018年起，我国就设立了"国家社科基金冷门绝学研究专项"，2020年又增设冷门绝学团队项目，旨在抢救、整理、发掘和强化那些濒临消亡、研究薄弱，但具有文化传承价值与重要学术意义的特色学科。

什么是冷门绝学？它为何能得到专项支持，又有何独到之处？

—

套用生物界的说法，冷门绝学相当于"珍稀濒危物种"。从学科领域看，冷门绝学涵盖甲骨学、简牍学、敦煌学、古文字学等。

比如甲骨学，主要研究我国上古时期甲骨文字。作为我国最早的成系统文字，甲骨文是研究商周文化的第一手材料，可据以追索殷商时期的社会生活情况。从甲骨文发现至今的120多年来，已发现的甲骨文单字4000余个，比较好认的字陆续被认出，但也只有1500个左右。中国文字博物馆曾发布"悬赏公告"：破译未释读甲骨文，单字奖励10万元；对存争议甲骨文作出新的释读，单字奖励5万元。然而这份"悬赏令"，却鲜有人揭榜成功，其中艰难可见一斑。

再如敦煌学，专注于研究敦煌文化，兴起于敦煌莫高窟藏经洞被发现之后。由于历史原因，不少敦煌文物流失海外，以至于很长一段时间，学术界流传着"敦煌在中国，敦煌学在国外"的说法。经过国内学者持续努力，目前局面已经扭转，国内敦煌学早已实现赶超。有业内学者感慨，"我们现在不害怕国外的研究超越我们，我们要让敦煌学回归，又把敦煌学推出去，把敦煌学变成世界的敦煌学，人类的敦煌学"。

又如，少数民族语言研究。据统计，我国现有少数民族语言120余种，其中使用人数万人以下的占一半，使用人数千人以下的占六分之一，很多都处于濒临消亡的边缘。从世界范围看，情况也不乐观。有语言学家估计，全球现有的6000多种语言中有三分之二将在本世纪内消亡。所以人们常说，从事少数民族语言研究，是一场与时间的赛跑。国学大师季羡林也是一名"奔跑者"，并且"跑艺"高超，精通古老的梵文、吐火罗文，在文献中做考证，发表题为《浮屠与佛》的文章，解决了胡适和陈垣的浮屠与佛先后之争。

二

有观点认为，既然是冷门，是不是就没什么用，即使失传了也没关系。

有学者指出，冷门绝学之所以冷门，并不在于其学术生命力的枯竭，而是其与现实生活之间的关系较为疏离。可以说，冷门绝学绝非无关紧要的"一笔"，而是"重要伏笔"。

首先，冷门绝学也是济世之学。习近平总书记强调："要重视发展具有重要文化价值和传承意义的'绝学'、冷门学科。这些学科看上去同现实距离较远，但养兵千日、用兵一时，需要时也要拿得出来、用得上。"保护冷门绝学就是在保护文化多样性，因为我们不知道哪块云彩有雨。

比如，拯救了无数人的青蒿素是屠呦呦团队从东晋葛洪《肘后备急方》等古籍中获得的灵感，而出土医学文献文物研究是典型的冷门绝学，中医古籍卷帙浩繁、晦涩难懂，研究者们在旧纸堆里苦苦寻觅，不仅要掌握医学知识，还要打破学术壁垒。再如，长期以来，mRNA领域被称为"科学上的一潭死水"。在疫情暴发之前，也从未有过mRNA疫苗，然而突破可能就在一瞬间，后来的事大家都知道了，人类应对新冠疫情的首批疫苗都是基于mRNA技术的。

其次，冷门绝学承载基因"密码"。有人说，每一个民族的文化复兴，都是从总结自己的遗产开始的。还有人说，文化的精髓就在于其潜移默化性，它会在我们心里生根发芽，并在与时代的碰撞中不断抽出生命的新绿。比如，唐宋古文运动倡导先秦散文文风，提出"反对骈文、提倡古文"，一扫绮靡晦涩之风。

冷门绝学既是我们现在了解过去的媒介，也是世界了解我们的"信使"，能为我们埋下文化的种子。通过甲骨文，我们得以跨越三千多年，读懂商王武丁写给已故妻子妇好的情书；通过被誉为"墙上博物馆"的敦煌壁画，我们得以一窥被称为"华戎所交一都会"的古代敦煌，感受千年丝路的开放包容。

最后，冷门绝学启迪"知所将往"。国学大师章太炎先生对"过去与现在"有一番独到理解："过去的事，看来像没有什么关痛痒，但是现在的情形，都是从过去渐渐变来。"传统之用的最重要一点，就是要懂得向前人学习智慧。这是对历史的尊重，也是对现在与未来的负责。

目前，研究和保护冷门绝学，已经走出两条可行之路。一是通过复原历史、追溯源头"知所从来"，了解和展示古代中国，回答"何以中国"的问题；二是汲取历史智慧，守正创新，延伸拓展全新领域，助力当代发展，回答"知所将往"的宏大时代命题。

三

如何让冷门绝学走出"冷"和"绝"的境况，进而绝处逢生、延绵生长，笔者认为可以从几个方面来思考。

甘于"比慢"，做长期主义者。对冷门绝学传承者来说，摆在眼前的最现实问题，是付出与回报不一定对等。在这个节奏要快、出名趁早的时代，面对入门难、薪资低、成果遥遥无期的可能情况，绝学传承者应相信静水流深，发扬"比慢精神"，耐得住寂寞、坐得住冷板凳，像樊锦诗60多年在敦煌学研究上掘出一口深井，被誉为"敦煌的女儿"。与此同时，时代也应该更多关注和回馈冷门绝学的研究者，为他们创造更好的条件，鼓励他们静下心来扎实搞研究。

敏于关怀，让"无用"成"大用"。近年来，一些大学因市场需求和就业状况，撤销了一些"进口不旺""销路不畅"的专业，导致一些冷门学科随之萎缩。加之论文的影响因子、被引次数等是学术界的"硬通货"，常常与职称评定、绩效考核、资源配置挂钩。对于"冷门绝学"这样的长期科研来说，高校和各类研究机构得量体裁衣，摒弃快见成效、多出成果的导向，鼓励"十年磨一剑"的治学精神，加强"人"的保护与培养，加大"物"的保障和支持。

善于"上新"，推动冷门绝学"活"在当下。前段时间，一位全网"最冷门专业"的"95后"博主，因在线上平台教甲骨文而爆火出圈，让看似远离生活的"冷门"变成了大家爱看的"热门"。无独有偶，像《我在故宫修文物》《国家宝藏》等节目、三星堆考古盲盒等文创产品，同样广受欢迎和好评。这启示我们，将原本深奥的专业知识轻量化，把有意义的内容做得有意思，以符合传播规律、大众口味是必要的。"活起来""火起来"，冷门绝学能更好"传下来"。

现如今，不少冷门绝学已经重回大众视线，但距离"冷门"不冷、"绝学"不绝仍有差距，尚需绵绵用力、久久为功。最后，致敬每一位冷门绝学传承者，学习他们秉承的匠心情怀"择一事而终一生"。

徐伟伟　许小伟　林杭　执笔

2023 年 12 月 12 日

《钱氏家训》的可贵之处

> 人生的启蒙，多藏在家长里短的情感之中。千家万户的好家风，不仅奠定了每个人成长的方向和道路，也撑起了全社会的好风气。

"赵钱孙李，周吴郑王"。家喻户晓的《百家姓》，将钱姓排在了第二位，这与吴越国国王钱镠有着密切联系。钱镠及其后人采取保境安民的政策，推动了江南一带的安稳和繁荣。事实上，除了治国，钱镠还注重修身治家，他两度订立治家"八训""十训"，经后人整理和补充后编定了《钱氏家训》。

古往今来，《钱氏家训》成为很多人关注和研究的对象。2021年，《钱氏家训》被列入第五批国家级非物质文化遗产代表性项目名录，成为第一个国家级家训非遗项目。今天，在钱镠的故乡临安，《钱氏家训》已经走进学校。不禁要问：《钱氏家训》为什么具有强大的传承生命力？

一

　　公元912年，在吴越王钱镠的治理下，江浙一带承平多年。时年60岁的他，对外地位尊崇，被后梁皇帝尊为尚父，家藏丹书铁券；对内威信空前，修筑钱塘江海塘，疏浚西湖，江南地区可谓富甲全国。

　　站在60岁的关头回望，钱镠却有着异常的清醒。古语曾说："道德传家，十代以上；耕读传家次之；诗书传家又次之；富贵传家，不过三代。"钱镠给家人制定了八条家训，也就是后人所说的《武肃王八训》。家训中，钱镠提到了江西钟氏、河中王氏、幽州刘氏等家族家风不正、兄弟不睦，最终分崩瓦解，"子孙若有不忠、不孝、不仁、不义，便是破家灭门"。

　　转眼又过去了20年，公元932年，钱镠走到了生命的尽头。病床上，见过天下许多兴亡成败的钱镠，将一生的感悟，浓缩成了10条家训，被后世称作《武肃王遗训》。相比之前的八训，《武肃王遗训》体现出的眼光更为长远。钱镠教育子孙后代化家为国，从一家的兴衰，论述到一国的兴亡，认为"家道和而国治平"。据钱镠的遗愿，后代之中，如有人败坏家风，"须当鸣鼓而攻"。

　　伴随时代变迁，个人命运沉浮。但神奇的是，《钱氏家训》持续地发挥着家族教化的作用，并作为精神纽带，将散落各地的钱氏族人凝聚在一起。

　　如今，世人看到的《钱氏家训》，通常是民国时期由钱镠第32世孙、近代外交官钱文选编选。它的内容，是根据《武肃王遗训》和《武肃王八训》的精神，综合了各地钱氏宗谱的家训内容，不断修改和完善，最后以格言形式加以呈现的。

钱文选整理的《钱氏家训》分个人、家庭、社会、国家四篇，短短五六百字，从修身持家到为人处世，留下了众多广为流传的名句，给人们留下了一份宝贵的精神遗产。

二

家庭教育是每个人的人生起点，中国历史上，有许许多多的家训家规，如《颜氏家训》《朱子家训》《诫子书》，等等。《钱氏家训》的可贵之处在于，通过个人、家庭、社会、国家四个层面，建立了家庭与个人、社会、国家的纽带，体现了家庭利益和国家利益的统一。在广泛传播中，《钱氏家训》走出"一家之言"的局限，成为全社会共同的精神财富。

比如，家国一体的情怀。千家万户都好，国家才能好，民族才能好。《钱氏家训》秉持着家国一体的情怀。"利在一身勿谋也，利在天下者必谋之；利在一时固谋也，利在万世者更谋之。"意思是说，一个人的追求，不应执着于个人的眼前利益，而应着眼于天下和长远。

同样，在为官从政时，《钱氏家训》告诫后代要以民为重，"官肯著意一分，民受十分之惠。上能吃苦一点，民沾万点之恩"。

"圣人云顺天者存。又云民为贵、社稷次之。免动干戈，即所以爱民。"在钱氏家风的影响下，北宋建立后，当时的吴越国国王钱俶审时度势，决定纳土归宋，使得吴越国地区的人民免受战乱之苦，经济社会继续保持稳定发展。

比如，崇尚读书的观念。在中国的很多家训中，教育后代子弟读书是必不可少的。对先贤来说，读书的目的，一是明白人生道理，二是培养国之用才，而不是为了升官发财。

《钱氏家训》要求，"子孙虽愚，诗书须读"，从家庭教育上根植世代相传的文化基因。不仅如此，站在当政者的角度，家训提出"兴学育才则国盛"，希望通过兴办教育，为国家兴盛培养更多人才。

还比如，无愧圣贤的修养。"心术不可得罪于天地，言行皆当无愧于圣贤。"《钱氏家训》认为，人是天地之间的产物，我们每个人的内心都要堂堂正正无愧于天地，言行举止要符合圣贤的标准。

交朋友要有信，和邻里要友善，对老人要尊敬，对孩子要爱护，遇到急难之事，该出手时就出手，《钱氏家训》对培养子孙后代的优良品性尤为重视，提出了"不见利而起谋，不见才而生嫉"。

此外，《钱氏家训》还包含了孝敬父母、勤俭持家、廉洁为公等诸多内容，教育子孙后代走好人生之路。

三

《钱氏家训》虽然起源于千年前的家族智慧，却早已超越了时代，也超越了一族一姓的范畴，丰盈着一代代人的精神世界，给予我们许多启示。

家训不能"躺"在博物馆里，而要真正成为家庭教育的有效工具，扎根在每一代青少年心中。家庭是最小的社会单元，也是孩子最初接触的"课堂"，家庭中的家风家教家训会深深影响孩子的成长，也是留给孩子们的最好遗产。《钱氏家训》提道，"欲造优美之家庭，须立良好之规则"。要想建设好家庭文明，还需汲取家训中的精华，结合现代实际，将家训融入日常教育中，让家训能够被青少年所理解和接受，进而产生共情共鸣。

"道德传家"的力量是巨大的。读懂家训，既要读有字之书，牢记有字书上的内容，更要读"无字之书"，以身作则让好家风代代相传。任何一本家训，都不可能囊括所有修身养性、为人处世的道理。对于后代来说，最有效的家庭教育不是来自书本，而是来自父母的言传身教。父母行动起来、做好表率，好家风就会像春雨一般润物细无声。

此外，"修身、齐家、治国、平天下"的中华优秀传统文化，对于党员干部明大德、守公德、严私德有着重要的教育借鉴意义。

习近平总书记强调，党员、干部特别是领导干部要清白做人、勤俭齐家、干净做事、廉洁从政，管好自己和家人，涵养新时代共产党人的良好家风。历朝历代，治国必先齐其家。"一门三学士"的苏家，家训中有"非义不取、为政清廉"；《朱子家训》告诫后人，"一粥一饭，当思来处不易；半丝半缕，恒念物力维艰"。《钱氏家训》中关于个人、家庭、社会、国家的不少内容，值得党员干部认真学习、时常警醒。

知来处，方明去处。人生的启蒙，多藏在家长里短的情感之中。千家万户的好家风，不仅奠定了每个人成长的方向和道路，也撑起了全社会的好风气。这就是古人所说的"天下之本在国，国之本在家"。

谢滨同　陶初阳　钱伟锋　执笔

2023 年 12 月 12 日

横贯半个中国的文物南迁路

> 为了这场横贯半个中国的文物大迁徙，无数人前赴后继，呕心沥血，终于实现了近乎"完璧"的成功。他们的终极目的，正是留住文物、守护国宝，让承载着中华民族基因和血脉的民族瑰宝永续留存、绽放光华。

1933年，新年刚过，有一群人从北京故宫里，用几十辆板车搬出了一箱箱珍贵文物，自此走上了一条文物南迁之路。

他们没想到的是，这一走，就是25年。在这场旷日持久的长途跋涉中，面对敌人的枪林弹雨和环境的险恶丛生，浙江湖州人徐森玉和他带领的"文物守护者们"，用生命和信仰守护着中华民族的文化根脉。周恩来总理曾亲切地称呼徐森玉为"国宝"。

今年是故宫文物南迁启程90周年。在这一特殊时间节点，让我们拨开历史的迷雾，跟随先行者的脚步，再次回望那段横贯半个中国的文物南迁之路。

一

"九一八"事变后，东北沦陷，日本侵略者对华北虎视眈眈，故宫里珍藏的众多文物面临前所未有的威胁。

关键时刻，时任故宫博物院理事会理事兼古物馆副馆长马衡提出了将部分文物南迁的建议。然而，这遭到不少反对。

马衡之子马彦祥在报纸上公开反对父亲，认为抵抗外敌要有牺牲古物的决心；胡适担忧文物得不到安全存放，提出要申请国际力量加以保护；有人提议拍卖文物，拍卖所得用来购买飞机抗日；甚至还有人认为，清帝退位后，文物应当还给百姓。

留还是走？迁还是不迁？故宫文物等待着"命运的抉择"。"战时文物宜散不宜聚。"在千钧一发之际，时任故宫博物院古物馆馆长徐森玉果断拍板，坚决主张将文物南迁以躲避战火。

当时，不论是在文化界的影响力上，还是在文物保护专业性方面，徐森玉都是权威人物。在他和诸多同仁的坚持下，最终故宫博物院理事会力排众议，以多数票通过了文物南迁的决定。

经过详细的计划部署，徐森玉等人初步确定文物转移的第一批城市名单与路线。故宫人几乎全员出动，立下"人在文物在"的誓言后，将文物从北平秘密迁往上海、南京，随后又分为三路向西南疏散。

1933年2月5日晚，第一批2118箱文物从故宫神武门开始运输。到5月中旬，五批文物先后被运走，总计达13000多箱，包括书画9000多幅、瓷器7000余件、文献3700余箱以及众多铜器、玉器等。

然而，战火蔓延的速度远超预期。为了保证文物安全，徐森玉又和众人调整路线，将这些文物辗转隐藏于长沙、宝鸡、贵阳等地，所到之处均是精心挑选、"进退兼备"。

艰难困苦，玉汝于成。这条文物南迁路，跨越了25年。1958年，行程近两万里的文物南迁正式结束。这场中国近代史上历时最长、规模最大的文物大迁移，成为"世界文化史上的一次奇迹"。

二

纵然在和平年代，要想安全运输如此巨大体量的文物，也绝非易事，更何况是在90年前战火纷飞、物资匮乏之时，文物南迁之难可想而知。行进在这段路程上，可谓"步步惊心"。

文物数量多价值高，运输难度超乎想象。上万箱文物都是从故宫库房里精挑细选出来的珍品，这里面，有单只重约一吨、被誉为"中华第一古物"的先秦石鼓，有总计79338卷36000余册、共约8亿字的文渊阁《四库全书》，还有瓷胎薄如蛋壳、胎体厚度大多在一毫米以内的填白脱胎瓷器……几乎每一件，都对运输有着极高的要求。

在颠簸的路途中，文物运输和存放的条件更是不容乐观。徐森玉和同仁们要面对的，除了敌人、炮火，还有不利于文物保护的潮湿环境和白蚁鼠患等。为了保护这些珍贵文物，在打包时就需要裹上纸张、棉花，套上棉被、麻绳，最后放进塞满稻草的木箱中，有的甚至还要用铁皮条再裹上一层。

穿越枪林弹雨，还要与时间赛跑。让文物免遭战火侵袭，必须抢在侵略者前头，把它们送到安全地带。因此，速度至关重要，时间就是一切。行进得越快，文物就越安全，保存下来的可能性就越大。

"抢时间、拼速度、运文物"成为每个人心中最重要的事。比如文物从贵阳运往安顺时，飞机频繁轰炸，运输队随时都可能被爆炸波及，情况异常危急。为了不耽误运输进度，年近花甲的徐森玉哪怕摔断了腿，也坚持咬牙前行。

交通工具匮乏，地远山险，危机四伏。南迁刚开始时，还有火车、轮渡等可用，但随着抗日战争全面爆发，战争形势日益严峻，交通工具越来越紧张，加之经费不足，到最后运输队只能用货车，甚至是借平板车来翻山越岭。

比如，行至四川巴县途中，山路崎岖，道路不平，天雨少晴，路上泥泞甚至深达二三尺。"蜀道难，难于上青天"，但再难也要上！徐森玉当机立断，大路用汽车运，小路用小车推、骡马驮，在经历了许许多多惊心动魄的生死瞬间后，终于将文物安全送达。

三

习近平总书记指出，要像爱惜自己的生命一样保护好城市历史文化遗产。90年前那场浩浩荡荡的文物南迁，不仅是一次"文物保卫战"，更是一场集体的"爱国壮行"。

在看似"不可能完成的任务"背后，除了徐森玉等故宫人和一批知识分子的奔走呼吁，还有无数普通人及各方的共同参与和全程接力。比如，据资料记载，故宫文物在运出北平时，火车经过的每个分段，几乎都有军力相护。

而到了地方之后，令人动容的故事和细节还有很多：比如文物到达重庆时，因箱子太多无处可放，一家开洋行的瑞士人把库房腾空，让更多文物有了安身之所；1943年峨眉城区发生火灾，百姓自愿拆除自家房屋，形成一片"隔离带"，让文物免遭大火吞噬……

南迁路上，大家也用实际行动践行着文物保护的准则。据参与者回忆，途中，无论环境多么恶劣，文物清点、典籍校抄等规范的文物保护制度和工作流程都被严格遵守执行。每一件文物，都有对应的文物单。每到一个地方，每经一次转手，都会记录在册。

更让人意想不到的是，哪怕处于颠沛流离之时，这批文物仍然在上海、南京、重庆、成都等途经的多地举办展览，发挥其公共教育的功能，在战时激发民族自豪感、认同感。此外，当时部分文物还远赴英国和苏联，"参加"了中国艺术国际展览会，向海外积极传播中华文化。

为了这场横贯半个中国的文物大迁徙，无数人前赴后继，呕心沥血，终于实现了近乎"完璧"的成功。他们的终极目的，正是留住文物、守护国宝，让承载着中华民族基因和血脉的民族瑰宝永续留存、绽放光华。

如今，当我们走进故宫，近距离观看那一件件稀世珍宝时，除了感叹前人的巧夺天工与历史的沉浮，更能感受到当年徐森玉等人在守护中华文化根脉时的赤子之心。这种韧劲与坚守，正是这段历史留给今天最为珍贵的精神财富。

李戈辉　黄杰　王志刚　钱永强　执笔

2023年12月13日

六看中国经济

> 现在正是中国经济爬坡闯关之时，少不了遭遇一些波动和曲折，但接受考验的同时也是在磨砺自身，过了这个坎，下一程定然是阳光灿烂。

近两日，一年一度的中央经济工作会议召开。习近平总书记在重要讲话中全面总结2023年经济工作，深刻分析当前经济形势，系统部署2024年经济工作。

如何读懂今年的经济形势、看穿明年的发展态势？是"雾里看花"，还是"洞若观火"？今天，我们从六个视角一探究竟。

一、全面看，回升向好的态势是一条波浪式曲线

中国经济体量大、牵涉面广，想要正确认识，绝不能以管窥蠡测的方式，仅凭少数几个指标就轻易下结论。其背后隐藏着诸多复杂变量，需要我们综合考虑各方面因素。

比如，生产供给稳步回升。今年以来，我国农业生产形势良

好，全国粮食再获丰收，这已是我国粮食产量第9年保持在1.3万亿斤以上。另外，在工业和服务业上，增势同样良好，今年前10个月规模以上工业增加值同比增长4.1%，服务业生产指数增长7.9%。值得一提的是，科技创新这一"关键变量"，也正在为中国经济高质量发展构筑起强劲动能。

也许你会问，经济发展这么好，国际评级机构穆迪为什么还会下调我国主权信用评级展望呢？既然看评级，那就不能只看穆迪一家，近期还有多家国际组织和国际商业机构上调我国经济增长预期，为中国经济投下"信任票"。

比如摩根大通将对中国经济增长的预期从5%上调至5.2%，摩根士丹利从4.8%上调至5.1%，花旗集团从5%上调至5.3%等。另外，至今已有如微软、英伟达、特斯拉、路易威登等全球商业巨头负责人接连访华寻求合作机会，看好中国经济发展的前景。中国经济的发展态势正如一条波浪式上升的曲线，于我们自身而言，更加需要笃定信念，从中看到发展的韧性和潜力。

二、个体看，为什么有些百姓体感与宏观数据好像不一致？

2023年前三季度，我国的GDP总额为913027亿元，按不变价格计算同比增长5.2%；前11个月，全国居民消费价格指数同比上涨0.3%……可以说，从数据看，中国经济运行持续恢复向好，而且放在全球来看都是属于高增长的第一梯队。

尽管如此，很多人却感觉到生意越来越难做，工作越来越不好找，赚钱越来越难，钱也越来越不敢花，这是为什么呢？

大的方面，必须看到，当前中国经济已经过了以前高速增长的阶段，转而进入了高质量发展阶段，必须面临长时段的结构调整。比如以新能源汽车、光伏产业为代表的"新质生产力"正在迅速崛起，而以房地产及其关联产业为代表的"传统生产力"增速放缓。这种结构调整必然会带来一定的阵痛，尤其是前者的增长动能不足以覆盖调整期带来的缺口时，部分人的收入与生活质量就将受到一定影响。

从小的方面而言，相比较宏观上的结构调整、经济增长等，个体对经济发展的体验更为细微，百姓主要通过日常生活来感受经济发展，宏观指标的综合性与微观感受的分散性天然存在着一定的不对称。

比如，CPI的变动与居民对物价变动的感知存在一定偏差就属于正常情况。国家统计局公布的CPI数据是平均的综合指标，反映的是众多商品和服务项目的价格走势，而老百姓日常感受到的往往是单一品种的价格变动。

加之现在传播技术等因素的叠加，也使得普通人对经济发展的认知一定程度上受到影响。比如股市的风云变幻、互联网行业的调整转型，等等，时不时在网络上掀起舆论风浪，不可避免地放大了大众的焦虑情绪。

三、历史看，正处于爬坡过坎的关键时期

对于中国经济，习近平总书记曾作过一个形象的比喻，"中国经济是一片大海，而不是一个小池塘"。

回顾一路走来的历程，中国经济确如大海一般波澜壮阔，小风小浪、风雨兼程是常态，大风大浪也时而有之。但每每在克服危机

之后，总能焕发出更蓬勃的活力。比如1998年的亚洲金融危机，中国经济承受住巨大压力，采取多重策略平稳度过危机，一时之间让整个世界瞩目；在2008年国际金融危机中，中国经济再次展现出行稳致远的一面。跨过那次危机后，中国也一跃成为世界上最主要的经济体之一。

当前，地缘政治、世纪疫情、全球通胀等虽然也给中国经济带来了前所未有的挑战，但从中国经济关关难过关关过的"硬核成绩单"来看，我们也理应葆有信心。

正如习近平总书记所说："什么时候没有困难？一个一个过，年年过、年年好，中华民族5000多年来都是这样。爬坡过坎，关键是提振信心。"现在正是中国经济爬坡闯关之时，少不了遭遇一些波动和曲折，但接受考验的同时也是在磨砺自身，过了这个坎，下一程定然是阳光灿烂。

四、辩证看，危中有机，危可转机

客观地说，中国经济就是在蹚水过河，不论是面对机遇还是挑战，时时刻刻都处于新的发展变化之中。

看国内，我国发展不平衡不充分问题仍然突出，改革发展中的深层次矛盾交织重叠，粮食、能源、金融等领域仍存在安全风险，中国经济仍需攻坚克难。

看国际，受俄乌冲突、巴以冲突等诸多因素影响，世界经济在磕磕绊绊中前行，世纪疫情带来的直接冲击虽已逐步褪去，但其造成的深度影响仍在持续。再加上经济全球化遭遇逆流、保护主义和单边主义盛行等，我国经济发展面临的外部压力增大。

此外，一些西方媒体通过认知战来唱衰中国经济或唱空中国经济，鼓噪所谓"中国经济崩溃论""去风险论"，罔顾事实，无中生有，混淆视听，妄图扰乱各界对中国经济的判断、预期与信心。

但老话说得好，危中有机，危可转机。历史已不止一次证明，危机既是诱发守成国家衰落的动因，也是助推新兴国家变得更强的契机。当我们练就了准确识变、科学应变、主动求变的本领，从危机中捕捉和创造机遇，困难就会一项一项解决，问题就能一个一个攻破，从而"一跃而起"，实现弯道超车、换道超车。

五、长远看，下一个"中国"，还是中国

经济发展是一个螺旋式上升的过程，我们既要看准现阶段的"形"，更要看清长期的"势"。

辨明大势。在风云变幻的大时代，自己强大才是硬道理。习近平总书记指出，"我们最大的机遇就是自身不断发展壮大"。新中国成立后，特别是改革开放以来，我们党领导人民创造了世所罕见的经济快速发展奇迹和社会长期稳定奇迹，为中国经济行稳致远提供了最大底气。

把准走势。在世界"大班级"中，中国经济持续回升向好，仍是全球增长的最强引擎之一。最新报道显示，今年中国经济对全球经济增长的贡献将达三分之一。近期，在全球经济面临多重不确定性的背景下，国际机构密集上调中国经济增长预期，就是最好的证明。

激发优势。实事求是地说，中国经济发展仍然具备较多有利条件和支撑因素。比如，持续深化改革开放带来的动力优势、社会主

义市场经济的体制优势、超大规模市场的需求优势、产业体系配套完整的供给优势、大量高素质劳动者和企业家的人才优势等，这些都是中国经济发展强劲的内生动力和潜力所在。

中国经济韧性强、潜力足、回旋余地广，长期向好的基本面没有变也不会变，坚持集中精力办好自己的事情，使自身不断发展壮大，才是应对一切风险挑战的"压舱石"与"定心丸"。

六、战略看，"稳中求进、以进促稳、先立后破"

12月8日，中共中央政治局召开会议，明确强调明年要坚持"稳中求进、以进促稳、先立后破"12字的政策基调。

"稳中求进"是总基调。大家都熟悉，这既是基本方法，也是成功经验。说白了，就是坚持"稳"字当头。像我们国家这样大体量的经济体，GDP一年的增量就相当于一个中等国家全年的经济总量，因此稳定压倒一切，"稳"也是最大的"进"。这也要求我们要以底线思维、极限思维提高应对极端情况的能力，以高水平安全确保高质量发展。

"以进促稳"和"稳中求进"是一对辩证关系，强调的就是"稳"和"进"的关系。突出"以进促稳"是进一步凸显了"进"的成分，强调把各方面优势和活力充分激发出来，加快构建新发展格局，在激烈的市场竞争和大国博弈中始终立于不败之地。

"先立后破"，并不是说在先"立"的过程中没有"破"，只是"立"是主要矛盾和矛盾的主要方面。就像在征地拆迁中，先建好高品质安居房再拆迁，由"人等房子"转变为"房子等人"，这样不仅拆迁的难度系数会大大降低，而且拆迁的不稳定因素也会得到控制。可见，未来，在新旧动能转换、新旧机制扬弃、试点推广协调中，将"以立为先"，不会"为破而破"。

当然，说到底当前最要紧的还是稳预期、强信心，这也是做好经济工作的当务之急、关键所在。抓住了这个"牛鼻子"，才能形成共促高质量发展的合力。

王云长　陈培浩　张俊　执笔

2023 年 12 月 13 日

偶像剧看的是偶像还是剧

> 偶像剧不能唯偶像而存在，影视剧创作也必须与生活有一定的关联度，否则它只能沦为一种无关现实、无关生活痛痒的题材。

从观众感知度最高的玛丽苏风格的甜宠、爽剧，到如今融合了青春、玄幻、仙侠等元素的"进化版"偶像剧，可以说，偶像剧是整个国产剧市场中占比较高的一种类型，而且历来十分受欢迎。

但不得不说，现在能够激起观众内心波澜的偶像剧越来越少了。在许多人的心目中，偶像剧甚至成了烂剧的代名词。

不仅如此，在各大平台片单上，"偶像剧"的分类标签已出现得不多，即使明明符合偶像剧定位的剧集，也被"青春""热血"等细分标签取代。曾如日中天的偶像剧，如今却人人避之不及，这是为何？

一

偶像剧是"舶来品"。它源自日本，主要指20世纪80年代末90年代初兴起的爱情时髦剧，多由人气偶像或歌手主演。其中最为人熟知的就是《东京爱情故事》。

横向比较全球电视市场，中国偶像剧起步时间并不算早。1998年的《将爱情进行到底》，被认为是大陆第一部青春偶像剧。剧中李亚鹏骑车带着徐静蕾在校园飞驰的一幕成为许多人记忆中的经典。

21世纪初，国产偶像剧迎来高光时刻。《穿越时空的爱恋》《粉红女郎》《男才女貌》等剧集，成为国产偶像剧维系并巩固其观众基础的重要来源。

随着时代发展、观众理念变化，此后偶像剧开始在展现爱情、表达爱情的基础上叠加其他元素。比如《宫锁心玉》打开了古装偶像剧的市场；《何以笙箫默》《你是我的荣耀》等以甜蜜元素取胜；《去有风的地方》等掀起了"治愈风"，男女主角在治愈彼此的同时也治愈了观众……

直到现在，偶像剧依然每年大量出现，不过同时也面临着较为尴尬的境地。比如一些剧在播出过程中就多次被"嘲"上热搜。热评里，"演技狗血""脱离现实""剧情千篇一律""看不下去"等评论比比皆是。相比看剧，很多观众反而更热衷于加入吐槽的队伍。

二

不禁要问，偶像剧屡遭吐槽，原因在哪里？笔者认为，至少存在以下几方面的问题。

"偶像"先于"剧"。当下一些偶像剧的操作，越来越像是纯粹在找一位或数位流量明星出演一部剧，期待用他们来撑起整部剧。片方往往过度依赖于偶像本身，却忽略了剧本的优质性、叙事性等。可许多流量明星并未接受过专业表演训练，在表演能力上缺乏经验技巧。

因此，观众更多看到的是一些流量明星脱离了角色和剧情需要，机械性、重复性地摆出一些动作，以此体现出帅、酷、甜的感觉。"偶像"的优先级大于"剧"，使得此类剧集成了所谓的偶像定制剧，而非偶像剧。此类作品，其实很难引起观众的共鸣。

同质化严重。曾有人总结当前影视剧拍摄现状：青春剧火了，满屏是校服；IP剧火了，各大知名小说纷纷被收购改编；能拍的剧都拍完了，那就再来一波"翻拍热"。偶像剧市场严重同质化、跟风化，使得观众产生审美疲劳，也让这一类型的剧作受到诟病。

缺乏创新和突破，将影视剧创作当成流水线产品来生产，也是造成同类偶像剧扎堆上映的一大原因。比如，一些片方会直接邀请曾在同类剧中火过一把的明星饰演类似的角色。某位演员就曾提到，一位演员演了一个"茄子"红了之后，就会有一大堆"紫色"的角色找过来。毫无疑问，这既不利于作品品质提升，也不利于演员个人发展。

脱离了生活。不少偶像剧的剧情设计、片段展现，都严重不符合现实生活的逻辑。一些剧中，还存在不少离奇荒诞的情节，浮夸之风盛行。

比如，曾盛行一时的"霸道总裁爱上我"等传统玛丽苏式套路，已日渐被观众舍弃。即便是霸总，现在的观众期待看到的，也是有"生活味"的总裁和能够依靠自身能力与之相匹配的女主。可反观近年来的部分偶像剧，虽然披着"大女主"的外衣，内核依然离不开走"傻白甜"路线。这种只追求偶像效果，却不考虑剧情的创作方式，被网友戏谑，"侮辱观众智商和眼睛的剧作何时休？"

事实上，偶像剧依赖于偶像的人气，这本没有错；艺术创作可以超越生活，也是公认的道理。但偶像剧不能唯偶像而存在，影视剧创作也必须与生活有一定的关联度，否则它只能沦为一种无关现实、无关生活痛痒的题材。

三

可以说，如果偶像剧的质量无法整体得到提升，剧情注水严重、过于追求表面化等"槽点"不改，那么国产偶像剧终将被观众抛弃。如何破解这种困境呢？

要"偶像"更要"剧"。一部剧好不好，评价维度很多元，除了看脸，还要看演员演技、角色塑造，看整部剧的服化道布景，还有剧本本身是否具有打动人的内涵和意义。一些偶像剧之所以受欢迎，正是因为它们让观众感受到了真正的爱情、特别的浪漫。比如在新世纪前，像《将爱情进行到底》那样的浪漫，在当时的电视荧屏中是少见的，为那个年代的观众提供了一种情感抚慰。

纵观近年来爆红的偶像剧，不论是现代偶像剧还是古代偶像剧，比如《苍兰诀》等，也在尝试把浪漫爱情主题融入日常生活叙事，角色的言行也更为接近在现实生活中的状态，让"观众很容易被带入戏"。这也证明，创作者只有重拾讲故事的能力和水平，创作出具有故事性、叙事性的作品，才能受到观众喜爱。

要流量更要演技。现有市场状况表明，流量明星等已不再是剧作收视率的保证，仅靠其赚取眼球的作品常在口碑上遭遇"滑铁卢"。只有流量明星的表演能力够强，剧作才能赢得口碑与信任。说到底，随着时代的变化，观众的评价标准发生了改变，立意是否深刻、演技是否到位才是关键因素。与实力派演员相比，一些流量明星的演技存在不足，更需要沉下心来打磨演技、补齐短板。

值得一提的是，偶像和剧集是相互奔赴的，流量和演技也是相互成就的。近年来，一批年轻演员进入大众视野，既为作品带来了大流量，也让观众从剧中感受到了来自偶像的感召力。这样的"既要""又要"，不妨更多一些。

更多元也更深刻。如今，观众在看偶像剧时，早已不期待现实生活中也会发生"麻雀变凤凰"式的逆袭故事，偶像剧的内涵与表达也应从单一、粗浅走向多面、深刻，其呈现出的"理想化爱情"和"理想化生活"，也应相应迭代、充实。

因此，创作者应对现实生活和社会发展保持更敏锐的触觉。比如此前爆红的台湾偶像剧《想见你》，就试图借爱情主题探讨"青少年认同"的议题，启示每一个年轻人都应认同自己、接受自己、热爱自己。

偶像剧之所以能捕获大众的心，不仅在于它们始终围绕爱情这一人类永恒的主题而演绎，更因其不断呼应着观众内心的期待。优质的偶像剧不应只是简单地"复制粘贴"、粗浅地"耍帅比美"，而要做到以优质的创意、超高的品质、深刻的内涵，呼唤人们去热情地拥抱爱情、拥抱生活。

沈听雨 执笔

2023 年 12 月 14 日

年轻干部大可放下的"七个顾虑"

> 如果因为怕"出丑",选择躺在舒适区里裹足不前,就等于"自废武功"。不妨让自己的脸皮厚一点,卸掉"偶像包袱",不放弃在试错中快速成长的机会,反而可能打开人生的"想象空间"。

这两天,多地省考落下帷幕,又一批"95后"乃至"00后"将进入机关。在不少人眼中,"年轻"是思维活跃、意气风发的代名词,但年轻干部的烦恼也不少:从"校门"到"机关门"的跨越,尽管努力学着"将头发梳成大人模样",却也伴随着迷茫、焦虑和困惑,在坚持和改变之间"反复横跳",思考未来的路究竟该怎么走。

从2019年3月开始,习近平总书记连续6次出席中央党校"中青班"开班式并亲授"开班第一课",他指出:"我每次讲话有所侧重,但要求是一致的,就是希望年轻干部成长为对党和人民忠诚可靠、堪当时代重任的栋梁之才。"

要破解年轻干部"成长的烦恼",成长为习近平总书记期望的

"栋梁之才",既需要"外力"推动,大家一起来呵护,多些指点而不是一味地"指指点点";也要靠"内力"驱动,放下那些不必要的顾虑,心无旁骛地学本领、干事业,成就人生价值。

一、别怕"看不见"

大部分人一开始做的都是幕后工作,对外"表现""露脸"的机会不多。时间久了,或许有很多人会感到不安,"我的付出,领导都看不见,干再多也没用啊""真羡慕那些在台前做事的好岗位"。

这种心情其实完全能够理解,每个人都有被外界认同的渴求。但"看见"未必就等于欣赏,"看不见"也并不意味着遗忘,关键就看自己怎么去理解和把握。这个社会里,很多工作虽然没那么"光鲜亮丽",但一样可以书写平凡而伟大的人生,像那些戍边战士、曾经的扶贫干部们,等等,我们身边不缺这样的感动。

所有的暗自努力、所有的深深扎根,都不仅只有自己在感知,"群众的眼睛是雪亮的"。人生都有这样一个必经阶段,但谁也遮挡不住金子的光芒。反之,如果在这个问题上斤斤计较,凡事追求"性价比",这般"巧劲"反而可能弄巧成拙,很难走远。

二、别怕"出洋相"

有的年轻干部"脸皮薄",担心问一些"愚蠢"的问题,或者做事"翻车",认为丢面子事小,还可能被贴上"不靠谱""学历不等于能力"这类标签。

《曾国藩家书》里就说，"少年不可怕丑，须有狂者进取之趣，此时不试为之，则后此弥不肯为矣"。我们可以这样理解，"出洋相"是年轻人的"特权"，每个人都是这么走过来的，任何蜕变和成熟都需要积累沉淀，大可不必想得太多、患得患失。况且，越是年轻时"出洋相"，成本和代价就越小，总比若干年后再犯"低级错误"强。

如果因为怕"出丑"，选择躺在舒适区里裹足不前，就等于"自废武功"。不妨让自己的脸皮厚一点，卸掉"偶像包袱"，不放弃在试错中快速成长的机会，反而可能打开人生的"想象空间"。

三、别怕"火上烤"

做几次"热锅上的蚂蚁"，年轻干部才能快速成长起来。但现实中，有的人由于经验和信心都不足，表现得过于战战兢兢，碰到急难险重的任务，不知道该怎么办，甚至打起了"退堂鼓"，不敢去接"烫手的山芋"。

心理学上有一个"洛克定律"，是说当目标富有挑战性时，才是最有效、最激励人的。跳一跳才能够得更高。难走的路大多是上坡路，难干的活往往最锻炼人。"犯其至难而图其至远"，说的正是这个道理。

有时候不逼自己一把，不急个几次满头大汗，可能就看不清自己的短板和方向。在一次次"赶鸭子上架"中，命运的齿轮或许就开始转动起来了。

四、别怕"被打击"

互联网上有不少年轻人感慨,"挨骂是职场新人的第一课"。现在很多人成长经历相对平顺,遇到批评否定时难免感到"伤自尊",迟迟放不下;遭受挫折打击,可能会陷入自我怀疑、自我否定,甚至悲观消沉、一蹶不振。

有羞耻心是优点,但是不能"玻璃心"。年轻人不该被定义,善于"脱敏"是重要一课。如果过于敏感就会造成"精神内耗",自己把自己打败了。

当然,对于那些善意的批评指教,要把它当作"更上一层楼"的梯子,倘若听不得"刺耳"的声音,经不起失败的考验,就容易长成"温室里的花朵"。

五、别怕"舞台小"

在进入机关单位前,很多年轻干部摩拳擦掌、满怀憧憬;工作后发现,似乎落差不小,新人从事的往往是比较具体、琐碎的事务,容易产生一种"大材小用"的疑惑。

世上无小事,处处是学问。毛主席在北京大学做图书管理员时,负责的只是整理报纸、登记阅览者姓名这样的"小事",然而正是在做这样的"小事"时,他研究了大量著作,对各种新文化新思想加以辨别、汲取,为此后选择马克思主义作为一生信仰奠定了思想基础。

再小的舞台,也可以当好主角。"Hold住了"小舞台,才会拥有大平台。这个时代不缺机遇，人生最大的遗憾不在于没有机遇，而是当机遇来临时却没有抓住。坚持不懈地努力，把基础打扎实，把功夫练到家，机遇降临的时候才能一把抓住。

六、别怕"提拔慢"

年轻干部的成长有其规律，没有捷径可走。习近平总书记强调，不能预设晋升路线图，把理想信念教育、知识结构改善、能力素质提升贯穿干部成长全过程。

现实中，一些年轻干部有自己的"小算盘"，什么时候干上什么职务，哪个阶段去哪里"镀金"，平时想得比较多；有的对职务晋升比较焦虑，特别是当身边的人被提拔比自己快时，会感到压力和焦虑，甚至打乱了自己的节奏。

淡化荣辱心、放下得失心、超越胜负心，是年轻干部需要修炼的一种心境。事业期很长，拉开来看，格局就大了。如何赢得他人尊重，如何被这个时代记住，如何成为更好的自己，才是我们应该去画好的"路线图"。

七、别怕"行路难"

1921年7月，满怀革命热情参加中共一大的十三位代表，在会议结束后的几十年里，却走上了截然不同的路途：有人为革命事业奋斗终生甚至献出生命，有人走上歧路，有人背叛信仰。之所以会这样，就是因为并非所有人都能在追寻理想的路上义无反顾。

每一次选择都是梦想的投射，喜欢和认定的事要坚持走到底，不要怕"撞南墙"。如果因为前路难、风浪大就轻言放弃，我们可能就会被这个时代抛弃。正如鲁迅所说："因为终极目的的不同，在行进时，也时时有人退伍，有人落荒，有人颓唐，有人叛变，然而只要无碍于进行，则愈到后来，这队伍也就愈成为纯粹，精锐的队伍了。"

年轻干部"初生牛犊不怕虎"，就应该勇敢地去追求自己的梦想，"前路漫漫亦灿灿"。在这个大变局的时代里，即便面对再汹涌的风浪、再艰险的关隘、再激烈的斗争，也要依然信念如磐，像勇士一样战斗，经受住"大浪淘沙"的考验。

不过，勇敢追逐梦想，并不等于丢掉敬畏心。年轻干部必须心存敬畏，敬畏历史，敬畏文化，敬畏党纪国法。哪些事可以做、应该做、大胆做，哪些事不能碰、不要碰、决不碰，都必须镌刻在内心深处。只有这样，年轻干部的热情活力才能被更充分地激发，我们这个时代也一定会多出许多意想不到的惊喜。

倪海飞　陆家颐　执笔

2023 年 12 月 14 日

"火柴大王"刘鸿生改变了什么

> 曾经，先辈们以民族大义为先，冲破围追堵截，彰显了中华民族的志气、骨气、底气。当前，我们的基础条件有了显著改善，更应以爱国主义为基石，在破解技术难题道路上展现新作为。

舟山定海老城区的聚奎弄内，坐落着近代著名爱国实业家刘鸿生先生的故居。故居里，一张民国时期"国"字号招牌的股票尤其引人注目。

这张股票是1948年大中华火柴股份有限公司的一张企业股票，折射出爱国实业家刘鸿生和他创办的公司在中国火柴业上举足轻重的地位。

在那个国家羸弱、百姓蒙难的年代，这家以"大中华"头衔冠名的公司有着怎样的前世今生？那些波澜往事，改变了什么？我们从这份档案出发，回溯一段那个年代的民族工商业者商海沉浮、实业救国、志振中华的传奇历程。

一

20世纪20年代，风云际会的上海滩，各国商业资本争相逐鹿。从圣约翰大学（上海）毕业的刘鸿生，凭借早年在英商开平矿务局工作积累的经验，已在矿业领域挣得第一桶金，成为上海滩"煤炭大王"。但他的内心深处，一直有个未解的心结。

在外商公司跑腿期间，刘鸿生就对旧中国孱弱的工业生产能力倍感痛心，深感没有民族工业，中国难以自强。比如，肥皂被称作"洋碱"，蜡烛被称为"洋蜡"，而火柴则有"洋火"之称。洋货横行、国货衰弱，市场份额被外国厂商瓜分垄断，关键技术受制于人。

此时，已投身实业的刘鸿生，萌生了实业报国的念头，他选择的切入口就是"热门"的火柴工业。

逆境中的破局之路从来不是康庄大道。国内军阀割据混战，旧军阀买办非但不维护民族工业，还对国货层层设卡、加收重税。对外，国家主权沦丧，成为洋货倾销地。刘鸿生创办华商鸿生火柴厂并不容易。

更困难的是技术问题。细如钉子的火柴，生产的工艺技术却经历过多次革新。最早的火柴是有毒性的黄磷火柴，后来为了降低毒性，衍生出硫化磷火柴。但硫化磷性质活泼，极易自燃，非常不安全。1855年，瑞典成功研制安全火柴，后经多次变革，形成了以发火剂技术为壁垒的行业门槛。

彼时的中国，民族工业正处于发轫期，纵使有不少民族火柴厂，却始终无法生产出安全、稳定且无毒的火柴，更难以与资金充沛、技术先进的洋品牌竞争市场。当时，以瑞典"凤凰"牌和日本"猴子"牌为代表的"洋火"在国内处于垄断地位。为了阻击民族火柴品牌，外资还大搞价格战，企图用低价倾销方式挤占市场份额。

毫无疑问，在当时来看，民族工商业者抗击"洋火"之路任重道远。

二

如何突破"洋火"的重重封锁，真正用中国人自己生产的火柴点亮华夏大地的夜晚？

刘鸿生日思夜想，既然外资已形成攻守联盟，那么民族火柴商单打独斗绝非长久之计。"五卅"运动爆发后，全国人民"抵制洋货、提倡国货"的呼声日益高涨，给困顿中的刘鸿生注入了一剂强心针，他意识到，"联合"将是破局外资围堵的出路。

此时，大中华火柴公司的雏形开始在他心中萌发。刘鸿生首先联合全国50余家主要火柴厂，成立了全国火柴同业联合会，原本一盘散沙的民族火柴业开始联合抱团。

在"合并数厂为一，以厚集资力人才"理念的指引下，1930年，刘鸿生联合荧昌、中华、鸿生三家公司，三厂合一，出资成立大中华火柴公司，总部设在上海。

可要想破敌制胜，单靠抱团取暖远远不够，还要攥成拳头、形成合力、直击要害。

技术突破是"硬骨头"，刘鸿生开始夜以继日研究火柴头化学配方问题。他重金聘请留美回国的化学博士林天骥，运用高强度粘胶剂解决了火柴头受潮脱落的技术难题，还购买了当时最新的设备等用以改进火柴品质。

之后，大中华火柴公司发展壮大，陆续兼并同业，属厂分布上海、镇江、苏州、九江、杭州等地，出现了同属大中华火柴公司的"名烟""飞轮"等不同商标字样。

作为抗衡"洋火"的先锋力量，"大中华"品牌对保护与抢救民族火柴工业发挥了极为重要的作用。巅峰时期，其产量和销售量皆超全国火柴产销量的两成，成为全国最大的火柴公司，并走出国门，在芝加哥世博会精彩亮相。

三

文章开头提到的股票，见证着曾经的民族工商业者突破"卡脖子"难题的艰辛历程，饱含着一代爱国实业家、民族工业发展先驱对祖国的拳拳赤子之心。

从"煤炭大王"到"火柴大王"，刘鸿生以民族精神为内驱力，打破了当时"洋火"在中国横行的局面，并以"中华"之名点亮大半个中国。这是这位爱国实业家带给彼时之中国的改变。

刘鸿生一生致力于爱国事业。时光的指针来到20世纪40年代末，他对即将诞生的新中国感到十分振奋，极尽所能支持国家建设，主动申请把家族企业作为第一批公私合营对象，其中就包括与外商长期抗争的大中华火柴公司。弥留之际，他还叮嘱家人将所余的全部定息捐献给国家。

回望"火柴大王"带领民族工商业者抗衡"洋火"的激情岁月，我们更加深切地感受到核心技术是要不来、买不来、讨不来的。小小火柴头是这样，芯片、工业软件等行业更是如此。

如今的中国，早已不再积贫积弱，但发展道路上仍面临部分核心技术受制于人、关键零部件依赖进口的问题。作为坚持走独立自主发展道路的大国，加强基础研究、提升原创能力，才是冲破"卡脖子"困局的不二法门。此外，还需凭借新型举国体制，汇聚国家实验室、大学、科研机构、企业等多方力量，对关键技术展开集中攻关。

曾经，先辈们以民族大义为先，冲破围追堵截，彰显了中华民族的志气、骨气、底气。当前，我们的基础条件有了显著改善，更应以爱国主义为基石，在破解技术难题道路上展现新作为。

从过去到现在，再到可预见的未来，"卡脖子"不会只是临时性命题。只有到我们的技术创新能力全方位比肩甚至领先世界的那天，"卡脖子"这个词才会被真正封存在历史中。这，或许也是"火柴大王"刘鸿生带给我们的重要启示。

【档案资料】

"火柴大王"刘鸿生，"联华制夷"稳固民族品牌，被称为近代爱国实业家。刘鸿生故居收藏的 1948 年大中华火柴股份有限公司的股票，见证着民族工商业者商海沉浮、实业救国的往事。

徐迪　执笔

2023 年 12 月 15 日

网络戾气不该是伤人"利器"

> 在信息社会发展的长河中，网络戾气不是一两天内突然出现的，而是各种复杂因素的累积，对其治理也并非一朝一夕之功，需要社会各方面共同努力。

你有没有这样一种体验：在网上看到某条新闻觉得有感触，或是刷到某个视频觉得有意思，点进评论区正想谈谈看法，却发现总有一些"杠精"在进行言语攻击。他们总能找到莫名其妙的角度来发表不友好言论，并且一旦有人反驳解释，他们更会像吃了火药一般开启"骂战"模式。

不知从何时起，这种网络戾气开始逐渐蔓延。"标题党"冲击眼球，"泄愤帖"挑起对立，从情绪输出到攻击谩骂，从线上发帖到线下宣泄，从"人肉搜索"到"开盒挂人"……这引发我们思考：网络戾气到底从何而来？我们又该如何拨开这层"迷雾"？

一

戾气，本是中医用语，指的是一种有别于正常风寒暑湿，具有强烈传染性的疾病。后被引申到网络上，形容有的人由某种心理亚健康状态引发的思想和行为上的偏激、暴怒等。在笔者看来，网络戾气至少有这么几个特征。

容易走向极端，言行缺乏理性。一些网友对事件本身或许并不关注，持有一种"先骂了再说""看热闹不嫌事大"的心态。他们通过主观臆想将事件标签化，甚至故意找茬，作出过激反应，将其视为个人情感宣泄的出口。比如有人取快递被偷拍，被"脑补"出一部出轨快递小哥的剧情。在"一言不合就开骂"面前，理性探讨显得苍白无力。

夹杂情绪爆点，滚雪球式传播。面对热点话题时，人们很可能处于一种复杂、强烈的情绪状态中。在这样的情况下，一部分本在"吃瓜"的网友为了追求归属感，或是跟帖，或是保持"队形"，不自觉加强了情绪认同。一传十、十传百，在"群体压力"下，强势意见愈强，弱势意见愈弱。

比如戾气爆棚的"网络厕所"，通过匿名投稿接收发布针对特定群体或个人的嘲讽讥笑、恶意侮辱等，在专门的BOT账号、群组等"公开处刑"，汇聚一帮乌合之众看热闹。

线上带入线下，催生现实暴力。当今，互联网已经成为人们生活不可分割的一部分。网络上原本陌生的双方由于立场不同、观点不合而引发口角，在敏感神经被挑动的情况下，矛盾影响面就可能扩大，甚至衍生到线下。

特别是对未成年人来说，他们作为互联网"原住民"，从小接触各类网络信息，但因一定程度上缺乏足够的判断力和自制力，容易模仿这些戾气行为，甚至将其带入现实生活中，产生不良后果。比如今年10月底，曾有警情通报两伙少年持械斗殴，只因当事人双方在网上相互讥讽。

二

《诸病源候论》中提道，"人感乖戾之气而生病，则病气转相染易，乃至灭门"。讲的是中医所说的戾气多源于内心不安和，且受到外界环境等因素感染。类比至网络戾气，其产生的原因相仿，也有内外两个方面。

就外部来说，现实被"投影"到网络，少数负面情绪被放大。世界处于百年未有之大变局，社会发展日新月异，很多行业秩序被解构又重构。久而久之，就容易积累起一些负面情绪。俗话说，好事不出门，坏事传千里。个别事件一旦被置于网络空间中，在网民猎奇心理追逐下，就可能被迅速放大。

加之互联网打破了信息传播的时间和空间，一部分人手持"麦克风"，"掐架"制造戾气；个别"意见领袖"为收割流量，对越激烈的情绪越要分享，从个人到个人，个人到群体，群体到群体，又加速了戾气的形成。

平台方的推送机制也容易造成"信息孤岛"。社交网络的选择性分发，强化了认知偏见，让用户更倾向于接受和分享与自己观点相同的信息。当人们被网络戾气裹挟时，很容易在一个充满戾气的话题下，看到戾气更浓的回帖，并进行跟帖。

就个体来说，网民素养参差不齐，不是每个人都能理性看待同一事件。第52次《中国互联网络发展状况统计报告》显示，截至2023年6月，我国网民规模达10.79亿人，互联网普及率达76.4%。

不同文化背景、不同生活层次的人相遇在网络中，每个成员都能自由表达自己的观点，观点涵盖了各种不同的意见和立场。当不同立场出现时，个别人就会不管"三七二十一"，表现出狭隘的思维和极端的偏见，一些荒腔走板的言论随之涌现。

还有一些"momo"党认为，在虚拟的网络世界中可以为所欲为。相比于现实社会，在网络世界里，个人信息被转化成一组组符号数字，且可以更改，或者出于某种目的而被虚构。一些人凭借互联网的匿名性，无所顾忌，对他人进行随意谩骂、侮辱等，把网络空间当成"法外之地"。

三

治疗戾气，中医讲究上、中、下三焦辨证，意指在疾病的初期、中期、末期进行针对性治疗。网络戾气也分萌发期、积累期、爆发期，需要针对不同阶段特点"对症下药"。

萌发期，往往以网络语言对抗为标志。这一阶段的戾气尚未达到"致病"程度，可依靠网络净化的"疗效"进行"自我免疫"，过多外力介入容易适得其反。比如一味打压、删帖、封号，反而会让矛盾积累得更深。

而此时，个人提高媒介素养显得尤为重要。一方面，培养理性思维，在面对海量网络信息时，要评估其真实性，摒除煽动性言论的影响，避免盲目从众。另一方面，也应当规范言行，少一点无意义的情绪发泄，多一点发现美好的正能量。

积累阶段，更应正面引导、合理疏导。社会学"排气阀"理论认为，大环境存在的矛盾和冲突让个体产生不满情绪，如果这种情绪长期得不到释放，就会不断堆积产生更多情绪，所以要设置通道，疏解情绪。

网络平台作为"排气通道"，应当好"把关人"，引导网民既能"陈情"，又能"说理"。比如，利用技术手段强化对不良信息的监管，筛选理性发言，让谣言、极端言论在"戾气的螺旋"中消弭，疏导舆情危机，弥合大众情感。

作为万千"粉丝"拥趸的网络大V，也应秉持专业性原则，保持客观公正的表达。凡事都进行辩证统一分析，而不是采用简单粗暴的思维方式，用过于偏激的表达迎合"粉丝"意愿。

爆发之际，常常伴随焦点事件发生，并逐渐演变为网络暴力，更多需要依靠有关部门从宏观层面来把控。就在前段时间，中央网信办开展了为期1个月的"清朗·网络戾气整治"专项行动，围绕社交、短视频、直播等重点平台类型，惩治斗狠PK、编造网络黑话等7类行为。

一组数据反映了专项行动初步成效。据媒体报道，微博严肃处置煽动群体对立等极端言论，共清理违规内容9万余条；快手处置违规账号361个；B站累计处理违规行为16731起，处置违规账号347个。2023年9月，最高人民法院、最高人民检察院、公安部联合发布《关于依法惩治网络暴力违法犯罪的指导意见》，以法律准绳来约束网络行为。

网络戾气不该是伤人"利器"。在信息社会发展的长河中，网络戾气不是一两天内突然出现的，而是各种复杂因素的累积，对其治理也并非一朝一夕之功，需要社会各方面共同努力。也只有当"乌烟瘴气"被吹散，网络空间这个亿万民众共同的精神家园，才能惠风和畅、天朗气清。

郑黄河　执笔

2023 年 12 月 15 日

孤山为何不孤

> 如果说西湖是一张写意山水画，孤山便是那出其不意的"造险之笔"，它看似孤悬、实则点睛，与湖山连绵成势、浑然一体，方成"西湖之眉目"所在。

沿断桥往西，走过白堤，便是孤山了。

这座海拔仅仅38米的小山，却在西湖的众多胜景中有着响亮的名声，更有"钱塘之胜在西湖，西湖之奇在孤山"之誉。

民间将长桥不长、断桥不断、孤山不孤并称为"西湖三怪"，不禁要问，孤山缘何不孤？

一

据张岱《西湖梦寻》记载："《水经注》曰：山不连陵曰孤。"孤山之名由此而来，它遗世独立于湖中，依靠白堤和西泠桥连接岸堤，似山又似岛。

远远望去，孤山仿佛只有水中倒影与之相依相偎，确有清冷孤寂之感。但追溯起源，这座孤屿并非异峰突起，其山骨与对岸的宝石山、葛岭、栖霞岭相连，山石皆由侏罗系凝灰岩构成，是同脉同根的"孪生兄弟"。只是它们情谊含蓄，深深羁绊隐没于缱绻湖水中，不让世人窥见罢了。

换个角度看，孤山更像被西湖藏于心怀的"宠儿"，自古以来，任它独占一湖风光。唐代白居易有诗云"孤山寺北贾亭西，水面初平云脚低"，宋代苏轼亦留下了"孤山孤绝谁肯庐？道人有道山不孤"的佳句。

孤山四季，景致各有不同。春桃、夏荷、秋桂、冬梅，在时序轮转中竞相争艳，将这座小山装点得生机盎然、热闹非凡。闲暇时到孤山走走，冬日约上三五好友去孤山赏梅，成了杭州人生活中的一大雅事。

拾级而上，虽短短几步，却是一步一景，颇有应接不暇之感。亭台楼阁依山而建，错落有致，整个孤山就是一座独具江南韵味的立体园林，每一角飞檐、每一块刻石，都有历史的印记、鲜活的表情。

如大名鼎鼎的"西湖天下景亭"，就藏在孤山中。《白蛇传》里白素贞与小青遍寻西湖不见许仙，歇脚之处就在此地。

亭子上的楹联"水水山山处处明明秀秀，晴晴雨雨时时好好奇奇"，据说有12种读法，可以顺着读、倒着读，或者跳字读，每种读法，各有所得。

漫步孤山南麓，是观赏西湖的绝佳打开方式，可与"两堤三岛"对望。白日里，趁天光来游玩的人络绎不绝；入夜后，月光与湖水相映生辉，平湖秋月的盛景，让孤山并不显得孤寂，反而平添了几分"烟火气"。

如果说西湖是一张写意山水画，孤山便是那出其不意的"造险之笔"，它看似孤悬、实则点睛，与湖山连绵成势、浑然一体，方成"西湖之眉目"所在。

二

孤山不孤，更在于文脉不绝。

"山不在高，有仙则名。"孤山的海拔不高，却在人格化上有着不凡的高度，浓缩了上千年的历史文脉，涵养了一个湖、一座城的生动气韵。

先说才气。孤山虽小，但从来不缺文人墨客的留居与到访。北宋初年，林逋筑庐于孤山，一生不仕不娶，"以梅为妻，以鹤为子"。"疏影横斜水清浅，暗香浮动月黄昏"成为咏梅绝唱，也让孤山成为众多文人雅士心目中的"世外桃源"。"梅妻鹤子"的故事，也成为中国传统文化中隐逸精神的代表。

"我不识君曾梦见"，对于林逋，苏轼充满景仰之情。林逋去世40多年后，苏轼第一次到杭州做官，孤山就是他常去的地方。在欧阳修的引荐下，苏轼去孤山拜访僧人惠勤，相见恨晚。

当苏轼第二次赴任杭州时，欧阳修已逝世17年，他重访故地，适有泉水从山间涌出，"汪然溢流，甚白而甘"，便以"六一"名泉缅怀。

从白居易、林和靖到苏东坡，孤山在唐宋完成了一次文化的升格，成为文人士大夫的审美标尺与精神家园。

再说文气。清代康熙、乾隆二帝先后南巡杭州，都选择孤山作为驻跸行宫所在。乾隆修成《四库全书》，分抄七部，置于天下七大藏书楼，文澜阁正是其中之一。这套奇书在战火中历经磋磨，经几代学人拾遗补阙，得以存世。

到了20世纪初，在西学东渐的时代变局中，四位醉心于金石篆刻的年轻人，在孤山创立西泠印社，决意"与古为徒"。谁承想，这个规模不大的民间社团，走出了一条中国印学薪火相传之路。

吴昌硕、马衡、张宗祥、沙孟海、赵朴初、启功、饶宗颐、李叔同、黄宾虹、马一浮、丰子恺……创社120年来，大师云集。

"孤山不高，却看得很远；孤山不大，却文脉绵延"，这是西泠印社选择孤山的缘由。文脉不断，孤山连接古今、连通世界，折射出中华文明百折不挠的韧性，彰显出中华文化历久弥新的生命力。

最后说英气。孤山的气质，外表是淡泊清雅的文质彬彬，内里却是英烈刚毅的铁骨铮铮。

这里是"鉴湖女侠"秋瑾的长眠之地，她右手按剑、英姿勃发，流露出"洒去犹能化碧涛"的豪情。辛亥革命"首功之臣"陈英士迎风策马、振臂高呼，演绎着"死不畏死，生不偷生"的孤勇。还有倚山而坐、神色冷峻的鲁迅先生，一身"横眉冷对千夫指"的风骨。

"山为人明志，人为山增色"。一代代文人志士被孤山所吸引，为它注入品格与灵魂；而正是这赓续不辍的文脉，滋养了山川灵秀，使孤山不孤。

三

孤山之于杭州，已不仅仅是一座山，更是自然之美与人文之美相融相生的"文化高峰"。如何守护好孤山，又如何让更多人读懂孤山？

活态传承。自宋以来，历代文人名士在孤山留下了浩繁灿烂的诗词歌赋、碑文石刻，营造了各具风韵的古建景观。在西湖景区21处"国保"中，孤山独占四席，可谓得天独厚。

如此丰富的文化矿藏，如何在保护的基础上活态传承，是值得研究的课题。这不仅需要专家学者对孤山的历史文化、名人故事进行系统梳理，更需要用生动的形式向大众展示，吸引老百姓走近孤山，了解其背后的文化内涵。

诗意共融。早在20世纪五六十年代，杭州把孤山附近高大的围墙拆除，平整了草地，新栽上梅树100余株，孤山赏梅从此成了杭城市民冬日又一赏心悦目之事。沿孤山山麓展开的中山公园，原是清行宫的一部分，园内树木森森，亭台幽径各具特色，免费向市民游客开放。

事实上，孤山可以成为一种诗意的生活方式，更优雅地融入百姓生活。比如定期举办面向大众的雅集活动，吸引文艺爱好者来品茶读书、吟诗作画，体验文人雅士的生活美学，或许会像"曲水流觞"一般，成为年轻人的新风尚。

美学营销。20世纪90年代，西湖之声推出的节目《孤山夜话》，曾是一代人的集体记忆，也在无形中打出了孤山品牌。在当下这个互联网时代，需要新的载体去传播孤山文化，擦亮孤山这张"文化名片"。

比如从西泠桥走入孤山路的那段弯道，在社交网络上被称为"杭州最美转角"，吸引了众多网友前去打卡。属于孤山的美、在孤山发生的鲜活故事，需要更多像这样的"美学营销"，去激活流量密码，让孤山为杭州这座城市代言。

"面面有情，环水抱山山抱水；心心相印，因人传地地传人。"千百年来，孤山之上人气不绝、接续守望，留下了一个个"青山不老、孤山不孤"的故事。

茹雪雯　钱伟锋　屠春飞　执笔

2023 年 12 月 16 日

播客热带来的启示

> 现在的年轻人被称为"平视世界的一代",灌输式的传播、千篇一律的面孔无法打动他们。

当你在上下班的路上或是健身房里,看到有人戴着耳机,时而微笑、时而皱眉、时而陶醉,甚至忍俊不禁,那么他很可能在听播客。

近年来,中文播客异军突起,成为一种文化现象与社交方式,尤其在年轻群体中"圈粉",听播客、录播客也正成为一些年轻人热衷的潮流。那么,什么是播客?它是如何吸引年轻人的?它又给音频世界带来哪些启示?

一

播客,即 podcast,是 iPod 便携式数字音乐播放器与 broadcast 广播的合成词。资料显示,播客这一概念首次提出,是 2004 年时一名记者在《卫报》发表的《听觉革命:在线广播遍地开花》一文中，此后一名广播人开通了世界上第一个播客网站"每日源代码"，这被认为是播客正式诞生的标志。

2020年，中文播客迎来井喷式发展，节目数量首次突破1万档，紧接着便进入高速增长期。有数据显示，2022年中文播客听众规模超1亿人次，据预测，2023年到2024年间，中文播客的消费规模会保持年均15.8%的增长，增速位居全球之首。

那么，在注意力稀缺而表达欲爆棚的今天，动辄就要个把小时的聊天式播客，是如何形成这么大的用户规模的呢？笔者认为，最重要的是用户有需求。

获取信息的需求。中国有句古话：活到老，学到老。比起传统电台、易上瘾的短视频和网络付费内容，许多已经厌倦了算法推荐的年轻人将播客作为逃离信息茧房、获取知识增量的一个选项。比如某播客平台上订阅数居首位的一档节目，主播们会就不同书籍展开交流与分享，虽然节目时间大多长达80分钟以上，却依然成为最受欢迎的节目之一。

情感陪伴的需求。快节奏的工作和生活，让不少年轻人深陷压力和焦虑之中，播客恰巧提供了一份情感慰藉、一个情绪出口。比如，一档叫作"谐星聊天会"的播客节目，单期正片平均播放量超过10万＋，以"年龄增长的那些独特体验"这一期为例，年长女性的分享，让年轻女性的迷茫与不确定受到鼓励和包容，番外"来自姐姐们的生活感受"更是让不少听众直言感同身受。

社交沟通的需求。"宅"和"社恐"是现在不少年轻人自嘲的标签，比起线下聚会，他们更愿意选择数字社交。播客以其个性化特质，让听者不断强化参与感、沉浸感，生发出彼此之间如朋友一般亲近的感觉，并与主播以及志同道合的"听友"建立情感联结。

就像是一个避风港，这里聚集了相似的人、聊着共同的话题、有着互通的社交圈。

除了用户有需求，技术发展提供的便利性也让播客走进更多生活场景。2012年，苹果推出播客应用程序，成为播客行业的转折点，无论何时何地，用户只需轻触手机就可收听想听的节目。而蓝牙耳机特别是降噪耳机的普及，使得用户即使是在地铁等嘈杂的环境中，也可以拥有一个安静的空间，收听变成随时随地可以进行的享受。此类良好的体验助推了播客的风靡。

二

作为舶来品的播客，在国内经过10多年成长期，终于迎来了自己的高光时刻。但在走向长红的路上，依然有一些问题值得深思。

比如，如何从小众走向大众？如果说短视频是热闹的广场舞，那么播客对年轻人来说，就是专属的隐秘角落。有用户画像显示，播客听众的核心人群是22岁至35岁的青年群体，集中分布在一线和新一线城市。但在更大范围的群体层面，播客目前似乎无力渗透和覆盖。在扩大受众的过程中，如何在守护好小而美的精致的同时获得更大发展空间，这是播客在实践中亟待破解的课题。

再如，如何从良莠不齐走向"百花齐放"？从目前的播客市场来看，拔尖的还不多，大部分播客节目的收听数据比较有限；而头部播客一旦形成了自己的风格特色，就很容易被模仿，同质化问题接踵而至。甚至有一些播客，为了在竞争中获得一席之地，在话题选择上存在打"擦边球"之嫌，不仅给网络管理带来新挑战，也让主流价值观受到冲击。

还如，如何从"为爱发电"走向可持续发展？商业平台要想获得长远发展，依靠"为爱发电"不是长久之计。目前播客最主要的盈利模式还是广告和付费收听。尽管从市场调查来看，大部分听众并没有因为自己喜欢的播客接了广告而产生抵触情绪，但受制于现有的用户规模、呈现形式等因素，播客变现难的问题并不容易破解，而无法有效盈利又会导致一些很有潜力的播客迫于生计无奈退出。

三

有人说，播客从"节目"变成了一种生活方式。就像20世纪90年代的广播电台，有趣、深刻、引人入胜，吸引了一批年轻人准时守在收音机前。

尽管也面临困局，但播客显然为沉寂已久的音频世界带来了"第二春"。对于媒体尤其是广播电台来说，如何借鉴播客之长，与播客相互赋能，探究彼此困局的破解之道，是一个有意义的话题。这里，笔者想到三个词。

高品质内容是刚需。播客的成长和爆发，看起来应了"天时地利人和"，但究其根本，是因为它提供了年轻人所需的优质内容。曾有播客主播分享自己听到一些头部播客后的感受：他们将播客创作当成纪录片创作，使用编剧思维，系统化地思考切入点、叙事方式、故事内容、氛围包装等，让听众有明确的记忆点。越是信息爆炸，优质的内容越是稀缺，对于产出内容的播客和媒体而言，始终要将内容这个立身之本牢牢握住。

个性化人才是竞争力。不少播客之所以吸引人，离不开主播个人的风格和魅力，有的学识渊博、博古通今；有的亲和力强，让人敞开心扉；有的善于共情，能体会听众的喜怒哀乐；还有的十分幽默，给人以轻松愉悦之感。

现在的年轻人被称为"平视世界的一代"，灌输式的传播、千篇一律的面孔无法打动他们。媒体缺的并不是人才，而是对人才个性的发掘，以及"因材施教"式的培养和包装；于个人来说，媒体工作是要时时走在社会最前沿的，终生学习才能和各个时代的听众达到"同一频率"。

差异化互补是出路。当下，媒体人也是国内播客的重要玩家，一些知名媒体人有自己的播客节目，并且影响力很大。入局播客，媒体有优势，如内容资源多、把关机制成熟、制作能力强、人员更专业等。

近年来，各级各类传统媒体纷纷围绕自身定位开设播客，像《三联生活周刊》、财新传媒等，都推出了深度类的音频节目，同时也牵引着自身的数智化转型。背靠媒体的平台和影响力，播客从小众走向大众也会更为便利和顺畅，这也将在一定程度上缓解盈利困难、质量参差等问题。

我们期待，播客叫醒的不仅仅是年轻人的耳朵，还有不少仍在寻找出路的媒体。

余丹　陈飞鹏　执笔

2023 年 12 月 16 日

昌硕先生的金石"三味"

> 吴昌硕先生的金石"三味"中，蕴含着他丰满的一生——他惦念的家乡山水，他难忘的相思之苦，他心系的家国天下……

1904年，在杭州孤山，西泠印社成立。2023年11月，西泠印社迎来建社120年系列活动。巧的是，它的首任社长吴昌硕先生诞辰180周年纪念活动也拉开了帷幕。

吴昌硕先生素有集"诗、书、画、印"于一身、融金石书画于一炉的美誉，其中尤以"印"闻名天下，被称为"石鼓篆书第一人"。

在篆刻上，吴昌硕为何能艺领群雄，拥有这么高的地位？笔者以为，可从先生的金石"三味"中窥得一斑。

一

近而立之年就离开家乡的吴昌硕，可谓在外"漂泊"半生，因此，这金石"三味"中的第一味，便是"乡愁之味"。

吴昌硕在印中常忆家乡风物，从中便可领略其童年野趣。先生出生在湖州安吉鄣吴村，那是一个峰峦环抱、树木葱茏、阡陌交错的地方。他的童年多在青山绿水间的"诗情画意"中度过，或是在檐前一块大砖石上用笔蘸清水习大楷，或是借钓鱼之名，步行十里赏遍溪边梅。

《吴昌硕的梅花世界》一文中曾提到，村外十里处有一小溪名曰"梅溪"，因两岸遍植梅花而得名。许是缘于此，一枚暗含梅花意韵的印章——"梅溪钓徒"便在他的刻刀下诞生。

吴昌硕39岁时，已离开家乡10年。这年冬天，他定居苏州后不久，刻了一方"归仁里民"的印章，并在边款中篆刻说明："归仁吾鄣吴邨里名，亦里仁为美之意。壬午冬昌石记。"此印尚属其早年风格，线条浑厚，整体磅礴大气。

在明代之前，鄣吴村被叫作"归仁里"，意为有仁爱的邻居所居之地。吴昌硕以"归仁里民"自居，想来认同家乡乃是仁德之地，而在异地的冬季刻下此印，也让思乡之情更深一层。

另有一印——"半日邨"，指的也是鄣吴村，由于村前、村后各有一山，村庄的日照时间短，被戏称为"半日村"。吴昌硕的父亲还曾著有诗集《半日村诗稿》，不知是忆起父亲的教诲，还是忆起家乡的独特风光，吴昌硕篆刻了这方印，边款中刻："孝丰鄣吴邨，一名半日邨。甲寅秋，老缶。"

创作此印时的吴昌硕已进入古稀之年，艺术风格已成熟老辣，但乡愁仿若一壶老酒，在这"半日"的风光中越酿越香。

二

"老来多健忘，唯不忘相思"。在昌硕先生的篆刻作品中，一方"明月前身"章，道出了他金石"三味"中的第二味——"相思之味"。

60多岁时，吴昌硕在一次梦醒后看到明月高悬、月色如洗，于是刻下"明月前身"这一印章。这方印与他众多"粗头乱服"风格的作品大不相同，线条清秀、婉转，刀刀似见珍视与伤感，充满了意境美。

该印边具两面，一面是一幅仕女背影图，一面刻有小篆印文："元配章夫人梦中示形，刻此作造像观，老缶记。"造像与印文相结合，让观者似乎窥见他梦中之人——早逝的未婚妻章氏。虽仅有背影，但衣袂飘飘，在月光中如梦似幻，看得见却抓不住之情令人感怀。

章氏与吴昌硕一样同是安吉人，两小无猜的他们早早定下婚约，感情甚好。可惜还未正式成婚，二人因战乱在家乡无奈离别。待到吴昌硕一年后归来，惊闻章氏亡故，悲痛欲绝。

晚年的吴昌硕，篆刻之艺已自成境界，但是他在刻这方"明月前身"时，悲从中来，泪眼模糊，几难运刀。也许正因为此中情过于深重，才被人评价为"印绝，款绝，情更绝"的"三绝"之作。

吴昌硕一生爱梅，仔细观察会发现，自"明月前身"刻成之后，他所作的梅花画作中多钤印着那方"明月前身"。垂暮之年的吴昌硕作《重游泮水》二诗，其中一首又提道："珍重吴刚频历劫，可怜孤负月前身。"

也许正是这年少之情分外纯粹，才让今人观之顿觉万分珍重。因此，对这方"明月前身"章的解读也从未停止。比如围绕此印，2006年上映的电影《明月前身》，就曾试图以镜头的视角呈现出吴昌硕心中那难以磨灭的情感。

三

对吴昌硕而言，若故乡、亲人为"小家"，那么国家天下便是他情之所系、最为牵挂的"大家"。在他刻刀下方寸之间蕴含的第三味，便是"家国天下之味"。

1894年，中日甲午战争爆发。年过50岁的吴昌硕不顾家人劝阻，以随军"参佐戎幕"的身份参与战事。在战事间隙，他镌刻了一方"俊卿大利"印，印中的"利"字最大，凸显了对"无往不利"的坚定信念。而且虽在军旅途中，他的刀法却不急切，圆转流走、畅通自然、正大雄强，正合着"大利"的美好愿望。

此印边款还刻有："野坫当门水，层阴背郭峰。瘗冰狐听老，兵气雁知凶……"仿佛可见，枕着边塞寒风、战马啸声的吴昌硕正辗转反侧，一边是"小我"在战争中流离失所的苦痛，一边是"大我"期盼家国能大胜的祈愿。"小我"与"大我"在刻刀下融为一体，直抒对胜利的渴望。

甲午战争虽战败，但并未磨灭吴昌硕的济世为民之志。1899年，他得别人保举，代理安东县令之职。然而，戏剧性的是，他仅上任一月就辞官归去，其中的缘由，与他骨子里的"平民"精神有一定关联。

一到安东任上，他就解决了百姓饮"咸水"之难。他在县衙前凿深井一口，被百姓命名为"昌硕井"。然而晚清官场中，对上级的逢迎、同僚间的倾轧等"潜规则"常有。他到任时，正逢秋粮征收，大小官员沆瀣一气，"外快"颇丰。吴昌硕生性淳朴忠厚，难免碍了当地同僚之眼，做事倍感掣肘。

身处如此官场，无奈溢于言表，于是他索性辞官而去。他刻下三方"一月安东令"印，一方朱文，两方白文，既发泄郁气，又调侃自嘲。

有专家评论称："闲章不闲，在吴昌硕所刻诸印中堪称精品。"其中最大的一方白文印，最显奇恣洋溢之特色。此印中，吴昌硕将"月"拉得极长，与他为官一月之短形成鲜明对比，自嘲意味十足。"安"居中且最长，祈"天下安"的愿望浓郁，又似有现实与理想冲突的不甘意味……

吴昌硕先生的金石"三味"中，蕴含着他丰满的一生——他惦念的家乡山水，他难忘的相思之苦，他心系的家国天下……

余雅佩　孔越　执笔
2023 年 12 月 17 日

我们为什么爱初雪

> 雪景清冷却不停滞，遒劲的梅枝、挺立的松柏、抽出的新芽，无不显示出蓬勃不可遏制的生命力量。

昨天起，浙江进入气象学意义上的冬天。这两天，浙江初雪刷屏朋友圈，网友们纷纷晒出美图、视频。前段时间，故宫雪景一度登上头条、热搜。

有人说，一下雪，故宫就成了紫禁城，西安就成了长安，南京成了金陵，杭州成了临安。雪成为一场"冬日限定"的犒赏，让古城瞬间重现。

入冬前后，大家不是在盼着下雪，就是在羡慕别的城市下雪，仿佛不经历一场雪，就不算过一个完整的冬。人们为何这么爱雪？又为何对初雪情有独钟？

一

并非只有现代人盼雪爱雪。从古至今，人们都喜欢赏景玩雪。

尤其是初雪，以其特有的惊喜与浪漫，吸引着一代代文人墨客、市井百姓。

"春有百花秋有月，夏有凉风冬有雪"，春观百花、夏享凉风、秋赏满月、冬会初雪，历来是古人四时赏心乐事所在。在文人笔下，雪是"寒酥""银粟"，是"琼花""玉鸾"，有着极致的诗意与浪漫。

《梦粱录》记载，南宋都城"豪贵之家，如天降瑞雪，则开筵饮宴，塑雪狮，堆雪山，以会亲朋，浅斟低唱，依玉偎香"，尽情享受雪天带来的快乐时光。明代高濂《四时幽赏录》提到，杭州人喜欢在雪天"西溪道中玩雪""扫雪烹茶玩画""山窗听雪敲竹"等，尽显风雅情趣。

张岱曾孤身前往湖心亭看雪，"雾凇沆砀，天与云与山与水，上下一白。湖上影子，惟长堤一痕、湖心亭一点、与余舟一芥、舟中人两三粒而已"。在这位"痴相公"笔下，独自赏雪也颇有意趣，别具一番滋味。

如今，雪天依然带来满满的仪式感、幸福感。人们喜欢在初雪时走出家门，堆雪人、打雪仗，在雪地上写下心愿，与心爱的人一起漫步到"白头"，在朋友圈晒出雪景图片，配上唯美文案，定格这一刻的美好。

二

"白雪镶红墙，碎碎坠琼芳。"初雪后的北京故宫，金瓦白雪、红墙银衣，仿佛一夜之间梦回千年。

南方的雪虽没有北方之盛，但同样令人倾心、别具风味。比如西湖雪景，就曾让明代汪珂玉感叹："西湖之胜，晴湖不如雨湖，雨湖不如月湖，月湖不如雪湖。""断桥残雪"更是其中不可错过的"一期一会"。

雪景为何别具美感？我们欣赏雪景时，究竟是在欣赏什么？

雪自带极简之韵。雪是一位极简大师，能把一切简化到极致，给天地留下一片纯白。这种简约纯净的美感，与崇尚素雅简洁的宋韵美学高度一致。无论是宋人的瓷器、茶道，还是书法、绘画，都力求在平淡之中展现风韵，于留白之处彰显意境。

今天在杭州，我们还能处处感受到这种极简之美：德寿宫的红墙，杭州国家版本馆的梅子青屏扇，中国丝绸博物馆的白色旋转楼梯……简约的纯色色块最是"出片"，吸引无数游人争相"打卡"。

雪凸显色彩之美。《红楼梦》第四十九回描写了一个经典场景：贾母从惜春那里回来，远远看见宝琴与抱着红梅的丫鬟站在山坡上。琉璃世界，白雪红梅，极具美感的画面让贾母心动，主动提出让惜春把宝琴立雪的场景画入画中。

雪天的纯白色调仿佛"加了滤镜"，更易突出色彩对比。李清照看到红色，"看珠帘之外，雪瓣成堆，红蕊层层"；白居易看到青色，"岁暮满山雪，松色郁青苍"；余光中看到银色，"若逢新雪初霁，满月当空，下面平铺着皓影，上面流转着亮银"，给人以极强的感官冲击力。

雪极具诗画之感。雪景是诗文、画作的重要题材和内容。以"雪"为题，历代文人大可以聚在一起行飞花令，"晚来天欲雪，能饮一杯无？""柴门闻犬吠，风雪夜归人""风一更，雪一更，聒碎乡心梦不成，故园无此声"，等等。

到了宋代，雪景山水画发展到新高度，极尽高远、深远、平远之妙。如范宽《雪景寒林图》、郭熙《关山春雪图》、王诜《渔村小雪图》，或霜霰水凝、峭壁枯林，或雪山嵯峨、溪水缓缓，或雪拥空山、庭户深闭……雪天的山水相映成趣、如诗如画，把人带入深远渺茫、意蕴悠长的境界。

三

初雪频频刷屏、登上热搜，一方面意味着穿越古今，人们对大自然四时变换都有敏锐的感知，另一方面，也说明人们越来越懂得发现生活之趣、珍惜点滴美好。

下雪天，我们看的是雪景，爱的是生活，心中充满的是追忆与期盼。当然，我们盼雪来，但不希望雪乱来，以免成灾闯祸。

在忙碌生活中感受松弛。这两天，一条北京某学校一体育老师向班主任"借课"，带学生打雪仗的视频登上热搜。在繁忙的学业之余，老师借雪之机，教会孩子"一张一弛"，去欣赏、接纳、拥抱生活中每个美好瞬间。趁着雪天，不妨停下脚步，慢一点、静一点，允许心灵如静静飘落的雪花一样，远离喧嚣、回归宁静。

在平凡日子里发现诗意。寒冷寂寥的冬天，骤然降下的一场初雪，仿佛在平凡日子里打开诗意的大门。古有赏雪斗诗、雪中小酌，今有围炉煮茶、朋友圈摄影大赛。人们通过种种仪式感受自然的馈赠，去欣赏美、表达爱。"乐观和爱是生活的解药"，只要有心，平凡生活也能过得诗意、活出精彩。

在岁月流转时满怀期待。雪景清冷却不停滞，遒劲的梅枝、挺立的松柏、抽出的新芽，无不显示出蓬勃不可遏制的生命力量。正如雪莱那句著名的诗："冬天来了，春天还会远吗？"生活的美好和希望正在积雪下萌动，多些底气，多些信心，温暖的春天定会如约而至。

张诗妤　徐伟伟　执笔

2023 年 12 月 17 日

渔村石塘的"山海经"

> 再好的美食吃多了也会腻，美景亦然。因此需要有好创意来推陈出新、独出心裁，不断给人们提供新奇体验。

海风微拂、白浪击岸，缆绳交错、渔港晚舟，相信这是大多数人脑海中的海岛渔村景象。不过，浙东海边渔村——温岭市石塘镇还有一番新奇。

近年来，石塘镇被评为"全国特色景观旅游名镇""浙江省民间民族艺术之乡"，该镇五岙村入选国家级最美渔村、海利村入选中国美丽休闲乡村，还被赞誉为"东海好望角"。然而，翻开石塘的历史画卷，这里几经生死存亡，几度焕然新生；这里一度发展成渔业重镇，也曾面临转型困境……

央视纪录片《渔村小叙》曾有此一问："渔村石塘，它的确不是名山大川，然而凡是来过这里的人，都会从心里喜欢上它，这是为什么呢？"我们带着这个问题，探一探渔村石塘的"山海经"。

一

历史上，石塘在很长一段时间里可以说是"孤岛求生"。

闭塞的交通，是孤岛面临的第一道障碍。19世纪之前，这里是孤悬海中的岛屿。直到清嘉庆九年（1804年），岛上才铺了一条五六里长的砂路，与大陆连通。清同治十三年（1874年），为避免路人因突然涨潮而葬身鱼腹，遂在旧砂路上叠石尺余高，"于浦脚边每一里建大石高台一座，俾行人得登是台避潮焉，千百年之患一旦而免"。

孤岛的艰难还在于大海"发怒"时的恶劣环境。东南自古多台风，石塘更甚。新中国成立以来统计数据表明，这里是浙江省台风登陆次数最多的地方。因石坚耐用，可挡风雨，能防海潮，当地人就地取材将孤岛"武装"成了石头城，街是石造、巷是石围、路是石铺、房是石砌、塘是石筑，"石塘"由此得名。

除了特殊的自然地理因素，作为重要海防前哨和物资补给站的地位，也让石塘有了不一般的经历，可谓几经浮沉。

据《嘉定赤城志》记载，宋朝时这里就有渔民聚居，元代设石塘巡检司，镇守海疆。明代，郑和下西洋也曾经过石塘。后又因倭寇进犯，渔民陆续内迁，这里成了废墟。

直到明正统二年（1437年），福建泉州惠安一支陈氏船队沿海北上，发现石塘有平旷地、水井天成，遂安家落户。如今，岛上陈和隆旧宅青石大门镌刻的"旧德溯东湖俭勤世守，新支衍箬屿义礼家传"对联，讲述的便是这段往事。

然而到了清初，为围困郑成功，顺治帝颁了"片板不许下海"

的禁海令和"回撤30里"的迁海令，让石塘再次成为"无人区"，直到28年后海禁解除，石塘才又一次慢慢苏醒过来。

二

山海间的石塘为更多人所知，起于20世纪80年代，因著名画家吴冠中、沈柔坚等对石塘石屋石巷石城美如画的盛赞，中央美院等知名大学相继将其列为写生基地，在艺术界声名鹊起。

1999年底，石塘迎来一波"大流量"。中国2000年委员会宣布中国大陆新千年第一缕曙光首照石塘后，当地一个月的人流量达到了16.96万人次。"第一缕曙光"的流量引发了石塘人的新思考。

能否使出"看家本领"，以创意吸引人？石塘是渔业重镇，鼎盛时，有各类渔船2100余艘，功率指标居全国乡镇首位，从业人员达2万之多。

出海捕鱼自然是石塘人的"看家本领"。2006年，当时的流水坑村率先推出"当一回渔民"的沉浸式体验，一时间一票难求，之后又成立了渔家乐服务中心，让干渔家活、吃渔家饭，成了游客可参与的活动，至今热度不减。

能否挖掘"民俗宝藏"，以文化感染人？长时间地理和乡音上的相对独立，成就了石塘作为福建"文化飞地"的传奇。将闽南民俗与当地文化融合，就是一次创新的尝试。

像在杭州亚运会开幕式上亮相的大奏鼓，舞者敲打扁鼓等乐器，赤足而舞，被誉为"中国渔村第一舞"；作为元宵庆典的扛台阁，前有火镜开道，后有鱼灯、台阁巡游、锣鼓压阵、祈望丰收……石塘适时举办这些国家级非物质文化遗产展示活动，不仅吸引了各地游客，也获得了不少省内外乃至国外的民俗专家学者的关注。

能否擦亮"特色招牌"，以体验留住人？石塘的民居独具特色，多为石屋，依山面海，窗子刻意设计得高且小，防狂风灌入，在特殊年代也能抵御外敌入侵，屋顶还以密密麻麻的小石条压住青瓦，防止被台风揭掉，有言道，"层层房屋鱼鳞叠，半依山腰半海滨"。

2013年起，先后有渔民聘请国内外设计师将石屋改建成特色民宿，那些险些遭人遗弃的石头房子，闪亮转型为古朴又艺术的品质民宿，同时修建的临海绿道将散落于山头山岙的石屋群连接成片，串联起原生态的海岸风景，节假日甚至一房难求。

三

有人说，"渔业＋民俗＋石屋"为主元素的创业"交响乐"，让石塘这座依山而建、讨海为生的小渔村"道路越走越开阔"。

不过，作为全省首批历史文化名镇，如何产生经久不衰的影响力，石塘和其他"同榜生"一样，在发展中也遭遇了一些"成长的烦恼"。比如旺季挤破门，淡季不见人；吃、玩、购、娱等业态不够完善，引发游客吐槽"风光很好、可玩很少"；等等。那么，该如何突破困境？笔者认为，有三篇文章可以进一步探索。

做好"网"字文章，与广阔世界相连。许多海边村镇有发达的海运，但没有畅通的陆路，如果跳不出小小的镇域，有可能会再次沦为"孤岛"。两百多年来，石塘人一直在跟"路"较劲：先在海中筑路，后又广修公路，从当初的"潮落时旱路可通"，变成如今的四通八达。

接下来，还可以推动石塘与台州1号公路沿线甚至高铁覆盖的周边县市、地市众多网红地"组团出道"，实现一站式打卡。甚至依托科技在云端架"桥"，通过大小屏直播、"种草"等方式，打造一个网络上的"数字渔村"。从织渔网，到建路网，再到拥抱互联网，链接更广阔的世界。

做好"特"字文章，让人文之花绽放。再好的美食吃多了也会腻，美景亦然。因此需要有好创意来推陈出新、独出心裁，不断给人们提供新奇体验。比如精心挖掘并发展民俗，炒好这盘特色"文化菜"，既能丰富旅游"大餐桌"，又能让传统民俗焕发新生。

对国家级非遗——大奏鼓的抢救性保护，就是如此。1984年，8个平均年龄50岁的渔民，根据儿时的记忆重新编排整合，让几乎断层的渔村舞蹈重见天日。之后，又打破"传男不传女"等传统观念枷锁，在当地小学开设大奏鼓社团课，成立第一支女子表演队，如今还在新建非遗研学文创中心，设置大奏鼓小剧场，让更多游客欣赏并参与其中。

做好"融"字文章，让烟火气氤氲起来。有人说，动人的旅行是在快节奏的生活中被偶遇的人与景治愈。打鱼晒网，炊烟袅袅，让人与景彼此交融，不失为避免景区全盘商业化而让人生厌的好解法。

比如，被称为"中国五渔村"的七彩小岛，当地村民中，超九成是土生土长的原住民。平日里村民们或义务给岛上游客带路，或在居所开辟渔村非遗文化展示厅，或用废弃船木、蟹壳等材料制作特色工艺品，供游客参观、体验。一来一往之间，与来自天南地北的人结缘，有时还会将自家晒制的鱼鲞作为年货寄往各地，给新老伙伴们带去来自东海的鲜甜和问候。

每个小渔村都承载着与海共生的历史和记忆。期待更多"海的儿女"各美其美、美美与共，让山海赋予的过往焕发出蓬勃的生机。

王云长　王军波　林高杰　潘国志　陈宇茜　执笔

2023年12月18日

基层干部的八大焦虑，哪个击中了你

> 压实责任不等于随意问责，因为问责一旦离了"谱"，基层干部干事就找不到"调"。强化法治思维、创新思维、精准思维，既问不为之责、乱为之责，又容无心之失、探索之误，基层干部自会轻装上阵、深耕脚下这方沃土。

电视剧《县委大院》中，在拆迁、医改、环保问题整改、防汛救灾、信访维稳等场景中，一个个鲜活的人物形象共同描绘出当下基层干部的群像，也让人看到广大基层干部的焦虑与磨砺。

其实，关于基层干部焦虑的话题，一些权威媒体、智库曾做过全面报道和剖析。这一问题在国内许多地方的基层干部中都有存在，也涉及多方面的因素。笔者今天跟大家聊一聊：基层干部到底有哪些焦虑？这背后又有什么难言之隐和后顾之忧？

一、紧绷运转的任务焦虑

基层工作直面群众，点多、线长、面广、量大，头绪繁多，特别是随着各种社会治理和公共服务职能的不断下移，基层干部任务越来越重、强度越来越大，而相关要求越来越高、时间越来越紧。

为了完成一项接一项的工作任务，很多基层干部特别有担当精神、特别能攻坚克难。为此，他们牺牲了不少休息时间，很多人一人身兼数职，"白加黑和五加二""周六保证不休息，周日休息没保证""我们从来不加班，因为我们不下班"等语句成为他们无奈和心酸的自我调侃。

在任务繁多、压紧压实的现实下，超负荷运转逐渐成为基层工作的常态，忙和累成了基层干部的日常，"既要、又要、还要"的多重目标约束往往使基层干部陷入"接不住"但又"必须接好"的应付疲态。

二、多头泛化的考核焦虑

年终是一年工作的收尾，也是检查考核的密集期。尽管各地都在探索集约化、清单化考核，但重复考核、多头考核并未能完全消除。

一些基层干部反映，考核名目繁多、频率过高、重痕轻绩等问题仍然存在。有的考核没做调研就定指标、下任务、搞排名；有的不管是什么工作都搞"一票否决"；有的赋分越来越具体，百分制退出江湖，千分制取而代之。可以说，一些只管考不管干的"花样"偏离了考核初衷，也让基层干部有苦难言。

此外，一些地方热衷运用痕迹管理，一味追求事事留痕、处处留痕，加重了基层的焦虑。在一些工作中，要求的留痕方式从文字、图片、视频等现场留痕，迭代为微信、App、GPS定位等实时留痕，不仅费时、费力、费资源，还容易滋生"造痕"行为。

三、用力过猛的问责焦虑

问责就好比一把双刃剑，既要防止乏力，也要防范泛化。过去常说"上面千条线、下面一根针"，现在有的基层干部说"上面千把锤、下面一根钉"，甚至吐槽"上面千把刀、下面一颗头"，反映的就是问责滥用问题。

近年来，虽然各地都在发力制止问责滥用，但是个别地方仍存在乱问责、错问责、问错责的问题，致使一些基层干部患上"被问责焦虑症"，以至于工作起来如履薄冰、缩手缩脚。

基层是一方"责任田"。压实责任不等于随意问责，因为问责一旦离了"谱"，基层干部干事就找不到"调"。强化法治思维、创新思维、精准思维，既问不为之责、乱为之责，又容无心之失、探索之误，基层干部自会轻装上阵、深耕脚下这方沃土。

四、拔苗助长的典型焦虑

在一些地方，基层干部抓落实、出成果的"播种期"似乎越来越短。一项创新工作任务布置、探索实施没多久，刚见一点成效，就要凭借"漂亮"的包装来打造"××模式"，作为"典型"和

"盆景"推广。

瓜熟蒂落是自然规律，干工作同样也是如此。违背规律的拔苗助长，难以出实质性的成果，不管用不说，还劳民伤财。

"速成典型"不仅难以发挥典型的示范带动作用，而且会带偏基层干部的政绩观，助长形式主义歪风，造成决策失误和偏差，无益于事业发展。不管是抓落实还是树典型都需要给基层留足时间，万万不可"米刚下锅就催熟"。

五、疲于应付的材料焦虑

在基层曾流传着一句话，"工作干得好，不如材料写得好"。"加班加点写材料，没日没夜整数据，一心一意填表格，辛辛苦苦编信息"，一度成为一些基层干部工作日常的写照。

有些单位对表格、材料的要求趋于苛刻，繁多复杂、越来越精细化的整理要求，让不少基层干部陷入了"表山""材料海"，在材料中来回穿梭，在"表来表去"中抓落实，心思和才能都花费在"面子工程"上。

对此，中央和有关部门三令五申、严格禁止，但材料里面出政绩、以材料论英雄的错误思维和做法至今在部分地方和部门仍然存在，搞得基层干部身心俱疲、苦不堪言。只有让基层干部真正从材料、报表中解放出来，才能腾出更多时间花在办实事上，真正变"材料"为"实料"。

六、聚光放大的关注焦虑

基层干部是党和政府联系基层群众的纽带。从某种意义上来说，在广大群众心目中，基层干部就是党和政府在基层的"形象代言人"，其一言一行都备受关注。

而在"人人都有麦克风"的时代，数以亿计的网民构成"聚光灯"，基层工作中存在的问题、不足，即使很微小，也可能会以超乎想象的速度被无限放大，有的甚至会发酵成重大舆情，带来"一丑遮百俊"的晕轮效应。

久而久之，一些基层干部难免自念"紧箍咒"，生怕站在舆论"聚光灯"下，忧心网络上的任何"风吹草动"，担心自己的一个动作、一句话、一件事一不小心就被无限放大，稍有不慎就触了"雷区"，自然也容易滋生"少干事、不出事，也就不承担风险"的规避心理。

七、能力折旧的本领焦虑

在面对快速发展的时代变革和挑战时，基层干部需要掌握的知识和技能越来越多，少数基层干部在既往思维方式和工作模式被打破后，表现出明显的不适应，常常在工作中感到力不从心，陷入"老办法不管用、不顶用，新办法不会用、不敢用"的尴尬境地。

"不是我不努力，而是这世界变化太快"。过去的"三板斧"已无法适应现在的基层工作，以至于不少基层干部调侃，有一种心慌叫本领恐慌，有一种不够是时间不够。

特别是当下，基层群众诉求愈发多元，基层治理愈发精细。新形势新要求之下，老经验解不了新问题，老思维跟不上新事物，过去群众工作的"旧船票"登不上社会治理的"新客船"，不少基层干部常常感到自己的知识、技能或经验与时代发展要求不相称，本领恐慌也就愈发强烈。

八、一眼尽头的成长焦虑

长期以来，中央高度重视和关爱基层干部的成长和发展，各地也不断创新基层干部人才选拔机制和任用办法，取得了实实在在的效果。但限于一些复杂具体的情况，上升的"天花板"效应仍困扰着一些基层干部。

比如，对少数基层"老干部"而言，超龄很难再有晋升机会；一些年轻选调生、大学生"村官"，出于语言不通、水土不服等各种原因，也会想着"考出去""调出去"；还有一些事业编制干部为身份所困，自嘲"前途无亮"。

基层干部对上升空间和上升预期的期盼是一种非常正常的心理。善用并激发这种强大且持久的内驱力，树立注重基层和实践的导向，才能让干好事干成事的基层干部更有奔头、更加吃香。

读懂基层干部不容易的同时，也要弄清楚这些焦虑是怎么来的。一方面，基层干部处在改革攻坚的最前沿、社会治理的最末端，"夹心"位置使其承受着由上而下和由下而上的双重压力。另一方面，基层是距离群众最近的地方，多元的群众诉求和千头万绪的繁杂事务，不断对基层干部的"几把刷子"提出新的要求和挑战。此外，形式主义、官僚主义中的一些顽固性、反复性问题也给基层干部带来不小困扰。

习近平总书记强调，各级都要重视基层、关心基层、支持基层，加大投入力度，加强带头人队伍建设，确保基层党组织有资源、有能力为群众服务。对广大基层干部充分理解、充分信任，格外关心、格外爱护，多为他们办一些雪中送炭的事情。一直以来，党中央把解决形式主义突出问题和为基层减负结合起来，在全党上下鲜明树立起为基层松绑减负、激励干部担当作为的实干导向，取得了扎实成效。

笔者相信，只要各级党委、政府与广大基层干部双向奔赴、共同发力，减负增效、轻装奋进的目标就会越来越近！

陈培浩　王丹容　王娟　执笔

2023 年 12 月 18 日

开好新闻发布会"八要诀"

> 实际工作中，一场新闻发布会下来，最怕被吐槽"讲的什么啊""听来听去，没几句有用的"。因此，必须把握好重要性、新闻性，做到有料、有干货，真有新闻才发布。

昨天，2024年浙江省新闻发言人名录公布，对外发布了浙江省委、省政府新闻发言人，以及省级各有关单位新闻发言人名单等；就在几天前，国务院新闻办公室在中国国家博物馆举行2024年新年招待会，会上，中央国家机关和地方2024年新闻发言人名录公布。

新闻发言人制度与新闻发布密切相关。提起新闻发布，很多人并不陌生。国新办、外交部、国防部新闻发布会差不多"天天见"；新冠肺炎疫情防控，还有重大突发事件，都会召开新闻发布会；各级各类新闻发布会更是常态化举行。

新闻发布会有开得好的，也有"翻车"上热搜的，还有不少开了没见"水花"的。新闻发布会到底怎么开？笔者总结了"八要诀"。

一、新闻发布会不能为开而开。对重大突发事件而言，有明确的规定要求，必须及时召开新闻发布会回应社会关切。而日常新闻发布会，则需要考虑重要性、新闻性。单纯为开而开，很可能会对公共媒体资源造成浪费，损耗各级新闻发布平台的权威性、影响力，甚至影响到党委、政府的形象。实际工作中，一场新闻发布会下来，最怕被吐槽"讲的什么啊""听来听去，没几句有用的"。因此，必须把握好重要性、新闻性，做到有料、有干货，真有新闻才发布。一句话，公众关心的新闻发布会及时开，关注度不高的慎重开。

二、新闻发布会不是一般的工作会。二者区别很大，比如工作会议不发言的人也可以坐在主席台上，新闻发布会不是，发布人走上发布席，就是回应关切、沟通对话的；工作会议可以关起门来讲，新闻发布会不行，门是敞开的，通常还会全网直播；工作会议可以讲内部工作语言，新闻发布会不同，受众是记者及公众，讲的话要求通俗易懂，少讲官话、套话、术语；工作会议一般只讲话不提问，而新闻发布会答问环节是标配，答得不好很可能引发连锁反应。

三、新闻发布会并不只是张张嘴念念稿。一些新闻发布会，发布人念念稿子、回答几个问题，看起来四平八稳，以致有些发布单位认为发布会"就那么回事儿"。但这样的发布会往往正向关注度不高，反而出了状况就会上热搜。比如，某地的发布会，发布人将京剧《四郎探母》念成了"四母探郎"，相关小视频传得飞快。还有个别发布人，被记者当场问倒，场面一度很尴尬。所以说，新闻发布会不是走个过场就完事，要尽可能从认识到行动上高度重视起来，否则很可能把发布会开成"告别会"。

四、不打无准备之仗，提升发布会信息量。参加新闻发布会，发布人除了熟悉发布主题相关内容，对本单位本系统日常工作情况、本领域存在的难点以及热点问题也要做到十分明了，以防在慌乱中表达不当。正如有专家形容说，新闻发布会"宁可备而无用，不可用而无备"。这就要求发布人提前摸排、预测记者可能提出的问题，预备一份清单，准备大量素材，覆盖到可能被关注到的信息点，争取一旦被问到相关问题，尤其是敏感问题时，有准确、权威的说法。当然，这个准备工作不是一成不变的，应根据情况进行动态调整。

五、新闻发布会难在答问，成也在答问。一场新闻发布会，出状况的往往在答问环节，如果出于发布人失误等原因传递了错误信息，发布会就有可能成为"车祸现场"。比如疫情初期某地新闻发布会上，把全省生产医用口罩的数量说成108亿只，又两次改口，一会儿是18亿只，最后又变成108万只。而如果台下问得到位，台上答得出彩，那发布会就能开出大作用。我们可以看到，外交部发布会经常上演"唇枪舌剑"。面对外媒记者的尖锐问题，发言人从容坚定、应对自如，精彩表现圈粉无数。

六、能不能"发布"好，话风很重要。前面提到，新闻发布会不是一般的工作会议，与媒体、公众沟通，就得说大家都明白、听得进的话，千万不能自说自话。发言人需要对本系统本领域的工作了如指掌，并深入浅出地讲出来，让外行人也能听得懂。如果再考虑不同发布场合，话风还需有所区别。比如，有些新闻发布活动上，发布人不是坐在发布席上，是站着接受采访，或者坐在沙发上和主持人面对面，形式不同，表达也会不一样，须分门别类精准"发布"。

七、开好新闻发布会，得是"细节控"。一场新闻发布会涉及方方面面，且不说现场答问水平如何，即便是着装、表情、肢体语言等都要精心准备，如果不加注意，也可能变成反面案例。比如疫情期间的一场新闻发布会，台上的发布人有把口罩戴反的，也有不戴口罩的，招致网民吐槽；还有的发布会因发布人佩戴耳钉、丝巾等饰品引发舆情，闹得沸沸扬扬。再比如，有场重大事故新闻发布会上，发布人面带微笑和媒体记者说"见到大家很高兴"，很不合适。新闻发布会应当注意的细节很多，需要细之又细。值得一提的是，如果发布人表现不佳，一些细节更容易被放大。

八、新闻发布的形式是多样的。一些地方单位提起新闻发布，就以为要开新闻发布会。这种认识是不全面的，新闻发布会是比较庄重的新闻发布形式，但新闻发布有多种形式，可以召开媒体吹风会、记者见面会等，也可以通过政务新媒体发布信息。单说新闻发布会，就已经有很多创新形式，疫情期间国新办把疫情防控新闻发布会开到了武汉一线；浙江在开疫情相关新闻发布会时，有的发布人就通过视频连线远程参与；宁波的"今天我发布"，则是把新闻发布会开到了田间、地头。

总之，一场新闻发布会，精心准备和应付了事的效果肯定大不一样。开得好不好，现场记者有发言权，网民群众的眼睛是雪亮的。因而，一场好的新闻发布会，绝对离不开一个"诚"字。正如有人说，坦诚面对公众、真诚面向媒体、诚实发布信息、诚恳沟通不足，是新闻发布会的真义。

徐伟伟　王文龙　执笔

2023 年 12 月 19 日

将老建筑保护"进行到底"

> 保护老建筑是一项任重道远的事业，将保护"进行到底"更不是一句口号。当望向历史深处时，那一幢幢静静矗立的老建筑，或许就是时光留给我们最好的答案。

城乡建设过程中，古村古建何去何从？20年前，在浙江工作时，习近平同志就给出了指示。据《人民日报》报道，2003年6月11日，习近平同志来到东阳市吴宁街道卢宅，视察这座拥有数百年历史的古建筑群落。当时，卢宅多处已破损严重，附近民房也较杂乱，被列为整治对象。

是否要将卢宅连同破民房一起整治？有人建议：干脆都拆了，省事。建新的，更漂亮。习近平同志提出，实施"千万工程"，要正确处理保护历史文化与村庄建设的关系。要对有价值的古村落、古民居和山水风光进行保护、整治和科学合理的开发利用，使传统文明与现代文明达到完美的结合。

浙江是古建大省之一，塔楼、园林、桥台、寺观、牌坊、老屋……每一处都是浙江建筑的"黄金切面"。在社会发展日新月异的今天，保护这些老建筑，具有怎样的意义？面对拆和留、新与旧的抉择，"保护"二字又将如何真正"进行到底"？

———

建筑被称为"凝固的艺术"，老建筑是从时光里走来的杰作。

第三次全国文物普查显示，浙江共有建筑类遗存（含传统建筑及近现代重要史迹和代表性建筑）65492处，占全省不可移动文物数量的88.6%。已公布全省历史建筑10877幢，数量居全国第一。此外，浙江还有大量传统民居和老屋。保护老建筑，本质上就是保护那些弥足珍贵的岁月痕迹和文化印记。

老建筑是传统技艺的"活化石"。建筑大师梁思成说，"中国建筑既是延续了两千余年的一种工程技术，本身已造成一个艺术系统，许多建筑物便是我们文化的表现，艺术的大宗遗产"。每一座保留至今的老建筑，都与当时的科学水平、工艺技巧、建筑风格等紧密相关。

透过老建筑，除了能一窥先人高超的建造智慧和技术，还能感受他们对自然对生命的浪漫表达和情感倾注。如杭州的郭庄园林在建造时，就设计了许多精妙绝伦的门洞、花窗。游客在游园时，"极目所至，俗则屏之，嘉则收之"，西湖美景可尽收眼底。

老建筑是历史文化的"记录本"。"建筑是世界的年鉴，当歌曲和传说都缄默的时候，只有它还在说话。"作为城市和乡村记忆的载体，老建筑见证了沧桑变迁，是不可再生的宝贵文化资源。一旦损毁，建筑本身及其所承载的丰富历史文化信息都将不复存在，而那些与之连接的乡愁乡韵、文化情感也将荡然无存。

1984年，在考古专家、时任浙江省文物局局长毛昭晰的奔走努力下，传统建筑胡庆余堂终免于拆除，后升格为全国重点文物保护单位。这座晚清木结构古建筑群，遗留着红顶商人胡雪岩的奋斗史，潜藏着江南药业发展的记忆。正是这些切面，"拼"就了杭州这座名城的文化底色。

老建筑是地域风貌的"见证者"。一方水土养一方人，建筑也因地域而各有特色。由北及南，从内陆到沿海，建筑特色鲜明、风格迥异，用材取料亦有所区别。当你走进老建筑，就像打开了认识一个地方的"窗户"，这里的人居环境、习惯风俗，瞬时变得鲜活而生动。

哪怕在浙江一省之内，不同地区的老建筑亦各不相同。放眼杭嘉湖平原，因地制宜的砖木结构成为江南水乡流行的建筑风格。到了浙东沿海，因常年受台风等影响，一些渔村就地取材，采石建房，提高抗台风和暴雨能力，呈现出极具浙派民居风格的滨海风貌。来到金华、衢州等地，又可见徽式建筑的身影。

二

近年来，保护老建筑逐渐成为共识。但出于囊括范围较广、与人居紧密相关等原因，其在实际推进中往往受到多方关注、纠纷不断，严重者还会引发争议和负面舆情。老建筑保护仍然面临着多重矛盾。

比如，"拆旧建新"与"原貌保留"的冲突。老建筑的"拆"与"留"，一直是城市建设的必答题。过去，通过大拆大建获得快速发展的做法屡见不鲜。在追求短期经济效益的导向作用下，对历史文化资源的转化利用开始"左右摇摆",偏向重开发而轻保护。

于是便会看到,有的地方在保护了历史街区内达到文物认定标准的老建筑后,就把其他建筑全部拆掉,无一保留;有的地方在发展规划中,缺少对老建筑保护的考量,一味套用"网红模式",陷入"复制粘贴"陷阱;有的地方则以"保护之名"行"过度开发之实",随意更改建筑原貌,私搭乱建、违规改造,让老建筑沦为"生意场",给建筑本体和周边风貌带来不可逆转的破坏。

比如,"改善生活需求"与"原真性保护"的矛盾。大部分老建筑位于老城区内,历经风吹雨打,有的内部环境和居住条件较差,虫蛀、腐蚀严重,墙体开裂,难以满足居住者基本的生活需求。还有一些老房子结构复杂,保护修缮基础薄弱,改造水电煤等基础设施或是加装电器设备都颇有难度。

曾有一项针对台州府城老区内居民的调查显示,62.1%的受访者想要改善老屋防水、保温等性能。但在具体改造时,水泥抹灰立面、加装不锈钢门窗等现代材料及工艺的不当使用,也会对老建筑造成损害。

此外,受到现有"一户一宅"政策限制,"农村村民一户只能拥有一处宅基地",一些被评为文保单位的私有老建筑产权人无法通过置换宅基地来建设新房,"人屋矛盾"难解决。

再如,"形式修缮"与"内涵挖掘"的平衡。建筑是有形的,但其承载的历史文化却是无形的。有些地方在保护时重实体轻内涵,只注重建筑外观的修缮,却忽略了对文化内涵的挖掘,空有"形"的保护,而无"魂"的传承,不可避免地流于千篇一律,商业味太重,文化味很淡。

就像近年来"新古城""仿古城"等概念层出不穷,4D、5D、

AR、VR等炫酷的"声光电"技术一股脑儿往里塞，盲目追求让古城古镇古村落"亮起来""大起来"。在表面看似华丽热闹的新业态、新项目包装下，底子里的文化元素却七零八落，再怎么东拼西凑也无法形成有机整体。

三

对老建筑保护的重视程度，体现了一座城市的文化深度，考验的则是城市建设者、管理者的能力水平和文化素养。目前，全国共有1200多片历史文化街区，各类老建筑更是数不胜数。如何保护遍布各地的老建筑，让它们在当下焕发生机？笔者认为，关键要在四个字上下功夫。

"全"。每一栋老建筑都有自身特色，对应不同的历史沿革、产权属性、结构布局等，这些要素组合起来构成了老建筑的"身份体系"。只有真正摸清底数，详细掌握其"身份信息"，才能全面评估其文化价值。

习近平总书记说，历史文化是城市的灵魂，要像爱惜自己的生命一样保护好城市历史文化遗产。浙江当务之急是要按照"空间全覆盖、要素全囊括"的要求，对全省传统建筑、历史建筑、村居老屋等进行新一轮梳理摸排，加快建立保护名录和分布图，明确保护范围和要求，做到心中有数、手中有方。

"真"。保护老建筑的终极目的，是保护真实、完整的历史信息和风貌环境。就像梁思成对古建筑修复工作定下的两大原则："修旧如旧"和"延年益寿"，强调保护老建筑、古建筑，要使其"延年益寿"，而不是"返老还童"；要"修旧如旧"，而不是"焕然一新"。

同时，对于"真"的追求还不能止于建筑本体的保护，在单体建筑之外延伸至整体"面"上的风貌存续也是真实性保护的题中之义。只有推动老建筑与周围环境相协调，对随意拆建、拆真建假、以假乱真严肃说"不"，针对不同老建筑的建筑特性和历史价值，"对症下药"实施分级保护，才能让每个时代的历史痕迹和文化印记得到完好留存，为城市留下记忆，让人们记住乡愁。

"活"。有人曾将老建筑比喻成"一个盛放故事的容器"，每一个角落、每一片砖瓦，汇聚起来构成了建筑之美，也凝结成了鲜活的历史回忆和结晶。实践证明，利用是最好的保护，不妨进一步加大开放力度，坚持"以用促保"，让老建筑"留下来"也"活起来"。

一方面，可在用地、置换等政策上不断探索，完善制度设计，强化法治保护，同时持续改善房屋质量、基础设施等，让人们住在胡同里也能过上现代生活；另一方面，大力总结推广像绍兴仓桥直街保护模式、松阳"拯救老屋行动"、诸葛八卦村"人人都是文保员"、永嘉"百家修百屋"等经验做法，找到更多行之有效的保护路径和方式。

"深"。无论如何"立新"，老建筑内在的文化内涵都是无法被替代的。如果脱离了文化，老建筑就将成为"无魂之壳"，失去其赖以立世的最大价值。

因此，需要坚持用文化的视角看待老建筑保护，深挖内涵，传承精髓，讲好文化故事，让老建筑成为具有辨识度和代表性的地域文化标识和公众集体记忆。特别是在开发利用时，要审慎评估、科学论证，最大限度保留其历史感和文化味。

保护老建筑是一项任重道远的事业，将保护"进行到底"更不是一句口号。当望向历史深处时，那一幢幢静静矗立的老建筑，或许就是时光留给我们最好的答案。

李戈辉　刘亚文　执笔

2023 年 12 月 19 日

关于"小作文"事件的八篇小作文

> 工作本就有分工，没有完美的个人，只有完美的团队。互相拆台，引来的只有集体垮台。

过去一段时间，以"小作文"为招牌的东方甄选，陷入了"小作文"风波。

"文案究竟出自谁手"，引发小编、粉丝及公司的多方论战，多家直播机构"挖角"、公司"内讧"、"去董宇辉化"等话题持续发酵。在各方轮番解释和致歉后，以东方甄选CEO被免职、董宇辉的晋升为这场霸榜数日的风波暂时画上了句号。

今天，笔者与大家聊几句相关的题外话。

— 一 —

为什么一个企业的事件能引发全民讨论热潮？有人说，可能是太多人在董宇辉身上找到了共情式的心理映射。比如有网友评论："在他身上，看到了自己的影子，也让大家相信努力有用、读书有用、勤奋有用，看到前进的希望。"

每个企业有每个企业的挑战，每个人也有每个人的不易。在以新东方创始人为原型的《中国合伙人》电影中，英语教师成东青这样为学生打气："我们只有从失败中寻找胜利，在绝望中寻求希望!"

"双减"政策之下，一群"失落"的年轻教师正是怀揣这股信念，把课堂搬进了直播间，双语带货、吟诗作赋、唱歌跳舞……让不少之前对直播间购物不感兴趣的人也为之着迷。毕竟，"没有人能拒绝一座满眼星光的'兵马俑'"。

二

这几天，一同冲上热搜的还有离开格力的孟羽童，外界似乎不自觉将孟羽童和董宇辉两位"打工人"关联在了一起。事件的本质大不相同，但都指向了企业和"明星员工"的关系，某种程度上就是如何看待个人能力与平台光环的话题。

有人作了一个比喻，董宇辉就像是新东方刮出的一张超额彩票，提前让新东方走出了困局。董宇辉本人却坦言，不能把所有互联网投射到他身上的关注，都当成自己本身的能量和品质。

"当潮水退去的时候，才知道谁在裸泳"。平台与个人从来就是相互成就的。平台有多大，舞台就有多大，个人在平台上展现能力、施展抱负。但仅靠平台得到的终究是昙花一现。一个人的真正价值与不可替代性，正是体现在依靠但不依附于平台。

三

在各大社交平台上，董宇辉以个人魅力收获了大批的"丈母娘"粉丝。在"丈母娘们"的心里，董宇辉是需要被爱护的。

"小作文"事件中，粉丝群体一定程度上起到了推波助澜的作用，曾一度引发了"饭圈文化"的讨论。然而，就事件本身而言，核心还是企业内部管理问题，如果一味将矛头全部指向"饭圈文化"，也不尽客观。引流的时候，喊粉丝"小甜甜"；出事的时候，就是"牛夫人"。这种贴标签的行为对互联网经济的健康发展显然毫无裨益。

直播圈是否已形成真正的"饭圈文化"还有待商榷，但再炽热的喜爱也要有边界感。当一些事件成为公众情绪的宣泄口时，部分网民就容易被情绪所裹挟，甚至激发出窥私欲、攻击欲，回归理性亦有必要。

四

主播能不能带货，考量着主播能给观众带去多少情绪价值。"董宇辉们"等超级主播的影响力，往往主导着很大一部分流量的去向。

值得一提的是，近年来超级主播也各有遭遇：有与平台机构发生矛盾对簿公堂的；有因个人税务问题停播的；也有因言论失当"翻车"的……从平台机构角度来看，尝试淡化个人影响力，"不把所有鸡蛋放到同一个篮子"也是可以理解的抗风险机制。

个人 IP 与机构利益平衡问题被摆上台面，总是能成为话题吸引眼球。很多人在抱以关切的同时更期待着，更多主播能够传递价值观、输出正能量。有媒体针对 2007 名受访者进行的一项调查显示，94.8% 的受访者认为主播有责任传递正确的价值观。

五

有人说，一个有影响力的人，能产生"溢出效应"，还有可能产生"虹吸效应"。事实上，在带货主播背后，一定会有完整的文案、导播、选品等团队在支持，会有大量的人为之付出。

《一代宗师》里有句话："一门里，有人当面子，就得有人当里子。"再全面的主播，也很难包办所有文案；换言之，再厉害的小编，也未必能取代主播的角色。将本可以私下沟通的内部管理分歧公之于网络、暴露给消费者，在你来我往间伤了和气、失了体面，自然也没人愿意花时间去看你的"里子"了。

工作本就有分工，没有完美的个人，只有完美的团队。互相拆台，引来的只有集体垮台。

六

一家企业暴露出的管理问题，也让人们不得不审视起直播经济中的"危"与"机"。

商务部最新数据显示，今年前 10 个月我国直播销售额超 2.2 万亿元，同比增长 58.9%。直播带货已成为激发经济活力的重要力量。然而，在直播经济的"一骑绝尘"中，也遭遇了不少烦恼，比如，企业自身面临的治理模式、内部组织模式、分配制度等变革要求。又如，"全网最低价"的恶性竞争、低俗带货、售后无保障、数据造假等市场乱象，也让消费者对直播带货的信任度大打折扣。

直播经济的健康生态需多方共建。辩证把握"危"与"机"，各方心往一处想、劲往一处使，发掘出新的增量和动力，才能实现多方共赢。

七

罗素曾在《我为什么而活着》中说道，有三种激情一直驱使着他：对知识的不可遏制的探寻、对人类苦难不可遏制的同情、对爱情不可遏制的追求。

董宇辉的走红，曾经唤起人们对诗和远方、对知识与眼界、对生活本真的渴求，这是一种无法复制的魅力。所以即使身处舆论中心，缺席直播的董宇辉仍然在快速涨粉，有网友甚至将董宇辉比作现实版"新闻女王"。

时代风云变幻，人生潮起潮落，读书是通往世界的路。知识就是你的武器，终有一天也会成为你的铠甲与灯塔。

八

同样涨粉的还有东方甄选的竞争平台，涌入直播间的粉丝直呼，"东方甄选送来的泼天富贵，你们要接住啊"。

在这个"15秒"就能成名的时代，从来不缺乏一夜爆火的人和直播间。不管是"蹭流量"的"东方绿选""西方甄选"，还是

"接流量"的竞品直播间，喧嚣过后，拿出真本事才能换来长长久久。

好风凭借力，送我上青云。唯有展露独特的优势和不凡的魅力，找到属于自己的"流量密码"，才能让短暂的流量"长留"，在竞争白热化的电商领域占有稳固的立足之地。守得初心，方得始终。个人也好，企业也罢，走得再远也不能忘了靠什么立足。

陈培浩　王娟　执笔

2023 年 12 月 20 日

经济大省怎样真正挑起大梁

> 经济大省勇挑大梁，不仅仅是一种信任和肯定，更是一份责任和担当。

这次中央经济工作会议，经济大省被"点名"了："经济大省要真正挑起大梁，为稳定全国经济作出更大贡献。"

中央的"点名"深意何在？经济大省这个"压舱石"稳了，中国经济就稳了。从目前公布的2023年前三季度数据看，广东、江苏、山东、浙江、河南、四川等6个经济大省，保持着全国经济总量约45%的份额。在当前中国经济爬坡过坎、回升向好的关键时期，经济大省尤其要站出来，难题要带头攻克，挑战要率先应对，经验要多多创造。

这份使命重若千钧，浙江怎么办、怎么干？

一

浙江作为经济大省，今年的经济运行总体上稳进向好，展示出一如既往的韧性和活力。前三季度生产总值达到59182亿元，同比增长 6.3%。

翻开去年的世界 GDP 排名，浙江的经济总量相当于中等发达国家韩国的十分之七。要知道，五年前，浙江的 GDP 还不及韩国的 50%。在经济承压运行的当下，依然能保持这样的增长态势是不容易的。

可见，在三个"一号工程"的牵引下，浙江正一个台阶一个台阶地往上跃升，一步一个脚印地往前赶超。尽管势头和前景都是好的，我们也要清醒地看到面临的各项风险挑战和痛点堵点。这可以从三方面来认识。

先说外部，国际政治博弈影响深化，世界经济格局深度调整，贸易增速下行，给中国制造业转型升级带来压力。美国加息等方面因素，也对我国货币政策和财政政策造成一定影响和限制。浙江作为制造业大省和开放大省，受外部不利因素冲击更为直接，这是严峻考验。

再说国内，随着疫情的退散，我国宏观经济步入了"后疫情时代"的发展路径，长期向好的基本面没有发生改变，但是经济回升向好的基础还不够稳固，国内大循环存在堵点，特别是有效需求不足、部分行业产能过剩、社会预期偏弱、风险隐患仍然较多等，中央经济工作会议对这些问题一针见血地点出来了。

经济大省要真正挑起大梁，并不是简单地贡献更多 GDP，而是要在上述痛点难点堵点上加快探索、加快破局，为全国创造更多浙江模式、浙江经验。

最后说自身，浙江既不同程度存在全国面上的经济问题，也有一些自己的"烦恼"。比如，大家都知道，民营经济是浙江的最大特色、最大资源和最大优势，也是受当前经济形势影响最大的领域之一，特别是一些中小微企业生产经营困难的问题还比较突出。再如，浙江的创新能力、科技支撑能力，与其他经济大省相比，还有不少提升和补强空间。

当前，浙江如何更好地向内挖潜、向外拓展，调动一切积极因素化解风险、发展经济，是刻不容缓的重大课题。

二

每个发展阶段都有各自"成长的烦恼"，20年前的浙江是这样，今天的浙江仍然如此。从资源小省到经济大省，浙江向来善于挖掘潜力，化劣势为优势，变不可能为可能。浙江该如何进一步发挥优势、补强短板，真正挑起全国经济的大梁？

抓住一个"牛鼻子"。科技创新是中国式现代化开局破题的关键，也是发展新质生产力的重中之重。实际上，习近平同志在浙江工作期间就提出"腾笼换鸟、凤凰涅槃"，对创新转型作出了长远擘画。进入新征程，浙江在创新深化上怎么下功夫也不为过。聚焦冲破体制机制障碍、突破顶尖人才引育制约、打破高科技领域围堵封锁的新型举国体制浙江路径，浙江正在驰而不息地探索，努力为高水平科技自立自强作出更大贡献。

用好一个"关键招"。"吃改革饭、走开放路"是浙江经济社会发展的制胜密码。当前，全面深化改革和高水平对外开放都进入了深水区，面对的都是难啃的骨头。这个时候就更加需要我们拿出实招硬招，大胆试、大胆闯、自主改，用改革开放的办法解决前进中的问题，在深化改革、扩大开放上续写新篇。

挺进一片"新蓝海"。实现全体人民共同富裕是中国式现代化的本质要求，浙江在推进共同富裕中先行示范，就是为全国探新路。缩小城乡、地区、收入"三大差距"是推进共同富裕的主攻方向。要做到这一点，就要稳扎稳打、循序渐进，不仅要落实好就业优先政策，还要用心用情用力办好民生实事，让共富成果更加可及可感。

壮大一支"生力军"。浙江作为民营经济大省，今年前三季度规模以上民营工业企业增加值增长7.6%，对规模以上工业增加值增长的贡献率为95.7%。民营经济发展得好不好，对于浙江意义重大。在民营经济承压前行的当下，尤其要落实好"两个毫不动摇""三个没有变"，大力弘扬"四千"精神，进一步优化提升营商环境，以政策集成创新赋能浙江民营经济新飞跃。

守牢一条"生命线"。重大风险防范化解得越好，发展的环境就越好，发展的动力就越大，发展的后劲就越足。这个道理不言而喻。对建设"重要窗口"的浙江来说，坚持底线思维、极限思维是不容忽视的。这其中牵涉金融风险、安全生产、社会平安等方方面面，需要系统治理、建立机制，推动发展和安全动态平衡、相得益彰。

三

今年的中央经济工作会议，"稳中求进、以进促稳、先立后破"是关键词，这也是明年全国经济工作的总基调。浙江作为经济大省要想真正挑起大梁，就必须在"稳""进""立"上为全国大局多作贡献。这三个字，也是前不久浙江省委在学习传达中央经济工作会议精神时明确提出的。

具体如何把握和实现，要回答好三个问题：

其一，怎么"稳"？稳是大局和基础。聚焦经济建设这一中心工作、高质量发展这一首要任务，把"蛋糕"做大做优，不断巩固扩大回升向好的良好态势，这是稳的基础。"以进促稳"的要求意味着"进"是"稳"的重要抓手，意味着这个"稳"必须在与"进"的动态平衡中实现。

比如，出台更多有针对性的政策，形成投资、消费、外贸相互促进的新格局，实现稳增长；稳步发展新的就业岗位和就业形态，深化"扩中""提低"行动，实现稳就业；建立更加成熟完善、规范透明、法治化的营商环境，唱响中国经济、浙江经济的光明前景，实现稳预期。

其二，怎么"进"？在世界经济的风浪中激流勇进，本就是浙江发展的一贯特征和鲜明姿态。所谓"进"，就是在转方式、调结构、提质量、增效益上积极进取，努力开拓高质量发展的新空间、新亮点、新增长极，进一步谋划牵一发而动全身的抓手和突破性创新、攻坚性改革、提升性开放的举措。

比如，推进新型工业化是一项事关全局、事关长远的战略工程。为此，浙江正深入推进"415X"先进制造业集群高质量发展，加快培育4个万亿级产业集群，涵盖绿色石化、新能源汽车及零部件、智能物联、现代纺织与服装，还有4个五千亿级产业集群，包括集成电路、高端新材料、智能光伏、生物医药与医疗器械。科技含量高、经济效益好、资源消耗低、环境污染少、人力资源优势得到充分发挥，这才是要走出的新型工业化道路。

其三，怎么"立"？不论是转变发展方式，还是调整经济结构，都应坚持"先立后破"，统筹兼顾稳和进，该立的要积极主动地立起来，该破的要在立的基础上坚决地破。不能把手里吃饭的家伙先扔了，结果新的吃饭家伙还没拿到手。要做到这一点，需要坚持摸着石头过河和加强顶层设计相结合，通盘考虑、循序渐进、稳扎稳打，不能脱离实际、急于求成。

比如，在构建新发展格局方面，浙江不论是在国内大循环还是在国内国际双循环上都大有可为。特别是作为开放大省、外贸大省，浙江聚力提升制度型开放水平，在规则、规制、管理、标准等方面稳步推动制度型开放，更好畅通双循环、促进内外联动，就是在"立"上为全国大局作贡献。

经济大省勇挑大梁，不仅仅是一种信任和肯定，更是一份责任和担当。以浙江经济的"稳""进""立"为全国挑起大梁，这是作为经济大省立下的"军令状"。道阻且长，唯有奋斗。凝聚全省力量，行动起来、共同作答，方能让"稳"更有基础，让"进"更有动力，让"立"更有方向。

倪海飞　谢滨同　执笔

2023 年 12 月 20 日

职场剧如何"管窥"职场

> 好的职场剧扎根现实，能够让观众增进对某个行业的了解与认识，也能让行业内人员获得更多职业认同感。

"全员搞事业，爱了爱了""节奏飞快，看得过瘾"……最近播出的电视剧《新闻女王》，相关话题多次登上热搜。在收获好评时，该剧引发了网友关于职场剧的热议，比如有的剧"是披着职场剧外衣的情感剧，跟行业毫无关系"，有些剧"像一个模子里刻出来的流水线产品"，还有的医疗剧、律政剧中"专业知识甚至是常识也漏洞百出"，等等。

近年来，国产职场剧不断涌现，却较少产生"出圈"佳作，甚至时不时还"翻车"。那么，为什么一些国产职场剧会被人诟病？职场剧怎么拍才能既有"高期待"，又有"高评分"？

一

也许很多观众都有这样的感受，一些职场剧明明讲的是不同行业、不同领域，人物故事迥异，但剧集呈现出来的仍是"霸道总裁爱上我"等套路化的内核。久而久之，国产职场剧便形成了一些通病。笔者梳理发现，主要有以下"病症"。

剧情"失焦"。最常见的是"挂羊头卖狗肉"，披着职场剧的"外衣"，却花费大量篇幅讲述角色的情感纠葛，导致角色的职业工作沦为"背景板"。比如，以房产中介为背景的电视剧《安家》播出后，几集之后就偏离了房产中介这个行业，原生家庭问题、三角恋、婚外情等话题成了故事主线。

打着职场的"幌子"，却没有讲清楚行业的门道，实际是恋爱剧换了个场景，使得观众看了之后产生心理落差。对于这种"怪象"，有网友犀利评论，说国产职场剧是"三百六十行，行行出情种"。

刻画"业余"。尽管国产职场剧触及的领域越来越广，荧屏上的职业群体愈加丰富，但一些"硬伤"让不少职场剧成了"儿戏"。

医生给病人用9%的生理盐水、直系亲属输血、消防员玩灭火器、律师捏造法律法规、律所决定实习律师转正……种种常识性错误与技术硬伤，使得现实逻辑让位于离谱的戏剧冲突，剧情设定时而与现实脱离。

可见，一旦缺乏扎实的调研和知识支撑，职场剧的专业性就会大打折扣，很容易被贴上"业余""荒诞"的标签。

人设"悬浮"。剧中主角仿佛自带"金手指"，奉行"颜值即正义"的准则，不需要成长进阶和职业精神，每到关键时刻总会有"霸道总裁"从天而降解决难题。除主角外，其他角色似乎都是没有灵魂的工具人，存在的意义就是为主角的成功铺路。殊不知，看剧的观众多是普通人，他们或许会在一时羡慕强大的主角光环，却难以对缺乏真实感的角色发自内心地认同。

职场人不是架空的古偶仙侠，创作上不接地气、不合情理的设置只会让剧情脱离实际、角色远离观众，最后失去它本应具备的观照现实、引人思考的作用。

二

那么，国产职场剧创作为什么会出现这些问题？笔者认为至少有以下几个原因。

剧集被"赶鸭子上架"。相比其他题材，职场剧的创作门槛较高，为保证品质需要付出更多。然而受制作周期紧张导致调研时间不够、创作者心态浮躁等因素的影响，一些职场剧打着职场的"旗号"，但并没有深入职场，导致缺少真实素材，不得不靠三角恋等情节来填充内容。在没有做足功课的前提下，剧集被"赶鸭子上架"，播出后"翻车"、遭遇差评，也就在意料之中了。

主创"功课"没做到位。社交媒体上曾有个讨论量过亿的话题叫作"编剧是真没上过班吧"。专业程度欠火候，试图"走捷径"，出现假大空的人物设定和胡编乱造的故事情节自然就不奇怪；不具备职场经验，不懂得影视创作规律，闭门造车、凭空想象也难以交出合格的作品。说到底，"没上过班""没走过心"的本质就是脱离了火热的现实生活。

盲目跟风"大数据"。据一家数据智能服务商统计，近5年每年播放量最高的20部剧中，都市和爱情类电视剧的关注度仍然是最高的，因此投资方、出品方也将更多的"宝"押在了这些剧上。于是，为了保证剧集播出的流量热度，创作者想方设法加入大量恋爱元素，这也在一定程度上模糊了职场剧的"职场性"。

在创作上投机取巧之外，也有些演员"没走心"。千篇一律的人物塑造、难以脱离的"对口型配音"、"万年老梗"的重复展示，毫无戏剧张力可言。

三

好的职场剧扎根现实，能够让观众增进对某个行业的了解与认识，也能让行业内人员获得更多职业认同感。国产职场剧应当如何从整体上提升品质、增强吸引力呢？对此，笔者有三点想法。

对创作涉及的行业心怀敬畏，不打无准备之仗。对职业生态的刻画、对职业精神的表达，始终是职场剧创作的重要维度。观众透过职场剧，可以"管窥"一个行业的基本面貌，同时被正确的职业观所感染。比如《新闻女王》每集开头都会出现一句新闻"信条"，像"记者的责任是牢牢地守住一个核心原则，审视社会不为察觉的角落"等，对应当集的新闻立场。

同时，可以通过行业调研、聘请顾问、理论研讨等方式夯实故事的专业性、可信度。有报道称，前不久，国外一名医生靠回想起看过的《豪斯医生》剧情，诊断出患者的疑难疾病，还凭此发了篇SCI，这也从侧面反映了该剧的专业性。

当然，为了增加故事的戏剧性，适当加一些爱情线、友情线也是可以理解的，但不能让感情戏份喧宾夺主，从而架空职场内容。

讲好主人公故事，也讲好这一职业群体的故事。在职场剧中，职位不同，人各有异，即使是同一个职位，不同角色也有各自的行事逻辑。正如有人说，立体的群像塑造可以真实地展现出复杂的职场生态和多元的职场文化，增强观众的代入感，提升故事的戏剧性。不妨在创作过程中，既重视主要角色的"成长弧线"，也兼顾其他角色的个性塑造。

把镜头摇向广阔的生活，让创作更加贴近现实。职场剧聚焦现实主义题材，"写实"很重要。比如，在创作快递业发展的电视剧《在远方》时，出品方与编剧先后走访上海、杭州、广州、深圳等地多家电商、物流企业，采访快递公司的投资方、部门经理及快递小哥，播出后让观众感到格外"入戏"。可以说，只有在对生活和职场现状进行深入探究、提炼的基础上，才能平衡好创作的真实性与戏剧性。

平心而论，当下优质的国产职场剧不多，这既是问题，更是机遇。将时代精神与日常生活融为一体，与时俱进地呈现职场生态与人生百态，国产职场剧是大有可为的。

李戈威　郑思舒　祝融融　童颖骏　执笔

2023 年 12 月 21 日

突发事件"第一声"如何发

> 时效决定成败，速度赢得先机，众声喧哗之中，权威声音必须"先声"才能"夺人"，真正显现权威担当。

12月18日23时59分，在甘肃临夏回族自治州积石山县发生6.2级地震。3分钟后，国家地震台网官方微博即发布速报；12月19日上午，甘肃省抗震救灾指挥部便召开新闻发布会，通报灾情、回应关切。

有人说，现代社会是风险社会。因其突发，往往让人措手不及。突发事件的新闻发布让很多地方、单位感到发愁，更是成为舆论引导工作的"难点""堵点"。

面对突发事件，有的地方、单位抱着"家丑不可外扬"的心理，存在"不发布就不受关注，一发布全社会都知道了"的侥幸心理，第一反应是"捂盖子""躲起来"；有的认为事件的处置更重要、信息发布可以"放一放""等一等"，等到众说纷纭、舆情汹涌时，才慌忙发声、拼命解释。此时，想扳回局面、赢得信任，就要花费更大的力气，甚至陷入"百口莫辩""悔之晚矣"的境地。

　　突发事件"第一声"为何如此重要？"第一声"该如何发？笔者概括成六句话。

　　第一句：权威发布，必须追求"第一声"。如今全媒体时代，人人都有麦克风，一有突发情况，现场图片乃至短视频快速扩散传播。特别是围绕公共危机、恶性事件，会迅速形成夹杂事实、判断、立场、情感的舆论漩涡、舆情热点。心理学上有一个"首因效应"，即"第一印象""先入为主"。这时，如果权威声音迟迟不来，就很容易出现"真相还在穿鞋时，谣言已经跑遍世界"的被动局面。时效决定成败，速度赢得先机，众声喧哗之中，权威声音必须"先声"才能"夺人"，真正显现权威担当。

　　第二句："第一声"，得有理有据。言行一致，"说""做"一体，突发事件新闻发布和应急处置相辅相成。突发事件的"第一声"，必须是基于事实与行动、经得起围观打量的"第一声"。"浙江宣传"曾在《要想处置"舆情"，先要做好"事情"》一文中对此作过论述。只有事件处置与信息发布联动同步，"第一声"才能立得住、传得开，发挥作用。如果有瑕疵甚至失误、错误，那对公信力和形象都是沉重打击。如"鼠头鸭脖"事件后，当地市场监管局负责人言之凿凿地认为是"鸭脖"，待到真相大白后，自然引发质疑抨击。

　　第三句："第一声"有明确的时间节点。工作中经常有类似表述，"第一时间作出回应""第一时间处置"。那么什么是"第一时间"？在突发事件范畴内是有明确界定的。相关文件规定"重特大事故发生后，应在5小时内发布权威信息、24小时内举行新闻发布会"，浙江自加压力、上紧"发条"，力争"4小时内发布权威信息"。有传播学者分析认为，全媒体时代的突发事件舆情演变通常经历5个阶段：1小时谣言四起，舆情轮廓初现；2小时信息多元，并广泛传播；4小时出现第一波冲击波，舆论议题明确；8小时出现第二波冲击波，开始出现"媒体审判"；24小时出现第三波冲击波，如果再不应对，涉事方将被推上风口浪尖。可见，"4小时""24小时"，既符合传播规律，也是规定要求。

第四句："第一声"，从写好"小作文"开始。危机处置，需要快速行动、有效沟通。其中新闻发布是有效沟通的"标配"，基本准则是：快讲事实、慎讲原因、重讲态度、多讲措施。何时何地发生什么事情，相关部门举措是什么、态度是什么，及时告知公众，才能回应关切、稳定人心。如何做到"4小时内发声"，最便捷的方式是新媒体发布，最常见的是"蓝底白字"的"警情通报""事件通报"。类似的"小作文"，虽然字不多，但事儿大，一字一句都要用心写好。曾经某地240多字的官方通报，220字左右在讲各级领导如何重视，结果闯了"雷区"、点燃舆情。网民评论说，能否少一些官腔，多说点"人话"？

第五句："第一声"谁来发有讲究，必要时应提级发布。有基层宣传干部反映，突发事件发生后，涉事方有时不愿意出面发声，或拿"事情尚未明了，等等再说""未经领导授权同意"作"挡箭牌"。其实，"第一声"谁来发，既见政治担当，又考验工作能力，有明文规定"涉事地方和部门承担信息发布首要责任"。当然，如果事件关系重大、舆情高度关注，或当地政府、部门牵涉其中、受到质疑，这时就需要提级发布，避免"难以自证清白"，或者"越描越黑"。

第六句："第一声"不是最后一声，有需要就持续发声。突发事件发好"第一声"很重要，但不能简单"一发了之"、指望"一锤定音"，需要根据事态进展、舆情态势，做好持续发声、跟进回应。有专家把新媒体发布比作"步枪"、新闻发布会比作"迫击炮"。真诚对话、全面沟通，需要连发的"步枪"，也需要火力强大的"迫击炮"。及时主动的权威发声，才能声入人心、声动四方，推动事件处置、社会稳定。

徐伟伟　执笔

2023 年 12 月 21 日

"文化味"如何锁住人心

> 无数案例启示我们，一些传统文化的出圈，其实不仅在于它们自身的生命力，还在于契合了当前人们对于文化的最新需求。

最近，常有人将武汉东湖与杭州西湖的人气、名气作比较，引发广泛讨论。其实这类问题很难下一个定论，所谓各美其美，抑或是各花入各眼。

但是在这些讨论中，网友们越来越认同一个观点：一个地方有了艺术文化的"跨界加持"后，往往更容易受到青睐。正如那些喜欢杭州西湖的人当中，有很多是因为西湖深厚的文化底蕴，历史上曾有无数文人墨客在此留下诗词歌赋等艺术作品，西湖已经远不止"西湖"本身，而是中华民族共同的文化记忆。

其实，"山不在高，有仙则名；水不在深，有龙则灵"，只有把"文化味"充分地挖掘和呈现出来，才能够真正走到人们的心坎里去。

一

有人说，博大精深的中华文化，总有一个时刻、一个侧面能够唤起年轻人的文化基因。

自今年3月首演以来，由浙江小百花越剧院推出的环境式越剧《新龙门客栈》实现了"破圈"，线下演出"一票难求"，线上直播百万人次观看，流量的风都刮到了演员身上。数据显示，《新龙门客栈》的观众中非传统越剧观众占70%，基本上都是年轻人。一些资深越剧艺术家都感到惊讶，传统戏剧怎么就突然俘获这么多年轻人的心。无独有偶，2023年亚运会期间，短视频《丹青游》让传世名画中的"主角"降临杭州，与西湖边的"卖花郎和卖花姑娘"相遇，一经发布也广受关注和点赞。

无论是《新龙门客栈》的走红，还是《丹青游》的刷屏，抑或是放眼全国，大唐不夜城"盛唐密盒"表演、春晚《只此青绿》节目带来的眼前一亮，都折射出近年来的一种潮流趋势，国风国潮正席卷年轻人，优秀传统文化成了他们的新青睐。

浙江是文化大省，万年文脉悠久绵长、未曾断绝，历史底蕴十分丰厚。据统计，浙江拥有世界自然文化遗产4项、全国重点文物保护单位281处。拥有国家级"非遗"项目241项、人类"非遗"项目11项，位居全国第一。在浙江，"100万年人类史、1万年文化史、5000多年文明史"以及丝、瓷、茶之源等文化谱系非常清晰，在中华文明起源"版图"中具有启明星作用。

如何将这些珍贵的文化资源进一步活化利用，让越来越多的年轻人拥抱传统文化，是践行新的文化使命的一部分，极具时代意义。这些年来，我们在文化遗产活态传承上做了不少文章。除了《新龙门客栈》和《丹青游》，还打造了之江文化中心、杭州国家版本馆等一大批网红文化地标，之前我们都曾写过相关文章。

当然，这些出圈的文化 IP 带来的是短暂流量，还是持久吸引；是个体的爆红，还是普遍的繁荣，仍需要我们继续探索。让国风盛行、让国潮归来，需要在持续的创新和努力中实现。

二

实事求是地说，与《新龙门客栈》这样广受好评的剧目相比，目前一些文化作品、文旅产品仍处于不温不火阶段。究其原因和症结，普遍存在以下几个方面的问题。

少了韵味，何来打卡？人文资源是一个地方的神韵所在、独家记忆。小到一棵古藤老树、一项民间技艺，大到一座文化地标、一个历史街区，处处洋溢着一个地方的文化气质、独有韵味。

然而，有的地方文化作品产品流于表象、重表面轻内涵，以为挂靠几个文艺字眼、添上几笔传统元素，就是文化传承。实际上，这是对历史文化缺乏深刻理解，如若文化产品的风采神韵全无，就很难吸引人、留住人。

缺乏特色，何来驻足？让人留下足迹，为的是给人留下回忆。如果我们展示的内容、设计的产品是独具特色、创意四射的，国内外观众游客自然就会慕名而来。

但有的地方不少文化产品同质化严重，比如景区文创商店依然挂着多年不变的钥匙扣、冰箱贴等物件。这些所谓的文创产品创新层次低，做工粗糙，并未与本地的文化特色产生关联，难以让人产生购买欲望。不仅如此，还可能让城市降低"路人缘"，错失发展机会。

只重商业，何来共情？很多游客到一个地方打卡，原本就是奔着文化来的。如果过度商业化，而忽视了文化本身，那就很难打动人、让人记住。

比如，一些传统文化景区在资本的驱动下，一改原有生态，购物场所数量多、经营秩序欠佳；或是商业街过长，景观质量、服务质量差等。文化和商业相契合，是文化和经济相融合的过程，但以牺牲文化为代价进行商业开发，实际上就是本末倒置。

没有投入，何来产出？抓文化建设短期很难见效，如果太过于功利，不愿意把精力和资源投放进去，就一定不会有回报，甚至还可能成为"历史的罪人"。

现实中，有的地方舍不得投入真金白银，简单以抓经济工作那一套来抓文化建设，仅凭市场化手段推动文化事业，捡到了"芝麻"丢掉了"西瓜"。

三

文化传承发展具有其自身规律，在强调"一般性"的同时，更要突出其"特殊性"的一面。如何让优秀传统文化真正火起来，让传统文化景区真正成为人们向而往之的打卡地？笔者想到了四点。

其一，思想跟上。悠悠五千年中华文明，优秀传统文化可以说承载着中华民族的共同记忆，充盈着浓郁的国风国潮，是构筑文化自信的基础。对于这个问题如何理解、怎么看待，能够很好地看出一个地方、一个人的历史纵深和文化素养。

实践中，地方政府的重视程度和决策管理，开发商的文化品位和设计眼光，以及公众群体的认同呵护，都是优秀传统文化创造性转化、创新性发展的重要因素。每一个主体都十分重要，只有全方位投进去，才能结出累累硕果。

其二，内涵挖深。百里不同风，千里不同俗。中华大地上，多元文化各有万千气象，同质化现象本就不应该。让各种特色文化各美其美，需要有意识地挖掘特色文化内涵，形成独特文化标识。

文化内涵始终是影响品位的终极内核，文化格调越高、文化标识越鲜明，就越能够吸引人。在传统元素、传统生活方式、景象高度还原的同时，不浮于表面、不急功近利，找到传统文化与时代结合的最佳"打开方式"，给人们一个打卡的理由。

其三，体验拉满。传统文化既要"登峰"也要"落地"，而"落地"最重要的一个方面就是要有身临其境、参与其中的体验感。像走入衢州水亭门街区，在庭院楼阁等传统建筑中穿行，观看演员与场景融为一体的"水亭门之夜"实景演出，要是再穿上古色古香的传统服装，真有穿越时空、不知今是何世之感。

在科技发展的大背景下，技术应用也成为提升体验感的关键，全景式数字化沉浸、多维度探索式交互等文化科技层出不穷，让历史与现代交织、古风与赛博互融成为可能。

其四，时代贴紧。优秀传统文化如何旧中出新、融入时代是事关传承发展的一个大问题。首先要思考当下人们喜欢什么、需要什么。无数案例启示我们，一些传统文化的出圈，其实不仅在于它们自身的生命力，还在于契合了当前人们对于文化的最新需求。像古街古镇旅游的火热，不只是因为有风景、有美食，更是踩准了当下年轻人对"慢生活"的渴望。

互联网和社交媒体高度发达的今天，"酒香也怕巷子深"。要让传统文化进一步火爆出圈，不仅要盯着线下游客，还要注重互联网上的文化传播。或许一张照片、一段文字、一条短视频，就可能抓住人心，让年轻人背上书包来一场说走就走的旅行。

洪敏　云新宇　郎擎宇　马之茜　童茜　执笔

2023 年 12 月 22 日

此时不拼，更待何时

> 勇当开路先锋，拼是责任使然。行军打仗，有先锋队、主力军，有负责攻城拔寨的，有负责防御压阵的，各有其用。

一切成就，都是拼出来、干出来、奋斗出来的。习近平总书记指出，凡是有利于党和人民的事，我们就要事不避难、义不逃责，大胆地干、坚决地干。

统筹推进三个"一号工程"，大力实施"十项重大工程"，稳增长提质效、打基础利长远、除风险保安全……日前召开的省委经济工作会议提出要以浙江的"稳""进""立"为全国大局多作贡献。所有这些，都传递出一个鲜明的信号，就是"此时不拼，更待何时"。

一

为什么要拼？慢下来不行吗？绕过去不能吗？答案清晰明了。推进中国式现代化，是靠拼出来的。当前，面对世界百年未有之大变局,在实现中华民族伟大复兴的征程中,"难"在方方面面都存在。只有不断探索、不断奋斗,才能不断克服前进中的困难,走上新的发展道路。特别是推进中国式现代化,是一项前无古人的开创性事业,是一个守正创新、革故鼎新的过程,不是轻轻松松、敲锣打鼓就能实现的,唯有依靠顽强拼搏才能不断打开新天地。

解决国际国内难题,不得不拼。过去这几年,受世纪疫情、俄乌冲突、巴以冲突等诸多因素影响,世界经济始终笼罩着一层阴霾,在风险和不确定性中走得磕磕绊绊。环顾国内,中国经济前景光明,但也存在有效需求不足、部分行业产能过剩、社会预期偏弱等情况。可以说,一道道发展难题正等着我们用"拼"字诀来作答。

推动高质量发展,"拼"是不二法门。浙江正面临新的"成长的烦恼",进入爬坡过坎的关键期。过去先进不等于永远先进,在已经先行的领域,如何继续保持领先?在追赶先行的领域,如何正视差距、迎头赶上?只有全力以赴,才能未来可期。开好"顶风船",就要破解创新能力相对不足、资源要素缺乏、发展动能减弱、发展不平衡不充分等难题。

勇当开路先锋,"拼"是责任使然。行军打仗,有先锋队、主力军,有负责攻城拔寨的,有负责防御压阵的,各有其用。在"中国战队"中,进击是浙江不变的使命。今年9月,习近平总书记考察浙江,赋予浙江"中国式现代化的先行者"新定位、"奋力谱写中国式现代化浙江新篇章"的新使命。勇当先行者、谱写新篇章,浙江势必要争先进位。作为挑大梁的经济大省,"能多干就多干一些",如何持续推动经济运行持续回升向好,努力实现质的有效提升和量的合理增长,以自己的"稳""进""立"为全国大局多作贡献，浙江重任在肩。

二

今天的浙江，就来到了逾越的关口。当此之时，更加需要弄清楚"拼"的基础和条件是什么？

首先，浙江有"拼"的基因。回望历史，浙江作为陆域面积和资源小省、人口规模中等省份，乘着改革开放的东风，靠着一往无前的"拼"劲发展成为走在全国前列的经济大省，实现了"小、中、大"的段位切换。"走遍千山万水、说尽千言万语、想尽千方百计、吃尽千辛万苦"的"四千"精神正是浙江人敢"拼"、爱"拼"的生动写照。从第一个个体工商户、第一座农民城，到如今"平均每7个人里，就有1个是老板"；从"莫名其妙、无中生有、点石成金"的义乌发展经验，到移动支付之城、数字经济大省，打拼早已成为浙江的精神自觉和一贯姿态。

其次，浙江有"拼"的底气。背靠中国，是浙江最大的底气。今天的中国，已经成为世界第二大经济体、第二大消费市场、制造业第一大国，对全球经济的带动作用越来越大，是全球经济增长的"发动机""压舱石"，也让世界看到中国经济巨大的发展韧性和潜力。"下一个'中国'，还是中国"，道出了国际社会对中国发展前景的坚定信心。近期，国际机构更是密集上调中国经济增长预期，纷纷为中国经济投下"信任票"。可以说，有中国经济这片大海，"弄潮儿"浙江就永远乘风破浪。

再次，浙江有"拼"的状态。近十年来，浙江省地区生产总值连跨4个万亿台阶，稳居全国第四。即将过去的这一年，浙江深入实施"八八战略"，强力推进创新深化改革攻坚开放提升，在全面贯彻党的二十大精神的开局之年取得新的成就。圆满举办杭州亚运会、亚残运会、世界互联网大会乌镇峰会、良渚论坛等重大赛会，浙江的美誉度、影响力和竞争力进一步提升。这些成绩的背后，是浙江干部群众始终保持拼的状态。疾风知劲草，困难当头、风雨面前，浙江干部"干净加干事、干事且干净"的勤廉作风，企业、群众大胆试、大胆闯的打拼氛围反而更加显现。

三

国家拼，地方也很拼，因为这是亿万百姓的共同期望，这个"拼"换来的是人民对美好生活的向往，再难也要义无反顾、一往无前。同时也要看到，只有每个人都开足马力、奋力冲刺，整个国家的"拼"才会更有动力、更可持续。

企业拼质量、拼效益、拼产值，干部拼能力、拼状态、拼作风，基层拼发展、拼治理、拼首创，都是在为中国式现代化建设添砖加瓦。拼什么、怎么拼，关系到中国式现代化的宏大布局，关系到浙江"勇当先行者、谱写新篇章"的落子起势。

拼创新，下再大的功夫也不为过。新一轮科技革命和产业变革突飞猛进，科技创新的广度显著加大，速度显著加快，各种不确定难预料的风险挑战显著增多，抓住了就是机遇，抓不住就是挑战。在这方面，与其他经济大省相比，浙江还有不小的提升空间。为此，需要奔着最紧急、最紧迫的问题去，在"互联网＋"、生命健康、新材料等科技新赛道抢滩登陆，加快打造国家战略科技力量，探索新型举国体制浙江路径，拼出一片新天地，为高水平科技自立自强作出浙江贡献。

拼服务，没有终点，永远在路上。在这个"用脚投票"的时代，一个地方是否能够吸引更多人安居乐业，取决于企业群众办事是否爽心舒心、服务保障是否高质高效等方方面面。这要求我们既要拼硬环境，也要拼软环境，特别是站在高起点上，聚焦政务服务增值化改革，牵引重点领域关键环节改革，让人从一次来到浙江到一生难忘浙江甚至留在浙江，充分实现"近者悦，远者来"。

拼精神，勇敢立潮头，永远立潮头。正如一场马拉松，拼到最后，靠的是坚持和毅力，靠的是信念和决心。一切拼搏奋斗的原动力，是全社会的决胜信心，是每个人的精神状态。到了这个时候，尤其需要用精神文化的力量，润物无声地感染人、教育人、激励人，凝心聚力筑牢"元气"、挺直腰杆弘扬"正气"，把一往无前的"浙江力量"汇聚起来。

需要注意的是，"拼"不是内卷内耗，也不是盲动蛮干，而是完整准确全面落实党中央决策部署，以正确的理念和方法，在正确的时点和场景，做正确的事情和行为，下最大的功夫和气力，求最好的结果和成效。

拼是一种状态，更是一种担当、一种自觉。此时不拼，更待何时？只有每个人都躬身入局、置身事内，拼起来、拼到底、拼出彩，才能拼出一个更美好的未来！

徐伟伟　李攀　陈培浩　谢滨同　郑梦莹　执笔

2023 年 12 月 22 日

这朵"花火"有何不一样

> 一首好歌，不应是工业流水线上的标准件，而是经过反复打磨、精益求精的艺术品，一字一句都浓缩着创作者的匠心与情感。

有人说，一首好歌可以唤醒一份深藏的情感，可以让人感受到生命的温暖和力量，还可能唱火一座城，让人爱上一座城。

那么，好歌从何而来？今年，浙江就进行了一次"不一样"的探索。12月21日，"不一样的花火——诗画江南·活力浙江·大美中华"原创歌曲创作颁奖盛典在"礼乐之城"衢州落幕，花火随音乐燃起，绽放在钱江源。

历时一年，通过一次次选拔与推广，一首首本土好歌"浮出水面"，一批批草根唱作者"冒出头来"。不禁要问，"不一样的花火"，到底不一样在哪？属于浙江的原创歌曲又如何唱得更响？

一

近年来，全国各地都在举办各类原创歌曲评选活动，却面临着一些"烦恼"，比如有的比赛参与者局限在专业音乐圈；有的评选出的歌曲只在小圈子里传播，很难传得开；等等。

如何让更多的音乐人、音乐爱好者参与进来？如何创作出更多唱得响、留得下的好作品？这正是"不一样的花火"所要尝试突破的。

"不一样"的"门槛"。不设专业门槛，没有风格限制。"不一样的花火"向全社会递出了一张"零门槛"的邀请函，不仅欢迎专业领域的音乐从业人员投稿，也鼓励草根音乐爱好者共同参与。从今年1月开始征集以来，主办方共收到了1100多首歌曲，创作者来自五湖四海。他们当中有在校大学生，有各行各业的打工人，也有活跃在网络空间的自由创作者。

"不一样"的曲风。此次大赛参赛作品的曲风包罗万象，涵盖流行、民族、摇滚、通俗等多元的音乐类型，却有一个共通点，便是用更接地气的歌词、朗朗上口的旋律，唱出生活百态、唱出心灵共鸣。

像《小小早点摊》从一个早点摊的烟火气，折射出百姓寻常生活的温暖；《今夜我在杭州》《静静开的花》《五柳巷》等融入浓浓的乡愁，歌声中有北山街的灯、断桥的柳、桂花的香；《心中那首澎湃的歌》《风筝》《让我奔向你》等，则表达了积极向上、勇敢追梦的青春意气。

"不一样"的评委。作品好不好，观众说了算。为了让评选更加接地气，"不一样的花火"首轮盲选隐去了词曲作者姓名，邀请大众评审团通过歌曲试听打分，由此选出35首入围歌曲。随后，这些作品在全省城乡巡演近20场，每场演出同步在线直播，吸引上千万网友参与投票。

值得一提的是，在全省巡演过程中，还融入在地文化元素，比如结合湖州吴兴"黄桃节"、嘉兴平湖"友邻节"、温州泰顺"茶歌大会"等特色文化活动，让"不一样的花火"更璀璨。

二

与此同时，我们也注意到一个事实：当前乐坛仍有不少原创歌曲在创作、传唱环节存在一些问题。

《2022华语数字音乐年度白皮书》显示，华语新歌数量在2022年超过百万首。如此惊人的音乐生产力，却遭到很多网友"吐槽"，"歌越来越多，好听的越来越少"，更有人提出："为何我们这一代人，仍然沉浸在20多年前的老歌中？"笔者认为，造成新歌多但好歌少、产量高但"出圈"少的原因有很多。

比如，"流水线"式的创作。曾有音乐人透露出一个现象：拼凑几个"万能和弦"，叠加几句简单的歌词，一首"原创歌曲"便可轻松诞生。此类歌曲中有部分凭借"洗脑"旋律或歌词在短视频平台上获得流量从而快速变现，也吸引越来越多的"音乐人"采取公式化、流水线式的方式进行创作。

有人说，音乐创作就是一次次源自灵魂深处的自我沉淀。但在短平快的生产逻辑之下，音乐必然不经听、不经品，产生现象级大众金曲的难度也就可想而知。

比如，高度分散的注意力。在信息爆炸的互联网时代，听众的注意力被高度分散。一方面，一首新歌的诞生只是无数信息碎片中的一小片，想要被发现并不容易；另一方面，新歌榜"快进"到每小时更新，如同"流星"倏忽而过成为很多歌曲的命运。与此同时，算法造成的"信息茧房"可以让一些网红热歌被无数次用作自媒体短视频的BGM，而一些冷门歌曲就很可能成为遗珠。

再比如，养分不足的"土壤"。在传统唱片时代，音乐产业建立了相对完善的运营模式。而进入数字音乐时代后，这样的"链条"发生了巨大变化，虽然人们获取音乐的方式更便捷了，却也带来了诸如版权、利益再分配等问题，原创音乐健康生长的土壤逐渐失去养分。有些创作者甚至认为，与其沉淀数年打磨一张专辑，不如快速"洗歌"蹭热度，或者通过上综艺、开直播等，获得更大的流量与变现机会。

三

每个时代，几乎都有合拍的好歌，激荡一代人的心灵。当下，怎样的歌能彰显浙江特色、唱出时代之声、传唱大江南北？笔者认为，有三对"组合"不可或缺。

情与景。回望过去，一首首经典之作不仅抓耳，而且撩心。每当旋律响起，唤起的是听众对美的感受、与情的共鸣。比如，杭州亚运会期间，每当场馆内响起《千年等一回》，观众皆鼓掌欢呼并热情跟唱，不知此时大家内心忆起的是西湖潋滟的波光，还是许仙与白娘子的一片深情。

令人欣喜的是，在"不一样的花火"原创歌曲中，也不乏这样融合情与景的优秀作品。比如《风筝》中有戏腔的宋词吟唱，《咫尺遥》融入了甬剧白口，《四季行舟》则采用舟山传统渔歌小调，在传承传统文化的同时融入现代审美，演绎出诗画江南之美。

专与精。一首好歌，不应是工业流水线上的标准件，而是经过反复打磨、精益求精的艺术品，一字一句都浓缩着创作者的匠心与情感。这就需要创作者有"板凳甘坐十年冷"的意志，用专业体现价值，用真心去洞察生活、体悟人生，用精品来引发人们的共鸣、回应时代的关切。

比如《采茶舞曲》的创作者周大风，常与村民一道上山采茶，这才使得他创作的曲调贴近茶农生活，洋溢着鲜活的时代气息；再如民谣歌手赵雷一首《我记得》，用质朴的歌声表达对母亲的思念，收获音乐平台上数十万跟评，一颗真心打动人。

新与巧。就像唱片时代的歌手常常通过电台等平台打歌，互联网时代的创作者也需要不断用新载体"毛遂自荐"，用更有网感的方式传播好音乐，为有品质的作品赢得流量。

比如，可以玩转"跨界营销"，与影视、戏剧等文艺作品结合，实现"借船出海"；也可以联手网红 UP 主，融入短视频创作，在年轻人中间吸一波粉；还可以巧妙搭配各地特色风景传播歌曲，让人们听得见歌声、看得见美景，从而留下美好记忆。

"烟柳画桥，风帘翠幕，参差十万人家。云树绕堤沙，怒涛卷霜雪，天堑无涯……"千年前，词人柳永的一首《望海潮·东南形胜》道尽了江南韵致。我们期待，在新时代的之江大地上，也能有更多绚烂如花火的金曲、好歌，写尽之江美景、唱尽人间真情，让人过耳不忘、代代传唱。

茹雪雯　徐霞　冯绮　董寒　侯云杰　周爽　执笔

2023 年 12 月 23 日

"浙"四问怎么解

> 任何事情都不可能一蹴而就、任何事业都不会是一朝一夕之功。文化建设"浙"四问的每一项，都是一篇大文章、一次大考验、一项大工程，需要我们带着使命与担当，持之以恒，一一破解。

马克思曾说："问题就是时代的声音。"每个时代都有属于自身的主要问题，它们构成时代的重大课题。我们的社会就是在不断地问与答当中，不断被推向前进。

昨天，全省宣传思想文化工作会议召开，会上提出了这样四个问题：宣传思想文化工作，如何全面展现"浙江担当"？如何主动塑造"浙江形象"？如何广泛汇聚"浙江力量"？如何引领助力"浙江先行"？

四个问题，紧扣宣传思想文化工作"举旗帜、聚民心、育新人、兴文化、展形象"的使命任务，是事关浙江宣传思想文化事业长远发展的重大问题，可谓掷地有声，发人深省。

一

这四个问题，该怎么理解？

首先，问出了先行的担当。在《干在实处　走在前列》一书中，习近平同志说："世界通过我们浙江看到的，是一个历史悠久的伟大民族、一个马克思主义的先进政党和一个13亿人口的泱泱大国。我们取得的成就，是中国改革开放全景中的一个缩影，也是社会主义制度优越性的重要体现。"

这些年来，从"中国改革开放全景中的一个缩影"，到"努力成为新时代全面展示中国特色社会主义制度优越性的重要窗口"，再到"中国式现代化的先行者"新定位、"奋力谱写中国式现代化新篇章"新使命，浙江肩负起了越来越高的期望。与此同时，怎样与浙江的火热实践偕行，以精彩笔墨诠释好、展示好新时代浙江的先行风采，对宣传思想文化工作提出了新的更高要求。

其次，问出了历史的纵深。改革开放以来，我们在政策并无特殊、陆域资源并不充裕的背景下，成长为全国经济发展最好、最有活力的省份之一。究其内里，就是在于文化的力量，在于深厚的文化底蕴。

浙江要"在建设中华民族现代文明上积极探索"，就要带着"回望文明深处"的敬畏感认同感，深入思考何以"是浙江"的深层逻辑，带着"守望文明薪火"的责任感紧迫感，深入解读何以"兴浙江"的基因密码，带着"瞻望文明高地"的使命感奋进感，深入回答何以"最浙江"的实践命题。

再次，问出了笃定的方向。问题就是工作的牵引和努力的方向。我们所取得的每一次突破，我们踏上的每一个台阶，无不是基于问题意识作出准确判断与正确决策的结果。

这四个问题虽各有侧重，但本质上是一致的，都牢牢抓住我省宣传思想文化事业发展的主要问题、主要矛盾，是实打实的"灵魂之问"，是浙江宣传思想文化工作必须回答好的实践命题和发展课题。

二

今年9月，习近平总书记在浙江考察时提出了"在建设中华民族现代文明上积极探索"的重要要求。这就意味着，浙江的文化建设不是一省一域的事，而是要在中华民族现代文明的大场景、大格局中定方向找路径，以省域探索积极回答"中华民族现代文明是什么、怎样建设、如何展示"等时代课题。

因此，创造这个时代的新文化、新文明，浙江的地位和贡献需要浓墨重彩地彰显出来。在这个过程中，全省宣传思想文化战线还需要进行三个自我"追问"。

一问家底有没有摸清？人们常用"万年上山、五千年良渚、千年宋韵、百年红船"来描述浙江这方热土的厚重积淀。新时代宣传思想文化工作能不能出新出彩，关键看能不能把这些文化基因最大限度地挖掘好、转化好。

比如怎样从王充、王阳明、黄宗羲等先贤的思想中汲取干事创业的智慧；怎样在古建保护与民俗复活中不断壮大文旅"流量"；等等。正如习近平同志在浙江工作时谈道："悠久深厚、意韵丰富的浙江文化传统，是历史赐予我们的宝贵财富，也是我们开拓未来的丰富资源和不竭动力。"

二问短板有没有找准？在"八八战略"的指引下，浙江实现了从文化大省向文化强省的跨越式发展，拿出了一批具有全国影响力的文化新成果，优势突出，长板很长。但站在为全国大局作贡献的高度，一些领域还没有打入第一方阵、坐稳前排交椅，甚至还存在短板。

比如，文旅产业的核心竞争力够不够？目前像"淄博烧烤""村BA"这样的现象级文旅名片我们还不多；浙产文艺作品是不是量足质优？不可否认，浙江让人印象深刻、能够久久回味的精品也不算多。有短板、有差距并不可怕，关键是找准症结，实事求是想办法解决，才能化被动为主动、变劣势为优势。

三问靶子有没有立住？宣传思想文化工作事关长远、事关大局，是一项极端重要的工作。浙江要实现省域现代化先行，宣传思想文化工作不仅不能缺席，而且要发挥一锤定音、一曲定调的作用。这就需要瞄准先行的定位，经济社会发展推进到哪里，宣传思想文化工作就跟进到哪里。

比如浙江的互联网产业活力十足，需要思考的是，我们的媒体平台如何进一步借助数字优势去壮大主流声音；比如浙江民营经济发达，需要破解的是，如何持续激活文化企业的内生动力，让"航母级"文化企业队伍更壮大。

三

坚持问题导向是马克思主义的鲜明特点，历史总是在不断解决问题中前进的。我们要以推进中华民族现代文明建设浙江探索"十大行动"为主抓手，把这些问题一个个回答好，在自我追问当中实现自我突破。

展现担当，就必须与时代肝胆相照。浙江是中华文明重要发祥地之一，是中国革命红船起航地、习近平新时代中国特色社会主义思想重要萌发地。创造属于我们这个时代的新文化、建设中华民族现代文明，浙江不仅不能缺席，还要彰显作为和地位。

比如，浙江的思想、理论和实践富矿值得进一步深挖细研，尤其是围绕"讲好总书记的故事，阐述好总书记的思想，展示好深入实施'八八战略'的生动实践"，推出一批分量厚重的理论成果、重大主题宣传作品，在新思想的学习研究阐释传播上打造省域样板。

塑造形象，就必须擦亮文化金名片。宣传思想文化工作既是"封面"、也是"名片"，既是软实力、也是硬实力。要绘就一幅"美在浙江"的现实图景，让人一念之间就喜欢浙江，就要把浙江的美写在"封面"和"名片"上。

像这些年，深化"浙江有礼"省域文明新实践，持续擦亮"礼让斑马线"等文明实践品牌，推出一批"最美浙江人"。许许多多第一次来到浙江的外地游客，都难以忘怀文明浙江与文明浙江人的形象。

浙江文脉源远流长，一大批优秀传统文化标识星光熠熠，还拥有世界互联网大会乌镇峰会、良渚论坛等响当当的国家级文化活动品牌。要通过当前的文化建设和品牌塑造，铸就一座座文化高峰、一个个文化地标、一部部文化巨作，让浙江的"美"看得见摸得着、浙江的"好"叫得响传得开。

汇聚力量，就必须用精神引领人心。面对当前互联网发展、移动端普及、社会思潮激荡分化、新型媒体全面崛起的格局趋势，须重塑宣传思想文化工作理念方法、手段机制，让与时俱进的浙江精神、正面激昂的主流价值始终能够教育引导、激励感召、滋养成就浙江的干部群众。

比如，在打造新型主流媒体和重大传播平台的过程中，要主动策划"议题如何设置、影响如何放大"，以强信心为重点加强主题宣传、形势宣传，为群众及时有效解疑释惑。在各种思想文化相互激荡交锋中，真正起到"定音鼓""风向标"作用。

助力先行，就必须躬身走在最前列。面对"勇当先行者、谱写新篇章"的新使命新任务，宣传思想文化工作要当之无愧、当仁不让地先行一步、走在前列，不断增强先行意识、保持先行状态、锻造先行作风，以一域一地先行助力省域先行。

比如，浙江是文物大省、文化遗产大省，对文化遗产保护利用这一普遍性难题，要率先破题，拿出前瞻性思路、开创性举措，探索出行之有效的工作方法和实践经验。只有越来越多的国家题由浙江破、未来事由浙江干、新方案由浙江出，我们才能真正担得起"先行"二字。

任何事情都不可能一蹴而就、任何事业都不会是一朝一夕之功。文化建设"浙"四问的每一项，都是一篇大文章、一次大考验、一项大工程，需要我们带着使命与担当，持之以恒，一一破解。唯有如此，浙江厚重的历史、灿烂的文化才能薪火相传、发扬光大，"浙江之窗"才能更好展示"中国之治""中国之美"。

云新宇　陈培浩　王人骏　执笔

2023 年 12 月 23 日

别让群聊变成"紧箍咒"

> 让工具止步工具。不论如何，群只是一个工具，它是给人服务的，人不能反过来被"绑架"。

　　各式各样的群，既给人们带来了便利，也衍生出一些头痛事。前段时间，有人离职后一口气退了600多个工作群，花了3个半小时，"每天随时要回信息，神经随时紧绷着""感觉退完后就轻松了很多"，获得许多网友的共情。

　　无独有偶，近日，中央网络安全和信息化委员会印发《关于防治"指尖上的形式主义"的若干意见》，文件一出，迅速引发热议。很多人都期待，能将那些越拉越多的群组、没完没了的填表等费时费力却意义不大的现象好好治一治。

　　对此，有网友说，"谁在单位里没几十个群，大大小小层出不穷形形色色各类专项群"，也有人感慨，"人在职场真心不容易"。在这个社交时代，各式各样的群就像细胞分裂一样"野蛮生长"，不禁要问，对于越建越多的群，我们应该怎么看？

一

群是社交平台发展的产物。由于建群门槛低、开放性大，只要动一动手指，谁都可以当群主。工作群、同学群、业主群、亲友群、家长群……似乎"有人的地方就有群"。不少"打工人"列表里的群，少则几十个、多则上百个。

群泛滥之后，私人空间被暗暗挤压，工作与生活的边界变得愈加模糊。很多人有这样的体会，"上班时间在办公室工作，回家后还要在群里工作""一天24小时，我们一半时间活在现实世界，一半时间活在群里"。有的群还要求成员"超长待机"，"@所有人""收到请回复""＋1"……让人整天神经紧绷，无时无刻不处在害怕遗漏重要消息、耽误工作的紧张感之中。

建群容易解散难，一些群即便"使命终结"，依然顽强地躺在列表里。有的人想退群又觉得不好意思，或者存在"万一还有用"的心理，导致列表里的"僵尸群"越积越多。

不仅如此，有的群建立后功能异化，慢慢变成了"助力群""拉票群""广告群"。更有甚者，任凭低俗内容、不实信息满天飞，戾气滋生、矛盾外溢，群成员被一些错误价值观"污染"，乱象丛生。

二

各式各样的群，到底起到了哪些作用，给我们带来了什么？

方便了工作沟通，但也衍生出形式主义。不可否认，建群沟通成为现代人之间快速、便捷、有效的沟通方式之一。在各式各样的群组中，人们分享信息、交流意见和解决问题。不过，"建群热"的背后，有时也暗含着一种思维惯性和路径依赖。一碰到任务，一些地方首先想到的就是建群，随后根据分工再拉小群，省、市、县、乡、村层层套娃，建群似乎成了落实工作的一部分。

有的用"群办公"来取代现场办公，本该实地完成的工作，浓缩成群里的一个个word、一份份excel、一张张图片。工作群也渐渐成为一些人的留痕机、打卡器，比如有些干部下基层、进村第一件事，就是习惯性地到挂点的贫困户家拍个照、合个影，上传照片到群里打卡。

这种用"键对键"来取代"面对面"的行为，从工作的布置、执行到反馈评价，看似形成了闭环，实际上换来的却可能是发起者的惰性与回复者的应付，滋长浮于表面、脱离实际的不良风气。

密切了家校联系，但也助推了焦虑升级。很多家长或许深有感触，有了孩子后，少则加入几个、多则加入几十个与育儿相关的群。家长们在群里各种交流、晒图、打卡，"别人家的孩子"近在眼前，"同龄人压力"也暗中逼近，"经验交流群""问题咨询群"慢慢变成了"焦虑贩卖群""相互攀比群"。

但家长们这样那样的焦虑，是老师愿意看到的吗？老师们其实也心力交瘁。他们不仅白天要完成紧张的教学任务、处理各类琐事，休息时间还要忙着拍照、记录、分享，解答群里家长们的各种疑问。

可见，"建群热"未必让教育变得更轻松、快乐，反而可能给老师、家长戴上一顶"金箍"。

打破了时空限制，但也加重了人情负担。社交群可以让天南海北的人变成亲密无间的群友，却也可能让人际关系变得更加复杂，甚至成为一种负担。心理学上有一个定律叫"150定律"，说的是一个人社交的人际宽度最多是150人。也就是说，一个人的精力只能处理与150人左右的人际关系。但身处"群山群海"中的现代人，早已陷入了"人际过载"的困境。

有些群里的消息，到底要不要回、怎么回、什么时候回，很多人都感到很纠结，生怕把握不好分寸。有时简单的人际交往在各类群友的花样玩法下，变成了对情商的极限考验。"砍一刀""投个票"等等，让"不善于拒绝"的人陷入情绪内耗，这时群聊反而变成一笔笔沉重的"人情债务"。

这样一来，网络上的距离是近了，但"心与心的距离却越来越远"。建群的本意是让人们的交流更加简单、高效、扁平化，而不是让人际关系越来越微妙、复杂，甚至渐行渐远。

三

其实大家都有一个共识：现代人应该学会"断舍离"，有选择地退出一些群，从中解脱出来。但要真正做到如此，却很不容易。笔者以为，当一件事陷入错综复杂的困局，或许回归才是最佳的选择。

让工具止步工具。不论如何，群只是一个工具，它是给人服务的，人不能反过来被"绑架"。上下级之间需要的高效交流，干群之间需要的真诚沟通，想要过度依靠群来实现"一劳永逸"，既不应该，也不现实。一旦患上了"工作群依赖症"，互相之间的联系，或许反而就在不知不觉中走远了。因此，对于群的作用究竟是什么，我们应该有一次深度的反思。可建可不建的群就别建了，不该在群里布置的工作就不布置了。

让感情回归感情。真正拉近人与人之间距离的，不是一根网线，而是一颗真心。无谓的线上社交，或许能带来一时热闹，但纯粹的感情是需要现实的、深度的、细水长流的交往去累积的。

其实，割舍掉一些"无效社交"并不意味着薄情寡义，反而说明我们想清楚了自己需要什么、不需要什么。从不必要的"塑料感情""道德绑架"中解脱出来，把更多的时间和精力花在方寸屏幕之外的真实空间中，花在最值得、最需要我们关心的亲人朋友身上，才真正最可贵。

把生活还给生活。退群或解散群其实并没有什么影响，只是我们下不了"断舍离"的决心。回过头看，一些群之所以会给我们带来焦虑和烦恼，恰恰仅仅是因为我们因信息过载而考虑得太多。

哪些信息是真正不可或缺且有价值的？哪些信息是"食之无味弃之可惜"的"鸡肋"？哪些信息带来的负面情绪已经超过了其本身的价值？这需要多加筛选取舍，不必要的东西也可以"眼不见为净"。

别让群聊变成"紧箍咒"。群在精不在多，"少一点"不代表贫乏，"慢一点"不等于落后，不要让群里冗余的信息搅乱了本该自洽静好的生活。

徐婷　陆家颐　执笔

2023 年 12 月 24 日

为何考研不能成为"二次高考"

当考研将所有人或主动、或被迫地"卷"进同一个赛道后，甚至被称为"二次高考"，便说明有些问题已经不可避免地出现。

今年的"压轴大考"——全国硕士研究生招生考试开考了，400余万考生满怀期待奔赴考场。

早在一个月前，"考研报名人数连增8年后，今年下降36万"的消息就引发热议。与此同时，"考研的高考化趋势"也引起关注。之所以有网友将考研形容为"二次高考"，是因为随着高校扩招和就业压力不断加大，考研如今已经成为越来越多人的大学生涯的"标配"，正如高考是高中生涯的"标配"一样。

从求学的"可选项"变成求职的"必选项"，考研变成"二次高考"折射出的，不仅是"上岸"难度越来越大、招聘门槛水涨船高，更是大学生群体面临的"学历焦虑"与"就业焦虑"。

一

公开资料显示，2015 年至 2022 年，全国考研的报考人数年平均增长 15.8%，每年都在高位上保持高增长。2023 年，考研报名人数增长至 474 万人。虽然在连增 8 年后，2024 年全国考研报名人数为 438 万，出现首次下降，但对于高校应届毕业生超 1000 万的规模来说，考研群体依然占了其中很大一部分。

不得不说，"千军万马过独木桥"的考研始终是毕业生的重要取向之一。因此，我们看到，有些大一新生刚入学就将大学目标定为"完成学业——找份学业"；越来越多的大学生认为，研究生学历更像是今后找到好工作的"刚需品"；"全寝考研""全班考研""全系考研"成为大学校园里的风景线。与此同时，近几年"学霸"主动报考"双非"高校的"逆向考研"等现象也不少见。

以上种种，不仅说明毕业生将考研作为"必选项"之一，更说明通过读研去获取更高的学历、拿下更好的工作，已经成为广泛共识。在这样的情况下，学生、老师、学校、市场都"卷"进了考研大潮中。

我们再来看现在的"国考热""公考热"。相较于今年考研报名人数的下降，近 5 年来，国考却一直呈现"扩招"的趋势。而随着报考人数的增长和"上岸"难度的增加，考生们只能祭出对付高考的"题海战术"，由此也催生出"天价辅导班""高价押题卷""名师训练营"等各种市场。考上研究生再去考个公，已然成为很多大学生理想中的规划。

考公与考研虽然"一升一降"，但总体上还是反映出社会对学历和编制的看重，这背后也折射出年轻人在择业就业上碰到的一些现实困境。

二

虽然考试制度有其局限性，但不可否认，无论是高考、考研还是考公，考试都是选拔人才、促进社会阶层流动的最公平公正的解法，也是很多普通人改变命运的"敲门砖"。但当考研将所有人或主动、或被迫地"卷"进同一个赛道后，甚至被称为"二次高考"，便说明有些问题已经不可避免地出现。

比如，"高考化"偏离了研究生教育的初衷。和本科教育侧重于"学知识、练技能"不同，研究生教育培养的是具有研究和创新能力的人才。但当考试变得越来越残酷和内卷，就容易形成这样一种认知：许多人参加考研并不是为了从事研究，只是单纯为了提升学历。这无疑与研究生教育的初衷产生偏差。

有新闻报道曾指出，有的高校过分注重考研率和升学率，把大量资源和精力放在动员、组织学生考研上，甚至把"考研大本营"作为办学目标，基础教育反而越来越边缘化。

比如，"万能论"传递了片面的就业导向。在传统的就业观中，学历被认为是获取更好工作的加分项，加上近年来就业压力增加，使得很多毕业生都往考研这条赛道上挤，越来越多的高学历人才开始"抢饭碗"。这在一定程度上加剧了就业市场的压力。

不仅如此，这还带来一定的"学历焦虑"。看重学历本来是件好事，但在招聘门槛水涨船高的情况下，一方面，部分用人单位过分关注学历，动辄把"985""211"的硕博生当"最低门槛"，另一方面，一些走出校门的学生却不适应市场的需求，造成不少高学历人才"高不成低不就"。长此以往，焦虑、迷茫、从众的心理便在无形中滋长蔓延。

又比如，"高压态"影响了大学生的身心健康。"千军万马过独木桥"的备考过程，对年轻人的生理和心理健康都是极大的考验。中科院等机构联合发布的《2022年大学生心理健康状况调查报告》显示，有50.44%的大学生打算读研，他们的焦虑风险要明显高于不打算读研的学生。近年来，大学生出现严重抑郁的情况也时有报道，究其根本，极限的作息、对学历与就业的过度焦虑等是重要原因。

三

考研趋热，涉的重要问题之一就是就业问题。就业是最大的民生，如何突出就业优先导向，如何确保重点群体就业稳定，是我们探讨考研、考公等热门话题时必须回答的问题。

深化教育改革是缓解"学历焦虑"的一剂良方。研究生教育旨在培养高层次研究型人才，但全社会对于高学历的追求可能会把选拔人才的考试变成一场焦虑的"分数游戏"。政府和学校应该努力改善教育质量和考试制度，以更好地满足社会需求，提高教育的实际效益。

比如，鼓励学校开展更多与产业需求和社会发展相关的课程，培养实用型人才，提高学生的就业竞争力；比如，深化研究生教育的分层分类，拉高学术硕士的入学门槛，扩大专业硕士的招生名额，让社会更有效地对人才进行配置和筛选。

促进就业不仅仅是家庭、学校、毕业生的事情，而是全社会都需要参与的一项民生大课题。政府的任务是把就业的"蛋糕"做大做好，当就业岗位与就业选择丰富且多样，当福利待遇与各类保障得到完善和提升，毕业生们的选择自然可以更加多元；用人单位不妨把标准放宽一些，打破"唯名校论""唯学历论"的求职门槛，将素质与品德前置，加大对能力与岗位间适配度的衡量，为所有求职者创造公平的就业环境。一些学校和媒体经常宣传"全宿舍保研""学霸情侣"等新闻，无形中传递出"考研保研比工作更有前途"的价值观念，其实本科毕业找到一份工作也是值得肯定和鼓励的。

对于毕业生而言，与其陷入就业选择的焦虑，不如练好"内功"，破除"本领恐慌"。就业市场再怎么竞争激烈，都会给合适的人留有一席之地。只有拒绝盲目内卷，让自己保持和提升学习的能力，尽早找准自身定位，明晰自身职业目标，多关注就业市场的需求，抓住能够抓住的就业机会，不断尝试、不断突破，才能为自己创造更多可能。

无论教育还是就业，都是一头连着发展大局，一头牵着千万家庭。只有教育进步了，就业稳住了，人们的生活才能安定有序，社会的发展才能坚定从容，对大学生群体来说，也才能拥有更多选择的可能、想象的空间。

王人骏　陈逸翔　郑涛　执笔

2023 年 12 月 24 日

"村舞"是下一个乡村风口吗

> "村舞"的舞台,农民是主角,农民在主场,所以在"村舞"的舞步里,人们更希望可以读到他们质朴的欢乐,以及对乡村生活的热爱。

临近岁末年初,各地乡村呈现出一派红火热闹的景象,"村晚"、"村歌"赛、"村运会"、"村舞"赛……"村"字号文体活动一个接着一个举办。上个月,浙江省首届农村文化礼堂"我们的村舞"暨第二届浙江乡村文化艺术节乡村舞蹈大赛在丽水庆元百山祖国家公园开场,80多支村级舞蹈队伍、1800余人热情起舞,让小山村在初冬时节沸腾了起来。

舞台上,热情洋溢的广场舞、轻松欢快的排舞、独具地方文化味的舞台舞等一一亮相,让"村舞"大有跻身"村"字号IP新贵之势。"村舞"是下一个乡村风口吗?

一

近年来，随着"村BA""村超"等爆火，全国很多地方掀起了一股"村"字号文体活动举办热潮。比如一些地方复制推广"村BA""村超"等系列赛事模式，一些地方则深挖做透原有"村晚""村歌"赛等主题活动，还有的地方正探索创新"村舞""村礼"等"村"字号新IP。

"村舞"，顾名思义，就是乡村的舞蹈。在短视频平台上，伴随着"我们的村舞"热，"一起村舞BA"等话题也吸引越来越多的人在镜头前自信舞动，平台数据显示，该话题播放量已过亿。

那么，相比于其他"村"字号活动，"村舞"有哪些新魅力？笔者认为，其中至少有三个关键字。

"美"。有人说，舞蹈是人与自身、人与自然的对话，在对身体的运用中，以美的方式得到精神升华。"村舞"同样如此。比如在此次大赛中，来自月山文化礼堂的舞台舞《春溪踏歌》呈现了少女们在廊桥下愉快嬉戏的情景，通过舞者优美的动作，将当地的廊桥文化与山清水秀的自然风光展现得淋漓尽致。

"活"。"村舞"有一个很大的特点，那就是"农民演，演农民"，舞台无关大小，服饰无关华丽，舞美、动作、技巧等都不是最重要的，重要的是参演者们随心而动，"八仙过海，各显神通"。比如此次大赛的舞蹈内容就包括民风民俗、农耕文化、"非遗"技艺等多种题材，还融合民乐、舞蹈、戏曲等各类元素。像瑞安红糖制作技艺、建德酥饼制作工艺、宋韵文化等都能在"村舞"中找到身影。

"乐"。有研究发现，舞蹈具有舒缓焦虑、心理调节等功能。像"我们的村舞"大赛舞台上的舞者，男女老少、各行各业都有，年长者近80岁，他们伴着优美的旋律、踏着轻快的节拍舞动，展现出"村舞"独特的魅力。正如一位参与者所说，舞蹈不仅可以愉悦自己的心情，还可以保持形体的美感、年轻的心态，更带来自信心、带来幸福感。

二

广场上跳，农田里也跳，如今，"村舞"已经成为浙江很多农民的一种生活状态，既承载着乡愁，也承载着希望。或许，这正是"村舞"的生命力所在。不过，"我们的村舞"大赛的台前幕后，也带来了一些新思考。

比如，"村舞"能否舞出更多"村"味？"村舞"的舞台，农民是主角，农民在主场，所以在"村舞"的舞步里，人们更希望可以读到他们质朴的欢乐，以及对乡村生活的热爱。

因此，让"村舞"更有"村"味，就需要将鲜明的乡村特色融入舞蹈，使其富有带着泥土气息的生命力与感染力。不妨在舞蹈编排时与当地独特的民俗更好地结合起来，同时加强相对专业的教学培训，这样既能扩大参与度，也能保持本地的精神文化根基，使"村舞"在乡村文化建设中更具意义。

比如，"村舞"能否舞出多重效益？数据显示，2022年台盘"村BA"夏季篮球赛期间，当地接待游客和观众超50万人次，拉动直接消费4000万元以上。这也给"村舞"带来了启示，既要守住乡土气，又要带动社会效益、经济效益"双丰收"。

令人欣喜的是，今年"我们的村舞"大赛已经呈现良好态势。大赛期间，庆元当地接待游客6.3万人次，同比增长42.2%，带动旅游餐饮等相关行业消费300余万元，同比增长80%以上。像主赛区，就通过搭建"村礼"集市吸引消费，当地的香菇、黄粿等土特产都受到了游客欢迎。

再如，"村舞"能否跳上更大舞台？近年来，"村舞"出圈的案例不少见，像广西南宁锦江村村民韦曼春在乡间田野、自家院子跳自创舞蹈，还把锄头刨地、赶鸭子、拉风箱做饭等农村日常生活元素运用到舞蹈中，一下子在短视频平台爆红，还受邀参加了大型综艺节目；云南白显村一位大叔在田间跳孔雀舞，也引得几百万人"围观"。可见，让"村舞"跳上更大舞台，离不开创意的形式和内容，也离不开现代传播方式的加持。

此次"村舞"大赛也进行了有益探索，比如将各个队伍的作品以视频形式在线上展播，请网友当评委，选出最佳人气奖；同时打造"村"字（"村晚""村歌""村礼""村舞""村运会"）品牌矩阵联盟，助力打造具有全国影响力的乡村地域文化新IP；等等。

三

近年来，通过举办"村"字号品牌活动，带火一个地域、激活乡村人气、推动乡村振兴的案例有不少。但是，受限于区位、交通、人口外流、村落空心化等因素，像庆元这样偏远地区的"村"字号出圈路并非坦途，仍需多方合力推动。对此，笔者有三点想法。

做好"长跑型选手"。随着"村"字号矩阵的不断壮大，人们对乡村公共文化空间、文化活动品质等方面的需求也在增长，因此亟须补齐短板，持续提升发展水平，从而让"村"字号招牌能够真正盘得活村、引得了流、留得住客。

比如近年来，庆元不断加大在乡村健身设施、文化功能设施、公共体育场等方面的投入，着力提升乡村住宿餐饮业、城乡道路、停车场、商贸服务等新型基础设施建设，让民俗特色变旅游体验，让游客可以沉浸式享受"村"字号活动带来的多重体验，为更长远的发展汇聚起人气和商机。

用真心换真心。乡村之美，美在自然，美在淳朴的生活气息与地域特色。"村"字号活动中的一举一动、一颦一笑、一歌一舞，更应彰显乡村真实、美好的模样。

我们能看到，很多因举办"村BA""村超"等活动而爆火的地方，并没有"迷失自我"。那是因为村民们有着"啥生意能比家乡的形象重要"的文化自觉、"谁让咱是东道主"的服务自觉，他们用淳朴的笑容对待每一个来到当地的游客。坚守初心，用真心换真心，用真情做好服务，或许这就是"流量"变"留量"的秘诀。

寻求"六边形"更优解。近年来，全能"六边形战士"一词成为网络热词，其实，"村"字号文化能走多远，也在于"村＋"系列能否被锻造成更具魅力和实力的"六边形战士"，吸引"城中人"回村打卡，不断激发乡村的发展动力，释放潜在的消费需求。

比如这次"村舞"大赛期间，庆元就将自己的"村"字号IP内容进行集中展示，打造了"村运""村晚""村戏""村歌""村味""村礼"等多个主题集市，目的就是让各地的参赛者能够看到庆元乡村的美好模样，也希望通过这些活动，增加村民收入，促进文化交流，从而实现"村里群众舞、群众笑、群众富"。

愿更多"村"字号IP可以承载起乡愁记忆，办出特色，办出持久的生命力，让那些沉寂在大山深处的村庄焕发新的活力。

刘雨升　郑昌凯　张成志　郭新忆　李瑜薇　执笔
2023年12月25日

老城不能再拆了

> 小桥流水、白墙黑瓦、垂柳依依，都是真江南的模样。可以说，一栋建筑、一棵古树、一道美食、一声吆喝，都可能是老城记忆里的一个重要元素，是生长于这片土地上的人们的认同感与归属感。

老城历史悠久、底蕴深厚。一座座老宅子、一条条老旧巷，穿梭其中，历史文化气息扑面而来、拂动心扉。

但与此同时，在城市的开发更新中，有的老城只保留了几处孤立的文物保护单位，一些老建筑、老宅子或者老街区遭到拆除，甚至拆真建假、拆旧建新。许多游子回归后，感叹故乡成了"熟悉的陌生人"。就像电视剧《人世间》里的情景，秉昆看着生活了大半辈子的老宅被拆除，泪水不禁在眼眶里打转，因为拆掉的不仅仅是砖头水泥，更是满满的记忆和怀念。

那么，老城为何会被拆？老城为何不能再拆？不拆又如何发展？

一

不可否认，伴随着工业化和城市化进程，曾有不少具有历史文化价值的老城、古城被毁。

比如，拥有1500年历史的某古城曾经被拆，有关部委紧急叫停，却已拆毁了八分之一；此后，该地又斥资1.9亿元打造景观提升工程，遭通报批评。再如，某个有着900多年历史的古城，曾经街巷纵横、古朴雅致，后来在"推土机"冲动下成了一片废墟，几年后，挨挨挤挤的仿古别墅鳞次栉比，古城之韵荡然无存。还有某历史城区，在不经住建、文物等部门审批的情况下，径自拆除一批老建筑，造成了不可逆的破坏。

那么，老城为何会被拆？笔者认为至少有以下几方面原因。

其一，商业利益带来的政绩短视。在一些地方的眼中，拆旧建新的利益远大于尊古守正，于是，在眼前利益的诱惑下，城市长远发展与整体规划被忽视，拥有上百年历史的文化古迹被清除。比如，某古城被拆后，大批商业地产项目涌入，当地房价涨了好几倍。

其二，修缮保护存在的经费压力。与"一拆了之"的简单粗暴相比，老城的修缮保护和精细管理，需要大量的财政支出，比如基础设施改造提升、古建筑修缮、景区维护管理等，经费上的望不到头让不少地方打退堂鼓。

其三，在适应现代生活上存在硬件短板。数据显示，截至2022年底，我国城镇常住人口为9.2亿人。城市人口数量增多、密度加大，老城不可避免地产生功能衰退、设施老化、空间狭小等

"城市病"，与现代生活需求不相适应。

其四，在保护传承上面临现实困境。比如，有的历史建筑还拥有居住功能，然而，保护责任厘定、物权收益保障、公私利益的平衡等难题都会在保护过程中出现，有的地方政府、社区、市场没能形成很好的协商联动机制，共建共治共享的工作格局尚未形成。

二

不久前，文化遗产保护传承座谈会在北京召开，强调要"着力完善保护机制，保留历史原貌，加强历史文化名城、街区、村镇等的整体保护和活态传承"。中共中央办公厅、国务院办公厅于2021年印发的《关于在城乡建设中加强历史文化保护传承的意见》也曾明确，"在城市更新中禁止大拆大建、拆真建假、以假乱真，不破坏地形地貌、不砍老树，不破坏传统风貌"。那么，老城为何不能拆？

见证城市历史发展脉络。老城往往是一个城市人口较早聚集的区域，是城市的商业、文化中心，也是历史文化遗产相对集中的区域。老城不同于单体的老建筑。有业内人士指出，老城是古人塑造的一个完整的历史文化作品，真正价值就在于城市建筑的整体性和城市文化的完整性。比如，漫步在北京东城区，古朴典雅的帽儿胡同、国子监街，"氤氲"着深厚的文化底蕴。又如，据志书记载，温州"山水斗城"的选址格局，由东晋著名文学家、风水学者郭璞所定，"连九斗之山、通五行之水、凿二十八宿井"，依据地貌实现"倚江、负山、通水"的规划，更有着重要的历史文化价值。

点燃城市生活烟火气息。汪曾祺曾说，四方食事，不过一碗人间烟火。在冬日，如果你一头"钻进"绍兴的老城，自家酱制的酱鸡、酱鸭、酱鱼，还有煤炉的烟、廊下的灯笼，定会让你感觉心头暖暖的。可以说，老城是一种集体记忆和生活方式。

又如，在南京的老城南，"柴火馄饨"是当地居民的共同记忆。实际上，很多年前许多老城也是如此，深夜一把扁担、一辆馄饨小推车，就能"支"起一个热气腾腾的小火炉，然后走街串巷"熨帖"着人们的口舌和脾胃，想想都觉得满足；而在阳光充足的午后，老人们坐在椅子上闲话家常，孩子们在街巷里嬉戏玩耍，如此闲适与治愈的景象，也是老城的日常。

承载地域文化独特风情。如果说北方的古城粗犷大气，那么南方的古城则显得细腻柔美。在江南，老城往往因水而生、因水而兴，也因水而美。比如在绍兴，老城旧巷、青瓦白墙之间，乌篷船划开了水道，穿梭在古桥之下，拼凑出一道江南好风光。又如，沿着杭州的桥西历史街区行走，运河边的小桥流水、白墙黑瓦、垂柳依依，都是真江南的模样。

可以说，一栋建筑、一棵古树、一道美食、一声吆喝，都可能是老城记忆里的一个重要元素，是生长于这片土地上的人们的认同感与归属感。

三

习近平总书记对文化遗产工作始终念兹在兹、关怀备至。20世纪80年代，在担任正定县委书记期间，有一次在隆兴寺院西侧，他看到元代书法家赵孟頫撰写的名碑"本命长生祝延碑"上沾满泥土，缺乏保护，当即找到主管领导，并提出严肃批评。他说："我们保管不好文物，就是罪人，就会愧对后人。"在浙江，一以贯之关心西湖、大运河、良渚等文化遗产保护工作，他指出"有的地方搞旧城拆迁改造，把一些文物古迹搞得荡然无存，这是非常可惜的"。

那么，如何保护好、传承好、利用好老城，笔者认为需要做到以下几点。

对待生命般树牢"保护第一"的理念。老城自历史深处走来，诉说着悠悠往事，也镌刻着人文印记，是不可再生、不可复制的，是陈列在大地上的遗产。要定期摸清"家底"，把具有历史文化价值的老城一一纳入保护体系，严格落实"老城不能再拆"，做到应保尽保。

比如，步入仓桥直街，刻着"联合国教科文组织亚太地区遗产保护优秀奖"的石碑引人注目。当地相关部门早就已经意识到"保护"二字的重要性，坚决不以破坏文化遗产为代价发展经济。如今，漫步街巷，清末民初的民居、蜿蜒曲折的石板路等俯拾可见，仓桥直街也因此被亲切唤作"中国遗产活生生的展示地"。

在胡同里过上现代生活。老城的更新不仅要考虑基础设施建设的现代化、人居环境的改善、城市面貌的美观，也要满足老百姓对便捷、舒适的城市生活的需要，还要考虑城市文化的传承、历史记忆的保留，可谓"众口难调"，关键在于找到历史性、人文性、商业性等公共价值的最优解。

比如，北京西城区坚持"老城不能再拆"，吸引资本力量、市场力量、社会力量的积极参与，使中轴线保护和城市更新有机融合更加持续。为此，他们首创了文物建筑信用融资，动员社区居民参与遗产保护利用，使各方都从老城保护中获益，从而自觉成为老城保护的支持者、参与者。

绣花功夫进行"微改造、精提升"。老城往往地处黄金地段、人口多、空间小，这些都制约着保护与更新，怎么破？一些项目尝试"螺蛳壳里做道场"，用微改造的方式破解了资源有限、条件紧张、空间不足的难题，在"小天地"中写下"大文章"。

比如，今年国庆前，一个面积仅1.5万平方米的微改造项目"鸿寿坊"在上海"亮相"，它的前身是20世纪二三十年代的传统住宅，通过小规模、渐进式的"微改造"重新进入公众生活，最大限度保留了老城区里弄建筑的肌理，又形成了功能丰富的现代社区形态，在烟火气中雕琢出旧时光。

探索文化的活态传承。保护老城，需要的并非"冷冻式保护"，而是要想办法让它活起来，呈现鲜活的"面孔"，与公众的时代记忆相"链接"。扬州就一直非常注重古城的活化利用。据报道，各种业态交叉出现在古城里，既有手工艺体验店、"非遗"文化馆等以传统文化为内容的业态，也有文创店、书店、饭店、酒吧、咖啡馆等走在时尚前沿的业态，像近700米长的仁丰里，有50多家文旅商户入驻，成为文化、文创、文博、文旅、文人荟萃的一条街。

每一座老城都从历史中走来，又大步向未来迈进。我们呼吁老城不再被拆，期待传统与现代、人文与经济、继承与发展，在老城共生共荣。

郑思舒　郑一杰　廖丽华　王瑞芸　执笔

2023 年 12 月 25 日

过度依赖PPT的症结在哪

> 人类能够创造工具，同样也能用好工具。只有回归初心的PPT，才能真正发挥它应有的价值。

年关将至，又到一年总结季，围绕PPT的"各种卷"也将上演。

36年前，丹尼斯·奥斯汀成功开发出PPT这款辅助办公软件，彼时他大概不会想到，有一天PPT竟如此"受宠"：开会、演讲、汇报、上课……PPT几乎无处不在。

对待PPT，人们爱恨交织。爱的是，它为我们增效，有了生动的PPT加持，不管站在多大的场合，似乎心里底气更足，也更能化抽象的表达为直观的"吸睛"，从而收到更好的演示效果。恨的是，不分场合、不顾对象地滥用PPT，以及为美化PPT的绞尽脑汁，让人崩溃，甚至有人感叹"天下苦PPT久矣"。

当下围绕PPT的种种议论不禁让人深思：PPT的角色是否越位了？该如何摆正PPT作为工具的位置？

一

PPT，全名"PowerPoint"，它的发明大大降低了视觉设计的门槛，让普通人也能做好展示。1990年在Windows操作系统上发布之初，它与其他办公软件一样，目的在于更便捷地服务于人们的工作，提升效率。

但随着PPT被广泛使用，其与工具属性错位的现象也时有发生。在职场人和大学生等群体中，不少人开始抱怨被PPT"绑架"了，得了"PPT依赖症"。"熬夜加班做PPT是什么感受？""大学最重要的能力是做PPT吗？""这年头，PPT界都这么卷了吗？"等热议见诸网络。

那么，PPT因何从与人方便的工具沦为让人吐槽的"负担"？

比如，过度依赖。不少职场人已将PPT完美地融于工作日常。听汇报，要看PPT；开个碰头会，要有PPT；平时开展技能比武，要做PPT；部门内部总结会，要展示PPT。可以说，PPT从年初订计划，到年终交总结，贯穿于工作始终。在课堂教学中，PPT也是个"狠角色"。老师授课，放PPT；学生汇报，也要放PPT。以至于有学生在网上调侃，"大学貌似学了个PPT专业，上课看PPT，下课做PPT"。

比如，过程煎熬。很多做过PPT的人，都有一个共识：一份精致、精美又吸睛的PPT，制作过程不容易。忍着加班的无奈，打开PPT仔细地调整字体字号、对齐文本框、调整照片到满意状态，再插入些动画特效……也许你也曾这样精心"打扮"过一份PPT。甚至有人经历过连续加班十天半个月，就为赶几十页PPT的"惨痛"

过程。还有人感叹，"PPT快要把人熬秃了"。

比如，过分消耗。PPT的出现，原本是为了提高效率，如果将大把时间花在做PPT上就本末倒置了。比如本来花两三个小时就能写好的交流材料，却要花两三天的时间来做PPT，有时为了追求标新立异的效果，甚至需要更长时间。更有甚者嫌弃自己做得不够好，会花大价钱找人代工提升PPT的精美度。"卷"PPT还消耗着职场人的情绪，本可以内心平和地干生产，却要烦躁地对付一份PPT。

二

PPT发挥的正向作用毋庸置疑，但对于它的争议也是由来已久。仔细分析，PPT在一些领域内出现的种种问题，其实并不是其本身造成的。毕竟，PPT只是工具，人怎么使用它才是关键，因此症结并不在PPT，而在于人，在于人们是否摆正了它的位置。

比如，形式主义作怪。PPT被滥用、被内卷，很大程度出于一种攀比心态，是形式主义的新现象、新体现。毫无疑问，PPT最大的创新之一在于形式。相较于一份简单的文稿，PPT图文并茂的形式更抓人眼球。久而久之，有些人便沉迷于其美观性和形式性，处处需要PPT，事事依赖PPT，没有PPT就感觉不够"高大上"，甚至把PPT的质量当作单位和个人的门面。为了追求更出新出彩的"效果"，PPT越做越复杂、越做越花哨。

比如，懒惰心理使然。一份PPT，能用好多次。PPT的存在，让一些人的懒惰思想得以实现。有的用同一份PPT，稍加改头换面后，在不同场合接连亮相；有的奉行"拿来主义"，把同行、同事的PPT拷贝来为己所用；有的嘴里数落着做PPT的各种累，手上却花大量功夫为PPT美化，说到底，也是懒于思考、懒于精进的表现，试图用PPT花里胡哨的图像和设计掩盖自己残缺不全的实质内容。

比如，捷径思维作祟。"不会做PPT，砸掉的可能是你的饭碗""PPT做得丑，升迁无望头"等网上线下的言论，让不少人受到干扰。他们拼命抓住PPT这个捷径，盲目认为PPT做得好、文案展示得精彩，就是综合能力强、工作创意佳、工作出色的表现，竭尽所能在做PPT上下功夫，投入时间、精力和金钱成本，以获取上级的高看或老板的青睐，而在真正需要沉下心、努力提升工作本领和实效上却有所懈怠。

三

针对眼下的一些错位，迫切需要返璞归真，让PPT回归辅助工具的定位。笔者认为，可从以下几个方面来破解。

在个体层面，摒弃"华而不实"的"浮气"，沉下"心气"，修炼"真气"。有人说，一个人最大的机遇，是让自己变得"硬核"。妄想靠着PPT的"炫技"来转动命运的齿轮，恐怕有些异想天开。PPT做得精妙无比，说明对这个工具掌握得好，并不能代表各方面能力都好。所以，若非从事PPT制作岗位，大可不必过分执着，几句话、一页纸就能搞定的事情，没必要非得整个PPT；内容干货都具备的PPT，也没必要非美化得花里胡哨。如此，才能将更多时间和精力腾出来，用在更有实际意义的事上，提升自己的真才实学。

在职场领域，抛开停留在表象的偏见，更应注重员工的责任与担当、实干与能力。眼下，一些单位将PPT制作能力当作考评的加分项，诚然作为办公技能，人们需要掌握，但如果对技能的要求被不断放大，甚至异化，这显然是不合理的评价导向。一个单位或个人的工作是否出色，决不能仅凭几页PPT来判断，也不能光看说得是否好。急难险重时能攻坚克难，是干工作的一把好手，理当获得肯定。反之，就算PPT做得精美绝伦，讲起来头头是道，干起活来却拈轻怕重，干啥都不靠谱，又何以能有作为。

在社会层面，卸下徒有虚表的装扮，让事物回归本真，回归质朴和纯粹。真正的强大不需要美化。按照事物本真行事，抛开繁杂、卸下负担，才能轻装上阵、抵达远方。好在，对PPT越来越过分的依赖与造成的消耗，已让不少地方与人们醒悟。曾有全国政协委员提交提案，呼吁警惕课堂教学过度使用PPT现象。有的地方出台文件，明令禁止党政机关不必要的PPT高成本制作。这些举动，好似一股清醒的力量正将被PPT"绑架"的人们拉回现实。

丹尼斯·奥斯汀曾说："PPT就像印刷机，也会印刷各种垃圾。"人类能够创造工具，同样也能用好工具。只有回归初心的PPT，才能真正发挥它应有的价值。

汪锦秀　执笔

2023年12月26日

毛泽东为啥"圈粉"Z世代

> 中华民族伟大复兴绝不是轻轻松松、敲锣打鼓就能实现的，个人理想也从来不是吹拉弹唱就可以如愿以偿的。在面对风高浪急甚至是惊涛骇浪的考验中，必须进行伟大斗争。

作为"95后""00后"，Z世代一出生就与网络时代无缝对接，他们拥有广阔的视野，在他们身上呈现出宝贵的"平视世界"的开放、多元、创新、包容心态。

几年前，有机构专门调研他们"心目中最崇拜的偶像"，毛泽东高居前位。联想到前段时间冲上热搜的"年轻人在地铁、公交车上读《毛泽东文选》"，不禁让我们好奇，在Z世代心目中，毛泽东究竟是个怎样的人？

在毛泽东同志诞辰130周年之际，让我们再次走近毛泽东，读一读时代伟人在年轻人心中的模样。

一

"时机到了！世界的大潮卷得更急了！洞庭湖的闸门动了，且开了！浩浩荡荡的新思潮业已奔腾澎湃于湘江两岸了！顺他的生，逆他的死。"这是1919年《〈湘江评论〉创刊宣言》中的一段话。重温这些字句，毛泽东的种种形象不断浮现。

他是个妙人。有趣的灵魂百里挑一，他经常妙语连珠。求学时他就以"二十八画生"的化名，在长沙各校张贴征友启事，表示"愿嘤鸣以求友，敢步将伯之呼"。1947年，炸弹在他的窑洞前爆炸，他掂量着散落在门前的弹片说："嗯，发财发财，能打两把菜刀呢。"

他重情义。"天若有情天亦老，人间正道是沧桑"，他豪情万丈，也有千般柔情，心疼战友家人，心系人民群众。在远行求学前，他改写了一首小诗，夹在父亲必看的账簿里——"孩儿立志出乡关，学不成名誓不还。埋骨何须桑梓地，人生无处不青山。"母亲离世，他含泪写下《祭母文》。妻子离别，他用一首《贺新郎·别友》表达心意。战友牺牲，他痛心不已："给我3个师也不换。"他挂念群众，"为人民服务"作为党的根本宗旨被写入党章。

他是个智者。领导艺术高超，关键时刻总能"carry全场"。他写的《矛盾论》《实践论》《论持久战》《论十大关系》等著作对中国革命产生深远影响。四次反"围剿"、四渡赤水的谋略，"枪杆子里出政权""星星之火，可以燎原"的论断，多次挽狂澜于既倒，拯救党于危亡之际。

"山舞银蛇，原驰蜡象，欲与天公试比高""江山如此多娇，引无数英雄竞折腰"……气势恢宏的诗词、大气磅礴的书法，都可见他卓越的才华和气质。讲话作报告，他总是思接千载、视通万里；分析战争形势，他总能总揽全局、鞭辟入里。

他是个"巨人"。他的思想胸怀、文韬武略，无论在他那个时代还是今天，都是"巨人"般的存在。他终生艰苦奋斗，带领中国共产党"创业"，团队如今达9000多万人，他创造性地解决中国革命的道路、建设马克思主义政党等诸多问题，他的理论成了世界受压迫受奴役人民的指路明灯，让无数敌人胆寒。

然而，他勤俭节约是出了名的。在井冈山时期，按规定，他晚上办公可以点3根灯芯，但他为了节省用油，每次只点1根灯芯。警卫员担心弱光会损伤他的视力，就偷偷换成3根灯芯，但他发现后就会拿掉2根，在昏暗的灯光下笔耕不辍。

二

伟人并非生而伟大，伟人也并非完人。当回顾毛泽东的一生，就会发现他身上许多独特的品格，都是在青年时代培养和奠定的。

比如，他挺膺担当。从湖南第一师范毕业的毛泽东，本可以谋得一份收入可观的工作，在乱世中选择观望，却立下了拯救民族于危难的远大志向。他从不"躺平"。在后来的"北漂"中，他拿着北大图书管理员仅8元的月工资，寒冬只有一件厚棉衣，依然积极向上。后来他回忆道："在公园里和故宫广场上，我却看到了北方的早春。当北海仍然结着冰的时候，我看到白梅花盛开。"

比如，他一往无前。1935年遵义会议前的几年，是毛泽东的至暗时刻，在这段时间内，他埋头"硬是读了两年书"，为后来写成《实践论》《矛盾论》奠定了理论基础；他顾全大局，深入调研，领导开展了苏区的查田运动；他时刻关注着反"围剿"战局，不断提出军事建议；他努力做着同志的思想工作，争取了王稼祥和张闻天，他们后来都成了毛泽东的坚定支持者……不管面对如何曲折的道路，对他而言"胜似闲庭信步"。

比如，他手不释卷。毛泽东一辈子嗜书如命，读书于他是最快乐的事情，青年时期，他曾在繁华的马路旁、昏暗的路灯下看书。新中国成立后，他总是挤出时间来读书，他的住所里，床上、办公桌上、休息间里，甚至卫生间里都放着书，一有空闲他就看书。晚年虽重病在身，仍不忘阅读。

还如，他强身健体。1917年毛泽东在《体育之研究》一文中写道："体育一道，配德育与智育，而德智皆寄于体。无体是无德智也。"学生时期，毛泽东当过足球守门员；延安时期，他工作之余热爱打乒乓球；抗战时期，他提出"锻炼身体，好打日本"的口号，经常带头练习爬山、打野操。他还游过长江、湘江、珠江、钱塘江等诸多大江大河。一副好身体，始终是他"革命的本钱"。

三

当代青年又能从毛泽东身上学到些什么呢？笔者总结为四句话。

"心有所信、行有所向"的远大志向。一百多年前，觉醒的青年"毛泽东们"深刻改变了中国人民和中华民族的前途和命运。习近平总书记强调，"实践告诉我们，中国共产党为什么能，中国特色社会主义为什么好，归根到底是马克思主义行，是中国化时代化的马克思主义行"。心有所信，方能行远。"主义譬如一面旗子，旗子立起了，大家才有所指望，才知所趋赴"。新时代的青年应当立下远大理想，为民族伟大复兴而奋斗。千里之行始于足下，矢志不移必能行稳致远。

"身无半亩、心忧天下"的家国情怀。毛泽东是中国革命道路的开创者。习近平总书记在纪念毛泽东同志诞辰120周年座谈会上的讲话中强调，"改革开放前的社会主义实践探索，是党和人民在历史新时期把握现实、创造未来的出发阵地"。道路决定命运，找到一条正确道路是多么不容易。"装点此关山，今朝更好看。"不管在哪个岗位、从事什么工作，纪念和告慰的最好方式，就是沿着他们所开辟的道路坚定地走下去，道不变、志不改。

"永不言弃、越挫越勇"的斗争精神。斗争精神贯穿于毛泽东的革命生涯，是他人生观和世界观的反映，也是他留给后人一笔宝贵的精神财富和遗产。中华民族伟大复兴绝不是轻轻松松、敲锣打鼓就能实现的，个人理想也从来不是吹拉弹唱就可以如愿以偿的。在面对风高浪急甚至是惊涛骇浪的考验中，必须进行伟大斗争。亦如毛泽东说"不要堕入那股黑暗的逆流之中，要认清工农是自己的朋友，向光明的前途进军"。

"化古为今、承前启后"的文化情结。毛泽东的一生是和中华优秀传统文化水乳交融的一生，比如他所倡导的"实事求是"，来源于东汉班固《汉书·河间献王传》；他一生所奉行的"为人民服务"，源于中华优秀传统文化的核心思想——民本思想。中华优秀传统文化是中华民族的根和魂，是我们在世界文化激荡中站稳脚跟的根基。新时代，传承和弘扬中华文脉的重任已经落在今天一代年轻人的肩上，任重而道远。

100多年前，马克思列宁主义为中国人民点亮了前进的灯塔，中国共产党的成立，使中国人民有了前进的主心骨；100多年之后，他们依然闪耀在年轻人的心中，受到年轻人喜爱，指引着年轻人前行。

朱宇翔　郑涛　李陈　蔡渊靖　执笔

2023年12月26日

读懂顾锡东与《五女拜寿》

> 笔端有情，是因为心中有人。笔下之情，落到剧作里，就是一个人的创作观。

前两天，《五女拜寿》纪念演出在蝴蝶剧场相继上演。第一场，由全国十大剧种的青年演员同唱《五女拜寿》中的经典唱段；第二场，由浙江小百花越剧团原生代演员与其他各代小百花共同演绎整本《五女拜寿》。一时间，《五女拜寿》和"小百花"又成了很多人讨论的热词。

这次纪念演出，是纪念浙江小百花越剧团的《五女拜寿》这出戏演了40年，也为纪念这出戏的编剧、剧作家顾锡东逝世20周年。

一出《五女拜寿》演了40年，依然能获得众多观众的青睐。从两场演出的编排里，从这出好戏里，我们能读懂什么？

一

这段佳话要从1983年说起。当年11月，浙江越剧小百花赴港演出团在香港新光戏院首演新编越剧《五女拜寿》，小生帅气、花旦靓丽、老生洪亮，满台生辉，一鸣惊人。

纵观《五女拜寿》的剧情，似乎非常"传统"：户部侍郎杨继康大寿，五个女儿及女婿前来祝寿，杨夫人却将生活清贫的养女三春及女婿邹应龙赶出府去。后来，杨继康因得罪严嵩被革职，投靠其他女儿皆遭拒绝，只有三春收留了他。后邹应龙中状元，扳倒了严嵩，为杨家洗清冤屈，杨继康也因此不认众女而只亲三女。

当年为何会选《五女拜寿》作为赴港演出剧目之一？一是这出戏剧情曲折、故事生动，鲜明地传递了中华传统文化里"善恶有报""不离不弃"等价值观；二是这出戏里六生六旦同台的行当设置，打破了传统，让小百花团的济济人才都有了发挥余地，众演员共生共荣，一派生机。这次演出出人意料地成功，香港满城争说"小百花"，浙江越剧更是影响了一批香港戏迷。

不仅如此，40年来，精益求精、代代排演，《五女拜寿》成为浙江小百花越剧团最有观众缘的"立团之作"。《五女拜寿》最初为湖州越剧团而作，后来此剧"落户"当时刚组建不久的浙江小百花越剧团。教科书般的编剧技巧，让水灵灵的女子越剧以群像的方式亮相，一出生就是风华正茂。

时至今日，有如此成绩的浙江剧目，或许也只有昆剧《十五贯》可与之比肩。而浙江小百花越剧团的一代代青年演员入团之后，也必学此戏、必演此剧，通过它来感受师承之情、传递文化之魅。

二

《五女拜寿》这出好戏是怎么来的？回答这个问题，不得不说到关键人物——顾锡东。

嘉善人顾锡东一生创作了200余部剧目，直到今天，他依旧是浙江剧作界最响亮的名字之一。除了《五女拜寿》，越剧《五姑娘》《山花烂漫》《汉宫怨》《陆游与唐琬》等也出自他手。此外，他还参与整理与改编了绍剧《孙悟空三打白骨精》《火焰山》等一系列响当当的作品。

浙江戏剧界人士，只要提到他，莫不称他为"顾伯伯"，亲切的称谓里饱含着深情。那是对一位剧作家才华的敬佩，更是对一位无私扶植晚辈的伯乐的敬重。才华与情义，让剧作家创作出好戏，这也彰显了优秀文艺作品创作的普遍规律。

笔端有情，是因为心中有人。笔下之情，落到剧作里，就是一个人的创作观。顾锡东对戏曲创作深入摸索与研究，清楚地知道戏迷需要什么，观众为何鼓掌，一出戏为谁而写。

正因心中有观众，所以在《五女拜寿》当中，他让落难的好人收获大团圆的结果，以一波三折的饱满故事，继承戏曲的正能量情感传统；也正因心中有演员，所以他用才华书写经典唱段，《五女拜寿》奉汤选段不仅让当时年轻的茅威涛一鸣惊人，也滋养了蔡浙飞、陈丽君等人的成长之路。

笔下生辉，是因为心怀自信。在顾锡东的人生经历中，戏曲创作也曾经历起起伏伏，而他从来不曾放下创作的笔。他相信火热的生活是最好的题材，相信优秀的传统文化是最好的老师，相信戏曲是可以托付终身的事业。

他与七龄童等人整理改编绍剧《孙悟空三打白骨精》，在传统剧作中扬弃，以一双慧眼留存下了可以流传久远的精华；广为流传的《五女拜寿》，是他从中华优秀传统文化的积淀里找到灵感，宣扬了"忠孝仁义爱",并通过各大剧种的移植演绎,造就了"一剧之本40年"的佳话。

落笔从容,是因为心无旁骛。不止一人在忆起顾锡东时,难忘他对后辈发自内心的爱护与提携。越剧导演杨小青当年是个不起眼的演员,当她在后台默默地琢磨、学习戏怎么排的时候,就是顾锡东发现并重用了她。

顾锡东将对戏曲的热爱化作了对从业者培养的责任。他有眼光有担当,看重青年的上进心、投入感,为此而生发的鼓励与宽容,成为后来者感受到的拳拳之心,激励着更多人大胆探索戏曲演绎的不同路径。

三

时至今日,戏曲的生存环境发生了巨大变化,然而又总有一些东西能在呼啸的变化中岿然闪亮。通过顾锡东与《五女拜寿》,我们还能读出什么?

扎根文化沃土才能"守"艺。优秀传统文化,是一出好戏的立身之本。《五女拜寿》植根于中国式的情感表达,讲述中国式的和谐团圆故事。一代代观众从故事内外获得的满足感,来自满台生旦的新奇、各个流派唱腔的斗艳,更来自我们传统文化中善恶有报的朴素人生观、价值观。

顺时求新求变才能走"新"。戏曲不可能一成不变,但像顾锡东这样的创作者从来不惧变化。他擅长抓住戏曲的"核心力量",开阔创作视野,不摒弃历史题材给予的滋养,不把传统、历史与现代、创新对立起来,与时俱进,传承发展,给创作以自由。

在文化传承发展座谈会上，习近平总书记指出，要坚持守正创新，以守正创新的正气和锐气，赓续历史文脉、谱写当代华章。传统戏剧也需要在不断地"守"与"破"中探索前行。今天，戏曲该如何继续往前走？笔者想到三点。

不妨大胆一点。和网络"联姻"，借传播发力。无论是电视综艺《越剧好声音》创下高收视率，还是环境式越剧《新龙门客栈》一票难求，都体现出顺应网络传播时代的作品不仅能"圈粉"老粉丝，还可以让戏曲之美吸引更多"门外汉"，做到存量增量齐头并进。

不妨青春一点。戏曲这部"中国连续剧"，就是在一代代青春力量的激荡下勃发出生命力量。今天，我们更要在创作理念、演绎队伍上走青春路线，用年轻人吸引年轻人，吸引更多新生代观众了解戏曲、热爱戏曲。

还需真挚一点。这份真挚体现在尊重传统又不囿于传统，尊重观众又不简单地迎合。创作者的创造，应当看得到人间冷暖、摸得着人生脉搏、跟得上时代步伐。

当然，说一出戏，怎能只说一个人？说一个剧种的成功，怎能只说一部戏？《五女拜寿》的成功由集体造就，导演、演员、作曲、舞美、观众缺一不可；越剧能够走到今天，也因它一边坚守着我们民族的审美和文化特质，一边顺应时代不断变革与迭代，是人、戏、时代等综合因素促成的结果。

但创作好戏的密码，从顾锡东身上可以读懂；一个剧种生长的密码，从《五女拜寿》当中可以读懂。

吴蒂　陈吉芬　执笔

2023 年 12 月 27 日

用好为基层减负的"八个锦囊"

> 基层工作直面复杂多变的实际问题，基层干部面临工作压力和改革考验，有时会"流汗又流泪""吃力不讨好"。因此，给基层干部合理容错的空间、试错的底气，让他们放下包袱，敢闯、敢干、敢首创，就显得十分必要。

为基层减负是个老问题，也是块难啃的硬骨头。近年来，从中央到地方，大力推进为基层减负，解决了不少痛点。但也要看到，少数地方形式主义、官僚主义出现了"新马甲""新变种"，一些基层干部的负担不降反增。

前不久，"浙江宣传"在《基层干部的八大焦虑，哪个击中了你》一文中梳理了基层干部面临的八种焦虑。今天，我们来聊一聊可以从哪些方面入手进一步为基层减负，让基层干部轻装上阵。

一、给材料报表"挤水"

材料、报表和台账是对基层工作的检验和督促，是重要工作手段，但如果一些材料"早上布置中午就要"，同一批数据"今天报这表明天报那表"，一项工作"不留痕就是没做好"，对基层干部而言就像是被套上了繁重的"枷锁"，束缚住了干事的手脚。

因此，破除"材料为王"、告别"文山会海"、精简发文立项，有助于基层干部从"写不完的材料、填不完的表格、理不完的台账、开不完的会议"中解脱出来，留出更多时间走村入户、访村进组，听百姓的真心话，成为群众的知心人，解决邻家的"烦心事"，达到"一减N增"的效果。

二、给督查检查"瘦身"

督查检查是把双刃剑，用得好事半功倍，用力过猛可能会使效力打折扣。当督查检查过频，考核指标过多，逼着基层对照着搞"应付性迎检""技术性报数"，督查检查就"变了味"，基层干部更是叫苦不迭。

无论检查还是考核，实绩重于痕迹、现场重于材料。各部门督查检查前，应当尽可能联合组团；检查时不发通知、不打招呼、不听汇报、不用陪同接待，直奔基层、直插现场；检查过程采取"解剖麻雀"蹲点调研、"马路办公""一线工作法"等就简方式；设计指标前，多到基层走一走、问一问，从实际出发推出更多"分类指标""一地一策"，做到"查得实""检得准"。

三、给职责权限"划界"

上面千条线，下面一根针。基层负担过重的一个主要原因就是权责界限不够明晰。"层层下压""条条下压""压紧压实"固然能够强化执行、确保落地，但如果靠简单施加压力，各层级、各部门没有合理分工，所有重量都集中到基层，只会让基层组织超载运行、基层干部负重运转。

权责有界，各有分工，基层绝不是所有责任链条的终端，也不是各项职责、事项的"接盘侠"，"横向到边、纵向到底"指的是工作，而不是职责。因此，进一步厘清职责关系，建立健全权责清单管理制度和运行机制，全面梳理基层权力事项清单、"属地管理"事项责任清单等，画出"边界线"，明确"责任田"，从制度上为基层真减负、减真负，是很有现实意义的。

四、给担当作为"撑腰"

基层工作直面复杂多变的实际问题，基层干部面临工作压力和改革考验，有时会"流汗又流泪""吃力不讨好"。因此，给基层干部合理容错的空间、试错的底气，让他们放下包袱，敢闯、敢干、敢首创，就显得十分必要。

习近平总书记曾强调"三个区分开来"的重要性，为基层干部的"大胆闯"保驾护航。"为公"与"谋私"、"过失"与"故意"、"担当"与"懈怠"、"敢为"与"乱为"分清了，基层干部就能更好地安下心来，先行先试、大胆挑战。各地已经先后推出健全容错纠错机制，为受失实检举控告的干部开出"健康证明"，就是旗帜鲜明为担当者担当、为负责者负责。

五、给指尖之负"解压"

数字赋能原是基层治理的助推器，但在一些场景下，"互联网政务"走样跑偏，没有达到优化流程、提高效率的目的，反而耗费行政资源，演变为"指尖上的形式主义"，加重了基层负担。

近日，中央网络安全和信息化委员会印发《关于防治"指尖上的形式主义"的若干意见》，向政务移动互联网应用程序、政务公众账号、工作群组开刀亮剑，加强标准化规范化管理，用强硬手段为指尖之负"解压"。当刷分、签到、打卡等回归"正规"，微信群清清爽爽，App不再满屏都是，"群里吼"回归"实地走"，那么基层干部的"大脚掌"就能更好丈量民情。

六、给成长成才"铺路"

基层干部普遍不怕苦、不怕累，但如果因培养渠道"梗阻"、隐形台阶受限，价值得不到发挥、才能得不到释放，再优秀的人也会失去工作斗志。相反，如果为干部打开成长空间，搭建干事平台，将释放无限活力。

在为基层减负的同时，更要激活干部的"精气神"。比如，用事业激励干部，选派一批基层干部到重大改革、重要岗位、重点项目中去攻坚克难，让想干事、能干事、干成事的基层干部脱颖而出；再如，以名师帮带、学习研讨等方式练就硬本领、铁肩膀，用干部成长的"加速度"推动基层提质增效按下"快进键"。

七、给急难愁盼"开方"

基层干部是"多面手",也是"千斤顶",承担着联系群众、服务群众、落实工作的重任。倾听基层干部心声是件大事。习近平同志在浙江工作期间就曾提出,执政重在基层、工作倾斜基层、关爱传给基层。

各级各部门不妨多些换位思考,将心比心,充分从基层实际着想,既交任务也教方法,发现问题也帮助解决问题,尽可能让基层少些阻碍、多些动力;不妨多听听干部心声,通过实地走访、座谈会、访谈等,与他们贴心谈话,让他们有机会袒露心声、释放情绪,同时在政策激励、待遇保障、评优奖励、选拔培养等方面给予适当倾斜,以实打实的举措来回应基层干部急难愁盼问题。

八、给制度规范"上劲"

基层减负最怕"风过了无痕、雨过地皮湿"。有些老问题解决了,新问题又冒头;有的抓一抓会好转,松一松就反弹。在建立长效机制上下功夫,把在减负中形成的成熟经验和有效措施固化下来,符合基层的期盼和需求。

基层减负只有进行时,没有完成时。这就要求着眼常和长、严和实、深和细,坚持当下改和长久立,精准施策、靶向治疗,少些"一刀切",多些"硬杠杠"。

说一千道一万,基层减负这篇大文章做得好不好,成效到底如何，最终要让基层干部群众来评价。希望这"八个锦囊"可以帮助基层真正享受"减负"红利，让基层干部轻装前行，在广阔天地大展拳脚、大有作为。

牛珠玉   应明君   厉小兰   执笔

2023 年 12 月 27 日

"警惕老年人手机依赖症"是伪命题

> 拿出关爱儿童和青年的态度、温度和力度，来关爱我们的父母长辈，而非一边指责他们患上了"手机依赖症"，一边让他们没有其他事情可干、可顾、可盼，这才是应有的人文底色。

这两年，"手机依赖"成为数字时代与老年人有关的热门话题。网络上各种与之相关的讨论很多，"老人沉迷手机可咋办""'银发低头族'被手机'绑架'""困在手机里的老年人"……各种感叹不绝于耳。甚至有人认为，老年人得了"手机依赖症"。

透过现象，不少人开始反思，老年人依赖的是手机本身吗？我们是否在无形中忽视了一些东西？

一

小时候父母管着孩子不让过度看电视、打电脑游戏，长大后孩子管着父母少玩手机，这种角色上的互换成为不少家庭正在上演的现实。

子女这么做似乎有其道理：老年人长时间低头看手机会加重颈椎病、导致视力下降，熬夜刷手机缺乏睡眠会加重高血压病，长期静坐容易使血液黏稠而引发心脑血管意外等，电子设备成瘾也易导致心理障碍。

但仔细琢磨，所谓"警惕老年人手机依赖症"是个伪命题。

试想，当今社会谁不依赖手机？买菜、购物、看诊、打车、交友、学习、工作、娱乐，几乎都离不开智能手机。在全社会都与手机深度"捆绑"的当下，老年人怎么能"置身事外"？当整个社会环境和生活都被设置成"手机模式"，有人却大声疾呼"老年人不要依赖手机"，似乎与现实有点距离。

根据传播学的"使用与满足"理论，人们使用网络与使用其他媒介一样，正是为了满足各种需求和愿望。调查发现，相较于订票、挂号、导航等，老年人更倾向于用手机上网交友和娱乐。此类偏好恰恰说明他们有这方面的需求，而且这些需求显然在现实生活中难以得到有效满足。

可见，所谓"老年人手机依赖症"或许只是表象，其实质是"老年人情感需求饥渴症"，包括对情感的饥渴、关爱的饥渴、尊重的饥渴、自我价值实现的饥渴……一个社会人的渴望与需求，老人也都有。与其指责老年人依赖手机，或者想方设法让老年人放下手机，不如更多关注老年人依赖手机现象折射出的现实问题。

二

老年人需求的被满足，需要依赖外界的支持来实现，但现实是，外界对老年人提供支持的实际状况并不乐观。

比如，家庭需要更用心关怀。民政部数据显示，截至2022年底，中国60岁及以上人口为2.8亿，其中空巢老人占比超过一半，部分地区甚至超70%。曾子说："孝有三，大孝尊亲，其次弗辱，其下能养。"事实上，目前一些家庭对老人的照顾日益退化到"其下"甚至"其下"以下了。比如，越来越多的子女与长辈分居两地，对长辈的照顾以经济支持为多，情感上的陪伴则较少。正如周杰伦一首叫《外婆》的歌曲所唱："她要的是陪伴，而不是六百块。"

比如，社会需要更真心关切。社会对老年人的各种需求真的视而不见了吗？当然也不是，只不过可能更多地看到了银发"经济风口"。据《中国老龄产业发展报告》测算，到2050年，我国老年人口的消费规模将从4万亿元增长到106万亿元左右。一时间，"推动'老龄产业'""掘'金银发经济'"成为各个行业的新目标，高档养老院、老人健身房纷纷涌现。

但在许多城市，能买到带放大镜的指甲刀、镰刀状的梳子等便宜好用物件的老人用品商店恐怕寥寥无几。在笔者看来，老人需求的"真实缺口"不能被忽略，我们在关注银发"经济风口"的同时，更要关注"真实缺口"。

比如，政策需要更尽心到位。对于老年人的需求，政府也采取了许多举措，像政府补贴进行家庭适老化改造、社区开办老年食堂、打造敬老城市公交线路等。但目前来说，主要还停留于衣食住行等基本生活保障，且多以大城市和东部发达地区为主，对老年人更高层次的精神与文化需求的满足相对欠缺。

今年5月，中办、国办发布了《关于推进基本养老服务体系建设的意见》，包括物质帮助、照护服务、关爱服务三大类。这标志着我国基本养老服务体系建设进入了全面推进的新阶段，同时也说明，各地——有效落实还需要更多努力。

三

在有关"老年人手机依赖症"的热议中，虽然部分看法有失公允，但也促使我们思考如何保障老人们在忙碌一生后高质量地度过晚年。笔者认为可以从以下几个方面着手。

构建安全的网络空间，让老人想"上"就"上"。在全民上网、全社会依赖手机的大环境中，老年人上网已成不可扭转之大势，与其"堵"，不如"疏"。中国互联网信息中心CNNIC发布的第51次《中国互联网络发展状况统计报告》显示，截至2022年12月，我国60岁及以上网民规模达1.53亿。而国家统计局数据表明，同期同龄人口为2.8亿，也即至少每两个老人就有1人在上网。

对于爱刷手机的老年人，与其进行限制，不如采取保护措施让他们玩得更放心更开心。比如，子女可以经常关心父母的网络生活，分享一些上网经验与风险规避技能；企业需要推进手机App的适老化改造，加强对涉嫌诈骗、诱导消费或PK打赏等有害信息和消费陷阱的审查；政府可以制定老年人网络保护条例，对相关行为主体进行有效监督并加大对违规行为的处罚。

提供丰富的精神生活，使老人可"上"可"下"。在现实生活中为老年人提供更多快乐和幸福激励，老年人才会更多放下手机。对于老年人，除了电话问候和网络视频，还需要多一些贴身陪伴；对于远离家乡帮我们带孩子的父母，可以在节假日安排一些野餐、郊游等家庭活动，让他们享受天伦之乐；对于社区来说，可多为来自五湖四海的老年人组织一些喜闻乐见的社交与文化活动，让他们找到新的友谊与归属。

打造全龄友好型社会，争取让老人少"上"多"下"。如今各地纷纷争创"儿童友好型城市""青年发展型城市"，形成了许多好的做法。从中借鉴相关经验，鼓励各地争创"老年关爱型城市"，从而打造全龄友好型社会，也是值得探索的。一个对老年人缺乏关爱的城市，其实也很难吸引年轻人长期定居并生儿育女。

在一项有关"是否要父母随迁进城养老"的媒体调查中，"希望父母来我们定居的城市养老"是很多年轻人的回答。对老人的友好程度大概率也会成为年轻人生涯规划中对城市选择的加分项。关键是要真心去想，用心去做，办法总比困难多。

法国作家司汤达曾说："老来受尊敬，是人类精神最美好的一种特权。"我国古语也云，"百善孝为先"。随着中国社会老龄化、超老龄化时代的到来，重视"老年人手机依赖症"表象之下的"老年人情感需求饥渴症"已刻不容缓。拿出关爱儿童和青年的态度、温度和力度，来关爱我们的父母长辈，而非一边指责他们患上了"手机依赖症"，一边让他们没有其他事情可干、可顾、可盼，这才是应有的人文底色。

黄敏　汤燕君　执笔

2023 年 12 月 28 日

可惜我文笔平平，写不尽这一年

> 这一年，面对波次递进的时代洪流，无数普通人选择了热烈滚烫的生活，也留下了许许多多平凡而感动的瞬间。

神仙造句"可惜我文笔平平……"在互联网火了一段时间。上网随手一翻，相信有人很快就会被网友的文笔所折服。

"可惜我文笔平平，写不出云外之景，歌不出心中之志""可惜我文笔平平，吟不出大漠孤烟羌笛呜咽、杨柳依依断桥残雪""可惜我文笔平平，爱不尽人间美好，写不出繁华盛世"……

当时间的指针来到年末，我们以"可惜我文笔平平"为题，对即将过去的2023年作了一些回望。

一、可惜我文笔平平，写不尽划过心间的感动

这一年，面对波次递进的时代洪流，无数普通人选择了热烈滚烫的生活，也留下了许许多多平凡而感动的瞬间。

"跳桥救人外卖小哥"彭清林，面对跳江轻生的女子，选择了

奋不顾身，从十余米高的杭州钱江三桥上纵身一跃，这份善良与勇气感动了全国人民；衢州"早餐奶奶"毛师花5角早餐卖了27年不涨价，她走了但留下的温暖仍在继续，"我想去送她一程""奶奶一路走好"等弹幕持续刷屏。

因为临别前的一个约定，"等到春暖花开、疫情结束后再回来吃烧烤"，一群大学生如期赴约，带着亲朋好友组团重回淄博撸串，带火了淄博这座三线城市。

一个个相拥的片段，一声声离别的叮咛，一段段流淌的真情……我们所处的这个时代，有真情、有感动。即使匆匆赶路，也不应忘了停下脚步，去触摸那些真实而温暖的美好。

可惜我文笔平平，道不尽这人间烟火或是风雨情深，只愿记下这世间最动人的景与情，继续驭光前行。

二、可惜我文笔平平，写不尽年华似水的匆忙

很多人感叹，日子越过越忙，完全空不下来。有做不完的工作、应接不暇的任务、始料未及的变化……美食榜上的餐厅迟迟没能去打卡，计划已久的旅行没有成行，就连偶尔追一次剧，倍速也越调越快。

每个人有每个人的忙碌，或是为了追逐心中的远大理想，或是为了自己的孩子能够"赢在起跑线上"，或是为了升职加薪、赚更多的钱，又或只是希望每个日常更加自洽。

可越来越多的人在时间的淘洗中成长为"超人"。千千万万个平凡个体，虽然各自的选择和路径不尽相同，但都在奔赴各自的人生，不言放弃、永远热忱。

可惜我文笔平平，道不尽每个人的心中之志或是家长里短。行墨之间，走走停停，唯愿经年沟壑藏风雨，只道事去天已晴。

三、可惜我文笔平平，写不尽负重前行的艰辛

俄乌冲突战火未停、巴以双方言和难以推进，随着百年变局加速演进和地缘政治博弈加剧，世界历史与人类文明又一次站到了十字路口。特别是三年疫情给世界带来重创，全球经济尚在复苏和重启阶段，宏观趋势与微观感受还存在一定落差，等等。这些都是人类面临的共同挑战。

不可避免的，有时个体会被大洪流所裹挟。比如，面对就业困难，有年轻人感慨，"学历是我脱不下的'长衫'"，也有人佛系，"在上班与上进之间，我选择上香"。但总有不屈的灵魂逆流而上。比如，无数年轻人热血奔赴各类考场，自励"王子公主请上岸！"杭州亚残运会闭幕式中国体育代表团旗手蒋裕燕自信说，"鱼有一条尾巴，我有一条腿""当我在水中，我就不需要拐"，勇敢向前的人闪闪发光。

无论如何，时代不会辜负奋斗者，陷入焦虑于事无补，起而行之才有未来。我们更加欣喜地看到，越来越多人放下包袱、跳出困惑、打消迟疑，大胆去追求自己想要的生活。

可惜我文笔平平，道不尽这个时代里人们内心的笃定、前行的勇毅，还有每个人永远不服输地翻腾，在大时代的浪潮中奔涌前进。

四、可惜我文笔平平，写不尽平凡坚守的可贵

这个时代里，也总会有一些令人揪心的痛楚、热血难凉的义愤。比如，频频发生的网络暴力，虽不同于现实暴力的拳脚相加，却有时伤害更大，甚至让一些无辜的人付出了生命的代价。

还有各种各样的杂音时不时在刺激我们的神经，拷问我们的灵魂。比如，有人嘲讽，"文科都是服务业"；有人炫耀，"699我都买不了个袜子"；有人质问，"哪里贵了？这么多年了工资涨没涨？有没有认真工作"……

职业从来没有高低贵贱，每一个努力工作的人都应该被尊重。世界上平凡的大多数不在别处，就在早高峰摩肩接踵的地铁车厢里，在全天不断提示的群消息里，在精挑细选讨价还价的计算里，在为一家老小四处奔忙的脚步里。

戴上面具，光鲜的、精致的是生活；摘下面具，灰色的、疲惫的同样是生活。那些嵌入生活中的细碎片段，喜悦与收获、挣扎与坚守，只有自己能真切体悟。

可惜我文笔平平，道不尽用心生活、平凡坚守的可贵。平淡无奇没有关系，每一次叹气、每一次崩溃，每一次想要放弃又坚持下去，都是我们努力生活的证据。

五、可惜我文笔平平，写不尽酣畅淋漓的快意

这一年，神舟十六号、十七号相继顺利发射，国产大飞机C919完成商业首飞，长空万里看山河；中国电车打开国门驶向世

界，华为涅槃"归来"、遥遥领先；杭州第19届亚运会向外界呈现了一届"中国特色、亚洲风采、精彩纷呈"的盛会，文明之光闪耀亚细亚……华夏儿女多少年来魂牵梦萦的期待与梦想，正在一个又一个印上"光荣""自豪"的标签。

所有令人骄傲振奋的突破和成就，看似云淡风轻寥寥数语，背后都是数不尽的焚膏继晷、汗流浃背。从追赶到领跑的漫漫长路，我们被动过、受挫过、彷徨过、怀疑过，但它们终究没能将我们打倒，反而让我们在磨砺中变得更加坚韧和强大。

风浪依然大，前路依然险，但我们不怕。今日一步，明日一步，连成一片便写就了历史；你走一步，我走一步，倏尔就将走过2023年，不知不觉走到未来。

可惜我文笔平平，道不尽我们的民族那风雨不动安如山的从容，道不尽愚公移山的志气、滴水穿石的毅力，道不尽美人之美、命运与共的胸怀。2024年迎面而来，我们不必张望、只管攀登！

倪海飞　陆家颐　谢滨同　云新宇　执笔

2023年12月28日

"科目三"你通关了吗

> 每个人都有创作的权力，人人都是生活的导演。文化创作，既要有"大餐"，也要有"甜点"。普罗大众是生活的主角，也是生活的作者。

扭胯摇花手，潇洒小连步，江湖一笑解君愁，观众直呼真上头……一段时间以来，舞蹈"科目三"越来越火了，一套"丝滑小连招"，引得网友竞相模仿。据相关短视频平台统计，截至目前，"科目三"播放量已超过400亿次。

"科目三"甚至一路漂洋过海，在日、韩和欧美等国家持续"上分"，发展成为一种现象级舞蹈。热闹背后，也让不少人摸不着头脑：这看似简单的舞蹈究竟掌握了啥流量密码？它的出圈带给我们怎样的启示？

一

"科目三"的起源有着众多说法。不过，相对公认的是加上

"广西"二字的1.0版本。根据这个版本,"科目三"最初在广西梧州流行,可以追溯到一场婚礼,一群年轻人自创的"魔性"舞步,用来代替"婚闹"。正是通过这段舞步,网友们衍生出了网络话题"正宗广西人必考的三个科目":"科目一"为唱山歌,"科目二"为嗦米粉,"科目三"就是跳一段这套"丝滑小连招"。

"科目三"究竟有多"上头"?强烈的节奏感支棱起一连串舞步,舞动时,需手脚协调,软若无骨,如同一条条行走的海带,一整套动作衔接下来,那叫一个丝滑。

这套舞蹈还需配上魔性BGM,歌词易懂、情感直接、节奏欢快,再带上中式戏腔,一个个鼓点仿若打在舞者的关节上,配合度拉满。心理学上有个词叫"耳虫效应",大意是说一段音乐听过后仿佛钻进耳朵了,总是在我们的脑海里不断循环播放。"科目三"从不换BGM,可以说精准拿捏了耳虫效应带来的强大后劲。耳熟能详的"神曲"一响,就如同释放了信号。

互联网不缺爆点,"科目三"能一直燃下去,还因为花样新玩法迭出。比如,有舞者把短视频平台常用的慢放特效加入舞蹈,被称为"物理慢放",物理慢放动作的丝滑度,成为大家比拼的关键点。

再像网络斗舞,因为"科目三"原本代表考试,所以被网友戏称为"上分",并在各地掀起"全球摇子大赛"。"英区代表上分""美区不甘示弱""最美的青海摇送给你们"……舞蹈视频下方的IP属地,激发了网友的"地域攀比",在时代广场旋转、在凯旋门前猛炫,赚足了流量。

世界国标舞冠军版"科目三"、伴着火锅味的"海底捞科目三"、学术味的"高校科目三"、痞帅的"明星科目三"……从个人表演到群体表演，从单一动作到花式创新，"科目三"还在被魔改，掀起阵阵网络旋风。

二

小手一甩，双脚一崴，花手扭腰摇胯摇向了海外。有专家指出，与广场舞的海外传播不同，"科目三"掀起了中国流行元素的海外模仿秀，是一次全新的民间跨文化传播和互动实践。

那么，"科目三"究竟凭啥抓住了海内外年轻人的心？

想跳就跳，跳出零边界感的个性。零基础、好上手、低门槛，"科目三"主打一个"只要舞感来了，随时能跳、随地能舞"，简单易学且不分年龄地域，摆脱了传统规则和束缚。用年轻人的话来说就是："我高兴，我快乐；我洒脱，我自由；我个性，我自然。"

这种零边界感的舞蹈形式为年轻人开辟了独特的交流方式：当台湾的年轻人戏谑道"台湾不大，创造神话"时，大陆的网友则在另一头呼应"文化交流丝滑柔顺、无缝对接"。

快乐至上，迎合情感的共性表达。快节奏的当下，各类人群都在承受这样那样的精神压力。类似"科目三"这种被一部分人认为"土味""聒噪"的舞步，在锻炼身体的同时，也正好抓住了人们的心理，营造了一种活泼欢乐的氛围，提供了一个放松自我、宣泄情绪的窗口。

与其说"科目三"是一种舞蹈，不如说它是一种快乐至上的大众狂欢。其实，情绪的表达可以跨越文化和语言的界限，"科目三"的魔力正是来自内心深处的这份共鸣，来自那种从平凡生活中来、到平凡生活中去的共通情感归属。

借着东风，网络文化集体出海。曾经，欧美街舞、韩国骑马舞、女团舞等火遍全球，也借此传播了各自国家的文化特色。现如今，随着短视频平台的兴起与网络社交平台的出海，五花八门的中国微短剧、小游戏、网络神曲逐渐席卷全球，中华文化的传播力和影响力不断增强。借着这股东风，有趣的中国故事、多元的群众文化形式正在被更多国外人接受，"科目三"的爆火可谓站在了"前人的肩膀"上。

三

高光与争议并存，以"科目三"为代表的土味文化引发的"网络口水战"也越打越激烈，一些人担心它会滑向审丑的深渊，有些则认为无伤大雅。"科目三"的走红，对于一路狂飙的"土味文化"又有什么启示？笔者想到三句话。

每个人都有创作的权力，人人都是生活的导演。文化创作，既要有"大餐"，也要有"甜点"。普罗大众是生活的主角，也是生活的作者。随着技术的进步，普通人既能直接参与创作，也能用脚投票，让自己的选择和爱好被看到。

"科目三"的走红，正是最好的例证之一，它也在一路被"魔改"中，洗去单纯猎奇的粗暴，变得更加符合大众口味，让争议满满的土味文化，在不拘一格的创造性转化和创新性发展中，成长为一种新的群众文艺形式。

尊重偏好，但不代表肆意放纵。"科目三"等土味文化的走红，反射出大众对草根文化的包容和接纳，但自我表达不是自我放飞，通俗不等于低俗。

"不是模特点不起，而是×××更有性价比。"网友的戏谑，一语点出走偏了的流量。比如，有视频博主打着"科目三"的旗号搞擦边，有餐饮门店毫无边界感地大跳"科目三"，甚至强迫员工学习，引来流量反噬。

要让土味文化的流量变留量，创作者应坚守正能量的底线；各网络平台也应加强监管力度，对于不良土味文化严格采取限流，甚至封禁等措施。

不怕"土掉渣"，就怕"没文化"。网络热梗的生命力是有限的，随着层出不穷的新梗，可以想见，"科目三"也将不断褪热。一些土味文化经历全球性热潮，即使形成了某种形式上的文化交流，但归根到底也是稍纵即逝的流星。

流水前波让后波。任何时候，土味文化绝不应滑向"审丑"的深渊。例如，为了吸睛和吸金，一些网络土味作品过度渲染草根逆袭、重生复仇、豪门恩怨等情节，这是不可取的。

土味之中，亦有熠熠生辉的灵魂；土味之后，更有值得关注的大海。因此，通关"科目三"之余，更应真正分析背后的潮流文化、审美趣味，从而创作出更具全球目光、更能引起情感共鸣与认同的作品。

吴梦诗　朱鑫　虞婷　执笔

2023 年 12 月 29 日

年终总结应避免五种"套路"

> 年终总结，多一些脚踏实地，多一分用心用情，拿工作的实效和群众的获得感说话，才有沉甸甸的价值。

2023 年的进度条即将"加载"完毕。相信每年这个时候，不少人都会写上一份年终总结，既回望这一年的不容易和了不起，也为新的一年找到新的目标和方向。但也有网友觉得，写年终总结只是"走个过场"，不必太较真；有的网友在写不出来的时候调侃"年终总结快把我终结了"。

习近平总书记指出，工作中的经验是财富，工作中的教训也是财富，关键在于是否善于总结。他强调，我们党一步步走过来，很重要的一条就是不断总结经验、提高本领，不断提高应对风险、迎接挑战、化险为夷的能力水平。可见，总结是一种智慧，也是一门学问。然而翻看一些年终总结，开头是"时光荏苒""岁月不居"，内容不乏"注水""作秀"嫌疑，结尾则是喊口号、表决心，显得千篇一律。

那么，如何善于总结，让年终总结成为事业的"加油站"？笔者认为,需要努力避免五种"套路"。

套路一: 换汤不换药

每到年末,总有人翻出往年的总结材料"修修补补",或者换副"马甲"应付了事。比如,有的直接复制粘贴以前的总结,将"2022年"改成"2023年";有的甚至打开人工智能写作工具,输入几个关键词"一键成文",将AI代写当作原创,甚至花钱请人代写。

套用千人一面"万金油"模板的年终总结,往往个人成绩简单罗列,自我反思浮于表面,未来展望充斥口号,内核仍然空洞无物、缺少灵魂,仿佛总结了个"寂寞"。

有人说,工作年年岁岁花相似,早就已经总结不出什么来了。实际上,总结不仅反映工作内容,更能从中体察出工作的思路、方式和态度。总结的基础和来源是日常工作,平时工作若没有做到位、思考若没有足够深入,写总结时自然"涛声依旧"。

套路二: 报喜不报忧

年终总结谈经验、挖亮点本无可厚非,可一旦对成绩加足"美颜滤镜",对问题一律选择性用"障眼法",就成了文过饰非。

毛主席曾说,总结经验有两点,一是优点,一是缺点。指挥土城战役失利后,他总结教训,调整战略部署,后来有了"四渡赤水出奇兵"。可见,总结不能仅追求表面光鲜,而要善于一分为二、举一反三,深挖痛点与盲区,找到软肋所在。

十个手指都有长短。对工作中的短板，不妨用平常心看待。一年到头，谁没有踩过几个坑？报忧并不意味着成绩打了折扣，但只报喜不报忧，问题就会像滚雪球一样越滚越大，有发生"雪崩"的可能。知不足，方能反躬自省。时常红红脸、出出汗，敢于刀刃向内、揭短亮丑，才能看清差距、查漏补缺，来年工作才能越做越好。

套路三：作秀不作为

社交平台上有个热门话题叫作"年终总结就是高手对决"。但其实年终总结并不是"小作文"大赛，也不是自我表演的秀场。若是信奉"干得好不如写得好"，或是将大量精力花在遣词造句、美化数据上，那么可能反而是在欺骗自己、欺骗上级、欺骗群众，一方面会误事，另一方面会助长虚假浮夸的歪风邪气。

《韩非子》中写道：矜伪不长，盖虚不久。意思是说，欺骗性的自我吹嘘，用不了很长的时间就会被识破；掩盖真相、弄虚作假，用不了多久就会被揭穿。因此，年终总结还需洗尽铅华，以求真务实、真抓实干来书写。

套路四：务虚不务实

有些年终总结热衷谈大话套话，或者习惯对空言说，翻来覆去讲车轱辘话。其实，务虚与务实虽相辅相成，但务实才应是年终总结中的重头戏。

"删繁就简三秋树，领异标新二月花"，写文章人们主张以凝练的笔墨来表现丰富的内容，追求"短实新"的文风。同理，年终总结也需去"水分"、上干货，就事论事、言之有物。

正如有人说，书面材料的裱花无法取代平日功夫的绣花。没有实打实的工作实绩、硬碰硬的数据和实例，就经不起时间和实践的检验，更逃不过群众雪亮的眼睛。

这一年，形势和环境发生了哪些变化，工作重点聚焦什么，方式方法有哪些改进提升，遇到哪些新困难新挑战，做了哪些探索尝试，取得什么经验教训，等等，这些其实都值得认真提炼和总结。

套路五：走"形"不走心

从有些年终总结的内容来看，不少是为做而做、为创新而创新，其实并没有真正扑上去、钻进去的实际做法，最终导致"雁过无痕"。比如，有的年终总结只顾"报数"，仿佛开过几场会、发过几个文件就是"做好了"，却没有"回头看"具体解决了什么问题、还存在哪些问题；有的搞"指尖上的形式主义"，为数字化而数字化，仿佛只要"有"了就是创新，而不管到底有没有"用"。

有人说，我们以怎样的态度对待过去，就会以怎样的态度走向未来。年终总结，多一些脚踏实地，多一分用心用情，拿工作的实效和群众的获得感说话，才有沉甸甸的价值。做一些深刻剖析、谈一些务实举措，让年终总结为年终增添一分更有意义的仪式感，也让年终总结真正成为开启一年新序章的按钮。

祝融融 童颖骏 应明君 执笔

2023 年 12 月 29 日

江南的酱香

在江南，酱货如同缩短时空距离的线，一头是千里之外的游子，一头是内心深处的故人。时间过得越久，这般来自记忆深处的味道，不但没有消散，反而愈发浓郁、清晰。

最近，江南很多地方的第一缕年味，已经从满架的酱味里飘了出来：从老房子的屋梁横档，到街头小巷的晾竿，酱鸭、酱鳊鱼干、酱肉等一字排开的架势蔚为壮观。煦日与霜气之下，各式各样的酱货晾晒出了诱人的色泽和浓郁的酱香，氤氲出了熟悉的人间烟火气。

如果说腊味是大江南北的通用年货，那么一缕缕酱香，也是江南极具辨识度的地道年味。江南的酱香为何如此浓郁？答案，或许就藏在那悠悠的历史与浓浓的风情里。

一

在江南，几乎"万物皆可酱"。

被奉为江南"美食宝典"的《随园食单》里，酱货就占有一席之地："生鸡一只，用清酱浸一昼夜而风干之。此三冬菜也。""将石花洗净入酱中，临吃时再洗。一名麒麟菜。"食单中还有酱姜、酱瓜等酱菜。从寒冬到酷暑，酱货似乎都是江南人餐桌上必备的菜品。

在杭州流传着这样一句话，"无酱货，不杭州"。相传，近千年前，生逢乱世的岳飞带着岳家军，用一碗素面、一盘腊肉度过中秋佳节；宋末元初，京杭大运河杭州段开凿，存储方便的酱货也是劳工们必备的食物；清代《杭俗遗风》里则描述："酱鸭一味，以杭城绍酒店所制者为佳。每岁八九月间，各酒肆皆自制酱鸭，多者数百，少者亦百余……"

自古以来，酱货不仅是很多江南人行囊中充饥的通货，也是平淡年岁里鲜活的美味。每每临近新年，上海四川北路的食品商城内，数十种酱货洋溢起十足的年味，"老上海"们习惯来此挑选年货，延续一种老底子的"仪式感"；在苏州，则有这样一句俗语："一年四季四块肉，春天的酱汁肉，夏天的荷叶粉蒸肉，秋天的扣肉，冬天的酱方。"可见，"酱"在当地人饮食喜好中的独特地位。

而要说江南哪个地方堪称"酱都"，绍兴一定榜上有名。千百年来，"天下酱业无人不说绍，九州之内司厨鲜有不知绍"。绍兴酱货美味的秘密，来自醇厚喷香的酱料，还离不开字里行间的美丽乡愁。母亲寄来的酱货就曾出现在鲁迅的日记中："下午得母亲所寄酱鸭、卤瓜等一大合，晚复。"住在上海的日子里，鲁迅经常收到来自家乡的酱货，其中酱鸭是最受欢迎的，而母亲寄来的，更是他割舍不下的味道。

二

有人说，在中国人的饮食体系里，酱分饰两角：既是食材的调味剂，也是食物的保藏方式。笔者认为，其背后还有着更多意蕴。

比如，一份生活的智慧。江南气候湿热，食物不易保存，酱，成了一剂封存美味的良方。今冬酱制的风物，到了来年，依旧可食。

曾经，酱味是食物匮乏时期的饱腹必需，也是风雪中改善伙食的暖肴。即便如今，饥荒岁月早就成过往，但"丰年防歉年"的习惯，已经刻入基因中，化作不可暴殄与未雨绸缪的实用主义，逢时按节地制作酱货，将它们存于檐下一隅，不动声色地保留那份妥帖的安全感。

比如，一次匠心的传承。如果仅仅是巴望着延长食物的寿命，那么酱货也未必会有如今迷人的风味。经过一代代匠人的妙手，食材在二次转化里完成绚烂蜕变。而这个过程中，酱的品质是一个关键因素。

传统的制酱工艺里，"春准备、夏制曲、秋翻晒、冬成酱"，一年四季不得闲。其中最重要的是日晒夜露，制酱师傅们大汗淋漓地将酱缸搬出去晾晒，定时开耙翻缸，才能保证缸内的发酵均匀。经验丰富的师傅，闻一闻，摸一摸，就可知缸内的翻云覆雨，风味的微妙变化，就在师傅千万次实践形成的肌肉记忆里。

时空流转，所谓"只可意会，不可言传"的，除了酱人相传的手艺，还有那一份匠人特有的勤与守。

比如，一种和合的追求。每一个制酱的缸，都仿佛一个自然的道场，天地万物的相生相融于此间得到窥探。在微生物的相互博弈里，菌丝肆意绵延，好酱油在这一缸混沌的世界里，拾掇出一瓢正好的风味。发酵的结果，多一分是糟粕，少一毫显酸涩，中华饮食却从中邂逅了完美的平衡点，摘取了调和到极致的那颗明珠。

细细想来，纵贯南北，横跨东西，我国似乎没有一个地方是全然不吃酱的。而天南海北的酱货，制作之时各有心得，上海人偏爱加老卤反复烧汁，糯实又劲道；杭州人则醉心于腌、煮、风干再蒸，干爽有韧性……酱的风味虽不同，却都是调和相融的形态。

正如《礼记·外传》有云："醢有陆产有水物，天地阴阳之气所生。"醢，就是酱最初的模样。酱中有水云间之万物，是阴阳之气相交。从制酱的工艺，再到酱上桌席，和合之美贯穿于始终。

三

"岁月悠深人情暖，余味缭绕是酱香。"不过，随着时代发展，人们的需求和观念都在变化，传统技艺的传承发展也面临着新的挑战和考验，比如工业化的冲击、传承链条的断层等。

那么，这一味酱香，如何在快节奏的社会发展中守正创新，更好地融入现代生活？笔者认为，可以从以下三方面着手。

用匠心酿造时代之"鲜"。一代代酱人坚守匠心，巧借大自然与时间之手创造了独特的美味。来到当下，随着人们健康饮食观念日益增强，减盐、零添加等需求也在酱制品的选择上得以体现。因此，在传承古法的同时，创新酱货的制作技艺与烹饪方式同样重要。

比如，可以根据不同群体"定制"产品，针对年轻人偏好速食推出小包装，针对上班族饮食调节需求推出低卡减脂型产品等；还可以对酱料的需求场景进行细分，如针对不同菜系研发特色酱等。

用故事打造"出圈"通路。在坚守技艺的同时，还可以深入挖掘广博的江南酱文化，探索用其背后的文化积淀和人文价值触网"出圈"，向世界发出一张飘香的名片。

比如绍兴一家传统酱企投资建造酱文化博物馆，讲好酱文化从古至今的历史和发展故事；还有古老的酱园将传统酱缸文化内涵融入安昌古镇的旅游和开发，探索出一条集展示、体验、品尝、销售于一体的绍兴酱缸工业文旅之路，也收获不少关注。

用乡愁留住八方来客。在江南，酱货如同缩短时空距离的线，一头是千里之外的游子，一头是内心深处的故人。时间过得越久，这般来自记忆深处的味道，不但没有消散，反而愈发浓郁、清晰。

酱香是恒久的记忆，也是美好的礼物。试想在江南古镇，抿一口温润黄酒，嚼一口酱香四溢的美食，听戏台上宛转悠扬的越剧唱腔，看河面上缓缓划过的乌篷船，定是别有一番滋味在心头。在静静的慢时光里，用那一抹最诚挚的年味传递快慰和温暖，拥抱到此的游子与归人。相信在味蕾得到极大满足的同时，人们也会对这个地方产生更深的向往和依恋。

当大街小巷家家廊下的酱货挂上竿时，忽而感觉时间慢了下来，前行的步履也缓了下来。这些满载记忆共鸣的酱货，正迎接着温馨又美味的辞旧迎新时光，呼唤着：年，要到了；人，也要团聚了。

阮秀涵　杨文馨　王珂雨　钟兰花　孔越　执笔

2023 年 12 月 30 日

App年度报告真的懂你吗

> 数据是理性的算法，但人是鲜活而多变的个体，单薄的数据终究难以丈量生活的厚度，亦无法感悟世间的冷暖。

"你的年度听歌报告请查收""今年你一共花费了×××元""你最晚一次点外卖是在凌晨3时24分"……

岁末年初，各大App年度报告如约而至，让人目不暇接。行程类App会为你绘制一张地图，上面有着你一年来去过的所有地方；音乐类App告诉你，在某个晚上，你听歌到深夜；支付类App则会从消费领域、付款时间、具体金额等入手，帮你算上一笔账。

对许多人来说，在社交平台分享App年度报告俨然成为一项"新年俗"，有人开玩笑说，"365天，只有App最懂我"。不禁想问：对于App年度报告，为何总有人愿意自发吆喝捧场？这些年度报告，真的懂你吗？

一

App个人年度报告，最早可以追溯到2013年初一款支付软件发布的全民年度账单。随后，音乐、外卖、购物、打车等App都推出年终总结报告，内容大致包括用户访问App的频率、停留时间、动作类型、行为深度等，既有描述客观信息，也有分析心理偏好，几乎涵盖了吃、穿、住、行、玩等各方面。

一方面，它像一个数据"收纳瓶"，还原用户一年轨迹。生成一份年度报告，用户的元数据是"原料"。互联网是个数字符号场域，网上"冲浪"本质是数据处理的过程。除了发布个人动态、转评赞这些显性行为数据，我们毫无目的的浏览、搜索、点击，也都被"记录在案"。

除了用户使用时长、活跃度等常规数据统计，还有一些极值记录。比如听歌最晚的一天，最远的一次旅程，等等。这些数据一般都具有特殊意义，还原碎片式生活场景，最容易触发网友记忆、引发讨论。

另一方面，它像披着电子外衣的"分析师"，研究用户行为偏好、兴趣习惯。平台在收集完用户数据之后，会通过技术手段进行筛选和转化，分析出用户潜在的态度、喜好、媒介习惯等，并加以整理归类。于是，我们便在一项项分析中被"标签化"，逐渐勾勒出一个"镜中我"的形象。

比如，有些App就热衷于为用户打造独特"人设"。某生活类软件根据用户使用频次，提供了"头号玩家""特种兵活地图"等多种标签；还有的App采用词云、用户标签、各类统计图表等进行可视化呈现，通过对今年的总结，给予用户特定的价值观，让网民虚拟的"赛博形象"看起来愈发清晰。

二

于个人而言，App年度报告反映了用户全年生活的方方面面，这些"足迹"个性化十足，细节性及私密性也很强。在这个注重个人隐私的时代，它们又为何能在朋友圈刮起一阵"刷屏风"？笔者认为，有这几方面原因。

对内窥见自己，加深自我认同。大数据仿佛"第三只眼"，为我们了解自身的行为模式、生活习惯等提供了前所未有的视角与时空。或许，我们在某天某个时刻做了什么事情，自己不一定记得，但是App会帮我们记住。

有人给出的解释是，标签和人设的存在，能够帮助他人更好地区分和记住自己。年轻人群在追求各式各样的"人设"时，往往寻求的不是贴上标签，而是其带来的"身份认同"。

对外展现自我是人际交往需要。年度报告的客观数据一定程度上刻画了个人审美情趣、消费情况，人们分享报告的行为暗含"使用与满足"的定论，基于一定的社会因素以及心理因素，从期待、分享到最后讨论报告，是社交需求得到满足这一因果连贯的过程。

互联网年度报告的盛行，既代表着年轻人受到数字化影响的消费观念，又代表着他们想要在茫茫人海中寻找"共鸣"。比如，有人有意识地向其他人展示自己的"标签"，为交流讨论打开"话匣子"。一顿操作下来，人们在交际中势必产生了共存与互认，找到了社交认同感、归属感。

岁末年初，给自己来一份"仪式感"。在这个特殊时间节点，各大公司年会盘点业绩，个人工作总结纷至沓来，网络"大V"细数当年要事，到处都弥漫着年度总结的氛围。App顺势推出年度报告，其实是在塑造一场仪式，网民的分享行为是这种"仪式感"使然。

在日常的生活中，我们不得不面对和处理来自各方的情绪压力，时常在既要养活自己又要取悦自己中极限拉扯。一年的经历在"年末"这个极具仪式感的时间里如同开盲盒一般，随着翻阅年度报告在眼前展开。

三

当一部分人正醉心于研究自己眼前"私人定制"的精美"画像"时，质疑声也接踵而来。有人说，年度报告多是数据堆砌、噱头居多、陈词滥调……不禁让我们冷静下来思考，这些"画像"勾勒出了"形"，但真的能触达到"神"吗？在笔者看来，至少有这两方面值得探讨。

用户隐私是否存在泄露风险？信息时代，数据共享与隐私保护之间本就存在天然的悖论。人们生活在数字化"全景监狱"下，时刻感觉被窥视却又无法舍弃算法带来的便捷与满足感。在生成年度报告时，常伴有"是否允许App访问全年记录"的选项，只有选择"允许"，才能进行接下来的操作，这不禁令人担忧，是不是在无形中，个人信息就已泄露。

平台基于商业属性进行创新推广本无可厚非，但更应充分尊重用户的知情权，自觉做到不过度采集，不滥用数据；就个人而言，以让渡部分隐私为代价换取仪式感的做法是否值得，还需再三掂量，不妨留个心眼，在选择生成报告前，详细阅读《协议》，防止重要信息外泄。

算法推荐是否存在导向偏差？App根据已知的用户行为习惯，过滤出相类似的内容和商品，不厌其烦地推送到用户眼前。那些你以为的"自主选择"，实则却是"被动投喂"，不知不觉走进了算法早已为你打造好的特定场景中。

长此以往，用户的片面化需求被不断放大和固化，形成了"回音壁效应"，也窄化了选择范围。比如今天你一时兴起点的东北菜外卖，就预示着下一次点餐界面上，方圆5公里的东北菜馆都将被一一筛选排列在最前端。

归根到底，年度报告本质上是App品牌营销的"温情"包装，它能够将我们的碎片化记忆重组与整合，却未必能真正呈现我们的多维人生。数据是理性的算法，但人是鲜活而多变的个体，单薄的数据终究难以丈量生活的厚度，亦无法感悟世间的冷暖。在年度报告的热潮中保持一点"冷思考"，或许更为重要。

郑黄河　林奕琛　执笔

2023年12月30日

中小城市IP打造靠什么

> 城市IP是文化的一种高度凝练，是城市文化精神的外显，承载了这片土地上的历史故事，凝结着当地人的文化记忆。

现下，城市IP已不仅是一串口号或一个标识，它就像地标建筑一样，让城市更具辨识度、记忆点。正因如此，有人这样形容：城市IP就是一座城市的"文化芯片"。

当下，去哪儿玩、玩什么成了许多人休闲娱乐考虑的问题。风口之上，越来越多中小城市竞相入局，加入建设网红城市的队列中。而打造城市IP，恰好为此提供了一个生动的"标识点"和"切入口"。

按照界定，中小城市是指城区常住人口10万—100万人的城市。数据显示，截至2021年底，我国共有中小城市2634个。借着元旦假期，文旅消费加速升温，我们来聊一聊中小城市的IP打造。

一

城市IP提炼，就是为了塑造城市知名度和美誉度，在充分考虑城市特征的基础上，将城市文化符号化、形象化的过程。优质的城市IP中蕴藏着巨大能量，短期而言，能够为城市带来巨大话题度、关注度；长期来看，有利于带动本地经济社会发展，提升居民自豪感。

平心而论，相对大城市，中小城市要打造出一个高能IP不容易。北京、上海、广州、深圳、杭州等大城市，有些自古就有名气，有些作为"后起之秀"为人所耳熟能详。而中小城市"小"，有的"小"在资源匮乏，有的"小"在地处偏远，有的"小"在靠近大城市而被"虹吸"……究其原因，它们在地理位置、历史文化资源、政策优势、交通设施、人才储备等层面上或多或少缺乏先天优势。

不过，近年来，全国多个中小城市凭借"天赋异禀"或"独门秘籍"，纷纷打造出"能为自己代言"的城市IP，方式方法不一而足。

舌尖上的城市IP。如今，美食资源渐渐成为中小城市有别于大城市的一个长板。一些地方通过抓住游客的胃来俘获游客的心，寻找到了吸睛点。

淄博作为北方老工业城市，依靠城市温度、烧烤热度打响了"淄博烧烤"这块招牌。如今人们一听到"淄博"，就会自动联想到"赴淄赶烤"热潮；同样，提到丽水缙云，大家印象最深刻的就是"缙云烧饼"。除了缙云本地，它的招牌在很多城市都能看见。有网友点赞道，"浙江有个县靠着一只美味的饼，让全国都知道它"。

时尚感的城市IP。近几年来，一些"小透明"城市因为举办了演唱会、音乐节等互动性、年轻感十足的活动，释放出独特的气质和魅力，吸引着年轻人纷至沓来。以前说起衢州这座浙西小城，恐怕许多人未必熟悉。但2023年春天的两场演唱会带火了这座城市，共吸引歌迷5.6万，拉动6.9亿元消费，把时尚流量变成城市文旅增量。由此，衢州打造的"演唱会之城"新品牌也进一步扎稳。

文艺范的城市IP。近两年，一部剧、一首歌带火一座城的案例不在少数，作品与城市实现双向奔赴。"浙江宣传"曾写到《早安隆回》爆火网络。随之，当地抓住这一波红利，顺势开办旅游发展大会等，打造出向上的、积极的IP形象，向国内外游客发起一波波邀约。一段时间内，隆回县与所在的邵阳市旅游业发展持续向好、水涨船高。

二

这几年，越来越多中小城市投入如火如荼的城市IP打造热潮中。这固然能激发出更多活力，是好现象、新趋势，但也需要警惕这一过程中存在的一些隐忧。

比如，"千篇一律"式打造。有的中小城市无法找准自身定位，盲目移植、照搬其他地方的"出圈"路径，或是忽略了自身所拥有的资源禀赋，或是未能考虑到本地居民需求、城市气质，有心急乱投医之感。

一味跟风带来的影响是多面的。一方面，容易在整体上造成单一化、同质化甚至"千城一面"的现象；另一方面，当众多城市瞄准一种模式一股脑儿"复制粘贴",难免导致媒体和公众产生审美疲劳,对城市竞争力的提升也并无多少益处。

比如,"昙花一现"式打造。一些地方通过努力,一时引来了大流量,但因城市承载能力、保障能力有限等,无法承受一夜爆红所带来的"泼天富贵",甚至在后续给游客带来不好的体验,在昙花一现走红后,最终归于沉寂。

无论是办一场马拉松赛事,还是办一场演唱会活动等,都是一笔兼具经济效益和社会效益的大账。当大流量涌入中小城市,无疑十分考验当地的办赛水平、统筹能力。一个城市IP能否爆红甚至长红,起核心作用的正是当地居民的文明素养和城市整体的管理水平,这最需要久久为功。

三

中小城市如何在互联网时代的新一轮网红城市打造浪潮中脱颖而出,让人们记住自己的面孔?

深挖一个记忆点。城市IP是文化的一种高度凝练,是城市文化精神的外显,承载了这片土地上的历史故事,凝结着当地人的文化记忆。中小城市IP打造,应充分挖掘当地的文化、历史、景致等,结合地域特色开拓独特品牌,既符合大众口味也保留原汁原味,赋予IP以独一无二的记忆点。

比如,衢州近年来全力打造"南孔圣地·衢州有礼"的城市文化IP。除举办祭孔仪式外,还创排音乐剧《南孔》、沉浸式戏剧《浸梦水亭门》、夜游项目《衢州奇妙夜》等,不断加强这一文化标识,探索将儒学文化内涵融入城市发展、城市形象建设的更多可能。

玩出更多"花头精"。这届网友关注的，是谁更会玩。除了依靠历史文化的滋养，打造城市IP还要重视创新创意的激发塑造。硬件不够，软件来凑，创意就是中小城市补短板的"软件"。中小城市应当更多树立与时俱进的创新思维，挖掘更多吸睛点，为城市发展注入新活力。

比如，不少地方围绕城市IP延伸上下游产业链，推动"吃住行游购娱"全要素发展，开拓新经济增长极。以螺蛳粉为城市名片的柳州就推出了中国首个以"螺"为元素的"5G＋XR"主题乐园，还为游客推出了螺蛳粉主题线路，尝试引领游客从餐饮消费转向全域消费，放大一碗螺蛳粉的效益。

打好"网络营销"这张牌。万物互联时代，人们越来越依赖网络获取信息，这让中小城市能够不受"先天不足"的牵制，通过网络以较低成本触达广大消费者。高质量的IP打造，需要更多从现实传播转向网络传播，有时一条热搜、一个短视频、一句标语，都可能让一座名不见经传的小城从门可罗雀到门庭若市。

2023年初《狂飙》爆火，带来了取景地江门的高人气。在狠刷了波存在感后，江门开始思考如何制造更多机会"被看见"。除了提升交通、住宿、导游等旅游接待能力外，当地还推出"江门Citywalk"、扒龙舟的"00后头桡"冯伟浚等，从互联网上寻找流量密码。

有人说，一些非传统旅游城市的走红，恰好告诉我们，网红城市的桂冠已经不是大城市的专属，这也给全国2000多个中小城市打了个样，大家都有出彩的机会。

每一座中小城市都各自面临着不同的际遇。归根结底，除了天时、地利等因素，如今人们更看重的是一座城市的努力、诚意与创意，而这更多依靠当地苦练内功、精耕细作而来。

郑梦莹　黄红霞　执笔

2023 年 12 月 31 日

浙江宣传新年献词｜只管往前走

> 不论过去留下了什么样的遗憾，这个时候都应该紧紧握住自己的方向盘。拥抱现实但不抛弃热血，接受平凡但不陷入平庸，这也是一种英雄主义。

时间又将镌刻下新的年轮，我们很快就要与2023年告别了。此刻，不论你是在为梦想奔波，还是在风雨中坚守，抑或是在给自己放空，相信都会对时间和人生有别样的感触。

这一年过得好吗？可能很多人都会这样问自己。或许，有的人通过努力完成了升职加薪，有的人组建起了自己的小家庭，有的人与多年未见的朋友终于坐到了一起，有的人带上了自己的父母和孩子出门旅行。当梦想清单一一实现，这个时候会觉得所有付出都值得。

还有不少人仍处在迷茫和挣扎中，责怪自己这一年平平无奇，工作上四处碰壁，生活上也焦头烂额，面临来自经济、升学、社交等方方面面的压力，总是会不由叹气，曾经想要的美好迟迟没能实现，内心伴随着深深的迷茫、焦虑和无力感，不知道努力是否还有意义。

我们原以为，摘掉口罩就会一切如常，但疫情影响的长尾效应远超预期，并没有从生活中迅速消失。我们原以为，读书毕业就业就是一气呵成，但就业难给了许多刚刚走出象牙塔的年轻人当头一击。我们原以为，那些好久不见的人能够相逢甚欢，但每一次相聚都不容易，大家似乎都在忙碌着，即便偶尔坐在一起，也都在吐槽各自的难处。

为什么会出现这样的变化和落差？其实，我们可以把它理解为时代的显影，也是换挡的顿挫感，冰山消融需要时间，需要等待。经济社会的发展是一个波浪式前进的过程，就像我们每个人一样，起起落落、高高低低都是人生的常情常理。记得有一部电影中，主人公给鞋子取了个名字：左边这只叫"难"，右边那只叫"佳"。因为生活总是一步难、一步佳，难一步、佳一步，步步难、步步佳。

前两天，我们推出《可惜我文笔平平，写不尽这一年》一文，引发读者广泛共情。有读者给自己打气，"只叹我文笔平平，写不了无数加班的夜晚，叙不出孩子们桌前的抓狂，讲不清中年内心的焦虑，但仍然会温暖描绘新一年的希望与憧憬，给自己加油"；有读者感悟了生活，"专注眼前，活好当下。我们不能预测未来，但可以决定以什么样的状态来迎接未来。珍惜自己当下拥有的幸福，带着这份感恩与知足，才能创造更多的幸福"。这一年，工厂的机器飞速运转，街上的车辆川流不息，人们的脚步更加匆忙。看一场线下演唱会，来一场特种兵旅行，吃一顿淄博烧烤，成了今年的新流行，烟火气重回人间。个人如此，国家亦然。

一年的贴地飞行，尽管有着强烈的摩擦感，但它依然是快速向前的。这一年在世界各大主要经济体中，中国经济的活力与韧性依然具有比较优势：今年我国仍是全球增长的最大引擎，对全球经济增长的贡献将达到1/3。已完成建造的中国空间站进入应用与发展阶段，粮食总产量再创历史新高，连续9年稳定在1.3万亿斤以上……我们的科技创新、重大赛事、大国外交、粮食产量等都有新的重大进展和突破。这些都是我们国家在艰难困境中破的局，默默地护佑着千千万万的家庭和普通人。

明天会更好吗？每个人都希望看到更多的确定性，看到一个确定的世界，看到一个确定的明天。但不可回避的是，我们所处的这个变革时代，总是充满着各种不确定性。地缘政治博弈、世界经济格局重塑、人工智能带来颠覆性挑战，都是不确定的因素。世界是一个命运共同体，不存在什么孤岛，没有谁可以置身事外。哪怕是远在大洋彼岸的一个波澜，也有可能在千里之外激起浪花。

在这个浩荡的时代里，我们都是一粒微尘，但并不是被完全裹挟着的、毫无自主性的微尘。虽然外界充满不确定，但我们可以通过创造自身的确定性，去对抗和搏击外界的不确定性，这样才不会被大风吹倒。虽然很难，但我们有国家这个最强大的后盾，这一点是确定的，是毋庸置疑的。面对百年大变局的深层冲击，中国正在不断调整步伐，积极应对外界的各种挑战和干扰，带领我们每个人奋进中国式现代化新征程。

经济社会获得更好发展和它给人们带来的幸福感获得感，是一针最好的"强心剂"。我们一定会看到一个个痛点堵点难点被攻克，看到社会基本保障进一步加强，看到企业、市场和消费者的信心再提振，让大家的努力得到应有的回报，生活质量稳中有升，养家糊口之余还有更多梦想照进现实。

当前，我们正在爬坡过坎，此时既需要铆足劲，也需要保持一定的松弛感，整个社会以及我们每个人都是如此，这样才能更好地激发创造性张力。我们属于奋斗的一代，但这并不意味着要时刻紧绷每一根神经，也不意味着要始终以成败论英雄，甚至变形走偏，滑向功利主义、机会主义、形式主义的深渊。

成功没有固定标准，名利不是人生的全部。对于失败、失意、失误要抱有更多的宽容；对于物质攀比、人情往来，少些无意义的内卷；对于一些善意、不同的个例和声音，不应过度苛责，更不应诉诸网暴，强化对立、制造撕裂，而应更加理性辩证地看待，有更多的理解、更多的包涵、更多的接纳。

面对浩浩荡荡的时代潮流，除了激流勇进，别无选择。我们相信，那些把躺平挂在嘴边的人，有时只是一种自我解压，在暗暗蓄势之后一定会在新的一年披起铠甲、勇敢冲锋。不论过去留下了什么样的遗憾，这个时候都应该紧紧握住自己的方向盘。拥抱现实但不抛弃热血，接受平凡但不陷入平庸，这也是一种英雄主义。

相信什么，你就会成为什么。就算前路漫漫，我们也要给自己鼓劲，给自己信心，做彼此的同行者，为理想奋不顾身，迈出一小步，再一小步……

只管往前走，一定会在不远的地方看到更多光亮。

倪海飞　李攀　谢滨同　云新宇　执笔

2023 年 12 月 31 日